經學研究叢書・臺灣高等經學研討論集叢刊

第十三屆中國經學國際學術研討會論文選集

李威熊　主編
陳逢源　編輯

本次論文選集出版，由香港浸會大學中國傳統文化研究
中心贊助經費出版，謹此致謝。

編序

《文心雕龍》是文學理論的典範之作，然其開篇〈原道〉、〈徵聖〉、〈宗經〉，「道」、「聖」、「經」一體，形塑一種以經為主體的文學觀，〈序志〉言之更詳，云：

> 自生人以來，未有如夫子者也。敷讚聖旨，莫若注經，而馬、鄭諸儒，弘之已精，就有深解，未足立家。唯文章之用，實經典枝條，五禮資之以成，六典因之致用，君臣所以炳煥，軍國所以昭明，詳其本源，莫非經典。[1]

經是道的載體，是聖人的彝訓，道幽渺難見，而去聖久遠，唯有經典成為秩序的根源，文明的核心，自然也是文學的基礎，經為本源的觀念，深植於傳統文化，明見於劉勰殫精覃思的反省當中，不僅是提供一種古典的想法，而應該是傳統真實的認知。經典可以寄託生命，這一種傳統學人的浪漫，現代人大概已經難以想像，然而經典的重要性，可以有支持生命的力量，則又是我們可以有的觀察。只是現代學科分化之後，經學從傳統文化根柢變成專門學科，於是在學科平等當中，不復有基礎的地位；另一方面，近現代追求新奇的趣味，過往學術也成為遺響，尤其民國以來紛擾時局，所造成的思想悖離，更形成經典扭曲的見解，周予同先生完成皮錫瑞《經學歷史》注釋工作，不僅重新煥發經學史觀，也提供觀察經學發展視角，大有助於學術開展，對於經學研究貢獻卓著，但奇怪的是周予同先生卻視經學為殭尸，甚至大聲預言「經不是神靈，不是拯救苦難的神靈！只是一個殭尸，穿

1　〔南朝宋〕劉勰撰、范文瀾注：《文心雕龍注》（臺北市：學海出版社，1988年3月），卷10〈序志〉，頁725-726。

戴著古衣冠的殭尸！牠將伸出可怖鬼手爪，給你們或你們的子弟以不測的禍患！」[2]研究經學卻認為經學如殭尸可怖，不能說矛盾，卻也是讓人深感奇怪，然而如果了解民國以來紛擾時局，就會有同情的了解，許多軍閥想藉由讀經來強調正統，也就造成學者欲去之而後快的主張；但事過境遷，前者動機既不單純，後者情緒也出於過激，兩者皆失於中道，結果也就迷失根本，日後造成激烈的文化震盪，更是讓人充滿遺憾。[3]

臺灣遠承閩學傳統，近有文化復興運動加持，始終保有愛護文化，重視經學的傳統，尤其在地理與歷史的機緣上，延續學術血脈，從而有更為完整的現代化進程，展現具有獨特性的文化內涵，不僅有儒學思想的反省，也有回應時代思潮的成果，從而延續經學薪傳，落實經典研究，成果斐然。臺灣不僅四書、五經各部經典都有專門研究者，而且師承清晰，一所大學是否具有歷史，往往也可以從中文系是否具備經學研究人才來考察；是否具有規模，也可以從各部經典是否都有傳承來判斷，經學成為各大學中文系是否成色具足的指標。過往學人以經學做為首要學術志業，對於中文人而言，應該也是記憶深刻的事情，原因所在，乃是臺灣承繼乾嘉以降的漢學傳統，重「師法」，嚴「家法」，學有耑門，愈專愈精的研究，學者以不同角度探索經典，也就有極為豐富的成就，林慶彰教授曾經完成《經學研究論著目錄（1912-1987）》、《經學研究論著目錄（1988-1992）》、《經學研究論著目錄（1993-1997）》等三部經學專業目錄，所收資料，在數位檢索系統之前，完成上世紀經學研究成果的整理工作，這些成績也直觀證明臺灣經學在研究數量與類型上具有引領優勢。有趣的是，楊儒賓教授《1949禮讚》則從一個特殊年分，描繪出儒學深化與整合的文化圖像，認為「當是島內的儒家傳統和大陸的儒家傳統也完成了整合，新儒家在臺灣找到了落實的立基處，臺灣儒家實踐傳統也在大陸新儒學的挹注下，深化了儒學的內涵。」[4]相較於花果

2 朱維錚編校：《周予同經學史論》（上海市：上海人民出版社，2010年2月），頁421。

3 徐慶文：《批判與傳承——20世紀後半期的中國孔子研究》（濟南市：山東人民出版社，2004年1月）「學術迷失後知識分子的兩難處境」，頁85-89。

4 楊儒賓：《1949禮讚》（臺北市：聯經出版事業公司，2015年9月），頁201。

飄零的滄桑，有著靈根自植的自信。然而不論是林慶彰教授從文獻證成了經學的發展，臺灣有莫大的貢獻；抑或楊儒賓教授從新儒家發展中，得見臺灣繼承與發揚的事實。[5]經學做為傳統文化的核心，臺灣具有無可卸去的歷史地位與責任，中國經學研究會成立之初，即以服務臺灣經學研究學人，強化兩岸學術交流，擴大經學研究視域為使命，建制學術鏈接，建立交流對話，既歷年時，卓有成就，成為臺灣經學研究歷史最為悠久的學術團體。

本會與成功大學中國文學系於二〇二三年九月二十二、二十三日共同舉辦「第十三屆中國經學國際學術研討會」，採線上與實體結合，由中央研究院中國文哲研究所、香港浸會大學、孔孟學會、臺南市至善教育基金會、臺灣古籍保護學會共同參與合辦，群賢畢至，少長咸集，不僅是疫情之後首開學術會議，也是全臺經學學人難得相聚機會，由成功大學副校長陳玉女教授致辭開幕，並由董金裕教授主題演講，第一場 A《周易》、《穀梁》學與《周禮》學有三篇論文、B《詩經》學有兩篇論文；第二場 A 出土文獻與經學研究有三篇論文、B 文獻學與經學研究有三篇論文；第三場 A 宋明清經學有五篇、B《四書》學有四篇；第四場 A《春秋》學有四篇、B《尚書》學、《詩經》學、《爾雅》學有四篇；第五場 A《左傳》學、《周易》學有四篇、B 三《禮》學有三篇，兩天十場，共計三十五篇論文，以諸經為範圍，以研究主題為分場依據，不僅五經、四書各經具備，不同時代、不同研究材料，都有相應分場，學人不僅推進研究方向，也持續開展新的議題，研究皆為近年關注內容，以及持續深化學術的觀察，從經學研究而及於出土材料、文獻學考察、宋元明清學術發展，以及東亞儒學檢討等，學者貢獻專業觀點，分享個人研究成果。主持人、與談人與論文發表者之間，交換學術觀點，務求專業對話，有不同意見的交換，無故意立異之批評，與會學人暢所欲言，形塑經學發展趨向的共識，推動經學研究方法精進的思考，會議相當成功，相約下次再見。會後並完成會員大會及理監事改選工作。此次，包括德國特里爾大

5 吳冠宏：〈漢華文化的探照燈——讀《1949禮讚》〉，《文化研究》第22期（2016年3月），頁216。

學蘇費翔教授、日本古勝隆一教授、吉田勉教授、湯青妹博士、韓國李昤昊教授、香港盧鳴東教授、陳亦伶教授，以及在福建任教王志瑋教授，參與論文發表，有朋自遠方來，相與論學，不亦樂乎。各合辦單位鼎力相助，遂有助成之效，而主辦人成功大學中文系主任黃聖松教授居中聯繫，排定議程，組織服務團隊，統籌其事，更是此次會議成功最重要功臣，謹致上無限感謝。

本會為求推廣研究成果，落實交流目的，擴大學術影響層面，依往例集結會議論文，而為求論文完善，回應研討內容，強化觀點證據，相約一年修訂完稿，由副祕書長田富美教授居中聯繫，萬卷樓圖書公司張晏瑞總編輯協助完成，進行學人徵詢、論文修訂等工作，最後徵集出版，共計二十四篇，題為「第十三屆中國經學國際學術研討會論文選集」。凡所選錄均已完成出版審查工作，以茲為第十三屆中國經學國際學術研討會成果，嘉惠學林，以饗同好，感謝所有學人的支持，以及相關朋友的協助，尤其要感念馮曉庭教授，病重之時仍然完成論文。曉庭教授曾任中國經學研究會副祕書長工作，長期投入經學講會活動，為人熱情，為學篤厚，晚近關注東亞經學研究問題，積極推動日本、韓國、兩岸三地學術交流，不僅鼓勵後學，提供第一手研究資料，並且無私分享成果，提醒可以深入的方向，學術卓然有成，成果令人豔羨，熱情身影，讓人永銘於心，附筆於此，深切追念。

中國經學研究會祕書長陳逢源書於二〇二五年五月八日

目次

從「乾坤六子卦」，解析易學的詮釋與轉化

趙中偉

輔仁大學中國文學系兼任教授

提要

「乾坤六子卦」，「不僅反映自然天地關係，而且反映了社會家庭倫理關係。以家庭父母子女關係比擬八卦，說明乾坤為陰陽之根本，萬物之祖宗，如同家庭之父母」。

我們要問此種詮釋是如何產生的？「乾坤六子卦」與「乾坤六子六爻別卦」意義是如何銜接的？

這是一個詮釋學的問題，更是一個意義的理解與解釋的創造問題。皆能繼往（批判的繼承），又能開來（創造的發展）。

可分為三個面向論證：一是創造詮釋的問題，一是人倫方向的詮釋，一是本體詮釋的延伸。

在創造詮釋言，「理解在本質上是創造的，理解的過程是一個創造真理的過程。也正由於這種主觀因素，使『真理』本身具有某種相對性，它是非確定的，不斷流動著的，同時又是多義的」。

在人倫方向的詮釋言，「中國古代哲人特別重視關於人倫的思考」。衡量人倫關係的好壞標準是就是道德。儒家的道德代表即是「三綱五常」。「乾坤六子卦」及「乾坤六子六爻別卦」，即寄寓儒家人倫的「三綱五常」之道。

在本體詮釋延伸方面，探求最高的本體，是學人研究學問的目標之一。

「古人沿著『天地之上為何物』的思維理路，探尋自然、社會現象背後的本體，並把這個本體視為超越形而下的形而上者」。

「乾坤六子卦」，在創造意義上，走向了人倫思想；並在本體意義上，朝向宇宙論的本體詮釋。

此種詮釋意義的轉化與發展，代表了如下的特色：

其一揭示真理，豐碩內涵，意義永無止盡的創造；其二朝向人倫道德，體仁長人，臻於生存更和諧，生活更完善；其三本體詮釋，追求本根，是人類嚮往的夢，直接探尋存有者的存有；其四易學注疏豐沛，亙古綿長，在於易學研究者接續不斷的詮釋，維揚光大。

關鍵詞：乾坤六子卦、乾坤六子六爻別卦、人倫、創造詮釋、本體詮釋

「乾坤六子卦」，即是〈乾〉、〈坤〉、〈震〉、〈巽〉、〈坎〉、〈離〉、〈艮〉、〈兌〉等八個卦。此說法是出於〈說卦．第十章〉：

> 乾，天也，故稱乎父。坤，地也，故稱乎母。震一索而得男，故謂之長男。巽一索而得女，故謂之長女。坎再索而得男，故謂之中男。離再索而得女，故謂之中女。艮三索而得男，故謂之少男。兌三索而得女，故謂之少女[1]。

索，指求合。此指「乾坤六子卦」，是由陰陽爻序的變動所產生。

此說明男女構精（此指交合其精），萬物化生的義理。主張乾道成男，坤道成女，得父氣此者為男，得母氣者為女。三男皆以坤母為體，乾父為用（陽卦陰爻較多）；三女皆以乾父為體，坤母為用（陰卦陽爻較多）。即是以乾父及坤母，化生震、巽、坎、離、艮、兌等六子，故稱為「乾坤六子卦」。

「不僅反映自然天地關係，而且反映了社會家庭倫理關係。以家庭父母子女關係比擬八卦，說明乾坤為陰陽之根本，萬物之祖宗，如同家庭之父母」[2]。

我們要問此種詮釋是如何產生的？「乾坤六子卦」與「乾坤六子六爻別卦」意義是如何銜接的？

這是一個詮釋學的問題，更是一個意義的理解與解釋的創造問題。

「乾坤六子卦」，是易學的詮釋與轉化，究竟按照何種規律？

---

1 參見李學勤（1933-2019，享壽86歲）主編，〔唐〕孔穎達（574-648，享壽74歲）疏：《十三經注疏．周易正義》（北京市：北京大學出版社，1999年12月），卷9，21冊，1：330。以下引用《周易》出處，皆根據此書，僅注明卷數及頁數。

2 參見張其成（1959-）主編：《易學大辭典》（北京市：華夏出版社，1992年2月），「父母卦序」條，頁472。

一　為何「乾坤六子六爻別卦」，找不到「乾坤六子」的意義？

就〈乾卦〉六爻言，「乾」的字義及性質為健，取象為天，即以天的象徵形象，揭示陽剛元素、強健氣質的本質作用及其發展變化的規律。全卦不僅找不到「父」字，且全無關於「父」的內涵及意義。

就〈坤卦〉六爻言，坤的意義及本質為順，取象為地。象徵無疆的大地，表示最純粹的陰，最柔順的品質，可承載萬物，德合無疆（此指功德廣闊無窮）。全卦卻找不到「母」字，且無與「母」的內涵及意義[3]。

就〈震卦〉六爻言，震指雷動的威盛。強調吾人應戒慎恐懼，例如閉門思過。諺語云：「小心駛得萬年船」，自戒修身省過，寓含危而後安的辯證哲理。亦看不到「乾坤六子」、「長男」二字，以及其相關的意義。

就〈巽卦〉六爻言，巽指順從之意。引申為能夠順從，並具陽剛中正美德者，將會被人接受，無所不容；且其志向得以施行。不但看不到「長女」二字，「長女」的意義同樣見不到。

就〈坎卦〉六爻內容言，坎是陷落及危險的意思。此卦上下都是〈坎卦〉，一陽陷在兩陰之中；且兩個重疊，象徵重重險難，險上加險；但只要不失誠信，就能排險除難，前行可獲敬重。新儒家學者牟宗三（1909-1995，享壽86歲）特別要求吾人不要為欲望的誘惑而「良知之自我坎陷」[4]。

從其中仍然看不到「乾坤六子」、「中男」的意涵與內容。就〈離卦〉六爻分析看，離的意思為麗，指附著；又為光明，說明事物必須附麗於一定的環境。此卦顯示今朝日出，明朝日又升，相繼不已，附麗於天，把前人的明德，世世代代繼承下去，發揚光大。

在〈離卦〉六爻當中，依然沒有「乾坤六子」、「中女」的意涵與內容。

3　在〈坤卦·文言〉中，有提及「子弒其父」。卷1，1：31。

4　參見「論牟宗三『良知之自我坎陷』之詮釋與批評（上）@經典小疏系列（張雅評）」網站，網址：http://mypaper.pchome.com.tw/m90010082/post/1234917033，檢索日期：2018年4月8日。

再就〈艮卦〉六爻分析，艮為止的意思，即為闡發抑止邪欲的道理；並要適時而用，該止則止，該行則行，動靜不失時宜，前途必然光明。從其中實在無法探求到「乾坤六子」、「少男」的意涵與內容。

最後，就〈兌卦〉六爻內容解讀，兌為欣悅之意思。此卦上下都是〈兌卦〉，是以陽剛居中，心懷誠信，以及柔和處外，遜順接物；即是內剛外柔，就能心情欣悅。而且，守持正固，就會有利。

在〈兌卦〉六爻當中，依然無法探討「乾坤六子」、「少女」的意涵與內容。

為什麼六爻別卦中的「乾坤六子卦」，完全未見到「乾坤六子」的內容及意義？它們如何相連？

主要在於理解與解釋的詮釋。

誠如哲學專家傅偉勳（1933-1996，享壽63歲）所表示的：「一個偉大的哲學或宗教傳統，如自柏拉圖（Plato，前429-前347，享壽82歲）到現代歐美哲學的西方傳統，耶教或基督宗教傳統，佛教傳統，以及中國的儒、道二家傳統，乃是一部創造的詮釋學史。而在各大傳統的第一流思想家，如近代西方哲學史上的〔英〕休姆（或翻譯為休謨，David Hume, 1711-1776，享壽65歲）、〔德〕康德（Immanuel Kant, 1724-1804，享壽80歲）、〔德〕黑格爾（Georg Wilhelm Friedrich Hegel，常縮寫為 G. W. F. Hegel, 1770-1831，享壽61歲）、〔德〕海德格（Martin Heidegger, 1889-1976，享壽87歲），大乘佛教思想史上的龍樹（？）、〔唐〕吉藏（549-623，享壽74歲）、〔隋〕智顗（538-597，享年59歲）、〔唐〕法藏（643-712，享壽69歲）、〔唐〕慧能（638-713，享壽75歲），道家思想史上的莊子（約前369-約前286，享壽約83歲）與（某程度的）〔三國魏〕王弼（226-249，得年23歲）與〔西晉〕郭象（約252-312，享年約60歲），以及儒家傳統的孟子（前372-前289，享壽83歲）、荀子（約前313-前238，享壽約75歲），乃至〔南宋〕朱熹（1130-1200，享壽70歲）、〔明〕王陽明（1472-1529，享年57歲）等。幾乎皆可視如創造的詮釋學家。故能繼往（批判的繼承），又能開來（創造的發展），而使一個自身所歸屬的偉大傳統，成為『長江後浪逐前浪』般的永不枯竭，永能創新的思想大河，隨著時代的前進而愈深愈廣。」[5]

傅氏指出，東西方的哲學，包括柏拉圖到現代歐美哲學的西方傳統，耶教或基督宗教傳統，以及中國的儒釋道哲學的發展，都是創造性的詮釋。因此，哲學發展可以概括為「乃是一部創造的詮釋學史」。

這些哲學家表現的創造性，在於他們都能「創造的詮釋學家。故能繼往（批判的繼承），又能開來（創造的發展），而使一個自身所歸屬的偉大傳統，成為『長江後浪逐前浪』般的永不枯竭，永能創新的思想大河，隨著時代的前進而愈深愈廣」。由於理解與解釋的詮釋創造，產生多元的意義與價值，擴大了詮釋的內容與特色。

由此可知，「乾坤六子六爻別卦」，雖然完全未見到「乾坤六子」的內容，由於詮釋的創造，致能生產出嶄新的意義與價值，提高了「乾坤六子卦」的意蘊。

在此，我們還要問「乾坤六子卦」是如何創造詮釋的？為什麼會朝向人倫綱常的詮釋？

二　「乾坤六子卦」如何與「乾坤六子六爻別卦」相連？在於創造詮釋

首先，我們要探析詮釋的創造性。

詮釋學家潘德榮（1951-）在《詮釋學導論》就明白指陳：「理解的本質是什麼？如果是指向『原意』的，那麼這個『原意』終將會因時間的流逝而磨損，最終化為無；如果理解是『生產』意義的，那麼一切語言、文字流傳物將會在這個『生產』過程中變得越來越豐富、充足。」[6]

這充分說明，字義必須不斷的「生產」，內容才愈加豐碩而完美，充足

5　參見傅偉勳（1933-1996，享壽63歲）：《從創造的詮釋學到大乘佛學．創造的詮釋學及其應用》（臺北市：東大圖書公司，1999年5月），頁11-12。

6　參見氏著：《詮釋學導論》（臺北市：五南圖書出版公司，1999年8月），第七章，頁192。

而厚實，展現更大的意義與價值。反之，若字義停滯不前，「這個『原意』終將會因時間的流逝而磨損，最終化為無」。

創造詮釋，即是將意義創新與變更。在理解與解釋的過程中，不囿於原有概念的本義，產生創發性的思維與意義。就是針對其論證概念的原有本義，予以意義的創造與轉化，以達到詮釋的整體創新稱之。

哲學專家成中英（1935-2024，享壽89歲）針對創造詮釋深入分析說：「『詮釋』是就已有的文化與語言的意義系統作出具有新義新境的說明與理解，它是意義的推陳出新，是以人為中心，結合新的時空環境與主觀感知發展出來的理解、認知與評價。它可以面對歷史、面對現在、面對未來，作出陳述與發言。表現詮釋者心靈的創造力；並啟發他人的想像力，體會新義，此即為理解。事實上，詮釋自身即可被看為宇宙不息創造的實現。」[7]

詮釋創造的產生，在於「以人為中心，結合新的時空環境與主觀感知發展出來的理解、認知與評價」。即是經由自身的主觀感受，個人本有的理解認知，結合了新的時空環境，配合時代性，形成了新的視域，一種新的理解、認知與評價。而這種創新理解與解釋的詮釋，沒有止境，永恆生生不息的創造。

我們經常會認為，在詮釋時，是挖掘及探求文本背後的意義。事實上又如何？「理解不是要將自己回置於原初的語境中，挖掘本文背後的意義，而是本文向我們所展現的一切。本文總是在新的語境關聯中獲得新生」[8]。本文，即是文本。這是詮釋學家法・呂科爾（Paul Ricoeur, 1913-2005，享壽92歲）的主張。即是詮釋者在理解與解釋時，不是「將自己回置於原初的語境中」，尋找原義；而是展現新的意義，「在新的語境關聯中獲得新生」。

此就解答了「乾坤六子卦」與「乾坤六子六爻別卦」的不同原因，不是探求與挖掘文本背後的意義，而是文本向我們展開創新的語境與意義。也因此，「乾坤六子卦」與「乾坤六子六爻別卦」內涵完全不同，是其來有自的。

---

7 參見成中英（1935-2024，享壽89歲）主編：《本體與詮釋・從真理與方法到本體與詮釋》（北京市：生活・讀書・新知三聯書店，2002年1月），第2輯，頁6。

8 參見潘德榮：《詮釋學導論》，第七章，頁192。

這種創造性意義，是不斷變化流動，更是不停的創新發展。因此，創造性的意義必然是多義變化，而不是停滯不動、固定僵化的。即是「理解在本質上是創造的，理解的過程是一個創造真理的過程。也正由於這種主觀因素，使『真理』本身具有某種相對性，它是非確定的，不斷流動著的，同時又是多義的」[9]。

「乾坤六子卦」為何會產生「乾坤六子」的倫常意義，與「乾坤六子六爻別卦」區隔開來，就在於意義是不停的流動，形成某種相對性的「真理」。

「理解的主觀性，實質上意味著詮釋的創造性」[10]。

〔美〕帕瑪（Richard E. Palmer, 1933-2015，享壽82歲）明白的指出：「相同的主題，在不同的詮釋中，卻有不同的面貌與立場。……詮釋不是赤裸的重現，而是一個新的創造，是理解中的嶄新事件。」[11]

為何會如此？

即是個人的「前理解（Preunderstanding）」不同，加上配合時代性的「效果歷史（Wirkungsgeschichtliches Bewusstsein）」，形成新穎的「視域融合（Fusion of horizons）」。

在「前理解」方面，帕瑪就說：「所有的詮釋都受詮釋者的『前理解』所引導。」[12]可見「前理解」在詮釋中的關鍵地位。

所謂「前理解」，是由德國哲學家詮釋學集大成的伽達默爾（Hans-Georg Gadamer, 1900-2002，享壽102歲）提出。此指解釋的理解活動之前存在的理解因素。它們構成解釋者與歷史存在之間的關係。前理解是理解的前提，理解不能從某種精神空白中產生，它在理解之前就被歷史給定了許多的已知東西，形成了先在的理解狀態。這些前理解包括解釋者存在的歷史環境、語言、經驗、記憶、動機、知識等因素，形成了先在的理解狀態。這些

9 參見潘德榮：《詮釋學導論》，第三章，頁71。

10 參見潘德榮：《詮釋學導論》，第六章，頁150。

11 參見氏著，嚴平（？）譯：《詮釋學》（臺北市：桂冠圖書公司，1997年9月），第十二章，頁249。

12 參見氏著，嚴平（？）譯：《詮釋學》，第九章，頁59。

因素即便與將來理解的東西發生牴觸，也可以作為一種認識前提在理解活動中得到修正。因此理解不是個人的、全新的、完全主觀的，它是一個歷史過程，是一個從前理解到理解，再到前理解的指向未來的循環過程。它總在歷史性的先在的「前理解」狀態基礎上，獲得新的理解[13]。

析言之，「前理解」即是我們原有的知識儲存，是自身受到原生家庭、生活環境、學習過程等所綜合形成的個人知識體系，形成了先在的理解狀態。而這個知識體系，是自身所惟一獨有的，與任何人皆不相同。由於每個人的「前理解」不同，才能產生多元多樣的特色與價值。

「效果歷史意識（Wirkungsgeschichtliches Bewusstsein）」的理論，亦由伽達默爾提出。指解釋學理論和解釋活動所應具有的一種歷史意識，它明確意識到解釋的歷史性，即認識到理解活動中同時存在著兩種真實：歷史的真實和歷史理解的真實。前者是一種永遠達不到的解釋目標，而後者則告訴我們要在解釋活動中努力做到歷史有效性。歷史理解的真實情況是，解釋是一種歷史性的循環過程，每一時代的理解都建築在前人和傳統的解釋之上，並融入自己對時代的特殊理解。因此，任何解釋都受制於歷史和傳統，每個解釋頭腦中都存有一個「前理解」的「先在」，它們都只在解釋循環中占有某種受局限的地位，都只在某種特定的歷史階段和歷史環境中起到一定的效果作用，而永遠不能將解釋對象完整地一勞永逸地解釋盡。解釋首先是一種歷史行為，其次才是個人理解與歷史理解的融滙統一。伽達默爾認為，「效果歷史意識」，應該成為解釋活動的主導意識，它恰當地指出了解釋的本質特徵。因此，「效果歷史意識」又譯「解釋學意識」[14]。

這說明了，在理解與解釋當中，我們的詮釋，一定要配合時代性，即是「每一時代的理解都建築在前人和傳統的解釋之上，並融入自己對時代的特殊理解。因此，任何解釋都受制於歷史和傳統，每個解釋頭腦中都存有一個

13 參見楊蔭隆（1936-）主編：《西方文學理論大辭典》（長春市：吉林文史出版社，1994年1月），「前理解」條，頁952。

14 參見楊蔭隆（1936-）主編：《西方文學理論大辭典》，「效果歷史意識」條，頁1109。

『前理解』的『先在』，它們都只在解釋循環中占有某種受局限的地位，都只在某種特定的歷史階段和歷史環境中起到一定的效果作用，而永遠不能將解釋對象完整地一勞永逸地解釋盡」。

進一步分析，在詮釋時，一定要配合歷史和傳統、前理解。此即是「融入自己對時代的特殊理解」。

「詮釋者需要自覺理論與生活的連結關係，梳理舊時義理與當代情境的呼應之處，活化舊時理論於當代之用」[15]。良有以也。

「前理解」與「效果歷史意識」結合的目的，在於形成「視域融合」。

「視界融合標誌著新的更大的視界之形成，這個新視界的形成無疑是一個不斷發生的過程，在這個過程中，一切理解的要素、進入理解的諸視界持續地合成生長者，構成了『某種具有活生生的價值的東西』，正是因為它們是在一種新的視界中被理解到的。因此，融合的過程也就意味著對我們所籌劃的歷史視界之揚棄，我們通過歷史視界使歷史與我們區別開來，融合就是揚棄歷史視界的特殊性，從而使之與我們合成一個新的統一體；融合同時也是對我們自己的前判斷所規定之視界之揚棄，我們現在所擁有的實際上是包含著歷史視界的新視界。這便是理解的真諦，理解最後所達到的，就是獲得以視界融合為標誌的新視界」[16]。

潘德榮清晰分析了「視域融合」的特色與價值。

「視界融合」就是對前理解與過去歷史視界的揚棄與融合，以產生新的視界。這個新的「視界融合」，包括著新的理解、新的歷史視界，以及對文本新的解讀。

「視域融合」，又被稱為「視界融合」論，也是由伽達默爾提出。指由解釋者的主體理解視野和被解釋對象（如歷史文本、文學作品、文化傳統等）的歷史視野之間的相互作用所產生的一種融合狀態，是理解活動的最高

---

15 參見林慈涵（？）：《《莊子．內篇》生命的反思與超越——內在理路下的詮釋向度》（臺北市：國立政治大學中國文學研究所碩士論文，106學年度第2學期），頁8。

16 參見潘德榮：《詮釋學導論》，第五章，頁136。

境界。伽達默爾認為，在理解活動中，解釋者主體被歷史和文化傳統等因素組成的「前理解」、「前結構」所限定，構成一種指向對象的理解視野；而被解釋對象如文學作品、歷史文本等，也具有自己的理解視野，它期待並指向解釋主體的解釋，尋求最大限度地得到歷史性的合理解釋。在這兩種視野的相遇中，主體的理解視野不能隨意地解釋歷史對象；而被解釋對象的理解視野，也不能因其特定的歷史內容，而使主體的能力受到不應有的妨礙，甚至消融主體，使主體墮入無法求得的歷史真實性的徒勞追求中。解釋的主體和對象的關係，應該達到一種「視界融合」。因此，在此基礎上，使理解產生出新的意義，即既不是主體意義的實現，也非對象客體意義的還原的一種新質的理解，具有歷史有效性的理解。這將給歷史的解釋活動帶來前進[17]。

此表明了詮釋一個特點，既不是自身的主觀獨斷性與惟我性，就是「主體的理解視野不能隨意地解釋歷史對象」；也不是完全順從對方，自身毫無參與的空間，即是「被解釋對象的理解視野，也不能因其特定的歷史內容，而使主體的能力受到不應有的妨礙，甚至消融主體，使主體墮入無法求得的歷史真實性的徒勞追求中」。而是兩者的融合，達到所謂「解釋的主體和對象的關係，應該達到一種『視界融合』」。

總之，「視域融合」「由解釋者的主體理解視野和被解釋對象（如歷史文本、文學作品、文化傳統等）的歷史視野之間的相互作用所產生的一種融合狀態，是理解活動的最高境界」。

「一個重建的『問題』永遠不會處於它原來的視界之中，因此，我們的理解作為回答，就必定會超出此前所理解的歷史，歷史就是以這種方式發展著」[18]。從此可以瞭解，「視域融合」即是創造詮釋的展現。

「視域融合」的功能：

一、截長補短，提高內涵：汲取他人優點，補足己身不足，提高內涵的深度與廣度。

---

17 參見楊蔭隆主編：《西方文學理論大辭典》，「視界融合」條，頁837-838。

18 參見潘德榮：《詮釋學導論》，第五章，頁133。

二、容納不同意見，不會自以為是：能夠接受不同意見，減少自身獨斷，自以為是的可能。

三、薈萃眾美，追求最好答案：詮釋沒有最完美，只有接近完美。不斷的「視域融合」，使自身的見解，薈萃眾美，益發完善。

「乾坤六子卦」與「乾坤六子六爻別卦」的連結，就在於「視域融合」。

「視域融合」，不僅只有一次，而是對於不同的意見，無止盡的探索與融合，所謂「無限探究者共同體」。它被美國哲學家皮爾士（Charles Sanders Santiago Peirce, 1839-1914，享壽75歲）當作可能的真理一致性之個體設定起來[19]。

深一層論證指出，「無限交往共同體的先驗語言遊戲，這一絕對具有規範的約束力的理想的前提，被設定在任何論辯中了，並且實際上已被設定在所有人類語詞中了（更準確的說，甚至被設定於一切可理解的人類行為中了）。……也即是在廣義的社會層面上出現的。」[20]

「無限交往共同體」，是一種「先驗」論證[21]，是不限次數的，是無止盡的。也因此，「視域融合」，也是如此，不斷的結合不同的論點、不同的看法，形成愈發完美的論述與觀點。

---

19 參見〔德〕卡爾・奧托・阿佩爾（Karl-Otto Apel, 1922-2017，享壽95歲）著，孫周興（1963-）、陸興華（1965-）譯《哲學的改造・作為社會科學之先驗前提的交往共同體》（上海市：上海譯文出版社，1994年2月），頁160。

20 參見〔德〕卡爾・奧托・阿佩爾（Karl-Otto Apel, 1922-2017，享壽95歲）著，孫周興（1963-）、陸興華（1965-）譯：《哲學的改造・作為社會科學之先驗前提的交往共同體》，頁161-162。

21 先驗，為康德所獨創。指普遍經驗所由形成的條件，它並不意味著超過一切經驗，而是指雖然是先於經驗的（先天的），然而僅僅是為了使經驗知識成為可能的條件。如感性形式時間、空間等知性十二範疇，是運用於雜亂經驗而形成普遍經驗的條件，因而是先驗的。「先驗的」與「先天的」區別，在於先天的只說它獨立於經驗，而沒有說到它們可以運用於經驗及其與形成普遍經驗的關係。「先驗的」與「超驗的」區別，則在於「超驗的」是超越於經驗，與經驗無涉，即超越於認識的。而先驗的指作為形成普遍經驗的條件有所不同。參見馮契（1915-1995，享壽80歲）主編：《哲學大辭典》（上海市：上海辭書出版社，1992年10月），「先驗」條，頁568。

「真理的實現先天地依賴於無限交往共同體，在歷史地給定的社會中的實現。也就是說，依賴於無限交往共同體在那樣一個社會中的實現，這個社會為了維護其機體上的自我保存，而必須在有限的功能系統中，獲得組織化」[22]。至此可以充分瞭解：「無限交往共同體」所形成的「視域融合」，具有的意義特色。

然而，「這並不是說，業已達到的視界融合是理解的終點，相反的，它只是人類理解過程的一個階段」[23]。對於作者的解釋和讀者的理解之「視界融合」，是永無終點，是永恆不斷的創新發展。

總而言之，「乾坤六子卦」與「乾坤六子六爻別卦」相連，在於詮釋的創造；而創造詮釋，則在於「前理解」結合「效果歷史」，以及與文本的「視域融合」。這是一個相互交流、不斷融合的過程。在這個過程中，文本的意義在流動中變化，被不斷賦予新的內涵；我們的見解也在不斷變化更新，我們的視域也在不斷的擴大其範圍，產生亮麗嶄新的意義。

三　我國哲學特重人倫，不僅是認識問題，更是行動方法，「知」與「行」必須合一

創造詮釋為何朝向人倫發展？即是為何將〈乾〉、〈坤〉、〈震〉、〈巽〉、〈坎〉、〈離〉、〈艮〉、〈兌〉等八個卦，視為「乾坤六子」，亦即是「父母六子」的家庭倫理建構？

哲學專家張岱年（1909-2004，享壽95歲）明白指出：「中國古代哲人特別重視關於人倫的思考。春秋戰國時代，儒墨並稱『顯學』，『孔子貴仁，墨子貴兼』，各自提出關於人生的最高準則。」[24]儒墨是春秋戰國時代的代表

---

22 參見卡爾・奧托・阿佩爾著，孫周興、陸興華譯：《哲學的改造・作為社會科學之先驗前提的交往共同體》，頁165。

23 參見潘德榮：《詮釋學導論》，第五章，頁136。

24 參見氏著：《中國倫理思想研究・臺灣版序言》（臺北市：貫雅文化事業公司，1991年7月）。

學派，其核心價值，即是「貴仁」、「貴兼」，亦即是重視仁德與兼愛，都屬於人倫理論。

明白指出，為何「乾坤六子」卦，會朝向人倫方向詮釋的原因。

《周易》「經」「傳」為儒家的首席經典，其理解與解釋的詮釋方向，自然亦是朝著人倫之道。

人倫之道的主要內容為何？

人倫就狹義言，研究道德現象，揭示道德本質及其發展規律的學說[25]。

然就廣義言，對倫理事實作任何理論研究；倫理事實包括倫理價值觀、倫理規律、倫理標準、道德行為、良心現象等，皆稱為倫理，也就是人倫。

所謂人倫，實際上是指社會成員之間的關係，也就是人與人之間的關係。

儒家特別重視人倫，荀子（約前313-前238，享壽約75歲）說：「聖也者，盡倫者也。」[26]盡倫，指盡人倫，即盡量處理好人與人之間的各種關係[27]。

那麼，衡量人倫關係的好壞、標準是什麼？就是道德。

道德，是指以善惡評價為標準，依據社會輿論、傳統習慣和內心信念的力量，來調整人們之間相互關係的行為原則和規範的總和[28]。

但是，道德不是「坐而論道」，而是必須「起而行」的。

誠如張岱年所主張的，「道德所以為道德，在於不僅是思想認識，而更是行為的規範。道德絕不能徒托空言，而必須是見之於實際行動。因此，道德修養方法固然包括認識方法，而主要是行動的方法，提高生活境界的方法。道德修養兼賅『知』與『行』兩個方面」[29]。

張氏明白表示，道德重在實踐方法，是兼顧「知」與「行」的。

---

25 參見馮契（1915-1995，享壽80歲）主編：《哲學大辭典》，「倫理學」條，頁583。

26 參見王先謙（1842-1917，享壽75歲）：《荀子集解・解蔽篇》，卷21，引見楊家駱（1912-1991，享壽79歲）主編：《新編諸子集成》（臺北市：世界書局，1983年4月），8冊，2：271。

27 參見張岱年：《中國倫理思想研究》，第八章，頁141。

28 參見馮契主編：《哲學大辭典》，「道德」條，頁1601。

29 參見張岱年：《中國倫理思想研究》，第十一章，頁205。

析言之，「道德問題不僅是認識問題，而更是行動的問題，因而古代思想家重視關於倫理問題的言行相符，在倫理學說的範圍內，提出任何主張，必須有一定的行動與之相應，否則就是欺人之談，毫無價值」[30]。

如果道德僅是理念的宣導，而沒有實際的作為，這就是「欺人之談，毫無價值」。張氏批判是極其嚴峻的。

同時，「道德實踐是不受任何客觀條件的約束的，在任何情況下，都可以提高自己的道德境界，這才是道德意志的自由」[31]。

意志，是指人自覺而有目的地，對自己的活動進行讀調節的心理現象[32]。意志具有自主性。道德的意志，是自身的自主性，不受任何外在客觀條件限制與約束的。如果有任何限制與約束，就不符合道德實踐的自主性原則。

儒家的道德代表為何？

即是「三綱五常」。「三綱」，是指君臣、父子、夫婦之道[33]。「五常」，是指仁、義、禮、智、信[34]。

「乾坤六子卦」及「乾坤六子六爻別卦」，即寄寓儒家人倫的「三綱五常」之道。

就「三綱」言，「乾坤六子卦」，提及父子——父及長男、中男及少男，以及夫婦——父母；但未言及君臣。「三綱」內涵大致成形。

就「五常」言，則出於「乾坤六子六爻別卦」：

> 元者，善之長也；亨者，嘉之會也；利者，義之和也；貞者，事之幹

---

30 張岱年：《中國倫理思想研究》，第一章，頁7。

31 張岱年：《中國倫理思想研究》，第九章，頁172。

32 參見馮契主編：《哲學大辭典》，「意志」條，頁1675。

33 「三綱」，綱，指提繫網子的主繩。出於《白虎通義．三綱六紀》「君為臣綱，父為子綱，夫為妻綱。」引見〔清〕陳立（1809-1869，享年60歲）：《白虎通疏證》（臺北市：廣文書局公司，1987年5月），卷8，下：442。

34 「五常」，常，指固定不變的。參見〔東漢〕王充（27-約97，享壽約70歲）：《論衡．問孔篇》，引見楊家駱主編：《新編諸子集成》（臺北市：世界書局，1983年4月），8冊，7：89。

也。君子體仁足以長人，嘉會足以合禮，利物足以和義，貞固足以幹事。君子行此四德者，故曰「乾、元、亨、利、貞」[35]。

庸言之信[36]。忠信，所以進德也[37]。

仁以行之[38]。

此中包含了「五常」中的四德——仁、義、禮、信，缺少了智德。但是，〔隋〕何妥（？）曰：「利者，裁成也。君子體此利以利物，足以合於五常之義。」[39]其認為「利者」，即是裁成，也就是成就；即是君子體認「利者」，能夠推己及人，施利他物，展現了仁、義、禮、智、信的「五常」的意義與價值，所以「足以合於五常之義」。

元，指大也，始也。亨，指亨通。嘉，指完美。利，指有利。義，指正當。貞，指貞正或守正。幹，指主幹。體，指本體，亦指核心理念。仁，指全德之稱。利物，指施利於他物，亦即推己及人，濟助他人。貞固，指堅守貞正的品德。幹事，指辦好事務。庸，指平常。

關於「元亨利貞」，朱熹有較為完整的類比與詮釋[40]：「元者，生物之始，天地之德，莫先於此，故於時為春，於人則為仁，而眾善之長也。亨者，生物之通，物至於此，莫不嘉美，故於時為夏，於人則為禮，而眾美之會也。利者，生物之遂，物各得宜，不相妨害，故於時為秋，於人則為義，而得其分之和。貞者，生物之成。實理具備，隨在各足，故於時為冬，於人

35 〈乾卦・文言〉，卷1，1：12。

36 〈乾卦・文言〉，卷1，1：15。

37 〈乾卦・文言〉，卷1，1：15。

38 〈乾卦・文言〉，卷1，1：22。

39 參見〔唐〕李鼎祚（？）：《周易集解》，卷1，引見楊家駱主編：《周易注疏及補正》（臺北市：世界書局，1987年2月），頁8。

40 類比或類推是指對一個超感覺的認識對象，藉由其他感覺直觀所把握的對象，作一不完全的類似性比較。亦即由超感覺與感覺直觀兩者關係相似，推論出兩者相關之諸項目彼此有相似的特徵。類比不是兩類之間的對象完全相同，只是部分相同，部分是不相同的。參見馮契主編：《哲學大辭典》，「類比推理」條，同注25，頁1255-1256。

則為智，而為眾事之幹。」[41]

元者，類比為化生萬物的開始，以四時比喻為春天，於德性則如同仁德。亨者，作為萬物化生的暢通，四時則喻為夏天，在德性上則類比於禮儀。利者，表示萬物的生長（遂，指生長），四時適逢秋天，在德性上則是正義。貞者，是指萬物從出生，經由暢通，到達成長，最後完成，在四時自然就喻為冬天，在德性上只有智能與之類比。

此段是對「元亨利貞」的理解與解釋的詮釋，將其義蘊精緻完整的論述。元始，表示眾善，就是各種善舉的尊長；亨通，表示完美的匯聚；有利，表示正當且和諧；貞正，表示處事的本質，必須守正不迎合阿附。君子以仁心為本體，作為思想的核心，就能成為眾人尊長；尋求嘉美的匯聚，就能合於禮儀；施利於他物，推己及人，濟助他人，就能合於道義，無所偏失；堅持貞正的操守，就能將事物處理好。

此即是將「元亨利貞」的意義，從道德層面再予以擴大解讀，使我們有更深的體證。

關於「五常」──仁、義、禮、智、信的定義，可再深一層的解釋。

首先是「仁」，一般解釋為愛人。但是，在孔子《論語》的解釋是全德之稱。到了朱熹則推到了形上層次，表示「愛之理，心之德」。以下謹就其層次分析如下：

一、禮儀層次：「仁」的本義，〔東漢〕鄭玄（127-200，享壽73歲）說：「（仁），人也。讀如相人偶之人，以人意相存問之言。」[42]「相人偶」，是漢代的俗語；其中「相人」，即是像人；「偶」，就是配合。因此，「相人偶」是指待人的態度，要有人樣，以恭敬的態度，與人相互配合，相互問候，相互禮敬；並相互配合的禮儀。

二、愛親層次：〔東漢〕許慎（約58-約147，享壽約89歲）在《說文解

41 參見氏著：《周易本義》（臺北市：老古文化事業公司，1987年5月），卷1，頁62-63。

42 參見氏注：《禮記．中庸》注，引見李學勤主編：《十三經注疏．（孔穎達）疏》（北京市：北京大學出版社，1999年12月），卷52，21冊，6下：1440。

字》解釋說：「仁，親也。从人二。」[43]「仁」就是親愛的意義。而人際互動最自然的關係，就是至親家人；而「仁」施愛的對象，即是從最親密家人開始。「親親，仁也」[44]、「為仁者，愛親之謂仁（《國語．晉語一》）」[45]。

三、愛人層次：愛人，是由愛親向外拓展的一個過程。以愛人解釋「仁」，在《論語》已明言。本名樊須（前505或前515-？）的孔子弟子樊遲，在問「仁」的時候，孔子就明白的答以「愛人」[46]。孟子（前372-前289，享壽83歲）據此而言：「仁者愛人。」[47]〔唐〕韓愈（768-824，享年56歲）作更大的延伸，稱之為「博愛之謂仁（〈原道〉）」[48]。

四、全德層次：《論語》書中，「仁」不限於個別德目，又包含做人態度及學習方法的內涵。因此，「仁」就表示全德之稱。朱熹就說：「仁包五常。」[49]五常，指仁、義、禮、智、信。「仁」是包括一切德目，是一個全德。他又指出：「仁，則私欲盡去而心德之全也。」[50]

---

43 參見〔清〕段玉裁（1735-1815，享壽80歲）：《說文解字注》（臺北市：藝文印書館，1970年6月），頁369。

44 參見《孟子．盡心上》，引見朱熹：《四書章句集注．孟子集注》（臺北市：大安出版社，1996年11月），第8篇上，卷13，頁495。

45 參見上海師範大學古籍整理組校點：《國語．晉語一》（臺北市：里仁書局，1981年12月），卷7，頁275。

46 參見《論語．顏淵》，引見朱熹：《四書章句集注．論語集注》（臺北市：大安出版社，1996年11月），卷6，頁192。

47 參見《孟子．離婁下》，引見朱熹：《四書章句集注．孟子集注》，卷8，頁417。

48 參見馬通伯（本名馬其昶，通伯為其字。1855-1930，享壽75歲）：《韓昌黎文集校注》（臺北市：華正書局，1986年10月），卷1，頁7。

49 參見朱熹：《論語或問》，引見《朱子全書》（上海市：上海古籍出版社，2002年12月），27冊，卷15，6：856。

50 參見《論語集注．述而》注，朱熹：《四書章句集注．論語集注》，卷4，頁127。

五、形上層次：朱熹說：「仁者，愛之理，心之德也。」[51]其中「愛之理」，是就形上本體言（朱子主張最高本體為「理」）；「心之德」，是就道德實踐言。形上本體結合道德實踐，「仁」則成為一個徹上徹下的道德理性本體。朱熹就說：「仁，則私欲盡去而心德之全也。功夫至此而無終食之違，則存養之熟，無適而非天理之流行矣。」[52]即是要達到「仁」，必須從道德實踐，就是盡去私欲的「心德之全」，才能臻於極至，印證形上本體的「天理流行」。

其次，就「義」分析，《說文解字》解釋說：「義，己之威義也。从我、从羊。」[53]即是指自己的莊嚴儀容舉止。哲學學者勞思光（1927-2012，享壽85歲）主張為「正當」或「道理」[54]。意義詮釋深刻。

三就「禮」說明，《說文解字》指出：「禮，履也。所以事神致福也。从示、从豐，豐亦聲。」[55]此指「禮」表示履行。是用來祭神求福的事。勞思光從兩個角度解釋：就狹義言指儀文；就廣義言指節度秩序，即是規範。亦即是規矩及制度。前者亦即世俗禮生之禮，後者為理論意義禮[56]。解析極為透闢。

四就「智」來說明，《說文解字》未收錄「智」字，僅有「知」字。

「知」字，甲骨文出現在羅振玉（1866-1940，享壽74歲）《殷墟書契前編》5．17，即智字，省白[57]。金文則未見。《說文解字》說：「知，詞也。从口矢。」[58]「詞」字，當依〔南朝梁〕顧野王（519-581，享壽62歲）《玉

51 參見《論語集注．學而》注，朱熹：《四書章句集注．論語集注》，卷1，頁62。

52 參見《論語集注．述而》注，朱熹：《四書章句集注．論語集注》，卷4，頁127。

53 參見段玉裁：《說文解字注》，第12篇下，頁639。

54 參見勞思光：《新編中國哲學史》（臺北市：三民書局，2004年1月），第三章，4冊，1：110。

55 參見段玉裁：《說文解字注》，第1篇上，頁2。

56 參見勞思光：《新編中國哲學史》，第三章，1：108-109。

57 引見張立文（1935-）：《中國哲學範疇發展史》（人道篇）（北京市：中國人民大學出版社，1995年8月），第十六章，頁601。

58 參見段玉裁：《說文解字注》，5篇下，頁230。

篇》作「識」。「从口矢」，其中「矢」，指陳述。即是謂用口陳述，則心意可識[59]。此是「知」的本義，是指對於自我陳述的內容，有真確的認識，是一種對事物全面認識、知道的能力。

「知」的引申義，則為知識。知識是人類認識的成果或結晶。包括經驗知識和理論知識。經驗知識是知識認識的初級形態，系統的科學理論是知識的高級形態。知識通常以概念、判斷、推理、假說、預見等思維形式和範疇體系表現自身的存在[60]。

「知」等同於「智」。所謂「智慧」，就一般而言，是指聰明穎慧，智慧見識。深一層言，智慧是高等生物所具有的，基於神經器官（物質基礎）一種高級的綜合能力。包含有：感知、知識、記憶、理解、聯想、情感、邏輯、辨別、計算、分析、判斷、文化、中庸、包容、決定等多種能力。智慧讓人可以深刻地理解人、事、物、社會、宇宙、現狀、過去、將來，擁有思考、分析、探求真理的能力[61]。

析言之，智慧就是對事物能夠深入性、系統性、完整性的瞭解及掌握。亦即是智慧就是對事物能夠迅速、靈活、正確地理解和解決的能力。依據智慧的內容以及所起作用的不同，可以把智慧分為三類：創新智慧、發現智慧和規整智慧。其中，創新智慧，可以從無到有地創造或發明新的東西。發現智慧，即是能夠觀察和尋找未知的事物。規整智慧，即是能夠將凌亂及複雜的現象，規劃整理，使其條理井然。同時，智慧亦即是一種智力，就是指人的一種綜合認識能力的心理特徵[62]。

---

59 參見湯可敬（1941-）：《說文解字今釋》（長沙市：岳麓書社，2000年4月），卷10，3冊，上：713。

60 參見馮契主編：《哲學大辭典》，「知識」條，頁1010。

61 參見「維基百科」網站，「智慧」條，網址：http://zh.wikipedia.org/wiki/%E6%99%BA%E6%85%A7，檢索日期：2014年5月4日。

62 參見「互動百科」網站，「智慧」條，網址：http://www.baike.com/wiki/%E6%99%BA%E6%85%A7，檢索日期：2014年5月4日。

五就「信」來解釋，《說文解字》表示：「信，誠也。从人、言。」[63]指誠實。

孔穎達解釋「忠信，所以進德也」，說：「『忠信所以進德』者，復解進德之事，推忠於人，以信待物，人則親而尊之，其德日進，是『進德』也。」[64]忠，指誠敬不苟[65]。信，則指誠實。此說明「推忠於人，以信待物，人則親而尊之，其德日進」。即是待人以忠，待物以信，人們就會親愛而受到敬重，持之以恆，道德自然日漸增進。

此外，「乾坤六子六爻別卦」中，除言及「五常」之德外，並一再強調「德」的重要與價值：

> 用九，天德不可為首也[66]。
>
> 龍德而隱者也[67]。
>
> 龍德而正中者也。庸言之信，庸行之謹，閑邪存其誠，善世而不伐，德博而化。《易》曰：「見龍在田，利見大人」，君德也[68]。
>
> 子曰：「君子進德脩業，忠信，所以進德也，脩辭立其誠，所以居業也。」[69]
>
> 君子進德脩業，欲及時也，故无咎[70]。
>
> 飛龍在天，乃位乎天德[71]。
>
> 君子以成德為行，日可見之行也。潛之為言也，隱而未見，行而未成，是以君子弗用也[72]。

---

63 參見段玉裁：《說文解字注》，3篇上，頁93。

64 〈乾卦・文言〉疏，卷1，1：16。

65 參見勞思光：《新編中國哲學史》，第三章，1：128。

66 〈乾卦・小象辭〉，卷1，1：12。

67 〈乾卦・文言〉，卷1，1：14。

68 〈乾卦・文言〉，卷1，1：15。

69 〈乾卦・文言〉，卷1，1：15。

70 〈乾卦・文言〉，卷1，1：17。

71 〈乾卦・文言〉，卷1，1：20。

72 〈乾卦・文言〉，卷1，1：22。

> 君子學以聚之，問以辯之，寬以居之，仁以行之。《易》曰「見龍在田，利見大人」，君德也[73]。
>
> 夫大人者、與天地合其德，與日月合其明，與四時合其序，與鬼神合其吉凶，先天而天弗違，後天而奉天時。天且弗違，而況於人乎？況於鬼神乎[74]？
>
> 至哉坤元，萬物資生，乃順承天。坤厚載物，德合无疆[75]。
>
> 地勢坤，君子以厚德載物[76]。
>
> 坤至柔而動也剛，至靜而德方[77]。
>
> 直其正也，方其義也。君子敬以直內，義以方外，敬義立而德不孤[78]。
>
> 君子以常德行，習教事[79]。

以上進一步說明：

此指用九數，天的美德不自居於首位。

具有龍一樣剛健不息德行而隱藏光芒不露的人。

具有龍一樣剛健不息德行而立身中正的人，在平常的言論，都能講求信實；平常的行為，都能謹慎小心。能夠防止邪惡的引誘，而保持誠懇的心。使世俗變得美好，而不自跨其功。以廣博的德業化成天下。《周易・乾卦九二爻辭》說：「龍出現在田間，利於碰到有德有位之人。」這即是君王應該具備的美德。

孔子說：「君子必須增進德行和開創事業。忠誠信實，是增進德行的根基；研究文辭，本於真誠的感情，就能營修功業。」

君子必須增進德行和開創事業，必須掌握有利時機，這樣就沒有災害。

---

73 〈乾卦・文言〉，卷1，1：22。

74 〈乾卦・文言〉，卷1，1：23。

75 〈坤卦・彖辭言〉，卷1，1：25。

76 〈坤卦・大象辭〉，卷1，1：27。

77 〈坤卦・文言〉，卷1，1：30。

78 〈坤卦・文言〉，卷1，1：31。

79 〈坎卦・大象辭〉，卷1，1：131。

龍飛在天上，正當尊位，具有天的美德。

君子以成就道德為行動的目的，是每天都可以體現出來的行為。初九爻辭所稱「潛」的意思，就是隱藏未曾露面，行動尚未成功，是以君子暫時不能夠施展才能。

君子努力學習累積知識，仔細提問辨別疑難，胸懷寬厚待人處世，心存仁愛作為行為準繩。《周易・乾卦九二爻辭》說：「龍出現在田間，利於碰到有德有位之人。」這即是君王應該具備的美德。

大人的特色，必須具有與天地覆載萬物大公無私的品德，與日月明察與普照大地相互契合，施政要像四時般井然有序，賞罰如同鬼神福善禍淫奧妙莫測。在自然界尚未出現變化時，預先採取必要措施，這樣上天也不會違背；在自然界出現變化後，採取適當的應對舉措，以遵循天的規律。如此，天不會違背他，何況是人呢？何況是鬼神呢？

至大化生萬物的坤元，萬物依靠它而生長。它是順承天道的規則。坤德如地體深厚，而能普載萬物，德性廣大，超越時空，而能長久無盡。

大地的氣勢寬厚和順，君子宜增厚美德，包容萬物。

坤德秉性極為柔順，變動時則顯現剛強；態度極為安靜，而柔美的德性流布四方。

「直」說明品性純正，「方」說明行為正當。君子以恭敬不苟端正自身心志，以正當舉措規範外在行為。恭敬不苟，行為正當，致能使美德廣布而不孤立。

君子恆久保持美好品德，勤於熟習政教事務。

由上可知，「乾坤六子六爻別卦」對「德」的嚮往，以及實踐的迫切性。從自己身的修德開始，臻於「德博而化」。

「『德博而化』者，言德能廣博，而變化於世俗」[80]。道德廣大，能夠推己及人，改變世俗，化成天下。即如〔北宋〕程頤（1033-1107，享壽74

80 〈乾卦・文言〉疏，卷1，1：15。

歲）所言：「正己而能物正也」[81]。自身端正，自能使萬物端正。

「德」字，見於甲骨文目前僅有兩例：郭沫若（1892-1978，享壽86歲）《殷契粹編》「八六四」、董作賓（1896-1963，享壽67歲）《小屯・殷虛文字甲編》「二三〇四」[82]。見於金文極多，例如〈辛鼎〉、〈孟鼎〉、〈毛公鼎〉、〈令狐君壺〉、〈中山王鼎〉等[83]。在金文中，「德」與「悳」通，經傳亦同。

「德」的意義，根據甲金文的解釋，共有八種，即是循行察視、祭名、道德、恩德（或功德）、德政（或善教）、通特（指公牛）、人名、天德（此指自然的客觀規律）等[84]。

管子（？-前645）說：「德者，得也。」[85]即是按照道德規範行事，而心有所得者稱之。

《說文解字》解釋說：「德，行也。從彳，悳聲。」[86]又「悳，外得於人，內得於己也。從直心」[87]。今多以「悳」義為主。

所謂「內得於己」，就是「德者，得也，得其道於心而不失之謂也。得之於心而守之不失，則終始惟一，而有日新之功矣」[88]。即是通過道德修養，形成良好的道德品質——內聖（指內具聖人之德）。所謂「外得於人」，即把惠澤施之於人——外王（指外施王者教化）。「內得於己」與「外得於

81 參見黃忠天（1958-）：《周易程傳註評》（高雄市：高雄復文圖書出版社，2004年9月），卷1，頁12。

82 參見方述鑫（1945-）等編：《甲骨金文字典》（成都市：巴蜀書社，1993年11月），卷2，頁141。

83 參見方述鑫（1945-）等編：《甲骨金文字典》，卷2、10，頁141、783。

84 參見方述鑫（1945-）等編：《甲骨金文字典》，卷2，頁141-142。

85 參見〔日〕安井衡（1799-1876，享壽77歲）：《管子纂詁・心術上》指出：「德者道之舍，物得以生，生知得以職，道之精。故德者，得也；得也者，其謂所得以然也。以無為之謂道，舍之之謂德，故道之與德無間，故言之者不別也。」（臺北市：河洛圖書出版社，1976年3月）卷13，頁5。

86 參見段玉裁：《說文解字注》，2篇下，頁76。

87 參見段玉裁：《說文解字注》，10篇下，頁507。

88 參見朱熹：《四書章句集注・論語集注・述而篇注》，卷4，頁126。

人」兩者統一起來，就是「德」的內涵意義與價值。

根此，「德」就是道德品格。即是行不愧於人，有得於心[89]。再就是由自身品德的修持與涵育，自反而縮，下學上達，仰不愧於天，俯不怍於人，方能上合天理，止於「至善」。

鄔昆如（1933-2015，享壽82歲）深入剖析表示：「在倫理道德的層次上，人生的目的也就被界定在『止於至善』之境。從人生目的的指向善，哲學的知識論設法認清『善』的真面目，而形上學則證明『善』原就是存有本身的特性。『存有』與『至善』在本體的意義上是等同的，可以互換的。倫理學在這裡的任務是：教人透過如何的生活，才可以達到這『至善』的目標，完成人生的目的。正如吾人在做許多事時，都有目的，倫理學在這裡的目的，就是教人『善』度生活，在思言行為上都符合倫理的法則，終至使生活有意義、生命有價值。生活的意義、生命的價值、行為的正確，都將濃縮到『善』度生活的抽象理念中。『善』的課題，因而是倫理學首先要討論的課題。」[90]

「至善」，以現代詞彙來替代，就是「聖潔」。因為「因道德的完善生活而與神相契相似的人則係聖潔的人」[91]。「德」的重要性與崇高性，於此可見。

總之，「在儒家系統中，『德』既可以指內在之德生性，又可以指外在之德，是生命精神的通體呈現」[92]。誠為的論。

---

89 參見方克立（1938-2020，享壽89歲）主編：《中國哲學大辭典》（北京市：中國社會科學出版社，1994年5月），「德」條，頁729。

90 參見氏著：《倫理學》（臺北市：五南圖書出版公司，1993年4月），第二部第四章，頁313-314。

91 參見〔德〕布魯格（Verlag Herder K.G., 1904-1990，享壽86歲）編著，項退結（1923-2004，享壽81歲）編譯：《西洋哲學辭典》，「聖潔」條。達到「聖潔」的標準為：「受造物由其對神的特殊關係而稱為聖潔；因此人或事物如完全奉獻於神，亦稱為聖潔；因道德的完善生活而與神相契相似的人則係聖潔的人」（臺北市：華香園出版社，1992年8月），頁256。其中「因道德的完善生活而與神相契相似的人則係聖潔的人」，充分說明了「道德」的價值。

92 參見許毓榆（？）：《《左傳》《國語》卜筮研究》（臺北市：國立政治大學中國文學研究所碩士論文，2018年9月），第四章，頁162。

四　朝向本體意義，探求宇宙第一因「乾坤六子」卦的本體詮釋

探求最高的本體，是學人研究學問的目標之一。

我國哲學為何那麼重視本體的意義及價值？「古人沿著『天地之上為何物』的思維理路，探尋自然、社會現象背後的本體，並把這個本體視為超越形而下的形而上者」[93]。

事實上，探尋萬象背後的真實本體及生命本質，一直是人類所追求最深沈的「夢」。而本體的追求與探索，是形上學或存有論必須剖析的。

詮釋學作為一門關於理解和解釋的技藝學，以理解、解釋作為其主要內容和本質特徵[94]。主要的研究者為詮釋學開創者〔德〕施萊爾馬赫（Friedrich Daniel Ernst Schleiermacher, 1768-1834，享壽66歲）及〔德〕狄爾泰（Wilhelm Dilthey, 1833-1911，享壽78歲）兩大家。當詮釋學發展到〔德〕海德格爾（Martin Heidegger, 1889-1976，享壽87歲）與集大成的伽達默爾時期，西方詮釋學已從早期的方法論轉向本體論了。這是詮釋學的發展方向，也可以看出本體詮釋，已是大勢所趨，不可阻擋的方向。

對於海德格爾而言，理解是本體論的，它構成人的存在的一部分[95]。在其思想中，「歷史的理解結構顯示出充分的本體論背景（伽達默爾《真理與方法》，頁261）」[96]。

何謂「本體詮釋」？

本體詮釋：即是將其概念內涵與意義，賦予第一因高度的內容。即是本

---

93 參見張立文：《中國哲學範疇發展史》（天道篇），第十五章，頁537。

94 參見洪漢鼎（1938-）：《當代哲學詮釋學導論》（臺北市：五南圖書出版公司，2014年3月），第二章，頁25。

95 參見〔美〕帕特里夏・奥坦伯德・約翰遜（Patricia Altenbernd Johnson ？）著，何衛平（1958-）譯：《伽達默爾（On Gadamer）・哲學解釋學》（北京市：中華書局，2003年8月），頁17。

96 參見〔美〕帕特里夏・奥坦伯德・約翰遜（Patricia Altenbernd Johnson ？）著，何衛平（1958-）譯：《伽達默爾（On Gadamer）・哲學解釋學》，頁18。

體詮釋。在創造詮釋的過程中，為達到理解與解釋的最高頂點，就會朝向形上學第一因本體論提升，藉以探求意義的極致，故稱為本體詮釋。

伽達默爾就直接說：「理解是本體論的。」[97]

潘德榮進一步分析表示：「(〔德〕伽達默爾主張）就是不再把理解僅僅當作人的認知方法，而且主要的不在於此；它直接就是此在[98]的存在的方式，生命的意義並不抽象地存在於別的某個地方，它就在理解之中，是被理解到的意義。正因如此，理解就具有本體論的性質。」[99]

即是人們的理解與解釋，直接展現本體存在的特質，是以理解是本體論的。

深層剖析，理解與解釋的詮釋，所依據的不僅是技術性的方法規則，它最深層的基礎，乃是本體論意義上的「世界觀點」。即是從形上學的本體意義作為宏觀詮釋的方向。

「理解與解釋的作用在於，通過揭示實在的陳述、觀念和思想體系來確立本體（Benti）」[100]。本體詮釋的主要目的亦即在此。

海德格爾甚至主張，人作為「存在的牧羊人（shepherd of being）」[101]。意義特別發人深省。

「乾坤六子卦」，在創造意義上，走向了人倫思想；並在本體意義上，朝向宇宙論的本體詮釋。

> 帝出乎〈震〉，齊乎〈巽〉，相見乎〈離〉，致役乎〈坤〉，說言乎〈兌〉，戰乎〈乾〉，勞乎〈坎〉，成言乎〈艮〉[102]。

---

97 參見伽達默爾：《真理和方法》，引見李翔海（1962-）、鄧克武（？）編：《成中英文集．本體詮釋學》（武漢市：湖北人民出版社，2006年5月），頁1。

98 「此在」，指通過對「存在」的領會而展開的存在方式。參見「維基百科」網站，「此在」條，網址：https://zh.wikipedia.org/zh-tw/%E6%AD%A4%E5%9C%A8，檢索日期：2023年6月26日。

99 參見氏著：《詮釋學導論》，第四章，頁75。

100 參見氏著：《詮釋學導論》，第七章，頁223。

101 參見帕瑪著，嚴平譯：《詮釋學》，第10章，頁74。

102 〈說卦．第五章〉，卷9，1：327。

> 萬物出乎〈震〉，震，東方也。齊乎〈巽〉，〈巽〉，東南也，齊也者、言萬物之絜齊也。〈離〉也者、明也，萬物皆相見，南方之卦也。聖人南面而聽天下，嚮明而治，蓋取諸此也。〈坤〉也者、地也，萬物皆致養焉，故曰：致役乎〈坤〉。〈兌〉、正秋也，萬物之所說也，故曰說言乎〈兌〉。戰乎〈乾〉，〈乾〉、西北之卦也，言陰陽相薄也。〈坎〉者、水也，正北方之卦也，勞卦也，萬物之所歸也，故曰勞乎〈坎〉。〈艮〉、東北之卦也。萬物之所成終而所成始也。故曰成言乎〈艮〉[103]。

帝，指萬化本源。王弼注云：「帝者，生物之主，興益之宗，出〈震〉而齊〈巽〉者也。」[104]此指帝為萬物化生之主，昌盛增益的根本。產生〈震〉而整齊〈巽〉。相見，指繁茂。役，指養育。說同悅，指欣悅。言，語助詞，無義。戰，指交合。勞，指疲勞止息。成，指完成。絜齊，指整潔齊一。明，指光明。相見，指顯現。南面，指坐北面向南方。聽，指聽政。致養，指養育。致役，指養育。相薄，本指迫近，此指交合。歸，指歸藏止息。成終而所成始，指成其舊功，又重新生生萌發。成，指成功。

此章是借由「乾坤六子卦」說明宇宙的創生及發展過程。

宇宙論，即為「氣論」。是對自然的本性與原理之研究[105]。主要研究宇宙的起源、結構、永恆性、有機性或機械性規律、時間、空間、因果性等性質[106]。即探求宇宙的發生過程。亦即是形上原理或根據如何方式演變成萬物之多，或萬物之多與第一原理間的發展歷程與關係。綜言之，即是宇宙「一與多」的關係。

「乾坤六子卦」主張的宇宙論，認為萬物的來源與化生，是從〈震卦〉開始。王弼就說，「帝者，生物之主，興益之宗」。帝為萬物化生之主，昌盛增益的根本。整齊生長於〈巽卦〉，茂盛不已於〈離卦〉，養育護愛於〈坤

---

103 〈說卦．第五章〉，卷9，1：327-328。

104 〈益卦．六二爻辭〉，卷4，1：177-178。

105 參見沈清松（1949-2018，享壽69歲）：《物理之後——形上學的發展》（臺北市：牛頓出版公司，1991年11月），第一章，頁21。

106 參見馮契主編：《哲學大辭典》「宇宙論」條，頁674。

卦〉，成長欣悅的〈兌卦〉，交合陰陽二氣的〈乾卦〉，疲勞止息的〈坎卦〉，完成生物，又啟發新機的〈艮卦〉。

從〈震卦〉創生，到〈艮卦〉的成終又開始，世界萬化於焉產生，永恆不止。此「乾坤六子卦」的排序，即是〔北宋〕邵雍（1012-1077，享壽65歲）主張的「後天八卦」的順序。以為周文王（前1152-前1056，享壽96歲）所演。分為〈文王八卦次序圖〉、〈文王八卦方位圖（又稱〈先天八卦圖〉)〉，簡稱〈文王八卦方位圖〉。有人認為其圖式為現存最早的八卦圖，大約作於戰國時代[107]。

再深入言，萬物化生於〈震卦〉，以其象徵日出物萌的東方。整齊生長於〈巽卦〉，以其象徵生長蓬勃的東南方。整齊的意思，是指萬物生長整潔一致，井然有序。〈離卦〉，象徵光明。萬物繁茂得以顯現，表示南方的卦。聖人坐北面向著南方聽政天下，面向光明而施政，大蓋是根據這卦的意義。〈坤卦〉，象徵大地。萬物皆由大地而滋養，所以說獲得滋養於〈坤卦〉。〈兌卦〉，是象徵正秋的卦，正屬萬物成熟欣悅的季節，所以說成熟欣悅於〈兌卦〉。交合陰陽二氣的〈乾卦〉，表示西北之卦，說明陰陽互相交合。〈坎卦〉，象徵為水，表示正北方之卦，是指疲勞休息，萬物當歸藏止息，所以說疲勞休息於〈坎卦〉。〈艮卦〉，表示東北之卦，象徵萬物成長的終結，且又是新生的開始，所以說最後成功而又重新萌發，生生永恆於〈艮卦〉。

綜合言之，「乾坤六子卦」，到「乾坤六子六爻別卦」的意義轉化與發展，就是一個創造與本體詮釋永無止盡的意義向上提升，昇華不已的過程。也由於如此，其意義格外令人深思與回味。其展現的特質為：

其一揭示真理，豐碩內涵，深化理論，意義永無止盡的創造：意義為何不斷的更新與創造？主要原因是：「由於理解者的主觀性參與了理解過程，『本文』的意義就不再是一個靜止和凝固的東西。它本身展現為歷史，永遠不會被窮盡」[108]。「詮釋的循環是一個生產性的循環，它的目的是，擴展理

107 參見張其成：《易學大辭典》，「後天八卦」條，頁461。

108 參見潘德榮：《詮釋學導論》，第二章，頁49。

論的框架和挖掘新的意義，深化和豐富人們的原始領悟」[109]。易學重在生生，易學的意義亦重在永無止盡的創新與提高。為揭示真理，深化內涵，「乾坤六子卦」，到「乾坤六子六爻別卦」的意義轉化與發展，即是最好的證明。

其二朝向人倫道德，體仁長人，臻於生存更和諧，生活更完善：為何「乾坤六子卦」，到「乾坤六子六爻別卦」的意義的轉化與發展，是朝向人倫道德的創造詮釋？主要是定位人與生活世界之關係，為生存得更和諧、生活得更完善。開顯人性尊嚴及生命意義價值。儒家格外強調德行倫理，強調道德人格的優位性，探討的主題是如何培養德行卓越的人[110]。關注的是「行為者」，而不是行為的性質或特點。「君子體仁足以長人；嘉會足以合禮，利物足以合義，貞固足以幹事」。永銘在儒者的心中，昭如日月。

其三本體詮釋，追求本根，是人類嚮往的夢，直接探尋存有者的存有：創造詮釋的最高目標，為何朝向本體論釋？「對於理解者，每一種解釋無不蘊含著他們自己的『世界觀念』。……我們通過解釋展示了自己的『世界觀念』」[111]。由於每個人都有自己的「世界觀念」，是在理解與解釋文本時，自然從自身的「前理解」的「世界觀念」，往本體詮釋解讀，直接探尋存有者的存有。其目的在於：

一、追求本根：在理論上及邏輯上作為萬物產生的依據，通過它來說明世界的形成原因。同時，明瞭生命源頭，一直是我們最深沈的夢想，如果經由對「道」的深求，達到天人合一，藉以明白生命的本根，就能「本立而道生」了。

二、追求永恆：人的形體生命有限，為使個人意志上有一永恆的依託、慰藉及保障，追求形上本根的「道」，是一個必然的現象。

---

109 參見潘德榮：《詮釋學導論》，第三章，頁68。

110 參見「德行學——阿摩線上測驗」網站，網址：https://yamol.tw/note-%E5%BE%B7%E8%A1%8C%E5%AD%B8-16555.htm，檢索日期：2018年9月28日。

111 參見潘德榮：《詮釋學導論》，第七章，頁206。

因為若能求「道」而得「道」，將個人的存在與永恆的實體聯結在一起，就能使人感到不朽，而得到生命的價值與意義。

三、解釋人生：人生的意義和價值，一直是人類探尋的方向。「道」作為萬物的本根，生命的源頭，致使人生有一追求的方向，以及安頓生命的處所。因此，「道」作為解釋人生，達到天人合一，有其積極性的目的，是不可忽略的。

其四易學注疏豐沛，亙古綿長，在於易學研究者接續不斷的詮釋，維揚光大：詮釋重不重要？極為重要。沒有詮釋，就沒有大量生產的意義與內涵。以易學的注疏而言，最早記錄易學著作的《漢書・藝文志》，《易》著錄十三家二九四篇[112]。《四庫全書》〈易類〉書目著錄，共一五九部一七二八卷，附錄八部十二卷[113]。林慶彰（1948-）教授主編《經學研究論著目錄》（1912-1987）、（1988-1992）及（1993-1997）三種版本（臺北市：漢學研究中心，1989年、1999年及2002年出版），共計八十五年，蒐集《周易》相關篇章共六九四六篇（三書蒐羅篇章之順序為2537篇、1986篇及2423篇）[114]。易學注疏豐沛，亙古綿長，就在於易學研究者不斷的生產詮釋，維揚光大。

112 參見〔東漢〕班固（32-92，享年60歲）：《漢書・藝文志》（臺北市：弘道文化事業公司，1974年3月），5冊，卷30，2：1703-4。

113 參見〔清〕永瑢（1744-1790，享年46歲）、紀昀（1724-1805，享壽81歲）等撰：《文淵閣原鈔本四庫全書簡明目錄》（臺北市：臺灣商務印書館，1983年10月），頁6-6-26。

114 參見林慶彰（1948-）主編：《經學研究論著目錄・周易》（1912-1987）（臺北市：漢學研究中心，1994年4月），冊上：72-209。

參考文獻（按照作者筆畫順序排列）

上海師範大學古籍整理組校點：《國語》，臺北市：里仁書局，1981年12月。

王　充：《論衡》，臺北市：世界書局，1983年4月。

王先謙：《荀子集解》，臺北市：世界書局，1983年4月。

方克立主編：《中國哲學大辭典》，北京市：中國社會科學出版社，1994年5月。

方述鑫等編：《甲骨金文字典》，成都市：巴蜀書社，1993年11月。

布魯格編著，項退結編譯：《西洋哲學辭典》，臺北市：華香園出版社，1992年8月。

卡爾・奧托・阿佩爾著，孫周興、陸興華譯：《哲學的改造》，上海市：上海譯文出版社，1994年2月。

朱　熹：《周易本義》，臺北市：老古文化事業公司，1987年5月。

朱　熹：《四書章句集注》，臺北市：大安出版社，1996年11月。

朱　熹：《朱子全書》，上海市：上海古籍出版社，2002年12月。

安井衡：《管子纂詁》，高雄市：河洛圖書出版社，1976年3月。

成中英主編：《本體與詮釋》，北京市：生活・讀書・新知三聯書店，2002年1月。

李鼎祚：《周易集解》，臺北市：世界書局，1987年2月。

李學勤主編：《周易正義》，北京市：北京大學出版社，1999年12月。

李學勤主編：《禮記正義》，北京市：北京大學出版社，1999年12月。

李翔海、鄧克武編：《成中英文集・本體詮釋學》，武漢市：湖北人民出版社，2006年5月。

沈清松：《物理之後——形上學的發展》，臺北市：牛頓出版公司，1991年11月。

永瑢、紀昀等撰：《文淵閣原鈔本四庫全書簡明目錄》，臺北市：臺灣商務印書館，1983年10月。

帕瑪著，嚴平譯：《詮釋學》，臺北市：桂冠圖書公司，1997年9月。
〔德〕帕特里夏・奧坦伯德・約翰遜著，何衛平譯：《伽達默爾（On Gadamer）哲學解釋學》，北京市：中華書局，2003年8月。
段玉裁：《說文解字注》，臺北市：藝文印書館，1970年6月。
洪漢鼎：《當代哲學詮釋學導論》，臺北市：五南圖書出版公司，2014年3月。
班　固：《漢書》，臺北市：弘道文化事業公司，1974年3月。
張岱年：《中國倫理思想研究》，臺北市：貫雅文化事業公司，1991年7月。
張立文：《中國哲學範疇發展史》（人道篇），北京市：中國人民大學出版社，1995年8月。
張其成主編：《易學大辭典》，北京市：華夏出版社，1992年2月。
馬通伯：《韓昌黎文集校注》，臺北市：華正書局，1986年10月。
陳　立：《白虎通疏證》，臺北縣：廣文書局，1987年5月。
傅偉勳：《從創造的詮釋學到大乘佛學》，臺北市：東大圖書公司，1999年5月。
馮契主編：《哲學大辭典》，上海市：上海辭書出版社，1992年10月。
勞思光：《新編中國哲學史》，臺北市：三民書局，2004年1月。
湯可敬：《說文解字今釋》，長沙市：岳麓書社，2000年4月
黃忠天：《周易程傳註評》，高雄市：復文圖書出版社，2004年9月。
楊蔭隆主編：《西方文學理論大辭典》，長春市：吉林文史出版社，1994年1月。
鄔昆如：《倫理學》，臺北市：五南圖書出版公司，1993年4月。
潘德榮：《詮釋學導論》，臺北市：五南圖書出版公司，1999年8月。
林慈涵：《《莊子・內篇》生命的反思與超越——內在理路下的詮釋向度》，國立政治大學中國文學研究所碩士論文，106學年度第2學期。
許毓榆：《《左傳》《國語》卜筮研究》，國立政治大學中國文學研究所碩士論文，2018年9月。
「論牟宗三「良知之自我坎陷」之詮釋與批評（上）@經典小疏系列（張雅評）」網站，網址：http://mypaper.pchome.com.tw/m90010082/post/1234917033，2018年4月8日。

「維基百科」網站，「智慧」條，網址：http://zh.wikipedia.org/wiki/%E6%99%BA%E6%85%A7，檢索日期：2014年5月4日。

「維基百科」網站，「此在」條，網址：https://zh.wikipedia.org/zh-tw/%E6%AD%A4%E5%9C%A8，檢索日期：2023年6月26日。

馬國翰輯鄭嗣《春秋穀梁傳鄭氏說》析論*

吳智雄
臺灣海洋大學共同教育中心語文教育組特聘教授

提要

魏晉南北朝的《穀梁》學發展，不在官方的博士學官，而在私家注疏之學。但在私家注疏之中，除了范甯《春秋穀梁傳集解》以全本傳世外，其餘皆已亡佚，今可得見者，僅後人所輯七家九種輯本，本文所論，為馬國翰所輯鄭嗣《春秋穀梁傳鄭氏說》一種。鄭嗣《春秋穀梁傳鄭氏說》有輯文二十二節，全輯自范甯《春秋穀梁傳集解》，除一節釋經外，餘二十一節皆在注說《穀梁》傳文，可歸入「傳說義疏類」著述，甚具魏晉義疏學之風。鄭嗣注說《穀梁》，大抵有言禮義、明屬辭、釋書法等三面向，以依傳說傳、注不破傳為原則，多得《穀梁》要義，故能為范甯徵引以為證，或逕引以為注；但也有未能考究《穀梁》說禮之失的因襲之弊、傳文斷句不若他家等短處；而在注說《穀梁》傳義時，則有羼引《公羊》家說之處，顯示鄭嗣《穀梁》學有旁採他傳之特徵。

關鍵詞：穀梁、鄭嗣、馬國翰、輯佚、魏晉南北朝

---

* 本文為科技部專題研究計畫【《玉函山房輯佚書》「經編春秋類」研究】（MOST 110-2410-H-019-021-MY2）之部分研究成果。

一　前言

自曹丕廢漢獻帝自立為魏王始（220），至隋文帝楊堅南下滅陳（581）一統中原為止的魏晉南北朝，其間天下戎馬，南北分治，政權交替頻繁，少見安定時局。紛亂的時代環境，自無法提供學術安穩發展之土壤，故自東漢起即因未立於今文經十四博士而日漸衰微的《穀梁傳》，在本時期的官學發展上，其冷寂消亡情形似乎更形嚴重。

在魏晉南北朝三百餘年的歷史長河中，史書關於《穀梁》學的發展記載，尤其是官學地位的浮降情形，大致得見如下：一是魏文帝黃初五年（224），「夏四月，立太學，制五經課試之法，置《春秋穀梁》博士」。[1]二在西晉時，《隋書・經籍志》有載：「晉時，杜預又為《經傳集解》。《穀梁》范甯注、《公羊》何休注、《左氏》服虔、杜預注，俱立國學。然《公羊》、《穀梁》，但試讀文而不能通其義。」[2]三在東晉元帝（276-323在位）時，荀崧上疏請立鄭《易》、鄭《儀禮》、《春秋公羊》、《穀梁》博士各一人，然元帝下詔曰：「《穀梁》膚淺，不足置博士，餘如奏。」[3]四是後趙石虎時期（335-349在位），石虎（季龍）「下書令諸郡國立五經博士。初，勒置大小

1　〔晉〕陳壽：《三國志》（北京市：中華書局，1997年），卷2，〈魏書・文帝紀〉，頁84。

2　〔唐〕魏徵：《隋書》（北京市：中華書局，1997年），卷32，〈經籍志〉，頁933。

3　東晉元帝時，「時方修學校，簡省博士，置《周易》王氏、《尚書》鄭氏、《古文尚書》孔氏、《毛詩》鄭氏、《周官》《禮記》鄭氏、《春秋左傳》杜氏服氏、《論語》《孝經》鄭氏博士各一人，凡九人，其《儀禮》、《公羊》、《穀梁》及鄭《易》皆省不置」。荀崧（262-328）以為不可，乃上疏「為鄭《易》置博士一人，鄭《儀禮》博士一人，《春秋公羊》博士一人，《穀梁》博士一人」。荀崧曰：「穀梁赤師徒相傳，暫立於漢世。向、歆，漢之碩儒，猶父子各執一家，莫肯相從。其書文清義約，諸所發明，或是《左氏》、《公羊》所不載，亦足有所訂正。是以三傳並行於先代，通才未能孤廢。今去聖久遠，其文將墜，與其過廢，寧與過立。臣以為三傳雖同曰《春秋》，而發端異趣，案如三家異同之說，此乃義則戰爭之場，辭亦劍戟之鋒，於理不可得共。博士宜各置一人，以博其學。」元帝下詔共議，議者多請從荀崧所奏。元帝下詔曰：「《穀梁》膚淺，不足置博士，餘如奏。」詳見〔唐〕房玄齡：《晉書》（北京市：中華書局，1997年），卷75，〈荀崧列傳〉，頁1976-1977。

學博士，至是復置國子博士、助教」；「季龍雖昏虐無道，而頗慕經學，國子博士詣洛陽寫石經，校中經于祕書。國子祭酒聶熊注《穀梁春秋》，列于學官」[4]。五是南朝宋（420-479）設「國子祭酒一人，國子博士二人，國子助教十人。《周易》、《尚書》、《毛詩》、《禮記》、《周官》、《儀禮》、《春秋左氏傳》、《公羊》、《穀梁》各為一經，《論語》、《孝經》為一經，合十經，助教分掌」。但「自宋世若不置學」，國子學名存實亡。[5]六是南齊武帝永明元年（482），「時國學置鄭、王《易》、杜、服《春秋》，何氏《公羊》、麋氏《穀梁》、鄭玄《孝經》」。陸澄（425-494）與尚書令王儉（452-489）書論之曰，「《穀梁》太元舊有糜信注，顏益以范寧，糜猶如故。顏論閏分范注，當以同我者親。常謂《穀梁》劣；《公羊》為注者又不盡善。竟無及《公羊》之有何休，恐不足兩立。必謂范善，便當除糜」。……王儉答曰，「《穀梁》小書，無俟兩注，存麋略范，率由舊式」。[6]七是北齊時期（550-577），「《公羊》、《穀梁》二傳，儒者多不措懷」。[7]

由上可知，《穀梁》於魏晉南北朝時期僅偶立於學官，官學地位明顯式微。在「《公羊》、《穀梁》，但試讀文而不能通其義」的遞延效應下，「至隋，杜氏盛行，服義及《公羊》、《穀梁》浸微，今殆無師說」[8]，亦即到了隋朝（581-619），《公》、《穀》二傳已浸微至未見師說的地步。直到唐代，情況依然如此，如唐人陸德明（約550-630）《經典釋文》所云：「和帝元興十一年，鄭興父子奏上《左氏》，乃立於學官，仍行於世。迄今遂盛行，二《傳》漸微。」[9]在唐代，《公》、《穀》二傳式微情形依舊。

---

4 〔唐〕房玄齡等撰：《晉書》，卷106，〈石季龍載記上〉，頁2769、2774。

5 〔梁〕沈約：《宋書》（北京市：中華書局，1972年），卷39，〈百官志上〉，頁1228。

6 〔梁〕蕭子顯：《南齊書》（北京市：中華書局，1997年），卷39，〈陸澄列傳〉，頁684-685。

7 〔唐〕李百藥：《北齊書》（北京市：中華書局，1972年），卷44，〈儒林列傳〉，頁584。

8 〔唐〕魏徵：《隋書》，卷32，〈經籍志〉，頁933。另，焦桂美認為「南朝《左氏》唯傳服義之說不確」。詳見氏著：《南北朝經學史》（上海市：上海世紀出版公司，2009年），頁158。

9 〔唐〕陸德明：《經典釋文》（上海市：上海古籍出版社，2012年），〈敘錄〉，頁17。

雖然如此，魏晉南北朝時期的《穀梁》私家注疏之學卻有較為興盛的發展，此可能與本時期以注疏為經學主要發展特色的大勢有關。[10]據范甯《春秋穀梁傳集解序》：「釋《穀梁傳》者雖近十家，皆膚淺末學，不經師匠。辭理典據，既無可觀，又引《左氏》、《公羊》以解此《傳》，文義違反，斯害也已。」楊士勛疏云：「近十家者，魏晉已來注《穀梁》者，有尹更始、唐固、麋信、孔演、江熙、程闡、徐仙民、徐乾、劉瑤、胡訥之等，故曰『近十家』也。」[11]范甯說當時釋《穀梁》者近十家，[12]若據今人考證，則有二十家左右，諸如唐固（？-225）、麋信、郭琦、孔衍（268-320）、張靖、程闡、劉瑤、劉兆、江熙、徐乾、胡訥、聶熊、蕭邕、沈仲義、徐邈（344-397）、鄭嗣、薄叔玄、范甯（339-401）、李軌、劉芳等人。[13]所見著作亦有二十餘種，但除范甯（約339-401）《春秋穀梁傳集解》以全本傳世，以及其他少數著述有清人輯佚版本之外，本時期其餘《穀梁》學著述皆已亡佚，殊為可惜。

---

10 如文廷海說：「魏晉南北朝隋唐時期，《穀梁傳》官方經學雖枝葉稀疏，但民間以注疏和研究為特色的穀梁學則根深葉茂。」此種經學發展特色的形成，文氏認為原因有二。文氏說：「從深層的歷史原因來看，魏晉南北朝時期天下分離，一者官方對學術的控馭沒有兩漢時緊張，故學風自由，學者可以突破《春秋穀梁》經傳與前代學者的權威，撰寫新注新疏；二者天下紛爭，學者報國無門，多悠遊林下，致力於藏諸名山的學術事業，這推動了以注疏為特色的經學繁榮。」見文廷海：〈私學與官學之間：漢至唐春秋穀梁學的反向互動〉，《江西師範大學學報》（哲學社會科學版）第38卷第2期（2005年3月），頁81。

11 〔晉〕范甯集解，〔唐〕楊士勛疏：《春秋穀梁傳注疏》（北京市：北京大學出版社，2000年），收入李學勤主編「十三經注疏整理本」，冊22，〈春秋穀梁傳序〉，頁13。

12 楊士勛所云諸人，除尹更始為西漢宣、元時期人，曾官議郎、諫議大夫、長樂戶將，屬第六代《穀梁》學傳人之外，餘皆魏晉時期儒者。尹更始為漢代《穀梁》學第六代傳人之說，詳見吳智雄：〈政權、學官、經義的交結——論漢宣帝與穀梁學〉，《成大中文學報》第37期（2012年6月），頁12。

13 今人考證歷代《穀梁》學研究之目錄成果，可參下列諸作。簡宗梧、周何編：《左傳．春秋公羊．春秋穀梁．春秋總義論著目錄》（臺北市：洪葉文化公司，2000年）。周何編著：《春秋穀梁傳著述考（一）》（臺北市：國立編譯館，2003年）。王熙元：《穀梁著述考徵》（臺北市：廣東出版社，1974年）。吳連堂：〈《穀梁著述考徵》補正〉，《孔孟學報》第75期（1998年3月），頁45-65。

范甯《春秋穀梁傳集解》今傳全本，又採入十三經注疏本，今人已有研究專著可資參看。[14]此外，除了已亡佚的著述，本時期尚有清人所輯七家九種《穀梁》學著述如下：

〔魏〕麋信《春秋穀梁傳注》，有清人王謨（約1731-1817）《漢魏遺書鈔》、馬國翰（1794-1857）《玉函山房輯佚書》、黃奭（1809-1853）《黃氏逸書考》諸家輯本，各皆一卷。[15]

〔晉〕徐乾《春秋穀梁傳注》，有清人馬國翰《玉函山房輯佚書》輯本一卷。

〔晉〕徐邈（344-397）《春秋穀梁傳注義》，有清人馬國翰《玉函山房輯佚書》輯本一卷，乃合史志所載《春秋穀梁傳注》、《春秋穀梁傳義》二書併輯之。《春秋穀梁音》，有清人馬國翰《玉函山房輯佚書》輯本一卷。[16]

〔晉〕鄭嗣《春秋穀梁傳鄭氏說》，有清人馬國翰《玉函山房輯佚書》輯本一卷。

〔晉〕范甯《薄叔玄問穀梁義》，有清人王謨《漢魏遺書鈔》、馬國翰《玉函山房輯佚書》二家輯本，各皆一卷。《春秋穀梁傳例》，有清人王謨《漢魏遺書鈔》、黃奭《黃氏逸書考》二家輯本，各皆一卷。

---

14 大略可參酌下列諸作：王熙元：〈范甯及其穀梁集解〉，《國文學報》第3期（1974年6月），頁1-10。王熙元：《穀梁范注發微》（臺北市：嘉新水泥公司文化基金會，1975年）。王熙元：〈范甯年譜初稿〉，《國文學報》第10期（1981年6月），頁53-80。林秀富：〈范甯春秋穀梁傳集解在解經觀念上的突破〉，《輔大中研所學刊》第3期（1994年6月），頁70-76。秦平：〈范寧《春秋穀梁傳集解》的解釋學意義〉，《《春秋穀梁傳》與中國哲學史研究》（北京市：中華書局，2012年），頁143-153。

15 關於麋信《穀梁》學的分析，詳見吳智雄：〈麋信穀梁學探微〉，《淡江中文學報》第29期（2013年12月），頁51-78。

16 關於徐邈《穀梁》學的分析，詳見吳智雄：〈徐邈穀梁學思想要義探賾〉，《政大中文學報》第20期（2013年12月），頁161-192。吳智雄：〈今存輯本所見徐邈注解《穀梁》方式析論〉，收入於李隆獻、陳逢源策劃，國立臺灣大學中國文學系、中國經學研究會主編：《第八屆中國經學國際學術研討會論文選集》（臺北市：萬卷樓圖書公司，2015年3月），頁277-314。

〔晉〕劉兆《春秋公羊穀梁傳解詁》，有清人王謨《漢魏遺書鈔》、馬國翰《玉函山房輯佚書》二家輯本，王謨輯本名「集解」，馬國翰輯本名「解詁」；另有清人王仁俊（1866-1913）《玉函山房輯佚書續編》輯本，分作《春秋公羊劉氏注》、《春秋穀梁劉氏注》二書。以上各家輯本，皆一卷。

〔晉〕江熙《春秋公羊穀梁二傳評》，有清人馬國翰《玉函山房輯佚書》輯本一卷。

在上述七家九種輯佚之作中，本文乃就馬國翰所輯鄭嗣《春秋穀梁傳鄭氏說》內容析論之，以概見鄭嗣《穀梁》學之要義。

二　輯佚文獻梳理

關於鄭嗣《春秋穀梁傳鄭氏說》之文獻梳理，先述歷代著錄情形，再對全部輯文進行標校，以便於考察。

（一）歷代著錄

鄭嗣生平事蹟不可考，亦非范甯、楊士勛所云晉時「近十家」注《穀梁》學者之一，馬國翰於輯文前有序云：「《春秋穀梁傳鄭氏說》一卷，晉鄭嗣撰。嗣不詳何人，其說隋、唐《志》皆不載。」不僅《隋書・經籍志》及新、舊《唐書》之〈藝文志〉、〈經籍志〉未載，甚至直至清代，鄭嗣《春秋穀梁傳鄭氏說》一書才得見於諸人「補志」之著錄。計有：

清人丁國鈞《補晉書藝文志》著錄《春秋穀梁傳鄭氏說》，一卷，丁氏並按云：「嗣《說》，《隋》、《唐志》皆不載，亦不詳嗣為何人。以范甯《穀梁集解》攷之，當是甯父汪門生故吏，當時亦有撰著，而名不及江、徐，故《志》佚之也。馬氏國翰所攷如是，馬有輯本，家大人据以著錄。」[17]

17 〔清〕丁國鈞：《補晉書藝文志》，收錄於王承略、劉心明主編：《二十五史藝文經籍志清人秦榮光（1841-1904）《補晉書藝文志》著錄《春秋穀梁傳說》，未載卷數，亦無案語。[18]

清人黃逢元（1863-1925）《補晉書藝文志》著錄《春秋穀梁傳說》，一卷，黃氏並注曰：「《隋》、《唐志》不箸錄。范寧《集解》引二十節，馬國翰据之輯存一卷，云：『以范〈序〉考之，當是寧父門生。』」[19]

清人吳士鑑（1868-1934）《補晉書藝文志》著錄《春秋穀梁傳說》，卷數不載，吳氏並注云：「范甯《集解》引嗣說二十一節，以〈序〉考之，當亦甯父汪門生故吏也。」[20]

今人王熙元（1932-1996）認為上開諸補志，皆據清人馬國翰輯本而著錄。王氏云：「丁國鈞等《補晉志》，蓋據馬氏輯本而著錄鄭書，故或仍馬氏所題『春秋穀梁傳鄭氏說』，或逕題『春秋穀梁傳說』，並作一卷。以史志失載，原書卷數不詳。」[21]

今考馬國翰輯本〈序〉云：

> 《春秋穀梁傳鄭氏說》一卷，晉鄭嗣撰。嗣不詳何人，其說隋、唐〈志〉皆不載。范氏《集解》引之，凡二十節。以范〈序〉攷之，當是甯父汪門生故吏，當時亦有撰著，而名不及江、徐，故〈志〉佚之也，輯為一家說。至范氏兄弟邵、凱、雍、泰之等，家學同源，不復別著云。[22]

馬氏年代早於前述「補志」諸家，且諸「補志」之文字，亦大同於馬氏輯本

考補萃編》（北京市：清華大學出版社，2012年），第10卷，〈卷一甲部經錄〉，頁20。

18 〔清〕秦榮光：《補晉書藝文志》，收入王承略、劉心明主編：《二十五史藝文經籍志考補萃編》，第11卷，〈卷一〉，頁25。

19 〔清〕黃逢元：《補晉書藝文志》，收入王承略、劉心明主編：《二十五史藝文經籍志考補萃編》，第11卷，〈卷一〉，頁176。

20 〔清〕吳士鑑：《補晉書藝文志》，收入王承略、劉心明主編：《二十五史藝文經籍志考補萃編》，第11卷，〈卷一〉，頁372。

21 王熙元：《穀梁著述考徵》（臺北市：廣東出版社，1974年），頁35。

22 〔清〕馬國翰：《玉函山房輯佚書》（揚州市：廣陵書社，影印本，2004年），冊2，〈經編．春秋類〉，頁1431。

〈序〉，故可確定諸「補志」乃據馬國翰輯本而著錄；換言之，若無馬氏輯本之出現，鄭嗣注《穀梁》之作恐將湮沒無傳，由此可見馬氏輯佚之功。[23]

再者，由馬氏輯本〈序〉亦可知，鄭嗣注《穀梁》應成書於范注之前，故范甯得引之以為《集解》。由於鄭嗣原書已佚，現僅存馬國翰輯本一卷，吳連堂評馬氏之輯本曰：「本書卷帙少，徵引顯明，輯錄簡易。」[24]大抵得之。馬氏將鄭注輯本題名為《春秋穀梁傳鄭氏說》，本文從之。

馬國翰自《穀梁》范甯《集解》中摘出鄭嗣注語，云凡二十節。然王熙元云：「檢范注所引鄭說，實有二十二節，馬氏云二十節者誤。以范所引者考之，其文皆注釋語，知鄭氏當時於《穀梁》有注，故范得徵引其文也。」[25]今人簡博賢說：「馬云二十節，吳士鑑《補志》云二十一節，驗諸佚文，吳《志》是也。」[26]而吳連堂則云：「據同治十年濟南皇華館書局補刻，（文海書局）馬氏所輯共二十一條，其中又將成公十二年之兩條合一，實亦二十二節，並無漏失。」[27]又云：「實者，馬氏輯錄二十一節，其中成公十二年二節合而為一，王師所指二十二節，馬氏並未漏失。」[28]以今本考之，成公十二年

---

23 馬國翰輯佚之功，頗受今人肯定，例如劉兆祐說：「清朝的輯佚學家很多，像余蕭客、任大椿，孫星衍、陳壽祺、洪頤煊、王紹蘭、王謨、茆泮林、黃奭、王仁俊等，都輯了不少古書。其中，搜討最勤，所輯古書最多的是馬國翰。」見劉兆祐：〈吉光片羽的「玉函山房輯佚書」〉，《國文天地》第2卷第7期（總19期，1986年12月），頁88。王君南說：「馬國翰《輯佚書》輯佚數量之多，佚文搜羅之全，考證之精，體例之合理，都是超越前人的，這就使其成為清代輯佚成就最大的一部傑作。」見王君南：〈《玉函山房輯佚書》研究〉，《書目季刊》第31卷第1期（1997年6月），頁43。章宏偉說：「清代學者馬國翰終生致力於輯佚、著述，代表作《玉函山房輯佚書》搜羅豐富，卷帙浩繁，蓋自宋人輯佚以來，其規模之大，數量之多，用力之劬，未有超過者。王重民在《清代兩個大輯佚書家評傳》中稱：『清代輯佚，我推先生為第一家。』是當之無愧的。」見章宏偉：〈馬國翰與《玉函山房輯佚書》〉，《濟南大學學報》（社會科學版）第19卷第4期（2009年），頁21。

24 吳連堂：〈《穀梁》輯佚述評〉，《孔孟學報》第86期（2008年9月），頁199。

25 王熙元：《穀梁著述考徵》，頁35。

26 簡博賢：《今存三國兩晉經學遺籍考》（臺北市：三民書局，1986年），頁506。

27 吳連堂：〈《穀梁著述考徵》補正〉，《孔孟學報》第75期（1998年3月），頁47。

28 吳連堂：〈《穀梁》輯佚述評〉，頁198。

輯文分釋「周有入無出」、「其曰出，上下一見之也」兩傳文，依馬氏輯文體例，應視為兩節，故馬國翰所輯確計二十二節，序云二十節有誤，但無漏失。

（二）輯文標校

馬國翰所輯二十二節文字，各依經、傳、鄭嗣文順序，分列於所屬魯公紀年之下，再註明出處（全出自范甯《春秋穀梁傳集解》）。茲依馬氏所輯順序標校如下，[29]以便查考。

1 桓公十四年

〔傳〕以為唯未易災之餘而嘗可也，志，不敬也。

〔鄭〕唯以未易災之餘而嘗，然後可志也。用火焚之餘以祭宗廟，非人子所以盡其心力，不敬之大也。

2 桓公十四年

〔傳〕壬申，御廩災；乙亥，嘗。以為未易災之餘而嘗也。

〔鄭〕壬申、乙亥，相去四日，言用日至少而功多，明[30]未足及易而嘗。

3 莊公二十一年

〔經〕秋，七月戊戌，夫人姜氏薨。

〔傳〕婦人弗目也。

〔鄭〕弗目謂不目言其地也。婦人無外事，居有常所，故薨不書地。僖元年傳曰：「夫人薨，不地。」此言弗目，蓋互辭爾。定九年「得寶玉、大弓」，傳曰[31]「弗目，羞也」，蓋此類也。

---

29 〔清〕馬國翰：《玉函山房輯佚書》，冊2，〈經編・春秋類〉，頁1431-1435。本文所引鄭嗣《春秋穀梁傳鄭氏說》輯文，概依此版本為準。

30 「明」字，馬國翰輯本無，今十三經注疏本范甯《集解》有「明」字，據補。

31 「曰」字，馬國翰輯本無，今十三經注疏本范甯《集解》有「曰」字，據補。

4 僖公八年

〔傳〕夫[32]人之，我可以不夫人之乎？夫人卒葬之，我可以不卒葬之乎？

〔鄭〕君以為夫人，君以夫人之禮卒葬之，主書者不得不以為夫人也。成風以文四年薨，五年葬，傳終說其事。

5 僖公二十八年

〔經〕春，晉侯侵曹。晉侯伐衛。

〔傳〕再稱晉侯，忌也。

〔鄭〕曹、衛並有宿怨于晉，君子不念舊惡，故再稱晉侯以刺之。

6 僖公二十八年

〔傳〕言曰公朝，逆辭也，而尊天子。

〔鄭〕若公朝于廟，則當言公如京師，而今言公朝，是逆常之辭。雖逆常而曰公朝王所，是尊天子。

7 文公元年

〔經〕冬，十月丁未，楚世子商臣弒其君髡。

〔鄭〕商臣，繆王也。髡，文王之子成王也。不言其父而言其君者，君之於世子，有父之親，有君之尊。言世子所以明其親也，言其君所以明其尊也。商臣於尊親盡矣。

8 文公四年

〔經〕夏，逆婦姜于齊。

〔傳〕其曰婦姜，為其禮成乎齊也。其逆者誰也？親逆而稱婦，或者公與？何其速婦之也！

---

32 「夫」字，馬國翰輯本作「大」，今十三經注疏本《穀梁傳》作「夫」，據改。

〔鄭〕皆問者之辭。問者[33]以使大夫逆，例稱女，而今稱婦，為是公親逆與？怪稱婦速，故[34]反覆推之。

9 宣公二年

〔傳〕故書之曰「晉趙盾弒其君夷皋」者，過在下也。

〔鄭〕成十八年「晉弒其君州蒲」，傳曰：「稱國以弒其君，君惡甚矣。」然則稱臣以弒，罪在臣下也。趙盾弒其君，不言罪而曰過者，言非盾親弒，有不討賊之過。

10 宣公八年

〔經〕夏，六月，公子遂如齊，至黃乃復。

〔傳〕乃者，亡乎人之辭也。

〔鄭〕大夫受命而出，雖死，以尸將事。今遂以疾而還，失禮違命，故曰亡乎人，言魯使不得其人也。

11 成公二年

〔傳〕君子聞之曰：「夫甚！甚之辭焉。」

〔鄭〕君子聞戰于鞌，乃盟于爰婁，焚雍門之茨，侵車至海，言因齊之敗，逼之甚。

12 成公十二年

〔經〕春，周公出奔晉。

〔傳〕周有入無出。

〔鄭〕王者無外，故無出也。宗廟宮室有定所，或即位失其常處，反常書入，內宗廟也。昭二十六年，「天王入于成周」是。

---

33 「者」字，馬國翰輯本作「曰」，今十三經注疏本范甯《集解》作「者」，據改。

34 「故」字，馬國翰輯本作「而」，今十三經注疏本范甯《集解》作「故」，據改。

13　成公十二年

〔傳〕其曰出，上下一見之也。

〔鄭〕上，謂僖二十四年「天王出居于鄭」；下，謂今周公出奔，上下皆一見之。

14　襄公二十三年

〔經〕八月，叔孫豹帥師救晉，次于雍渝。

〔傳〕言救後次，非救也。

〔鄭〕次，止也。凡先書救而後言次，皆非救也。〔僖元年「齊師、宋師、曹師次于聶北，救邢」，此師本欲止聶北，遙為之援爾，隨其本意而書，故先言次而後言救。豹本受君命救晉，中道不能，故先言救而後言次。若鄭伯未見諸侯，而曰如會，致其本意。〕[35]

15　襄公二十七年

〔經〕衛殺其大夫甯喜。

〔傳〕稱國以殺，罪累上也。甯喜弒君，其以累上之辭言之，何也？嘗為大夫，與之涉公事矣。

〔鄭〕若獻公[36]以喜有弒君之罪而殺之，則不宜既入以為大夫，而復[37]殺之，明以他故。

35　自「僖元年」以下文字，馬國翰輯為鄭嗣語，李學勤主編之十三經注疏整理本以為范甯《集解》文。依文意，兩說似皆可通；但若依范甯所引幾全為鄭嗣語之體例觀之，似以歸為鄭嗣語為宜，故從馬氏輯本照錄。

36　「公」字，今十三經注疏本原作「入」，馬國翰輯本亦作「入」，阮元校曰：「余本『入』作『公』。」今十三經注疏整理本曰：「按，依文意，作『公』字為宜，據改。」茲從之。見〔晉〕范甯集解，〔唐〕楊士勛疏：《春秋穀梁傳注疏》，卷16，〈襄公二十七年〉，頁308。

37　「復」字，今十三經注疏本原作「得」，馬國翰輯本亦作「得」，阮元校曰：「何校本『得』作『復』。案《釋文》出『而復』，作『復』是。」據改。見〔晉〕范甯集解，〔唐〕楊士勛疏：《春秋穀梁傳注疏》，卷16，〈襄公二十七年〉，頁308。

16 襄公二十七年

〔傳〕甯喜由君弒君，而不以弒君之罪罪之者，惡獻公也。

〔鄭〕書甯喜弒其君，則喜之罪不嫌不明。今若不言喜之無罪而死，則獻公之惡不彰。

17 襄公三十年

〔經〕冬，十月，葬蔡景公。

〔傳〕不日卒而月葬，不葬者也。卒而葬之，不忍使父失民於子也。

〔鄭〕夫葬者，臣子之事也。景公無子，不可謂無民。無民則景公有失於民，有民則罪歸於子。若不書葬，則嫌亦失民，故曰「不忍使父失民於子」。

18 定公二年

〔經〕夏，五月壬辰，雉門及兩觀災。

〔傳〕其不曰雉門災及兩觀，何也？

〔鄭〕據災實從雉門起，應言雉門災及兩觀。

19 定公二年

〔傳〕災自兩觀始也，不以尊者親災也。

〔鄭〕今以災在兩觀下，使若兩觀始災者，不以雉門親災。

20 定公二年

〔傳〕先言雉門，尊尊也。

〔鄭〕欲以兩觀親災，則經[38]宜言兩觀災及雉門，雉門尊，兩觀卑，卑不可以及尊，故不得不先言雉門，而後言兩觀。欲令兩觀始災，故災在兩觀下矣。

---

38 「經」字，馬國翰輯本作「輕」，今十三經注疏本范甯《集解》作「經」，據改。

21 定公四年

〔經〕庚辰，吳入楚。

〔傳〕日入，易無楚也。易無楚者，壞宗廟，徙陳器，撻平王之墓。

〔鄭〕陳器，樂縣也。禮，諸侯軒縣。〔言吳人壞楚宗廟，徙其樂器，鞭其君之尸，楚無能亢[39]禦之者，若曰無人也。〕[40]

22 哀公元年

〔傳〕郊三卜[41]，禮也。

〔鄭〕謂卜[42]一辛而三也。求吉之道三，故曰禮也。

上錄二十二節輯文，隱公、閔公、昭公等三公闕文；桓公二節、莊公一節、僖公三節、文公二節、宣公二節、成公三節、襄公四節、定公四節、哀公一節，合計七七一字（含增、刪、改字）。

三 內容要義分析

關於《春秋穀梁傳鄭氏說》二十二節輯文，今人簡博賢說：「魏晉《穀梁》學者，類多經傳並釋；獨鄭書多釋傳文（唯文元年說商臣一條釋經），有

39 「亢」字，今十三經注疏本作「抗」，馬國翰輯本亦作「抗」。阮元校曰：「余本『抗禦』作『亢御』。《釋文》出『能亢御之』，與余本合。案十行本係剜修，當是本作『亢御』，淺人妄改。」據改。見〔晉〕范甯集解，〔唐〕楊士勛疏：《春秋穀梁傳注疏》，卷19，〈定公四年〉，頁367。

40 自「言吳人壞楚宗廟」以下文字，馬國翰輯為鄭嗣語，李學勤主編之十三經注疏整理本以為范甯《集解》文。依文意及范甯所引幾全為鄭嗣語體例觀之，似以歸為鄭嗣語為宜，故從馬氏輯本照錄。

41 「卜」字，馬國翰輯本作「下」，今十三經注疏本作「卜」，據改。

42 「卜」字，今十三經注疏本作「下」，馬國翰輯本亦作「下」。阮元校曰：「余本『下』作『卜』。」《春秋穀梁經傳補注》亦作「卜」。依文意，以作「卜」為宜，據改。見〔晉〕范甯集解，〔唐〕楊士勛疏：《春秋穀梁傳注疏》，卷20，〈哀公元年〉，頁381。

類義疏；故云傳說耶？原帙久佚，無從徵驗耳。」[43]以輯文內容而言，簡氏認為鄭嗣所注《穀梁》應屬傳說義疏類，其說可從；然實情如何，已無可知。

簡博賢認為：「鄭嗣說傳，疏義精審，而辭旨顯白；洵有足多者。然旁酌異家之說，殊乖顓精之塗；是以醇疵互見，固所不免也。」[44]今依輯本所錄內容，鄭嗣注說《穀梁》，大可歸為言禮義、明屬辭、釋書法等三端，以下各略析數例，以觀其大要，是否如簡氏所言？

（一）言禮義

《穀梁》解經重禮，[45]鄭嗣注《穀梁》，自當涉及禮義的闡釋，輯文所見，亦是如此。

魯桓公十四年（前698），《春秋》載曰：「秋，八月壬申，御廩災，乙亥，嘗。」《穀梁傳》曰：「以為唯未易災之餘而嘗可也，志不敬也。」鄭嗣曰：

> 唯以未易災之餘而嘗，然後可志也。用火焚之餘以祭宗廟，非人子所以盡其心力，不敬之大也。[46]

本節《春秋》經文所載為魯國宗廟四時祭禮之一的秋嘗之禮，最早的記載可見於《詩經・小雅・天保》：「禴祠烝嘗，于公先王。」[47]其四時祭禮之名，則可見於《周禮・春官・大宗伯》：「以祠春享先王，以禴夏享先王，以嘗秋

43 簡博賢：《今存三國兩晉經學遺籍考》，頁506。

44 簡博賢：《今存三國兩晉經學遺籍考》，頁506。

45 關於《穀梁傳》「禮」的觀念，可參吳智雄：《穀梁傳思想析論》（臺北市：文津出版社，2000年），頁61-84。

46 〔清〕馬國翰：《玉函山房輯佚書》，冊2，〈經編・春秋類〉，頁1432。此條輯自范甯《集解》，見〔晉〕范甯集解，〔唐〕楊士勛疏：《春秋穀梁傳注疏》，卷4，〈桓公十四年〉，頁64。

47 〔漢〕毛亨傳，〔漢〕鄭玄箋，〔唐〕孔穎達疏：《毛詩正義》（北京市：北京大學出版社，2000年），收入李學勤主編「十三經注疏整理本」，冊5，卷9，〈小雅・天保〉，頁684。

享先王，以烝冬享先王。」〈司尊彝〉：「春祠、夏禴，祼用雞彝、鳥彝，皆有舟。……秋嘗、冬烝，祼用斝彝、黃彝，皆有舟。」[48]《公羊傳・桓公八年》：「春曰祠，夏曰礿，秋曰嘗，冬曰烝。」[49]等文獻。對此種四時祭祀之禮的內涵及其大致演變，周何先生（1932-2003）釋之曰：「周初時享之制，本依四時物宜之所生熟以為祭，及後行之有漸，禮有常秩，於是烝豐於嘗，祠薄於禴，各具成法。薦獻享物既有薄有豐，而其儀品制，亦固當有隆有簡。正以禮有常秩，各具成法，儀制享物，隆簡有差，而後世遂有徒用成法，隆簡是擇，不依時序以行禮者矣。」[50]四時享祭既為常秩之禮，《春秋》照例不予記載，即《公羊傳》所謂的「常事不書」[51]；但如果記載了常祀之祭，背後必有特殊原因。其特殊原因為何？宋人胡安國（1074-1138）云：「嘗祭，時事之常，則何以書？志不時與不敬也。」[52]周何先生在歸納前人眾說後，也認同失時而祭與不敬之祭兩種原因。[53] 以此年《春秋》特別記載秋嘗而言，《穀梁》認為此乃因不敬之祭而載，理由為魯國沒有更換火災之後所餘留的祭品，所以《春秋》志之以戒不敬。

《穀梁》以「志不敬」解《春秋》此年書秋嘗之因，《公羊傳》同有不敬之義，傳曰：「常事不書，此何以書？譏。何譏爾？譏嘗也。曰：猶嘗乎？御廩災，不如勿嘗而已矣。」何休（129-182）注曰：「當廢一時祭，自

---

48 〔漢〕鄭玄注，〔唐〕賈公彥疏：《周禮注疏》（北京市：北京大學出版社，2000年），收入李學勤主編「十三經注疏整理本」，冊8，卷18，〈春官・大宗伯〉，頁540；《周禮注疏》（北京市：北京大學出版社，2000年），收入李學勤主編「十三經注疏整理本」，冊8，卷20，〈春官・司尊彝〉，頁607。

49 〔漢〕何休解詁，〔唐〕徐彥疏：《春秋公羊傳注疏》（北京市：北京大學出版社，2000年），收入李學勤主編「十三經注疏整理本」，冊20，卷5，〈桓公八年〉，頁105-106。

50 周何：《春秋吉禮考辨》（臺北市：嘉新水泥公司文化基金會，1970年），頁197。

51 《公羊傳》於〈桓公四年〉、〈桓公八年〉、〈桓公十四年〉，分發三次「常事不書」傳義，見〔漢〕何休解詁，〔唐〕徐彥疏：《春秋公羊傳注疏》，卷4，頁93；卷5，頁106；卷5，頁123。

52 〔宋〕胡安國：《春秋胡氏傳》（臺北市：臺灣商務印書館，1981年四部叢刊本），卷6，頁27。

53 周何：《春秋吉禮考辨》，頁221。

責以奉天災也。知不以不時者，書本不當嘗也。」[54]何休以廢祭自責意解《公羊》之說。周何先生則說：「《公羊》以御廩既災，不能退而省身，修德補過，以答天之警戒，故責其不敬，而云不如勿嘗，其義重在御廩災異之應變；《穀梁》以御廩既災，仍以災餘之粟奉祀宗廟，故責其不敬，其義重在未易災餘而嘗祭。二傳所重，雖略有異同，而於此御廩災而嘗祭為不敬之義則同。」[55]周氏以《公》、《穀》二傳所釋面向雖有不同，但同以不敬之義釋經。而鄭嗣注《穀梁》，亦同申《穀梁》「志不敬」之義，故曰：「用火焚之餘以祭宗廟，非人子所以盡其心力，不敬之大也。」

鄭嗣於注中雖申明《穀梁》「志不敬」之傳義，但對傳文的句讀卻有不同看法。鄭嗣曰：「唯以未易災之餘而嘗，然後可志也。」依鄭意，傳文應斷為「以為唯未易災之餘而嘗，可也志，不敬也」，此與東晉《穀梁》學大家徐邈（344-397）的斷法不同。徐邈云：「御廩之災不志，不足志。而嘗可也。嘗可，上屬。」[56]徐邈認為「嘗可」二字應屬上為句，亦即傳文應斷為「以為唯未易災之餘而嘗可也，志不敬也」。對此，清人王引之（1766-1834）《經義述聞》曰：「上言以為唯未易災之餘而嘗可也，志不敬也者。『唯』與『雖』古字通，言魯人不易其災之餘而嘗者，其意若曰：雖未易災之餘而嘗可也，則不敬莫大乎是。故書之曰『壬申，御廩災。乙亥，嘗，所以志不敬也。徐邈讀可也絕句，志不敬也自為句，正與傳意相合。」[57]以此，簡博賢評曰：「蓋讀可也絕句，志不敬也自為句。與鄭讀可也志為句，不敬也為句不同。徐讀是也。」又曰：「鄭讀失之。」[58]而周何先生則曰：「楊疏引徐邈云而嘗可也，言可以嘗，雖解『可』義不同，然於傳以災餘奉

54 〔漢〕何休解詁，〔唐〕徐彥疏：《春秋公羊傳注疏》，卷5，頁122。

55 周何：《春秋吉禮考辨》，頁224。

56 〔清〕馬國翰：《玉函山房輯佚書》，冊2，〈經編．春秋類〉，頁1405。此條輯自楊士勛疏文，見〔晉〕范甯集解，〔唐〕楊士勛疏：《春秋穀梁傳注疏》，卷4，〈桓公十四年〉，頁64。

57 〔清〕王引之：《經義述聞》（臺北市：臺灣商務印書館，1979年），卷25，頁985。

58 簡博賢：《今存三國兩晉經學遺籍考》，頁508。

享為不敬之義則無異。」[59]周氏認為鄭、徐二人皆以「不敬」解《穀梁》傳義，只是對「可」義的解釋不同，但若循傳文文意推之，應以徐讀為長，如王引之所云：「范甯乃用鄭嗣之說，讀可也志為句，而釋之曰『唯以未易災之餘而嘗，然後可志也。揆之文義，甚為不安，皆由不知『唯』為『雖』之借字，故字義失而句讀亦舛矣。」[60]

除了上引以不敬之義釋秋嘗之禮之外，鄭嗣在《穀梁傳》文「壬申，御廩災；乙亥，嘗。以為未易災之餘而嘗也」下，亦有注曰：

> 壬申、乙亥，相去四日，言用日至少而功多，明未足及易而嘗。[61]

鄭嗣認為御廩災日距秋嘗日僅四日，但仍照常舉行秋嘗之禮，顯見未及更換嘗祭之品，以進一步解釋傳文「未易災之餘而嘗」之意，如胡安國《春秋傳》云：「御廩災于壬申，而嘗以乙亥，是不改卜，而供未易災之餘，則不敬也。」[62]清人王引之曰：「壬申災而乙亥嘗，相距不過三日；則是未易災之餘而嘗也。」[63]等等，皆在闡發《穀梁》「未易災餘而嘗」及「志不敬」之義。然而就秋嘗之禮而言，《穀梁》此義頗受後人質疑，如周何先生說：「《穀梁》以為未易災餘之粟，獻祭宗廟，是為不敬之說，則亦謬矣。使如其說，當時若以他穀之非出於御廩者易其災餘而奉祭，豈《穀梁》則是以為可乎？」又說：「粢盛早已出廩，壬申之災，不害於嘗祭所用，所謂未易災餘而嘗，本無其事也。《穀梁》一則以為嘗祭用粟非兼旬莫辦，是壬申之日嘗粟不在廩中，一則又謂御廩之災害及嘗粟，其自相牴牾不可確信者，本自昭然，而後儒或從其說，特未深思耳。」[64]可知鄭嗣注說《穀梁》未能深究

---

59 周何：《春秋吉禮考辨》，頁223。

60 〔清〕王引之：《經義述聞》，卷25，頁985。

61 〔清〕馬國翰：《玉函山房輯佚書》，冊2，〈經編．春秋類〉，頁1432。此條輯自范甯《集解》，見〔晉〕范甯集解，〔唐〕楊士勛疏：《春秋穀梁傳注疏》，卷4，〈桓公十四年〉，頁65。

62 〔宋〕胡安國：《春秋胡氏傳》，卷6，頁27。

63 〔清〕王引之：《經義述聞》，卷25，頁985。

64 周何：《春秋吉禮考辨》，頁224、225。

禮制之實；但若就解釋《穀梁》傳義而言，鄭嗣則能就《穀梁》所述禮義申明之。

此外，如《穀梁・哀公元年》傳曰：「郊三卜，禮也。」鄭嗣曰：

> 謂卜一辛而三也。求吉之道三，故曰禮也。[65]

鄭嗣解釋的重點有二，一是以「卜一辛而三」釋傳文「郊三卜」，二是以「求吉之道三」釋傳文「禮也」。鄭嗣所云「求吉之道三」，乃用《公羊》文。《公羊傳》曰：「曷為或言三卜？或言四卜？三卜，禮也；四卜，非禮也。三卜何以禮？四卜何以非禮？求吉之道三。」[66] 是故鍾文烝（1818-1877）曰：「求吉之道三，《公羊》文。」[67]簡博賢亦曰：「鄭嗣謂『求吉之道三』云云，蓋亦本諸《公羊》也。」[68]而「求吉之道三」之「三」，指傳文「郊三卜」，鄭嗣釋之曰：「謂卜一辛而三也。」楊士勛疏曰：「如嗣之意，以十二月下辛卜正月上辛日，為郊之時，則於此一辛之上卜，不吉，以至二卜，不吉，以至三卜。求吉之道三，故曰禮也。」[69]楊士勛似以一辛之上連三卜解鄭嗣意，然而楊疏又云：「鄭嗣之意，亦以一辛之中卜至於四五月也。」[70]似又以《穀梁》「郊，自正月至于三月，郊之時也。我以十二月下辛卜正月上辛。如不從，則以正月下辛卜二月上辛。如不從，則以二月下辛卜三月上辛」之傳義解鄭嗣意。楊氏二說，似有不同。范甯則在直引傳文「以十二月下辛卜正月上辛」等等之文注解傳文「三卜」之義後，再徵引上述鄭嗣語，但不知此徵引在旁證其說？抑或另存異說以備參酌？鍾文烝曰：

---

65 〔清〕馬國翰：《玉函山房輯佚書》，冊2，〈經編・春秋類〉，頁1435。此條輯自范甯《集解》，見〔晉〕范甯集解，〔唐〕楊士勛疏：《春秋穀梁傳注疏》，卷20，〈哀公元年〉，頁381。

66 〔漢〕何休解詁，〔唐〕徐彥疏：《春秋公羊傳注疏》，卷12，〈僖公三十一年〉，頁310。

67 〔清〕鍾文烝撰，駢宇騫、郝淑慧點校：《春秋穀梁經傳補注》（北京市：中華書局，1996年），卷24，〈哀公元年〉，頁715。

68 簡博賢：《今存三國兩晉經學遺籍考》，頁507。

69 〔晉〕范甯集解，〔唐〕楊士勛疏：《春秋穀梁傳注疏》，卷20，〈哀公元年〉，頁381。

70 〔晉〕范甯集解，〔唐〕楊士勛疏：《春秋穀梁傳注疏》，卷20，〈哀公元年〉，頁381。

「此三卜，謂襄七年四月三卜也。范言正禮，直用下文語。鄭嗣非也。卜一辛而三，顯與傳背。」[71]簡博賢則說：「考三卜之義，謂以十二月下辛卜正月上辛，如不從則以正月下辛卜二月上辛，如不從則以二月下辛卜三月上辛，所謂三卜也（范注）。鄭云『卜一辛而三也』，與范說不同。」[72]鍾氏認為鄭嗣之說非，且「顯與傳背」，簡氏則以鄭嗣意「與范說不同」。依此，鄭嗣「卜一辛而三也」之說，似不同於《穀梁》傳義及范注意，如此則鄭嗣所謂三卜，當在一辛之中。綜合上引諸說，或可推測因「卜一辛而三也」之語義不明，以致後人理解產生歧異。

關於魯國郊祀之禮的期限，周何先生有詳考曰：「魯郊祈穀，旨在祈天賜年，勸農務時，則其祭也，豈可從容延宕，自正月以至於三月？且〈月令〉、〈明堂位〉皆祇言『孟春』，郊期限於一月之內，其義本明。而必謂孟春、仲春、季春三月俱可郊，按之情理，度之制禮初義，是必不然。《穀梁》蓋見周有圜丘與祈穀之祭，一在正月，一在三月，而俱名曰郊，誤合以為一體，乃有郊自正月至於三月之語。實不知二郊本不相涉，而魯唯行祈穀之郊也。」至於卜郊禮制，周何先生亦考曰：「魯郊祈穀，期以一月，月各一卜之說本不可通。蓋月有三旬，比旬而卜，必更三旬而至一月之限，則郊之用辛者，啟蟄後之三辛皆可卜用，非僅卜其上辛而已。」又曰：「魯郊若前卜不吉，當俟十日之後再事改卜，所謂每旬一卜之說是矣。」[73]以此，魯國郊禮當為一旬（一辛）一卜，一月上中下三旬（三辛）三卜，《穀梁》所謂每月一卜郊、三月三卜郊之說，便有誤失。而鄭嗣以「卜一辛而三也」注《穀梁》卜禮之義，若所說從傳義與范注意，或可解為每月一辛一卜而合計三月三次之意；若其意「與傳背」並「與范說不同」，也許可從前引楊疏一辛之上連三卜之說解之，或以一月各辛一卜合計三卜解之。

本文以為，若就前例桓公十四年御廩災，鄭嗣僅申傳義而未深究《穀

71 〔清〕鍾文烝撰，駢宇騫、郝淑慧點校：《春秋穀梁經傳補注》，卷24，〈哀公元年〉，頁715。

72 簡博賢：《今存三國兩晉經學遺籍考》，頁508。

73 本段所引周何先生之說，詳見周何：《春秋吉禮考辨》，頁42、45、54。

梁》所述秋嘗禮之失，以及用《公羊》「求吉之道三」之文，而《公羊》亦主月各一卜、郊用上辛之說，[74]且范甯逕引而未解說或駁論等線索推之，鄭嗣所云「卜一辛而三也」之意，當同《穀梁》傳義及范注之意的可能性甚大。而另一可能性，則是范甯認為鄭嗣所注同於傳義，但恐鄭嗣語義不明，故先述傳文、後引鄭嗣語，藉以明之。

（二）明屬辭

《禮記．經解》云：「屬辭比事，《春秋》教也。」[75]屬辭與比事，為後人解《春秋》經文之兩大視角，也是《春秋》三傳解經立論的依據。在鄭嗣注說《穀梁》的輯文中，亦可見之。

例如魯僖公二十八年（前632），《春秋》載曰：「春，晉侯侵曹。晉侯伐衛。」由於經文連兩稱晉侯，為《春秋》少見的記載方式，所以都被《公》、《穀》二傳所注意。《公羊》發傳曰：「曷為再言晉侯？非兩之也。然則何以不言遂？未侵曹也。」[76]《公羊》的重點在解釋經文再言晉侯，既非以為兩事，但亦不言遂之因。《穀梁》則曰：「再稱晉侯，忌也。」鄭嗣曰：

> 曹、衛並有宿怨于晉，君子不念舊惡，故再稱晉侯以刺之。[77]

《穀梁》以「忌」解《春秋》再稱晉文公之意。鄭嗣進一步注說，因曹、衛有宿怨於晉，柯劭忞（1850-1933）曰：「古訓忌為怨，一義也。」[78]以此，

---

74 《公羊傳》曰：「郊用正月上辛。」見〔漢〕何休解詁，〔唐〕徐彥疏：《春秋公羊傳注疏》，卷18，〈成公十七年〉，頁470。周何先生曰：「《公》、《穀》之義，皆以月各一卜，郊用上辛。」見周何：《春秋吉禮考辨》，頁45。

75 〔清〕孫希旦：《禮記集解》（臺北市：文史哲出版社，1990年），〈經解〉，頁1254。

76 〔漢〕何休解詁，〔唐〕徐彥疏：《春秋公羊傳注疏》，卷12，〈僖公二十八年〉，頁298。

77 〔清〕馬國翰：，《玉函山房輯佚書》，冊2，〈經編．春秋類〉頁1432。此條輯自范甯《集解》，見〔晉〕范甯集解，〔唐〕楊士勛疏：《春秋穀梁傳注疏》，卷9，〈僖公二十八年〉，頁171。

78 柯劭忞：《春秋穀梁傳注》（臺北市：力行書局，1970年），卷7，〈僖公二十八年〉，頁201。

《穀梁》之意即為「再稱晉侯，怨也」。鄭嗣認為君子有不念舊惡之德，是故經文再稱晉侯，便隱有譏刺晉文公念舊惡之意，如鍾文烝所云：「晉文初念，實主脩怨，故經以忌為義。」[79] 換言之，鄭嗣認為譏刺晉文公念舊惡的《春秋》之義，乃以再稱晉侯的屬辭方式來表達。

關於此段傳文，范甯逕以鄭嗣文為注而未下己意，楊士勛亦無疏文，顯見范、楊二人同意鄭嗣所說。而鄭嗣以宿怨譏刺晉侯之說直釋《穀梁》之義，亦頗得後世《穀梁》學者的認同。如清人鍾文烝云：「再稱晉侯，各為一事，明其既怨憎於曹，又怨憎於衛，凡有舊惡，無不念也。常例當言遂伐衛，為繼事辭。」[80]柯劭忞也說：「傳謂之忌者，以晉侯入曹之後，執其君，分其土地；伐衛，致衛出其君。以討罪之師，為修怨之舉，故經不書遂，以見其修怨於二國，無輕重也。」[81]周何先生亦云：「經文此處可依常例記載為『晉侯侵曹，遂伐衛』，然而卻分記二事，再稱晉侯，顯然有譏刺晉侯忌恨私怨之意。」[82]可知鄭嗣此注能得《穀梁》傳義之要。

再如，魯僖公二十八年（前632），《春秋》載曰：「壬申，公朝于王所。」《穀梁傳》曰：「言曰公朝，逆辭也，而尊天子。」[83]《穀梁》認為《春秋》所書「公朝」二字，是一種「逆辭」。所謂「逆辭」，鍾文烝釋之曰：「辭有逆之而順者，名之正，辭之盡。」[84]也就是指非正常狀況下的用辭，鄭嗣解為「逆常之辭」。鄭嗣曰：

> 若公朝于廟，則當言公如京師，而今言公朝，是逆常之辭。雖逆常而

79 〔清〕鍾文烝撰，駢宇騫、郝淑慧點校：《春秋穀梁經傳補注》，卷28，〈僖公二十八年〉，頁335。

80 〔清〕鍾文烝撰，駢宇騫、郝淑慧點校：《春秋穀梁經傳補注》，卷28，〈僖公二十八年〉，頁335。

81 柯劭忞：《春秋穀梁傳注》，卷7，〈僖公二十八年〉，頁201。

82 周何：《新譯春秋穀梁傳》（臺北市：三民書局，2000年），頁451。

83 〔晉〕范甯集解，〔唐〕楊士勛疏：《春秋穀梁傳注疏》，卷9，〈哀公元年〉，頁173。

84 〔清〕鍾文烝撰，駢宇騫、郝淑慧點校：《春秋穀梁經傳補注》，卷12，〈僖公二十八年〉，頁341。

曰公朝王所，是尊天子。[85]

經既有「逆辭」，便有「常辭」。鄭嗣認為魯公朝於周王室太廟為正常朝覲行為，《春秋》應以「公如京師」（如〈成公十三年〉）之常辭書之；但此書「公朝」，即為逆常之辭，雖逆常而經仍書，其意在「為天王諱」（《穀梁・僖公二十八年》）以尊周天子。《公羊》亦云：「曷為不言公如京師？天子在是也。天子在是，則曷為不言天子在是？不與致天子也。」[86]不與致天子，亦即尊天子之表示；也就是說，《春秋》藉逆常的屬辭筆法以表達尊天子之意。

鄭嗣之說，為范甯逕引以為注文，且未下己意，可見范甯完全同意鄭嗣之解。而此解亦為後世《穀梁》學者所引述，如楊士勛云：「公若朝於廟，當云如也。今逆常，故言朝也。朝雖逆常之辭，言公朝於王所，仍是敬王室之事，故云『而尊天子』。」[87]柯劭忞亦云：「宜書公如京師，言公朝，不若於言也。然其意實為尊天子，故使內主之。」[88]尊天子之說，本就為《穀梁》尊尊觀中的核心主張，[89]故而鄭嗣依傳義所作之注解，正可直抵《穀梁》解經觀點之所在。

鄭嗣藉解釋屬辭筆法以表達《穀梁》尊周天子之思想主張者，尚可見之於下例。魯成公十二年（前579），《春秋》載曰：「春，周公出奔晉。」《穀梁》曰：「周有入無出。」《穀梁》認為《春秋》記載周王室事件時，在用辭方面，原則上僅書「入」，不書「出」。對此，范甯逕引鄭嗣語以為注，曰：

王者無外，故無出也。宗廟宮室有定所，或即位失其常處，反常書入，內宗廟也。昭二十六年，「天王入于成周」是。[90]

85 〔清〕馬國翰：《玉函山房輯佚書》，冊2，〈經編・春秋類〉，頁1432。此條輯自范甯《集解》，見〔晉〕范甯集解，〔唐〕楊士勛疏：《春秋穀梁傳注疏》，卷9，〈僖公二十八年〉，頁173。

86 〔漢〕何休解詁，〔唐〕徐彥疏：《春秋公羊傳注疏》，卷12，〈僖公二十八年〉，頁302。

87 〔晉〕范甯集解，〔唐〕楊士勛疏：《春秋穀梁傳注疏》，卷9，〈哀公元年〉，頁173。

88 柯劭忞：《春秋穀梁傳注》，卷7，〈僖公二十八年〉，頁206。

89 關於《穀梁》尊天子之說，可詳見吳智雄：《穀梁傳思想析論》，頁207-233。

90 〔清〕馬國翰：《玉函山房輯佚書》，冊2，〈經編・春秋類〉，頁1433。此條輯自范甯：

鄭嗣先以「王者無外，故無出也」，解釋傳文「周有入無出」之「無出」意，因「王者無外」，既然無外，便不會有「出」的問題。以此推衍，既然無出，自當也無所謂的「入」，因出、入是一組相對概念；但《春秋》明有「周入」之載，例如〈昭公二十六年〉：「冬，十月，天王入于成周。」鄭嗣認為，《春秋》書「入」，乃因「宗廟宮室有定所，或即位失其常處」，而以宗廟為內，所以書入；也就是說，如果出現「即位失其常處」的反常情況，《春秋》會以宗廟為內而書入。對此，范甯注曰：「始即位，非其所，今得還復，據宗廟是內，故可言入。若即位在廟，則王者無外，不言出。」[91]范注之意同於鄭嗣，且可視為對鄭嗣之說的進一步闡發。其後，楊士勛針對范甯云天子而傳云周之因，亦有疏曰：「有入無出，注意直據天子，今不云王而云周者，以經雖無王臣入文，至於王臣出，亦是譏限，故言周以摠之。范以王者出入之文俱有，故注直言王以當之。」[92]楊士勛認為，《穀梁》以「周」概括天子與周室王臣，范甯則就《春秋》俱書天子出入之文而以「王」統之。視角雖不同，但對周／王有入無出的主張，則是一致的。

而在「周有入無出」的屬辭原則下，《春秋》如仍書「出」呢？《穀梁》在「周有入無出」的傳文下，針對《春秋》書「周公出奔晉」，發傳曰：「其曰出，上下一見之也。」范甯同樣逕引鄭嗣語以為注，曰：

> 上，謂僖二十四年「天王出居于鄭」；下，謂今周公出奔，上下皆一見之。[93]

輯文僅見鄭嗣解釋傳文「上下一見之」之上下所指意涵，而未解釋《春秋》

《集解》，見〔晉〕范甯集解，〔唐〕楊士勛疏：《春秋穀梁傳注疏》，卷14，〈僖公二十八年〉，頁262。

91 〔晉〕范甯集解，〔唐〕楊士勛疏：《春秋穀梁傳注疏》，卷18，〈昭公二十六年〉，頁350。

92 〔晉〕范甯集解，〔唐〕楊士勛疏：《春秋穀梁傳注疏》，卷14，〈成公十二年〉，頁263。

93 〔清〕馬國翰：《玉函山房輯佚書》，冊2，〈經編．春秋類〉，頁1433。此條輯自范甯：《集解》，見〔晉〕范甯集解，〔唐〕楊士勛疏：《春秋穀梁傳注疏》，卷14，〈僖公二十八年〉，頁262。

為何書「出」？不過傳文有云：「言其上下之道無以存也。上雖失之，下孰敢有之？今上下皆失之矣。」范甯注曰：「上雖有不君之失，臣下莫敢效不臣之過。今復云周公之出，則上下皆有失矣。君而不君，臣而不臣，是無以存，言周之所以衰。」范甯以上不君、下不臣解「上下皆失之矣」，是以傳文「失」為過失之意，楊疏曰：「此云上雖失之，下孰敢有之，謂上雖有不君之失，臣下誰敢於效為之。」[94]亦同范甯說。然而《穀梁》於〈僖公二十四年〉經「冬，天王出居于鄭」下發傳曰：「天子無出，出，失天下也。」失天下者，可解為失天下之位之意。王引之有考曰：「今周公出奔，則又失其爵位與采邑。是不獨上有失位之時，而下亦然，故曰今上下皆失之矣。所謂上下之道無以存也，存與亡相對，存則不失其爵祿，亡則失之矣。」[95]是則《穀梁》所謂上下皆失，應指上下皆失其位之意。鍾文烝說：「傳解兩『出』字，總僖、成、襄、昭五文以為說，其為《春秋》本意，決然無疑。」[96]鍾氏認為《穀梁》所解《春秋》兩「出」文（天王出居于鄭、周公出奔晉），能得《春秋》本意。

（三）釋書法

解釋《春秋》書法以見其中所隱含褒貶善惡之義，是《穀梁》解經的重要方法。鄭嗣注說《穀梁》，同樣注意到《穀梁》對《春秋》書法的解釋。

魯文公元年（前626），《春秋》載曰：「冬，十月丁未，楚世子商臣弒其君髡。」此條經文為楚國世子商臣弒君事件的記載。據《左傳》所載，楚成王商臣欲立商臣為太子，詢問令尹子上的意見，子上認為不可立，但成王沒接受子上的建言。在立商臣為太子後，成王想黜太子商臣，改立王子職，被商臣聽聞此事後，與其師潘崇共謀弒君，遂以宮甲圍成王，成王於丁未日自

94 〔晉〕范甯集解，〔唐〕楊士勛疏：《春秋穀梁傳注疏》，卷14，〈成公十二年〉，頁263。

95 〔清〕王引之：《經義述聞》，卷25，頁1005。

96 〔清〕鍾文烝撰，駢宇騫、郝淑慧點校：《春秋穀梁經傳補注》，卷18，〈成公十二年〉，頁502。

縊。[97]對此經文，鄭嗣解曰：

> 商臣，繆王也。髡，文王之子成王也。不言其父而言其君者，君之於世子，有父之親，有君之尊。言世子，所以明其親也；言其君，所以明其尊也。商臣於尊親盡矣。[98]

范甯在經文下逕引鄭嗣語以為注，是鄭嗣輯文中唯一注說經文的文字，而楊士勛則無疏文。此是世子弒君事件，所以既是臣弒君，也是子弒父，於《春秋》中屬殺弒例。殺弒例同時涉及弒者與被弒者如何稱呼的稱謂例，以及是否記載日期的時月日例等問題面向。鄭嗣所釋，乃從稱謂例的角度評之。鄭嗣認為《春秋》稱髡為君而不稱父，在於商臣具世子身分，經言其君的書法，可兼顧君臣之尊與父子之親，故鄭嗣曰「商臣於尊親盡矣」。

對鄭嗣的注說，鍾文烝云：「鄭嗣注本何休。何云：『言君者，所以明有君之尊，又責臣子當討賊也。』此刪一句，不如本文為善，末句增足，淺贅。髡之被弒，為其欲黜世子。」[99]鍾氏說「鄭嗣注本何休」，范甯、楊士勛皆未指出此點。據查《公羊傳．文公元年》何休注曰：「不言其父，言其君者；君之於世子，有父之親，有君之尊。言世子者，所以明有父之親；言君者，所以明有君之尊。又責臣子當討賊也。」[100]知鄭嗣之說確本於何休，亦即取《公羊》家說以為注，且刪「又責臣子當討賊也」一句，另增「商臣於尊親盡矣」之語。鍾氏認為鄭嗣之刪補，「不如本文為善，末句增足，淺

---

97 楚世子商臣弒君事件始末，詳見〔晉〕杜預注，〔唐〕孔穎達正義：《春秋左傳正義》（北京市：北京大學出版社，2000年），收入李學勤主編「十三經注疏整理本」，冊17，卷18，〈文公元年〉，頁560-561。

98 〔清〕馬國翰：《玉函山房輯佚書》，冊2，〈經編．春秋類〉，頁1432-1433。此條輯自范甯《集解》，見〔晉〕范甯集解，〔唐〕楊士勛疏：《春秋穀梁傳注疏》，卷10，〈文公元年〉，頁182。

99 〔清〕鍾文烝撰，駢宇騫、郝淑慧點校：《春秋穀梁經傳補注》，卷13，〈文公元年〉，頁361。簡博賢亦云：「鄭說殆本於此，而刪其『責臣子當討賊』一句；是竊襲《公羊》義為說也。」見簡博賢：《今存三國兩晉經學遺籍考》，頁507。筆者以為，「竊襲」二字之指控，似乎過重。

100 〔漢〕何休解詁，〔唐〕徐彥疏：《春秋公羊傳注疏》，卷13，〈文公元年〉，頁322。

贅」。若就「淺贅」而言，「商臣於尊親盡矣」一語，為前述言世子者、言君者語意總括之表示，僅於文氣有總結之效，但無文意深入之功，故鍾氏淺贅之評中肯。但刪除「又責臣子當討賊也」一句是否「不如本文之善」？則須另就《穀梁》對討弒君之賊的主張而論。

《穀梁》對討弒君之賊的主張，可見於：

> 隱公十一年（前712），論魯隱公之死，曰：「君弒，賊不討，不書葬，以罪下也。」[101]
>
> 桓公二年（前710），論魯桓公之行，曰：「桓內弒其君，外成人之亂，於是為齊侯、陳侯、鄭伯討。」[102]
>
> 桓公十八年（前694），論魯桓公之死，曰：「君弒，賊不討，不書葬。此其言葬何也？不責踰國而討于是也。」[103]
>
> 宣公二年（前607），論經書「晉趙盾弒其君夷皋」，曰：「君弒，反不討賊，則志同。」[104]
>
> 昭公十三年（前529），論經書「楚公子棄疾殺公子比」，曰：「討賊以當上之辭，殺非弒也。」[105]

由上可知，《穀梁》有討弒君之賊的主張，且是否討弒君之賊，會直接影響被弒之君能否書葬，而不討賊者則視同有弒君之志。如此，鄭嗣刪「又責臣子當討賊也」一句，似可下以鍾文烝「不如本文為善」之評。然而，若仔細辨之，上引《穀梁》討弒君之賊的主張，除昭公十三年釋殺非弒之外，其餘諸說皆就討中國弒君之賊而言，而未論及夷狄弒君之賊，且在《穀梁》向有「夷狄不言正不正」（〈文公元年〉）、「夷狄不日」（〈宣公十五年〉）、「夷狄不卒」（〈宣公十八年〉）、「楚不關中國之例」（〈昭公十三年〉楊疏語）等

101 〔晉〕范甯集解，〔唐〕楊士勛疏：《春秋穀梁傳注疏》，卷2，〈隱公十一年〉，頁36。

102 〔晉〕范甯集解，〔唐〕楊士勛疏：《春秋穀梁傳注疏》，卷3，〈桓公二年〉，頁42。

103 〔晉〕范甯集解，〔唐〕楊士勛疏：《春秋穀梁傳注疏》，卷4，〈桓公十八年〉，頁69。

104 〔晉〕范甯集解，〔唐〕楊士勛疏：《春秋穀梁傳注疏》，卷12，〈宣公二年〉，頁219。

105 〔晉〕范甯集解，〔唐〕楊士勛疏：《春秋穀梁傳注疏》，卷17，〈昭公十三年〉，頁334。

夷夏有別的義例主張之下，[106]《穀梁》未必會有責臣子不討弒君之賊商臣的主張，更何況《穀梁》亦未在此經文之下發討賊之相關傳文。由此觀之，鍾文烝對鄭嗣刪何休注文「又責臣子當討賊也」一句，下以「不如本文為善」之評，似乎太過矣，且鍾氏本人恐怕也落入以《公羊》繩《穀梁》之弊。

此外，考《春秋》書世子或公子弒君者，計有：「楚世子商臣弒其君髡」（〈文公元年〉）、「鄭公子歸生弒其君夷」（〈宣公四年〉）、「蔡世子般弒其君固」（〈襄公三十年〉）、「許世子止弒其君買」（〈昭公十九年〉）等四例。以解釋《春秋》書法的面向而言，《春秋》凡載世子或公子弒君事件，皆言其君，未言其父，可知書「弒其君」為《春秋》常例，未見出例，似無特別為此經下注之必要。故而鄭嗣此注，至多僅可以解釋《春秋》用字意思的角度視之。而若從鄭嗣以《穀梁》學家解《春秋》經文的面向而言，《穀梁》在上引四起弒君事件中，分在〈文公元年〉、〈襄公三十年〉、〈昭公十九年〉發傳，發傳的重點皆在討論《春秋》對被弒之君書日或不書日，鄭嗣如欲下注，應就《春秋》日不日的問題提出看法，如范甯所引徐乾之說即是，如此方可得《穀梁》解經之要義；也就是說，鄭嗣此注，既引《公羊》家而非《穀梁》之說，所注又未得《穀梁》之要。

同是殺弒例，魯宣公二年（前607），《春秋》載曰：「秋，九月，乙丑，晉趙盾弒其君夷皋。」《穀梁》曰：「故書之曰『晉趙盾弒其君夷皋』者，過在下也。」鍾文烝云：「言『故書之者』，明史從赴書。」[107]鄭嗣曰：

> 成十八年「晉弒其君州蒲」，傳曰：「稱國以弒其君，君惡甚矣。」然則稱臣以弒，罪在臣下也。趙盾弒其君，不言罪而曰過者，言非盾親弒，有不討賊之過。[108]

---

106 關於《穀梁》的夷夏之辨主張，可詳見吳智雄：《穀梁傳思想析論》，頁282-300。

107 〔清〕鍾文烝撰，駢宇騫、郝淑慧點校：《春秋穀梁經傳補注》，卷15，〈文公元年〉，頁427。

108 〔清〕馬國翰：《玉函山房輯佚書》，冊2，〈經編・春秋類〉，頁1433。此條輯自范甯《集解》，見〔晉〕范甯集解，〔唐〕楊士勛疏：〈文公元年〉，《春秋穀梁傳注疏》，卷12，頁219。

此是春秋史上著名之弒君事件，弒君者實為趙穿，但《春秋》卻書「晉趙盾弒其君夷皐」。《穀梁》引史狐之言曰：「子（指趙盾）為正卿，入諫不聽，出亡不遠。君弒，反不討賊，則志同，志同則書重，非子而誰？」故《春秋》書「以罪盾也」。鄭嗣則從稱臣以弒的角度，並舉成公十八年「晉弒其君州蒲」的稱國以弒為對比，依《穀梁》傳義論《春秋》書趙盾弒君之意在罪責臣下。

《穀梁》解《春秋》弒君事件之稱謂例，大抵可分三類型：

一是「稱國以弒」，如〈成公十八年〉：「庚申，晉弒其君州蒲。」《穀梁》曰：「稱國以弒其君，君惡甚矣。」[109]傳文表明稱國以弒乃指君惡甚矣。

二是「稱人以弒」，指君惡而眾人皆可殺，如〈文公十六年〉：「冬，十有一月，宋人弒其君杵臼。」《穀梁》無傳，但范甯引泰曰：「傳稱人者，眾辭。眾之所同，則君過可知。又曰，『稱國以弒其君，君惡甚矣』。然則舉國重於書人也。」[110]周何也說：「此經只稱『宋人』，不書其名，似有國人皆曰可殺之意。……稱國以弒，謂之『君惡甚』；稱人以弒，較輕於稱國，則謂之『君惡』，當亦不失傳意。」[111]《穀梁》雖無發傳，但依傳義推之，稱人以弒者，當是君惡而眾人皆可殺之意。

三是「稱臣以弒」，如〈宣公二年〉：「秋，九月，乙丑，晉趙盾弒其君夷皐。」《穀梁》曰：「穿弒也，盾不弒，而曰盾弒，何也？以罪盾也。」[112]傳文表明稱臣以弒乃指罪過在下也。

由上述三種類型可知，凡《春秋》稱國、稱人以弒者，其惡皆在國君，如杜預（222-285）曰：「凡弒君稱君，君無道；稱臣，臣之罪。稱君者，惟書君名，而稱國稱人以弒，言眾之所共絕也。稱臣者，謂書弒者主名以垂來世，終為不義而不可赦也。」[113]故鄭嗣以「稱臣以弒，罪在臣下」釋傳文

---

109 〔晉〕范甯集解，〔唐〕楊士勛疏：《春秋穀梁傳注疏》，卷14，〈成公十八年〉，頁275。

110 〔晉〕范甯集解，〔唐〕楊士勛疏：《春秋穀梁傳注疏》，卷11，〈文公十六年〉，頁212。

111 周何：《新譯春秋穀梁傳》，頁579。

112 〔晉〕范甯集解，〔唐〕楊士勛疏：《春秋穀梁傳注疏》，卷12，〈宣公二年〉，頁218。

113 〔晉〕杜預：《春秋釋例》（臺北市：臺灣中華書局，1980年），〈書弒例第十五〉，頁5。

「過在下也」云云，當得傳義。

此外，鄭嗣也注意到《穀梁》用辭的不同。《穀梁》先曰「以罪盾也」，後云「過在下也」，罪、過二字同用。清人鍾文烝認為：「盾弒而君子仍之，上言以罪盾，此言過在下，互辭。」[114]指罪、過二字為互辭，互辭即互文，即相互為文，合而見義之意，當可釋為因過而罪之，罪由過而起。如鄭嗣以「罪在臣下也」釋傳文「過在下也」即是。而鄭嗣認為，「不言罪而曰過者，言非盾親弒，有不討賊之過」，其實《穀梁》已先言「以罪盾也」，故鄭嗣「不言罪而曰過者」之說有誤；但「言非盾親弒，有不討賊之過」之說，則可得《穀梁》傳義之要。

四　結語

在經歷立於學官而極盛的西漢，以及未立於今文經十四博士而衰微的東漢之後，《穀梁》學在魏晉南北朝以不同的面向賡續其學術生命。此時《穀梁》學發展的重點，不在官方的博士學官，而是在私家的注疏之學。

魏晉南北朝時期的《穀梁》注疏之學，除了全本傳世的范甯《春秋穀梁傳集解》之外，其餘皆已亡佚。今可得見者，皆為後人輯佚之輯文，計得七家九種著述，計有：〔魏〕糜信《春秋穀梁傳注》；〔晉〕范甯《薄叔元問穀梁義》；〔晉〕徐乾《春秋穀梁傳注》；〔晉〕江熙《春秋公羊穀梁二傳評》；〔晉〕劉兆《春秋公羊穀梁傳解詁》；〔晉〕鄭嗣《春秋穀梁傳鄭氏說》；〔晉〕徐邈《春秋穀梁傳注義》；〔晉〕范甯《穀梁傳例》。諸家所輯之作，以馬國翰的輯佚之功最大，故本文以馬氏所輯鄭嗣《春秋穀梁傳鄭氏說》為範疇，論其內容旨義之大要。

由輯文所見及上述若干輯文之分析，關於鄭嗣的《穀梁》學，大抵可得以下六項特徵：

---

114 〔清〕鍾文烝撰，駢宇騫、郝淑慧點校：《春秋穀梁經傳補注》，卷15，〈文公元年〉，頁427。

首先，在鄭嗣的二十二節輯文中，除了一節解釋經文之外，餘皆就《穀梁》傳義而發，故鄭嗣注說《穀梁》之作，當屬「傳說義疏」類，此著述形式，符合魏晉南北朝義疏學之風。

其次，就輯文所示，鄭嗣注說《穀梁》，大抵有言禮義、明屬辭、釋書法等三個面向。此三面向亦為《穀梁》解《春秋》之重點，知鄭嗣注說能得《穀梁》解經重點。

其三，鄭嗣注說《穀梁》，基本皆依《穀梁》傳義而說，具依傳說傳、注不破傳之原則。但對傳文句讀有不同於他家的看法，解傳義時的行文語意上也有不夠清晰之處。

其四，在依傳說傳的原則下，鄭嗣雖能申明《穀梁》所述禮義內涵，但同時也未能深考《穀梁》說禮制與禮義的可能誤失，以致可能產生因襲《穀梁》傳義之弊。

其五，鄭嗣說解《穀梁》的內容與主張，或被范甯徵引以為旁證，或為范甯逕引以為注而未下己意，顯示鄭嗣之說頗得范甯肯定，如簡博賢所云：「考范甯集解，臧否諸家，而獨予鄭者；蓋取其說義精審，能通變例也。」[115]

其六，鄭嗣注說《穀梁》時，曾引《公羊》家之說以注《春秋》經文，簡博賢認為：「今考鄭嗣佚文，雖釋傳為主；然篤守未醇，時羼異說。」[116]若從專門之學觀之，鄭嗣《穀梁》學確有未醇之弊；但若就當時不專主一家的治學之風而言，鄭嗣《穀梁》學則有旁採他傳的特色。

鄭嗣《穀梁》學特徵，以目前本文所論，大抵如上；所餘未論者，尚待來日補足，以冀得輯本要義之全豹。

115 簡博賢：《今存三國兩晉經學遺籍考》，頁506。
116 簡博賢：《今存三國兩晉經學遺籍考》，頁507。

許謙《詩集傳名物鈔》版本及異文考述（二南部分）

黃智明
元智大學中國語文學系助理教授

提要

本研究旨在探析元代學者許謙所著《詩集傳名物鈔》在傳抄與刊刻過程中造成的異文現象，並評估各版本的學術價值與校勘質量。研究通過系統比勘多個版本，包括明秦氏雁里草堂抄本、《通志堂經解》本、《摛藻堂四庫全書薈要》本及《四庫全書》本（含文淵閣、文津閣本），揭示了各版本在文字、篇章結構及校勘特點上的異同。研究首先分析明秦氏雁里草堂抄本，發現存在大量訛字、脫字、闕字、衍文及乙倒等現象，反映早期抄寫的粗疏特點。儘管如此，該抄本保留部分原始文字，能補正後期版本的誤改。其次，研究考察《通志堂經解》本的校勘貢獻。該本針對明抄本的錯誤進行大量訂正，尤其在篇題、章次及明顯誤字的修正上表現出色。而《薈要》本與《四庫全書》本在校勘中雖有訂正，但又有新的疏誤產生。本研究不僅深化了對《詩集傳名物鈔》版本異文的理解，也為後續研究奠定基礎。

一 前言

元代《詩經》學研究，深受朱熹《詩集傳》影響。其中許謙《詩集傳名物鈔》一書，既能增補朱熹《詩集傳》的闕遺，又繼承和發揚師門解《詩》的特長，在同時期著作中，頗受讚譽。《四庫全書總目》稱：「謙雖受學於王柏，而醇正則遠過其師。研究諸經，亦多明古義，故是書所考名物音訓，頗有根據。……卷末譜作詩時世，其例本之康成，其說則改從《集傳》。蓋淵源授受，各尊所聞。然書中實多采用陸德明《釋文》及孔穎達《正義》，亦未嘗株守一家。」[1]崔志博《元代詩經學研究》也說：「許謙學術視野開闊，學術思想開放，其《詩集傳名物鈔》解《詩》並不株守一家之說，正是在這種不墨守陳規的開放思想，使許謙往往能夠提出一些頗具新意的創見。《詩集傳名物鈔》儘管不以說《詩》為重點，但其闡解《詩》意時的創見之言，具有一定的詩學價值。」[2]

許謙（1270-1337），字益之，婺州金華人，世稱白雲先生。謙受學於金履祥（1232-1303），履祥學於王柏（1197-1274），柏學於何基（1188-1268），基學於黃幹（1152-1221），幹學於朱熹（1130-1200），朱子之道至謙而益尊。黃溍（1277-1357）〈白雲許先生墓誌銘〉稱：「先生於天文地理、典章制度、食貨刑法、字學音韻、醫經數術，靡不該貫。一事一物可為博聞多識之助者，必謹志之。」又云：「先生於書無不觀，窮探聖微，蘄於必得，雖殘文羨語，皆不敢忽，有不可通，則不敢強，於先儒之說有所未安，亦不敢苟同。」[3]著有《讀書叢說》六卷、《讀四書叢說》八卷、《許白雲先生文集》四卷。

《詩集傳名物鈔》八卷，舊有明秦氏雁里草堂抄本、明張應文怡顏堂抄

1 〔清〕紀昀等纂，四庫全書研究所整理：《欽定四庫全書總目（整理本）》（北京市：中華書局，1997年），經部十六詩類二「詩集傳名物鈔提要」，頁199。

2 崔志博：《元代詩經學研究》（北京市：人民出版社，2016年），頁191。

3 〔元〕黃溍撰：〈白雲許先生墓誌銘〉，《金華黃先生文集》，《續修四庫全書》（上海市：上海古籍出版社，1997年，據清景元抄本影印），卷32，頁415-418。

本、汲古閣抄本。雍鵬《許謙及詩集傳名物鈔研究》據葉昌熾《藏書紀事詩》記載，雁里草堂為錫山秦柄（1527-1582）讀書、藏書處，柄與兄秦汴（1509-1581）、弟秦柱（1536-1585）刊刻整理古籍數種。錫山隸屬無錫，與毛晉（1599-1659）汲古閣所在地江蘇常熟相距甚近，汲古閣本可能出自雁里草堂抄本。[4]康熙十二年（1673），徐乾學（1631-1694）輯刻《通志堂經解》，收錄此書，據汲古閣抄本重新雕印。乾隆三十八年（1773）《摛藻堂四庫全書薈要》開始編纂，《通志堂經解》成為《薈要》及其後《四庫全書》繕錄的重要底本。此外尚有日本昌平黌官校六然堂於文化十年（1813）輯印的《昌平叢書》本，版式與《通志堂經解》悉同，應該是根據《通志堂經解》本翻印。又同治年間胡鳳丹（1828-1889）輯《金華叢書》，亦據《通志堂經解》本加以校勘後刻板印行。

明刊本十分罕見，中國國家圖書館藏有雁里草堂刊本，錯訛甚多。《通志堂經解》本進行了大量的訂誤工作，但仍存有若干闕誤。《薈要》本及《四庫全書》本同樣對《通志堂經解》本進行校改和勘誤，可用以匡補《經解》本的缺失，卻有校改未當，反增新誤的問題產生。本文透過《詩集傳名物鈔》不同版本（明秦氏雁里草堂刊本、《通志堂經解》本、《摛藻堂四庫全書薈要》、《文淵閣四庫全書》本、《文津閣四庫全書》本）的比勘，考察各版本在鈔寫過程中產生的各種狀況，希望提供學界研究《四庫全書》底本和《四庫全書》纂修過程中的校勘成就的新材料。

二　秦氏雁里草堂抄本與《通志堂經解》本之異同

（一）秦氏雁里草堂抄本的缺失

《詩集傳名物鈔》成書後未曾刊板印行，僅以抄本形式流傳。明張應文

4　雍鵬：《許謙及詩集傳名物鈔研究》（呼和浩特市：內蒙古師範大學中國古典文獻學碩士學位論文，2012年），頁6。

怡顏堂抄本、汲古閣抄本均未見，就秦氏雁里草堂抄本而言，此本沒有關於底本的記載，文字錯訛頗多，幸賴《通志堂經解》本重新刊印此書，其謬誤才得以勘正。

王念孫（1744-1832）《讀書雜志》校《淮南子內篇》規納古書文字致誤的原因六十四事，當中出於傳寫過程中造成的訛脫，及校勘者憑意妄改造成的錯訛，各占其半。秦氏雁里草堂抄本訛誤的情況，大致有以下幾項：

1 訛字

如卷一「若令自引它經而下連疏字」（頁一 a）[5]

《通志堂經解》本「令」作「今」。「令」、「今」，形近而訛。按：秦氏雁里草堂抄本「今」誤作「令」的情況頗多，部分文句已有改正，唯改之不盡，可見抄寫之麤疏。

《通志堂經解》與秦氏雁里草堂抄本相異處甚多，迻錄如下：

（1）「求其本，則以為政之乖繆於嘗道故也」（卷一，頁一 b）

《通志堂經解》本「嘗」作「常」。

（2）「《公羊傳》莫近諸《春秋》」（卷一，頁一 b）

《通志堂經解》本「諸」作「於」。

（3）「亡國之人，哀其危亡，恩其愁苦」（卷一，頁一 b）

《通志堂經解》本「恩」作「思」。「恩」、「思」，形近而訛。

（4）「《語錄》風、雅、頌也詩人之格，是樂章之腔調」（卷一，頁二 a）

《通志堂經解》本「也」作「是」。

按：《朱子語類》卷八十一：「讀《詩》須得他六義之體，如風、雅、頌則是詩人之格。」《語類》卷八十：「蓋所謂『六義』者，風、雅、頌乃是樂章之腔調。」

（5）「若〈國風〉乃來之民間，以見四方民情美惡」（卷一，頁二 a）

《通志堂經解》本「來」作「采」。

---

5 本文標注之頁碼，均為〔明〕秦氏雁里草堂抄本《詩集傳名物鈔》。

（6）「『關關雎鳩』，本是興起，到得下面說『窈窕淑女』，方是入顯說實事」（卷一，頁二 a）

《通志堂經解》本「入顯」作「入題」。

按：《朱子語類》朱子語類卷第八十：「問詩中說興處多近比，曰：……關關雎鳩本是興起，到得下面說窈窕淑女，此方是入題說那實事。」

（7）「三分林鍾益一，上生大族」（卷一，頁三 b）

《通志堂經解》本「族」作「蔟」。

按：「族」、「蔟」古通用，《漢書》卷二十一〈律曆志〉正作「三分林鍾益一，上生太族」。

（8）「族，千候反」（卷一，頁四 a）

《通志堂經解》本「族」作「蔟」。

（9）「亡音無，射音一」（卷一，頁四 b）

《通志堂經解》本「一」作「亦」。

（10）「《集注》云：怨是不怒」（卷一，頁四 b）

《通志堂經解》本「是」作「而」。

（11）「疑，羊至反」（卷一，頁五 a）

《通志堂經解》本「疑」作「肄」。「疑」、「肄」，形近而訛。

按：「疑」、「肄」，形近而訛。《鐵琴銅劍樓藏書目錄》卷第三「詩集傳音釋二十卷」條云：「有不錄者，如許書〈國風傳〉肄，羊至反。」

（12）「垚封於邰，世后稷以服事虞夏」（卷一，頁五 a）

《通志堂經解》本「垚」作「堯」。

（13）「因可見其一端矣」（卷一，頁七 b）

《通志堂經解》本「因」作「固」。「因」、「故」，形近而訛。

（14）「合窈窕之淑女，始可為君子之好逑」（卷一，頁七 b）

《通志堂經解》本「合」作「今」。「合」、「今」，形近而訛。

（15）「下以恭敬事上之心，悠然見於言外」（卷一，頁八 a）

《通志堂經解》本「敬」作「謹」。

（16）「御文王生知之聖」（卷一，頁八 b）

《通志堂經解》本「御」作「抑」。「御」、「抑」，形近而訛。

（17）「武王繼立，上冒文王之年，至十二年而滅商」（卷一，頁八 b）

《通志堂經解》本「十二」作「十三」。

按：胡承珙《毛詩後箋》卷一〈周南・關雎〉云：「武王即位十三年滅商，非上冒文王之年。既滅商七年而崩。」

（18）「歐陽子曰：右者人君即位必稱元年」（卷一，頁九 a）

《通志堂經解》本「右」作「古」。「右」、「古」，形近而訛。

（19）「及滅商而得天下」（卷一，頁九 a）

《通志堂經解》本「得」作「有」。

（20）「今以先傳辯析已定之論」（卷一，頁九 b）

《通志堂經解》本「傳」作「儒」。

（21）「〈大明〉之詩，周公所作也，其陳序王季、文王前後次第，井然甚明」（卷一，頁十 a）

《通志堂經解》本「文王」作「文武」。

（22）「蓋上章既言文王小心翼上帝而受方國矣」（卷一，頁十 a）

《通志堂經解》本「翼」作「事」。

（23）「《皇王大紀》謂大王百歲，是五十四而生文王也」（卷一，頁十 b）

《通志堂經解》本「大王」作「王季」。

按：《史記》〈周本紀〉：「古公卒，季歷立，是為公季。……公季卒，子昌立，是為西伯，西伯曰文王。」又《太平御覽》卷三百八十三引《六韜》云：「文王祖父，壽百二十而沒。王季，百年而沒。文王，壽九十七而沒。」

（24）「蓋太王、王季、文王皆聖賢之君」（卷一，頁十 b）

《通志堂經解》本「聖賢」作「賢聖」。

（25）「而太姜、太任、太姒又皆賢聖之配」（卷一，頁十 b）

《通志堂經解》本「聖賢」作「賢聖」。

（26）「則〈關雎〉之詩，從今說，可以判誠無疑矣」（卷一，頁十 b）

《通志堂經解》本「誠」作「然」。

（27）「言情意相與深至而未常狎，便是樂而不淫意」（卷一，頁十一 a）

《通志堂經解》本「常」作「嘗」。

（28）「若無所用而人不來，則詩人亦不言也」（卷一，頁十二 a）

《通志堂經解》本「來」作「采」。

（29）「亨，普康反」（卷一，頁十二 a）

《通志堂經解》本「康」改作「庚」。「康」、「庚」，形近而訛。

（30）「女出嫁，姆隨之」（卷一，頁十四 b）

《通志堂經解》本「隨」作「從」。

（31）「上公之大夫褘衣」（卷一，頁十五 a）

《通志堂經解》本作「公之夫人褘衣」。

按：陳祥道《禮書》卷十七：「子男之夫人屈狄，侯伯之夫人揄狄，公之夫人褘衣。」

（32）「及懷人之深，發為嘆嗟」（卷一，頁十六 a）

《通志堂經解》本「嘆嗟」作「嗟嘆」。

按：朱公遷《詩經疏義》卷一卷耳引許氏曰：「此詩后妃作於文王拘幽之時，然皆設辭反覆，託意以見憂思焉。卷耳易得，頃筐易盈，采采非一，而又不盈者，志不在此也。及懷人之深，發為嗟嘆，則遂不顧而棄之大道之傍矣。」

（33）「思人而不可見」（卷一，頁十六 a）

《通志堂經解》本「可」作「得」。

（34）「至試惻怛之心」（卷一，頁十六 b）

《通志堂經解》本「試」作「誠」。

（35）「《詩緝》：歌箱，箱之小而偏者」（卷一，頁十六 b）

《通志堂經解》本「歌」作「攲」。

按：嚴粲《詩緝》卷一：「《韓詩》曰：『頃筐，攲筐也。』錢氏曰：『箱之小而偏者。』」

（36）「崔嵬，土山戴石；碩，石山戴土」（卷一，頁十六 b）

《通志堂經解》本「碩」作「砠」。

（37）「女子皆有德之人，則於其家室又胥教訓」（卷一，頁十八 b）

《通志堂經解》本「家室」作「室家」。

按：朱公遷《詩經疏義》卷一〈桃夭〉引許氏曰：「可見文王之化，行於近遠，女子皆有德之人，則於其室家又胥教訓，風俗安得不厚乎？」

（38）「賈公彥疏《周禮》，破其說而引豳詩、〈殷頌〉、《易》、《春秋》、《夏小正》之說以正毛氏」（卷一，頁十九 a）

《通志堂經解》本「豳詩」作「豳詩」。「豳」、「豳」，形近而訛。

（39）「臼李之取冀缺」（卷一，頁十九 b）

《通志堂經解》本「李」作「季」。臼季，即司空季子。《左傳》僖公三十三年載：初，臼季使，過冀，見冀缺耨，其妻饁之，敬，相待如賓。與之歸，言諸文公曰：「敬，德之聚也。能敬必有德，德以治民，君請用之。臣聞之：出門如賓，承事如祭，仁之則也。」公曰：「其父有罪，可乎？」對曰：「舜之罪也殛鯀，其舉也興禹。管敬仲，桓之賊也，實相以濟。〈康誥〉曰：『父不慈，子不祗，兄不友，弟不共，不相及也。』《詩》曰：『采葑采菲，無以下體。』君取節焉可也。」文公以為下軍大夫。

（40）「閎夭、泰顛為文王奔走疏附禦侮之反」（卷一，頁十九 b）

《通志堂經解》本「反」作「友」。「反」、「友」，形近而訛。

按：《偽孔傳》：「凡五臣，佐文王為胥附、奔走、先後、禦侮之任。」

（41）「又將其子，然後以衣貯而執其衽」（卷一，頁二十 a）

《通志堂經解》本「將」作「捋」；「貯」下有「之」字。

按：朱鶴齡《詩經通義》卷一〈芣苢〉注云：「又捋取其子，然後以衣貯之而執其衽。」

（42）「蓋敦化流行，風俗淳美」（卷一，頁二十 b）

《通志堂經解》本「敦」作「教」。「敦」、「教」，形近而訛。

（43）「上為興，南有喬木則不可休思，此漢有游女其不可求思」（卷一，頁二十一 a）

《通志堂經解》本「此」作「比」。「此」、「比」，形近而訛。

（44）「而於翹翹之中又欲刈其楚興蔞之美」（卷一，頁二十一 a）

《通志堂經解》本「興」作「與」。「興」、「與」，形近而訛。

（45）「其宜歸嫁於我，則言秣其馬駒而親迎之矣」（卷一，頁二十一 a）

《通志堂經解》本「宜」作「肯」。「宜」、「肯」，形近而訛。

（46）「今案〈漢地理志〉：隴西郡氐道縣，漢水所出」（卷一，頁二十一 b）

《通志堂經解》本「漢」作「漾」。「漢」、「漾」，形近而訛。

（47）「此〈禹貢〉嶓冢導漢，東流為漢」（卷一，頁二十一 b）

《通志堂經解》本「漢」作「漾」。「漢」、「漾」，形近而訛。

（48）「又漢至，隴西郡西縣嶓冢山，西漢所出」（卷一，頁二十二 a）

《通志堂經解》本「漢至」作「漢志」。

（49）「自秦州至與元，驛程九百餘里」（卷一，頁二十二 a）

《通志堂經解》本「與」作「興」。「興」、「與」，形近而訛。

（50）「唯其高丈餘，故亦可刈而薪」（卷一，頁二十三 a）

《通志堂經解》本「而」作「為」。

（51）「以彼之甚暴，始知文王之至知」（卷一，頁二十三 b）

《通志堂經解》本「知」作「仁」。

（52）「紐音令。易，羊至反」（卷一，頁二十四 a）

《通志堂經解》本作「紐音今。易，羊至反」。

（53）「竊聞兩麟字說不同，恐微有礙」（卷一，頁二十四 b）

《通志堂經解》本「聞」作「謂」。

（54）「《疏》：今伊洛濟潁魴魚也，廣而薄，肥恬而少肉」（卷一，頁二十四 a）

《通志堂經解》本「潁」作「穎」；「恬」作「甜」。

按：吳陸璣撰，明毛晉廣要《毛詩鳥獸草木蟲魚書廣要》：「〈齊風・敝笱〉魴，今伊洛濟穎魴魚也，廣而薄肥，恬而少力，細鱗，魚之美者。」「恬」、「甜」可通。

（55）「故其子姓公族皆有人厚之應」（卷一，頁二十五 a）

《通志堂經解》本「人」作「仁」。

（56）「惟令人直謂之鳩者，拙鳥也」（卷一，頁二十五 b）

《通志堂經解》本「令」作「今」；「鳥」作「鳩」。

按：《呂氏家塾讀書記》卷三「維鵲有巢，維鳩居之」，引歐陽氏曰：「今所謂布穀、戴勝者，與鳩絕異。惟今人直謂之鳩者，拙鳥也，不能作巢，多在屋瓦間。或在樹上架構樹枝，初不成窠，便以生子，往往墜鷇。今鵲作巢甚堅，既生雛散飛則棄而去，容有鳩來處彼空巢。」又嚴粲《詩緝》卷二「維鳩居之」下注云：「鳩，拙鳩也，直謂之鳩者也。舊說以為鳲鳩、秸鞠、布穀、戴勝，非也。」

(57)「或於木上架構樹枝，初不成窠，便以生子」(卷一，頁二十五 b)

《通志堂經解》本「窠」作「巢」。

(58)「鵲作窠甚堅」(卷一，頁二十五 b)

《通志堂經解》本「窠」作「巢」。

(59)「三章。勝，以證反」(卷一，頁二十六 a)

《通志堂經解》本「勝」作「媵」。

按：《禮記‧鄉飲酒禮》「媵爵」，陸氏《經典釋文》云：「媵，以證反。」

(60)「從初生至枯，白於眾蒿，可以為**菹**」(卷一，頁二十六 a)

《通志堂經解》本「**菹**」作「菹」。

按：《本草》「白蒿」，唐本《註》云：「此蒿葉粗於青蒿，從初生至枯，白於眾蒿。欲似艾者，所在有之。」又云：「葉似艾，葉上有白毛，粗澀。俗呼蓬蒿，可以為菹。故《詩》箋云『以豆薦蘩菹』。」

(61)「注春時各有種名」(卷一，頁二十六 a)

《通志堂經解》本「注」作「謂」。

(62)「煩而不厭，久而不解」(卷一，頁二十七 b)

《通志堂經解》本「解」作「懈」。

(63)「而實尸皆者，以其有齊敬之心也」(卷一，頁二十八 a)

《通志堂經解》本「皆」作「此」。

按：真德秀《讀書記》卷十三「于以奠之，宗室牖下」下引東萊呂氏曰：「季女之少，若未足以勝此，而實尸此者，以其有齊敬之心也。」

(64)「豈有不可茹之藻，而乃可用以祭祀乎」(卷一，頁二十八 a)

《通志堂經解》本「藻」作「薻」。

按：嚴緝《詩緝》卷二：「今考《本草》水萍有三種，其大者曰蘋，葉圓，闊寸許，季春始生，可糝蒸為茹。其中者曰荇菜，其小者曰水上浮萍，江東謂之薸。毛氏以蘋為大萍，是也。郭璞以蘋為今水上浮萍，是以小萍為大萍，即江東謂之薸，誤矣。蘋可茹而薸不可茹，豈有不可茹之薸，而乃用以供祭祀乎？《左傳》云『蘋蘩蘊藻之菜』，蘋藻皆菜，則可茹之物，非薸也。今薸止可養魚。」

（65）「今藻止可養魚」（卷一，頁二十八 a）

《通志堂經解》本「藻」作「薸」。

（66）「挼，奴采反」（卷一，頁二十八 b）

《通志堂經解》本「采」作「禾」。

（67）「大宗對小宗乃言也」（卷一，頁二十九 a）

《通志堂經解》本「乃」作「而」。

（68）「詩傳惟言大宗，故令止言此」（卷一，頁二十九 a）

《通志堂經解》本「詩」作「時」；「令」作「今」。

（69）「又曰：無骨為醢」（卷一，頁二十九 a）

《通志堂經解》本「為」作「曰」。

（70）「而強暴之人，終必罹於罪隸」（卷一，頁三十 a）

《通志堂經解》本「隸」作「戾」。

（71）「夫男女者，人之大欲」（卷一，頁三十 a）

《通志堂經解》本「欲」作「倫」。

（72）「《疏》：紽、總皆縫，緎即縫之累」（卷一，頁三十一 a）

《通志堂經解》本「累」作「界」。

（73）「及其吉士而以之可也」（卷一，頁三十二 a）

《通志堂經解》本「以」作「從」。

（74）「既以頃筐塈之」（卷一，頁三十二 a）

《通志堂經解》本「塈」作「墍」。

（75）「必其命媒妁通辭意以盡禮義」（卷一，頁三十二 a）

《通志堂經解》本「義」作「儀」。

按：朱公遷《詩經疏義》卷一〈摽有梅〉引許氏曰：「時雖逾而禮義不可廢，其庶士之求我者，必其命媒妁通辭意以盡禮儀，然後從之可也。」

（76）「始則悔寤，中則相安」（卷一，頁三十二 a）

《通志堂經解》本「寤」作「悟」。

（77）「況此如玉之女而懷春者人，安得不誘之也」（卷一，頁三十三 b）

《通志堂經解》本「者」作「之」。

（78）「此其淫邪猾賊形於言辭者也」（卷一，頁三十四 a）

《通志堂經解》本「淫」作「陰」。

按：胡文英《詩經逢原》卷一云：「〈野有死麕〉……《集傳》亦以為女子，王魯齋遂以此詩為淫詩，金仁山、許白雲皆以為然。許氏曰：其陰邪猾賊形于言辭者也，其鄭衛之風歟！」

（79）「似白楊，江東呼大移」（卷一，頁三十四 b）

《通志堂經解》本「大」作「夫」。

按：賈思勰《齊民要術》卷第十「夫移」條云：「《爾雅》曰『唐棣移』，注云：白移似白楊，江東呼夫移。」

（80）「平王太子洩父之子桓公崩而莊王立」（卷一，頁三十五 a）

《通志堂經解》本「桓公」作「桓王」。

（81）「蜸歸王姬」（卷一，頁三十五 a）

《通志堂經解》本「蜸」作「暨」。

（82）「當曰桓公之孫而非平王之孫也」（卷一，頁三十五 a）

《通志堂經解》本「桓公」作「桓王」。

（83）「但正王不必獨指文王爾」（卷一，頁三十五 a）

《通志堂經解》本「不必」作「未必」。

（84）「厭翟，勒面績總」（卷一，頁三十五 b）

《通志堂經解》本「績」作「繢」。

（85）「王之馬以白黑飾違，雜色為勒」（卷一，頁三十五 b）

《通志堂經解》本「違」作「韋」。

（86）「令案：翟茀以朝」（卷一，頁三十六 a）

《通志堂經解》本「令」作「今」。

（87）「以于嗟麟子類之可見」（卷一，頁三十七 a）

《通志堂經解》本「子」作「兮」。

（88）「禮注：樂官備者，謂壹發五豝」（卷一，頁三十七 a）

《通志堂經解》本「禮注」作「射義注」。

（89）「鄉飲酒之禮，卿大夫三年大比」（卷一，頁三十七 a）

《通志堂經解》本「卿」作「鄉」。

（90）「鄉射之禮，卿大夫三年正月獻賢能之書」（卷一，頁三十七 a）

《通志堂經解》本「卿」作「鄉」。

（91）「〈采蘋〉言卿大夫之妻能修其法度」（卷一，頁三十七 b）

《通志堂經解》本「修」作「循」。

（92）「故國君與其臣下及四賓之賓燕」（卷一，頁三十七 b）

《通志堂經解》本「四賓」作「四方」。

（93）「芣苢和平之美」（卷一，頁三十八 a）

《通志堂經解》本「芣苢」作「芣苢」。

（94）「〈汝墳〉問其君子」（卷一，頁三十八 a）

《通志堂經解》本「問」作「閔」。

2 脫字

（1）「比卻不入題，如比那一物說，便是說實事」（卷一，頁二 b）

《通志堂經解》本「比卻不入題」作「比則卻不入題」。

（2）「九寸為黃鍾，由是三分損益，以生十一律焉。故林鍾六寸，大族八寸」（卷一，頁四 a）

《通志堂經解》本「九寸為黃鍾」作「九寸為黃鍾之實」；「故林鍾六寸」作「故黃鍾九寸，林鍾六寸」；「大族八寸」作「大蔟八寸」。

（3）「夾鍾七寸四分三釐三絲」（卷一，頁四 a）

《通志堂經解》本「三釐」下有「七毫」二字。

按：蔡元定《律呂新書》卷一〈候氣第十〉：「夾鍾七寸四分三釐七毫三絲。」

（4）「后稷初封其國則謂之不窋之徒不知何以名其國」（卷一，頁六 b）

《通志堂經解》本作「后稷初封其國則謂之郃，不窋之徒，不知何以名其國」。

（5）「四十六年，徙都程。四十九年，徙豐」（卷一，頁六 b）

《通志堂經解》本「四十九年，徙豐」作「四十九年甲子，徙豐」。

按：顧棟高《毛詩類釋》卷二〈釋地理〉引許氏謙曰：「文王四十九年甲子遷豐，是時年已九十六歲，逾一年而薨。」

（6）「是時文王蓋已九十六歲，逾年而薨矣」（卷一，頁六 b）

《通志堂經解》本「逾年而薨矣」作「逾一年而薨矣」。

（7）「周公旦，文王之子，武王次弟」（卷一，頁七 a）

《通志堂經解》本「周」上有「史記」二字。

（8）「然亦宮中之人樂」（卷一，頁八 a）

《通志堂經解》本作「然亦宮中之人所自樂」。

（9）「文王宮中人之所作」（卷一，頁八 a）

《通志堂經解》本作「文王宮中之人所作」。

（10）「說者以虞、芮質成為文王受命，改稱元年而卒」（卷一，頁八 b）

《通志堂經解》本「改稱元年而卒」作「改稱元年，九年而卒」。

按：劉三吾《書傳會選》卷四「惟十有三年春大會于孟津」條下注云：「按漢孔氏言：虞、芮質成為文王受命改元之年，凡九年而文王崩。」

（11）「煩撋，猶莎也」（卷一，頁十五 a）

《通志堂經解》本「猶」下有「捼」字。

按：孔穎達毛詩疏引阮孝緒《字略》云：「煩撋，猶捼莎也。」

（12）「江淮而南，青質五色成章曰搖」（卷一，頁十五 a）

《通志堂經解》本「搖」下有「闕者，屈也」四字。

（13）「綠衣則女御士之妻也，皆可以兼下」（卷一，頁十五 b）

《通志堂經解》本「也」下有「上」字。

（14）「前二章上二句無韻」（卷一，頁十五 b）

《通志堂經解》本「句」下有「皆」字。

（15）「罍以梓為之，大一碩」（卷一，頁十六 b）

《通志堂經解》本「大」字脫「一」字。

（16）「信哉其公侯干城好仇腹心者與」（卷一，頁十九 b）

《通志堂經解》本「侯」下有「之」字。

（17）「是則江漢之人，被文王之化效」（卷一，頁二十一 a）

《通志堂經解》本「被文王之化效」作「被文王之化之效」。

（18）「若曰女子有不可之犯之態而不敢犯之」（卷一，頁二十一 a）

《通志堂經解》本「不可之犯之態」作「不可犯之態」。

（19）「漢西縣後分為三泉縣，嶓冢則在三泉界中，今為興元之境。金牛即漢葭萌之地，今屬與元褒城縣也」（卷一，頁二十二 a）

《通志堂經解》本作「漢西縣後分為三泉縣，嶓冢則在三泉界中，今為興元之境。廣漢即鳳州，金牛即漢葭萌之地，今則屬興元褒城縣也」。

（20）「其西源則自名沔」（卷一，頁二十二 b）

《通志堂經解》本「名」下有「為」字。

（21）「《傳》專指興元之嶓冢，或攷之詳歟」（卷一，頁二十二 b）

《通志堂經解》本「或攷之詳歟」作「或攷之未詳歟」。

（22）「召公奭，姬姓，或以文王庶子」（卷一，頁二十五 a）

《通志堂經解》本「以」下有「為」字。

（23）「此說取《毛傳》，毛亦就此詩而言之，於禮它無見，遇恐詩人亦攝盛言之爾」（卷一，頁二十五 b）

《通志堂經解》本「於禮它無見」作「於禮它無所見」；「遇」作「愚」。

（24）「積其誠而益後，然後祭事成焉」（卷一，頁二十七 b）

《通志堂經解》本作「積其誠而益厚，然後祭祀成焉」。

按：呂祖謙《呂氏家塾讀詩記》卷第三「于以奠之，宗室牖下」條注云：「采之盛之，湘之奠之，所為者非一端，所歷者非一所矣，煩而不厭，久而不懈，循其序而有常，積其誠而益厚，然後祭事成焉。」而胡廣《詩傳大全》卷一〈采蘋〉引東萊呂氏則作「積其誠而益厚，然後祭祀成焉」。

（25）「諸侯之適子適孫繼為君」（卷一，頁二十八 b）

《通志堂經解》本「繼」下有「世」字。

按：衛湜《禮記集說》卷八十五「別子為祖繼別為宗繼禰者為小宗」條引孔氏曰：「諸侯之適子適孫繼世為君，而第二子以下悉不得禰先君，故云別子。」

（26）「黃氏櫄實夫講義：居者遇雨，則思行者之勞」（卷一，頁三十一 b）

《通志堂經解》本「居者遇雨」作「安居者遇雨」。

（27）「由此言之，夫人往來，舒而有儀」（卷一，頁三十二 a）

《通志堂經解》本「夫人往來」作「夫人當日往來」。

（28）「鹿陽獸，夏至得陰氣而解角，從退象」（卷一，頁三十四 a）

《通志堂經解》本「從退象」作「從陽退象」。

按：羅願《爾雅翼・釋獸三》：「鹿是陽獸，情淫而遊山，夏至得陰氣而解角，從陽退之象。」

（29）「戎戎字韻與莪莪同厚」（卷一，頁三十四 b）

《通志堂經解》本作「戎戎字韻與莪莪同，厚貌」。

（30）「二章，《箋》：正王者，德能正天下之王」（卷一，頁三十四 b）

《通志堂經解》本作「二章，平王，毛氏：平，正也。《箋》：正王者，德能正天下之王」。

（31）「然則當曰齊侯而非齊侯之子」（卷一，頁三十五 a）

《通志堂經解》本「則」下有「詩」字。

（32）「是人物化育於上德澤者」（卷一，頁三十七 a）

《通志堂經解》本「德」上有「之」字。

（33）「〈卷耳〉思其君」（卷一，頁三十八 a）

《通志堂經解》本「君」下有「子」字。

3　闕字

（1）「□公本是箇好底人」（卷一，頁二 a）

《通志堂經解》本闕字作「蓋」。

按：《朱子語類》朱子語類卷第八十「問詩中說興處多近比」條云：「蓋公本是箇好底人，子也好，孫也好，族人也好，譬如麟趾也好，定也好，角也好。」

（2）「王應麟伯厚《詩地理攷異》：□國志美陽周城」（卷一，頁五 b）

《通志堂經解》本「□國志美陽周城」作「《郡國志》美陽有周城」。

（3）「《括地志》：周城一名有美陽，城□雍州武功縣西北二十五里」（卷一，頁五 b）

《通志堂經解》本作「《括地志》：周城一名美陽，城在雍州武功縣西北二十五里」。

（4）「齊人曰搏□」（卷一，頁十四 b）

《通志堂經解》本闕字作「黍」。

（5）「〈二南〉，王后國君夫人房中之樂□也」（卷一，頁三十七 b）

《通志堂經解》本「樂□」作「樂歌」。

4 衍文

（1）「觀友樂之以為言，可見后妃不以崇高之位自元」（卷一，頁八 a）

《通志堂經解》本「之」下無「以」字；「元」作「亢」。

（2）「則武王亦六十有七矣矣」（卷一，頁九 b）

《通志堂經解》本作「則武亦六十有七矣」。

（3）「王者至仁則出。疏中竹仲反」（卷一，頁二十四 b）

「疏」字衍文，《通志堂經解》本逕刪。

（4）「今何以強欲求昏我，而致我於獄訟乎」（卷一，頁三十 a）

「昏」下「我」字衍文，《通志堂經解》本逕刪。

5 乙倒

（1）「故發歌聲為悲哀而思遠」（卷一，頁一 b）

《通志堂經解》本作「故發為歌聲，悲哀而思遠」。

（2）「風雅頌卻是裡面横串底，都有賦比興，故謂三緯。緯，于貴反。串，古患反。之」（卷一，頁二 b）

《通志堂經解》本「故謂三緯」作「故謂之三緯」；刪去「古患反」下「之」字。

（3）「《史記》以不窋為后稷子，而又缺辟方、侯牟、雲都、盩四世，遂為后稷至諸文王為十五世」（卷一，頁五 b）

《通志堂經解》本作「雲都、諸盩四世，遂為后稷至文王為十五世」。

（4）「蘩與部。璽，吉典反。組，子古反。紺，古同暗反」（卷一，頁五 b）

《通志堂經解》本「蘩與部」作「蘩與部同」；「璽」作「璽」；「古同暗反」作「古暗反」。

（5）「是宮中未被后妃之時化」（卷一，頁七 b）

《通志堂經解》本作「是時宮中未被后妃之化」。

（6）「黃鸝留離，作黃留」（卷一，頁十四 b）

《通志堂經解》本作「黃鸝留，一作黃離留」。

（7）「武夫而步武有束約之度」（卷一，頁十九 b）

《通志堂經解》本「束約」作「約束」。

（8）「若〈行露〉之詩，則專於女子而言爾主」（卷一，頁二十一 b）

《通志堂經解》本「則專於女子而言爾主」下有「則專主於女子而言爾」字。

（9）「徵求繇役，毒痛四海」（卷一，頁二十三 b）

《通志堂經解》本「痛」作「痡」。

（10）「婦人綜理家事，伐枚伐疑，勤勞日久」（卷一，頁二十三 b）

《通志堂經解》本「疑」作「肄」。

（11）「諸侯御車數，未必如送是之多」（卷一，頁二十五 b）

《通志堂經解》本作「諸侯送御車數，未必如是之多」。

（12）「襛本衣貌厚，借作莪莪意」（卷一，頁三十四 b）

《通志堂經解》本「衣貌厚」作「衣厚貌」。

（13）「勒面，謂以如王龍勒之韋為當飾面也」（卷一，頁三十五 b）

《通志堂經解》本「飾面」作「面飾」。

（14）「輨，古緩反也。轂，端鐵」（卷一，頁三十六 a）

《通志堂經解》本作「輨，古緩反。轂，端鐵也」。

《通志堂經解》對明刊本《詩解頤》的勘正，主要在於釐定篇題及章次的錯誤，使之合於《詩經》原本篇章，雖然不免偶有遺漏未能盡改，已足以證明《通志堂經解》在輯刻過程中之用心。若不是明刊本漫漶過於嚴重，則《通志堂經解》當不至於有如此多的墨釘與訛字。

（二）秦氏雁里草堂抄本的價值

明人抄書多粗濫，秦氏雁里草堂抄本之訛誤大致有若上述。以其抄寫年代在《通志堂經解》之前，可補《通志堂經解》之誤改者甚多。

（1）「即縣志鳳翔府扶風縣本漢美陽城地」（卷一，頁六 a）

《通志堂經解》本作「《郡國志》：鳳翔府扶風縣，本漢美陽縣地」。

按：王應麟《詩地理考》卷四「周原」條引《郡縣志》云：「鳳翔府扶風縣本漢美陽地。」陳奐《詩毛氏傳疏》卷二十三「周原膴膴，堇荼如飴。爰始爰謀，爰契我龜」條下，引《元和郡縣志》云：「鳳翔府扶風縣，本漢美陽縣地。」《通志堂經解》本改「即縣志」作「郡國志」，誤。

（2）「太公以文王四十三年歸周，時文王年已九十，則武王亦六十有七矣」（卷一，頁九 b）

《通志堂經解》本「武」下脫「王」字。

（3）「況周之世子始為造舟，其後豈得遂定為天子之禮乎」（卷一，頁十 a）

《通志堂經解》本「子」作「于」。

按：顧廣譽《學詩詳說》卷二十三云：「金氏固已引《管子》武王伐殷克之七年而崩矣，許氏本金氏意而申之曰：……況周之世子始為造舟，其後豈得遂定為天子之禮乎？是既為君而親迎明矣。」秦氏雁里草堂抄本不誤，《通志堂經解》本誤改。

（4）「不貳其操，言常致貞淑而無間也」（卷一，頁十一 b）

《通志堂經解》本「常致貞淑」作「常勁貞潔」。按朱熹《詩集傳》卷一〈關睢〉詩引漢匡衡曰：「窈窕淑女，君子好逑，言能致其貞淑，不貳其操」。

（5）「王后之服，刻繒為之，形而采畫之綴於衣，以為文章」（卷一，頁十五 a）

《通志堂經解》本「而」作「如」。

按：《周禮．內司服》「掌王后之六服」，鄭康成注：「王后之服，刻繒為之，形而采畫之綴於衣，以為文章。」《通志堂經解》本改「而」作「如」，誤。

（6）「然酒豈果能驅此鬱積之思乎」（卷一，頁十六 a）

《通志堂經解》本「驅」作「攄」。

按：朱公遷《詩經疏義》卷一引許氏曰作「然酒豈果能駈此鬱積之思乎」，元刊本如此，《通志堂經解》改「驅」作「攄」，誤。

（7）「《詩緝》：歌箱，箱之小而偏者。」注云：「蓋哆口籃。」（卷一，頁十六 b）

《通志堂經解》本「哆」作「多」，誤。

（8）「徐鉉《說文通釋》：罟，罔之總名」（卷一，頁二十 a）

《通志堂經解》本「徐鍇」作「徐鉉」，誤。按陸游《南唐書》卷五〈徐鍇列傳〉：「（鍇）著《說文通釋》、《方與記》、《古今國典》、《賦苑》、《歲時廣記》及他文章，凡數百卷。」

（9）「《疏》惄本訓思，但飢之思食，意又惄然」（卷一，頁二十四 a）

《通志堂經解》本「又」作「如」。

按：「未見君子，惄如調飢」，孔疏：「《釋詁》云：『惄，思也。』舍人曰：『惄，志而不得之思也。』《釋言》云：『惄，飢也。』李巡曰：『惄，宿不食之飢也。』然則惄之為訓，本為思耳，但飢之思食，意又惄然，故又以為飢。惄是飢之意，非飢之狀，故《傳》言飢意。」《通志堂經解》改「又」作「如」，誤。

（10）「惟其專靜純一，能端然享之」（卷一，頁二十六 a）

《通志堂經解》本「均」作「純」。

按呂祖謙《呂氏家塾讀詩記》卷第三、眞德秀《讀書記》卷十三、劉瑾《詩傳通釋》卷一、朱公遷《詩經疏義》卷一「維鵲有巢，維鳩居之，之子于歸，百兩御之」下引廣漢張氏曰（張南軒曰、南軒張氏曰），皆作「唯其專静均壹，能端然享之，是乃夫人之德也，有所作為則非婦道矣」，《通志堂經解》誤改。

（11）「《詩記》：鳩居鵲窠，以比夫子坐享成業」（卷一，頁二十六 a）

《通志堂經解》本「窠」作「巢」；「夫子」作「天子」。按呂祖謙《呂氏家塾讀詩記》卷第三、嚴粲《詩緝》卷二、姚舜牧《詩經疑問》卷一、胡文英《詩經逢原》卷二、嚴虞惇《讀詩質疑》卷二、朱鶴齡《詩經通義》卷一引《詩記》此文皆作「詩人本取鳩居鵲巢，以比夫人坐享成業，非有婦德者，無以堪之」。《通志堂經解》本作「以比夫人坐享成業」，誤改。

三　《薈要》本、《四庫全書》本與《通志堂經解》本之異同

乾隆三十八年（1773）《四庫全書薈要》開始編纂，《通志堂經解》成為《薈要》繕錄及用以校勘的重要底本，《薈要》目錄直接標明「依內府所藏通志堂刊本繕錄恭校」的共有九十八種，《詩集傳名物鈔》為當中一種。

經初步比勘，發現《通志堂經解》本與《四庫薈要》本、《四庫》閣本之間，文字頗多異同，有《四庫》本、《薈要》本針對《通志堂》本明顯誤字進行改正者，亦有《四庫》本和《薈要》本修改內容彼此互異，或產生新誤者。茲列舉數例如下：

（一）《薈要》本、《四庫全書》本改正《通志堂經解》本之訛誤

（1）「眹，丈忍反」（卷一，頁三 b）[6]

《文津閣》本、《薈要》本同。《文淵閣》本作「眹，直忍反」，當據正。

（2）「三復息暫反」（卷一，頁五 a）

《文津閣》本、《薈要》本同，《文淵閣》本作「三復之三，息暫反」，當據正。

（3）「周南一之一」（卷一，頁五 b）

《薈要》本同，《文淵閣》、《文津閣》本作「周南一之一正一」，當據正。

（4）「《路史》謂稷生臺璽生叔均」（卷一，頁五 b）

6　以下標注之頁碼，均為哈佛燕京圖書館藏，康熙十九年《通志堂經解》本，《詩集傳名物鈔》。

《薈要》本、《文津閣》本同。《文淵閣》本作「《路史》謂稷生㯳璽，㯳璽生叔均」，當據正。

（5）「案《世本》自公劉歷慶節、皇僕、差弗、偽榆、公非、辟方、高圉、侯牟、亞圉、雲都、組紺、諸盩，十有二世」（卷一，頁五b）

《薈要》本同。《文淵閣》、《文津閣》本「侯牟」作「侯牟」，當據正。

（6）「況周之世于始為造舟，其後豈得遂定為天子之禮乎」（卷一，頁十一a）

《薈要》本、《文淵閣》本同。《文津閣》本「世于」作「世子」，當據正。

（7）「上圓下方，象天地暉」（卷一，頁十三b）

《薈要》本、《文津閣》本同，《文淵閣》本「暉」作「徽」。

按：朱公遷《詩經疏義》卷一關雎「興也，采取而擇之也」條下引許氏曰：「上圓下方，象天地暉。」黃庭堅《山谷內集詩注》別集卷下〈與黔倅張茂宗〉「曾寄十三徽」注引樂書云：「琴一也，或謂伏羲作，或謂神農作，上圓下方，象天地徽。」「暉」與「徽」似皆可通。

（8）「或謂朱襄氏使士達制為五弦之瑟，鼓叟判為十五弦」（卷一，頁十四a）

《薈要》本同。《文淵閣》本「鼓叟」作「瞽瞍」，《文津閣》本作「瞽叟」，當據正。

（9）「中節，竹仲反」（卷一，頁十五a）

《薈要》本、《文津閣》本同。《文淵閣》本作「中節之中，竹仲反」，當據正。

（10）「葛所以為絺綌女功之事，煩者辱」（卷一，頁十五a）

《文津閣》本同。《文淵閣》本、《薈要》本「辱」作「縟」。

按：《六臣注文選》卷四十九〈晉紀總論〉「尊敬師傅，服澣濯之衣，脩煩辱之事，化天下以婦道」，善曰：「《毛詩》〈葛覃序〉也。《詩》曰：『葛之覃兮』，毛萇曰：『葛所以為絺綌女功之事，煩辱者也。』」「辱」、「縟」似皆可通。

（11）「《詩組》：歌箱，箱之小而偏者。」注云：「蓋多口籃。」（卷一，頁十八b）

《薈要》本、《文津閣》本同。《文淵閣》本「多」作「哆」，當據正。

（12）「而勞郎到反」（卷一，頁二十六 b）

《薈要》本、《文津閣》本同。《文淵閣》本作「而勞之勞，郎到反」，當據正。

（13）「竊謂兩麟字說不同，恐微有礙，不如兩麟字皆指為子姓公族」（卷一，頁二十七 a）

《薈要》本同。《文淵閣》、《文津閣》本「不如」作「不知」，當據正。

（14）「《疏》：紽、總皆縫緎」（卷一，頁三十四 a）

《薈要》本、《文津閣》本同，《文淵閣》本「緎」作「絨」。

（二）《薈要》本、《四庫全書》本之缺失

（1）「復還溫柔敦厚、平易老成之舊，自謂無復遺恨」（詩集傳名物鈔序，頁一 b）

《文淵閣》、《文津閣》本同，《薈要》本「遺恨」作「還恨」，誤。

（2）「至元重紀之五年歲在己卯六月戊子朔，友生吳師道序」（詩集傳名物鈔序，頁三 a）

《文淵閣》、《文津閣》本同，《薈要》本漏鈔「友生」二字。

（3）「何休云：莫近猶莫過之也」（卷一，頁一 b）

《薈要》本、《文淵閣》本同，《文津閣》本作「何休云：莫近猶言莫過也」。

（4）「洗，穌典反」（卷一，頁四 b）

《薈要》本、《文淵閣》本同，《文津閣》本作「洗，蘇典反」，誤。

（5）「自后稷至公劉十餘世，而《漢・劉敬傳》亦曰后稷十餘世至公劉」（卷一，頁五 b）

《薈要》本、《文津閣》本同。《文淵閣》本脫「世」字，誤。

（6）「故莘城在汴州陳留縣東北三十五里古莘國」（卷一，頁十二 a）

《薈要》本、《文淵閣》同，《文津閣》本作「三十里」，誤。

(7)「周人縣而擊之，謂之縣鼓」(卷一，頁十四 b)

《薈要》本、《文淵閣》本同，《文津閣》本「擊」作「繫」。

按：劉昫《舊唐書‧音樂志》云：「周人縣之，謂之縣鼓。」

(8)「又捋其子，然後以衣貯之而執其袵，又扱袵於帶」(卷一，頁二十二 b)

《薈要》本、《文淵閣》本同，《文津閣》本「捋」作「將」，「又」作「及」，誤。

(9)「上為興，南有喬木則不可休思，比漢有游女其不可求思」(卷一，頁二十三 a)

《薈要》本、《文淵閣》本同，《文津閣》本「思」作「息」，「其」作「則」。

(10)「郫音疲，虒音斯」(卷一，頁二十五 a)

《薈要》本、《文淵閣》本同，《文津閣》本「疲」作「皮」。

(11)「愚恐詩人亦攝盛言之爾」(卷一，頁二十八 a)

《薈要》本、《文淵閣》同，《文津閣》本「攝」作「飾」，誤。

(12)「夫男女者，人之大倫，豈不願蚤成室家」(卷一，頁三十三 a)

《薈要》本、《文淵閣》本同，《文津閣》本「室家」作「家室」。

(13)「然雀鼠終無角牙，而惡人終無成家之理，故雖速我於獄訟，終不與汝成室家之道而從汝。甚絕之之辭也」(卷一，頁三十三 a)

《薈要》本、《文淵閣》本同，《文津閣》本作「然雀鼠終無角牙，而惡人終無成家之理，故曰雖速我訟，亦不女從也。不為強暴所污，其所以拒之者深矣」。

(14)「黃氏櫄實夫講義：安居者遇雨，則思行者之勞」(卷一，頁三十四 b)

《薈要》本、《文淵閣》同，《文津閣》本「安居」作「安民」，誤。

(15)「為父母者，能於是而察之，則必使人及時矣」(卷一，頁三十五 a)

《薈要》本、《文淵閣》本同，《文津閣》本「使人」作「使之」。

(16)「昏姻之事，不可逾及吉士之求者」(卷一，頁三十五 a)

《文淵閣》、《文津閣》本同，《薈要》本「事」作「時」。

四 結語

許謙《詩集傳名物鈔》清初以前罕有流傳，現存的明張應文怡顏堂抄本、汲古閣抄本又無影本面世，無從得知其面貌。《元代古籍集成》本《詩集傳名物鈔》[7]、《浙江文叢》本《許謙集》[8]，前者以康熙十九年（1680）《通志堂經解》初刻本為底本，校以明張氏怡顏堂抄本、明秦氏雁里草堂抄本、清《文淵閣四庫全書》本、清同治退補齋版《金華叢書》本、《叢書集成初編》本，後者以《四庫全書》本為底本，以《通志堂經解》本為主校本，以《叢書集成》本為校本。而觀其校語，蔣校本卷一僅三則，郭校本也僅三十九則，也未能反映各版本間文字的差異。

經由系統比勘明秦氏雁里草堂抄本、《通志堂經解》本、《四庫全書》諸本及相關校本，本研究揭示《詩集傳名物鈔》在文本傳抄與刊刻過程中形成的異文現象及其學術意義。主要結論如下：

（一）版本特徵與異文類型

明秦氏雁里草堂抄本作為早期手抄文本，呈現出訛字、脫字、闕字、衍文及乙倒等多類異文，反映了明代私人抄書的技術局限與粗疏特點。其中，形近致誤（如「恩／思」「御／抑」）為訛字主導類型，源於抄寫者的視覺混淆或疏忽；脫字與衍文多集中於虛詞（如「則」、「矣」），顯示語法細節的易逝性；闕字（如文獻名缺失）與乙倒（如語序錯亂）則暴露底本損佚與傳抄失序的問題。儘管如此，該抄本因較少經後世校勘干預，保留了部分原始異文（如「郡縣」誤作「郡國」），為追溯許謙原意提供了珍貴線索。

相較之下，《通志堂經解》本在清初考據學「實證校勘」傳統下，對明抄本的錯誤進行了系統訂正，尤其在篇題、章次及引文準確性上表現出較高

---

7 〔元〕許謙撰，郭鵬點校：《詩集傳名物鈔》（北京市：北京師範大學出版社，2012年）。

8 〔元〕許謙撰，蔣金德點校：《許謙集》（杭州市：浙江大學出版社，2015年）。

規範性。該本通過參照經典文獻（如《朱子語類》、《太平御覽》），有效修正形近訛誤，並在補闕刪衍中重塑文本的語義完整性。然而，其校勘過程亦非無懈可擊，部分改動（如「驅／攎」「均／純」）因過度依賴形訓或校勘者主觀臆斷而偏離原意，甚或引入新誤。《薈要》本與《四庫全書》本雖在一定程度上承襲《通志堂經解》本的校勘成果，但漏抄（如《文津閣》本缺〈行露〉後八十七字及〈羔羊〉全篇二百三十九字）、誤抄及臆改等問題依然顯著，顯示其校勘質量並未全面超越《通志堂經解》本。

（二）學術價值與校勘取向

各版本的異文與校勘取向折射出不同的學術價值。明秦氏雁里草堂抄本因其「粗疏」而保留了元代學術的原生態面貌，為考察許謙注疏的原始文本形態及朱子學派闡釋的早期流變提供了反證材料。《通志堂經解》本則以清代朴學的精細化校勘，重構了文本的權威性，其訂誤努力在語義邏輯與文獻依據上更具規範性，堪稱版本系譜中的關鍵節點。然而，該本的部分臆改與過度校，正提示研究者校勘需謹慎平衡實證依據與歷史語境。《薈要》本與《四庫全書》本雖試圖進一步完善文本，卻因疏漏與誤植而削弱了整體可靠性，凸顯版本流傳中信息損耗的累積效應。

（三）研究限制與未來方向

綜上所述，許謙《詩集傳名物鈔》的版本異文研究不僅有助於還原其文本原貌，更為理解《詩經》學的傳承脈絡與版本演變提供了微觀視角。明秦氏抄本與《通志堂經解》本分別代表了元代學術的原始性與清代學術的規範性，二者相輔相成，共同構築了該書版本史的雙重維度。異文的系統分析進一步揭示了手工傳抄時代的技術局限、清代考據學的校勘取向及其局限，進而為探討元明清學術範式的變遷提供了重要線索。未來研究可擴展至更多版本（如明張氏怡顏堂抄本、汲古閣抄本），並結合書寫材料、抄手習慣等外部證據，深入挖掘異文的生成規律及其在文化史上的深層意義。

「虛屬」的經學建構
——從上博〈亙先〉切入討論的一種嘗試

范麗梅
中央研究院中國文哲研究所副研究員

一　前言

上海博物館藏戰國楚簡〈亙先〉摹劃出「言」、「名」來自於「極」、「或」、「氣」三而一生成根源所具有「虛」、「實」相生而成就的終極標準與適當準度，因此「言」、「名」亦作為一種法則標準與取正依據，亦同樣處在「虛」、「實」相生的關係中。此不僅致使人的「心」對於「言」、「名」內在意義取向的聞見認知，產生各種疑惑不定與無知不識等一切異化的可能，更也致使「心」在對治此種異化的同時，能夠持續不斷的進行一整的考校比次與排比校正，以隨時而變化的獲得重新的聞見認知。換句話說，是從宇宙生成的「無有」到「有」，下貫到人事治政的「無知」到「知」，而「言」、「名」介於其間所無可避免但也能有所發揮的「虛」、「實」相生的重要作用。[1]

基於此一整體的認識，〈亙先〉還又提出「天下之名虛屬」等「言名」

1　上博楚簡〈亙先〉收錄於馬承源主編：《上海博物館藏戰國楚竹書（三）》（上海市：上海古籍出版社，2003年）。此段相關討論，詳范麗梅：〈言名作為方法：上博〈亙先〉「言名」思想論析〉，收入劉滄龍主編：《文本．方法：古典思維與跨文化哲學的交涉與實踐》（臺北市：政大出版社，2025年1月），頁41-81。另外，本文內容為目前尚在撰寫之專書《宇宙．身心．政治——穿透楚簡〈亙先〉之先秦兩漢思想研究》第六章與第七章的一部分，論證過程所涉及其他章節的討論，將以「上述」、「前章」或「某章」之根據進行注明。

的觀念進行概括，本文即從此切入討論，結合先秦兩漢子學、史學、經學等相關文獻，探討從「言名」思想，如何貫穿到宇宙生成與人事治政整體運作的論述。而此一整體論述，其實與經學建構中所提出「極」之作為終極標準與適當準度的觀念一致，可以看作是先秦兩漢對於經學思想建構在議題論辯上所提供的重要資源。當然，先秦兩漢經學的建構，涉及眾多且複雜的議題論辯，本文所舉僅是作出一種嘗試性的討論，希冀拋磚引玉，進入更深一層次的思考。

二　所謂「虛屬」

〈亙先〉之「屬」，簡文从「言」从「豆」，《老子・第十九章》：「此三者，以為文不足，故令有所屬。」[2]對照郭店《老子・甲組》：「三言以為辨不足，或命之，或號屬。」[3]其「屬」字寫法正作「豆」，因此確認簡文亦可讀作「屬」。簡文謂「舉天下之名虛屬」，亦與「三言」之「或號屬」，以「屬」乃關於「言」、「名」的論述一致。《左傳・襄公十九年》：「仲子生牙，屬諸戎子。」杜《注》：「屬，託之。」《公羊傳・桓公十六年》：「屬負茲。」何《注》：「屬，託也。」[4]可知「言」、「名」之「屬」，亦即「言」、「名」之「託」，二者涵義一致，郭店〈太一生水〉：「以道從事者必託其名，……聖人之從事也，亦託其名。」[5]正亦提出「名」之「託」，整體而言，乃是指關於言語表達與命名稱號的屬託。

事實上，「屬」本有連係、附著，且再引申之灌注、屬託等意義。《周禮・天官・敘官》：「使帥其屬而掌邦治。」孫《正義》：「《說文・尾部》

2　王弼注，樓宇烈校釋：《老子道德經注校釋》（北京市：中華書局，2008年），頁45。

3　荊門市博物館編：《郭店楚墓竹簡》（北京市：文物出版社，1998年），圖版頁3、釋文頁111。

4　杜預注、孔穎達等疏：《左傳正義》，《十三經注疏》（臺北市：藝文印書館，1955年），頁585。何休注，徐彥疏：《春秋公羊傳注疏》，《十三經注疏》（臺北市：藝文印書館，1955年），頁67。

5　荊門市博物館編：《郭店楚墓竹簡》，圖版頁13，釋文頁125。

云：『屬，連也。』」《莊子．駢拇》：「且夫屬其性乎仁義者。」陸《釋文》：「謂係屬也。屬，著也。」郭象《注》：「以此係彼為屬。」《周禮．考工記．函人》：「犀甲七屬。」鄭《注》：「屬讀如灌注之注。」孫《正義》：「段玉裁云：『屬者，連屬附著之義。讀如注者，重言之也。』《國語．晉語五》：「則恐國人屬耳目於我也。」韋《注》：「屬，猶注也。」《漢書．文帝紀》：「其屬意非止此也。」顏《注》：「屬意，猶言注意也。」《荀子．禮論》：「屬諸侯。」楊《注》：「屬，謂付託之。」[6]因此「言」、「名」之「屬」，正是著眼於將內在意義取向與言語表達或命名稱號進行連係、附著、灌注、屬託，以與外界展開溝通應對之意，此亦《穀梁傳．定公十年》：「退而屬其二三大夫。」范《注》：「屬，語也。」《戰國策．西周策》：「而屬其子。」鮑彪《注》：「屬、囑同。」[7]直接以言語表達的屬託進行解釋的基礎。此外，此種「屬」、「託」，又可以「離」說之，《鶡冠子．環流》：「莫不發於氣，通於道，約於事，正於時，離於名，成於法者也。」[8]提出「名」之「離」，《廣雅．釋詁三》：「麗，著也。」王念孫《疏證》：「〈小雅．小弁〉篇：『不屬于毛，不離于裏。』屬、離，皆著也。」[9]是「離」亦有與「屬」相同的附著等義。黃懷信《彙校集注》：「陸佃曰：『離，如附離之離。』……張金城曰：『離，相偶合也。《易．否》「疇離祉」《注》：「離，附也。」名之必可言，言之必可行，是離於名也。』」[10]尤其可知此「言」、「名」之「屬」、「託」、「離」，正表示「言」、「名」、「行」，抑

6 孫詒讓：《周禮正義》（北京市：中華書局，2000年），頁15。郭慶藩編，王孝魚整理：《莊子集釋》（臺北市：萬卷樓圖書公司，2007年），頁327。鄭玄注、賈公彥疏：《周禮注疏》，《十三經注疏》（臺北市：藝文印書館，1955年），頁620。孫詒讓：《周禮正義》，頁3285-3286。徐元誥撰，王樹民、沈長雲點校：《國語集解》（北京市：中華書局，2002年6月），頁383。班固撰，王先謙補注：《漢書補注》（上海市：上海古籍出版社，2008年），頁156、157。王先謙撰，沈嘯寰、王星賢點校：《荀子集解》（北京市：中華書局，2013年），頁360。

7 范甯注、楊士勛疏：《春秋穀梁傳注疏》，《十三經注疏》（臺北市：藝文印書館，1955年），頁192。劉向集錄：《戰國策》（臺北市：里仁書局，1990年），頁60-61。

8 黃懷信：《鶡冠子彙校集注》（北京市：中華書局，2004年10月），頁73-74。

9 張揖撰，王念孫疏證：《廣雅疏證》（南京市：江蘇古籍出版社，2000年），頁84。

10 黃懷信：《鶡冠子彙校集注》，頁74。

或統括為「名」與「實」之間，所具有連係、附著、灌注、屬託的關係，簡言之，亦即是言語表達或命名稱號，其與實有的內在意義取向之間的相互連係、相互附著，而能夠將此實有的內在意義取向灌注到或屬託於言語表達或命名稱號之中以進行表達。

除此之外，「屬」還更延伸出結聚、會合、適當、類屬等意義。《國語・晉語四》：「必屬怨焉。」韋《注》：「屬，結也。」《周禮・夏官・大司馬》：「與慮事屬其植。」鄭《注》：「屬，謂聚會之也。」《周禮・地官・州長》：「各屬其州之民而讀法。」鄭《注》：「屬，猶合也，聚也。」《禮記・經解》：「屬辭比事。」鄭《注》：「屬，猶合也。」《國語・楚語下》：「乃命南正重司天以屬神。」韋《注》：「屬，會也。」《左傳・成公二年》：「屬當戎行。」杜《注》：「屬，適也。」《助字辨略・卷五》：「屬，適也，會也，正當之辭。」《大戴禮記・千乘》：「利辭以亂屬，……古者殷書為成男成女名屬。」王《解詁》：「屬，類也。」《周禮・春官・龜人》：「掌六龜之屬。」孫《正義》：「屬者，連屬不一之稱，故凡物種類不一者，辜較舉之，則云其屬。」[11]則是圍繞在言名辭彙、人事治政等方面的論述。

因此所謂「屬」，與「託」涵義一致，乃指言語表達或命名稱號，其與實有的內在意義取向之間的相互連係、相互附著，而能夠將此實有的內在意義取向灌注到或屬託於言語表達或命名稱號之中。此根據郭店〈太一生水〉的「託其名」，可以獲得更進一步的理解：

> 下，土也，而謂之地；上，氣也，而謂之天。道亦其字也。請問其名。以道從事者必託其名，故事成而身長。聖人之從事也，亦託其

---

11 徐元誥撰，王樹民、沈長雲點校：《國語集解》，頁354。鄭玄注、賈公彥疏：《周禮注疏》，《十三經注疏》，頁449、182。鄭玄注、孔穎達等疏：《禮記正義》，《十三經注疏》（臺北市：藝文印書館，1955年），頁845。徐元誥撰，王樹民、沈長雲點校：《國語集解》，頁515。杜預注、孔穎達等疏：《左傳正義》，《十三經注疏》，頁424。劉淇撰：《助字辨略》五卷，《叢書集成續編（第二十冊）》（上海市：上海書店，1994年），頁800。王聘珍：《大戴禮記解詁》（臺北市：漢京文化事業公司，1987年10月），頁160-162。孫詒讓：《周禮正義》，頁1950。

名，故功成而身不傷。[12]

根據前章論述，〈太一生水〉之「太一」與〈亙先〉之「極」具有相當的生成根源的地位。[13]此間，〈太一生水〉先是同樣以「謂之」此一關於「言」、「名」表述的慣用形式，帶出「天」與「地」，而後直接以「名」、「字」對比，帶出生成根源的「道」與「太一」，亦即通過直敘帶出生成根源所「字」的「道」，以及通過提問帶出其「名」的「太一」，並總結「聖人」等以此生成根源為據的「從事」，正是通過對於「名」的「屬託」來完成其「事」等事業事功的人事治政。在此的整體論述，皆與〈亙先〉一致，唯其顯然還從最根源處將眾所周知，通稱其「字」的「道」的生成根源的意義，灌注屬託到其「名」的此一「太一」之中，以完整帶出此種有別於一般謂之為「道」，但同樣通過「言」、「名」的屬託所完成從宇宙生成到人事治政的操作。

與〈太一生水〉一致而略有其偏重的，則是〈亙先〉之「虛屬」所強調的「屬」之「虛」，以為在將實有的內在意義取向灌注到或屬託於言語表達或命名稱號的同時，還有一種與「有」相對的「虛」的作用。此亦即上述所指「言」、「名」處在「虛」、「實」相生的關係中，致使其中產生認知異化，且又必須對治異化，而進行一整校正的作用。換句話說，此間的灌注或屬託，其實具有其「虛」的一面，而不完全如「實」。關於這一點，《荀子・正名》則提出「名無固宜」、「名無固實」來進行說解，其指出：

> 名無固宜，約之以命。約定俗成謂之宜，異於約則謂之不宜。名無固實，約之以命實，約定俗成謂之實名。名有固善，徑易而不拂，謂之善名。[14]

乃以為「言」、「名」本就沒有固定的「宜」、固定的「實」。所謂「宜」，根據上述考釋，與「義」涵義相通，即指沒有固定的合宜意義。換句話說，這

---

12 荊門市博物館編：《郭店楚墓竹簡》，圖版頁13，釋文頁125。

13 詳范麗梅：〈或極焉生——上博〈亙先〉宇宙化生作用的三個面向〉，《饒宗頤國學院院刊》第五期（2018年5月），頁169-216。

14 王先謙撰，沈嘯寰、王星賢點校：《荀子集解》，頁420。

整個論述，就正表示在將實有的內在意義取向灌注到或屬託於言語表達或命名稱號之時，其實並不固定，而具有一種「虛」的作用。此「虛」的作用不僅僅致使灌注或屬託之時的不固定，也包括所灌注所屬託之實有的內在意義取向的不固定。相對的，欲使所灌注所屬託之實有的內在意義取向之能夠固定，則建立在「命」的期約制定上。所謂「命」，上述已指出其與「名」關係緊密，「名」正來自於「天」之所「命」，亦即來自於生成根源之所賦予。倘若相異於此一期約制定，則是落入不固定而產生異化，在此所謂的期約制定，毋寧就是「屬」之灌注屬託的一種表現。因此整體的「言」、「名」，既是建立在生成根源的期約制定上，而能夠固定的具備所灌注所屬託之實有的內在意義取向；但又無可避免的受到生成根源「虛」的作用，而致使其灌注或屬託之時不能夠固定，必須持續不斷進行一整的校正。事實上，上述所引馬王堆〈十大經・立命〉所提出「受命於天，定位於地，成名於人」以及要求的「立有命，執虛信」，正是與此一致的論述，尤其是「執虛信」所強調掌握「虛」之作用的一種信約，亦正是對治「虛」之作用的期約制定，二者的信約或期約，正是「屬」之灌注屬託的表現，尤其後者的「虛信」，更是「虛屬」的另一種表述。[15]

此外，《莊子・齊物論》提出的「言者特未定」，更集中的說明這一點，其指出：

> 夫言非吹也，言者有言，其所言者特未定也。果有言邪？其未嘗有言邪？其以為異於鷇音，亦有辯乎？其無辯乎？[16]

首先是將「言」與「吹」作對比，根據成《疏》：「夫名言之與風吹，皆是聲法，而言者必有詮辯，故曰有言。」[17]即是認為「言」、「名」之與風之吹氣，雖然同樣都發出聲音，但卻有根本的不同，就在於「言」、「名」是「必有詮

15 裘錫圭主編，湖南省博物館、復旦大學出土文獻與古文字研究中心編纂：《長沙馬王堆漢墓簡帛集成（第四冊）》（北京市：中華書局，2014年），頁151。

16 郭慶藩編，王孝魚整理：《莊子集釋》，頁63。

17 郭慶藩編，王孝魚整理：《莊子集釋》，頁63。

辯」的「言者有言」，亦即所「言」是具有可供詮釋與辯論的「言」之「意」或「言」之「實」。參照馬王堆〈經法．名理〉所說「刑名出聲，聲實調合」，[18]正同樣表達出「言」、「名」所發出的也是一種聲音，且此聲音與「實」相調合。據此可知，其亦認為「言」、「名」的完成，亦在於實有的內在意義取向灌注到或屬託於言語表達或命名稱號之中。並且更進一步相同的是，其亦指出「其所言者特未定也」，同樣認為其中的灌注或屬託是不固定的。倘若參照《莊子．大宗師》：「夫知有所待而後當，其所待者特未定也。」[19]所謂「知」之「所待」的「特未定」，更可以確認此種「特未定」的表達，正是關於「心」之對於包括「言」、「名」的「意」或「實」等等認知的一種不固定。換句話說，亦是肯認上述〈正名〉所提出的「名無固宜／義」，指出一種關於「言」、「名」之「虛」的作用的存在。除此之外，此間還通過前後的「果有言邪」與「未嘗有言邪」、「亦有辯乎」與「其無辯乎」的疑問肯定，以及間中的「異於鷇音」，來對此一「虛」的作用進行說明與隱喻。此間的「鷇音」，其實還可以參照《莊子．天地》的「合喙鳴」進行說明：

> 泰初有无，无有无名；一之所起，有一而未形。物得以生，謂之德；未形者有分，且然无閒，謂之命；留動而生物，物成生理，謂之形；形體保神，各有儀則，謂之性。性脩反德，德至同於初。同乃虛，虛乃大，合喙鳴；喙鳴合，與天地為合。其合緡緡，若愚若昏，是謂玄德，同乎大順。[20]

首先，其同樣以「謂之」此一關於「言」、「名」表述的慣用形式，帶出「无」、「一」、「德」、「命」、「形」、「性」等一系列的生成。尤其是對於生成根源「无」，還特別標舉其有「无」之「名」，如同郭《注》：「無有，故無所名。」成《疏》：「太初之時，惟有此無，未有於有。有既未有，名將安寄！

---

18 裘錫圭主編，湖南省博物館、復旦大學出土文獻與古文字研究中心編纂：《長沙馬王堆漢墓簡帛集成（第四冊）》，頁147。

19 郭慶藩編，王孝魚整理：《莊子集釋》，頁225。

20 郭慶藩編，王孝魚整理：《莊子集釋》，頁424。

故無有無名。」[21]皆指出其由「言」、「名」出發進行論述。而在具體的生成系列中，根據郭《注》：「一者，有之初，至妙者也，至妙，故未有物理之形耳。」成《疏》：「一者道也，有一之名而無萬物之狀。」[22]則「一」乃指萬物之實有尚未形成功「物」之形體前的狀態；又，郭《注》：「夫無不能生物，而云物得以生，乃所以明物生之自得，任其自得，斯可謂德也。」成《疏》：「德者，得也，謂得此也。夫物得以生者，外不資乎物，內不由乎我，非無非有，不自不他，不知所以生，故謂之德也。」[23]則「德」是指萬物之實有能夠有一己之「得」而生成的根據；又，成《疏》：「雖未有形質，而受氣以有素分，然且此分脩短，慤乎更無閒隙，故謂之命。」[24]則「命」指萬物之實有依然在未形成形體之前而具有的秉授於「天」之「氣」的成分；又，成《疏》：「留，靜也。陽動陰靜，氤氳升降，分布三才，化生萬物，物得成就，生理具足，謂之形也。」[25]則「形」才是萬物之實有確實形成功「物」之形體的狀態；最後，根據成《疏》：「稟受形質，保守精神，形則有醜有妍，神則有愚有智。既而宜循軌則，各自不同，素分一定，更無改易，故謂之性。」[26]則「性」則是萬物之實有生成稟受的自然而然的本質本性。整體而言，可以看到此間所提出生成系列的各個階段，套用郭《注》所言「夫德形性命，因變立名，其於自爾一也。」[27]其實都偏向於說明萬物生成以前或初生之時自然而然、自己如此的階段，只是隨著不同的階段，使用不同的「言」、「名」表述而已。倘若與上述〈亙先〉、《鶡冠子・環流》、《管子・內業》、〈心術下〉以及《孟子・公孫丑上》所提出的整體生成系列進行對比，更能看出其論述的有所偏重，以下再依序試列五者：

21 郭慶藩編，王孝魚整理：《莊子集釋》，頁425。
22 郭慶藩編，王孝魚整理：《莊子集釋》，頁425。
23 郭慶藩編，王孝魚整理：《莊子集釋》，頁425。
24 郭慶藩編，王孝魚整理：《莊子集釋》，頁425。
25 郭慶藩編，王孝魚整理：《莊子集釋》，頁425。
26 郭慶藩編，王孝魚整理：《莊子集釋》，頁426。
27 郭慶藩編，王孝魚整理：《莊子集釋》，頁426。

（極 → 或 → 氣）→ 有 → 性 → 意 → 言 → 名 → 事

一 → 氣 ——→ 意 → 圖 → 名 → 形 → 事 → 約

（道 → 氣）——→ 音（意）→ 形 → 言 → 使（事）→ 治

（道 → 氣）→ 體 → 心（志）→ 義 → 言 ——→ 政 → 事

（无 一 德 命）→ 形 → 性

可以看到此間同樣涉及「言」、「名」的討論，卻是將重點放在生成系列的前半階段，更具體而言，大部分是圍繞著生成根源的說明。當然，如此的偏重，其實與其欲論述的宗旨有關，亦即其後文相繼指出的「性脩反德，德至同於初」，層層由萬物實有初生的「性」復返到最初生成根源的說明；以及進一步解釋的「同乃虛，虛乃大，合喙鳴；喙鳴合，與天地為合」，一方面著眼於「言」、「名」相同於生成根源而呈現的「虛」、「大」，與一種如同「喙鳴」的「合」；另一方面又強調整體「言」、「名」之能與「喙鳴」相合，就是能與包括「天地」的生成根源相合。所謂「喙鳴」，也就是上述的「鷇音」，一種鳥喙鳴叫的聲音。倘若說上述「鷇音」是用以隱喻「心」之對於「言」、「名」的「意」或「實」等認知的不固定，而具有一種「虛」的作用存在，那麼「喙鳴」在此則不僅直接道出「言」、「名」如同鳥喙鳴叫的聲音，雖具有「意」或「實」但認知卻不固定的一種「虛」，還更詳細指明此種「虛」的「合」，一種「言」、「名」之「虛」而「合」的存在狀態，一種與包括「天地」的生成根源相合的狀態。關於這一點，上述「名」字考釋已指出「鳴」、「名」、「命」的關係緊密，「名」乃是通過言語等「鳴」之聲音有所「命」而生成。因此，如同「喙鳴」的「言」、「名」，毋寧正是復返到包括「命」的生成根源，去肯定其中「虛」而「合」的狀態。再者，根據郭《注》:「無心於言而自言者，合於喙鳴。天地亦無心而自動。」成《疏》:「同於太初，心乃虛豁；心既虛空，故能包容廣大。……心既虛空，跡復冥物，故其說合彼鳥鳴。鳥鳴既無心於是非，聖言豈有情於憎愛！言既合於鳥鳴，德亦合於天地。天地無心於覆載，聖人無心於言說，故與天地合也。」[28]指出如同「喙鳴」的「言」、「名」，正是一種「無心」於「言」、「名」的狀態，其相合於包括「天地」的生成根源，呈現出如同生成根源的「虛」。此一「無心」亦正與「鷇音」一致，表達的是「心」對於「言」、「名」的「意」或「實」認知的不固定而具有「虛」的作用。至於其最後再針對「虛」而「合」總結出「其合緍緍，若愚若昏，是謂玄德，同乎大順」，則強調此是一種「玄德」，可以再次連繫前已徵引的《老子・第一章》有關生成根源「道」之與「名」整體「言」、「名」的生成運作，亦最後總結的「此兩者同出而異名，同謂之玄，玄之又玄，眾妙之門」。[29]顯然，所謂「性修反德」以致能「德至同於初」的「同」，正是「同出而異名」的「同」。此是前者由「性」復返「德」的最終「同乎大順」；後者並舉「無」與「有」的「同出」而「異名」，二者皆強調一種由萬物實有復返生成根源之間所掌握的「同」，表達出能夠更進一步通過「同謂之玄」，抑或「同乃虛，虛乃大，合喙鳴」，去掌握其「玄之又玄」的「眾妙之門」，抑或簡稱之——「玄德」。換句話說，是同樣通過萬物實有與生成根源的「同」去掌握其中「虛」而「合」的狀態。

三　「虛」而「合」的生成運作

然則，此一「虛」而「合」的「眾妙之門」抑或「玄德」，又是如何？狐安南（Alan D. Fox）曾經指出「我們說詞語（宛如鳥鳴）之意義不固定，並非是說它們根本沒有任何意義。語言的意義是依賴語境來理解的，甚至可以說真正的理解，亦即真人的理解，是承認在他的話語中由語境和上下文所規定的局限的」，同時以為此一「真人」，「他的思想是透明的，他不把他的思想歸屬於某一單一的特殊的場合」。[30]的確，所舉關於「言」、「名」等詞

---

28 郭慶藩編，王孝魚整理：《莊子集釋》，頁426。

29 王弼注，樓宇烈校釋：《老子道德經注校釋》，頁1-2。

30 狐安南（Alan D. Fox）：〈《莊子》中的經驗形態：感應與反映〉，收入楊儒賓、黃俊傑編：《中國古代思維方式探索》（臺北市：正中書局，1996年11月），頁193-195。

語使用意義不固定與意義理解的最高境界，其實就可以說是一種表現在「真人」的「玄德」。對此，楊儒賓亦曾指出莊子在描述「真人」狀態時，其軀體亦幾乎是透明的，在氣機交流下，可以不必經由諸種感官之交換、翻譯、詮釋之歷程，是一種超越中間媒介的轉換過程。[31]則不約而同地指出表現在「真人」之「思想」或「軀體」上的一種「透明」。而核諸上引《莊子・齊物論》「夫言非吹也」一段話的更多說明，可以獲得更進一步的理解：

> 道惡乎隱而有真偽？言惡乎隱而有是非？道惡乎往而不存？言惡乎存而不可？道隱於小成，言隱於榮華。故有儒、墨之是非，以是其所非而非其所是。欲是其所非而非其所是，則莫若以明。……物無非彼，物無非是。自彼則不見，自知則知之。故曰彼出於是，是亦因彼。彼是方生之說也，雖然，方生方死，方死方生；方可方不可，方不可方可；因是因非，因非因是。是以聖人不由，而照之於天，亦因是也。是亦彼也，彼亦是也。彼亦一是非，此亦一是非。果且有彼是乎哉？果且无彼是乎哉？彼是莫得其偶，謂之道樞。樞始得其環中，以應无窮。是亦一无窮，非亦一无窮也。故曰莫若以明。[32]

首先其同樣揭舉生成根源「道」之與「言」整體「言」、「名」的生成運作進行說明，以為二者在其「隱」與「往」的隱藏與行動之間，將促成種種「真」或「偽」、「是」或「非」、「此」或「彼」、「生」或「死」、「可」或「不可」，「心」之對於「言」、「名」的「意」或「實」等等認知不固定的問題，而最好解決問題的方式則在於兩度提出的「莫若以明」。此「明」，當然就是上述表現在「真人」之「思想」或「軀體」上的一種「透明」，然則其與「虛」而「合」的「眾妙之門」抑或「玄德」之間的關係，又是如何？其實可以再從其又總結的「彼是莫得其偶，謂之道樞。樞始得其環中，以應无

---

31 參楊儒賓：〈支離與踐形——論先秦思想裏的兩種身體觀〉，楊儒賓主編：《中國古代思想中的氣論與身體觀》（臺北市：巨流圖書公司，1993年），頁421。

32 郭慶藩編，王孝魚整理：《莊子集釋》，頁63-66。

窮」進行確認，並且此間還可以搭配《莊子・應帝王》所形塑的「渾沌」來進行說明：

> 南海之帝為儵，北海之帝為忽，中央之帝為渾沌。儵與忽時相與遇於渾沌之地，渾沌待之甚善。儵與忽謀報渾沌之德，曰：「人皆有七竅以視聽食息，此獨无有，嘗試鑿之。」日鑿一竅，七日而渾沌死。[33]

其指出作為「中央之帝」的「渾沌」，與以「人」為主的萬物實有之間的差別，就在於其「獨無有」，一種相對於萬物實有之「偶多」與「有」，所呈現出的「獨一」與「無有」。而從「無有」到「有」，最具體的表現就在於「七竅」──與「心」相連之與外界應對的耳聽、目視、鼻息、口食等感官認知系統的「無有」或「有」。「渾沌」雖然「無有」，但卻絲毫不影響其作為「南海之帝」之「儵」與「北海之帝」之「忽」，二者之能夠「時相與遇」的「中央之帝／地」的種種與外界應對的地位，而能夠「待之甚善」的完善一切「有」所能完成之事，也因此具備「儵」與「忽」意欲謀報的一種「德」。以此對比「莫若以明」所總結的「彼是莫得其偶，謂之道樞」與「樞始得其環中，以應无窮」，即可知「渾沌」之「獨一」相對於「偶多」且為「中央之帝」的地位，實與「道樞」之莫得其「偶」而始得其「環中」一致，換句話說，「渾沌」所據以型塑的根本，正是「道樞」，一種足以說明生成根源「道」之作為萬物實有生成與運作之「中」之樞紐地位的形象，能夠理解「渾沌」的形象，就能夠掌握「道樞」，掌握其中的「莫若以明」，得以以其「無有」應對無窮的「有」。根據《釋文》：「簡文云：『儵忽取神速為名，渾沌以合和為貌。神速譬有為，合和譬無為。』」[34]則「渾沌」的「無有」正是一種「無為」，能以「合和」的樣子，完成「儵忽」之「時相與遇」種種應對的「有」與「有為」，所謂「合和」，正亦是「時相與遇」之適時相互並與遇合的一種說法。因此整體而言，其亦可以說是一種通過「無

33 郭慶藩編，王孝魚整理：《莊子集釋》，頁309。

34 郭慶藩編，王孝魚整理：《莊子集釋》，頁310。

有」、「無為」之「虛」所完成「有」、「有為」之「合和」的展現，與上述「虛」而「合」的狀態一致，而意欲謀報的「德」，亦毋寧就是「眾妙之門」的「玄德」。

與「渾沌」之型塑一致的還有「象罔」，《莊子・天地》：

> 黃帝遊乎赤水之北，登乎崑崙之丘而南望，還歸，遺其玄珠。使知索之而不得，使離朱索之而不得，使喫詬索之而不得也。乃使象罔，象罔得之。黃帝曰：「異哉！象罔乃可以得之乎？」[35]

此間「象罔」的型塑，亦是在與「渾沌」一致，具有居於「中央」之地位的「黃帝」，遺失其「玄珠」的場景開始。所謂「玄珠」，在此語境下，毋寧亦是「玄德」的一種隱喻。居「中」之「黃帝」遺失其「玄珠／玄德」，也就是其掌握「虛」而「合」狀態的能力喪失。對此，「黃帝」前後下令派遣「知」、「離朱」、「喫詬」去尋索卻不可得，最後派遣「象罔」才尋回。根據成《疏》：「罔象，無心之謂。離聲色，絕思慮，故知與離朱自涯而反，喫詬言辨，用力失真，唯罔象無心，獨得玄珠也。」[36]則「知」、「離朱」、「喫詬」分別代表包括心知、目視、口辨等感官認知系統，而「象罔」或稱「罔象」，則是與此相對的「無心」的一種狀態。換句話說，居「中」之「黃帝」所掌握的「虛」而「合」之「玄珠／玄德」，是不能通過感官認知系統去獲得的，此與「渾沌」之「七竅」之「無有」一致。相對的，必須超越感官認知系統，通過「無心」的「象罔」，才有可能獲得。此間「無心」的「象罔」，其實正與上述「無心」的「喙鳴」、「無心」的「天地」一致，亦即必須使「心」處於一種「虛」而「合」的認知的不固定卻相合的狀態，則能獲得此一「玄珠／玄德」。討論至此，有趣的是，「象罔」此一型塑的命名，「象」與「罔」，其中的「罔」，其實還可以連係到〈亙先〉的「疑罔」，上述討論已指出所謂的「疑罔」，正指心之認知的疑惑不定與無知不識，而

---

35 郭慶藩編，王孝魚整理：《莊子集釋》，頁414。

36 郭慶藩編，王孝魚整理：《莊子集釋》，頁415。

此一疑惑不定與無知不識，來自於生成根源之「虛」、「實」相生關係中「虛」之「無有」、「無知」的作用。因此，「象罔」之「罔」亦正是取此來自於生成根源之「虛」之「無有」、「無知」，而能確實處於「無心」的狀態，尋回「玄珠／玄德」。

至於整體的「象罔」，或說「罔象」，可以說是「罔」所投射的「象」，一種來自於生成根源所投射的「虛」之「無有」、「無知」、「無心」的「象」。所謂「象」，本就是「言」、「名」生成與運作中極為重要的一部分。《荀子・正名》在論述「名聞而實喻」等整體「名」、「實」互動關係時，曾詳列能夠「知名」的「期命辨說」，最後總結為「心之象道」的「心也者，道之工宰也；道也者，治之經理也。心合於道，說合於心，辭合於說」[37]，以為包括「說」、「辭」等等「言」、「名」的本質，即是通過「心」之相合於生成根源之「道」、對於生成根源之「道」所投射出來的「象」來完成種種人事治政的。吳光明亦曾指出荀子理解的「名」是「象」（replica）物之道，即事物形態之道在我們心中之重顯（「心之『象』道也」）成其複製品。名是對於真實事物的我們的複製品，此有兩層含意：一是這個複製品是我們的共同創作，亦即「名」來自於我們共同的感官經驗，將事物分類，依其同類或不同類，命名為「同」或「異」，所以我們可以藉此和其他人溝通；二是這個複製品是從屬於某物的，所以它能指導我們的行為，使我們和複製品所指涉的物發生適切的關聯，而起著規範性的作用。[38]的確，再結合上述〈正名〉關於「言」、「名」之制定所提出的「緣天官」與「天官之意物」，整體而言，「言」、「名」的生成與運作，正是因此而具有來自於生成根源之終極標準與適當準度，以致能作為萬物萬事之法則標準與取正依據的作用。也因此，此間的「象」，即是一種能夠下啟一切人事治政，而上溯至宇宙生成的「天垂象」。

然則，此一「天垂象」，蘊含的其實正是前章所論，生成根源脫胎於北

---

37 王先謙撰，沈嘯寰、王星賢點校：《荀子集解》，頁422-423。

38 吳光明：〈古代儒家思維方式試論——中國文化詮釋學的觀點〉，收入楊儒賓、黃俊傑編：《中國古代思維方式探索》，頁48。

極星，以「北極星」此一「中宮」作為天體運行之眾星所拱，包括當時與當位的終極標準與適當準度的意義。上述關於「言」、「名」生成根源的具體討論，亦曾徵引馬王堆〈經法・道法〉、〈十大經・立命〉與〈亙先〉思路極為一致的論述，指出二者從生成根源「道」或「極」之虛空無有，自然而然自己如此的生成出「刑名聲號」或「言名」等命名稱號，最後再據以生成出萬物萬事的「事」，使一切皆無所閉藏的具備居處的時間與空間的場域，因此而能夠持續不斷的進行各種生生的生成與運作，亦正是將生成根源與萬物萬事的關係，建立在生成根源「極」之脫胎於北極星，成為眾星或萬物萬事所拱、所取正的包括當時與當位的終極標準與適當準度之上，可以說是一種取象於天文星象生成運作的「天垂象」。因此，此間天體運行的「中宮」──「北極星」，一方面亦既是上述「莫若以明」而能「照之於天」、「得其環中」的「道樞」，如同《靈憲》：「天有兩儀，以儛道中，其可覩，樞星是也，謂之北極。」《新論》：「北斗極天樞，樞，天軸也。」[39]之所言。另一方面也是處於「虛」而「合」的狀態，能作為「中央之帝」的「渾沌」所展現出來的「天垂象」。尤其是後者，以「渾沌」為「中央」，以「南海之帝」與「北海之帝」隱喻「空間」，而二者為「儵忽」的神速瞬間隱喻「時間」，「中央」之「渾沌」猶如「中宮」之「北極星」，為眾星所拱，下開空間與時間以及處於其間的萬物。其間所謂「儵忽」的「時相與遇於渾沌之地」，則是空間與時間以及處於其間的萬物，總是在適當其時空的相互並與遇合於此「中宮」之「北極星」，隨著「中宮」之「北極星」而不斷整體的運行。至此，所完成的即是一種「甚善」之「德」，一種以「渾沌」之「虛」而「合」所完成的「玄德」，是天體運行促成的宇宙萬物生成運作之「德」，也是下啟人事治政，《論語・為政》「譬如北辰，居其所而眾星共之」的「為政」以「德」。[40]

---

39 張衡：《靈憲》一卷，《古籍叢殘彙編（第六冊）》（北京市：北京圖書館出版社，2001年），頁675。桓譚撰，白兆麟校注：《桓譚新論校注》（合肥市：黃山書社，2017年），頁86。

40 何晏集解，邢昺疏：《論語注疏》，《十三經注疏》（臺北市：藝文印書館，1955年），頁16。

討論至此，再回到〈亙先〉的「虛屬」，可以發現此不僅僅是關於「言」、「名」的表達，更是上溯至生成根源的一種概括。根據上述考釋，「屬」本有連係、附著，以致還更延伸出結聚、會合、適當、類屬等意義，因此所謂「虛屬」，毋寧亦是「虛」而「合」狀態的另一種表述。整體而言，就宇宙生成的層次，天地萬物皆以「虛」而「合」的狀態生成運作，而在人事治政的層次，「言」、「名」亦以「虛屬」的方式進行治政操作。因此二者皆必須面對「虛」的不固定所帶來的異常或異化，也需要持續不斷的進行校正。根據前章論述，脫胎於北極星的生成根源「極」，其作為眾星或萬物萬事所拱、所取正的包括當時與當位的終極標準與適當準度，亦往往以「屬」或「會」等結聚、會合、適當、類屬等意義說明這一種情況，例如《楚帛書．乙篇》的「建極屬民」、《尚書．洪範》的「建用皇極」與「會其有極」、馬王堆〈經法．六分〉的「主得【位】臣輻屬者，王」，[41]皆表達出建立終極標準與適當準度，使包括庶民等的萬物萬事得以有所結聚、會合，能夠當時與當位的取得適當所屬的類屬，此亦如同《靈憲》所言的「眾星列布」，是「列居錯時，各有逌屬」而「在野象物，在朝象官，在人象事」。[42]至於馬王堆〈十大經．觀〉的「布制建極」、「凡勘之極」與「以明其當」，則又表達出依據此建立的終極標準與適當準度，所進行包括當時與當位種種為取得適當類屬的勘正或校正。凡此，當然緣於其中的「虛」所帶來的不固定的異常或異化，例如緣於歲差所導致北極星位置的移動。此外，其間徵引的《呂氏春秋．仲夏紀．大樂》「渾渾沌沌，離則復合，合則復離，是謂天常。天地車輪，終則復始，極則復反，莫不咸當」[43]，更亦是以「渾沌」說明此種「虛」而「合」或相對的「離」，以及其「常」或相對的「異常」，並

---

41 饒宗頤、曾憲通編訂：《楚帛書》（香港：中華書局，1985年9月），圖版頁32，釋文頁11。孔安國傳、孔穎達等疏：《尚書正義》，《十三經注疏》（臺北市：藝文印書館，1955年），頁168、173。裘錫圭主編，湖南省博物館、復旦大學出土文獻與古文字研究中心編纂：《長沙馬王堆漢墓簡帛集成（第四冊）》，頁134。

42 張衡：《靈憲》一卷，《古籍叢殘彙編（第六冊）》，頁676、678。

43 王利器：《呂氏春秋注疏（第一冊）》（成都市：巴蜀書社，2002年1月），頁497-498。

要求在此終始時間、極反空間的「當」。尤其「天地車輪」的隱喻，可以結合所謂「輻屬」，以及《老子・十一章》的「三十輻共一轂，當其無，有車之用」[44]合看，表達出此一脫胎於北極星，上至宇宙生成，下至人事治政，「虛」而「合」抑或「虛屬」的生成運作或治政操作，其實亦取象於北極星之實際上沒有物理的實體，只是「中間無星處」的一個「無」所帶來的「虛」，以及雖然只是一個「無」卻又能「當其無」的使眾星如車輪輻屬於轂所帶來的「合」，而完成整體的生成運作或治政操作。換句話說，「當其無」正可以說是「虛屬」的具體表現，以虛無的不固定帶來的異常或異化，持續不斷的進行最適當的校正與會合，使一切從宇宙生成到人事治政皆在此天體運行的狀態之中。

四　天體運行的「虛」而「合」

而與此論述一致的，其實還見於前章多次徵引的《史記・天官書》關於北極星象的直接書寫，以下再進行更詳細的說明：

> 中宮，天極星，其一明者，太一常居也。……北斗七星，所謂「旋璣玉衡，以齊七政」。杓攜龍角，衡殷南斗，魁枕參首。用昏建者杓；杓，自華以西南。夜半建者衡；衡，殷中州河、濟之閒。平旦建者魁；魁，海岱以東北也。斗為帝車，運于中央，臨制四鄉。分陰陽，建四時，均五行，移節度，定諸紀，皆繫於斗。……東宮蒼龍……左角，李；右角，將。大角者，天王帝廷。其兩旁各有三星，鼎足句之，曰攝提。攝提者，直斗杓所指，以建時節，故曰「攝提格」。……南宮朱鳥……。西宮咸池……。北宮玄武……。斗為文太室，填星廟，天子之星也。[45]

---

44 王弼注，樓宇烈校釋：《老子道德經注校釋》，頁26。

45 瀧川龜太郎：《史記會注考證》（臺北市：萬卷樓圖書公司，1993年8月），頁471-482。

首先，其記載全天恆星的分布，在北極，亦即天極星所在位居全天正中位置的「中宮」之外，還有相對的四方之宮：「東宮」、「南宮」、「西宮」、「北宮」，每一宮內亦又有七個星宿，共二十八個星宿。各宮以及宮內各個星宿之間，皆有一股持續作用的牽引力量，以始終維持全體星宿全天運行的相對位置。例如「中宮」的七個星宿構成北斗之形，所謂的「北斗七星」，徵引《尚書・堯典》「璿璣玉衡，以齊七政」作說明。所謂「璿璣玉衡」，約有兩種說法：一是觀測天文星象的儀器，孔《傳》：「璣衡，王者正天文之器，可運轉者。」孔《疏》：「馬融云：渾天儀，可旋轉，故曰璣。衡，其橫簫，所以視星宿也。……蓋懸璣以象天而衡望之，轉璣窺衡以知星宿。」[46]另一即是直指北極所在北斗的星象，孫星衍《尚書今古文注疏》：「劉昭注《續漢・天文志》引《星經》云：『璇璣，謂北極星也。玉衡，謂斗九星也。』別以玉衡專屬北斗，而璇璣用《大傳》之說。……是漢、魏人多不以璿璣為渾儀也。」[47]而陳久金兩說並列，並解釋：「『旋、璣、玉衡』，從斗口開始，第一『天樞』，第二『旋』，第三『璣』，第四『權』，第五『衡』，第六『開陽』，第七『搖光』。一至四合稱『魁』，五至七合稱『杓』，總稱為斗。馬融把璇璣比喻為渾儀中可以轉動的圓環，玉衡比喻為望簡。」[48]其實無論「璿璣玉衡」是直指北極北斗，抑或是指觀測渾儀，都指向同一事物的概念，亦即是將天文星象具體化為觀測儀器。因此，更重要的，應是此間亦記錄著構成中宮北斗之形的七個星宿，其與東宮、北宮、西宮中相應星宿之間的關係，所謂「杓攜龍角，衡殷南斗，魁枕參首」，以「攜」、「殷」、「枕」表述出彼此之間始終維持全天運行之相對位置的這一股持續作用的牽引力量。根據陳久金的說明：「『杓』，指斗杓。『攜』，連。『龍角』，指蒼龍的角，即角宿。據朱文鑫《史記天官書恆星圖考》的解釋，角宿主星、開陽和帝星在一

46 孔安國傳、孔穎達等疏：《尚書正義》，《十三經注疏》，頁35。

47 孫星衍撰，陳抗、盛冬鈴點校：《尚書今古文注疏》（北京市：中華書局，2004年），頁36-37。

48 陳久金：〈《史記・天官書》注譯〉，《帛書及古典天文史料注析與研究》（臺北市：萬卷樓圖書公司，2001年），頁171。

直線上，故曰『杓攜龍角』。……『殷』，當也。『南斗』，即斗宿。衡星與斗宿中的二星正好在一直線上，故曰『衡殷南斗』。……『魁枕參首』，魁四星位於參宿兩肩之上。參宿的左右肩兩星分別與魁四星中的左右兩星兩兩相連，成兩條並行的直線。故曰『魁枕參首』。」[49]簡而言之，即是構成北斗的七個星宿，其中「玉衡」、「開陽」、「搖光」構成「杓」——斗杓，在全天運行的過程中，始終維持與東宮蒼龍的「角」宿接連成一直線，並且「玉衡」還與北宮玄武的「斗」宿正好亦在一直線上，而「天樞」、「天旋」、「天璣」、「天權」所構成的「魁」——斗魁，則是居於西宮咸池的「參」宿之上兩兩相連成並行直線，皆是在此相互持續作用的牽引力量下的結果。整體而言，全體星宿亦因此始終維持相對的位置，環繞著位居全天正中位置的北極而運行。

當然，也正因如此，能夠帶動開展出空間與時間，此其又羅列以斗杓所對應時間上的「昏建」與空間上的「自華以西南」；斗衡所對應的「夜半建」與「殷中州河、濟之閒」；斗魁所對應的「平旦建」與「海岱以東北」，並直言「直斗杓所指，以建時節」，明確帶出對於時間的建置。最後更總結出「斗為帝車，運于中央，臨制四鄉。分陰陽，建四時，均五行，移節度，定諸紀，皆繫於斗」，以天帝與其車駕作為隱喻，北極即天帝，北斗七星即車駕，以天帝北極為中心，車駕北斗七星則環繞四個方向運行，因此而能夠「臨制四鄉」、「建四時」的開展與建置時間與空間，一切「皆繫於斗」這具有一股相互持續作用之牽引力量的中心。此《史記・天官書》結尾又以「太史公曰」帶出：

> 自初生民以來，世主曷嘗不歷日月星辰？及至五家、三代，紹而明之，內冠帶，外夷狄，分中國為十有二州，仰則觀象於天，俯則法類於地。天則有日月，地則有陰陽。天有五星，地有五行。天則有列宿，地則有州域。三光者，陰陽之精，氣本在地，而聖人統理之。[50]

49 陳久金：〈《史記・天官書》注譯〉，《帛書及古典天文史料注析與研究》，頁171。
50 瀧川龜太郎：《史記會注考證》，頁491。

正表明與天帝一致的，人主亦需仰觀天象、俯法地類；以歷象日月星辰、分為十有二州；以定列宿、州域等的時間與空間。其具體的作法當然還包括他處所按天文星象進行的分野，包括「北斗分野」、「二十八宿分野」、「行星和恆星結合分野」、「日月食天干分野」等等。[51]並且，相應的論述還見於《史記．太史公自序》，其自敘「仍父子相續纂其職」的「太史公」之職，乃是在「世主天官」之下，「罔羅天下放失舊聞，王跡所興，原始察終，見盛觀衰，論考之行事」所完成包括「十二本紀」、「十表」、「八書」、「三十世家」、「七十列傳」的分類論著，而在撰述宗旨相互見義的說明中，皆不時出現「並時異世」、「天人之際」、「不令己失時」等等涉及時間與空間的各種關懷，此間尤其可見：

> 二十八宿環北辰，三十輻共一轂，運行無窮，輔拂股肱之臣配焉，忠信行道，以奉主上。[52]

以「二十八宿」作為全體星宿的代表、以「北辰」作為北極之建置時辰，說明如同全體星宿之環繞著北極而運行，人事治政中的全體「輔拂股肱之臣」亦環繞著「主上」而運作，呈現出運行之恆定、運作之忠信的配合而無有窮盡。此間尤其重要的是暗引《老子．十一章》的「三十輻共一轂」來作對比式的隱喻。根據前章論述，此全句為「三十輻共一轂，當其無，有車之用」，與天體運行中以北極星作為終極標準與適當準度，而為眾星或萬物萬事所拱、所取正而能當時與當位的意象一致，其概括一種上溯至宇宙生成，下貫到「言」、「名」表達等人事治政上，如同〈亙先〉所謂「虛屬」等「虛」而「合」生成運作或治政操作的狀態。因此，通過此間「二十八宿環北辰」與「三十輻共一轂」對比式隱喻的論述，可以確知其亦肯認全體星宿所環繞之北極，其實是虛無的，連帶北極之作為終極標準與適當準度，亦是虛無的。唯雖如此，全體星宿卻依然能環繞會合的恆定運行，而取得適當的

---

51 參趙繼寧：〈試論司馬遷的天人感應觀——以《史記．天官書》為視角〉，《湖北社會科學》第2期（2014年），頁111-113。

52 瀧川龜太郎：《史記會注考證》，頁1380。

時間與空間，並且，更因如此，全體星宿都必然在此虛無的不固定所帶來的異常或異化，而持續不斷的進行最適當的校正與會合。

五　「成一家之言」的「虛」而「合」

此外，上述肯認還貫徹到對於「太史公」之職所撰述「太史公書」的整體認識，此即見於《史記·太史公自序》結尾，以及〈報任安書〉所總說全書的宗旨：

> 凡百三十篇，五十二萬六千五百字，為太史公書。序略，以拾遺補闕，成一家之言，厥協六經異傳，整齊百家雜語，藏之名山，副在京師，俟後世聖人君子。[53]
>
> 凡百三十篇。亦欲以究天人之際，通古今之變，成一家之言。[54]

亦即不只一次提出「太史公書」乃是一種「成一家之言」的撰述，並各別指出其乃於兩個不同層次的條件下完成：一是「究天人之際，通古今之變」；二是「厥協六經異傳，整齊百家雜語」。首先，「究天人之際，通古今之變」，意即能夠究竟掌握「天」與「人」之間可供相互借鑑之處，則亦能變通把握「古」與「今」等時間與空間的變異處境。此間可供借鑑之處，當然包括上述天體運行的「二十八宿環北辰」，掌握其如同全體星宿環繞北極運行的一種「虛」而「合」的狀態，一方面認知到北極之作為終極標準與適當準度雖然是虛無的，然而卻為全體星宿環繞會合的運行而取得適當的時間與空間。另一方面，也認知到正因此一虛無，其不固定帶來異常或異化，而必需持續不斷的進行最適當的校正與會合。當然，如此也就能進一步把握此種必需持續不斷進行最適當校正與會合，而必然在時間與空間上呈現出變異的處境，此即整體所謂的能夠「究天人之際，通古今之變」。據此可知，「太史

---

53 瀧川龜太郎：《史記會注考證》，頁1380-1381。

54 班固撰，王先謙補注：《漢書補注》，頁4368。

公書」之「成一家之言」的撰述，毋寧就是在面對各種變異的處境，所提出進行最適當的校正與會合的一種言論。所謂的「成一家之言」，當然就不會是僅止於成就一個人抑或一個家派的言論，反之，將會是在具體的「厥協六經異傳，整齊百家雜語」下完成的，是從「百家雜語」等面對各種變異處境的思想言論的整理齊備之中，進行最適當的校正與會合，最終統合出「六經異傳」等的中心思想而成就的，代表著整體的主體信仰與主流價值的提出。當然，相對的，也就能夠以此統合的一個中心思想去導引百家眾多的思想。整體而言，此正是參透天體運行「虛」而「合」的狀態，肯認到終極標準與適當準度的虛無，卻能使萬物萬事取得最適當的校正與會合，所貫通到人事治政的結果。其允許「成一家之言」的完成，能夠成就出適當於時間與空間的統合的「言」、「名」以作為法則標準與取正依據，其包括主體信仰、主流價值等中心思想，更可能成為適當於時間與空間的終極標準與適當準度。

事實上，此「太史公書」之「成一家之言」的撰述宗旨，本就是「太史公」作為「史」之職守的重要內涵。根據上述考釋，「史」與「事」、「時」意義緊密相關，「史」之職守，簡而言之，是對於隨順或適當於時間與空間，而發生或成就之一切事功事業的記錄與言說。《周易・繫辭上》指出「通變之謂事」，對應「通古今之變」，加上李鼎祚《集解》引虞《注》的解釋：「變通趨時，以盡利天下之民，謂之事業也。」[55]便精要可見「史」與「事」，與「時」的緊密關係。也因此，「史」的具體職責往往兼攝曆法律令、祭祀卜筮、檔案文獻等等與天文、宗教、政治相關的諸種事務。尤其職責的核心在於「人」與「天」之間的溝通與借鑑，首要任務就是能夠觀測記錄天文星象以確知天時；祭祀占卜祖先神明以獲知天命，以至於能夠建設運作人文治政以訂定人事。《國語・周語上》：「瞽史教誨。」韋《注》：「史，太史也。掌陰陽、天時、禮法之書，以相教誨者。」《國語・周語下》：「吾非瞽史。」韋《注》：「史，太史，掌抱天時，與太師同車，皆知天道者。」[56]更

55 李鼎祚：《周易集解》（臺北市：臺灣商務印書館，1996年12月），頁322。

56 徐元誥撰，王樹民、沈長雲點校：《國語集解》，頁12、83。

進一步道出「史」之從「天時」到「天道」，集治政與教育等等一貫的掌握。此一掌握，尤其提出「以相教誨」等教育相關的職責，其實也正扣合著上述從天體運行貫通到人事治政之「虛」而「合」狀態，所認知到必需持續不斷進行的最適當的校正與會合。根據前章論述，〈亙先〉對於「言」、「名」，除了提出「虛屬」，其實還點出其中的「疑罔」與「校比」，此間的「校比」正是一種校正的工作，尤其「校」其實還與「學」、「教」等有關教育學習的表達有關，意指教育學習所表現出各種訓誘應感校正格失的作用，本就是一個持續不斷進行最適當校正的過程。因此，所謂更進一步道出「史」之從「天時」到「天道」的掌握，毋寧更亦是一種能夠由「天道」到「人道」的把握，其由天文天體運行的校正，到人文人事操作的校正，也就是一種教育學習，正是「史」的職責所在。換言之，此「太史公書」之「成一家之言」，亦足以視作為此提供校正、提供教育學習而撰述的。

六　由「史學」而「經學」

除此之外，「太史公書」之「成一家之言」的撰述宗旨，還更關涉到「史」與「經」之間的緊密關係。關於這一點，可以參照《孟子．離婁下》相關的一段話，取得更加清楚的說明：

> 孟子曰：「王者之跡熄而《詩》亡，《詩》亡然後《春秋》作。晉之《乘》，楚之《檮杌》，魯之《春秋》，一也。其事則齊桓、晉文，其文則史，孔子曰：『其義則丘竊取之矣。』」[57]

此間提出「事」、「文」、「義」三者進行對比，同樣聚焦於隨順或適當於時間與空間而發生或成就的「事」進行論述。首先例舉「齊桓晉文」作為「事」的代表，而這些「事」被「文」等語言文字記錄與言說之後便成為「史」，

57 趙岐注，孫奭疏：《孟子注疏》，《十三經注疏》（臺北市：藝文印書館，1955年），頁146。

諸如《乘》、《檮杌》、《春秋》等晉、楚、魯各國之「史」，如此即帶出「史」與「事」之間的緊密關係。尤其加入「文」進一步說明「史」的根本性質，《論語・雍也》：「質勝文則野，文勝質則史。」何晏《集解》：「包氏曰：史者，文多而質少。」[58]可知「文」乃是使「事」能夠在被語言文字記錄與言說成檔案文獻之後，以「史」的方式被理解，而能夠脫離「質」的一種僅知「事」之有「齊桓晉文」的簡單質樸，甚至淺顯粗野的，以「野」的方式被理解。此間還可以再結合前章徵引《論語・子路》有關「正名」的論述進行說明，前章正指出孔子以「野」斥責子路對於「言」、「名」、「事」種種以意忖度、無知不識等「不知」的莽撞行為。此正可見「史」之職守的根本性質就在於對於「文」、「言」、「名」等等有關記錄與言說的掌握，以及「太史公」作為「史」何以表達其「太史公書」的撰述宗旨就在於成一家之「言」。當然，在「史」之「文」的基礎上，「事」還必需能夠以「竊取」的方式，從整體內部將其中的「義」，也就是意義，提取出來進行理解，此其又以孔子之名提出的重要觀點。當然，此內部意義提取的結果，則成就出諸如記錄著「王者之跡」的《詩》、《春秋》等等具有尊崇地位的經典。此間論述出現兩個不同語境的《春秋》：一是與《乘》、《檮杌》並列的《春秋》；二是《詩》亡然後作的《春秋》。結合《莊子・天下》：「舊法世傳之史尚多有之。」成《疏》：「史者，《春秋》、《尚書》，皆古史也。」《史記・周本紀》：「周太史伯陽讀史記曰。」張守節《正義》：「諸國皆有史以記事，故曰史記。」[59]可知二者的區別，當在於除了與《乘》、《檮杌》並列等各國有史以「文」記「事」之「史」的《春秋》之外，還相對的有《詩》亡然後作，能從整體內部提取出「義」之「經」的《春秋》。因此，此間即構成「事」之有「史」之「文」與「經」之「義」相對不同層次的表述關係，「經」之「義」

58 何晏集解，邢昺疏：《論語注疏》，《十三經注疏》，頁54。

59 郭慶藩編，王孝魚整理：《莊子集釋》，頁1067-1068。瀧川龜太郎：《史記會注考證》，頁79。

乃是由「史」之「文」進一步昇華，二者既同源相生，又相對而成。[60]更重要的，此所謂由「史」之「文」進一步「竊取」而昇華的「經」之「義」，一種從整體內部提取出的經典的意義，正是從史學之語言文字的記錄與言說中，形成功內蘊承載著主體信仰與主流價值之「道」的一套經學的重要依據。因此，「意義」是一切的關鍵所在，尤其是其究竟是如何從經典，從語言文字的記錄與言說中，從整體內部提取出來？事實上，根據前章論述，如同〈亙先〉所指出的，「言」、「名」的生成，來自於生成根源所生一切天地始往萬物之「實有」所具備的「性」之「欲」與「心」之「意」，此即能夠將種種本質本性的好惡欲望，以及與心志互動產生內在意義取向的聞見認知，灌注其中而與外界進行溝通應對。因此，此通過「心」之聞見認知所產生的內在意義取向，也正是能夠從經典，從語言文字的記錄與言說中，從整體內部提取出來的「意義」。當然，同樣根據前章論述，「言」、「名」亦來自生成根源所具有「虛」、「實」相生而成就的終極標準與適當準度，此其亦作為一種法則標準與取正依據，亦同樣處在「虛」、「實」相生的關係中。因此，通過「心」之聞見認知所產生的內在意義取向，也必然是一種具有面對異化可能的「意義」，必須持續不斷的進行校正，也允許從經典，從語言文字的記錄與言說中，從整體內部進行提取的種種「竊取」，一切都必須復返到「心」。

當然，此種「史」與「經」同源相生、相對而成的關係，之於「太史公書」的「成一家之言」，不僅是具體而微的一個縮影，亦更是追尋的一個最高理想。統觀《史記．太史公自序》，首先即明言「太史公」作為「史」之「學天官」、「受《易》」、「習道論」一系列的授受學習，如同郭店〈語叢一〉簡36-37「《易》所以會天道人道也」[61]，可知即是由「天時」到「天道」，以至於與「人道」會合的一種掌握。此實亦呼應上述言天體「二十八

60 此涉及中國學術史上有關「經史同源」、「經史相分」等等重大且複雜的議題，在此無法詳說，當另文討論。

61 荊門市博物館編：《郭店楚墓竹簡》，圖版頁79-80、釋文頁194。

宿環北辰」之能「運行無窮」時，所帶出人事「輔拂股肱之臣配焉」的「行道」，亦可見由「天時」到「天道」以至於「人道」的一種會合掌握。更重要的是此間對於「道」的論述，其實也是結合著經典的意義進行的，換句話說，其蘊含著對於「經」之「義」進行「竊取」等經學的目的。此其明言「習道論」之後，又直接指出「太史公」作為「史」的「愍學者之不達其意而師悖，乃論六家之要指」，而這一點亦必須結合上述「厥協六經異傳，整齊百家雜語」而能夠「成一家之言」進行理解。亦即「論六家之要旨」毋寧正是「整齊百家雜語」的一種具體的作法，是從諸子百家各種思想言論等學說的整理齊備之中，去論述為首的六個家派關懷的主要宗旨，如此即有可能統合出配合於各個經典、蘊含於各個經典的中心思想，去撰述完成一個統合各家宗旨而具有中心思想的著作，當然，此一撰述，也必然是一種能夠「達其意」，也即是能夠「竊取」出「經」之「義」，建構起主體信仰與主流價值等中心思想，成就出「道」的一種經學目的的完成。果不其然，此其論列「六家之要旨」之後，又言及周公、孔子與經典之間的關係，除了著重論列孔子「修舊起廢」的「論《詩》、《書》，作《春秋》」而「學者至今則之」，更仿傚《孟子》「五百年必有王者興」，援引先人之言帶出孔子關於經典的「有能紹明世，正《易傳》，繼《春秋》，本《詩》、《書》、《禮》、《樂》之際」的「意在斯乎」的提問，皆可說是一種要求能夠對於經典「達其意」、「竊取」其「義」的宣示。至於具體的作法還表現在「太史公」所記與「上大夫壺遂」對話，所帶出其對於蘊含於各個經典之中心思想的簡要表述，此包括《易》之「長於變」、「以道化」；《禮》之「長於行」、「以節人」；《書》之「長於政」、「以道事」；《詩》之「長於風」、「以達意」；《樂》之「長於和」、「以發和」；《春秋》之「長於治人」、「以道義」[62]。凡此，皆可見「太史公」對於經典「達其意」、「竊取」其「義」而初步完成的經學建構。

---

62 瀧川龜太郎：《史記會注考證》，頁1365-1370。

七　結語：經學的建構

與「太史公書」一致，《說苑・辨物》記載孔子與顏淵關於「成人之行」的對話，亦將「成人之行」等「人道」的完成上溯至「天道」的掌握。首先其指出「成人之行」在於「達乎情性之理，通乎物類之變，知幽明之故，睹遊氣之源」，以為「人」之情性表現的原理，抑或「人」與萬物種類的關係，所在的各種變異的處境，都可以上溯至「天道」所展現或幽暗或光明等「氣」的運行，來加以知見而通達的理解。其次在「既知天道」之後，能夠「行躬以仁義，飭身以禮樂」的以仁、義、禮、樂的躬身實踐等「人道」來完成「成人之行」，此亦即是上溯至「天道」、下貫於「人道」所完成之「窮神知化」的「德」。更重要的是，凡此關於「人道」上溯至「天道」的論述，亦同樣與「太史公書」一致，通過徵引經典文句、詮釋經典意義來加以完成，其謂：

> 《易》曰：「仰以觀於天文，俯以察於地理。是故知幽明之故。」夫天文地理人情之效存於心，則聖智之府。是故古者聖王既臨天下，必變四時，定律歷，考天文，揆時變，以望氣氛。故堯曰：「咨爾舜，天之曆數在爾躬，允執其中，四海困窮。」《書》曰：「在璿璣玉衡，以齊七政。」璿璣，謂北辰勾陳樞星也。以其魁杓之所指二十八宿為吉凶禍福。天文列舍，盈縮之占，各以類為驗。夫占變之道，二而已矣。二者，陰陽之數也。故《易》曰：「一陰一陽之謂道。」道也者，物之動莫不由道也。是故發於一，成於二，備於三，周於四，行於五。是故玄象著明，莫大於日月；察變之動，莫著於五星。天之五星，運氣於五行。其初猶發於陰陽，而化極萬一千五百二十。……春秋冬夏，伏見有時。失其常，離其時，則為變異；得其時，居其常，是謂吉祥。……故天子南面視四星之中，知民之緩急。急則不賦籍，不舉力役。《書》曰：「敬授民時。」《詩》曰：「物其有矣，維其時

矣。」物之所以有而不絕者，以其動之時也。[63]

具體而言，是在全篇對於《易》、《書》、《詩》等經典徵引與詮釋、各個觀點交錯的論述中，可以歸納出經由多個層次建構出的中心思想。第一個層次是同樣勾勒出「天道」與「人道」一致的論述，在通過《易》對比出「天文」、「地理」、「人情」，說明通過天體運行幽暗與光明的變換，能夠知曉人事操作亦在此變異的處境。尤其對於具體的天體運行，與上述「太史公書」一致，同樣徵引《書》之「璿璣玉衡，以齊七政」，帶出所謂「二十八宿環北辰」的一種「虛」而「合」的運作，一種以北辰北極之虛無，卻能使二十八宿等全體星宿環繞會合而運行的天體。在此運作之下，包括天體與人事中，種種北辰與二十八宿，抑或北極與全體星宿、生成根源與全體萬物、主上與股肱之臣之間等等的關係，皆能由一而二，而三，而四，而五漸次發展，以至於變化其極成萬一千五百二十等無數的生成。並且，還因此形成功一種從「幽」與「明」開始，亦漸次發展出「盈」與「縮」、「見」與「伏」、「吉」與「凶」、「福」與「禍」等等發生在天象物類、人事治政中相對的運動狀態或處境。凡此，皆又通過《易》所總結出以「陰」與「陽」為代表，所構成宇宙萬物莫不因此運行運作的「道」的中心思想。第二個層次是強調在此「天道」與「人道」一致的論述中，對於因此開展出的空間與時間的一種掌握，亦與「太史公書」一致。其先是從人事治政中，一方面強調聖王「變四時，定律歷，考天文，揆時變」，另一方面援引《論語．堯曰》載堯之告舜「天之歷數在爾躬，允執其中，四海困窮」，說明應該從天文天體運行的觀測中，訂定曆法律令，以掌握包括空間與時間的「時」的變化。其後又直指「失常離時」與「得時居常」的不祥與祥，強調「時」與「常」的正比關係。最後再通過《書》之「敬授民時」、《詩》之「物其有矣，維其時矣」，總結宇宙萬物之所以能生生不息、天子聖王之所以能恆久治政者，就在於對「時」之變動的充分掌握。

最後第三個層次，也是此間需要著重討論的一點，從「天道」以至於

63 劉向撰，向宗魯校證：《說苑校證》（北京市：中華書局，2000年3月），頁443-445。

「人道」，還初步點出了「人道」中「心」的重要，其以為此整體「天文」、「地理」、「人情」的認識作用必須存在於「心」，使「心」之在耳目配合的聞見認知中，成為能夠掌握此「天道」與「人道」的「聖智之府」——一個經由耳聰目明而完成具有神聖心智能力的「心」。事實上，根據上述，經典的意義本就是從整體內部進行提取，必須是復返到「心」之聞見認知所產生的內在意義取向而能獲得的。因此此間一切對於經典的徵引與詮釋，其整體「天道」與「人道」一致的論述，當然同樣必須是存在於「心」的一種能力掌握。關於這一點，《漢書·匡張孔馬傳》正指出：

> 臣聞六經者，聖人所以統天地之心，著善惡之歸，明吉凶之分，通人道之正，使不悖於其本性者也。故審六藝之指，則天人之理可得而和，草木昆蟲可得而育，此永永不易之道也。[64]

點出以「六經」、「六藝」為首的經典，正是從具有神聖能力之人統合天地之「心」的整體內部去提取出其中的意義的，以至於能夠明辨人之所在善惡吉凶的變異處境、能夠不違悖天之所予人之本性的種種「人道」的正確掌握。如此包含「人天之理」的「天道」與「人道」，是足以使包含「草木昆蟲」的宇宙萬物，得以生生不息、永永不易，形成功一種內蘊於經典、內蘊於「心」的「道」。當然，關於此「心」，亦可以視作是「人心」與「天心」之間的對揚，在對於《書》之「在璿璣玉衡，以齊七政」等經典的詮釋中，孔《傳》即曾指出：「舜察天文，齊七政，以審己當天心與否。」而孔《疏》繼而解釋：「舜既受終乃察璣衡，是舜察天文，齊七政，以審己之受禪當天心與否也。馬融云：日月星皆以璿璣玉衡度知其盈縮進退失政所在，聖人謙讓，猶不自安，視璿璣玉衡，以驗齊日月五星行度，知其政是與否，重審己之事也。」[65]正說明這一點。而此「人心」所對揚，所輝映的「天心」，亦正是經典徵引、經典詮釋所建構完成的經學的根本，包括了主體信仰與主流價值的中心思想，都是從宇宙生成的關懷，下貫到人事治政的整體作為。

---

64 班固撰，王先謙補注：《漢書補注》，頁5099-5100。

65 孔安國傳、孔穎達等疏：《尚書正義》，《十三經注疏》，頁35-36。

安大二《仲尼曰》補釋

高佑仁
成功大學中國文學系副教授

提要

《安徽大學藏戰國竹簡》第二輯於二〇二二年四月正式出版，內容為《仲尼曰》、《曹沫之陳》兩篇竹簡。其中《仲尼曰》共有十三簡，首尾完整，簡長四十點三公分，寬〇點六公分，兩道邊聯[1]。徐在國與顧王樂指出全篇記載孔子言論二十五條，見於今本《論語》者有八條，部分可以和《禮記》、《大戴禮記》、《孔叢子》等書對讀，其餘則不見於傳世古籍。《仲尼曰》是類似《論語》的孔子言論輯錄，可能是早期的一個摘抄本。[2]由此可見《仲尼曰》對於《論語》的成書、流傳以及文本的演變有著重要的價值與意義。

本文著重簡文的字詞考釋，其對於字形、訓讀有更深入的評述與考釋。

一　仲尼曰：「華繁而實垕（厚），天；言多而行不足，人。」【簡1】

原整理者認為《說文》「厚」字古文作「垕」，从「土」。此簡「垕」贅加「土」，與「厚」字古文「垕」同例，當是「厚」之繁體。又引《周禮·

1　安徽大學漢字發展與應用研究中心編，黃德寬、徐在國主編：《安徽大學藏戰國竹簡·二》（上海市：中西書局，2022年），頁43。

2　徐在國、顧王樂：〈安徽大學藏戰國竹簡《仲尼》篇初探〉，《文物》2022年第3期，頁75-79。顧王樂、徐在國：〈迄今最早的《論語》文本——安大簡《仲尼曰》的價值和意義〉，《光明日報》第5版，2022年12月11日。

考工記・弓人》：「厚其液，而節其帤。」鄭玄注：「厚，猶多也。」[3]「實厚」，即「實多」。

先談字形，「厚」字原篆作「」，原整理者隸定作「」，並與《說文》古文「垕」聯繫。[4]潘灯認為此字是一個新見字，上从石，下从生。从「生」當是由清華伍《厚父》簡13的「厚」形字而來。[5]潘灯把字形下半理解為从「生」。藤本思源（網名）更進一步認為此自當是「厚生」的合文，文例要讀為「華繁而實厚生，天；言多而行不足，人。」[6]品質復位（網名）則把「」理解為从石、生聲，讀為「省」，上古音「生」為心母耕部，「省」為心母耕部。二字聲母、韻部均相同。「省」有減少、簡約的意思。正可以與《大戴禮記・曾子疾病》「華繁而實寡」合觀。[7]

但夢逍遙（網名）認為頗疑《說文》「厚」字古文是從安大簡《仲尼》篇簡1的「厚＋土」字這類字形減省而來。如果《說文》「厚」字古文再進一步減省，就成了清華簡《五紀》篇簡54的「垕」字。三者應是逐漸減省所致，演變脈絡比較清晰。[8]

王寧認為從字形上看此「厚」字是上石下生的寫法，楚簡文字的「厚」本是上石下主，即从石主聲，其所从之「主」訛變極多，或如「屰」、或如「毛」、或如「丰」等不一，清華簡五《厚父》簡13背所寫的「厚」字寫法比本簡的「厚」字只少了最下面的一橫筆，故本簡中「厚」下所从的「生」

3 〔東漢〕鄭玄注，〔唐〕賈公彥疏，李學勤主編：《十三經注疏・周禮注疏》（北京市：北京大學出版社，2000年），頁1380。

4 安徽大學漢字發展與應用研究中心編，黃德寬、徐在國主編：《安徽大學藏戰國竹簡・二》（上海市：中西書局，2022年），頁45。

5 〈安大簡〈仲尼曰〉初讀〉跟帖1樓，「武漢大學簡帛網簡帛論壇」網站，網址：http://m.bsm.org.cn/forum/forum.php?mod=viewthread&tid=12727。發布日期：2022年3月31日。

6 「武漢大學簡帛網簡帛論壇」網站，〈安大簡〈仲尼曰〉初讀〉跟帖7樓。發布日期：2022年4月18日。

7 「武漢大學簡帛網簡帛論壇」網站，〈安大簡〈仲尼曰〉初讀〉跟帖11樓。發布日期：2022年5月2日。

8 「武漢大學簡帛網簡帛論壇」網站，〈安大簡〈仲尼曰〉初讀〉跟帖37樓。發布日期：2022年8月21日。

應該是「主」、「土」的合體，从土的寫法大概受了燕系文字從土寫法的影響。[9]

王永昌認為「」字與「厚」的字形差異較大，下部明顯从「生」，當分析為从生、石聲。此處講草木的「華而不實」，「生」作為意符非常切合，「石」，禪母鐸部，「寡」，見母魚部，從古音來看，二者很近，魚部與鐸部相通。[10]my9082（網名）主張字以「石」為聲符，讀為「碩」[11]。上述意見大致可分成以下幾類：

一、从土、厚聲，讀「厚」。（原整理者）
二、从石、从生，即「厚」。（潘灯）
三、从石、生聲，為「厚生」合文。（藤本思源）
四、从石、生聲，讀「省」。（品質復位）
五、从石、主聲，讀「厚」。（王寧）
六、从生、石聲，讀「寡」。（王永昌）
七、从石聲，讀「碩」。（my9082）

「厚」字甲骨文作「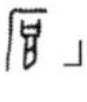」（合集34123），金文作「」（史墻盤／集成10175）、「」（魯伯厚父盤／集成10086），偏旁以「石」、「㫗」組成，「㫗」已見《說文》小篆[12]，即「厚」之初文，故「厚」亦可理解為从「㫗」聲。「㫗」是裝鹽的器皿，鹽味厚，故「㫗」有「厚」意。[13]就構形來看，楚簡的「厚」字上从「石」，下半則有各種訛變寫法，如「干」、

9 〈安大簡〈仲尼曰〉初讀〉跟帖67樓，「武漢大學簡帛網簡帛論壇」網站。發布日期：2022年9月3日。

10 王永昌：〈讀安大簡《仲尼曰》札記兩則〉，「武漢大學簡帛網」網站，網址：http://m.bsm.org.cn/?chujian/8790.html。發布日期：2022年9月11日。

11 〈安大簡〈仲尼曰〉初讀〉跟帖76樓，「武漢大學簡帛網簡帛論壇」網站。發布日期：2022年10月13日。

12 〔東漢〕許慎撰，〔清〕段玉裁注，李添富總校訂：《新添古音說文解字注》（三版）（臺北市：洪葉文化事業公司，2016年），頁232。

13 季旭昇師：《說文新證》（臺北市：藝文印書館，2014年9月），頁457。

「毛」、「屰」、「丰」、「戈」等形，變異甚多。

就本處的「」字來看，雖然下半所从與楚簡的「生」字相同（例如「」郭店．語叢三．58），但卻不適宜直接理解為从「生」，更不應該視為聲符，是以潘灯、品質復位等人之說，均不可信。原整理者已經指出《說文》「厚」字古文作「垕」，字从「土」，甚是。許慎《說文》原文為「，古文厚从后土。」[14]必須說明的是，就「厚」字的演變脈絡來看，「」字當與「后」無關，可能是因為上半寫法與「后」接近，且「厚」、「后」古音均為匣紐、侯部，因而許慎釋字時產生誤析。「」確實應理解為从「土」、「厚」聲，清華伍《厚父》簡13背的「厚」作「」，只要在下半綴加「土」旁，並且共用豎筆，就是本處的寫法。王寧認為這種寫法是受到燕系文字影響，並以《古璽彙編》編號724的「」為例，這類寫法何琳儀《戰國古文字典》收入「厚」字下[15]，回核《古璽彙編》原書，該印之字形作「」[16]，實則「跪」字無疑，何琳儀誤析成人名「子厚」二字，不確。總之，目前燕系文字並未見到「厚」字，从土、厚聲之字除《仲尼曰》外，僅見《說文》古文，當係東土文字無疑，說安大簡的「」是受燕系影響，並無證據。

此字仍宜與《說文》古文的「」聯繫，王永昌、my9082等人所謂从「石」得聲之說並不允當。「」右下沒有合文符，故藤本思源所謂「厚

14 〔東漢〕許慎撰，〔清〕段玉裁注，李添富總校訂：《新添古音說文解字注》（三版）（臺北市：洪葉文化事業公司，2016年），頁232。

15 何琳儀：《戰國古文字典》（北京市：中華書局，1998年），頁334。

16 羅福頤：《古璽彙編》（北京市：文物出版社，1994年6月），頁94。

生」之說並不適宜。王寧理解為从石、主聲之說，亦不可信。楚簡確實有从石、主聲之字，但實為「重」字，例如上博《仲弓》簡8：「夫民安舊而𥐚（重）遷」，上博《緇衣》簡22「子曰：「輕絕貧賤，而𥐚絕富貴」，今本《禮記．緇衣》「𥐚」作「重」[17]。然而楚簡从「石」、「主」聲實為「重」字，「厚」、「重」二字的意思接近，但就字論字，本處的「」與「𥐚（重）」並無關係。

筆者支持原整理者讀「厚」訓「多」之意，《漢書．食貨志下》云：「民若匱，王用將有所乏；乏將厚取于民。」顏師古注：「厚，猶多也。」[18]

簡文「中（仲）尼曰：「芋（華）蘩（繁）而實垕（厚），天；言多而行不足，人。」適用譬喻法來對比「天」與「人」的差異，花朵盛開而結實纍纍是「天」，多言卻缺乏實踐是「人」，表示「天」與「人」的差異，在於「天」表裡如一，而「人」只有表象，華而不實。

（二）中（仲）尼曰：「弟子女（如）出也，十指=（手指）女（汝），十見（目視）女=（汝，汝）於（烏）敢為不【五】善虖（乎）！蓋君子慎其獨也。」【簡5】

整理者指出此句與《禮記．大學》有關：「所謂誠其意者，毋自欺也。如惡惡臭，如好好色，此之謂自謙。故君子必慎其獨也。小人閒居為不善，無所不至，見君子而後厭然，揜其不善，而著其善。人之視己，如見其肺肝，然則何益矣。此謂誠於中形於外，故君子必慎其獨也。曾子曰：『十目所視，十手所指，其嚴乎？』富潤屋，德潤身，心廣體胖，故君子必誠其意。」並認為此條簡文與此章意近，甚至用語也十分相似，如「十手指汝，

---

17 〔東漢〕鄭玄注，〔唐〕孔穎達疏，李學勤主編：《十三經注疏．禮記正義》（北京市：北京大學出版社，2000年），頁1769。

18 班固、王先謙：《漢書補注》（上海市：上海古籍出版社，2008年），頁1608-1609。

十目視汝」與「十目所視，十手所指」，「君子慎其獨也」與「君子必慎其獨也」等。「指=」，「指」包含「手」，「=」是合文符號，表示「指」是作為「手指」來用的。[19]

王勇主張此處「弟子女（如）出也」，應當斷讀作「弟子，女（汝）出也」，為倒裝，即「女（汝）出也，弟子」，當然「女（汝）出也」也可以視作插入語。乃孔子從慎獨的反面、對弟子監督作用的闡述。言你出門之時，弟子的眼睛盯著你，還可以給你指出問題，你怎敢不為善呢？因此，君子為善所慎者當在其獨處之時，即「慎其獨」。[20]

本章所謂的「慎獨」，是儒家學說中的重要概念，莫見乎隱，莫顯乎微，不欺暗室，君子慎其獨，即使在人所不見不聞之處，君子亦敬慎其行為，是一種修身的境界，此些觀點已為後世學者多所闡發。

首先，簡文的「弟子」應指孔子的門生，《論語・雍也》：「哀公問：『弟子孰為好學？』孔子對曰：『有顏回者好學，不遷怒，不貳過。不幸短命死矣！今也則亡，未聞好學者也。』」[21]《儀禮・士相見禮》：「與老者言，言使弟子。」賈公彥疏引雷次宗云：「學生事師，雖無服，有父兄之恩，故稱弟子也。」[22]則簡文此處當為孔子對弟子的提點。

至於王勇讀「汝」之說，從文字學角度來看，「如」、「汝」均从「女」得聲，讀為「如」或「汝」均可。但若將「女」讀成「汝」，則「弟子」會變成是對於特定學生的稱呼，文義不順，本句話並非對特定某人的談話，而是告誡門人弟子，出門在外應該戒慎言行，所以王勇將「如」改讀成「汝」並不理想。

---

19 安徽大學漢字發展與應用研究中心編，黃德寬、徐在國主編：《安徽大學藏戰國竹簡・二》（上海市：中西書局，2022年），頁47-48。

20 王勇：〈安大簡《仲尼曰》臆解數則〉，「武漢大學簡帛網」網站，網址：http://m.bsm.org.cn/?chujian/9017.html。發布日期：2023年5月16日。

21 〔魏〕何晏集解，〔宋〕邢昺疏，李學勤主編：《十三經注疏・論語注疏》（北京市：北京大學出版社，2000年），頁78。

22 〔東漢〕鄭玄注，〔唐〕賈公彥疏，李學勤主編：《十三經注疏・儀禮注疏》（北京市：北京大學出版社，2000年），頁137。

「出」，指外出，《禮記・曲禮上》：「為人子者，出必告，反必面，所遊必有常，所習必有業。」[23]《論語・雍也》：「子曰：『誰能出不由戶？何莫由斯道也？』」[24]諸例的「出」，均指外出。

「」，原整理者隸定作「⿱目人」，古文字的「見」與「視」是不同的兩個字：

見	視
 甲編2124	 京津
 史牆盤（集成10175）	 史牆盤（集成10175）
 上博《曹沫之陣》簡30	 上博《用曰》簡5

郭店《老子丙》簡5：「之不足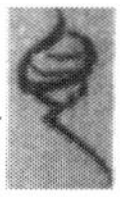」，今本《老子》第三十五章作「視之不足見」，可見「視」、「見」有差[25]。就字形上看，「見」是跪姿，而「視」則是跪姿，簡文的「」乍看似「見」字（即下半从「人」），但細審可以發現跪跽結構（即「卩」）的筆畫寫得比較貼合，此字實从「卩」，當

23 〔東漢〕鄭玄注，〔唐〕孔穎達疏，李學勤主編：《十三經注疏・禮記正義》（北京市：北京大學出版社，2000年），頁32。

24 〔魏〕何晏集解，〔宋〕邢昺疏，李學勤主編：《十三經注疏・論語注疏》，頁86。

25 參裘錫圭：〈甲骨文中的見與視〉，收入《甲骨文發現一百周年學術研討會論文集》（臺北市：國立臺灣師範大學國文學系，1998年5月），頁1-6。

釋作「視」，在文例中為「目視」之合文。

簡文是孔子告誡弟子出門在外，（別人）十手指著，十目看著，哪裡敢不為善，因此君子獨處時必須非常敬慎。

（三）仲尼曰：「晏平仲善交哉！舊（久）𢈪（狎）而長敬。」【簡6-7】

原整理者指出此條見於《論語・公冶長》：「子曰：『晏平仲善與人交，久而敬之。』」何晏《集解》「晏平仲」引周氏曰：「齊大夫。晏，姓。平，謚。名嬰。」邢昺疏：「此章言齊大夫晏仲之德。凡人輕交易絕，平仲則久而愈敬，所以為善。」「𢈪」，讀為「狎」，訓為接近、親近。[26]

王勇認為「舊」字若不作通假角度看，《仲尼曰》之提法似亦可理解，「舊」指晏平仲的朋友故舊，其與朋友相交，朋友與之甚屬親近。言晏子為人親和、平易近人的一面。這主要就平輩言之。「長」，官長或長輩、師長等。從官長看，晏子為官長等所持敬，則言其賢德一面。從長輩、師長看，晏子為晚輩，長輩不必持敬，今持敬，亦可想見乃敬其有賢德，故為長輩、師長所取重。[27]

面對地下新出的文本資料，若據本字即可文通字順，則不煩進行通假。本條內容已見於今本《論語・公冶長》，《論語集解》：「周生烈曰：『齊大夫。晏，姓。平，謚。名嬰。』」《論語正義》：「此章言齊大夫晏平仲之德。凡人輕交易絕，平仲則久而愈敬，所以為善。」[28]指晏嬰善於與人交往，雖然長久往來後關係親近，但還是始終保持恭敬的態度。簡文的「久狎而長敬」，今本濃縮為「久而敬之」，王勇將晏嬰所言的對象分成「故舊」、「官

26 安徽大學漢字發展與應用研究中心編，黃德寬、徐在國主編：《安徽大學藏戰國竹簡・二》（上海市：中西書局，2022年），頁48。

27 王勇：〈安大簡《仲尼曰》臆解數則〉，「武漢大學簡帛網」網站，網址：http://m.bsm.org.cn/?chujian/9017.html。發布日期：2023年5月16日。

28 〔魏〕何晏集解，〔宋〕邢昺疏，李學勤主編：《十三經注疏・論語注疏》，頁69。

長」兩類，並把簡本的「舊」讀如字，理解為故舊，或把「長（ㄔㄤˊ）」改讀作「ㄓㄤˇ」，訓為長輩、師長等諸說，文意並不通順，且此說無法交代何以今本作「久而敬之」。

（四）康子使人問政於中（仲）尼，曰：「丘未之聞也。」使者退。中（仲）尼曰：「見〈𥃳（視）〉之𡥈=（君子），其言小人也。竺正而可使人䎽（問）？」【簡9-10】

1 仲尼

本章出現兩次「仲尼」，原整理者認為前者可能脫重文符號。[29]言下之意是文例應作「康子使人問政於中尼[=]（仲尼，仲尼）曰：……」。就一般情況來看，《論語》裡孔子回應弟子的請益，幾乎都以「子曰」為形式回應，例如：

> A.孟武伯問孝。子曰：「父母唯其疾之憂。」（《論語・為政》）[30]
> B.子貢問君子。子曰：「先行其言，而後從之。」（《論語・為政》）[31]
> C.或問「子產」。子曰：「惠人也。」（《論語・憲問》）[32]

此外，若前文已出現「子曰」，則孔子再度發言時，可以簡省為「曰」，例如：

> D.季路問事鬼神。子曰：「未能事人，焉能事鬼？」「敢問死？」曰：「未知生，焉知死？」（《論語・先進》）[33]

「曰：『未知生，焉知死？』」的「曰」即「子曰」之省。有趣的是，爬梳

---

29 安徽大學漢字發展與應用研究中心編，黃德寬、徐在國主編：《安徽大學藏戰國竹簡・二》（上海市：中西書局，2022年），頁50。

30 〔魏〕何晏集解，〔宋〕邢昺疏，李學勤主編：《十三經注疏・論語注疏》，頁18。

31 〔魏〕何晏集解，〔宋〕邢昺疏，李學勤主編：《十三經注疏・論語注疏》，頁21。

32 〔魏〕何晏集解，〔宋〕邢昺疏，李學勤主編：《十三經注疏・論語注疏》，頁211。

33 〔魏〕何晏集解，〔宋〕邢昺疏，李學勤主編：《十三經注疏・論語注疏》，頁164。

《論語》，我們也可以找到孔子首次發言，就直接作「曰」的情況，例如：

> E. 冉有曰：「夫子為衛君乎？」子貢曰：「諾；吾將問之。」入，曰：「伯夷、叔齊何人也？」曰：「古之賢人也。」曰：「怨乎？」曰：「求仁而得仁，又何怨？」出，曰：「夫子不為也。」（《論語・述而》）[34]

本處「古之賢人也。」、「求仁而得仁，又何怨？」都是孔子之語，但直接省作「曰」，不加「子」。又如：

> F. 顏淵死，子哭之慟。從者曰：「子慟矣！」曰：「有慟乎！非夫人之為慟而誰為！」（《論語・先進》）[35]

此處的「曰」也是孔子之語，殆「子曰」之省。如此來看，簡文以「曰」為開頭，完全可以成立，那麼視為脫重文符，似可不必。

原整理者指出此條簡文見於《論語・顏淵》：「季康子問政於孔子。孔子對曰：『政者，正也。子帥以正，孰敢不正？』」[36]文字出入較大。「康子」，即季康子，魯季桓子之子，名肥，謚號康，上博五《季季庚子問於孔子》簡2、11、14作「庚子」。

2　竺（篤）正

簡文「竺正而可使人問」，原整理者讀成「孰正而可使人問？」為疑問句[37]，王永昌改讀成「篤正」，認為不是疑問句，而是陳述句[38]。

王勇進一步補充，認為「『篤』訓『固』。《爾雅・釋詁下》：『篤……固

---

34 〔魏〕何晏集解，〔宋〕邢昺疏，李學勤主編：《十三經注疏・論語注疏》，頁99。

35 〔魏〕何晏集解，〔宋〕邢昺疏，李學勤主編：《十三經注疏・論語注疏》，頁163。

36 〔魏〕何晏集解，〔宋〕邢昺疏，李學勤主編：《十三經注疏・論語注疏》，頁187。

37 安徽大學漢字發展與應用研究中心編，黃德寬、徐在國主編：《安徽大學藏戰國竹簡・二》（上海市：中西書局，2022年），頁50。

38 王永昌：〈讀安大簡《仲尼曰》札記兩則〉，「武漢大學簡帛網」網站。發布日期：2022年9月11日。

也。』即孔子認為，季康子若內心（或所提問題）固守正道，方可使人來問。亦可知此句為陳述句，非反問句。」[39]

筆者認為王永昌、王勇將「竺」改讀為「篤」，比原整理者讀為疑問句首的「孰」要來得更適切，不過訓為「固」可商。筆者認為「篤」應訓為「厚」即厚實，《說文》「竺，厚也」[40]，段注在「篤」字下指出：「古叚借『篤』為『竺』字」，則「竺厚」即「篤厚」。《詩經・椒聊》「碩大且篤」，毛傳：「篤，厚也。」[41]《爾雅・釋詁》：「篤，厚也。」[42]

本章內容記載，季康子派人問政於孔子，孔子推稱未聞政事之內涵，待使者走後，孔子向弟子說：「季康子看起來像君子，但說話的內容卻像小人，篤後正直才能派人來請益。」可見孔子對於季康子的言行並不滿意，因此無言以對。季康子為魯國正卿，是孔子當時的權臣，《論語・顏淵》裡「子帥以正，孰敢不正」、「己所不欲，雖賞之不竊」、「子為政，焉用殺？子欲善，而民善矣。君子之德風，小人之德草。草上之風，必偃。」[43]均是孔子對季康子論政的回應。季氏家族把持魯國，故孔子對季康子頗有微詞，《論語・先進》云：「（冉求）非吾徒也。小子鳴鼓而攻之」[44]。因弟子冉求為季氏所重用，故孔子連帶也將冉求逐出師門。

---

39 王勇：〈讀安大簡《仲尼曰》札記〉，「武漢大學簡帛網」網站，網址：http://m.bsm.org.cn/?chujian/9019.html。發布日期：2023年5月18日。

40 〔東漢〕許慎撰，〔清〕段玉裁注，李添富總校訂：《新添古音說文解字注》（三版）（臺北市：洪葉文化事業公司，2016年），頁232。

41 〔漢〕毛公傳，〔漢〕鄭玄箋，〔唐〕孔穎達等正義，李學勤主編：《十三經注疏・毛詩正義》（北京市：北京大學出版社，2000年），頁453。

42 （晉）郭璞注，〔宋〕邢昺疏，李學勤主編：《十三經注疏・爾雅注疏》（北京市：北京大學出版社，2000年），頁40。

43 〔魏〕何晏集解，〔宋〕邢昺疏，李學勤主編：《十三經注疏・論語注疏》，頁188。

44 〔魏〕何晏集解，〔宋〕邢昺疏，李學勤主編：《十三經注疏・論語注疏》，頁166。

（五）中（仲）尼曰：「見善女（如）弗及，見不善女（如）逕（襲）。」【簡 10-11】

整理者指出：

> 此條簡文見於《論語・季氏》：「孔子曰：『見善如不及，見不善如探湯。吾見其人矣，吾聞其語矣。隱居以求其志，行義以達其道。吾聞其語矣，未見其人也。』齊景公有馬千駟，死之日，民無德而稱焉。伯夷叔齊餓於首陽之下，民到於今稱之，其斯之謂與？」今本分為二章，文字出入較大。《大戴禮記・曾子立事》：「君子禍之為患，辱之為畏，見善恐不得與焉，見不善恐其及己也，是故君子疑以終身。」「逕」，从「辵」，「坙」聲，乃「追襲」之「襲」的本字。戰國文字中多用作「襲」，此處讀為「襲」，訓為「及」。《廣雅・釋詁》：「襲，及也。」（黃德寬）或說此字徑讀為「及」（參李家浩《釋上博戰國竹簡〈緇衣〉中的「双臣」合文——兼釋兆域圖「逫」和屭羌鐘「𩫖」等字》，《康樂集：曾憲通教授七十壽慶論文集》，中山大學出版社二〇〇六年）。[45]

文中提出兩個可能：一個是讀「襲」訓「及」（黃德寬主之），另一個是逕讀為「及」（李家浩），但結論均是將訓讀與「及」聯繫。質量復位也主張直接讀為「及」。[46]侯乃峰認為「此字釋讀為『襲』，似可直接就字為訓解釋成『掩襲、襲擊』。『見善如弗及，見不善如襲』意即：遇見善良之事，努力學習，好像追不上；遇見邪惡之事，如同遇到敵人突然襲擊一般，唯恐逃避不開。」[47]讀「襲」訓為「襲擊」。王寧認為「『襲』字整理者據《廣雅》訓

---

45 安徽大學漢字發展與應用研究中心編，黃德寬、徐在國主編：《安徽大學藏戰國竹簡・二》（上海市：中西書局，2022年），頁50-51。

46 〈安大簡〈仲尼曰〉初讀〉跟帖16樓，「武漢大學簡帛網簡帛論壇」網站。發布日期：2022年8月20日。

47 侯乃峰：〈讀安大簡（二）《仲尼曰》札記〉，「復旦網」網站。發布日期：2022年8月20日。

『及』，恐怕不準確。《國語・晉語二》：『使晉襲於爾門』，韋昭注：『襲，入也。』『襲隱』即入於隱秘之處。」[48]Cbnd 認為「簡文中的『遻』字所表示的詞應該是『戒懼、恐懼』一類意思。結合讀音考慮，『遻』有可能讀作『慴』。『慴』即『恐懼』之義。傳世文獻中的『隰朋』，阜陽漢簡《春秋事語》作『習崩』。」[49]劉信芳認為「襲者，重也。堇，整理者句讀下屬，讀為『僅』。茲改為上屬，讀為『謹』。襲謹者，慎之又慎也。」[50]

簡文「中（仲）尼曰：「見善女（如）弗及，見不善女（如）遻（襲）。」類似用法見《論語・季氏》：「見善如不及，見不善如探湯。」[51]即見到美善的事，則努力追求，唯恐無法企及；見到不善的事，則如同以手試熱水溫度一樣，戒慎恐懼。簡文把「探湯」改成「及」，應是代換不同的譬喻方式，筆者認為將「遻」與「及」聯繫並不理想，因為前文「見善如弗及」已有簡明清楚的「及」字，如果此處是要指「見不善如及」，那麼直接作「及」即可，不煩改字，是以筆者比較傾向「遻」應讀成「及」以外的字詞。

筆者認為「遻」讀成「襲」最為允當，二字均為邪紐緝部字，出土文獻中常以从「翌」聲之字表示「襲」[52]，西周金文「十月敔簋」（《銘圖》12・05380）有「王令敔追𨒅（襲）于上洛𤈭谷」，陳美蘭、黃德寬等釋「襲」，[53]乃周王室軍隊追襲南淮夷。《祭公》簡5-6「我亦惟有若祖周公暨祖召公，茲迪𨒅（襲）學于文武之曼德，克夾紹成康，用畢成大商。」「𨒅」讀成

48 〈安大簡〈仲尼曰〉初讀〉跟帖51樓，「武漢大學簡帛網簡帛論壇」網站。發布日期：2022年8月28日。

49 〈安大簡〈仲尼曰〉初讀〉跟帖58樓，「武漢大學簡帛網簡帛論壇」網站。發布日期：2022年8月30日。

50 劉信芳：〈安大簡《仲尼之耑訴》釋讀（五～八）〉，「復旦網」網站，網址：http://www.fdgwz.org.cn/Web/Show/10953。發布日期：2022年9月5日。

51 〔魏〕何晏集解，〔宋〕邢昺疏，李學勤主編：《十三經注疏・論語注疏》，頁260。

52 徐在國、程燕、張振謙：《戰國文字字形表》（上海市：上海古籍出版社，2017年9月），頁1201。

53 陳美蘭：〈金文札記二則——「追」、「淖淖列列」〉，《中國文字》新24期（臺北市：藝文印書館，1998年），頁67。黃德寬：〈「𦃃」及相關字的再討論〉，《中國古文字研究》第1輯（長春市：吉林大學出版社，1999年），頁321-323。

「襲」，指承繼。[54]《邦家處位》簡7：「或恩寵不⿺辶坙（襲），⿰言甬託無扇，其徵而不傾昃。」「⿺辶坙」亦讀為「襲」，訓為「受」[55]。

《仲尼曰》的「⿺辶坙」从辵、坙聲，可以讀為「襲」，此處應訓解為襲擊，「襲」是用於軍事行動，表示出其不意的攻擊，《左傳・襄公二十三年》：「齊侯襲莒。」杜預注：「輕行掩其不備曰『襲』。」《左傳・莊公二十九年》：「夏，鄭人侵許。凡師有鍾鼓曰『伐』，無曰『侵』，輕曰『襲』。」[56] 輕裝出擊的「襲」目的是攻其不備。則孔子所言是見不善之事物，則應存有如敵軍隨時侵襲的態度，如臨深淵、如履薄冰，小心戒備，以防止做出不善的行為。

（六）中（仲）尼曰：「務言而⿺辶⿰左隹（惰）行，雖言不聖（聽）；務行伐功，雖勞不昏（聞）。」【簡 12-13】

整理者指出：「此條簡文與《墨子・脩身》『務言而緩行，雖辯必不聽；多力而伐功，雖勞必不圖』句意相似。簡文『⿺辶⿰左隹』是『隨』字異體，讀為『惰』。『惰行』與『緩行』義近。墨子早年『學儒者之業，受孔子之術』（見《淮南子・要略》）。《脩身》這段文字，大概襲用此條簡文。」[57]將此段簡文與《墨子・脩身》聯繫起來。

原整理者將「⿺辶⿰左隹」讀為「惰」，可信。「陮」見於《說文》，指土塊由高處墜落，有時又可於「土」旁右側綴加「又」旁，如「[illegible]」（包.168）、「[illegible]」（包.167）。

「言」指善於辭令，《論語・先進》：「言語：宰我，子貢。」邢昺疏：「若用其言語辯說以為行人，使適四方，則有宰我、子貢二人。」激流震川

54 李學勤主編：《清華大學藏戰國竹簡》（壹）（上海市：中西書局，2010年），頁176。

55 李學勤主編：《清華大學藏戰國竹簡》（捌）（上海市：中西書局，2018年），頁133。

56 （晉）杜預注、〔唐〕孔穎達正義，李學勤主編：《十三經注疏・春秋左傳正義》（北京市：北京大學出版社，2000年），頁333、1132。

57 安徽大學漢字發展與應用研究中心編，黃德寬、徐在國主編：《安徽大學藏戰國竹簡・二》（上海市：中西書局，2022年），頁51。

2.0認為「安大簡的『雖言不聽』的『言』字或許有可能是『善』字的訛誤」[58]「善」字楚簡作「」（包.168），字形从「言」，將「言」理解為「善」的誤字，此說不能完全排除，而且文義也能講得通，不過需要更多旁證。如果僅從「善」字从「言」作為證據，那麼《墨子・脩身》「雖辯必不聽」的「辯」也从「言」[59]，何不直接理解為「辯」的誤字，還有今本《墨子》作為旁證。總之，誤字之說需要更多資料來證成。

「聖」原整理者讀「聽」，王勇認為「本條『聖』字不可通『聽』，而當通『聲』。『聖』『聲』古常通。如《左傳》『葬我小君聲姜』，《公羊傳》作『聖姜』；《老子》『是以聖人處無為之事』，帛書甲本『聖』作『聲』。通『聲』則與下之『聞』一致，即表示『聲聞』。」[60]就文字學理來看，「聖」通假為｛聲｝或｛聽｝均可成立，但是「聲問」指消息、音訊，套入文例並不通順，因此仍應參考《墨子・脩身》「雖辯必不聽」讀為「聽」。

「昏」，原整理者讀「聞」，王寧認為「『昏』疑當讀『問』，古書『勞問』一詞習見，『問』是慰問（問詢並贈送財物以示獎勵）之意。此句是說：致力於行動而又喜歡自我誇耀功績的人，他雖然辛勞也不予慰問。整理者指出《墨子・修身》末句作『雖勞必不圖』，『圖』在文中義不可通，據簡文當是『問』字之形訛。」[61]把簡文最末的「昏」改成「問」，並認為今本《墨子》的「圖」是「問」的訛字。王勇則認為「《墨子・修身》之『雖勞必不圖』，『圖』字或當通『著』，二字古音相同，皆定母魚部字，表示聲聞顯著之意。」[62]

---

58 〈安大簡〈仲尼曰〉初讀〉跟帖69樓，「武漢大學簡帛網簡帛論壇」網站。發布日期：2022年9月4日。

59 吳毓江撰，孫啟治點校：《墨子校注》（北京市：中華書局，1993年），頁11。

60 王勇：〈讀安大簡《仲尼曰》札記〉，「武漢大學簡帛網」網站。發布日期：2023年5月18日。

61 〈安大簡〈仲尼曰〉初讀〉跟帖63樓，「武漢大學簡帛網簡帛論壇」網站。發布日期：2022年8月31日。

62 王勇：〈讀安大簡《仲尼曰》札記〉，「武漢大學簡帛網」網站。發布日期：2023年5月18日。

首先，《墨子・修身》「雖勞必不圖」類似的文例亦見《左傳・僖公二十八年》「勞之不圖」[63]，文例接近則「圖」不必如王寧所言視為錯字。「圖」可訓為謀賞，《漢書・高帝紀下》「未能盡圖其功」，顏師古注云：「圖，謂謀而賞之。」[64]簡文整句話的意思是：致力於言詞而怠惰行為，即便提出觀點也不會讓人聽從；致力於行動而誇傲功勳，即便勞苦但名聲也不會遠達。

63 （晉）杜預注、〔唐〕孔穎達正義，李學勤主編：《十三經注疏・春秋左傳正義》（北京市：北京大學出版社，2000年），頁510。

64 班固、王先謙：《漢書補注》（上海市：上海古籍出版社，2008年），頁90。

參考文獻

〔西漢〕毛公傳，〔漢〕鄭玄箋，〔唐〕孔穎達等正義，李學勤主編：《十三經注疏・毛詩正義》，北京市：北京大學出版社，2000年。

〔東漢〕許慎撰，〔清〕段玉裁注，李添富總校訂：《新添古音說文解字注》（三版），臺北市：洪葉文化事業公司，2016年。

〔東漢〕鄭玄注，〔唐〕賈公彥疏，李學勤主編：《十三經注疏・周禮注疏》，北京市：北京大學出版社，2000年。

〔東漢〕鄭玄注，〔唐〕賈公彥疏，李學勤主編：《十三經注疏・儀禮注疏》，北京市：北京大學出版社，2000年。

〔東漢〕鄭玄注，〔唐〕孔穎達疏，李學勤主編：《十三經注疏・禮記正義》，北京市：北京大學出版社，2000年。

〔魏〕何晏集解，〔宋〕邢昺疏，李學勤主編：《十三經注疏・論語注疏》，北京市：北京大學出版社，2000年。

〔晉〕杜預注、〔唐〕孔穎達正義，李學勤主編：《十三經注疏・春秋左傳正義》，北京市：北京大學出版社，2000年。

〔晉〕郭璞注，〔宋〕邢昺疏，李學勤主編：《十三經注疏・爾雅注疏》，北京市：北京大學出版社，2000年。

王永昌：〈讀安大簡《仲尼曰》札記兩則〉，「武漢大學簡帛網」網站，網址：http://m.bsm.org.cn/?chujian/8790.html。發布日期：2022年9月11日。

王　勇：〈安大簡《仲尼曰》臆解數則〉，「武漢大學簡帛網」網站，網址：http://m.bsm.org.cn/?chujian/9017.html。發布日期：2023年5月16日。

王　勇：〈讀安大簡《仲尼曰》札記〉，「武漢大學簡帛網」網站，網址：http://m.bsm.org.cn/?chujian/9019.html。發布日期：2023年5月18日。

安徽大學漢字發展與應用研究中心編，黃德寬、徐在國主編：《安徽大學藏戰國竹簡・二》，上海市：中西書局，2022年。

何琳儀：《戰國古文字典》，北京市：中華書局，1998年。

吳毓江撰，孫啟治點校：《墨子校注》，北京市：中華書局，1993年。

李學勤主編：《清華大學藏戰國竹簡》（捌），上海市：中西書局，2018年。

李學勤主編：《清華大學藏戰國竹簡》（壹），上海市：中西書局，2010年。

季旭昇師：《說文新證》，臺北市：藝文印書館，2014年9月。

侯乃峰：〈讀安大簡（二）《仲尼曰》札記〉，「復旦網」網站，網址：http://www.fdgwz.org.cn/Web/Show/10939。發布日期：2022年8月20日。

徐在國、程燕、張振謙：《戰國文字字形表》，上海市：上海古籍出版社，2017年9月。

徐在國、顧王樂：〈安徽大學藏戰國竹簡《仲尼》篇初探〉，《文物》2022年第3期。

陳美蘭：〈金文札記二則──「追」、「淖淖列列」〉，《中國文字》新24期，臺北市：藝文印書館，1998年。

黃德寬：〈「繇」及相關字的再討論〉，《中國古文字研究》第1輯，長春市：吉林大學出版社，1999年。

裘錫圭：〈甲骨文中的見與視〉，收入《甲骨文發現一百周年學術研討會論文集》，臺北市：國立臺灣師範大學國文學系，1998年5月。

劉信芳：〈安大簡《仲尼之耑訴》釋讀（五～八）〉，「復旦網」網站，網址：http://www.fdgwz.org.cn/Web/Show/10953。發布日期：2022年9月5日。

羅福頤：《古璽彙編》，北京市：文物出版社，1994年6月。

《春秋》經（傳）學史研究的視角與方法

張高評
英國威爾士三一聖大衛大學漢學院訪問教授

提要

古春秋記事成法，為「原始要終，本末悉昭」。後世史書，自《春秋》、《左傳》、《史記》之敘事傳人，亦多傳承未改。史學史，文學史、哲學史、經學史之撰寫，當出以主題專題，然後作本末終始、因革損益之論述。《春秋》經傳學史、研究史，作為經學史之一環，亦然。《三傳》解經，《左傳》主以歷史敘事，示範「如何書」之法。《公羊傳》、《穀梁傳》以義理釋經，偏向「何以書」之義。其中各有側重，自有異同。自經學之流變型態而言，又有專重章句名物、訓詁考據之漢學，相當於解釋學；以及運用屬辭比事，進行創造性詮釋之宋學，近似詮釋學。就《春秋》學之流變言，體現在歷史闡釋學方面，《春秋》比事屬辭，衍化為《左傳》之敘事傳統；《左傳》的歷史敘事，衍化為象徵式與因果式之敘事闡釋。《史記》、《三國志》、《三國志注》之史家筆法與《春秋》書法，演繹《春秋》之筆削昭義。《春秋》經學之文學之闡釋，表現在五大方面：《左傳》、《公羊傳》凸顯屬辭；杜甫詩史、敘事歌行體現《春秋》書法；杜甫詩史與宋代詩話筆記，多持《春秋》書法論人品詩；《左傳》經典之文學化，至明清評點學而鼎盛。歷史通俗演義小說，亦轉化史傳之筆削而因文生事。《左傳》敘戰之成敗，每及兵法謀略；《左傳》之兵學化，至明代清代而造極。《春秋》《左傳》之傳播、閱讀、接受、反應，與時俱進，而有史學化、文學化、兵學化之實際，別子為宗，自是經學史研究之範圍。

關鍵詞：經學史、《春秋》書法、《左傳》敘事、解釋學、詮釋學、史學化、文學化、兵學化

一　經學史的義界與範圍

經學史，是指經學的歷史。何謂歷史？劉師培說：「爰始要終，本末悉昭」，是古春秋記事的成法。[1]現在看到的文學史、批評史、哲學史，以及將來擬寫的經學史，對於「史」的觀念，普遍淡薄。剛才莊雅州教授提到章學誠所說：「辨章學術，考鏡源流」，李威雄教授提到源流發展，系統研究，就是經學歷史所要掌握的寫作方法，我很贊同他倆這個看法。比如說，談漢學發展史，始於漢唐的章句訓詁名物之學，然後談到宋代的考據學，再說清代乾嘉的樸學。這樣論述，才能夠知道源流正變，才算系統性、主題式的關注。講歷史，側重「爰始要終，本末悉昭」；經學史，強調源流正變、因革損益。歷史發展如是，經學史的發展，必然也是如此。若能朝此方向進行撰寫，將便利受眾之閱讀。至於如此撰寫，是否有其難度？這是另一個話題。

我的博士論文，研究《左氏傳》。三十年來，未曾間斷過。最近六七年，為探本溯源，始用心致力研究《春秋》一書。已出版兩部專書：其一，《比事屬辭與古文義法—方苞「經術兼文章」考論》，談《春秋》書法如何影響古文義法。[2]其二，《屬辭比事與春秋詮釋學》，論證屬辭比事可作詮釋經傳之方法與津梁。[3]這是春秋宋學，從宋元一直到明清的《春秋》學，可以從這個視角來研究經學的來龍去脈。比如說，從程頤、胡安國，到朱熹、張洽，到元代黃澤、趙汸、汪克寬，清代張自超、方苞諸家，都是這個宋學系統。經學史，如果能夠這樣系統性寫作，比較理想。《春秋》一萬六多字，我的研究成果，已完成三十餘篇的單篇論文。除了前述兩本書之外，已洽簽版權者，又有《《春秋》書法與中國敘事傳統》、《以史傳經與《左傳》

1　劉師培：《劉申叔先生遺書》（臺北市：華世出版社，1975年），冊三，《左盦集》，卷2〈古春秋記事成法攷〉，頁1445。

2　張高評：《比事屬辭與古文義法——方苞「經術兼文章」考論》（臺北市：新文豐出版公司，2016年）。

3　張高評：《屬辭比事與春秋詮釋學》（臺北市：新文豐出版公司，2019年）。

之敘事傳統》、《比事屬辭與《史記》之敘事傳統》、《創造性詮釋與宋代《春秋》學》、《義理闡發與近世《春秋》詮釋學》五部書稿。敝帚自珍，與同道分享，將來出版，期望獲得方家學者的指正。

> 清章學誠《文史通義・言公上》稱：夫子因魯史而作《春秋》，孟子曰：『其事，齊桓、晉文；其文，則史；孔子自謂竊取其義焉耳。』載筆之士，有志《春秋》之業，固將惟義之求。其事與文，所以藉為存義之資也。」[4]

章學誠認為：《春秋》這部書，包含其事、其文、其義三個元素。後人得此啟發，談歷史編纂學，也不離其事、其文、其義。學者研究《春秋》，主要以探求微旨隱義為志業。「惟義之求」，即是《春秋》學研究史最重要的關鍵詞。章學誠提示：「其事與文，所以藉為存義之資。」其義，既然寄託在其事其文裡面。所以經由其事，憑藉其文，即可以考求其義。司馬遷《史記・太史公自序》稱：「《春秋》以道義。」復旦大學申小龍《語文的闡釋》提到：「春秋的修辭，是孔子政治倫理觀的符號表現。」[5]以為秩序的修辭，是倫理的修辭，是文化取向的修辭等，已提明其文可以寓說其義。

二　屬辭比事與《春秋》經、《左氏傳》之解讀

(一) 經傳之或合或離，與《春秋》三傳解經

自董仲舒、司馬遷以下，以比事屬辭之法解讀《春秋》，代不乏人。不但《三傳》及其注疏據為解經之鎖鑰，歷史學家亦將之轉化為編比史乘，評論史書之要法。趙宋以降之說《春秋》，或棄傳從經，或以經求經，亦多秉

4 〔清〕章學誠著，葉瑛校注：《文史通義校注》（北京市：中華書局，2008年），卷2〈言公上〉，頁171。

5 申小龍：《語文的闡釋》（臺北市：洪葉文化公司，1994年），第十章〈漢語修辭學傳統之倫理規範〉，頁304-308。

持屬辭比事之法，以考求《春秋》微辭隱義。歷代學者解讀《春秋》經的視角與方法，大約有三：

1　以傳解經，發明經義；諸子述說，闡揚《左傳》

對於《春秋》經的解讀跟詮釋，自秦漢以來，採用「以傳解經」的方法者頗多，如《左氏傳》，主要以歷史敘事說經；《公羊傳》、《穀梁傳》，則偏重以義解經。另外，《國語》號稱外傳，載語有助佐讀《春秋》。

一、《三傳》釋經：《左傳》、《公羊傳》《穀梁傳》、《國語》（外傳）。

二、《四傳》釋經：《左傳》、《公羊傳》《穀梁傳》、胡安國《春秋傳》。

三、諸子述《左》：如劉師培《周季諸子述左傳考》、《左傳學行於西漢考》。[6]劉正浩《周秦諸子述《左傳》考》，劉正浩《兩漢諸子述《左傳》考》。[7]

2　以經治經，獨抱遺經，無傳而著

一、「《春秋》三傳束高閣，獨抱遺經究終始。」（韓愈〈贈盧仝〉詩）啖助、趙匡、盧仝，為新《春秋》學派之代表。

二、捨傳從經，探究終始。

由於《春秋》《三傳》解經，各持已見，所言未必正確。參考《三傳》，反而被誤導。到了中唐啖助、趙匡等，提出「春秋三傳束高閣，獨抱遺經究終始」之主張。於是唐陸淳著有《春秋集傳纂例》，以傳揚斯學。北宋經學，尤其《春秋》詮釋學，大抵「本於陸淳，而增新意」，遂開以義理、性理闡釋經學之風尚。諸家倡信經不信傳，批評三傳又不盡廢三傳，以己意解經，借解經發揮己見。宋學家解讀《春秋》，捨棄經傳，如何可以無傳而

6　劉師培：《劉申叔先生遺書》，冊三，卷2〈周季諸子述《左傳》考〉，頁6-7，總頁1447-1448。〈《左氏》學行於西漢考，頁8-12，總頁1448-1450。

7　劉正浩著：《周秦諸子述《左傳》考》（臺北市：臺灣商務印書館，1966年11月）。劉正浩著：《兩漢諸子述《左傳》考》（臺北市：臺灣商務印書館，1969年11月）。劉正浩著：《春秋左傳通考》（臺北市：致知出版社，2014年）。

著？曰：運用比事屬辭之法，可以解讀《春秋》：或筆削昭義，或比事顯義，或屬辭見義，或終始本末以得義，不一而足。

宋孫復《春秋尊王發微》、張大亨《春秋通訓》、趙鵬飛《春秋經筌》，元程端學《春秋本義》、趙汸《春秋屬辭》、明季本《春秋私考》，可作以經治經之代表。以棄傳從經，作為治經之法，等於「求聖人之意，於聖人手筆之書」，即所謂以經治經的主張。不參考《三傳》，亦可考求《春秋》的指義，其方法有三：一，筆削昭義；二，比事屬辭見義；三，探究終始以觀義。不過，話說回來，如果以經治經，絕不參考三傳，大概《春秋》學的課題，只能解決百分之八十左右。還有將近百分之二十，《春秋》學問題仍需要有《三傳》之輔助，才能夠有圓滿的詮釋。

3 經傳會通兼治，相互發明

如晉杜預《春秋經傳集解》、唐孔穎達《春秋左傳正義》。如宋王晳《春秋皇綱論》、孫覺《春秋經解》、蘇轍《春秋集解》、葉夢得《春秋傳》、劉敞《春秋傳》、程頤《春秋傳》、胡安國《春秋傳》、呂祖謙《左氏傳說》、《左氏傳續說》、陳傅良《春秋後傳》、高閌《春秋集註》、張洽《春秋集注》、李明復《春秋集義》、家鉉翁《春秋集傳詳說》。元趙汸《春秋屬辭》、李廉《春秋諸傳會通》、明石光霽《春秋鈎元》、卓爾康《春秋辯義》、湛若水《春秋正傳》、傅遜《春秋左傳屬事》、姜寶《春秋事義全考》。清康熙帝《日講春秋解義》、清康熙帝欽定《春秋傳說彙纂》、清毛奇齡《春秋傳》、惠士奇《春秋說》、萬斯大《學春秋隨筆》、莊存與《春秋正辭》、孔廣森《春秋公羊通義》、陳立《公羊義疏》、劉沅《春秋恆解》、張應昌《春秋屬辭辨例編》等，大多引用《左傳》解經，亦有單用《公羊》、《穀梁》，或兼取三傳者。解讀《春秋》經的視角與方法，大多經傳兼治，相互發明。

（二）三傳解說《春秋》之方法

一般而言，《左傳》說經，致力於「如何書」之法，以歷史敘事解說

《春秋》經，是謂「以史傳經」，佔《左傳》全書八成左右。大抵以「屬辭比事」作為歷史敘事之解經法。[8]其實，《左傳》也有以義說經的地方。徐復觀《兩漢思想史卷三》，〈原史〉稱：左氏之傳《春秋》，可分四種形式：除了以魯史補缺之外，書法解釋、簡捷判斷、君子曰三者，[9]皆不異《公羊》、《穀梁》之以義傳經。張亞東即有《《左傳》釋義學研究》[10]。

《公羊傳》、《穀梁傳》，側重「何以書」之義，所謂以義傳經者是。學界研究《公羊傳》成果，如陳柱《公羊家哲學》、[11]劉異〈孟子《春秋》說微〉、[12]阮芝生《從《公羊》學論《春秋》的性質》、[13]楊樹達《春秋大義述》、[14]段熙仲《春秋公羊學講疏》、[15]張端穗《西漢公羊學研究》、[16]平飛：《經典解釋與文化創新》、[17]黃開國《公羊學發展史》、[18]曾亦、郭曉東《春秋公羊學史》、[19]鄭任釗《公羊學思想史研究》。[20]其他，又有趙友林：《《春秋》三傳書法義例研究》、[21]晁岳珮《《春秋》三傳義例研究》[22]。其實，《公

8 張素卿《敘事與解釋——《左傳》經解研究》（臺北市：書林出版公司，1998年），第二章〈敘事：解釋《春秋》經的基礎〉，頁73-108。第二章〈經解：屬辭比事以釋義〉，頁109-203。

9 徐復觀：《兩漢思想史卷三》，〈原史——由宗教通向人文的史學的成立〉，三，史職由宗教通向人文的演進，頁224-231。四，宗教精神與人文精神的交織與交融，頁231-236。

10 張亞東：《《左傳》釋義學研究》，復旦大學博士後研究工作報告，2021年6月。

11 陳柱：《公羊家哲學》（臺北市：臺灣中華書局，1980年）。

12 劉異：〈孟子《春秋》說微〉，武漢大學《文哲季刊》4卷3號（1935年6月），頁509-547。

13 阮芝生：《從《公羊》學論《春秋》的性質》（臺北市：臺灣大學文學院，《文史叢刊》之二十八，1969年），三，《春秋》之義，頁87-118。

14 楊樹達：《春秋大義述》（上海市：上海古籍出版社，2007年）。

15 段熙仲：《春秋公羊學講疏》（南京市：南京師範大學出版社，2002年），第三編〈屬辭〉，頁151-223、第四編〈釋例〉，頁225-405、第五編〈義〉，頁407-636。

16 張端穗：《西漢公羊學研究》（臺北市：文津出版社，2005年）。

17 平飛：《經典解釋與文化創新》（北京市：人民出版社，2009年）。

18 黃開國：《公羊學發展史》（北京市：人民出版社，2013年）。

19 曾亦、郭曉東：《春秋公羊學史》（上海市：華東師範大學出版社，2017年）。

20 鄭任釗：《公羊學思想史研究》（北京市：中國社會科學出版社，2018年）。

21 趙友林：《《春秋》三傳書法義例研究》（北京市：人民出版社，2010年）。

22 晁岳珮：《《春秋》三傳義例研究》（北京市：線裝書局，2011年）。

羊傳》亦有以歷史敘事解經之例，清陳澧《東塾讀書記》卷十謂：「《公羊》有記事之語，但太少耳。[23]

《穀梁傳》行文，每每提問「何以書」？以義理解經，自然成為主軸之一。此自後世梳理闡發《穀梁》學，除字義訓詁、詞句解釋之外，可以窺其大凡。如王熙元《穀梁范注發微》、[24]吳連堂《清代穀梁學》，[25]吳智雄《穀梁傳思想析論》、[26]周何《春秋穀梁傳傳授源流考》、[27]文廷海《清代的春秋穀梁學研究》[28]諸家所論，多為義例之闡釋辨正，可見學派之風尚。

以歷史敘事解經，《穀梁傳》亦有之。清陳澧《東塾讀書記》卷十稱：「《穀梁》述事尤少。鍾文烝《春秋穀梁經傳補注》，舉全傳述事者祇二十七條」云云。[29]由此觀之，《公》《穀》敘事之數量雖然不多，但固有以歷史敘

23 〔清〕陳澧：《東塾讀書記》（臺北市：文光圖書公司，1971年）。說《公羊傳》之敘事，如隱元年春王正月，《傳》：「諸大夫扳隱而立之。」鄭伯克段，《傳》云：「母欲立之。」葬宋穆公，《傳》：「宣公，謂穆公」云云。翬帥師，《傳》：「翬諂乎隱公」云云。衛人立晉，《傳》云：「石碏立之。」鄭人來輸平，《傳》云：「狐壤之戰，隱公獲焉。」可見《公羊》亦甚重記事，但所知之事少，而又有不確者耳，卷10〈春秋三傳〉，頁323。

24 王熙元：《穀梁范注發微》（臺北市：嘉新水泥公司文化基金會研究論文，第二七〇種，1972年），第四章〈范注對穀梁義例之發明〉，頁496-742、第五章〈范注對穀梁義例之駁議〉，頁743-760。

25 吳連堂：《清代穀梁學》（高雄市：復文圖書出版社，第三章〈論說之屬〉，頁201-501。

26 吳智雄：《穀梁傳思想析論》（臺北市：文津出版社，2000年）。

27 周何：《春秋穀梁傳傳授源流考》（臺北市：編譯館，2002年），叁，〈《穀梁傳》摘例〉，頁249-416。

28 文廷海：《清代的春秋穀梁學研究》（成都市：巴蜀書社，2006年），第四章〈《春秋穀梁傳》義理的歸納與新詮釋〉，頁225-322。

29 〔清〕陳澧：《東塾讀書記》，卷10〈春秋三傳〉，說《穀梁傳》之敘事，頁338。〔清〕鍾文烝著《春秋穀梁經傳補注》（北京市：中華書局，1996年）。《補注》第二：隱公十一年《經》：「冬十有一月壬辰，公薨」。《補》曰：「……《左氏》《公羊》皆有明文，《傳》絕無之。……《傳》亦絕無之。……《傳》皆不具。夫此數十事者，……今皆隱約其辭，或沒而不說，是其好從簡略矣。然則內事如獲莒挐、敗鹹、叔肸卒、叔倪卒、至自頰谷，外事如滅夏陽、盟召陵、盟葵丘、殺里克、滅黃、戰泓、敗殽、殺陽處父、弒夷皋、殺泄冶、戰鞌、盟爰婁、梁山崩、宋災、伯姬卒、殺慶封、宋衛陳鄭災、弒買、唁乾侯、戰伯舉、入楚、歸脤、會黃池，此二十七，《傳》者何以述事獨詳？」，頁69。

事傳經之模式，亦值得參考重視。大抵以義解經者多，亦間有以史傳經之處，這種現象，不宜忽略。

（三）《春秋》為避時忌，微辭隱義，都不說破

後世解讀《春秋》，為什麼需用《三傳》？因為《春秋》文字都是敘述句，未見判斷句。誠如《朱子語類》引朱熹所說：「都不說破」，「蓋有言外之意」。[30]《春秋》，有很多微辭隱義，尤其是魯定公、魯哀公在位時，所記述多是近代史、現代史、當代史，涉及很多政治忌諱。《史記・司馬相如列傳》直說：「《春秋》推見至隱。」[31]一件原本清楚的事情，《春秋》說得隱隱約約，不清不楚的。不是辭不達意，而是為了避免觸犯忌諱，文字必須這樣處理。由於《春秋》推見至隱，其中微辭隱義太多，於是造成詮釋解讀上的困難。《文心雕龍・宗經》稱：「《春秋》則觀辭立曉，而訪義方隱。」[32]程頤《春秋傳》說：《春秋》大義易見，「惟其微辭隱義、時措從宜者為難知。」[33]清朝翁方綱《蘇齋筆記》也提到：「詁經之難，莫難於《春秋》。」[34]《春秋》號稱有字天書，如何解讀詮釋？諸家異口同聲，多以為難。

（四）其事、其文、其義，為《春秋》經三大頂樑柱

《左傳》，是本人博士論文的研究領域，但對《春秋》，我卻一知半解。

---

30 〔宋〕黎靖德編，王星賢點校：《朱子語類》（北京市：中華書局，1986年），卷83〈春秋・綱領〉，頁2149、2152

31 〔漢〕司馬遷著，〔日〕瀧川資言考證：《史記會注考證》（臺北市：萬卷樓圖書公司，1993年），卷107〈司馬相如列傳〉，頁104，總頁1264。

32 〔梁〕劉勰著，范文瀾註：《文心雕龍註》（北京市：人民文學出版社，2014年），卷1〈宗經〉，頁22。

33 〔宋〕程顥、程頤《二程全書》（臺北市：臺灣中華書局，《四部備要》，1983年）。伊川經說四，程頤：《春秋傳》，〈春秋傳序〉，頁1。

34 〔清〕翁方綱《蘇齋筆記》卷2。

這部一萬六千多字的有字天書，到底如何解讀？很想弄個明白。還有，《左傳》跟《春秋》經，關係究竟如何？近六、七年來，一直盡心致力於《春秋》學之研究。前後發表三十餘篇論文，終於有了較清楚而全面的認知。

《孟子·離婁下》提示：其事、其文、其義，是《春秋》編纂的三大元素。《禮記·經解》所稱屬辭比事，作為《春秋》之教，已呼應其事、其文，而其義亦隱約可見。《史記·十二諸侯年表序》稱：孔子論次史記舊聞，「約其辭文，去其煩重，以制義法。」[35]約其辭文，是屬辭；去其煩重，指筆削與比事。其事與其文進行新奇組合，即能凸顯其義。其事、其文如何纂組，這是方法，透過法的講究，即可以傳達指義的隱微。誠如朱熹所云：「《春秋》以形而下者，說上那形而上者去。」[36]透過形而下，可以傳達形而上，解讀《春秋》，為什麼需要這麼麻煩？因為孔子《春秋》，作於定、哀之際，其中有刺譏、褒諱、挹損之文辭，不可以書見。由於觸忌犯諱，所以「不可以書見」。既然不可以書見，卻又不得不書寫示人，於是《春秋》書法遂應運而生。這就是《春秋》難懂的原因。朱熹是一個大學者，卻說《春秋》難知、難懂，不好理解，因而沒有《春秋》學的專著流傳。

何謂屬辭比事？連屬上下前後之文辭，類比、對比、相近相反之史事，合數十年積漸之時勢，而通觀考索之，即可以求得《春秋》都不說破的言外之義，此之謂屬辭比事。[37]其事，是排比編次、比事顯義，排比史料可以顯見史義。其文，指屬辭約文，從連屬辭文、修飾文句，來看出《春秋》的義。其義，出於作者的獨斷別裁，透過或筆或削，表現出指義。解讀《春秋》，研究《左傳》，探討歷史敘事，必須要運用屬辭比事，作為方法和利器。

---

35 〔漢〕司馬遷著，〔日〕瀧川資言考證：《史記會注考證》，卷14〈十二諸侯年表序〉，頁6，總頁235。

36 〔宋〕黎靖德編。王星賢點校：《朱子語類》，卷67〈易三·綱領下〉，頁1673。

37 張高評：《比事屬辭與古文義法——方苞「經術兼文章」考論》（臺北市：新文豐出版公司，2016年），第二章〈屬辭比事與《春秋》宋學詮釋法〉，頁44。

三　經學史研究與漢學解釋學

傅偉勳著有《學問的生命與生命的學問》一書，提出創造詮釋學的五大層次：實謂、意謂、蘊謂、當謂、創謂。[38]實謂、意謂、蘊謂三者，比較接近章句名物訓詁的漢學。「中國經典詮釋學的特質」，為中央研究院中國文哲研究所主辦的座談會，會中劉述先教授引述傅偉勳詮釋學五種層次：以為實謂、意謂、蘊謂，接近中國古代考據之學，翻譯成「解釋學」，較為妥貼。至於當謂與創謂層次，適合翻譯為「詮釋學」，為海德格、高達美師徒闡發的理論。[39]

二千年來，經學史之研究，解釋學與詮釋學，堪稱兩大主軸。事實上，漢學與宋學、解釋學與詮釋學，並非此疆彼界，涇渭分明。以下所言，乃就相對而言，不作絕對之看待。

（一）漢學解釋學與儒學之發展

《四庫全書總目》考察二千年來的儒學發展，以為凡有六變。要其歸宿，則不過漢學、宋學兩家，互為勝負而已。如云：

> 其初專門授受，遞稟師承，非惟詁訓相傳，莫敢同異，即篇章字句，亦恪守所聞。其學篤實謹嚴，及其弊也拘。……空談臆斷，考證必疏，於是博雅之儒引古義以抵其隙。國初諸家，其學徵實不誣，及其弊也瑣。
>
> 王弼、王肅稍持異議，流風所扇，或信或疑。越孔、賈、啖、趙以及北宋孫復、劉敞等，各自論說，不相統攝，及其弊也雜。洛閩繼起，

38 傅偉勳：《學問的生命與生命的學問》（臺北市：正中書局，1994年），10〈創造的詮釋學與思維方法論〉，頁220-245。

39 中央研究院中國文哲研究所主辦「中國經典詮釋學的特質」座談會記錄，輯入黃俊傑編：《經典詮釋傳統》（臺北市：財團法人喜瑪拉雅研究發展基金會，2002年），〈通論篇〉，頁433-436。

> 道學大昌，擺落漢唐，獨研義理，凡經師舊說，俱排斥以為不足信，其學務別是非，及其弊也悍。學脈旁分，攀緣日眾，驅除異己，務定一尊，自宋末以逮明初，其學見異不遷，及其弊也黨。主持太過，勢有所偏，才辨聰明，激而橫決，自明正德、嘉靖以後，其學各抒心得，及其弊也肆。
>
> 夫漢學具有根柢，講學者以淺陋輕之，不足服漢儒也。宋學具有精微，讀書者以空疏薄之，亦不足服宋儒也。消融門戶之見而各取所長，則私心祛而公理出，公理出而經義明矣。[40]

經學流變的歷程，前之漢唐，後之明清，大抵為漢學的天下。漢學之源流短長，即是經學解釋史之大凡。如《四庫全書總目》所提六變，以及所謂拘、瑣、雜、悍、黨、肆、淺陋云云，確是漢學之流弊與特徵。中間的四變，屬於宋學的範疇，比較接近經學的詮釋史。《四庫全書總目》認為：漢學宋學：各有優點長處，不可互相撻伐。

周予同〈經學史與經學之派別〉，大而化之，分經學為三大派：一，西漢今文學；二，東漢古文學；三，宋學，各有立場和特色。[41]在〈經學史的專題〉中提到，漢學跟宋學有四個方面的不同。具體指陳，值得參考：

> 漢學與宋學各有不同特點。具體地說，有以下幾點：
>
> 1. 學術範圍不同：漢學研究的，是語言文字學、史料學。宋學，是道德學、倫理學。
> 2. 研究方法不同：漢學家，大體上採用歸納法，根據許多資料得出結論。宋學家，一般採用演繹法，從一個思想產生各種說法。
> 3. 學術效能不同：漢學家，是比較功利的；宋學家，比較偏於玄想。前者罵後者「不切實用」，後者稱前者是「無本之學」。

---

40 清阮元等主纂：《四庫全書總目》（臺北市：藝文印書館，1974年）。卷1〈經部總敘〉，頁1-2，總頁62。

41 朱維錚編：《周予同經學史論著選集》，（上海市：上海人民出版社，1996年）。〈經學史與經學之派別——皮錫瑞《經學歷史》序〉，頁93。

4. 學術重點不同：漢學的重點是《五經》、《九經》、《十三經》；宋學的重點，是《四書》。《五經》，是漢學的標誌，《四書》，是宋學的標誌。[42]

（二）漢唐《春秋》解釋學

漢唐以來的經學解讀，多主章句注疏、訓詁考據。治經，重家法師法，樹立門戶，高自標榜。至清乾隆嘉慶時期，考據學特盛，以論必有據，考而後信為治學規約，不憑虛發論，不逞私臆斷，蔚為漢學的特色與精神。

清方東樹《漢學商兌》卷下稱：「考漢學諸人，所擅為絕學，以招於世者，如訓詁、小學、天文、算術、名物、制度、輿地、考史，實皆《大學》始教『格物窮理』條目中之事。」[43]以為漢學，即格物窮理之學。方東樹所論，自有所見。

（三）宋人考證校勘之學，實啟清代樸學先河

宋代《春秋》經典研究的主流思潮，雖為義理闡發之詮釋學，然而出於章句義疏、名物訓詁者亦不少。晚清以來學者，多已言之，如：

> 漢學出自漢儒，人皆知之；漢學出自宋儒，人多不知。國朝治漢學者，考據一家，校勘一家，目錄一家，金石一家，輯錄古書一家，皆由宋儒啟之。[44]
>
> 考證校勘之學，乃宋祁、曾鞏、沈括、洪邁、鄭樵、（朱熹）、王楙、

---

42 朱維錚編：《周予同經學史論著選集》，周予同：〈中國經學史講義〉，中編，《經學史諸專題》，第六章〈漢學與宋學〉，頁893-899。

43 〔清〕方東樹纂，漆永祥彙校：《漢學商兌》（北京市：北京聯合出版公司，2017年），卷下，頁240。

44 吳仰湘編：《皮錫瑞全集》（北京市：中華書局，2015年），第八冊，《南學會講義》，第七講。

> 王應麟開其端，實亦宋學也。[45]
>
> 宋代學者氣象博大，學術途徑至廣，治學方法至密，舉凡清代樸學家所矜為條理縝密、義據湛深的整理舊學的方式與方法，悉不能超越宋代學者治學的範圍。並且每門學問的講求，都已由宋代學者們創闢了途徑，準備了條件。宋代學者的這種功績，應該在中國學術史上大書特書，而不容忽視和湮沒的。[46]

宋人學問，是不是只談義理詮釋，而沒有考證？其實不然。皮錫瑞說：「漢學出自漢儒，人皆知之；漢學出自宋儒，人多不知。」宋學家固然注重義理闡發，同時亦兼顧訓詁考證。清朝治漢學者，考據、校勘、目錄、金石、輯錄古書，皆由宋儒開啟之。張舜徽先生提到：清代樸學家所津津樂道的條理縝密、義據湛深的舊學研究方法，大抵不能超越宋代學者治學的範圍。

尤其是朱熹的考據學，錢穆先生推崇有加，認為乾嘉考據學家很難望其項背。由此可見，宋學漢學，只是研究方法不同，不應該劃分得那麼清楚。錢穆先生如下所論：

> 清儒治經，菲薄宋儒，自號曰漢學，以與宋學劃疆界，樹門戶。……清儒自負以校勘、訓詁、考據為能事，然朱子於此諸項，並多精詣。論其成績，亦決不出清儒下。[47]
>
> 清儒標漢學之名，與宋樹異，存心爭雄長。其於訓詁、考訂、校勘，最號擅場。淺見謏聞者，群目宋儒為空疏。……朱子《韓文考異》）雖若僅為校勘之末務，而訓釋之精，考據之密，清儒能事，此書實已兼備。[48]

---

45 〔清〕皮錫瑞：《酉軒語・語學》。

46 張君和選編：《張舜徽學術論著選》（武漢市：華中師範大學出版社，1997年）。張舜徽：〈論宋代學者治學的廣闊規模及替後世學術界所開闢的新途徑〉，頁184-245。

47 錢穆：《錢賓四先生全集》（臺北市：聯經出版公司，1994年。《朱子新學案》第五冊，《朱子之校勘學》，頁213。

48 同前注，《朱子之校勘學》，《附朱子韓文考異》，頁255-256。

> 清儒標榜考據之學，以與宋儒義理之學為敵對。校勘訓詁，皆考據也。而考據之事，則不盡然於校勘訓詁。朱子於考據，既精且博，勢難詳述。[49]

（四）明代《春秋》漢學解釋學

談明代《春秋》漢學解釋學，林穎政博士論文：《明代春秋學研究》，值得參考。其中，詳說明代《春秋》考據學之考證範圍，大抵分為五個層面：

一、考證《春秋》原典：童品、高拱、王樵、郝敬、高攀龍。

二、考證胡安國《春秋傳》之誤：袁仁、楊于庭、陸粲、黃正憲、賀仲軾、嚴啟隆、張岐然。

三、考證《左傳》之誤：熊過、馮時可、陸粲、劉績。

四、考證諸三《傳》之誤：湛若水、朱睦㮮、朱朝英、俞汝言。

五、考證《注》《疏》之誤：邵寶、陸粲、傅遜、凌稚隆、惠有聲。[50]

至於明代《春秋》考據學之考證內涵，則列明五大方面：

一、考證天文地理：邢雲路、周洪謨、宋濂、季本、楊慎。

二、考證書法義例：石光霽、徐學謨、卓爾康、邵弁。

三、考證文字音義：楊慎、傅遜、錢謙益、傅山。

四、考證制度沿革：季本、朱睦㮮、吳繼仕。

五、稽考異文逸文：孫穀、陳士元、周應賓、閔光德、龔而安。[51]

這裡所談，雖指明代，但經學史中談到漢學考證的層面，頗值得借鏡參考。剛才談到終始本末、源流正變，漢魏六朝、隋唐、滿清，這是一條脈絡。談宋學也是一樣，從宋元明清談下來，可以成為一章。這樣分類分章，

---

49 同前注，《朱子之考據學》，頁331。

50 林穎政《明代春秋學研究》，中央大學中國文學系博士論文，2012年6月。第四章第二節〈明代《春秋》考據學的考證範圍〉，頁168-180。

51 林穎政：《明代春秋學研究》，第四章第三節〈明代《春秋》考據學的考證內涵〉，頁180-188。

其中有因革損益、有源流正變。經學史若能這樣撰寫，對讀者來說，理解和掌握，將比較方便。

（五）清代《春秋》漢學的解釋學

清代《春秋》漢學的解釋學，學界專著，論說頗詳，如沈玉成《春秋左傳學史稿》、趙伯雄《春秋學史》、戴維《春秋學史》三書，多值得參考借鏡，作為百尺竿頭更進一步之階梯。如：

> 漢學之研究，清代自顧炎武《左傳杜解補正》、王夫之《春秋稗疏》、惠棟《春秋左傳補注》以下，研治《春秋》《左傳》，專主漢學訓詁考據者，見載於《四庫全書總目》、《清史稿》〈藝文志・春秋〉，總數在四十五家以上，可謂盛矣！
>
> 清代《春秋》學前期，由義理向考據過渡，體現《春秋》對大義的重新解釋，以及專門性研究的興起，如：一、禮制研究；二、歷史研究；三、地理研究；四、曆法研究。五，《春秋大事表》之集大成。
>
> 在考據學籠罩下的清中期，《春秋》漢學有三大特色：一，校勘《春秋》經傳：對《春秋》古經的復原、對《左傳》的校勘、對漢代經說的輯佚。二，對杜注孔疏的批判和研究：以詞義考辨為主的補正、對杜注孔疏的追本溯源、對杜注孔疏義理的否定。三，新注新疏的產生。
>
> 清代後期，呈現今文學和《左傳》真偽之爭，大抵有兩大面向：一、《左傳》的真偽問題：劉逢祿和《左氏春秋考證》、康有為和《新學偽經考》。二，劉歆偽作說的局限、廖平對《左傳》的意見、古文學者章炳麟、劉師培反對偽作說的意見。
>
> 清前期之《春秋》學，變臆解為徵實，如顧炎武《杜解補正》，以徵實方法治《春秋》；毛奇齡之《春秋》學，批判傳統義例、批判胡安國《春秋傳》、考證經文，以禮說《春秋》。顧棟高《春秋大事表》，以史家眼光看《春秋》之「事」與「文」，卷首之〈春秋綱領〉可見。乾嘉學者闡發經義、傳義，往往以校勘及訓詁為基礎，從不空發

議論，極具時代特色。[52]

對漢學勃興，與實證《春秋》學的發展而言，清代漢學的派別，可分為吳、皖兩派。吳派以惠棟為首：惠棟著有《九經古義》、《左傳補注》，惠士奇著：《春秋說》，莊存與著《春秋正辭》、《春秋舉例》《春秋要旨》。皖派以戴震为首，如戴震《古經解鉤沉》、王引之《經義述聞》、趙坦《春秋異文箋》、李富孫《春秋三傳異文釋》、洪亮吉《春秋左傳詁》、余蕭客《古經解鉤沉》、李貽德《春秋左氏傳賈服注輯述》、孫星衍《春秋集證》、劉文淇《春秋左傳舊注疏證》。《公羊》學在清代之復興，自莊存與著《春秋正辭》、《春秋舉例》、《春秋要旨》；孔廣森著《春秋公羊學通義》，可見一斑。以考據研究《公》《穀》二傳，則有柳興恩《穀梁春秋大義述》、陳立《公羊義疏》、蘇輿《春秋繁露義證》等等。[53]

清前期之《春秋》學，為漢宋兼采：一、清初大儒王夫之、顧炎武的《春秋》學；二、在宋學範圍內對《傳》反動；三、各類研究及其他；四、開乾嘉諸派先河的《春秋》學。清中期《春》漢學之發展，可分：一、吳派《春秋》學・；二、皖派《春秋》學；三、揚州學派《春秋》學；四、孔廣森《公羊》專門之學；五、常州學派《公羊》學之發揚；六、其他諸家《春秋》學。清晚期《春秋》學，可分：一、今文《春秋》學的全面發展；二、古文《春秋》學的繼續。[54]

---

52 沈玉成：《春秋左傳學史稿》（南京市：江蘇古籍出版社，1992年），第九章〈由義理向考據過渡——清前期〉，頁257-282。

53 趙伯雄：《春秋學史》（濟南市：山東教育出版社，2014），第八章〈清代春秋學（上）〉，頁440-509、第九章〈清代春秋學（下）〉，頁510-588。

54 戴維：《春秋學史》（長沙市：湖南教育出版社，2004年），第九章〈清代《春秋》學〉，頁419-489。

四　經典詮釋史與《春秋》宋學研究

（一）屬辭比事與《春秋》經傳詮釋學

自《左傳》、《公羊傳》、《穀梁傳》及其注疏，闡發《春秋》之書法義例，多持「屬辭比事」作為有效之方法與利器。[55]得此啟發，筆者持屬辭比事之《春秋》教，以探討《春秋》之詮釋學、《左傳》之歷史敘事解經、宋元明清諸家之《春秋》學，以及方苞之《春秋》學與古文義法，《春秋》多不說破之微辭隱義、言外之意，多渙然冰釋，迎刃而解。

以史傳經，運以筆削昭義、比事觀義、屬辭顯義、探究終始以考義，為《左傳》解釋《春秋》經之主要模式。如探討《左傳》解經之筆削、書弒、書薨、書滅、書侵、書入之書法，直書、曲筆之屬辭，《春秋》義例之修辭與詮釋，與比事見義、探究終始之書法。張高評《左傳英華》專著，[56]已作多元性之解讀與詮釋。又，《公羊傳》於《春秋》書弒，微辭隱義亦曲曲傳出。相關研究論文，如下所示：

1. 張高評：〈《春秋》書法與「義」在言外——比事見義與《春秋》學史研究〉，《文與哲》第25期，2014年12月，頁77-130。
2. 張高評：〈《春秋》曲筆直書與《左傳》屬辭比事——以《春秋》書薨、不手弒而書弒為例〉，《高雄師大國文學報》第19期，2014年1月，頁31-71。
3. 張高評：〈《春秋》曲筆書滅與《左傳》屬辭比事——以史傳經與《春秋》書法〉，《成大中文學報》第45期，2014年6月，頁1-62。
4. 張高評：〈比事見義與《左傳・晉公子重耳之亡》〉，《古典文學知識》2018年第2期，總第197期，2018年3月，頁113-122。

---

55 趙友林：〈《春秋》三傳「注疏」中的屬辭比事考〉，《儒家典籍與思想文化》第三輯（北京市：北京大學出版社，2011年），頁87-101。

56 張高評：《左傳英華》（臺北市：萬卷樓圖書公司，2020年2月）。

5. 張高評：〈《左傳》敘戰與《春秋》筆削——論晉楚城濮之戰的敘事義法（上）〉，《古典文學知識》2018年第4期，總第196期，2018年7月，頁105-112。
6. 張高評：〈《春秋》直筆書滅與《左傳》以史傳經——以楚滅華夏為例〉，山東大學《漢籍與漢學》第2期，總第3期，2018年10月，頁76-101。
7. 張高評：〈《左傳》敘戰與《春秋》筆削——論晉楚城濮之戰的敘事義法（下）〉，《古典文學知識》2018年第6期，總第201期，2018年11月，頁104-113。
8. 張高評：〈《春秋》直書滅華與《左傳》資鑑之史觀——以直書華夏相滅、狄吳滅華為例〉，《高雄師大國文學報》第29期，2019年1月，頁1-55。
9. 張高評：〈《春秋》五例與《左傳》之忌諱敘事〉，《國文天地》第35卷第5期，總413期，2019年10月，頁103-107。
10. 張高評：〈《春秋》「楚子入楚」與《左傳》〈申叔時諫縣陳〉之解讀〉，《國文天地》第35卷第6期，總414期，2019年11月，頁65-72。
11. 張高評：〈「魯桓公薨于齊」與《春秋》《左傳》之詮釋〉，《國文天地》第35卷第7期（總415期），2019年12月，頁113-118。
12. 張高評：〈《左傳》敘事見本末與《春秋》書法〉，《中山大學學報》2020年第1期，1月，第60卷，總283期，頁1-13。
13. 張高評：〈《左傳・驪姬亂晉〉之敘事義法與〈春秋〉書法》〉《中國經學》，第三十四輯，2024年8月，頁109-132。
14. 張高評：〈《左傳・晉楚邲之戰》及其敘戰之義法——以筆削昭義、敘事義法為例〉，《春秋學研究》第四輯，2024年12月，頁91-124。
15. 張高評：〈秦穆公稱霸西戎與《左傳》比事見義之書法〉，香港嶺南大學《嶺南學報》復刊第二十輯，2023年，頁1-36。
16. 張高評：〈《春秋》書「遂」與屬辭見義——《春秋》義例之修辭與詮釋〉，《春秋學研究》第二輯，2023年12月，頁109-135。

17. 張高評：〈從屬辭比事論《公羊傳》弒君之書法——《春秋》書法之修辭觀〉，《東華漢學》第18期（2013年12月），頁135-188。
18. 陳致宏：《《左傳》之敘事與歷史解釋》，成功大學中國文學系博士論文，2006年7月。張高評教授指導。

依據伽達默爾（Hans-Georg Gadamer, 1900-2002）之見，詮釋學，無論就古代之語言用法，或人文主義復興後的語言用法，皆「毋庸置疑地，指示著修辭學的領域，而非邏輯學的領域」。按照梅蘭希（Melanchthon, 1497-1560）之觀點，修辭學，就是古典的、優美之講話藝術。而詮釋學，則是優美之閱讀藝術。在伽達默爾看來，如何理解文本所傳達之意義，與如何善於講出所理解之意義，結合為一。[57]伽達默爾《真理與方法》稱：詮釋學領域，其實乃詮釋學和修辭學分享之領域。修辭學與詮釋學之共同點，在兩者同具有實踐性。[58]錢鍾書《管錐編》稱：「《春秋》之書法，實即文章之修詞。」[59]實有見而云然。

（二）屬辭比事與宋儒之創造性詮釋

漢唐以來之經學詮釋，多主章句注疏、訓詁考據。其病失或「因註迷經，因疏迷註」，或「拘執迂滯，附會穿鑿」，不能滿足經典之解讀。於是中唐啖助、趙匡學派，銳意革新，考經推理、出於己意；旁通綜觀，取捨《三傳》，學風為之一變。

宋代《春秋》學，受中唐啖助、趙匡考經推理之影響，多盡心於創造性

57 轉引自洪漢鼎：《詮釋學與修辭學》，載張高評主編：《哲學美學與傳統修辭》，頁112-113。

58 轉引自洪漢鼎：《詮釋學與修辭學》，載張高評主編：《哲學美學與傳統修辭》，頁115-116。

59 錢鍾書《管錐編》（臺北市：書林出版公司，1990年），冊三《全上古三代秦漢三國六朝文》，三，《全後漢文》卷1，頁967。參考張高評：〈《春秋》書法之修辭觀〉，汪榮祖主編：《錢鍾書詩文叢說——錢鍾書教授百歲紀念國際學術研討會論文集》（中壢市：中央大學人文研究中心，2011年），頁331-380。

詮釋，致力於經學義理學的闡發。於是「惟義之求」，蔚為北宋《春秋》學之主潮。[60]北宋如劉敞、孫覺、程頤、蘇轍、張大亨、葉夢得、蕭楚、崔子方等八家；南宋《春秋》學，如胡安國、陳傅良、劉朔、張洽、家鉉翁、趙鵬飛等六家，考求孔子《春秋》之微辭隱義，多運以屬辭比事之《春秋》教，作為詮釋《春秋》之要領與津梁。[61]解讀經典，講究策略與方法，與漢學家指稱之「逞私臆說，穿鑿附會」者，會當有別。

關於《春秋》經傳之詮釋學，近十年來，本人已出版三種專著：《左傳英華》，持事、文、義之脈注綺交，以詮釋《左傳》之《春秋》書法、歷史事實、文學美感。[62]《屬辭比事與春秋詮釋學》，持屬辭觀義、比事見義之法，以探討《春秋》之書弒、書薨、書滅、曲筆、直書、華夷、內外諸書法，解讀詮釋，怡然理順。[63]《比事屬辭與古文義法——方苞「經術兼文章」考論》，持屬辭比事之《春秋》教，作為詮釋《春秋》學及古文義法之鎖鑰，且作為研究敘事之方術，史學之津筏。於是知《春秋》宋學之經典詮釋之法，然後孔子作《春秋》之微辭隱義，古文「義以為經,而法緯之」之妙諦，可以索解求得。[64]

近世之詮釋學者，研究領域涉及《春秋》者，大多持屬辭比事（或比事屬辭），以詮釋《春秋》之書法、義例，以及歷史編纂、敘事藝術、古文義法。相關論文之研究選題，自通論、概論，而論及《春秋》宋學名家，如宋程頤、胡安國、朱熹，至清代張自超、方苞、章學誠等。相關研究成果之目次，羅列如下：

---

60 張高評：〈北宋《春秋》學之創造性詮釋——從章句訓詁到義理闡發〉，《中國典籍與文化論叢》第19輯（2018年），頁89-129。

61 張高評：〈比屬觀義與宋元《春秋》詮釋學〉，上海交通大學：《經學文獻研究集刊》第15輯（2016年6月），頁81-114。又，張高評〈屬辭比事與《春秋》宋學之創造性詮釋〉，《杭州師範大學學報》（2019年第3期），2019年5月，頁89-96。

62 張高評：《左傳英華》（臺北市：萬卷樓圖書公司，2020年2月）。

63 張高評：《屬辭比事與春秋詮釋學》（臺北市：新文豐出版公司，2019年12月）。

64 張高評：《比事屬辭與古文義法——方苞「經術兼文章」考論》（臺北市：新文豐出版公司，2016年）。

1. 張高評：〈屬辭比事與《春秋》宋學之創造性詮釋〉，《杭州師範大學學報》（2019年第3期），2019年5月，頁89-96。
2. 張高評：〈北宋《春秋》學之創造性詮釋——從章句訓詁到義理闡發〉，《中國典籍與文化論叢》第19輯，2018年，頁89-129。
3. 張高評：〈程頤《春秋傳》及其《春秋》詮釋學〉，《同濟大學學報》，第35卷第4期，2024年8月，頁91-100。
4. 張高評：〈史外傳心與胡安國《春秋》詮釋法〉，《經學文獻研究集刊》第二十輯，2018年12月，頁250-279。
5. 張高評：〈筆削顯義與胡安國《春秋》詮釋學——《春秋》宋學詮釋方法之一〉，王水照、朱剛主編《新宋學》第五輯，2016年8月，頁75-308。
6. 張高評，〈朱熹之《春秋》觀——據實直書與朱子之徵實精神〉，臺灣大學中國文學系、中國經學研究會主編：《第八屆中國經學國際學術研討會論文選集》，臺北市：萬卷樓圖書公司，2015年，頁353-390。
7. 張高評：〈張自超《春秋宗朱辨義》與直書示義之書法〉，《中山大學學報》，2024年第1期（第64卷，總第307期），頁27-37。
8. 張高評：〈張自超《春秋宗朱辨義》與《春秋》書法——以敘事見本末、發微闡幽為詮釋視角〉，《經學文獻研究集刊》，第三十輯（2024年第一輯），頁173-193。
9. 張高評：〈《春秋》書「遂」與屬辭見義——《春秋》義例之修辭與詮釋〉，《春秋學研究》第二輯，2023年12月，頁109-135。
10. 張高評：〈比屬觀義與宋元《春秋》詮釋學〉，上海交通大學《經學文獻研究集刊》第15輯，2016年6月，頁81-114。
11. 張高評：〈比事屬辭與明清《春秋》詮釋學〉，高雄師範大學經學所《經學研究集刊》第20期，2016年5月，頁17-52。
12. 張高評：〈方苞古文義法與《史記評語》——比事屬辭與敘事藝術〉，中山大學中國文學系《文與哲》第27期，2015年12月，頁335-390。
13. 張高評：〈比事屬辭與方苞之《春秋》學——「無傳而著」法門之三〉，中興大學中文系《興大中文學報》第37期，2015年6月，頁1-42。

14. 張高評：〈比事屬辭與方苞論古文義法：以《文集》之讀史、序跋為核心〉，香港中文大學《中國文化研究所學報》第60期，2015年1月，頁225-260。
15. 張高評：〈因文取義與《春秋》筆削——方苞義法「言有序」之修辭詮釋〉，臺南大學《人文與社會研究學報》第48卷第2期，2014年10月，頁1-32。
16. 張高評：〈即辭觀義與方苞《春秋直解》——《春秋》書法之修辭詮釋〉，高雄師大《經學研究集刊》第16期，2014年5月，頁1-34。
17. 張高評：〈比事屬辭與章學誠之《春秋》教：史學、敘事、古文辭與《春秋》書法〉，《中山人文學報》第36期，2014年1月，頁31-58。
18. 張高評：〈屬辭比事與《春秋》之微辭隱義——以章學誠之《春秋》學為討論核心〉，《中國典籍與文化論叢》第17輯，2015年10月，頁152-180。

自程頤疑經惑傳，以己意解經；批評漢唐訓詁義疏，以為繁瑣無用而不及道。於是，開啟以義理說經，創新詮釋之先河。考據變為論說，漢學轉型為宋學，此為分水嶺。流波所及，左右胡安國、朱熹，以及宋明理學家之經典詮釋學，影響清初一百餘年漢學宋學之爭。

《宋代《春秋》學研究論集》，劉德明教授近著，為宋代《春秋》學相關論著的合輯。內容分兩大類：一是評論《春秋》人物，如蒯聵、衛輒及季友等出奔諸侯。評論高閌、陸象山、張洽、趙鵬飛等《春秋》學家，及與宋代的理學經學之交涉。[65]少壯派學者康凱淋，博士論文，題為《胡安國《春秋傳》研究》，討論三大主題：解經方式、解經內容，以及它在宋代的承襲、影響與批評。研究取材，不只限於《胡傳》抑或《春秋》學等經傳資料，又參考史書、文集、筆記、方志等文獻。單篇論文，又有〈永嘉學派與《春秋》世變——以陳傅良《春秋後傳》為例〉、[66]康凱淋〈即經類事，以見

65 劉德明：《宋代《春秋》學研究論集》（臺北市：萬卷樓圖書公司，2022年11月）。
66 康凱淋：〈永嘉學派與《春秋》世變——以陳傅良《春秋後傳》為例〉，《東華漢學》第30期，2019年12月，頁165-200。

始末——劉朔《春秋比事》中的「屬辭比事」之法〉、[67]〈汪克寬《春秋胡傳附錄纂疏》的學術取向〉等論著。[68]

經學義理學之演變，從漢唐的章句訓詁，轉為推求聖賢微旨隱義的宋學，蔚為經學的義理化，宋儒的創造性詮釋，位居關鍵。宋代經學注重義理闡發，原初只是經學方法論之一。唯宋明儒者相較於漢唐，更「自覺追求道德形上學、心性論，更自覺提出儒家人生理念、倫理政治社會之道。」[69]宋學所以能自成範疇，與漢學平分經學之秋色者，這是主因之一。

本學期（2023年9月-2024年1月），筆者於成功大學中文所開授「《春秋》書法與經典詮釋」專題研究，教研進程分為兩部分：其一，持比事屬辭之書法，考察近世四十種《春秋》學之經典文獻。其二，探討《左傳》、《史記》、《漢書》、《三國志》、《杜甫詩集》、宋代詩話筆記、《東周列國志》、《兩漢通俗演義》、《三國志通俗演》、《文史通義》之歷史編纂，與敘事藝術，以闡發《春秋》書法之流風與遺韻。

五　《春秋》經傳之受容與別子為宗之一：史學之經學化，《春秋》之歷史闡釋學

《春秋》與《左氏傳》，對於當代或後代的學術，發揮深遠的實質影響，作出了一定的貢獻。他日撰寫經學史時，要不要列入考慮？必須斟酌。日本本田成之界定經學，以為：

> 所謂經學，乃是在宗教、哲學、政治學、道德學的基礎上，加上文學的、藝術的要素，以規定天下國家，或者個人底理想或目的的廣義的

67 康凱淋〈即經類事，以見始末——劉朔《春秋比事》中的「屬辭比事」之法〉，《淡江中文學報》第30期，2020年6月，頁47~82。

68 康凱淋〈汪克寬《春秋胡傳附錄纂疏》的學術取向〉，《成大中文學報》第34期，2020年12月，頁83-122。

69 唐君毅：《中國哲學原論．原道篇第三》。

人生教育學。[70]

經學，位階遠在各種學術基礎之上，相當於上層建築。經學規定小自個人的人生教育學，大至天下國家的理想目的。因此，經學應當與時俱進，方能反映當代思潮的走向。

（一）《春秋》比事屬辭與《左傳》之敘事傳統

原始要終，本末悉昭，為古春秋記事之成法，孔子作《春秋》因之。左丘明本《春秋》而作傳，《晉書・荀崧傳》稱其張本繼末，以發明經義；晉杜預《春秋經傳集解・序》謂左丘明作傳，有先經、後經、依經、錯經之法。[71]可見比事屬辭《春秋》之教，張本繼末、探究終始之歷史敘事法。《左氏》以史釋經，多有所紹述與薪傳。

筆削，原指史料的刪存去取，乃歷史編纂學之必要步驟。或筆或削，彼此互發其蘊，互顯其義。筆而書之，排比史事可以顯意，連屬辭文亦能見義。《春秋》筆削書法，一變為屬辭比事之《春秋》教，再變為詳略、異同、重輕、忽謹、先後、因變之史法，三變為曲直、顯晦、有無、虛實、忌諱、回護之義法。或筆或削，大抵出於作者之獨斷與別裁，為一家之言所由生，藉此以探索文心、史識、史觀、歷史哲學，可謂順理成章。

史學之經學化，顯而易見者，如《左傳》、《史記》、《三國志》、《三國志注》。關於這方面，我出版了兩本專書：《《春秋書法與左傳史筆》，以《春秋》書法為經，以《左傳》史笔為緯，考察《春秋》、《左傳》、《史記》、《史通》、《杜甫詩集》、《春秋集解》、《春秋左傳讀敘錄》、《管錐編》等八部經典。[72]《春秋書法與左傳學史》，申說五大主題：《春秋》書法之考察、《春

70 〔日〕田成之：《中國經學史》，

71 周左丘明傳，晉杜預注，唐孔穎達疏：《春秋左傳注疏》（臺北市：藝文印書館，1955年），卷首〈春秋經傳集解序〉，頁11，總頁11。

72 張高評：《春秋書法與左傳史筆》（臺北市：里仁書局，2011年）。

秋》學研究法示例、《春秋》《左傳》之影響接受、回歸原典探討《左傳》、《左傳》學之回顧與前瞻。[73]

比事屬辭作為詮釋之策略，可作為探索《春秋》書法、歷史編纂、敘事傳統、古文義法之津梁與理論基礎。《春秋》書「趙盾弒其君」，直書不諱，《左傳》以歷史敘事明其終始本末。《左傳》敘〈鄭莊公稱雄天下〉、〈連稱管至父弒襄公〉、〈驪姬亂晉〉、〈秦晉韓之戰〉、〈晉楚城濮之戰〉、〈秦晉圍鄭〉、〈秦穆公稱霸西戎〉、〈晉楚邲之戰〉、〈聲子說楚〉諸什，比事屬辭，敘事義法，足以考見，《左傳》據事直書，以史傳經之原委，亦娓娓道出。以《春秋》書法詮釋《左傳》《史記》，以《容齋隨筆》之討論為例，後世對書法詮釋之接受，可見一斑。相關研究，已發表十六篇論文（部分與前《春秋》經傳詮釋學互見）。目次列舉如下，不妨舉一反三，觸類而長：

1. 張高評：〈書法、史學、敘事、古文與比事屬辭——中國傳統敘事學之理論基礎〉，香港中文大學《中國文化研究所學報》第64期，2017年1月，頁1-33。
2. 張高評：〈比事屬辭與中國敘事傳統〉，《單周堯教授七秩華誕國際學術研討會論文集》，香港：香港中華書局，2020年11月。
3. 張高評：〈《春秋》比事屬辭與《左傳・驪姬亂晉》之敘事義法〉，《古典文學知識》2021年第2期。
4. 張高評：〈《左傳》「齊連稱管至父弒襄公」的敘事義法〉，《古典文學知識》2020年第3期，總第210期，2020年5月。
5. 張高評：〈鄭莊公稱雄天下與《左傳》之敘事義法〉，《古典文學知識》2019年第2期，總第209期，2020年3月。
6. 張高評：〈《容齋隨筆》論《左傳》《史記》——以《春秋》書法詮釋為例〉，《新宋學》第七輯，2019年10月。
7. 張高評：〈《左傳・秦晉韓之戰》及其敘事義法——《春秋》比事屬辭

73 《張高評《春秋書法與左傳學史》（臺北市：五南圖書出版公司，2002年）。又簡體中文版，《春秋書法與左傳學史》（上海市：上海古籍出版社，2005年6月）。

與《左傳》敘戰之書法〉，《古典文學知識》2019年第5期，總第206期，2019年9月。

8. 張高評：〈《左傳》〈聲子說楚後伍舉〉鑑賞〉，《國文天地》第35卷第4期，總412期，2019年9月。
9. 張高評：〈「趙盾弒其君」之書法與史筆〉，《古典文學知識》2019年第2期，總第203期，2019年3月。
10. 張高評：〈《春秋》《左傳》《史記》與敘事傳統〉，《國文天地》第33卷第5期，總第389期，2017年10月。
11. 張高評：〈左傳據事直書與以史傳經〉，《成大中文學報》第9期，2001年9月。

採取敘事之視角，以詮釋《左傳》之史學或文學者，兩岸學界不乏其人其書。如王靖宇《中國早期敘事文論集》、張素卿《敘事與解釋—《左傳》經解研究》、潘萬木《「左傳」敘事模式論》、陳致宏《《左傳》之敘事與歷史解釋》，[74]周遠斌《儒家倫理與《春秋》敘事》、單良《《左氏春秋》敘事的禮樂文化闡釋》、李隆獻《先秦兩漢歷史敘事隅論》、蔡瑩瑩《敘事、論說與徵引—論《左傳》《國語》的典故運用》、蔡瑩瑩：《春秋戰國時期的歷史書寫與文化記憶》。[75]或借鏡西方敘事學，或憑藉文本爬梳，或探究史書流變，或著眼文化闡釋，或考究歷史書寫，不一而足。

---

74 王靖宇：《中國早期敘事文論集》（臺北市：中央研究院中國文哲研究所籌備處，1999年）。張素卿：《敘事與解釋——《左傳》經解研究》（臺北市：書林出版公司，1998年）。潘萬木：《「左傳」敘事模式論》（武漢市：華中師範大學出版社，2004年。陳致宏《《左傳》之敘事與歷史解釋》，成功大學中國文學系博士論文，張高評教授指導，2006年。

75 周遠斌：《儒家倫理與《春秋》敘事》（濟南市：齊魯書社，2008年）。單良：《《左氏春秋》敘事的禮樂文化闡釋》（北京市：中國社會科學出版社，2015年）。李隆獻：《先秦兩漢歷史敘事隅論》（臺北市：臺灣大學出版中心，2017年）。蔡瑩瑩：《敘事、論說與徵引釋——論《左傳》《國語》的典故運用》，臺灣大學中國文學系碩士論文，2013年。蔡瑩瑩：《春秋戰國時期的歷史書寫與文化記憶》，臺灣大學中國文學系博士學位論文，李隆獻教授指導，2019年。

除此之外，歐陽脩主纂之《新唐書》、《新五代史》，司馬光編著之《資治通鑑》，朱熹所著《資治通鑑綱目》諸書，持《春秋》書法敘事傳人者，亦多有之。經學研究，亦當順帶略及。

（二）象徵式與因果式敘事──《左傳》的歷史敘事與闡釋

經由始、微、積、漸的發展，而有《春秋》二百四十二年、《左傳》二百五十五年的史事。《左傳》以歷史敘事解《春秋》，即隱含始、微、積、漸的詮釋。其中最美妙者，往往「於敘事中寓論斷」，將敘事論斷融為一爐而冶之，既致力於歷史之敘事，又兼顧義理論斷之闡釋。論其敘事模式，大抵有二：其一，象徵式敘事；其二，因果式敘事。[76]

象徵式敘事，經由夢寐、卜筮、禨祥、形相、歌謠，以暗示成敗吉凶，時間屬性是預言式的。[77]因果式敘事，以人事的因果關係，來敘述歷史的發展，是較進化的人文史觀。[78]徐復觀〈原史〉稱，從巫覡的預言文化，轉變到人文史學的過程中，《左傳》多有如實記錄。[79]換言之，象徵式敘事，與因果式敘事交錯敘事，可以窺見巫與史消長之一斑。

李惠儀《《左傳》的書寫與解讀》，以另類方式，解讀《左傳》象徵式敘事之因果、解讀、運用、焦慮。如第二章〈徵兆與因果〉，第三章〈徵兆的解讀〉，第四章〈徵兆的運用〉，第五章〈解釋的焦慮〉，已略及《左傳》之歷史敘事與解釋。尤其第三章〈徵兆的解讀〉，分別跡象、姿勢、異象、神

---

76 參考過常寶：《原史文化及文獻研究》（北京市：北京大學出版社，2008年），第三章〈春秋史官的話語權力〉，頁83-125、第四章〈《左傳》研究〉，頁127-175。

77 張高評：《春秋書法與左傳學史》，〈左傳預言之基型與作用〉，頁37-55。又，〈《左傳》之象徵式敘事與以史傳經──兼談《左傳》重人輕天之二元史觀〉，高雄師範大學《經學研究集刊》第14期（2013年5月），頁1-24。

78 張高評：〈《左傳》因果式敘事與以史傳經──以戰爭之敘事為例〉，《東海中文學報》第25期（2013年6月），頁79-112。

79 徐復觀《兩漢思想史卷三》，〈原史〉，三，史職由宗教向人文的演進，頁224-231。四，宗教精神與人文精神的交織與交融，頁231-236。

靈、占卜、夢，個別作專節之解讀。[80]

（三）《史記》的史家筆法與《春秋》書法

司馬遷私淑孔子，《史記》典範《春秋》。〈十二諸侯年表序〉、〈孔子世家〉、〈匈奴列傳．太史公曰〉、〈司馬相如列傳．太史公曰〉、〈太史公自序〉，以及楚漢之爭以來之歷史紀傳，往往「有所刺譏、褒諱、挹損之文辭，不可以書見」。其觸忌犯諱，猶《春秋》作於定、哀之際。故《春秋》、《史記》記敘近代、現代、當代史事，書法運用忌諱敘事，自是勢所必至，理有固然。換言之，《春秋》書法起於觸忌犯諱，而刺譏、褒諱、挹損之史事，又不得不書。於是忌諱敘事，與明哲保身之間，講究平衡，「言之者無罪，聞之者足以戒」，即是《春秋》書法運用之時機與原則。

孔子或筆或削魯史策書，作成《春秋》，成書與取材之間，有無取捨依違之規準？晉徐邈《春秋穀梁傳注義》揭示：「事仍本史，而辭有損益。」可供筆削昭義、歷史編纂學之參考。《左傳》、《史記》、《漢書》，以及其他史籍之修纂，乃至於歷史敘事、文學敘事，亦多側重屬辭約文，重於排比編次史事。《史記．太史公自序》稱：「述故事，整齊其世傳。」浦安迪《中國敘事學》亦謂：「敘事，就是講故事。」（第一章〈導言〉）可見，如何「述」、如何「講」？似乎比「故事」本身，更為重要。

《春秋》書法，如何轉換為史家筆法？又如何轉化為《史記》之敘事藝術？這方面，筆者先後完成十一篇論文，分別就研究之方法、審美性詮釋、筆削昭義、義寓於敘事、忌諱敘事、互見敘事、史家筆法、詠史別裁，以闡發《史記》之《春秋》書法、敘事傳統。最近，與陝西師大文學院張新科教授合作，執行「七十來臺灣《史記》研究之綜述與前瞻」計劃，結案成果十二萬餘言。擇精取要，外加上述論文，擴而充之，擬出版《司馬遷《史記》

80 李惠儀著，文韜、許明德譯：《左傳的書寫與解讀》（南京市：江蘇人民出版社，2016年）。頁76-352。

與史傳文學研究》之專著，主軸聚焦於《史記》之史家筆法與《春秋》書法。相關之論文如下：

1. 張高評：〈臺灣《史記》研究之面向、方法，與前瞻〉，《渭南師院學報》2025年第4期。
2. 張高評：〈臺灣《史記》之審美性詮釋與學位論文〉，《渭南師院學報》2025年第2期。
3. 張高評：〈《史記》褒貶勸懲與《春秋》筆削昭義〉，《新國學》第28卷，2025年9月。
4. 張高評：〈司馬遷史傳文學與歷史編纂學——義寓於敘事與實錄存真〉，山東大學《漢籍與漢學》2023年第一輯（總第12輯），頁118-134。
5. 張高評：〈《史記》忌諱敘事與《春秋》書法——以征伐匈奴之相關人事為例〉，《嶺南學報》復刊第十二輯，2019年12月。
6. 張高評：〈《史記·淮陰侯列傳》與《春秋》書法〉，香港嶺南大學《嶺南學報》復刊第九輯（2018年11月）。
7. 張高評：〈《容齋隨筆》論《左傳》《史記》——以《春秋》書法詮釋為例〉，《新宋學》第七輯，2019年10月。
8. 張高評：〈《史記》互見法與《春秋》敘事傳統〉，《國文天地》第35卷第3期（總411期），2019年8月。
9. 張高評，〈《史記》敘事藝術與詩歌語言〉，政治大學中國文學系主編《第五屆漢代文學與思想學術研討會論文集》（臺北市：新文豐出版公司，2005年），頁181-216。
10. 張高評，〈北宋詠史詩與《史記》楚漢之爭——古籍整理與宋詩特色研究之二〉，《漢學研究國際學術研討會論文集》（雲林：雲林科技大學漢學資料整理研究所，2003年），頁419-441。
11. 張高評：〈《史記》之書法與史筆〉，《思想家》第二輯，《中國學術與中國思想史》（南京市：江蘇教育出版社，2002年4月）。

筆者指導成功大學研究生，有以《春秋》書法、評點學為切入視角，研發《史記》、《三國志》之課題，而完成其學位論文者，如李秋蘭《史記》敘事之書法研究、[81]邱詩雯：《清代桐城派《史記》學研究》、[82]林昕《屬辭比事與《史記》敘事之書法──以項羽、劉邦、呂后、漢初三傑事蹟為例》，[83]胡豔惠：《《史記》之《春秋》書法研究》[84]，林姍湘《《史記》「太史公曰」之義法研究》。[85]

持《春秋》書法為詮釋視角，除以之解讀《左傳》、《史記》之外，《漢書》、《三國志》之探討，學界亦衡以《春秋》書法。如潘銘基：《《漢書》及其春秋書法》、林盈翔：《《三國志》「《春秋》書法」研究》、陳義彬：《陳壽《三國志・魏書》之《春秋》書法研究》。[86]

（四）《三國志》、《三國志注》、歷史通俗演義與筆削昭義

小說，尤其是歷史演義小說，既然號稱稗官野史，自然與史傳有一定的淵源，其中自有若干值得採信之史事。誠如清代章學誠《丙辰劄記》稱：「不可盡以小說無稽而斥之」，如云：

> 《三國演義》，固為小說，事實不免附會。然其取材，見頗博贍。如武侯班師瀘水，以麵為人首，裹牛羊肉，以祭厲鬼。正史所無，往往

---

81 李秋蘭：《《史記》敘事之書法研究》，成功大學中國文學系博士論文，2007年。張高評教授指導。

82 邱詩雯：《清代桐城派《史記》學研究》，成功大學中國文學系博士論文，2013年，張高評教授指導。

83 林昕：《屬辭比事與《史記》敘事之書法──以項羽、劉邦、呂后、漢初三傑事蹟為例》，成功大學中國文學系博士論文，2022年，張高評教授指導。

84 胡豔惠：《《史記》之《春秋》書法研究》，成功大學中國文學系碩士論文，2005年，張高評教授指導。

85 林姍湘《《史記》「太史公曰」之義法研究》，成功大學中國文學系碩士論文，2005年，張高評教授指導。

86 潘銘基：《《漢書》及其春秋書法》、北京：中華書局，2019年。林盈翔：《《三國志》「《春秋》書法」研究》，成功大學中國文學研究所博士論文，2016年，張高評教授指導。陳義彬：《陳壽《三國志・魏書》之《春秋》書法研究》，成功大學中國文學研究所碩士論文，2013年，張高評教授指導。

出於稗記，亦不可盡以小說無稽而斥之也。[87]

後世流傳諸多歷史演義，大抵筆削取捨史傳而來。考察其中虛構與史實之比例，即可窺見筆削史傳之消息。章學誠《丙辰劄記》，談及《三國演義》，稱「七分實事，三分虛構」，最為經典之論：

凡演義之書，如《列國志》、《東西漢》、《說唐》……，多紀實事；《西游》、《金瓶》，全憑虛構，皆無傷也。惟《三國演義》，則七分實事，三分虛構，以致觀者往往為所惑亂。[88]

原初，裴松之《三國志注》，筆削取捨陳壽《三國志》，而成其一家之言。比對其中之筆削取捨，敘事之主客、有無、虛實、異同、詳略、重輕、迴護諸書法，即可見裴松之，或陳壽之史觀，和歷史哲學。同理，明羅貫中《三國志演義》，以小說家之視角，筆削取捨陳壽《三國志》、裴松之《三國志注》，考察三者之主客、有無、虛實、異同、詳略、重輕之筆削書法，足以印證。清章學誠《丙辰劄記》所謂「七分實事，三分虛構」，雖止提虛實書法，亦可見筆削去取大凡之一斑。

王文進教授，為研究三國學之行家，著有：《裴松之《三國志注》新論——三國史的解構與重建》一書。[89]我應約撰寫一篇序文，刊於卷首，乃持《春秋》筆削與敘事傳統，以解讀詮釋之。[90]別出心裁，居然怡然理順，備受肯定與推重。之後，筆者又發表：〈《春秋》筆削見義與傳統敘事學——兼論《三國志》、《三國志注》之筆削書法〉。有志之士，不妨觸類而長，探索下列課題：

1.《東周列國志》筆削《春秋》、《左傳》、《國語》之研究。

---

87 〔清〕章學誠《章氏遺書》外編卷3，《丙辰劄記》，頁53，總頁889。

88 〔清〕章學誠《章氏遺書》外編卷3，〈丙辰劄記〉，頁53，總頁889。

89 王文進：《裴松之《三國志注》新論——三國史的解構與重建》（臺北市：新文豐出版公司，2017年）。

90 張高評：〈《春秋》筆削與敘事傳統——王文進教授《裴松之《三國志注》新論》序〉，山東大學《文史哲》學報，2022年第1期（總第388期），頁117-130。

2.《三國志》、《三國志注》之敘事與筆削書法（如主客、有無、異同、詳略、迴護等）。

3.《三國演義》與筆削書法（如主客、有無、異同、詳略、虛實等）。

古典小說與戲劇敘事淵源于史傳，筆削昭義之書法，自可作為解讀《三國志》《三國志注》《三國志演義》等史傳、小說、戲劇敘事之津梁與法門。北京大學陳平原教授《中國小說敘事模式的轉變》稱：「史傳傳統，影響中國古典小說」云云，[91]當於此處求之。

其他，如明末余邵魚、馮夢龍所撰，清代蔡元放編評之《東周列國志》，演義《左傳》、《國語》而成書。從其中之筆削去取，自可見小說之創作意識。清人甄偉撰《西漢通俗演義》，筆削取捨司馬遷《史記》；明謝詔作《東漢通俗演義》，筆削取捨班固《漢書》。迭經加工續作之《說唐演義前傳》、《說唐演義後傳》(合稱《說唐演義全傳》，其中不知經歷多少筆削去取。

除此之外，歐陽脩《新五代史》、《新唐書》，司馬光的《資治通鑑》，以及朱熹的《通鑑綱目》，往往持《春秋》書法，以進退公卿，褒貶王公大人。上述這些典籍，本是史學，卻往往運用經學的視角，進行勸懲或詮釋。《春秋》經學之史學化、小說化，關鍵在筆削昭義，於此可見一斑。

六　《春秋》經傳之受容與別子為宗之二：經學與文學之會通，《左傳》、《公羊傳》與文學闡釋

（一）《左傳》、《公羊傳》經學之文學化

其事、其文、其義，為《春秋》成書的三大頂樑柱，《孟子》早作提示。其後，《禮記．經解》稱：「屬辭比事，《春秋》教也。」從此以往，《三傳》及其注疏，多以屬辭比事，解讀《春秋》之書法義例：或筆削昭義，或

---

91 陳平原：《中國小說敘事模式的轉變》(香港：香港中文大學出版社，2003年)，第七章〈「史傳」傳統與「詩騷」傳統〉，頁189-202。

比事觀義，或屬辭見義，或屬辭比事，探究終始以考義。晉徐邈研治《穀梁》學，稱「事仍本史，而辭有損益」，乃孔子《春秋》之編纂原則。因此，自《三傳》以下，說《春秋》者，多不約而同，偏重屬辭約文之修辭法。[92]《春秋》經學之文學化，自有其根源與必然。

歷代《春秋》學的論述，其事其文之中，傾向屬辭約文者居多。如元趙汸《春秋屬辭》卷四稱：「《春秋》以禮法脩辭，學者弗深考爾。」錢鍾書《管錐編》亦謂：「《春秋》之書法，實即文章之修詞。」再曰：「昔人所謂《春秋》書法，正即修詞學之朔。」又曰：「《公羊》、《穀梁》兩傳，闡明《春秋》美刺『微詞』，實吾國修詞學最古之發凡起例。」[93]錢鍾書所稱《春秋》書法，單提屬辭，未言及比事，論述雖未臻圓滿，然就屬辭可以見義而言，亦大致不謬。

《左傳》歷史敘事所及，大多攸關政治倫理秩序的修辭。廣泛運用表達美德的字眼，較典型者，如禮、德、仁、敬、正、忠、信、讓等。標舉這些秩序的修辭，與充斥著衝突、破壞、欺詐、奸邪的歷史記錄，究竟有何關係？《左傳》以道德體系建立的修辭結構，又是如何駕馭其中權力關係的書寫？可參看旅美學者李惠儀《左傳的書寫與解讀》一書，〈引言〉所提修辭結構，已作畫龍點睛之提示。[94]

孔子作《春秋》，既因事屬辭，讀者自可即辭求義。以屬辭約文，詮釋解讀《春秋》之奧旨隱義。此自《左傳》《公羊傳》、《穀梁傳》，董仲舒、司馬遷、陳壽、裴松之、杜預、徐邈、劉勰、孔穎達、劉知幾、啖助、趙匡、陸淳等，發揚光大之，皆以文章之修辭，詮釋《春秋》之書法。借「如何書」之修辭手法，以破譯解讀《春秋》「何以書」之旨義。[95]錢穆《中國史學名著・春秋》稱：「孔子對《春秋》舊文，必有修正無疑。但所修者主要

92 張高評：〈《春秋》屬辭約文與文章修辭——中唐以前之《春秋》詮釋法〉，山東大學《漢籍與漢學》2021年第一輯（總第八輯），頁65-101。

93 張高評：〈《春秋》書法與修辭學——錢鍾書之修辭觀〉，《中國經學》第十九輯，2016年10月，頁25-46。

94 李惠儀著，文韜、許明德譯：《左傳的書寫與解讀》，〈引言〉，頁4。

95 張高評：《春秋》屬辭約文與文章修辭——中唐以前之《春秋》詮釋法〉。

是其辭，非其事。由事來定辭，由辭來見事。」[96]所謂「由事來定辭，由辭來見事。」經學之文學化，發始於「如何書」之屬辭，良有以也。

《公羊》學派解釋《春秋》，自《公羊傳》、《春秋繁露》，屬辭約文之推敲修飾，已多所著墨。[97]清莊存與《春秋要指》，論筆削之法，稱：「以其所不書知所書，以所書知所不書」；《春秋》笔削之道，詳略之方，體現在內外、尊卑、重輕、遠近、大小、變常、正否，相反相成之書法中。孔廣森《春秋公羊通義》，發揚董仲舒「《春秋》無達辭」、「《春秋》無通辭」之說，就辭文之異同，互發其蘊，互顯其義，凸顯「辭不屬不明，事不比不章」之比屬求義原則。[98]

清章學誠《文史通義．史德》宣稱：「必通六義比興之旨，而後可以講春王月之書。」[99]文學之比興與《春秋》書法之間，自有相通相融之處。皮錫瑞為晚清《公羊》學者，所著《經學通論》曾云：「借事明義，是一部《春秋》大旨。」[100]於是常州詞派之詞學詞作，往往持《春秋》「借事明義」之論，合「比興寄託」而一之。張惠言、周濟、董士錫、譚獻、王鵬運、朱孝臧、況周頤等詞學，多有所體現。此一跨學科之交叉研究課題，亦值得闡揚與開拓。

《春秋》推見至隱，比事屬辭作為詮釋解讀之法門，厥初即是《春秋》書法、史家筆法；再變，而為敘事傳統、古文義法；三變，則為修辭章法、文學語言。由此觀之，孔子《春秋》一書，堪稱中華經史之星宿海，傳統文學之源頭活水。詳參張高評：《左傳屬辭與文章義法》專書，以及〈《春秋》屬辭比事與《左傳》文章義法〉論文。

---

96 錢穆：《中國史學名著》（臺北市：三民書局，2006年），〈春秋〉，頁21。

97 段熙仲：《春秋公羊學講疏》，第三編〈屬辭〉，頁151-223。

98 〔清〕阮元輯：《皇清經解》（臺北市：復興書局，1972年），卷691，〔清〕孔廣森《春秋公羊通義．春秋公羊經傳通義敘》，頁7，總頁9293。

99 〔清〕章學誠著，葉瑛校注：《文史通義校注》（北京市：中華書局，2008年），卷3〈史德〉，頁221、頁222。

100 〔清〕皮錫瑞《經學通論》（北京市：中華書局，1995年）。〈四，春秋〉，「論《春秋》借事明義之旨」，頁21。

方苞著有《春秋通論》、《春秋直解》、《左傳義法舉要》，然後會通經史古文，提倡義法，強調法以義起，法隨義變，著重筆削見義、比事屬辭之「法」，為中國傳統敘事學提供了學理依據。[101]《春秋》《左傳》等史籍「言有物」之義，大多推見以至隱。往往藉由「言有序」之「法」以表述。姚永樸《文學研究法・記載》稱：「所謂義者，有歸宿之謂。所謂法者，有起、有結、有呼、有應、有提掇、有過脈、有頓挫、有勾勒之謂。」[102]一般散文敘事之訣竅，可以巧妙銜接古文義法，有如此者。

關於《左傳》與文學闡釋，經學與文學之會通方面，本人及學界已出版專書，及發表若干論文，羅列於下，提供讀者參證：

專著

1. 張高評：《左傳英華》，臺北市：萬卷樓圖書公司，2020年2月，頁245-265。
2. 張高評：《左傳屬辭與文章義法》，臺北市：五南圖書出版公司，2021年12月，頁65-101。
3. 張高評：修訂重版《左傳之文學價值》，臺北市：五南圖書出版公司，2019年7月。
4. 蔡妙真：《追尋與傳釋：《左繡》對《左傳》的接受》，臺北市：萬卷樓圖書公司，2003年。
5. 張高評：《左傳之文韜》，高雄市：麗文文化公司，1994年。

期刊論文

1. 張高評：〈《春秋》屬辭比事與文章義法〉，《華中學術》第36辑，2021年12月，頁245-265。

---

101 張高評：《比事屬辭與古文義法——方苞「經術兼文章」考論》。

102 姚永樸著，許結講評：《文學研究法》（南京市：鳳凰出版社，2009年），卷2〈記載〉，頁96。

2. 張高評：《春秋》屬辭約文與文章修辭——中唐以前之《春秋》詮釋法〉，山東大學儒學高等研究院《漢籍與漢學》2021年第一輯（總第八輯），頁65-101。
3. 張高評，〈《左傳》敘事語言之形象化與精煉性——史筆與詩筆研究之一〉，《林尹教授逝世十週年學術論文集》，臺北市：文史哲出版社，1993年6月，頁243-253。
4. 張高評：〈左傳之文學理論與實際〉，《中華文化復興月刊》17卷11期，1984年12月。
5. 張高評：〈「左氏浮誇」析論〉，《孔孟學報》48期，1984年9月。
6. 張高評：〈左傳美學的和諧理論〉，《孔孟學報》47期，1984年4月。

《春秋》書法與文學之科際整合研究，臺灣學者，有蔡妙真《《左繡》研究》。[103]大陸高校之博士學位論文，以及學術專書，就寓目所及，亦多有之，如劉成榮《《左傳》文學接受研究》、[104]羅軍鳳《清代春秋左傳學研究》、[105]張金梅：《《春秋》筆法與中國文論》、[106]李洲良《春秋筆法論》、[107]蕭鋒《「《春秋》筆法」的修辭學研究》[108]等。

除外，有純就《左傳》之辭令作探討者，如張高評《左傳之文學價值·說話藝術之指南》、張素卿《左傳稱詩研究》、陳致宏《語用學與《左傳》外交辭令》、陳致宏《語用學與《左傳》外交賦詩》、陳彥輝《春秋辭令研究》、董芬芬《春秋辭令文體研究》等。[109]凡此，多有助於行人辭令、說話

103 蔡妙真：《《左繡》研究》，政治大學中國文學系博士論文，2000年6月，簡宗梧教授指導。

104 劉成榮：《《左傳》文學接受研究》，北京大學中國語言文學系博士論文，2008年5月。

105 羅軍鳳：《清代春秋左傳學研究》（北京市：人民出版社，2010年）。

106 張金梅：《《春秋》筆法與中國文論》（北京市：中國社會科學出版社，2012年）。

107 李洲良：《春秋筆法論》（北京市：中國社會科學出版社，2014年）。

108 蕭鋒：《「《春秋》筆法」的修辭學研究》（北京市：中國社會科學出版社，2020年）。

109 張高評：修訂重版《左傳之文學價值》（臺北市：五南圖書出版公司，2019年），第十章〈說話藝術之指南〉，頁257-287。張素卿：《左傳稱詩研究》（臺北市：臺灣大學出版委員會，1991年）。陳致宏：《語用學與《左傳》外交辭令》、陳致宏：《語用學與《左傳》外交賦詩》（臺北市：萬卷樓圖書公司，2000年）。陳彥輝：《春秋辭令研究》

藝術、語言交際、說服術、以及文體分類學之考察。

（二）《春秋》書法與杜甫詩史、敘事歌行

稱美杜甫詩為「詩史」，始於晚唐孟啟《本事詩》（詳下）。推崇杜甫所作安史之亂前后之敘事詩，以為富於「推見至隱」之《春秋》書法。晉杜預，乃杜甫第十三世遠祖，平生有《左傳》癖，著成《春秋經傳集解》。杜甫〈祭遠祖當陽君文〉，稱揚乃祖杜預闡揚經義之功。[110]因此，自惕自勉，發為詩歌，遂多「推見至隱」之《春秋》書法。

筆者探索此一課題，以宋代以降《杜甫詩集》評注為研究文本，聚焦杜甫「詩史」及敘事歌行，衡以杜預之《春秋》學，參考宋代詩話筆記所論，諸如屬辭比事，筆削顯義；據事直書，美惡自見；微婉顯晦，推見至隱；褒貶勸懲、諱言諱書；以小該大，因彼見此；偏載略取，舉輕明重；直斥不宜，曲筆諱飾；彼此相形、前後相絜，所謂行屬辭比事之法。詳略、異同、重輕、忽謹，指義見乎詩材之筆削去取，其大者焉。安史之亂前後，杜甫所作敘事歌行，多有具體而微之體現。如〈麗人行〉、〈哀江頭〉、〈戲作花卿歌〉、〈贈花卿〉、〈丹青引贈曹將軍霸〉、〈韋諷錄事宅觀曹將畫馬圖歌〉、〈觀公孫大娘弟子舞劍器行并序〉等，皆其顯例。

運用《春秋》書法，以詮釋解讀杜甫詩史、敘事歌行，筆者已發表論文三篇，目次臚列於後。期待拋甎引玉，作為課題，進行深層研究：

1. 張高評：〈杜甫詩史與六義之比興——兼論敘事歌行與《春秋》筆削〉，香港浸會大學《人文中國學報》第34期，2022年6月，頁113-160。
2. 張高評：〈杜甫詩史、敘事傳統與《春秋》書法〉，香港浸會大學《人文中國學報》第28期，2019年6月，頁91-130。

（北京市：中華書局，2006年）。董芬芬：《春秋辭令文體研究》（上海市：上海古籍出版社，2012年）。

110 唐杜甫著，清仇兆鰲注：《杜詩詳注》（北京市：中華書局，2009年），卷25，〈祭遠祖當陽君文〉，頁2216-2217。

3. 張高評：〈杜甫詩史與《春秋》書法——以宋代詩話筆記之詮釋為核心〉，香港浸會大學《人文中國學報》第16期，2010年9月，頁55-96。

（三）《春秋》書法、杜甫詩史與宋代詩話筆記

《易》與《春秋》，於宋代經學，並稱顯學。當時雕印版行《春秋》《左傳》圖書，宋代善本至今猶存十八種。[111]傳播、閱讀、接受、反應，生發連鎖反應，影響所及，宋代詩話、筆記評人論詩，多持《春秋》書法體現之有無，運用之良否，以評價詩人之高下，批判詩歌之優劣。

孟啟《本事詩．高逸》所謂：「杜逢祿山之難，流離隴蜀，畢陳於詩，推見至隱，殆無遺事，故當時號為『詩史』」。[112]《史記．司馬相如列傳》太史公曰稱：「《春秋》推見至隱」，足見「推見至隱」，與《春秋》書法、杜甫詩史，以及敘事歌行之密切關聯。

有關宋代詩話、筆記，論杜甫詩史、敘事歌行，如何體現《春秋》書法，筆者已發表論文三篇，目次如下：

1. 張高評：〈會通與宋代詩學——宋詩話「以《春秋》書法論詩」〉，《中國古典文學研究》第4期，2000年12月，頁1-27。
2. 張高評：〈《春秋》書法與宋代詩學——以宋人筆記為例〉，《宋代文學研究叢刊》第3期，1997年9月，頁71-101。
3. 張高評：〈史家筆法與宋代詩學——以宋人詩話筆記為例〉，《宋代文學研究叢刊》第4期，1998年12月，頁83-98。

---

111 參考張麗娟：《宋代經書注疏刊刻研究》（北京市：北京大學出版社，2013年），〈緒論〉。

112 唐孟啟《本事詩》，〈高逸第三〉，丁福保輯：《歷代詩話續編》（北京市：人民文學出版社，1983年），頁15。

（四）明清評點學與《左傳》之文學化

評點學起於南宋，至明代，而逐漸興盛，至清代而蔚為大觀。文學復古思潮的湧現、印刷術的應用發展、史抄史評風氣的興盛，促成了明代經典的文學化。[113]《左傳》經學之文學化，與《史記》同風，亦興盛於明清兩代。以文學觀點，評點《左傳》，亦其中之一環。

明代評點學專著，冠名《左傳》者，總數在三十種以上。清代與近代評點《左傳》，傳世者亦三十餘種。另外，如《古文觀止》、《古文析義》諸古文選本，涉及《左傳》評點者，數量在十種以上。評點家多從章法、敘事、寫人、語言、風格多方面，以觀照經典。闡釋文學，形式靈活，視角多元。評點所提理論，對於建構中土之文學批評與理論，有啟發激盪之功。[114]

李衛軍著有：《左傳評點研究》。[115]李衛軍又編著：《左傳集評》四大冊，明清以來評點之文獻，舉凡《左傳》之專著，《左傳》之選本，古文之選本，彙整為一編，凡二百一十萬言，可謂煌煌巨著矣。[116]卷前，撰有〈稀見及重要價值《左傳》評點序跋〉一文，始於明朱申《春秋左傳詳節句解》，終於民初林紓《左傳擷華》，列名二十五家及其書之序跋。近似提要，可作斯骨之參考。

（五）《左氏傳》改編為歷史小說

明馮夢龍原著，清蔡元放改撰《左氏傳》，而成《東周列國志》，共一百八回。《東周列國志》筆削《左傳》、《國語》，藉主客、有無、異同、詳略、

113 張新科：〈《史記》文學經典的建構過程及其意義〉，《文學遺產》，2012年第5期。又，張新科：〈史記文學經典化的重要途徑——以明代評點為例〉，《文史哲》2014年第3期（總第342期）。

114 筆者曾發表：〈《西廂記》筆法通《左傳》——金聖歎《西廂記》評點學探微〉，上海復旦大學《復旦學報》2013年第2期（2013年3月），姑作嚆矢。

115 李衛軍著：《左傳評點研究》（北京市：中國社會科學出版社，2014年6月）。

116 李衛軍編著：《左傳集評》（1-4）（北京市：北京大學出版社，2016年12月）。

重輕、虛實諸書法，以昭示小說之指義。《東周列國志》之於《左傳》，猶《三國志演義》之於《三國志》、《三國志注》。研究聚焦於筆削昭義，為小說與史傳之異同、文學與史學之殊科。有志之士，不妨投入心力，進行更專業、更精深之闡發。

金聖歎指出：小說是「因文生事」，而歷史著作則是「以文運事」。[117]歷史小說，仍然是小說（文學作品），不是歷史著作。因此，歷史小說應該著眼於藝術形象，應該「因文生事」，而不應該是「以文運事。[118]

清汪中《述學內外篇》，〈左氏春秋釋疑〉稱：「左氏所書，不專人事，其別有五：曰天道，曰鬼神，曰災祥，曰卜筮，曰夢。其失也巫，斯之謂與？」[119]唐韓愈〈進學解〉謂：「《左氏》浮誇」，《左傳》敘事傳人存藏不少「浮誇」之文獻與故事，隱然成為志怪小說之濫觴。[120]以小說學視角，考察《左傳》文本者，有孫綠怡：《「左傳」與中國古典小說》，從小說結構、形式特點、典型形象、教化意義、造型技術、表現手法切入，並比較西方之小說，以凸顯中國之民族特色。[121]由此可見，《左傳》之古典小說研究之課題，尚有許多補充與發展之空間。

---

117 清金聖歎著，陸林輯校整理：《金聖歎全集》（南京市：鳳凰出版社，2008年），冊三，《第五才子書施耐庵水滸傳》，〈聖歎外書・讀第五才子書法〉之十：「《史記》是以文運事，《水滸》是因文生事。以文運事，是先有事生成如此如此，卻要算計出一篇文字來。雖是史公高才，也畢竟是吃苦事。因文生事即不然，只是順著筆性去，削高補低都由我。」頁29-30。

118 參考葉朗：《中國小說美學》（北京市：北京大學出版社，1982年12月）。

119 清汪中《述學內外篇》（臺北市：臺灣中華書局，《四部備要》本，1971年），〈內篇二・左氏春秋釋疑〉，頁3。

120 張高評：《左傳之文韜》（高雄市：麗文文化公司，1994年），二，「《左氏》浮誇」之文學意義，頁39-84。又，張高評：修訂重版《左傳之文學價值》，第六章〈神話小說之原始〉，頁165-192。

121 孫綠怡：《「左傳」與中國古典小說》（北京市：北京大學出版社，1992年）。

七　《春秋》經傳之受容與別子為宗（三）——《左傳》經學之兵學化

《春秋》，提倡尊王；尊王，不得不重霸，故《春秋》為一部霸史。以晉楚為主，爭盟華夏，因盟會不斷，而華夷內外爭戰亦不斷。晉楚爭霸，諸侯依違其間，於是生發大小戰役。戰役之成敗勝負、利弊得失，《左傳》多以歷史敘事載記之。《左傳》敘戰，為提供經世資鑑，於影響戰爭成敗勝負之因素，最所關注，依序為謀略之高下，將帥之特質、士氣之低昂、武器之利鈍、軍人之多寡。後世之兵法謀略，如《孫子兵法》言奇正、虛實、離合等，多濫觴於此。

自宋代編纂《武經七書》，從此兵書列入著作之林。明鍾惺《評左傳》稱：「左氏蓋知兵者，每談兵，千古之下曲析如見。」《左傳》善言兵謀，故古來名將如關羽、杜預、王敦、羊侃、王僧辨、敬翔、曹彬、尹洙、岳飛、狄青、戚繼光、曾國藩，無不通習《左氏傳》。[122]明人持兵法謀略，解讀《左傳》敘戰之大小戰役；論說兵學，成為專著者，有陳禹謨《左氏兵略》、來斯行《左氏兵法》、宋徵璧《左氏兵法測要》等15種。[123]清人論兵法謀略，以《左傳》敘戰為文本者，有魏禧《兵跡》、《兵法》、《兵謀》，李元春《左氏兵法》、郭鴻熙《左氏兵法正宗》等九種。

《孫子兵法》流傳至二十、廿一世紀，其運用層面，不局限於戰場。已延展至商場市場，轉化為企業經營管理、規劃設計之寶鑑。如張瑾：《《孫子兵法》與現代企業管理制勝謀略》。[124]齊敏著，丁小雨、劉振風編：《孫子兵法與企業管理》[125]等。《左傳》敘戰，既為戰爭個案，又凸顯兵法謀略。《孫

---

122 〔明〕陳禹謨：《左氏兵略》（臺北市：武學書局，1956年），卷首，〈習春秋左傳名家〉，頁22-27。

123 參考林穎政：《明代春秋學研究》，第六章〈經典與兵典：明代《左傳》兵書化的經世致用思潮〉，頁218-263。

124 張瑾：《《孫子兵法》與現代企業管理制勝謀略》（北京市：中國社會出版社，2015年）。

125 齊敏著，丁小雨、劉振風編：《孫子兵法與企業管理》，（臺北市：華立文化公司，2005）。

子》、《吳子》兵法，寄於言；《左傳》之兵法，寓乎事。孫，吳所言，空言也；《左傳》所言，驗之於事也。因此，將《左傳》兵謀，轉化為企業之經營管理，自然順理成章。

《左傳》於明清兩代之傳播與受容，呈現經學的兵學化，亦儒生經世致用之一環。經學史的講述，呼應「與時俱進」之經學精神，於此當稍作著墨。方可見明體達用，利用厚生之一斑。

專著

1. 張高評：《左傳之武略》，高雄：麗文文化公司，1994，PP.1-262。

期刊論文

2. 張高評：〈《左傳》敘戰與《春秋》筆削——論晉楚城濮之戰的敘事義法（下）〉，《古典文學知識》2018年第6期，總第201期，2018年11月。
3. 張高評：〈《左傳》敘戰與《春秋》筆削——論晉楚城濮之戰的敘事義法（上）〉，《古典文學知識》2018年第4期，總第196期，2018年7月。
4. 張高評：〈《左傳》敘戰徵存兵法謀略——《城濮之戰》之敘戰與資鑑〉，《古典文學知識》2018年第3期，總第198期，2018年5月。
5. 張高評：〈《左傳》、《史記》之現代詮釋：以兵謀與策略規劃為例〉，馬來亞大學中文系《漢學研究學刊》創刊號，2010年10月。
6. 張高評：〈《左傳》兵謀與應變策略—以經世資鑑為依歸〉，崑山科技大學《人文暨社會科學學報》第2期，2010年6月。
7. 張高評：〈左氏兵法評證〉，《高雄工專學報》14期，1984年12月。
8. 張高評：〈左傳兵學及其思想〉，《中華文化復興月刊》17卷7期，1984年7月，頁18-25。
9. 張高評：〈左傳兵學評論〉，《三軍聯合月刊》22卷3期，1984年5月。
10.張高評：〈左傳論為將之道〉，《國學新探》創刊號，1984年1月。

八 結語

爰始要終，本末悉昭，為古春秋記事之成法。辨章學術，考竟源流，則是治學之過程與目標。其中，經學發展過程中的因革損益，宜作系統性、主題式的關注與聚焦。

漢學之《春秋》解釋學，重師法家法，主章句訓詁考據。宋學之《春秋》詮釋學，致力義理之推闡創意之詮釋；倡道德性命，心性義理。就治經之方法而言，兩者如鳥之雙翼，人之左右手，各有優劣，互有功能，不宜有所軒輊。

徵諸《宋史》、〈儒林傳〉〈藝文志〉，以及宋代經書刊刻傳播，漢唐以來傳統之訓詁考據方式，仍為經典解讀之利器，與義理闡發齊頭並進，形成經學詮釋的雙重模態。朱熹，為經學性理學的集大成者，為宋學的指標人物。然而朱子治經論學，以校勘、訓詁、考據為能事，錢穆推崇為精博擅場，成就不在清儒漢學之下。

漢學之訓詁考據，與宋學之義理闡發，同為儒者治經之要法與策略。兩者存在或主或從、或冷或熱、或重或輕、或長或消之辯證關係。朱維錚〈經學史專題．漢學與宋學〉稱：「清代樸學好多東西，是從宋學而來的。」清代漢學與宋學密切相關，由此可見。

然而，朱維錚以為：「宋學的研究是很不夠的，可以去研究宋學發展史」。以《春秋》宋學而言，《四庫全書》、《續修四庫全書》、《四庫全書存目叢書》徵存之經典文獻，豐富而多元。對於此一課題之研發與探究，學界當更盡心致力，進行開拓與發展。

本田成之《中國經學史》認為：經學的要素，包含宗教、哲學、政治學、道德學、文學、藝術學。章權才《兩漢經學史．自序》亦以為：「經」和「經學」，包涵了哲學、政治學、倫理學，也包涵了文化領域的諸多方面。

因此，《春秋》《左傳》學傳播與接受之歷程中，生發經學之史學化、文學化，甚至兵學化，乃勢所必至，理有固然。要之，皆經學史研究之範圍。

研究《春秋》經傳學史，應該以歷史流變、經學發展、系統論述為綱，以主題學、解釋學、詮釋學、闡釋學、閱讀學、傳播學、編纂學、接受史、觀念史為緯，結合地域文化、學派風格等，彼此借鏡參考，相資為用。

黃奭《高密遺書》輯佚成果析探

陳惠美
中國文化大學中國文學系副教授

提要

乾嘉之際，清代學界對鄭玄（127-200）之推崇達於鼎盛，相關論述蔚然成風。如任兆麟（生卒年不詳，嘉慶元年舉孝廉方正）撰〈論復鄭康成從祀〉，孫星衍（1753-1818）著〈增立鄭博士議〉及〈咨請會奏置立伏鄭博士稿〉，洪亮吉（1746-1809）上〈請禮記改用鄭康成注摺子〉，皆建言當復鄭玄從祀孔廟，並設立鄭氏博士之位。此等舉措，足見乾嘉時期對鄭玄學術地位之高度重視。鄭玄著述，《儀禮注》十七卷、《周禮注》十二卷、《禮記注》二十卷、《毛詩箋》二十卷，猶存完帙，餘則多已亡佚。自宋代王應麟（1223-1296）以降，學者陸續致力於鄭玄遺書之輯佚，至清代二百餘年間，此風尤盛，蔚為清代學術一大特色。其中，將鄭玄佚著彙編成叢書者，有王復（1747-1797）輯《鄭氏遺書》五種、孔廣林（1746-1814）輯《通德遺書所見錄》十八種、袁鈞（1752-1806）輯《鄭氏佚書》二十三種、黃奭（1809-1853）輯《高密遺書》十七種，皆為輯佚鄭玄遺書之重要成果。本文以黃奭《高密遺書》為主要考察對象，析論《高密遺書》編纂體例；並與其他鄭玄佚籍輯本略作比較，評述黃奭《高密遺書》之輯佚成果，期能一窺清代鄭玄佚籍輯佚之狀況。

關鍵詞：高密遺書、鄭玄佚籍、黃奭、輯佚

一　前言

自康熙年間朱彝尊（1629-1709）至光緒年間王仁俊（1866-1913），凡二百餘年，清代學者對於東漢經學大師鄭玄（127-200）佚著之輯佚工作未嘗稍懈，且隨時推移，其研究成果益發精深宏富。鄭玄，字康成，北海高密（今山東高密）人，乃東漢經學之泰斗，學識淵博，貫通五經，尤以其對《周易》、《尚書》、《詩經》、《禮記》、《周禮》、《儀禮》等儒家經典之注釋，深為後世推崇。然自魏晉以降，鄭氏著述多散佚殞地。及至清代，考據學風大盛，學者廣搜古籍，欲重現鄭玄學術之全貌，遂成一時風尚。

回顧清代學者輯佚鄭玄遺書之歷程，朱彝尊輯有《鄭氏孝經注》與《尚書大傳注》，惠棟（1697-1758）輯《鄭氏周易》，孫之騄（生卒年不詳，雍正年間教諭）補《尚書大傳三卷補遺一卷》，盧見曾（1690-1768）撰《尚書大傳補遺》，盧文弨（1717-1795）著《尚書大傳續補遺一卷考異一卷》及〈鄭康成周禮序〉，王謨（1731-1817）輯《六藝論》等九種[1]，吳騫（1733-1813）輯《詩譜補亡後訂一卷拾遺一卷》，孔廣林（1746-1814）輯《通德遺書所見錄》十八種[2]，王復（1747-1797）輯《鄭氏遺書》五種[3]，袁鈞（1752-1806）輯《鄭氏佚書》二十三種[4]，陳鱣（1753-1817）輯《孝經鄭氏

1　《三禮目錄》一卷、《五經異義》二卷（漢．許慎撰，漢．鄭玄駁）、《六藝論》一卷、《孔子弟子目錄》一卷、《孝經注》一卷、《尚書中候》一卷、《論語注》一卷、《鄭氏詩譜》一卷、《魯禮禘祫志》一卷、《穀梁廢疾》一卷、《發墨守》一卷。

2　《六藝論》一卷、《周易注》十二卷、《尚書注》十卷、《尚書中候注》六卷、《尚書大傳注》四卷、《毛詩譜》一卷、《三禮目錄》一卷、《答周禮難》一卷、《魯禮禘祫義》一卷、《喪服變除》一卷、《箴左氏膏肓》一卷、《發公羊墨守》一卷、《釋穀梁廢疾》一卷、《論語注》十卷、《論語弟子篇目》一卷、《駁五經異義》十卷、《鄭志》八卷、《孝經注》一卷。

3　《鄭氏遺書》武億校，《駁五經異義》一卷、《補遺》一卷，《箴膏肓》一卷，《起廢疾》一卷，《發墨守》一卷，《鄭志》三卷、《補遺》一卷。

4　《易注》九卷、《尚書注》九卷、《尚書中候注》一卷、《詩譜》三卷，蓋袁鈞手自寫定；《尚書大傳注》三卷、《尚書五行傳注》一卷、《尚書略說注》一卷、《三禮目錄》

注》、《論語孔子弟子目錄》一卷、《六藝論》一卷、《論語鄭氏注》十卷等四種，孫星衍（1753-1818）輯《尚書古文注》一卷，嚴可均（1762-1843）輯《六藝論》一卷及《孝經鄭注》一卷，洪頤煊（1765-1837）輯《鄭玄六藝論》一卷[5]，臧庸（1767-1811）輯《孝經鄭氏解輯》一卷及《六藝論》一卷，陳壽祺（1771-1834）輯《五經異義疏證》三卷及《尚書大傳定本五卷附序錄一卷辨訛一卷》，宋翔鳳（1777-1860）輯《論語孔子弟子目錄》一卷及《論語鄭氏注》十卷，孫堂（生卒年不詳，嘉慶六年舉人）重校並補《鄭康成周易注三卷補遺一卷》，錢枚（生卒年不詳，嘉慶年間人）輯《論語鄭注》一卷，趙在翰（生卒年不詳，嘉慶年間人）輯《易是類謀》一卷等五種[6]，馬國翰（1794-1857）輯《六藝論》一卷等九種[7]，黃奭（1809-1853）輯《六藝論》一卷等二十七種[8]，丁晏（1794-1876）輯《鄭玄喪服變除注》及《鄭氏詩譜考正》一卷，李光廷（1812-1880）輯《詩譜》一卷，喬松年（1815-

一卷、《喪服變除》一卷、《魯禮禘祫義》一卷、《答臨碩難禮》一卷、《箴膏肓》一卷、《釋廢疾》一卷、《發墨守》一卷、《春秋傳服氏注》十二卷、《孝經注》一卷、《論語注》十卷、《孔子弟子目錄》一卷、《駁五經異義》十卷、《六藝論》一卷、《鄭志》八卷、《鄭記》一卷、曰《鄭君紀年》一卷，則族曾孫堯年所補。

5 洪頤煊於《戴德喪服變除》輯本後附有「鄭玄喪服變除」兩條佚文，僅為採輯戴德《喪服變除》佚文時，恰巧尋得，非專注於輯鄭玄《喪服變除》一書，因此不算洪頤煊有輯鄭玄《喪服變除》。

6 《易是類謀》一卷、《易乾元序制記》一卷、《易通卦驗》一卷、《易稽覽圖》一卷、《易辨終備》一卷。

7 《六藝論》一卷、《周禮鄭氏音》一卷、《鄭氏喪服變除》一卷、《孟子鄭氏注》一卷、《尚書中候》三卷、《尚書緯刑德放》一卷、《尚書緯帝命驗》一卷、《尚書緯運期授》一卷、《尚書緯璇璣鈐》一卷、《論語孔子弟子目錄》一卷（據陳鱣本迻錄）。

8 《高密遺書》十七種收有《周易注》一卷、《尚書大傳注》一卷、《尚書古文注》一卷、《毛詩譜》一卷、《答臨孝存周禮難》一卷、《魯禮禘祫義》一卷、《喪服變除》一卷、《三禮目錄》一卷、《駁五經異義》一卷、《孝經解》一卷、《箴膏肓》一卷、《釋廢疾》一卷、《發墨守》一卷、《六藝論》一卷、《鄭志》一卷、《論語篇目弟子》一卷、《論語注》一卷，末有鄭玄《年譜》。另有《尚書運期授》一卷、《尚書緯刑德放》一卷、《尚書緯璇璣鈐》一卷、《易坤靈圖鄭氏注》一卷、《易是類謀鄭氏注》一卷、《易乾元序制記鄭氏注》一卷、《易通卦驗鄭氏注》一卷、《易稽覽圖鄭氏注》一卷、《易辨終備鄭氏注》一卷、《尚書緯帝命驗》一卷，收錄於《黃氏佚書考》中的「通緯」。

1875）輯《尚書考靈曜》，勞格（1819-1864）輯《論語鄭注》及《孝經鄭注》，俞樾（1821-1907）輯《論語鄭義》一卷，孫詒讓（1848-1908）輯《周禮馬融鄭玄敘》一卷，胡元儀（1848-1908）輯《毛詩譜》一卷，孫季咸（生卒年不詳，同治癸酉科貢生）輯《孝經鄭注附音》，皮錫瑞（1850-1908）著《六藝論疏證》一卷、《鄭志疏證附答臨孝存周禮疏證》、《孝經鄭注疏》二卷、《駁五經異義疏證》十卷等四種，王仁俊（1866-1913）輯《答臨碩周禮難》一卷等十一種[9]，皆為清代輯佚鄭玄遺書之重要結晶，足證清儒對鄭玄學術之高度重視。

尤為值得注意者，清代學者將鄭玄佚著輯為叢書，在當時鄭玄乃唯一一位佚著專輯成叢書之學者，此舉不僅突顯其在儒學史上之獨特地位，亦反映清代學者對漢學之深切推崇。自王復《鄭氏遺書》五種，孔廣林《通德遺書所見錄》十八種，袁鈞《鄭氏佚書》二十三種，至黃奭《高密遺書》十七種，皆為專輯鄭玄遺書之重要著作。其中，黃奭師承江藩（1761-1831），江藩則受業於余蕭客（1732-1779）與江聲（1721-1799），其學脈上溯惠棟。江藩精研漢學，尤服膺鄭玄，黃奭深受其影響，對鄭氏學說倍加推崇，遂致力於鄭玄佚著之蒐集與整理。道光十九年（1838），黃奭攜《高密遺書》初稿謁見阮元（1764-1849），阮元閱之，深為讚賞，於道光二十三年（1842）特為作序，以表彰其學術價值。本文擬透過分析黃奭《高密遺書》之體例與內容，並與其他同類型的輯本略作比較，期能更加掌握清代專門以鄭玄佚著為主軸之叢書輯佚狀況。

二　《高密遺書》成書經過

黃奭，字右原，江蘇甘泉（今揚州）人，生於清嘉慶十四年（1809），

---

9 《孟子鄭氏注》一卷、《春秋左傳鄭氏義》一卷、《孝經董氏義附孝經鄭氏注》、《答臨碩周禮難》一卷、《爾雅鄭注》一卷、《婚禮謁文》一卷、《尚書中候鄭注》一卷、《尚書緯刑德放》一卷、《尚書緯考靈曜》一卷、《洛書鄭注》一卷、《論語鄭注》一卷、周禮序一卷（據盧文弨輯本迻錄）

卒於咸豐三年（1853），享年四十四。其父黃至筠（1770-1833），揚州著名鹽商，位列當時八大鹽商之一，家境甚為殷實。然黃奭未承父業，亦無意從商，而篤志學術，潛心經史。

黃奭幼資穎悟，嗜學不倦，早年就讀於揚州安定書院，深受儒學傳統陶冶。後從學於朱偁（1826-1900），並與顧廣圻（1766-1835）、凌曙（1775-1829）等名儒交遊砥礪[10]，學識日深。其後，曾燠（1760-1831）薦其延請漢學大家江藩（1761-1831）至家中授課[11]。江藩博學精思，尤擅鄭玄之學，對黃奭影響至鉅，使其經學根基益發堅實。

道光十五年（1835），黃奭應會試，未能中第，遂以資入仕，官至刑部郎中。然至道光十八年（1838），父喪，遂依孝道辭官守制，自此棄仕途，專力輯佚之學。先輯有《高密遺書》，後又輯得漢魏六朝經、史、子類佚書二百八十餘種，所輯佚書收入《黃氏逸書考》中。著作有《佩觿集》、《經吹集》、《五代經籍志注》、《石經集考》、《示璞集》、《臚雲集》、《端綺集》。刻有《清頌堂叢書》凡八種，《知足齋叢書》凡六十六種（一作十七種）。

黃奭最早完成的輯佚作品為《高密遺書》，主要輯錄鄭玄遺書，成稿後，阮元（1764-1849）為之序[12]，盛讚其「專於鄭高密一家，元元本本」，

---

10 陳逢衡：「右原幼有神童之目，自六經三史外靡不研究……況復喜與賢士大夫相接，有飯石以為之師，有千里（顧廣圻）、曉樓（凌曙）以為之友。」見黃奭，《端綺集》（臺北市：新文豐出版公司《叢書集成續編》，1989），卷4，〈丙戌〉，頁440。

11 道光六年（1826）黃奭年十七，聽從曾燠（1760-1831）建議，拜江藩為師。

12 〔清〕阮元：〈高密遺書序〉：「右原以門下晚學生來謁。己亥（道光十九年）後，屢問學。予見其所言四庫諸書，大略皆能言之；與講漢學，知其專于鄭高密一家，元元本本，有《高密遺書》之輯。余詫之，以為其家以貨殖為事，柳子厚所云：『為世所嫌』安能知所謂高密鄭公者，詰其所學必有所來。右原乃言幼讀書為舉業，入安定書院，曾賓谷先生異之曰：『爾勿為時下學，余薦老師宿儒一人，與爾為師。』乃甘泉江鄭堂子屏藩也。右原以重脩禮延之，館其家從之學。右原質本明敏，又專誠受教四年，子屏老病卒，獨學又十餘年。日事搜討，從漢唐以來各書中得高密遺書盈尺之稿。稿本已刻者：《六藝論》、《周易註》、《尚書註》、《尚書大傳注》、《毛詩譜》、《箴膏肓》、《釋廢疾》、《發墨守》、《喪服變除》、《駁五經異義》、《答臨孝存周禮難》、《三禮目錄》、《魯禮禘祫義》、《論語註》、《鄭志》、《鄭記》等，為《高密遺書》十數帙，其《尚書

足見黃奭於鄭玄學說之精研。《高密遺書》的輯佚過程極為艱辛，黃奭日夜研讀各類古籍，細加考證，書稿均以小巾箱本形式記載，字跡工密，並以朱墨標註重點，條理井然。不僅蒐羅鄭玄佚文於殘篇斷簡中，亦對其他學者所輯內容進行考訂，去偽存真，精益求精。阮元閱初稿，深嘉其志，稱其雖出商賈之家，卻能遠俗務，專志學術，殊為難得。

黃奭志不止於《高密遺書》，後更廣搜漢魏六朝經、史、子佚書，計二百八十餘種，編成《黃氏逸書考》。此書校勘，得江都陳逢衡（1778-1855）襄助，並陸續刊刻問世[13]。咸豐初，太平天國戰火延及揚州，黃奭舉家避亂，不久病逝[14]，未及見鉅著全刊。其子黃灝於光緒年間試圖整理父親遺留書稿，並設法購回部分刻版，然未及完成即離世。其弟黃澧遂接續整理工作，聘儀徵劉良甫編纂，終成《漢學堂叢書》。《漢學堂叢書》收「經解逸書考」八十五種、「通緯逸書考」五十六種、「子史鉤沉逸書考」七十四種，附《高密遺書》十一種。然其《高密遺書》與阮元所見初稿已異，《漢學堂叢書》所收入的《高密遺書》有《尚書大傳注》一卷、《毛詩譜》一卷、《答臨孝存周禮難》一卷、《魯禮禘祫義》一卷、《喪服變除》一卷、《三禮目錄》一卷、《駁五經異義》一卷、《孝經解》一卷、《論語篇目弟子》一卷、《論語注》一卷、《鄭司農年譜》一卷共十一種。與阮元所見初稿，少了《周易注》、《尚書注》、《箴膏肓》、《釋廢疾》、《發墨守》、《六藝論》、《鄭志》、《鄭記》八種，多了《孝經解》和《鄭司農年譜》兩種。

光緒中，黃澧彙印《漢學堂叢書》後不久辭世。所印行之二百二十六種

義》、《問》等書及緯書未刻者，尚十數帙。其稿皆巾箱小本，細書狹行，朱墨紛雜。偶得一條，即加注貼籤，且寫且校。其有他人已先輯者，與自所輯者，亦各自有分別。」《黃氏逸書考》（京都市：中文出版社，1987年），卷末，頁3854。

13 據王鑒〈黃氏逸書考序〉云：「獲交長君輝山灝、次君叔符澧，兩君言：『當日編輯時，每成一種，即以付刊。』現存樣本一部，仍有刊成而未經印樣者若干種。」文載《黃氏逸書考》，卷首，頁5。

14 據〔清〕黃澧〈漢學堂叢書跋〉云：「先君曾輯《漢學堂逸書考》二百八十餘種，又蒐輯鄭氏之學成《高密遺書》十餘種，刊成值兵燹，版庋樊漢鎮僧舍者，二十餘年。迨先兄以資購版歸，方擬補其闕佚，旋即謝世。」《黃氏逸書考》，卷末，頁3856。

書版，轉輾由王鑒所得。王鑒父與黃奭為摯友，王鑒則與黃奭兩位兒子黃灝、黃澧常有往來。王鑒曾得黃澧手抄黃奭輯佚書原目二百七十餘種，認為所缺五十餘種必尚在人間，數年間，續得殘版數十種。民國十二年（1923）春，王鑒同鄉秦更年自上海得黃奭道光所印部分樣本，可補殘版缺葉甚多，王鑒因補刻秦氏所抄示兩百餘葉殘版缺葉重校彙印全書，且據書中各類篇首下皆有「逸書考」三字，乃易書名為《黃氏逸書考》，於民國十四年（1925）刊行該書。王鑒所刊版本較光緒年間的《漢學堂叢書》更為完整，並增補若干新發現的黃奭輯本，此版本收錄「漢學堂經解」一百一十二種、「通緯」七十二種、「子史鉤沉」八十四種、「通德堂經解」十七種。卷首冠王鑒民國十四年（1925）〈序〉及〈凡例〉，記補刻重印經過甚詳。卷末附劉富曾〈跋〉。

惜王鑒所刊本流傳未久，即因水患散佚。後江都朱長圻據舊版補刻，重刊《黃氏逸書考》，增吳謝承《後漢書》、晉曹嘉之《晉紀》二種[15]，成今最完備之本，中文出版社所出版的《黃氏逸書考》及上海古籍出版社《續修四庫全書》所收錄的《黃氏逸書考》均為朱長圻補刻重印本。

三　《高密遺書》體例

《高密遺書》為黃奭最早完成的輯佚著作，收入《黃氏逸書考》中。《黃氏逸書考》依其內容與性質，分為「漢學堂經解」、「通緯」、「子史鉤沉」、「通德堂經解」四大類。其中，《高密遺書》於民國十四年（1925）王鑒重刊本中被置於全書之末，並更名為「通德堂經解」。此輯收錄十七種鄭玄佚著，輯本書目依序如下，《周易注》一卷、《尚書大傳注》一卷、《尚書古文注》一卷、《毛詩譜》一卷、《答臨孝存周禮難》一卷、《魯禮禘祫義》

15　曹書杰將附書七種獨立計算，因此總計為二百九十一種輯本。曹書杰：《中國古籍輯佚學論稿》（長春市：東北師範大學出版社，1998），第五章〈清代輯佚的繁興（上）〉，頁165。

一卷、《喪服變除》一卷、《三禮目錄》一卷、《駁五經異義》一卷、《孝經解》一卷、《箴膏肓》一卷、《釋廢疾》一卷、《發墨守》一卷、《六藝論》一卷、《鄭志》一卷、《論語篇目弟子》一卷、《論語注》一卷，末附孫星衍《鄭康成年譜》及阮元〈高密遺書序〉。

（一）佚文出處之標註

清代以前的輯本，多未能詳加標明佚文出處。如《四庫全書》所收《箴膏肓》、《起廢疾》、《發墨守》等輯本，其中所錄佚文，均未註明其出處，殊難考據。有清一代諸輯佚家，多遵循標明佚文出處之原則。曹書杰《中國古籍輯佚學論稿》云：「佚文出處必須詳為注明，凡注明出處者優，否則劣；出處詳明者優，簡略者次之。」[16]黃奭於輯錄佚文時，不僅明確標示各出處，亦詳加考辨諸書所引之異同。凡他書同錄此則佚文而文字稍異者，黃奭每於其下標示佚文之異同，酌情作出考證說明。

如《尚書大傳注．洪範》：「爰用五事，建用王極。……厥極惡」輯有鄭玄佚注：「王極，或皆為皇極也。……生氣失，故於人則為惡。」「生氣失，故於人則為惡。」下面標注「〈五行志〉不引此註，《通解續》亦缺，茲依吳中本錄。」[17]盧見曾於吳中獲得一部《尚書大傳注》舊本四卷，然編者姓名無從考知，所錄引之文亦未標明出處。黃奭於輯錄鄭玄《尚書大傳注》時，多所參考吳中舊本，然其中輯錄之佚文，若黃奭無法確定其出典，則每詳加辨析，說明可能涉及之典籍皆未見該條佚文，遂依吳中本所載，如實錄入。

又如《論語注．泰伯第八》：「人而不仁，疾之已甚，亂也。」輯有鄭玄佚注：「不仁之人，當以風化之，若疾之已甚，是益使為亂也。」除了標注佚文出處為《後漢書．郭太傳注》，還標示「又見〈西羌傳注〉下二句作『疾之已甚，是又使之為亂行。』皇氏《義疏》引此注作『不仁人，疾之大

16 曹書杰：《中國古籍輯佚學論稿》，第九章輯佚方法緒論，頁293。

17 黃奭：《黃氏逸書考．尚書大傳注》，〈洪範〉，頁3533。

甚，是使之為亂也。』」[18]當數種書籍同時引述某則佚文時，黃奭不僅詳加標注所採錄典籍之全部出處，並縷析各輯文之異同，以供參考。

黃奭不僅著錄諸家所輯佚文之出處，詳加比對其異同，且凡所採佚文有可疑之處，皆加以考證，深入辨析其真偽，以期確證輯文之真實性。如《周易注・繫辭上》:「大衍之數五十，其用四十有九。」輯有鄭玄佚注:「天地之數，五十有五，以五行氣通，凡五行減五，大衍又減一，故四十九也。」標有出處「《正義》、劉牧《鉤隱圖》、《義海撮要》」，並加上說明:「劉牧《鉤隱圖》引此，『有五』下有『者』字，『氣通』下有『於萬物故』四字，無『凡五行』三字，『故四十九也』作『故用四十九』。《義海撮要》七引鄭康成云:『天地之數五十有五，其六以象六畫之數，故減之用四十九。』案鄭無象六畫之義，此引有誤。」[19]

（二）各輯本書前序錄之撰寫

近代學者評騭前人輯本優劣，常以體例之完備與否為重要準繩。如曹書杰於《中國古籍輯佚學論稿》中論及:「一部較好的輯佚書，必須通過撰寫自序（前言）、後記、凡例、引用書目等這些輯本的有機組成部分，來總結其輯佚工作，使讀者通過這些資料，對佚書、作者及輯本的特點、價值等有一個概括的了解。」[20]《高密遺書》十七種輯本中，僅《周易鄭注》與《鄭志》附有書前序錄[21]，其餘各書則無明確的編纂說明或輯錄緣由。若以近代評斷優質輯本之標準衡之，《高密遺書》在體例上仍有可議之處，《高密遺書》雖於各輯本中標示引文出處，顯示其蒐羅之廣與考證之精，保持了學術

---

18 黃奭:《黃氏逸書考・論語注》,〈泰伯第八〉，頁3788。

19 黃奭:《黃氏逸書考・周易鄭注》,〈繫辭上〉，頁3472。

20 曹書杰:《中國古籍輯佚學論稿》，第九章輯佚方法緒論，頁307。

21 黃奭所輯二百八十餘種佚書，除了《高密遺書》中的《周易鄭注》和《鄭志》、《爾雅古義》所收十一種輯本及《倉頡篇》、顏真卿（709-785）《韻海鏡源》、薛瑩（208-282）《後漢記》、華嶠（？-293）《後漢書》、謝沈（290-342）《後漢書》、袁崧（？-401）《後漢書》、張璠《漢記》外，其餘均無序或提要。

上的嚴謹性，然全書未設〈總序〉以闡述採錄佚書之動機與方法，亦無〈凡例〉說明編排體例與採集概況，且十七種輯本中，僅二種附有書前序錄，述及亡書流傳與輯錄過程，其餘則闕如。此等缺失，使讀者難以窺見全書編纂之全貌與黃奭輯佚之初衷，這些均可視為《高密遺書》在體例上的不足之處。

四　與《高密遺書》同類型之叢書

本文「前言」羅列清代二百餘年間輯錄鄭玄佚籍的學者，共計三十四人。其中，有四位學者不僅專門輯錄鄭玄的佚著，並將其輯本彙編成叢書，且以與鄭玄相關的名稱命名，分別為：王復《鄭氏遺書》五種、孔廣林《通德遺書所見錄》十八種、袁鈞《鄭氏佚書》二十三種、黃奭《高密遺書》十七種。此外，王謨《漢魏遺書鈔》、洪頤煊《經典集林》、馬國翰《玉函山房輯佚書》及王仁俊《玉函山房輯佚書續編三種》等，雖皆為輯佚類叢書，然其編纂方式未將鄭玄佚著獨立成專門類目或單獨刻印，故不屬本文討論範圍。

（一）王復《鄭氏遺書》五種

王復[22]，晚年輯刻《鄭氏遺書》五種：《駁五經異義》一卷、《補遺》一卷，《箴膏肓》一卷，《起廢疾》一卷，《發墨守》一卷，《鄭志》三卷、《補遺》一卷。嘉慶二年（1997）《鄭氏遺書》刻成時王復已盲，未能親見其書付梓，殊為憾事[23]。孫星衍撰〈五經異義駁義及鄭學四種序〉云：

---

22 王復，字敦初，一字秋塍，浙江秀水人。生於乾隆十二年（1747），卒於嘉慶二年（1797），年五十。乾隆四十八年（1783），至關中謁見陝西巡撫畢沅，自此長留畢沅幕府。畢沅府有許多當代名儒，如程晉芳、孫星衍、錢坫、洪亮吉、章學誠、淩廷堪、江聲、梁玉繩、汪中、武億等，對王復之輯佚工作，有重要的影響。王復工詩，喜搜刻金石遺文，著有《偃師金石遺文補錄》十六卷、《晚晴軒詩集》八卷、《晚晴軒詞》一卷。

23 〔清〕武億：〈王復行狀〉，收入李桓編：《國朝耆獻類徵初編》（臺北市：明文書局，1985年《清代傳記叢刊》），卷245，頁53。

《五經異義并駁議》一卷、《補遺》一卷，《箴膏肓》、《起廢疾》、《發墨守》各一卷，《鄭志》三卷、《補遺》一卷，曩在史館校中秘書鈔存，不知何時人輯錄，吾友王大令復及武故令億互加考校，注明所采原書，又加增補[24]。

由此可見，王復《鄭氏遺書》乃在前人輯本基礎上增補修訂而成，並非全然重新輯錄之作。然而，此書仍為清代最早輯刻鄭玄佚著之專書，在清代輯佚學發展史上，無疑占有重要地位，具有不可忽視的學術價值。

（二）孔廣林《通德遺書所見錄》十八種

孔廣林，字叢伯，號幼髯，山東曲阜人。生於乾隆十年（1745），卒年未詳，然據《通德遺書所見錄・後記》所載年代，知嘉慶十九年（1814）仍在世。孔廣林出身衍聖公家族，為故襲衍聖公孔傳鐸之孫，戶部主事孔繼汾之子。《曲阜縣志》載有其事蹟：

乾隆年廩貢生，署太常寺博士。博雅好古，專治鄭學，著有《周禮肊測》七卷、《儀禮肊測》十八卷、《吉凶服名用篇》九卷、《禘觿解篇》一卷、《明堂億》一卷、《士冠箋》一卷、《通德鄭氏遺書所見錄》七十二卷、《延恩集》一卷、《幼髯韻語錄存》一卷、《外集》一卷、《溫經樓游戲翰墨》二十卷。年二十六，即絕意進取。阮元嘗謂海內治經之人，無其專勤。積詩三千六百餘首，自以為不足傳，悉焚其稿，僅刻〈悼亡〉十五首以示子孫云[25]。

《通德遺書所見錄》七十二卷，輯錄鄭玄著述十七種：《六藝論》一卷、《周

24 〔清〕孫星衍：〈五經異義駁義及鄭學四種序〉，《五經異義駁義》（臺北市：新文豐出版公司，1985年影印《問經堂叢書》本），卷首，頁1。

25 孫永漢修，李經野纂：〈孔廣林傳〉，《曲阜縣志》（臺北市：成文出版社，1968年《中國方志叢書》影印民國二十三年鉛印本），卷5，「人物志」，頁27。

易注》十二卷、《尚書注》十卷、《尚書中候注》六卷、《尚書大傳注》四卷、《毛詩譜》一卷、《三禮目錄》一卷、《答周禮難》一卷、《魯禮禘祫義》一卷、《喪服變除》一卷、《箴左氏膏肓》一卷、《發公羊墨守》一卷、《論語注》十卷、《論語弟子篇目》一卷、《駁五經異義》十卷、《鄭志》八卷、《孝經注》一卷。末附廣林自撰《敘錄》一卷。《續修四庫全書總目》評是書曰：

> 漢代經學大師，首推許、鄭。鄭君隱修經業，博稽六藝，參攷百氏，覩恷緯之奧，集二鄭之大成，研讚解故，發疑正誤，注《周易》、《尚書》、《周禮》、《儀禮》、《禮記》、《論語》、《書中候》、《大傳》、〈乾象〉，歷箋《毛詩》等書，百餘萬言，譔述之富，未有倫比。所謂刪裁繁蕪，刊改漏失，學者畧知所歸，良匪虛語。今存者，《毛詩箋》、《三禮注》而已，其餘皆亡。然在有唐，固未泯滅，故《正義》、《通典》諸書，多徵引焉。五代兵亂，古籍半銷，又重以宋人空談性命，菲薄漢儒，《詩箋》、《禮疏》，列橫舍者，多視之蔑如，遑論其他。由是鄭君之書，淩夷殆盡。浚儀王應麟伯厚，留意古學，不拘於時，輯鄭君《周易注》，刻於《玉海》中。惟又見所輯《尚書注》、《駁異義》、《鍼膏肓》、《發墨守》、《釋廢疾》、《鄭志》六種，不列於《玉海》中，或云為惠氏所輯，因與惠氏《九經古義》參證，輯中案語多與相同，知非王氏手輯矣。廣林輯數十年之力，輯鄭君之書。嘉慶甲子，輯《易注》、《書注》、《駁異義》、《箴膏肓》、《發墨守》、《釋廢疾》、《鄭志》，為《北海經學七錄》，自是日積月累，前後共得十有八種。丁酉春彙為一集，敘而錄之，題曰《通德遺書所見錄》，凡七十二卷。惟鄭君之學，有經有緯，是編緯學自《中候》而外，概未之及。其後輯鄭君之書者，若袁鈞等，踵事增繁，或有後勝於前者。然廣林治學之勤，用心之篤，實輯鄭學之先河也[26]。

26 中國科學院圖書館整理：〈通德遺書所見錄提要〉，《續修四庫全書總目提要稿本》，第30冊，頁479。

嘉慶九年（1804）將所輯《易注》、《書注》、《駁異義》、《箴膏肓》、《發墨守》、《釋廢疾》、《鄭志》彙為《北海經學七錄》，又陸續輯得其他鄭玄佚籍，前後共得十八種，於嘉慶二十二年（1817）題名為《通德遺書所見錄》[27]。

（三）袁鈞《鄭氏佚書》二十三種

袁鈞，字秉國，號陶軒，又號西廬，生於清乾隆十七年（1752），卒於嘉慶十一年（1806），享年五十五歲。少時師從秀水鄭虎文，三十五歲應試，高等擢第，為學政朱珪所器重，拔為第一。嘉慶元年（1796），朝廷詔徵直省孝廉方正，學政阮元、布政使謝啟昆（1737-1802）、按察使秦瀛（1743-1821）皆聯名薦舉，奉賜六品頂戴。嘉慶五年（1800），阮元遷任浙江巡撫，延聘袁鈞入幕府，後主講稽山書院，卒於任內[28]。

袁鈞素崇鄭玄之學，曾言：「鄭氏，漢代大儒，學究本原，又其師承多本古訓……聖治隆古，大雅閒作，海內知崇漢學矣。欲為漢學，捨鄭氏書，曷從哉？」[29]遂專注於鄭玄佚著之蒐羅輯錄，所編輯本彙為《鄭氏佚書》。其中，袁鈞親手寫定者僅《易注》、《尚書注》、《尚書中候注》、《詩譜》四種。其卒後，曾孫袁烺將此四書委託族曾孫袁堯年校勘，於光緒十年（1884）付梓。《尚書大傳注》、《五行傳注》、《略說注》等，則非袁鈞寫定之本，由袁堯年竭數年之力，一一為之寫定，並合前刊四種，於光緒十四年（1888）由浙江書局刊刻印行，德清俞樾（1821-1907）為之作序。俞氏曰：

27 〔清〕孔廣林：《通德遺書所見錄．敘錄》：「凡七十一卷，都為一集，題曰《鄭學》。而幡然曰：『嘻，過矣！』鄭君之學有經焉，有緯焉。是編也，緯學自《中候》而外，概未及之；及其經學者，若《喪服記》、《天文七政論》及唐《藝文志》所載《孟子注》七卷，皆莫能得其一二，而曰鄭君學具在于斯乎，誣之甚妄之甚夫！惟是即目中所經見者錄備遺忘云爾，乃改題曰《通德遺書所見錄》。」（京都市：中文出版社，1973年），卷72，頁330。

28 〈徵舉孝廉方正陶軒先生傳〉，載《瞻袞堂文集》（臺北市：新文豐出版公司，1988年影印《四明叢書》本），卷首引《鄞縣西袁氏家乘》，頁4。

29 〔清〕袁鈞：〈鄭氏佚書目錄敘〉，《瞻袞堂文集》，卷1，頁1。

兩漢經師之學，至鄭君而集大成，每發一義，無不貫穿群經，不知者，以為鄭君所臆造，而不知其按之群經，如以肉貫串也。典午之代，崇尚清談，鄭學幾廢，幸唐人《正義》，《禮》用鄭注，《詩》亦主鄭箋，高密之緒，賴以不隊。元明以來，空談心性，鄭學又微。本朝經術昌明，大儒輩出，士抱不其之書，戶習司農之說，然其遺文佚義，散失已久，蒐輯為難。鄞縣袁陶軒先生乃用王伯厚輯鄭氏《周易注》之例，網羅放失，乃得《鄭氏佚書》二十三種。其手自寫定者四種，曰《易注》、曰《尚書注》、曰《尚書中候注》、曰《詩譜》，其曾孫烺已刻而行之矣。其未寫定者尚有一十九種，曰《尚書大傳注》、曰《尚書五行傳注》、曰《尚書略說注》、曰《三禮目錄》、曰《喪服變除》、曰《魯禮禘祫義》、曰《答臨碩難禮》、曰《箴膏肓》、曰《釋廢疾》、曰《發墨守》、曰《春秋傳服氏注》、曰《孝經注》、曰《論語注》、曰《孔子弟子目錄》、曰《駁五經異義》、曰《六藝論》、曰《鄭志》、曰《鄭記》、曰《鄭君紀年》，其書皆密行總字，戢孴攢羅，理而董之，良非易易。先生既沒，其族曾孫堯年竭數年之力，一一為之寫定，然卷帙頗繁，刻以行世，力有未殆。會善化瞿子玖先生視學吾浙，以經義教多士，聞有是書，命書局為之刊刻，而袁氏又將其已刻四種之版，歸之局中。烏呼！先生旁搜遠紹之功，其後人繼志述事之美，與子玖先生表章前哲，嘉惠後學之盛心，豈獨為袁氏功臣哉，有裨於經學大矣！按《後漢書》鄭君本傳，尚有《天文七政論》及《乾象歷注》，《唐書・藝文志》又有《論語釋義》，其書既佚，又未見前人徵引，無可掇拾，然則《鄭氏遺書》已略具於斯。鄭君當日集兩漢經師之大成，而先生此編，又可謂集鄭學之大成矣。惟〈唐志〉有《鄭集》二卷，今無傳本。乾隆間，盧氏見曾刻附《周易鄭注》後，然所載〈相風賦〉，實傳鶉觚之作，以名同誤收也。嘉慶間嚴氏輯《全後漢文》，有鄭君文八篇，而《六藝論》亦入其中，是其所著書，不當入集也。如合盧、嚴兩家所錄，釐定鄭集，刻附其後，雖不能復二卷之舊，或亦可得一卷，治鄭學者，當更無遺憾矣[30]。

袁鈞輯《鄭氏佚書》，在撿擇佚文時去取嚴謹，又經孫堯年考證，更為完善。葉德輝嘗曰：「至有專嗜漢鄭氏學者，元和惠棟開山于前，曲阜孔廣林《通德遺書》接軫于後，而黃奭復有《高密遺書》之輯，皆不如袁鈞《鄭氏佚書》晚出之詳。」[31]《續修四庫全書總目》亦稱讚此書曰：「清儒治經，最尊鄭氏，輯其遺著者甚多，黃奭輯《高密遺書》十四種，孔廣林輯《通德遺書》十七種，鈞所輯是編，最稱完備。」[32]

五　《鄭氏遺書》、《通德遺書所見錄》、《鄭氏佚書》與《高密遺書》所收書數量之比較

《鄭氏遺書》、《通德遺書所見錄》、《鄭氏佚書》與《高密遺書》這四部叢書，所收錄的鄭玄佚書輯本數量不一，為進一步比較其收錄範圍，茲列表呈現各叢書之收書情況。

鄭玄佚著輯本	鄭氏遺書	通德遺書所見錄	鄭氏佚書	高密遺書
易注		《周易注》十二，有序錄	九卷，有序錄	《周易注》一卷，有序錄
尚書注		十卷，有序錄	九卷，有序錄	《尚書古文注》一卷
尚書大傳注		四卷，有序錄	三卷，有序錄	一卷
尚書略說注			一卷，有序錄	
尚書五行傳注			一卷，有序錄	

30 〔清〕俞樾：〈鄭氏佚書序〉，《鄭氏佚書》（光緒十四年浙江書局刊本），卷首，頁1-2。

31 葉德輝：〈輯刻古書不始于王應麟〉，《書林清話》（長沙市：岳麓書社，1999年4月），卷8，頁182。按：黃奭《高密遺書》編成於咸豐初年，刊刻於清光緒十九年（1893），葉氏此云「袁鈞《鄭氏佚書》晚出」，似未深考。

32 謝國楨：〈鄭氏佚書提要〉，《續修四庫全書總目提要》，〈經部・彙編類〉，頁1434。

鄭玄佚著輯本	鄭氏遺書	通德遺書所見錄	鄭氏佚書	高密遺書
尚書中候注		六卷，有序錄	一卷，有序錄	
詩譜		《毛詩譜》一卷，有序錄	三卷，有序錄	《毛詩譜》一卷
三禮目錄		一卷，有序錄	一卷，有序錄	一卷
喪服變除		一卷，有序錄	一卷，有序錄	一卷
魯禮禘祫義		一卷，有序錄	一卷，有序錄	一卷
答臨碩難禮		《答周禮難》一卷，有序錄	一卷，有序錄	《答臨孝存周禮難》一卷
箴膏肓	一卷	《箴左氏膏育》一卷，有序錄	一卷，有序錄	一卷
釋廢疾	一卷	《釋穀梁廢疾》一卷，有序錄	一卷，有序錄	一卷
發墨守	一卷	《發公羊墨守》一卷，有序錄	一卷，有序錄	一卷
春秋傳服氏注			十二卷，有序錄	
孝經注		一卷，有序錄	一卷，有序錄	《孝經解》一卷
論語注		十卷，有序錄	十卷，有序錄	一卷
孔子弟子目錄		《論語弟子篇目》一卷，有序錄	一卷，有序錄	《論語篇目弟子》一卷
駮五經異義	一卷	十卷，有序錄	十卷，有序錄	一卷
六藝論		一卷，有序錄	一卷，有序錄	一卷
鄭志	三卷、補遺一卷	八卷，有序錄	八卷，有序錄	一卷，有序錄
鄭記			一卷，有序錄	
鄭君紀年			一卷，有序錄	孫星衍撰

就收書數量而言，袁鈞所編《鄭氏佚書》輯錄鄭玄佚著最為豐富，較王復、孔廣林與黃奭諸家所輯更增《尚書略說注》、《尚書五行傳注》、《春秋傳服氏注》及《鄭記》四種。然而，叢書之優劣並不僅取決於所收書目的多寡，而在於其收錄之真確與合理性。是故，是否適宜納入某書，仍須審慎考證。以下即就袁鈞所增錄之四種佚書，進行討論與辨析，以評估其收入之可行性。

（一）《尚書略說注》是否宜獨立成一書

〈尚書略說注序錄〉：「案舊唐書有《尚書暢訓》三卷，〈新志〉作一篇。《暢訓》之名即〈略說〉之譌，原列《大傳》中，今別為一卷。」[33]關於「訓暢」為「略說」之譌，陳壽祺《尚書大傳・序錄》即已有此見解，「《尚書大傳》有〈略說〉一篇，諸經義疏每引之。〈隋志〉無《大傳》而有《暢訓》，伏生無此書。《暢訓》當為〈略說〉形近之譌，三卷當為一卷。此伏生所撰，不可謂注。〈舊志〉此條多謬，《新唐書》亦然。第《新書》列《大傳》三卷，又出《暢訓》一卷，疑〈舊志〉尚有脫誤。」[34]《尚書略說注》為《尚書大傳》中之一篇，袁鈞將其獨立出。孔廣林和黃奭所採〈略說〉注佚文則收錄於《尚書大傳》中，以《尚書大傳》一書的體例來說，袁鈞將〈略說〉獨立輯出，並不妥當。

（二）《尚書五行傳》是否宜獨立成一書

〈尚書五行傳序錄〉：「《尚書五行傳》，一卷，舊列《大傳》中，稱〈鴻範五行傳〉。案，《大傳》自有〈鴻範傳〉，此當別是一書。孔沖遠曰：『《今文尚書》、劉向《五行傳》、蔡邕勒石皆此本。』葉夢得，謂《大傳》，流為劉向《五行傳》，夏侯氏災祥之說是也。鄭注所引劉《傳》，即向書。此

33 〔清〕袁鈞：〈尚書略說注序錄〉，《鄭氏佚書・尚書略說》，頁1。

34 〔清〕陳壽祺：〈尚書大傳序錄〉，《尚書大傳》（北京市：中華書局《叢書集成初編》，1985年），頁5。

《傳》則伏生創紀，獨詳五行之體。是漢已前相承古義，雖同為《大傳》，而不在鄭君所詮次八十三篇中，今別為一卷。」[35]袁鈞認為《五行傳》與鄭玄所詮釋之八十三篇內容有所不同，應當自《尚書大傳》中獨立出來，而孔廣林與黃奭則仍將其視為《尚書大傳》的一部分。關於《洪範五行傳》的作者，歷來學界主要有伏生、劉向與夏侯始昌三種說法。然而，劉向《五行傳論》亡佚於晚唐五代，《尚書大傳》則失傳於元明以後，至明清時期，《洪範五行傳》僅存於古籍的徵引之中，原貌已難以確考。因此，《洪範五行傳》究竟是否應視為獨立之書，仍有待更多史料加以佐證。

（三）服虔《春秋傳服氏注》是否宜收入

《鄭氏佚書考》收錄《春秋傳服氏注》，袁鈞根據《世說新語》中的記載，認為服虔之注出自鄭玄，即是「鄭學」，雖其中或有小異，但「大指蓋不殊矣」。〈春秋傳服氏注序錄〉：

> 《世說新語》：「鄭玄欲注《春秋傳》，尚未成，與服子慎遇，宿客舍。服在外，車上與人說己注《傳》意。玄聽之良久，與己同。就車與語曰：『吾久欲注，尚未了，聽君向言，多與吾同，當盡以所注與君。』遂為《服氏注》。」如上所說，鄭于《春秋傳》雖未有成書，而服氏書出于鄭，即鄭學也。容有小異，大指蓋不殊矣。《隋志》「《服氏左氏傳解誼》二十一卷」，《舊唐志》作三十卷，今亦不傳，裒集之，得十二卷，存服所以存鄭也。[36]

袁鈞將服虔之注視為鄭學，確有未加審慎考辨之處。《世說新語》所載相關記載，其可信性尚待進一步考證，仍需更多史料加以佐證，故未可輕率將服虔之注歸屬於鄭學。

---

35 〔清〕袁鈞：〈尚書五行傳注序錄〉，《鄭氏佚書．尚書五行傳注》，頁1。

36 〔清〕袁鈞：〈春秋傳服氏注序錄〉，《鄭氏佚書．春秋傳服氏注》，頁1。

（四）《鄭記》是否宜收入

《鄭氏佚書考》收錄了《鄭記》，孔廣林《通德遺書所見錄》、黃奭《高密遺書》雖未見《鄭記》輯本，但孔廣林、黃奭《鄭志》輯本將《鄭記》低一格厠入正文。《四庫全書總目》對於《鄭志》與《鄭記》二書有所考辨，《鄭志三卷補遺一卷》提要云：

> 《隋書·經籍志》：《鄭志》十一卷，魏侍中鄭小同撰，《鄭記》六卷，鄭元弟子撰，《後漢書·鄭元本傳》則稱門生相與撰元答弟子，依《論語》作《鄭志》八篇。劉知幾《史通》亦稱：鄭弟子追論師說及應答，謂之《鄭志》；分授門徒各述師言，更不問答，謂之《鄭記》。案：《通典》及《初學記》所引《鄭記》均有王贊答詞，與知幾所云「更不問答」者不合。

據《隋書·經籍志》所載，《鄭志》與《鄭記》實為二書。《鄭志》記錄鄭玄對弟子問難之應答，而《鄭記》則載鄭玄門人之間的討論與質詢。孔廣林與黃奭將《鄭記》併入《鄭志》中，此舉實有失允當。雖《鄭記》非鄭玄親撰，然其所載皆鄭玄弟子述其師說，亦可從中窺見鄭氏學說之要義。將其編入叢書，不僅有助後學深入理解鄭玄之學術旨趣，亦能為經學研究提供更為完整之參照。

（五）採錄資料之比較

《鄭氏遺書》、《通德遺書所見錄》、《鄭氏佚書》與《高密遺書》所蒐羅之佚文，皆詳加標示出處，此一編纂體例較諸前代更為嚴謹，亦為清代輯佚之優勝所在。這四家彼此所引用的書目大抵不出梁啟超所歸納的五大類：

> （一）以唐宋間類書為總資料——如《北堂書鈔》、《藝文類聚》、《初學記》、《白帖》、《太平御覽》、《冊府元龜》、《山堂考索》、《玉海》等。

> （二）以漢人子史書及漢人經注為輯周秦古書之資料——例如《史記》、《漢書》、《春秋繁露》、《論衡》等所引古子家說；鄭康成諸經注、韋昭《國語注》所引緯書及古系譜等。（三）以唐人義疏等書為輯漢人經說之資料——例如從《周易集解》輯漢諸家《易》注；從孔賈諸疏輯《尚書馬鄭注》、《左氏賈服注》等。（四）以六朝唐人史注為輯逸之資料——例如裴松之《三國志注》、裴駰以下《史記》注、顏師古《漢書注》、李賢《後漢書注》、李善《文選注》等。（五）以各史傳注及各古選本各金石刻為輯佚之資料——古選本如《文選》、《文苑英華》。[37]

在資料的徵引上，彼此互有詳略，如鄭玄《周易注》輯本，孔廣林《通德遺書》所輯條目數較少，缺漏較多，不及《鄭氏佚書》、《高密遺書》為備。黃奭所輯條目數最多，採宋李衡《周易義海撮要》引鄭玄注凡十餘條，皆數十至百餘字之文，為諸家所無。鄭玄之《易注》至宋代已殘存僅〈文言〉一篇，故宋人所引固難盡信，然「與其過而棄之，毋寧過而取之」[38]，蓋亦存疑以備考之舉。袁鈞所輯，大抵未逾黃奭所錄，惟間有過於寬濫者。如〈益〉六三及〈繫辭〉「是故可與酬酢」等條，取《周易集解》所引《九家易注》中說禮之文，謂：「鄭在九家中，禮是鄭學，此是鄭注也。」[39]然此說殊嫌牽強，誠然，鄭玄精研禮學，然引禮釋《易》者，未必獨鄭氏一人；況九家注《易》，亦不可一概謂凡其中涉禮之說，皆出自鄭玄之手。是以，凡論鄭氏佚注之歸屬，仍當審慎考辨，以免失之偏頗。

---

37 梁啟超：《中國近三百年學術史》（臺北市：五南圖書出版公司，2013年），〈清代學者整理舊學之總成績——校注古籍、辨偽書、輯佚書〉，頁344-345。

38 盧文弨〈春秋內傳古注輯存序〉：「蓋當古學廢墜之後，而幸有不盡澌滅者，與其過而棄之也，毋寧過而取之，以扶絕學，以廣異誼，俟後之人擇善而從，斯可也矣。何庸以一己之見，律天下後世哉？」見盧文弨著、王文錦點校：《抱經堂文集・春秋內傳古注輯存序》（北京市：中華書局，1990年），卷3，頁29。

39 〔清〕袁鈞輯：《周易注・易注五》「〈益〉六三」，《鄭氏佚書・周易注》，頁2。

又如鄭玄《發墨守》輯本，後世諸家皆據鄭玄《發墨守》舊輯本[40]增補輯錄。其中，王復與孔廣林據《禮記・樂記疏》補入鄭玄《發墨守》一條，袁鈞、黃奭除補入《禮記・樂記疏》所引外，更據《文選注》增錄何休《墨守》一條，使其內容更為充實。袁鈞、黃奭二人的輯本不僅補遺較多，且皆依年編次，並附以經、傳之文，其體例嚴整有序，遠勝於王復與孔廣林之輯本，尤見學術整理之精審。

王復、孔廣林、袁鈞、黃奭諸家所輯鄭玄遺書，所採佚文或詳或略，互有異同。故研究鄭玄佚著，宜兼收並蓄，廣參諸家輯本，以資比勘考訂，斯可更為精確地把握鄭玄學術思想之真貌。

六 結語

清代學者在蒐羅鄭玄佚籍方面傾注極大心力，所輯諸本頗富規模，然各輯本所徵引之資料不盡相同，對佚文之去取亦見歧異。若能整合諸家輯本，互為參證，不僅有助於考訂鄭玄遺文之真偽，亦可深化對其學術思想之理解。

近年來，學界對鄭玄佚著的整理工作亦有所進展。中國社會科學出版社於二〇二〇年十二月出版張義生《鄭玄〈周易〉著作九種匯校》，二〇二一年一月出版竇秀艷、孫連營《鄭玄〈春秋〉類輯佚書匯校》，同年九月出版郭金鴻《〈孝經〉鄭玄注匯校》。

張義生《鄭玄〈周易〉著作九種匯校》以丁傑校訂《周易鄭注》為底本，廣泛參校王應麟《周易鄭康成注》、胡震亨《易解附錄》、惠棟《新本鄭氏周易》、孔廣林《周易注》輯本、袁鈞《易注》輯本、孫堂《鄭氏周易注》、黃奭《周易注》輯本，藉此校勘補遺，以復原鄭玄《周易》學說之原貌。竇秀艷、孫連營《鄭玄〈春秋〉類輯佚書匯校》則綜合《四庫全書》輯

40 《四庫全書》收有此本，〈箴膏肓起廢疾發墨守提要〉：「不知出自誰氏，或題為宋王應麟輯，亦別無顯據。殆因應麟嘗輯鄭氏《周易注》、《齊魯韓三家詩考》，而以類推之歟？然《玉海》之末不附此書，不應其孫不見而後來反有傳本也。」《四庫全總目提要》（北京市：中華書局，1965年），頁212。

本、王謨輯本、王復輯本、孔廣林輯本、袁鈞輯本、黃奭輯本、王仁俊輯本及龍璋尚輯本，體例完備，資料翔實。郭金鴻《〈孝經〉鄭玄注匯校》則徵引王謨《孝經注》、臧庸《孝經鄭氏解》、洪頤煊《孝經鄭注補證》、袁鈞《鄭玄孝經注》、皮錫瑞《孝經鄭注疏》、龔道耕《孝經鄭氏注》，較諸前人輯錄，更見完備。

以上諸書皆充分運用清代學者輯佚成果，重新梳理鄭玄佚著，為未來鄭玄《周易》學、《春秋》學及《孝經》學之研究提供更為完善之文獻基礎，對鄭學研究之深化當有莫大裨益。

『講周易疏論家義記』に見える「義家」について*

古勝隆一

日本京都大學人文科學研究所教授

序

『講周易疏論家義記』は、陳隋頃に撰述されたと考えられる『周易』の注釋書であり、中國では後に傳を絶った。日本へは奈良時代以前にもたらされたらしく、奈良興福寺に藏する平安時代初期寫本（殘卷、現在は國の重要文化財）が一九三五年に影印出版され[1]、あらためて脚光を浴びた。その影印の際に付けられた狩野直喜氏「舊抄本講周易疏論家義記殘卷跋」に基づき[2]、この寫本の概要を述べる。

書名は本文「釋咸第十」の部分に『講周易疏論家義記』と見える。この書物は興福寺に藏されており、もと東大寺の舊物であったらしい。孤本であり、真興『因明相違斷纂私記』の紙背に、『經典釋文』禮記音義とともに現存する。なお『隋書』經籍志以下の歷代目錄類に著錄はない。

本書は現狀では殘缺しており、「釋乾」「釋噬嗑」「釋賁」「釋咸」「釋恒」「釋遯」「釋睽」「釋蹇」「釋解」の部分のみ現存する（六十四卦のうち

---

* 本文刊載於《日本中國學會報》第75期（2023年）。

1 『講周易疏論家義記』、「京都帝國大學文學部景印舊鈔本」第二集、京都帝國大學文學部、一九三五年。なお、これを唐寫本とする說もある。河野貴美子「興福寺藏『經典釋文』及び『講周易疏論家義記』について」（『汲古』第五二號、二〇〇七年）の注3を參照。

2 狩野直喜「舊抄本講周易疏論家義記殘卷跋」（注1前掲書に付された解題。後に狩野直喜『讀書纂餘』、みすず書房、一九八〇年、所收）。

九卦)。「釋乾」のみ詳しく、「釋噬嗑」以下は簡略であり節錄の可能性もある[3]。文字が備わっている部分についても、誤脱がはなはだ多い。

注釋書として見れば、體系的に科段を分け、整然と解釋する點に特色がある。佛典の注釋様式に似ており、また解釋にも佛教の語彙を用いる。孔穎達「周易正義序」に、江南の『易』の義疏は佛教の影響を受けているというが、本書はそれに近い。

書中には、馬融・王肅・王弼・韓康伯の注を引き、それ以外に、沈居士(沈驎之)・劉先生(劉瓛)・朱仰之・僕射(周弘正)の説などを引用する。

唐の孔穎達『周易正義』との關連を見ると、『周易正義』に「諸儒」の説として、乾卦の六爻を十二月に相當させる説が見えるが、同じ説が『講周易疏論家義記』にもある。また、『周易正義』の「咸」卦に、「上經(乾卦から離卦まで)は天道を明かし、下經(咸卦から未濟卦まで)は人事を明かす」とする、「先儒」の説が見えるが、同じ説が『講周易疏論家義記』にもある。さらに『周易正義』序卦傳の部分に、「周氏」の説として、六十四卦を「天道門」「人事門」「相因門」「相反門」「相須門」「相病門」の六門に分けるが、『講周易疏論家義記』にも「相因門」「相返門」などの「僕射」(=周弘正)の術語があるなど、一致點が複數ある。また陸德明『經典釋文』との關連においては、同書に一本として引く異本と、『講周易疏論家義記』所據本の經文の文字がよく合致する。

総じて陳隋の間に成立した『易』の注釋書と判斷できるものである。

以上が、『講周易疏論家義記』に關する狩野氏の説である。いずれも事實に即した記述であり、今日なお大きな訂正の要はないものと思われ

3 なお乾卦に對する注釋の分量が多い點につき、狩野氏は疑義を呈するが、南朝では乾坤卦が特に重視され、南齊の劉瓛『周易乾坤義』、李玉之『乾坤義』、梁の釋法通『乾坤義』などが書目に見える『陳書』周弘正傳に載せる梁武帝の詔勅にも、繫辭傳とならび乾卦、坤卦、文言傳が特別視される。乾卦を手厚く解釋したのは不思議でなく、江南易學の傾向を示したとも解されよう。

る[4]。陳隋の頃、江南の地で『易』を講ずるために編纂された義疏文獻であると見ておきたい。なお、書名のおよその意味は、「『周易』の疏家や論家の義（この場合は説の意）について講じた記録」であろうと考える。

さて、この『講周易疏論家義記』には、馬融・王弼など固有名を擧げた先行説以外に、「疏家」「論家」そして「義家」などの説が引用されている。本稿では、そのうちの「義家」について考察を試みたい。南朝に存在した「義」を書名に含む著作と關係する可能性について論ずることとする。

第一節　『講周易疏論家義記』に見える「義家」の内容

『講周易疏論家義記』には、「疏家」「論家」「義家」の説が引かれている。「疏家」の語は一度しか見えないものの、「僕射等疏家義」とあり、この僕射とは、梁陳の大儒、周弘正（四九六～五七四）であることが、狩野直喜氏により論證されている。

書名にも「疏論家」として含まれる「疏家」「論家」については、藤原高男氏が論じているが[5]、「疏家」が周弘正の立場、「論家」が『講周易疏論家義記』の立場と分け、その二つを「江南義疏家の二派」と位置付けるのは、過度の單純化であろう。

4　童嶺氏「六朝後期江南義疏體『易』學譾論」（『中央研究院歷史語言研究所集刊』八一-二、二〇一〇年）が發表され（のち童嶺『六朝隋唐漢籍舊鈔本研究』、中華書局、二〇一七年、所收）、いくつかの論點が深められた。また黃華珍氏が『日本奈良興福寺藏兩種古鈔本研究』（中華書局、二〇一一年）として同書の影印と標點を出版し、さらに谷繼明氏「『講周易疏論家義記』校箋」（『「孝經」的人倫與政治』、「經學研究」第三、中國人民大學出版社、二〇一五年）が信頼できる新たな整理を施し、ようやく研究の基礎が築かれた。本稿に引用した『講周易疏論家義記』の本文は、谷氏校訂に從う。

5　藤原高男「江南義疏家の二派に關する一考察」（『日本中國學会報』第一二集、一九六〇年）、一七～三一頁。

本稿で論じようとする「義家」について、まず、三例を擧げ、内容的な側面から検討しておきたい。

第一の例。『講周易疏論家義記』の乾卦彖傳の解釋、第六「釋聖人體四法義」では、彖傳「首出庶物、萬國咸寧」の「首出」につき、次のように二種の解釋を紹介する[6]。

> その第一は、僕射（周弘正）ら「疏家」の説であり、以下のようにいう。「首（はじ）めて庶物を出（いだ）す」とは、境（認識對象）のことであって、四徳を備えた「道」が、はじめて萬物を產出する、ということだ。なぜかというと、前後關係で言えば、「道」の本體は萬物より前に存在するから、「首（はじめ）」というわけだ。廣さ狹さについて言えば、「道」は萬物の外にある（萬物を外から包み込む）から、だから「出」というわけだ。この「道」を體得した者（＝聖人）こそ、天下の主であるから、「萬國咸（み）な寧（やすら）ぐ」と言われるわけである。〔以上、第一の説〕
>
> 第二の「論家」（の説）はそうではない。どういうことかというと、三玄の根本をめぐり、「義家」の説は多樣ではあるが、「上には太易の理があり、それに応じて下に自然の道がある。名稱は二つに分かれるが、その理は唯一の道である」とする（點で諸家は一致する）。だから「道」を論ずるのであればそれは萬物の外にあるものではなく、それに「出」の意味などありえない（だからこの「首出庶物」の主語は「道」ではない）。かりに「出入」ということになれば、それは「道」の本體ではなくなってしまう。そのうえ、智

6 『講周易疏論家義記』には、乾卦彖傳について、（一）釋名德、（二）釋四德、（三）釋聖人體此德、の三科に分けて解釋する方針を示す見出しがある。ところが本文の内容に即して見ると、（二）（三）が一連になっている。傳寫の誤りとは考え難く、撰者の整理が不十分なために生じた齟齬であろう。ここに引用するのは、その第六「釋聖人體四法義」、彖傳の「首出庶物、萬國咸寧」に對する解釋である。

（認識の主體）を説くこれらの句が、もし境（認識の對象）であれば、智を解釋できるはずがない。（彖傳の）文句を讀み比べれば、分かることである[7]。〔以上、第二の説〕

この一節における「論家」「義家」の關係はどうであろうか。「論家」の説を紹介するなかでただちに「義家」の説が引かれているのであるから、「論家」と「義家」は明瞭に區別されていないか、もしくは「論家」の下位分類として「義家」があると認識されたか、いずれかであると考えられる。

「論家」はひとまずおくとして、この一節に見える「義家」について、考察を加えたい。上掲の日本語譯にて、「三玄の根本をめぐり、「義家」の説は多様ではあるが、「上には太易の理があり、それに応じて下に自然の道がある。名稱は二つに分かれるが、その理は唯一の道である」」とした部分である。これによれば、『講周易疏論家義記』の編纂者は、自分が眼にした「義家」の諸説に即し、『易』と『老子』『莊子』を統一的に理解する「三玄」の學がそれら「義家」に共通すると認識していたはずである[8]。しかも、「上には太易の理があり、それに応じて下に自然の道があ

---

7 「第一、僕射等疏家義云、「首出庶物」者、境也。四德之道、首出庶物耳。何者。前後而取、體居物前、故謂之「首」。廣狭而論、道在物外、故謂之「出」。體此道者、是天下之主、故言「萬國咸寧」也。第二、論家不在然。何故。三玄之宗、義家雖多、上有太易之理、下有自然之道。名有二種、其理一道也。故論道者不在物外、亦無出義。若言出入、則非道體耳。且説智之句、令任境體、那得釋智乎。讀文方之、有亦一得也」。さらに「今釋云」以下、編纂者の解釋が續くが、略す。『講周易疏論家義記』乾卦彖傳。谷繼明氏「校箋」、六頁。

8 なお「疏家」として舉げられた周弘正も三玄を論じた。『宗鏡錄』巻四十六に「周弘正釋三玄云、易判八卦陰陽吉凶、此約有明玄。老子虛融、此約無明玄。莊子自然、約有無明玄。自外枝派、祖原出此」とある（大正四八、六八五下。『北山錄』にも同様の記述あり）。また『顏氏家訓』勉學にも「洎於梁世、茲風復闡、『莊』、『老』、『周易』、總謂三玄。武皇、簡文、躬自講論。周弘正奉贊大猷、化行都邑、學徒千餘、實為盛美」と見える。周弘正およびその先祖の玄學については、注5に前掲の藤原氏論文、二二〜二九頁、および注4の童氏論文に詳しい。

る。名稱は二つに分かれるが、その理は唯一の道である」という考えかたが、「義家」に共通するとしており、とすれば、『易』の理と老莊の道を統一的にとらえることが、少なくとも複數の「義家」の思想であったと推測される。

『易』の經文や注文を逐語的に解釋する、いわゆる「隨文釋義」の解釋手法によるならば、彖傳の「首出庶物、萬國咸寧」を解釋するのに、「上に太易の理有り、下に自然の道有り」云々という言説が現れるのは、いささか不自然である。明らかに經文を超えた文脈が背後にあり、それが三玄の學であったと考えられる。

また、「且つ智を説くの句、令（も）し境體に任ぜば、那（いずく）んぞ智を釋することを得んや」の部分の、「境」「智」の對比についても一言しておく。この一節を讀むと、どうも當時、「疏家」であれ「論家」「義家」であれ、聖人と道の關係を論ずる際、「智」を聖人に當て、「境」を道に當てる解釋が一般的であったらしい。そのうえで、「疏家」は「首出」の主語を道（境）とし、他方、「論家」「義家」はその主語を聖人（智）としていた。後者が「那んぞ智を釋することを得んや」という前提には、この部分がどうしても聖人（智）についての文言でなくてはならない、という信念があるらしい。

「境」「智」は佛教由來の分析概念で[9]、認識の客體と主體を區別するものであり、『講周易疏論家義記』が參照した『易』の諸解釋においては、「疏家」の一人として舉げられた周弘正をはじめとし、それがすでに

9　「境」「智」は、經文の內容が主體（智）に即したものか、客體（境）に即したものかを辨別するための分析手段であるにすぎない。吉岡佑馬氏「『講周易疏論家義記』初探——體用・境智および感應思想の檢討」（『九州中國學會報』第六一卷、二〇二三年）は、同書の境智を取り上げた最新研究であるが、「智を殊更に君子の働きによって説明する」（三五頁）などの文言が見え、「境」「智」が單なる分析の手段——主客を明瞭化するためのフィルター——であるという點が見落とされているように思われる。

常識化していたことが知られる。「智」「境」の對比とほぼ同様に機能する「能」「所」の對比も、『講周易疏論家義記』に見えている[10]。

第二の例。同書には乾卦文言傳を解釋した、以下の一段がある。

> 問い。境と智とは冥合するもので、本來、相即不離の關係にある。なぜ（五常の）名稱を分けて配當するのか。
> 答え。五常の性について、性は理のなかに存在している。それゆえ『老子』（第二十一章）に「窈兮冥兮として、其の中に信有り」とある。義家では「信すらこの『老子』の文に見えるのだから、他の德（が道という理に備わること）については、推測すればわかる」とする。（無為と對になる）有為の仕事、現象にあらわれたおこないについては、ただ偏った習性にひたすらよるだけであるから、それゆえ現象的なおこないをぬぐい去り、理と性の本體を明らかにし、かくして境と智のありかたを述べて、無為の意義を會通させたものである[11]。

---

10 『講周易疏論家義記』乾卦文言傳、「第二、釋亨德者、謂「亨者、嘉之會也」。『子夏易傳』曰、「亨、通也」。萬物資始、自體能通、所通之法。亨理相會、故「亨者、嘉之會也」。……能所生冥會、誠嘉之理、故言「嘉之會」也」。谷氏「校箋」、八頁。「能」「所」にせよ、「智」「境」にせよ、言語的に主格・客格を分けるのは、印歐語ならではの發想であり（京都大學人文科學研究所の船山徹氏の教示による）、それが梁代までの佛教注釋學のなかで育まれ、儒教注釋學に應用されたものである。なお、馮錦榮氏「「格義」與六朝『周易』義疏學——以日本奈良興福寺藏『講周易疏論家義記殘卷』為中心」（『新亞學報』第二十一卷、二〇〇一年。一二四～一三二頁）では、この「能」「所」につき吉藏らの三論宗からの影響を論じているが、しかし、谷繼明氏「六朝易學的二重性及其與佛學的互動——以『講周易疏論家義記』為中心」（『哲學動態』二〇一六年、第七期。五七～五八頁）では、時期的に言っても、三論宗より成實論師からの影響を考慮すべきであると訂正している。

11 「問、境智冥會、本自相即、何故別稱相配耶。答、五常之性、性在理中。故『道經』云、「窈兮冥兮、其中有信」。義家云、信猶在此、餘德可解耳。而有為之業、迹上之行、直謂極用偏習無已、故排遣迹上之行、而顯舉理性之體、故答陳境智之狀、使會無為之旨耳」。『講周易疏論家義記』乾卦文言傳。谷氏「校箋」、九～一〇頁。

これは、問答が組み込まれた注解である[12]。乾卦の文言傳に「君子體仁足以長人、嘉會足以合禮、利物足以和義、貞固足以幹事」とあるが、一句ごと、五常のうち仁・禮・義・信にそれぞれ相當すると解釋したあとに見える問答である。問いは、本來、境（認識の對象）も智（認識する主體）も區別ないはずであるのに[13]、「君子」（これが智に當たる）のおこないを仁・禮・義・信（＝貞）に分けて論ずるのはなぜか、というものである。

それに對する答えは、冥合的な狀態にある道のなかに信があると『老子』にいうのだから、道にはほかの諸德も含まれるはずである、と指摘する。この「義家」の説は、當然、『老子』第二十一章を視野に入れた議論である。『老子』は「義家」の前に引用されているが、これを含めて、もともと「義家」の注釋書に存在したものであろう。つまり、『講周易疏論家義記』が參照した「義家」の書では、『易』文言傳と『老子』二十一章とを統一的に理解しようとしていた。「隨文釋義」とは言えないが、しかし、乾卦文言傳のこの一文が議論の出發點になっていることも疑いない。

さらに言えば、この問答の一段全體が、もともと「義」類の著作にあったものではないか、とも推測されるのである[14]。

第三の例。乾卦文言傳の「夫大人者、與天地合其德、與日月合其明、與四時合其序、與鬼神合其吉凶」の一文に對しても、問答が見えている。問いは「聖人は天地と德を合する、とはどういう意味か」というもので、それに對する答えに「義家に種多きも、略(ほ)ぼ三を稱す」とあり、その三家

12 問答形式については、次節にて述べる。

13 同書で「境智相冥」「境智冥會」などという「冥」につき、藤原高男「『講周易疏論家義記』における易學の性格」(『漢魏文化』創刊號、一九六〇年)、五一頁、は、『大乘玄論』二智義を根據として、この「冥」を佛教の用語と見たようであるが、『莊子』大宗師の「彼遊方之外者也、而丘游方之內者也」の郭象注に「夫理有至極、外內相冥、未有極遊外之致、而不冥於內者也」とあるように、玄學の術語である。郭象が本書に與えた影響については、注１０の谷氏論文が信賴できる。

14 「義」類の注釋書の具體的なあり方については、本稿第四節にて論ずる。

の説が見える[15]。それぞれの要點は以下の通りである[16]。

- 第一家。『禮記』孔子閒居に「三王の德、天地に參ず。敢えて問う、何如(いかん)が斯れ天地に參ずと謂うべきや」という子夏の問いと、それに對する「三無私を奉じて、以て天下を勞(いたわ)る」云々という孔子の答えが見えており、これに基づくならば、天地は天帝が教化したものであるから、「合」という言い方が成り立つ。
- 第二家。『老子』第五章に「天地不仁、以萬物為芻狗。聖人不仁、以百姓為芻狗」とあるように、天地も聖人も無為という點に共通性がある。
- 第三家。未詳[17]。

ここには、「聖人は天地と德を合する、とはどういう意味か」という問いに對して、「義家」の説が大まかに言って三種ある、と返答する。内容を見れば、第一は『禮記』の説との、そして第二は『老子』の説との融合をはかるものである。『易』の文脈にのみとどまらぬことはもちろん、さらに「三玄」という範圍にも収まらず、『禮記』の説と整合させようという「義家」もいたわけである。

興味深いのは、答えは多様であるが、問いが共有されていたことである。梁陳までの時代に、同じ問いに答えようとする「義」の説がすでに様々蓄積されていたことが分かるのである。

---

15 ただし、「第二家」の後半および「第三家」の前半の紙が缺損しており不完全。

16 『講周易疏論家義記』乾卦文言傳。谷氏「校箋」、二〇頁に見えるが、紙幅の都合上、原文は引かない。

17 「陰陽」の語が見えているので、『莊子』在宥篇の、黃帝に對する廣成子の語、「天地有官、陰陽有藏、慎守女身、物將自壯」を根拠とした説である可能性も考えられる。

第二節 「義家」釋名

『講周易疏論家義記』が「義家」の説を參照する例を前節に三つ示した。では、その「義」「家」とはそれぞれ何か、考えてみたい。

前節に引いた第一の例につき、童嶺氏は分析を加えており、第一の説は周弘正をはじめとする「疏家」のものであり、第二の説は「論家」のものであるとみなし、南朝義疏學には、この「疏家」と「論家」、二つの異なる傳承があったと想定する。そのうえで、この『講周易疏論家義記』と『周易正義』は、ともに「論家」の傳承に連なると主張する[18]。

しかし、私は別の考え方を持っている。すなわち、この一段に見える「疏家」「論家」、そして「義家」というのは、『講周易疏論家義記』の編纂者が見た先行注釋書のうち、「疏」などの名稱を含むものをまとめて「疏家」と呼び、「論」などを含むものを「論家」と呼び、「義」などを名稱に含むものを「義家」と呼んでいる、と考えるのである。つまり、同書に見える「疏家」「論家」「義家」は、先行の注釋書のスタイルを指しており、特定の個人や學派の學説のことを指すわけではない、と考える。後述の通り、本書においては「家」と呼ばれているものが必ずしも人物を表すわけではない。

『陳書』周弘正傳によれば、周弘正には『周易講疏』十六卷という義疏形式の『易』注釋書があった。『講周易疏論家義記』の編纂者は、そういった義疏形式の注釋書を、大まかにまとめて「疏家」ととらえたのではないか[19]。この推論が成り立つとすれば、「論家」「義家」も、注釋書の形

18 注4の童氏論文、四二三～四二七頁。注5に引いた藤原氏と似たとらえかたである。

19 『陳書』周弘正傳には、それと別に、周氏が梁武帝にたいして「周易疑義」五十條を提出して皇帝による解説を請願した、とも見えており、長文の上奏文が引用される。この「周易疑義」は書物ではなく文書であったかと思われるが、「義」の語が見えるのは興味深い。周弘正の問いと梁武帝の答えとが假に一つの著作として編輯されれば、それは「義」書となったものと想像される。

式に即して言われたものとなる。以上が私の基本的な見通しである。

かく、「義」家というのは、『講周易疏論家義記』の編纂者が参照している「義」類の『易』注釋書ないし解説書を概括したとらえかたであり、その書名に「義」字を含んでいたからこそ「義」家と呼ばれた、と推測する。

次に「義家」の「家」とは何か。『講周易疏論家義記』には、某「家」というタームが少ながらず見える。すでに見た「疏家」「論家」「義家」以外に次のような例がある。

（一）六十四卦に「家」を付けた例。「乾家」「坤家」「恒家」が見える。特に「乾家」「坤家」は、對照させるために用いられている。「乾卦のほう（乾卦という存在）」「坤卦のほう（坤卦という存在）」の意と解される。「恒家」は、特定の卦と直接に對比されているわけではないが、他の六十三卦とは異なる恒卦の性質を際立たせるため、このように呼ばれているものであろう。六十四すべての卦に「家」を付して呼んでいたと想定してもよいかもしれない。

（二）序數をともなう例。「第一家」「第二家」が見える。これは、前節に引用した第三の例の問答の答えに見えたものである。「第一の説（立場）」「第二の説（立場）」という意味であろう。他の説や立場と區別して整理する目的で、順序を並べて「家」を付すのであろう。「義家のうちの第一家」という言い方も成り立つ[20]。

（三）「五經家」「經家」という例。老莊思想を含めず、儒家思想のなかだけで解釋する立場であるらしい。三玄を前提とする「義家」と區別して、そうでない種類の「義家」をそう呼ぶのであろう。前節第三例のうち、第一の立場が「經家の義」と稱される。

（四）「注家」という例。これは、どの注釋家であるかを明示せず、

20 『講周易疏論家義記』の他の部分では、「第一通」「第二通」と呼ばれていることもあり、内容的には大差ないと考える。

やや不明瞭に「注」という形式の注釋書を指すものであろう[21]。「疏家」「論家」などとの區別が念頭にある可能性もある。

そのほかにも「此家」「諸家」の例も見えるが、これらは一般的な語彙でもあるから考察の範圍外におくとして、(一)～(五)に示したような「家」の用法は、他の『五經正義』など他の儒教系の注釋には常見せず、本書においては、いささか濫用ぎみにも思える[22]。

なぜ『講周易疏論家義記』は、かく「家」を多用したのか。同書の編纂者は、多くの先行注釋に取材して本書を作成したものと推測される。その編纂目的は、大量の注釋資料を取捨選擇し、明確な構造を有する科段のもとに整理することにあったのではないか。より効率的に編輯するために、書名を基準として「疏家」「論家」「義家」などと大別し、さらに「家」を含む語彙を多用して諸説の整理を試みたのであろう。

以上、『講周易疏論家義記』に見える「義家」の二字に對する筆者の理解を示した。

第三節　「義」の形式についての考察

本稿第一節の第二例・第三例に紹介したよう、『講周易疏論家義記』には問答が見える。義疏形式の注釋書に問答を含む現象は、梁の皇侃『論語義疏』にも確認され、また佛教の注釋にあっては梁の法雲(四六七～五二九)の講義を錄した『法華經義記』(大正藏三三冊)などにも多く確認されるので、儒佛を問わず、梁陳時代の義疏においては一般的であったと考えられる。

義疏とは、講義と何らかの關係を持つ注釋書である、と私は考える

21 「注」形式の注釋書については、拙稿「釋奠礼と義疏學」(『中國中古の學術』、研文出版、二〇〇六年、所收)、九八～一〇二頁を參照。

22 ほかに、本文後引の資料に「理家」の例が見える。「道理のある存在」程度の意であろうと思うが、諸説の整理とは關わらない。

[23]。梁陳以降の義疏資料に問答が含まれるという現象について、私はかつて、講義の場での問答を記録したのではないかと考え、隋の劉炫『孝經述議』について、内容を質疑応答の形式に組み直した飜案的な譯を試みたこともある[24]。つまり問答は講義時のものと想定していた。

しかしながら、すでに引いた第一節の第三例では、一つの問いに對し三種類もの「義家」の説が提示された。とすれば、『講周易疏論家義記』が講義と關わるとしても、その「問」は、講義の席ではじめて問われた新鮮な質問であったとは考えられない。それらは、『易』をめぐる先行の注釋類にテクストとして蓄積されたものであった。

『講周易疏論家義記』、乾卦文言傳の「與鬼神合其吉凶」に關して、次の問答がある。

> 問い。「(聖人は)鬼神と德を合する」、とはどういうことか。
> 答え。鬼神の本性は、理性ある存在としてのはたらきから逸脱するものではない。だからこそ繋辭にも「死生の説を知り、鬼神のあり方を知る」とあるし、『老子』(第六十章)にも「聖人が世に現れれば、鬼も神も神秘ではなくなり、神も人を傷つけず、聖人もまた人を傷つけはしない」という。人を傷つけないことこそ、「(聖人は)鬼神と德を合する」と言える道理なのだ[25]。

この問答の前には、第一節に引いた第三の例があり、「聖人は天地と

23 この見方は、牟潤孫「論儒釋兩家之講經与義疏」(『注史齋叢稿』(增訂本)、中華書局、二〇〇九年)に示されたもので、私もそれに從っている。ただし、すべての義疏が講義と關わるわけではないという指摘もある。王孫涵之「義疏概念の形成と成立」(『東方學報』第九七冊、二〇二二年)、一～四二頁、を參照。

24 拙稿「劉炫の『孝經』聖治章講義」(『中國思想史研究』第三〇號、二〇〇九年)。

25 「問、「與鬼神合其吉凶」者、亦是何義也。答、鬼神之性、無出理家之用、故「繋辭」曰、「知死生之説、知鬼神之情」、『道經』又云、「聖人出世、鬼不為神、神不為神、神非傷人、聖亦非傷人」。非傷人、故可謂「鬼神合其吉凶」之理也」。『講周易疏論家義記』乾卦文言傳。谷氏「校箋」、二〇頁。

德を合する」をめぐるその問答は、「義家」に由來するものであった。そして、この「聖人は鬼神と德を合する」について、またも『老子』が引用されている。するとこの問答も、「義家」に由來すると考えるのが自然ではあるまいか。こうして見ると、もともと「義家」が有していた問いが、明示されぬまま同書に組み込まれている可能性がある。

南朝後期の義疏資料に見える問答というものが、先行注釋書や、「義」類の古典解釋書——それを本稿では「義」類著作と呼びたい——に由來する可能性は、『講周易疏論家義記』に限らず、ほかの梁陳の義疏文獻についても考えるべき問題であるかもしれない。

一例を示せば、『論語』學而篇「無友不如己者」につき、皇侃『論語義疏』は、「もし自分より優れた人を友にしたいと誰もが思うなら、優れた人は自分のことなど相手にしなくなるではないか」という問いと、それに對する複數の答えを載せる[26]。その複數の答えには、東晉の蔡謨の說も含まれる。それ以外にも『論語義疏』には、形式こそ問答體ではないものの、疑問點とそれに對する理由說明が多く見え、そこに古い先行說が引かれる例が乏しくない[27]。私はなぜ古い答えが引用されているのか、これまで不思議に思ってきたが、ことによると疑問や質問の新鮮さは、梁陳の學術においてさほど重視されず、むしろ、數百年も前に提出された古い疑問に對して、蓄積された諸說を勘案し、それなりに滿足ゆく答えを出すことに精力が割かれた可能性がある。

話題を『講周易疏論家義記』に戻すと、同書に見える問答體の部分は、同書が「義家」と呼ぶ先行文獻に由來するとの見通しを述べた。それ

---

26 「或問曰、若人皆慕勝己為友、則勝己者豈友我耶也。或通云、擇友必以忠信者為主、不取忠信不如己者耳。不論餘才也。或通云、敵則為友、不取不敵者也。蔡謨云、本言同志為友、此章所言、謂慕其志而思與之同、不謂自然同也。……」。『論語』學而の皇疏。高尚榘校點『論語義疏』(中華書局、二〇一三年)、一三〜一四頁。

27 『論語義疏』が參照した先行注釋は、同書の冒頭に列記されており、そこに「義」類の書物はない。むしろ注形式の注釋書を多く依用する。

は、「義」という語を書名中に含む文獻ではないかと私は考えており、そのことは次節において述べるが、ここで具體例を少々舉げておきたい。

梁代の佛教資料として、智藏（四五八～五二二）『成實論大義記』という書がある。鳩摩羅什譯の論書、『成實論』（大正藏、第三二冊）についての解説書であり、佚書であるが、船山徹氏がその佚文を集めて檢討を加えている[28]。その佚文に、いくつか問答體のものが見える[29]。問答體以外のものについては、例えば佚文【六】に「四諦義」が、佚文【八】に「二聖行義」が、『成實論大義記』の標題として見えるように、某「義」の題のもとに内容がまとめられていたようである。

この『成實論大義記』は、「義」類著作ではないか、と考える。やや一般化して言うならば、特定の經典や古典的典籍につき、その趣旨を効率的に解説すべく、某「義」の題のもとに論點を整理し、適宜、問答體を採用した著作、ということになろう。付言すると、問答體を平叙文に変更することも、またその逆に変更することも、難しいことではないので、問答體か否かだけで著作の性格を決めることはできないが、もともと古典に關する様々な疑問や論點があり、それらを系統的に整理して一書とした點は共通すると考える。

敦煌寫本『法華經文外義』は、問答體で作られた解説書である[30]。この書については、菅野博史氏に研究があり、參考になる[31]。隋の吉藏の『三論玄義』（大正藏、第四五冊）は、問答體により全體を構成するものであり、吉藏は江南の地にて法朗に學んだ學僧であり、いずれも梁陳の

---

28 船山徹「梁の智藏『成實論大義記』」（『六朝隋唐佛教展開史』、法藏館、二〇一九年、八七～一二八頁）。

29 前注の論文の、資料番號【七】【三七】など。

30 『敦煌吐魯番文獻』（上海古籍出版社、一九九三年）、一一八～一五九頁。整理は、方廣錩編『藏外佛教文獻』第二輯（宗教文化出版社、一九九六年）、二九三～三五四頁。

31 菅野博史「『法華經文外義』研究序説」（『南北朝・隋代の中國佛教思想研究』、大藏出版、二〇一二年、所收）、一六五～一七七頁。

「義」類著作のスタイルを引くものである[32]。また、吉藏と同門の慧均『大乘四論玄義記』(大日本續藏經、〇七八四)も注目される[33]。

儒教の著作については、梁の崔靈恩『三禮義宗』三十卷を舉げるべきであろう。同書は『隋書』經籍志にも見える著作であるが、佚書となっている。『周禮』『儀禮』『禮記』につき、その大要を論點ごとに整理した著作であり、佚文をみるかぎり問答體は少ない[34]。儒教の「義」類著作が限られるなかにあり、ある程度の佚文が確認できるという意味では注目される著作である[35]。

道教の著作についていうと、時代がさがるが、現存するものとして唐初の孟安排が編纂した『道教義樞』がある[36]。その基本構造が隋の『玄門大義』を繼承していることを考慮すれば、少なくとも隋の「義」類著作を考察するうえで興味深いものであるが、この『道教義樞』は、特定の經典や古典についてではないが、道教に關する重要なトピックごとに項目を立てて、學説の整理を試みたもので、おそらくは江南の地において育まれた「義」という學術的方法が、北傳して隋唐へと繋がったものであろう。な

---

32 興味深いことに、『三論玄義』卷一の問答の吉藏自注に、周弘正・張譏の説が見える。「問、牟尼之道、道為真諦、而體絶百非。伯陽之道、道曰杳冥、理超四句。彌驗體一、奚有淺深。答、九流統攝、七略該含、唯辨有無、未明絶四。若言老教亦辨雙非、蓋以砂糅金、同盜牛之論〔周弘政、張機並斥老有雙非之義也〕」(大正四五、〇〇二上)。注5前掲の藤原氏論文、二六頁を參照。

33 菅野博史「慧均『大乘四論玄義記』の三種釋義と吉藏の四種釋義」(『南北朝・隋代の中國佛教思想研究』、大藏出版、二〇一二年、所收)等、同書に收める一連の論文。

34 『三禮義宗』の新しい研究として、田尻健太「崔靈恩の『三禮義宗』——鄭玄注から南北朝經學へ」(『中國思想史研究』四四號、二〇二三年)がある。同書の性格につき、「(三禮の)經文・鄭注を涉獵し、禮を項目ごとに整理し、全體の體系を明確に示す營み」とまとめている(二七頁)。

35 崔靈恩は、もともと北魏に仕え、のち天監十三年(五一四)に梁に移った人物なので、必ずしも南朝の學者とは言えないが、本稿では北方の要素を不問としておく。

36 麥谷邦夫「『道教義樞』と南北朝隋初唐期の道教教理學」(『六朝隋唐道教思想研究』、岩波書店、二〇一八年、所收)、一六九～二五五頁、および同氏「道教教理學と三論學派の論法」(同書、所收)、二五七～二八六頁。

お、この『道教義樞』の序文は「義」類著作の起源を考える參考となるので、次節にて紹介する。

さらに、『道教義樞』同樣、特定の經典・古典に關するものでなく、ジャンルの要點をまとめた綱領書として、現存する、隋の蕭吉『五行大義』を舉げることもできる。いうまでもなく、五行説について網羅的かつ要約的に編輯を加えた著作である。

以上、儒佛道、そして五行説に關する「義」類著作を概觀した。『易』の「義」類著作がほとんど失われた現狀において、範圍を廣げて資料を求めたわけであるが、しかし振り返ると身近なところに取材できるかもしれない。それは、『周易正義』のいくつかの版本の、孔穎達「序」のあとに見えるものであり[37]、以下の八段に分かれる。第一「論易之三名」、第二「論重卦之人」、第三「論三代易名」、第四「論卦辭爻辭誰作」、第五「論分上下二篇」、第六「論夫子十翼」、第七「論傳易之人」、第八「論誰加經字」[38]。

『易』という經典の基本について、隨文釋義のかたちを用いずに概要を述べたものであり、このうち、第四・第八については、題に「誰」という疑問詞が含まれる。他のものはそうでないが、論點は明瞭である。これも江南の「義」類著作を繼承したものと考える。

江南の地にあって、梁陳時代以來、經典・古典の綱領書たる「義」類著作は、相當な廣がりを見せたのではないか。そして『易』についても複數の「義」類著作が作られ、『講周易疏論家義記』の編纂者はそれらを參照し、「義家」と呼んで自著に組み入れたのではないか。それが私の推測である。

---

37 例えば、阮元刻『十三經注疏』本である。

38 この部分の譯注として、宇野茂彦「周易正義序譯注」(『名古屋大學文學部研究論集(哲學)』三二號、一九八六年)がある。

第四節　書名に「義」を含む魏晉南北朝時代の『易』解説書について

『隋書』經籍志は、隋の「大業正御目錄」を基礎とし、それに梁の阮孝緒『七錄』の内容を注として盛り込み、『隋書』の「志」の一としたものである。その經部易類には、隋目錄による七十部と、『七錄』による三十六部とが著錄されている。『隋書』經籍志の通例として、各類は、明示こそないものの實質的に下位分類されており、その下位分類のなかは概ね時代順に配される。いま試みに易類の下位分類を歸納すると、以下のようになる。

*詳攷番号	下位分類の内容
一	『歸藏』
二～二六	傳注をともなう『周易』
二七～三二	注をともなう繫辞傳
三三～三六	『周易』の讀音を明らかにするもの
三七～五六	論・義・問答など
五七～六九	義疏・講疏
七〇	『周易』の譜（内容未詳）

＊「詳攷番号」とは、興膳宏・川合康三『隋書経籍志詳攷』（汲古書院、一九九五年）にて、隋志著録書に與えられた番号を指しており、ここではその経部易類の諸書（同書、三五～五三頁）に與えられた番号のこと。

このうち、「三七～五六」の部分には、『易』に關する三國時代以來の「論」、南朝以來の「義」を多數著錄する。私は「論」は後漢末以來の傳統を有し、「義」類著作はそのうえに成り立ったものではないかと考えるが、いま書名に「義」を含むもののみ列擧する。

詳攷番号	書名・巻數	人物	備考
四三	『周易義』一巻	宋陳令・范歆撰	
四八	『周易爻義』一巻	干寶撰	
四九	『周易乾坤義』一巻	齊步兵校尉劉瓛撰	
＊四九－一	『乾坤義』一巻	齊臨沂令李玉之	
四九－二	『乾坤義』一巻	梁釋法通等	
五〇	『周易大義』二十一巻	梁武帝撰	
五一	『周易幾義』一巻	梁南平王撰	
五二	『周易大義』一巻	未詳	
五三	『周易大義』二巻	陸德明撰	
五四	『周易釋序義』三巻		新舊唐志は梁蕃撰とする
五五	『周易開題義』十巻	梁蕃撰	

＊「四九－一」のように枝番号があるものは、隋志で「梁にあった」とされるもので、すなわち阮孝緒『七錄』に著録された諸書。

＊グレーで表示したものは、南朝で著述されたもの。

撰者表記のあるものからすると、概してこれらの著作が南朝において發達した學問であったと推測できる。隋志の記述を歸納すれば、隋志の編者（あるいは、大業目錄の編者）が、書名に「義」を含む書籍に共通性を見出し、ひとまとめにして配置したことは明らかであろう。これは單に「義」の字の有無だけでなく、書物の形式や内容に着目した分類であると考えられる。私が「義」類著作と呼ぶ書籍も、隋志の基準に従うものである[39]。

---

39 たとえば隋志經部易類の「五七～六九」には、義疏・講疏がまとめられ、例えばそのうち五七番の「宋明帝集群臣講」『周易義疏』十九巻は書名に「義」字を含むが、「義」類著作ではない。五六番までの一群の書籍とは分けられているからである。同様に、本書『講周易疏論家義記』の書名にも「義」が含まれるが、これも「義」類著作とはみなせない。

『講周易疏論家義記』の編纂者が、隋志著錄のこれらの著作を見たかどうか、むろん分からないが、この種の「義」類著作を參照し、それを「義家」と呼んで參照したのではないか、と推測する。以上、『隋書』經籍志に即して確認した。

さて、上記の書物はすべて逸しており佚文すら確認しがたい。これら、「義」類著作の淵源はどこにあるのか[40]、視點を轉じ、前節にて觸れた孟安排『道教義樞』序により探ってみたい。この序によると、この世には道教が十分に廣まってはいるが、ただ傳わり難い點も多々あるとして、次のように言う。

> 支遁の十番の辯や鍾會の四本の談（「四本論」）はあり、玄虛に專念してはいるが、空しく勝負を争うばかりだ。王斌の「八並」、宋文明の「四非」、緒道正（諸糅）の「玄章」、劉進喜の「通論」などは、どれも主客を設けて（問答體にし）、やりとりを競っている。二觀、三乘、六通、四等につき、道教經典の要旨は祕して明らかにされていないが、ただ『玄門大義』こそ、盛んに（道を）論じて極まっている。……今、これらの論を基準として、冗長な部分を切り払い、廣く經典を引用し、事項を單位として分類し、『道教義樞』と命名する。至道の教えを明らかにし、大義の樞要をはっきりさせよう。十卷を勒成し、あわせて三十七條とする[41]。

---

40 これについては、義疏文獻を包括的に研究した樊波成氏「「講義」與「講疏」——中古「義疏」的名實與源流」(『中央研究院歷史語言研究所集刊』第九一本、第四分、二〇二〇年)、一「綱要型義疏」(一)「講義與講義疏」が參考となる。樊氏は後漢の賈逵『春秋左氏長義』などから、長いスパンでの展開を想定しており、本稿の見通しとは異なるが、ただし、「「義」「議」を書名とする著作は、章句・文字を解釋單位としたものではなく、條や事で序列している」(七一一頁)と述べており、本稿の趣旨と通底するものがある。

41 「其有支公十番之辯、鍾生四本之談、雖事玄虛、空論勝負。王家八並、宋氏四非、緒道正之玄章、劉先生之通論、咸存主客、從競往還。至於二觀、三乘、六通、四等、衆經要旨、祕而未申、惟『玄門大義』、盛論斯致。……今依准此論、芟夷繁冗、

『道教義樞』は「至道の教方を顯わし、大義の樞要を標す」という、まさしく「義」類著作であるが、その先驅けとして、支遁の論や、鍾會「四本論」、王斌「八並」、宋文明「四非」、赭道正（諸糅）「玄章」、劉進喜「通論」が舉げられている[42]。『道教義樞』の編者である孟安排は、勝敗を競うそれらの書の傾向を批判しつつも、これらの著作の延長のうえに、道教の論書があるとし、さらにその先に自著を措定したと言える。そして、それらの先行著作は「咸な主客を存し、從りて往還を競う」というのであるから、問答體の形式をとる「論」類著作を踏まえ、「義」類著作を作っていると理解されるのである。

このうち最も古いのは『世説新語』文學篇に「鍾會、『四本論』を撰ぶ」と見える、鍾會（二二五～二六四）の「才性四本論」である。これは後漢末以來の、論爭を含む「談論」の系譜に位置付けられるものであり[43]、むろん内容的には道教と直接に關わるものではないが、主客を設けた問答の形式がその後、多くの「論」類著作を產み、少なくとも孟安排の認識にあっては、それが（隋の『玄門大義』を經由し）『道教義樞』にまで續くと位置付けられた。この意味において、中古の學術史における「論」から「義」への接續が見て取れるのである[44]。

廣引衆經、以事類之、名曰『道教義樞』。顯至道之教方、標大義之樞要、勒成十卷、凡三十七條」。(『道藏』第二四冊、文物出版社、上海書店、天津古籍出版社、一九八八年、八〇四頁上)。

42 人名等の比定は、注36に前掲の麥谷邦夫「『道教義樞』と南北朝隋初唐期の道教教理學」、一七一頁、および注36に前掲の同氏「道教教理學と三論學派の論法」、二五八～二六一頁、による。

43 牟潤孫「論魏晉以来之崇尚談辨及其影響」(『注史齋叢稿』(增訂本)、中華書局、二〇〇九年）を參照。

44 注40に前揭の樊氏論文（七一五頁）は、鄭玄『六藝論』、王弼「道略論」、樊文深『七經論』などを舉げて、「經義を整理しているので、「義」や「義疏」と通底しており、阮渾『周易論』は「易義」とも呼ばれ、宋文明『靈寶經義疏』は「通門論」とも呼ばれる」と言っており、本稿と問題意識を共有しているものと考える。ただし、本稿では、「義」類著作と義疏を同一視することはしておらず、ここに樊氏との違いがある。

鍾會「才性四本論」は、「論」であって「義」ではない。しかし隋志では「論」的著作と「義」的著作とを區分せずに著錄する。書物の性格から見ると、「論」と「義」とが近いと觀念されていたことを、孟安排とはまた別の角度から示しているのではないか。

むろん、これを論證するためには、後漢から隋唐時代までを視野に入れ、より包括的な研究が必要であるが、本稿では現段階での見通しを述べるにとどめたい。

結

唐の孔穎達「周易正義序」には、「其れ江南の義疏に、十有餘家あり、皆な辭は虛玄を尚び、義に浮誕多し。……內に住し外に住するの空、能に就き所に就くの說を論ずるが若きは、斯れ乃ち義は釋氏に涉り、孔門に教えを為すにはあらざるなり」とあり、江南で作られた『易』義疏の十數家が、佛教の影響を受けたものとして一概に批判されている。そのうち、「能に就き所に就くの說」とは、能（主體）と所（客體）を佛教式に分けて論ずることであり、『講周易疏論家義記』が智（認識の主體）と境（認識の對象）とを佛教式に分けて論ずることと、ほぼ同樣の意味を持つこと、本文にて論じた通りである。それゆえ、孔穎達が『講周易疏論家義記』を讀んだかどうかは別として、彼が眼にした十數家の江南義疏の特徵と一致するとは言える。この典籍が傳存していなければ、我々は「江南義疏」の具體例を知ることができなかった。

『易』を解釋する手段として、『講周易疏論家義記』は、佛教に由來する分析概念を用いた。しかしながら、それはこの注釋が（儒教に反して）佛教的な立場からなされたものであることを意味しない。最も中心にあるのは儒教經典の解釋であり、そこに玄學的思惟や佛教的な分析手法を交えたものであった、と考えるのが穩當ではないか。

中國注釋學における「義」という語は、『禮記』に冠義篇や昏義篇があり、また後漢に『白虎通義』があるように、特定の古典や諸價値の意義を説くものとして廣く用いられてきた。本書『講周易疏論家義記』にも同じ用法があるが、しかし、「義家」なる語については、より限定された意味が込められている。それは、南朝において蓄積されてきた「義」類著作と私が名づけた一群の書籍の存在を背景とし、梁陳以降の學者が義疏などの古典注釋を作る場合、それら「義」類著作を複數參照することがあり、それゆえ、『講周易疏論家義記』の編纂者は「義家」なる認識を立てたのではないか。

「義」類著作なるものは、如何にして產まれたのか。後漢末以來、一對一の論客が互いに相手を說得しようとする「談論」の習慣があり、それが「論」というかたちでテクスト化されるようになった[45]。それらテクストの存在を背景とし、さらに特定の經典や對象につき論點別の整理を試みる「義」類著作が、梁陳から隋唐にかけて多數現れた。

『講周易疏論家義記』は、先行學說を整理する必要が生じた、六世紀後半頃の時代背景のもと作られたと考えられる。書名に「講」「疏論家義記」と明示しており、講義のために諸說を整理すること、それこそが本書の眼目であった。そのために、「義」類著作をも生かした『易』の注釋として編纂されたのが、『講周易疏論家義記』であったと考える。

---

45 梁の僧祐『弘明集』に收錄される様々な「論」がその具體例である（例えば卷二、宋の宗炳「名佛論」は問答體も含む）。「論」は佛教關連資料ばかりでなく、多く存在したはずであるが、失われた。「論」は、一書とするには分量が足りないものも多く、書籍化されずに單篇として流通したのではないかと想像するが、なかには書籍化されたものもある。書目に見える「論」的著作がその例である。ただし『文心雕龍』論說篇に、『論語』や『莊子』齊物論を引いた議論が見えるように、「論」の歷史は長く複雜である。ここでは魏晉以來の「論」について、一本の線を示すにとどめる。

義旨淵微，非註不顯
——清代《近思錄》注本的嬗遞考察

田富美
臺北教育大學語文與創作學系教授

提要

本文考察清代《近思錄》注本，藉由注家們對於語錄的注文進行比較，尋繹其受考據學風、朱陸論爭影響之下的嬗遞情形，由此顯示出清代理學變化之縮影。按時序來看，在清初朝廷推崇程朱學術之際，《近思錄》注家們有意糾舉明代竄亂、擅改編排的粗疏注本，並懷有道統傳承使命，如張習孔、張伯行即是代表，其注文以自身闡釋語錄大要為主，其後李文炤則開始走向裒集朱熹論說為主，輔以歷代程朱學者語錄之疏解，最後才是「附己意於其間」，隱然勾勒出一程朱學說承續者的初步圖像；同一時期另有茅星來認肯了考據工作對《近思錄》詮解之裨益，運用校勘、訓詁的方式進行註解。至乾嘉時期江永所撰《近思錄集註》，則是有意識的將考據學「以經注經」的治學思維模式充分運用於其中，這種回到朱熹思想世界註解《近思錄》的方式，即所謂「輯朱子之語，以注朱子之書」，取代了此前眾多注本，展現考據學風對程朱理學深化的影響，成為嘉、道、咸、同、光等朝最為盛傳的刻本。晚清陳沆以江永注本為基礎進行增補，採納諸多宋元明清儒者作為補注之文，尤其引錄了陸九淵語錄，在某種程度上昭示了晚清注家對於朱陸門戶束縛的鬆動現象；另外，陳沆也引錄以「師夷長技以制夷」聞名的魏源之說，不僅在文獻取材上有其意義，亦可見其有意別開蹊徑的態度。

一　前言

南宋孝宗淳熙二年（1175），呂祖謙（1137-1181）至武夷山寒泉精舍與朱熹（1130-1200）相會講論學問，共商選輯周敦頤（1017-1073）、程顥（1032-1085）、程頤（1033-1107）、張載（1020-1077）論學之言，分列十四卷共六二二則，作為理學啟蒙讀物，命為《近思錄》；其後朱、呂幾經多次書信往返商榷去取編例，至淳熙三年（1176）定稿刊印，[1]成為中國哲學選輯之書典型。作為《近思錄》主要編錄者的朱熹，[2]鎔鑄了四子思想於一爐用以接榫孔孟學術的理學體系，著名的「《近思錄》，《四子》之階梯」之

1　有關《近思錄》編纂的考察，參見陳榮捷：《朱學論集》（臺北市：臺灣學生書局，1988年再版），頁123-129；《朱子新探索》（臺北市：臺灣學生書局，1988年），頁389-406；劉又銘：〈《近思錄》的編纂〉，《中華學苑》第43期（1992年3月），頁143-170；束景南：《朱子大傳：「性」的救贖之路》（上海市：復旦大學出版社，2016年增訂版），頁280-281。相關研究甚多，茲不一一列舉。

2　《近思錄》的編纂雖然納入了呂祖謙意見，但朱熹是主導者。就目前所見討論成果而言，呂祖謙確實在編輯《近思錄》過程中發揮了一定的作用，但就《近思錄》所體現的哲學體系來看，則實為程朱一系無疑。南宋葉采撰作《近思錄集解》時，上呈宋理宗的進書表中單舉朱熹之名，儼然已有納《近思錄》為程朱理學譜系而隱沒呂祖謙亦是纂輯者的意圖；陳榮捷認為呂、朱有「賓主之分」，言：「《近思錄》之編排與內容，均以朱子本人之哲學與其道統觀念為根據」。參見葉采：〈《近思錄集解》序〉，收入程水龍：《《近思錄》集校集注集評》（上海市：上海古籍出版社，2019年，下冊附錄〈歷代《近思錄》傳本的序跋、題記匯編〉），頁1099；陳榮捷：〈朱子之近思錄〉，《朱學論集》，頁126。關於呂祖謙參與編輯《近思錄》及後世學者淡化呂氏貢獻之討論，參見杜海軍：〈呂祖謙與《近思錄》的編纂〉，《中國哲學史》2003年4期，頁43-49；虞萬里：〈呂祖謙與《近思錄》〉，《溫州師範學院學報（哲學社會科學版）》2004年第25卷第1期，頁8-13；何江海：〈《近思錄》其書與編著問題再探〉，《學習月刊》2011年1期下半月，頁47-48；蘇費翔：〈《近思錄》《四子》之階梯——陳淳與黃榦爭論讀書次序〉，收入陳來主編：《哲學與時代：朱子學國際學術研討會論文集》（上海市：華東師範大學出版社，2011年），頁496-511；王傳龍：〈再論《近思錄》的取材成書與價值取向〉，《廈門大學學報（哲學社會科學版）》2016年第1期，頁44-5047-49；朱浩毅：〈「理學史」脈絡下的《近思錄》「編者」論述〉，《佛光人文學報》2020年第3期；頁207-223。

說，[3]屢見於元、明、清各朝程朱學者論述中；相關的詮解、續補、仿編絡繹不絕，支配了歷代儒者科舉、思想數百年之久，甚至傳布至日、韓，對東亞文化圈產生極大影響，[4]成為考察程朱理學傳播的視角之一。

《近思錄》被提升至顯要的理學經典，是透過歷代傳刻、續纂等流布逐漸累積而成。在這七、八百年的累積過程中，清代是《近思錄》後續著述成果最豐碩的，各種版本之繁、傳本之多、形式之變、重刻之盛，均是其他朝代所難以企及，尤其《近思錄》詮解，正如陳榮捷所指出：「中、日註解除儒、道經書以外，恐比任何一書為多」。[5]據學者研究統計，《近思錄》存世與不存世注本一〇九種：宋元明三朝注本有三十三種，清代注本就佔有七十六種（存世65種），顯見清代的數量甚至遠多於宋元明三代數量的總和。[6]透過有清一代的積累、精研，未曾間斷的詮解、續補，實是造就《近思錄》成為經典化的重要關鍵。清儒江永（1681-1762，字慎修，號慎齋）曾論述《近思錄》及其註解的重要性，言：

> 凡義理根原，聖學體用，皆在此編。其於學者心身疵病，應接乖違，言之尤詳，箴之極切。蓋自孔、曾、思、孟而後，僅見此書。朱子嘗謂「《四子》，六經之階梯；《近思錄》，《四子》之階梯」。又謂《近思錄》所言「無不切人身、救人病者」，則此書直亞於《論》、《孟》、

---

3 朱熹言：「《四子》，六經之階梯。《近思錄》，《四子》之階梯。」黎靖德編，王星賢點校：《朱子語類》（北京市：中華書局，2020年），卷105，頁2824。這段由朱熹的弟子陳淳（1159-1223）所錄之言，構築出由《近思錄》以通向《四書》、再由《四書》通至六經的階序關係。

4 有關《近思錄》在宋、元、明、清各代以及日、韓後續著述之文獻及版本流傳情形，參見程水龍：《《近思錄》版本與傳播研究》（上海市：上海古籍出版社，2008年）；嚴佐之：〈歷代朱子學叢刊．近思錄專輯序〉，收入嚴佐之、戴揚本、劉永翔主編《近思錄專輯》（上海市：華東師範大學出版社，2014年），頁1-23。

5 陳榮捷：〈朱子之近思錄〉，《朱學論集》，頁128。按：該文附錄了宋元明清註釋《近思錄》者共二十一人，其中清儒即佔了十人。

6 據程水龍：《《近思錄》版本與傳播研究》，頁3「表2《近思錄》注本」計算加總。

《學》、《庸》，豈尋常之編錄哉！其間義旨淵微，非註不顯。[7]

《近思錄》作為理學思想經典，誠如江永所言，絕非「尋常之編錄」，其學術意義與價值，早已為古今儒者肯認，自不待言，[8]而其豐碩的研究成果，則是本文研究清代《近思錄》相關詮解的重要基礎。基本上，作為原始文獻（北宋四先生全書）「選集」的《近思錄》，出自於朱熹認定與擷取材料、重新安排而成，因此，初學者從選集回溯到原始文獻或通向《四書》、《六經》，並非單純的返鄉、鏈接，而是基於已先行閱讀選集而帶入不同的視域。四先生全書、《四書》、《六經》憑藉《近思錄》得到理解；反之，唯有通過四先生全書、《四書》、《六經》達到理解，《近思錄》才能使自身成為可理解，也才能實踐自身的存在價值。那麼，用來「促進理解」的《近思錄》與四先生全書、《四書》、《六經》間便具有曲行的詮釋學辯證。[9]此一「促進理解」的概念，同樣可有效的見諸於清儒詮解《近思錄》之中，也就是說，各種注疏、讀書札記也可能是一種轉化的理解或新意的嫁接，當可從存有論

7 江永撰，嚴佐之校點：〈近思錄集註序〉，《近思錄集註》，收入嚴佐之、戴揚本、劉永翔主編：《近思錄專輯》，第9冊，頁1。

8 有關《近思錄》學術價值之評述甚多，散見清儒各傳刻、注疏、續纂本之序跋中；現代學者如梁啟超、錢穆皆奉《近思錄》為探究宋代理學首選經典；陳榮捷則言《近思錄》是明永樂年間至晚清科舉根基的《性理大全》等書之典型；而束景南亦稱之為「袖珍版的《性理群書》」，「在朱熹以後直到近代，程朱理學在很大程度上是是借助於《近思錄》的注釋、傳刻、流布得到廣泛傳播的」。參見錢穆：〈復興中華文化人人必讀的幾部書〉，《中國文化叢談》（臺北市：三民書局，1984年），頁377；陳榮捷：〈朱子之近思錄〉，《朱學論集》，頁123；束景南：〈《近思錄》版本與傳播研究序〉，收入程水龍：《《近思錄》版本與傳播研究》，頁1。

9 林維杰援引高達美（Hans-Georg Gadamer）「光的形上學」理論進行類比說明：沒有光便沒有清晰可見之物，反之，也只有在可見之物當中，光才成為光；意即：《近思錄》是通向目標（全書、《四書》、《六經》的理解）的手段或途徑，反過來說，唯有目標達成，手段也才能實踐自身存在的價值，且只有通過使四先生全書、《四書》、《六經》成為可理解，《近思錄》才能使自己成為可理解。氏著：〈《近思錄》及其譯註的詮釋學問題〉，《揭諦》第15期（2008年7月），頁1-26。按：此一概念與「詮釋學循環」之意相近，即部分與整體理解之間的彼此往返關係。

向度視之，而其中所寄寓個人的義理詮釋與學思，便有進一步探析的必要。

換言之，清代儒者的《近思錄》詮解，實質上就是對理學家的語錄進行再詮釋：詮解者一方面能注疏前賢語錄而玩味其意旨，另一方面更有可能將自身思想融入疏解之文中，發揮己意，進而構作出具有當世特質之見，自然具有其「歷史性」，[10]照映出的是程朱理學在清代各時期的意義與普及情形。本文的撰寫，即在於考察清儒所撰具代表性的幾部《近思錄》注本，包括方法、取材的衍變，側重內容的調整，由此基礎上，論究清代程朱之學的特色及其嬗遞的一個側面。

二　由「本乎心之所明」到「取其義之相類」以附之訓釋

回溯《近思錄》的詮解歷史，早在南宋時期即已展開，現存可見者如朱門弟子陳埴（？-？）摘錄《近思錄》部分內容，以設問答疑的方式闡述北宋四子思想而成的《近思錄雜問》；而成書最早的完整注本應是楊伯嵒（？-1254）《泳齋近思錄衍注》，引用孔、孟、經書、北宋諸賢之語與自身所見進行注釋。至於朱熹再傳弟子葉采（1197-1264）撰於南宋理宗淳祐八年（1248）的《近思錄集解》，則是流傳最盛行的刻本，[11]序中將《近思錄》視為「我宋之一經」、撰〈進近思錄表〉上奏言此書「見天地之純全，明國家之統紀，表範模於多士，垂軌轍於百王」，[12]顯見對《近思錄》推尊之盛；在內容方面，《近思錄集解》所引朱熹之語註解四子之論、以及葉氏個

10 在此轉用黃俊傑論經典以及經典的解釋者之「歷史性」的討論。所謂經典解讀者的「歷史性」，「包括解經者所處的時代的歷史情境和歷史記憶，以及他自己的思想系統。」參見黃俊傑：〈從儒家經典詮釋史觀點論解經者的「歷史性」及其相關問題〉，收入氏編：《中國經典詮釋傳統（一）通論篇》（臺北市：臺灣大學出版中心，2004年），頁337-366。

11 參見程水龍：《《近思錄》版本與傳播研究》，頁90-119。

12 葉采：〈《近思錄集解》序〉、〈進近思錄表〉，收入程水龍《《近思錄》集校集注集評》，頁1099-1100。

人理解或評斷，往往是清儒的重要參酌；在形式上，葉氏依據各卷要旨所擬定之綱目、撰寫之提要，[13]不僅為後世諸多注家所依循，也是眾多續編、仿編的參酌範式（參見附錄一）。其後，明代心學興起，《近思錄》的詮解轉趨沉寂，較值得注意的是出現了改編分類的《近思錄》，如周公恕（？-？）將葉采《近思錄集解》重新分類、改編，由原本的十四卷增設成二八八個小類目而成《分類經進近思錄集解》，[14]雖仍是以葉氏本為主體，然仍遭四庫館臣抨擊為「或漏落正文，或混淆註語，謬誤幾不可讀」，[15]顯見清儒對於這種移置語錄、增刪注文以契合於科舉考試的體例編次並不認同。清代為數眾多的《近思錄》詮解，均依朱、呂所輯原貌為本，按《近思錄》中語句進行注疏與語意的串連解說，即一般最常見的注疏本，數量較多，傳刻與影響較深遠，亦是本文最主要的考察對象，包括其中蘊含各注家的理解及詮釋，發揮所寄寓的理想或輯錄朱學之論等。藉由梳理這些注本，不僅可窺知各注家意圖與注疏主張；且其遞變之脈絡，往往能從注疏的形式、選材之中尋繹而出。

現今所見清代的《近思錄》注疏本，以康、雍、乾年間最多（參見附錄二）。尤其清初尊崇程朱理學影響所致，《近思錄》的註解本頗豐。首先，清儒對於明代周公恕《分類經進近思錄集解》竄亂《近思錄》編排、擅改葉采《集解》注本的批評甚多，如言「文義掛漏，前後割裂」、「或漏落，或妄

13 原《近思錄》成書之際，各卷並無標目，僅《朱子語類》中載有朱熹述及各卷之綱要，字數較參差不齊，且未能正式編入《近思錄》中。至葉采按《近思錄》各卷內容訂定篇目，雖與朱熹原訂架構一致，但文字更趨齊整，為後世諸多注家所宗。如卷二原朱熹概括為「為學大要」，葉采訂為「論學」；卷五原朱熹概括為「改過遷善，克己復禮」，葉采訂為「克治」；卷十二原朱熹概括為「改過及人心疵病」，葉采訂為「警戒」。

14 現存《分類經進近思錄集解》版本約有二十餘種，本文所見之版本係「日本公文書館藏明末建陽書林楊璧清刊本」，分類數目由此計算所得，參見周公恕：《分類經進近思錄集解》，收入《域外漢籍珍本文庫》第5輯（北京市：人民出版社，2015年）。另有學者則根據明嘉靖十七年（1538）劉仕賢刻本計算為287個類目，參見程水龍、曹潔：〈明代中後期《分類經進近思錄集解》考述〉，《圖書館雜誌》2008年第4期，頁63-67。

15 永瑢等撰：《四庫全書總目》（北京市：中華書局，2020年重印），卷92〈子部儒家類二·（江永）《近思錄集註》〉條，頁781。

增，大失朱、呂之意」、「破碎糾紛，不免漏落妄增之譏」等，[16]甚至成為重新注疏《近思錄》的動機，最具代表性者為康熙十七年（1678）張習孔（1606-1684？，字念難，號黃岳）所撰《近思錄傳》，其序言：

> 至淳祐間，建安葉氏為之集解（按：葉采《近思錄集解》），自序已經進御。後乃有曰鷺洲周公恕者，取葉氏本參錯離析之，先後倒亂，且有刪逸，仍冒葉氏名，曰「分類集解」，創為二百餘類，全失朱子之意。流傳既久，幾亂本真，世亦無知而辨之者，此實後學之責也。……序次篇章，悉本朱子之舊……間有旁通微辨，要亦本乎心之所明，直而弗有。[17]

如同許多清初士人皆曾嚴厲批評明末學風，張習孔亦言「為陸學者浸淫變換，流為狂禪」，論學強調的是「窮理盡性」、「躬行實踐」。[18]依此，便不難理解在上引文中，張習孔指出其企圖扭轉前朝「全失朱子之意」的粗劣注本之弊，認為回復《近思錄》原貌係「後學者之責」，如對於《分類經進近思錄集解》僅錄〈西銘〉首四句，其餘皆刪削的作法，他痛批言：「夫〈西銘〉之書，固有難解，亦須載其全文，聽是非于來哲，何可任意芟除？且書名『集解』，此銘之解極多，最當集者，一概不取，何不指明其故？」職是，《近思錄傳》力求「本朱子之舊」，為首要目的；此外，張習孔依自學體悟進行傳注，其原則是「有言則言，無言則止。其有意指顯白，詞語明了，無事贅衍者，則不復傳」，[19]呈現簡明質樸的注疏特質。

時間稍後、歷任朝官的張伯行（1651-1725，字孝先，號敬庵）則是對

16 朱之弼：〈近思錄原本集解序〉，收入程水龍：《《近思錄》集校集注集評》，頁1107；江永撰，嚴佐之校點：〈近思錄集註凡例〉、王鼎：〈朱子原定近思錄序〉，《近思錄集註》，頁1；附錄，頁275。

17 張習孔撰，方笑一校點：〈近思錄傳序〉，《近思錄傳》，收入嚴佐之、戴揚本、劉永翔主編：《近思錄專輯》，第3冊，頁1-2。

18 杜濬：〈黃岳先生傳〉，收入張習孔撰，方笑一校點：《近思錄傳》附錄，頁251。

19 張習孔撰，方笑一校點：〈近思錄傳凡說〉，《近思錄傳》，頁1。

於當前朝廷藉著配享朱熹於孔廟、編纂《朱子全書》與《性理精義》、興建紫陽書院以推崇朱學之際，懷著承續儒學道統使命之企望者，其成書於康熙四十九年（1710）的《近思錄集解》即是應此而作，張伯行序言：

> 我皇上德邁唐、虞，學配孔、孟，……每於濂、洛、關、閩四氏之書，加意振興，以宏教育。近復特頒盛典，俎豆宮牆，躋朱子於十哲之次。誠以集群聖之成者孔子，用是師表於萬世；集諸儒之成者朱子，故能啟佑乎後人也。伯行束髮受書，垂五十餘年……纂集諸說，謬為疏解，極知淺陋無當，然藉是以與天下之有志者端厥趨向……，以不負先儒諄復誨誘之心也。於是乎士希賢而賢希聖，其以維持道脈，光輔聖朝。[20]

身為清初「廟堂理學家」[21]之一的張伯行是清代《近思錄》後續著述的代表人物，不僅撰有注疏性質的《近思錄集解》，更選錄並疏解朱熹之語成《續近思錄》，以及輯北宋至明代理學諸儒而成《廣近思錄》，[22]足見其潛心理學且亟欲延續朱熹學脈的積極態度。上引文中，可知張伯行有意藉由《近思錄

---

20 張伯行撰，羅爭鳴校點：〈近思錄集解序〉，《近思錄集解》，收入嚴佐之、戴揚本、劉永翔主編：《近思錄專輯》，第4冊，頁2。

21 現代學者將清初程朱理學家按身分地位區分為官方與民間兩大類，稱任職中央政府或朝廷高官者為「廟堂」、「館閣」、「官僚」理學，傾向恢復儒學道統以推導清初社會重建，其目的與重視程朱道統的延續性為主軸的民間理學並不完全一致。參見王茂、蔣國保、余秉頤、陶清著：《清代哲學》（合肥市：安徽人民出版社，1992年）；龔書鐸主編，史革新、李帆、張昭軍著：《清代理學史》（廣州市：廣東教育出版社，2007年）；朱昌榮：《清初程朱理學研究》（北京市：中國社會科學出版社，2019年）；楊菁：《清初理學思想研究》（臺北市：里仁書局，2008年）；王勝軍：《清初廟堂理學研究》（長沙市：岳麓書社，2015年），本文所用「廟堂」定義，參見頁19。

22 《續近思錄》凡641條，係張伯行「倣朱子纂集四子之意，用以彙訂朱子之書者」；《廣近思錄》則是「於《近思錄》所為既詮釋之而又續之，既續之而又廣之，冀有以明章義蘊，引進後人，而且以輔翼儒書於不墜也。是編自南軒、東萊、勉齋迄許、薛、胡、羅集七家言。」參見張伯行輯，張文校點：〈續近思錄序〉，《續近思錄》，頁1；〈廣近思錄序〉，《廣近思錄》，收入嚴佐之、戴揚本、劉永翔主編：《近思錄專輯》，第5冊，頁2。

集解》輔翼朝廷傳布程朱之學，引領學風走向。相對於布衣文人的張習孔《近思錄傳》為求糾舉明代注本之失，以「本乎心之所明」為注疏原則，往往僅作簡短的概括性說明，而張伯行《近思錄集解》則有「以宏教育」的企望，其注疏內容則較趨詳備，以《近思錄》卷二第一則引自周敦頤《通書·志學》「聖希天，賢希聖，士希賢。伊尹、顏淵，大賢也。伊尹恥其君不為堯舜，一夫不得其所，若撻於市；顏淵『不遷怒不貳過』，『三月不違仁』。志伊尹之所志，學顏子之所學，過則聖，及則賢，不及則亦不失於令名」條為例，張習孔在此條下注言：

> 希聖希賢者，志學兼勵。有此志，必務此學，有此學，自成此志。[23]

張習孔從「志」、「學」概說為學者希冀成為聖賢的關鍵，淺顯而質樸；至於張伯行則將此條內容分成四部分進行詮解：「聖希天，賢希聖，士希賢」為第一部分，說明聖、賢、士三者在為學、立志態度之別；第二部分「伊尹、顏淵……不違仁」，由《書》、《論語》闡述二位賢人希聖堯舜、孔子；第三部分「志伊尹……所學」說明伊尹授受取予、顏子不厭不倦，所謂「志必取乎高」、「學必求其正」，適足以成為士人典範；第四部分「過則……令名」則說明所志所學將隨「用力有淺深」而「所至之遠近隨之」。[24]在詳盡闡述各部分義理後，張伯行更不憚冗煩的叮囑言：

> 世之為學者，若能知此志此學，乃本天之道，而為聖賢相傳之業，自將反其所以希榮射利、好異矜才者，而一歸於正大。則志學交進，不患無成，出則為王佐，處則為純儒，唐、虞之風，尚可復睹，而洙泗之澤，庶幾再振也夫！[25]

張伯行不僅疏解聖、賢、士三者才德學知之別，志學遞進的成效，且希冀藉

---

23 張習孔撰，方笑一校點：《近思錄傳》，卷2，頁22。

24 參見張伯行撰，羅爭鳴校點：《近思錄集解》，卷2，頁37-38。

25 張伯行撰，羅爭鳴校點：《近思錄集解》，卷2，頁39。

由這段總論為學要旨，勸勉當時學子循此於進退出處間成為輔政之才、潤澤程朱學風之儒，透顯出為世所用的意圖。

除了詮解趨詳、意圖擴大，隨之而來的是註文所參酌、引述的材料亦逐漸增多，其主軸由自註逐步走向引錄。較之張習孔大都直抒個人所得所悟，張伯行則是偶爾少數引用經典、各朝儒者論說作為輔助，惟仍以自身闡釋語錄大要為主；至康熙五十九年（1720）李文炤（1672-1735，字元朗，號恆齋）撰《近思錄集解》，[26]其自述詮解方式言：

> 秦漢以降，道術分裂……朱子蓋深憫之，於是不得已而為近思之錄，著性命之蘊，而天下之言道者有所宗；揭進修之要，而天下之言學者有所準。……然其微辭奧義，多未易曉，朱子雖往往發明之，而散見於各書（自注：《四書集注》、《或問》、《大全》，《文集》、《語類》）。蓋學者欲觀其聚焉而不得也。竊不自揣，為之裒集而次列之，而又取其意之相類與其說之相資者，條而附之，以備一家之言。至其所闕之處，則取葉氏、陳氏、薛氏、胡氏之說以補之（自注：……其與《近思錄》相發明者取之）。間亦或附己意於其間，庶幾可以便觀覽、備遺忘，以待同志者之取裁而已矣。[27]

依此引文來看，李文炤的詮解方式與前述張習孔、張伯行已有顯著的不同：李文炤係裒集朱熹論說為主，再以宋代葉采、陳埴、明代薛瑄（1389-1464）、胡居仁（1434-1484）語錄為疏解之輔，最後才是「附己意於其間」。此一擇資宋明理學家語錄「與《近思錄》相發明者」，除了「著性命之蘊」、「揭進修之要」，由原既有的北宋五子、又再匯聚朱熹及其後學之論著以助詮解的方式，成為許多接續的清儒所採，隱然勾勒出一程朱學說承續者

26 有關李文炤生平及《近思錄集解》刻本、傳布情形，參見戴揚本：〈辭約義斯微、慮遠說乃詳──李文炤《近思錄集解》之文獻價值略述〉，收入嚴佐之、顧宏義主編：《《近思錄》文獻叢考》（上海市：上海古籍出版社，2018年），頁223-235。

27 李文炤撰，戴揚本校點：〈近思錄集解序〉，《近思錄集解》，收入嚴佐之、戴揚本、劉永翔主編《近思錄專輯》，第4冊，頁1-2。

的初步圖像。再者，當講求訓詁的學風漸興，李文炤不免對自身訓釋工作有所定位：

> 學者誠能遜志於此書，則諸子百家皆難為言，而於內聖外王之要，不患其無階以升，較之役志於詞章之中，老死於訓詁之下，風推浪旋，無以自拔，而猶共矜衣缽之傳者，其大小之不同量，為何如也！[28]

足見，李文炤的《近思錄》注本，主要聚焦於內聖外王之蘊的義理思想，並強調此絕非詞章、文字的訓詁所能比擬。由此考察李文炤《近思錄集解》，如卷二載錄張載「為學大益，在自求變化氣質。不爾，皆為人之弊，卒無所發明，不得見聖人之奧」條，李文炤先簡要的自註讀音：「為人之為，去聲」；其後引用葉采注文「所貴於學，正欲陶鎔氣質，矯正偏駁，不然則非為己之學，亦何以推明聖人之蘊哉」，訓釋「為己之學」乃「變化氣質」的基礎；再引朱熹「若不讀書窮理，主敬存心，而徒計較於昨是今非之間，則亦徒勞而無補也。」[29]進一步說明變化氣質並非抽象的修養概念，而是在於內外兼具的致知窮理，主敬涵養工夫。按張載由「氣」之生成變化的宇宙本體論模式下提出「變化氣質」之說，是理學的修養工夫的重要理論，為學即是就氣質之性進行轉化、滌除濁滯而回復最初天地之性狀態，也就是聖人境界。[30]程朱承繼此說，但在側重「理」的存有本體論模式下，「理」作為形而下「氣」的引導地位被凸顯出來，於是「格物窮理」架構便自然被帶入，也就是朱熹所言的「讀書窮理，主敬存心」。由此來看，李文炤詮解張載的變化氣質之說，已不局限於文句語意，而是藉由引述朱熹之言，而將之與程

---

28 李文炤撰，戴揚本校點：〈近思錄集解序〉，《近思錄集解》，頁2。

29 李文炤撰，戴揚本校點：《近思錄集解》，卷2，頁54-55。按：李文炤所引朱熹之言，源自《朱子語類》，但文字略異：「徒計較於昨是今非之間，則亦徒勞而無補」原語錄作「徒切切計較於昨非今是之間，恐亦勞而無補」。參見黎靖德編，王星賢點校：《朱子語類》，卷122，頁3180-3181。相近文字亦可見於朱熹撰，陳俊民校編：〈答王子合一〉，《朱子文集》（臺北市：德富文教基金會，2000年），卷49，頁2209。

30 有關張載、程頤、朱熹所言變化氣質之討論，參見楊儒賓：〈變化氣質、養氣與觀聖賢氣象〉，《漢學研究》第19卷第1期（2001年6月），頁103-136。

朱之學連結，闡揚了程朱的工夫論。

相較於李文炤視詞章、訓詁為「小」的態度，茅星來（1678-1748，字豈宿，號鈍叟，又號具茨山人）於乾隆元年（1736）完稿的《近思錄集註》則明確認肯了考據工作對《近思錄》詮解之裨益。他追溯撰作《近思錄集註》之動機，首先掘發《近思錄》編目結構係「與《大學》一書相發明者」，[31]開啟後世學者論究《近思錄》體系脈絡與三綱領、八條目之應對關係，乃有志於聖道者之階梯；其次評論了當時所見流行的注本：

> 顧今坊間所行者，惟建安葉氏《集解》而已，楊氏詠齋《衍註》則藏書家僅有存者。星來嘗取讀之，粗率膚淺，於是書了無發明，又都解所不必解，其有稍費擬議處則闕焉。至於中間彼此錯亂，字句外譌，以二子親承朱子緒論，而其為書乃如此，其他又何論乎？……其名物訓詁，雖非是書所重，亦必詳其本末，庶幾為學者多識之一助。[32]

顯然，對於南宋葉采、楊伯喦兩家注本的頗有不滿，包括闡釋義理的欠闕、淺薄，以及文句的錯亂舛誤，是促使茅星來注疏《近思錄》的原因，也正由於有意校訂前賢注本之失，故而茅氏肯定校勘、名物訓詁價值。他進一步言：

> 《近思錄集註》既成，或疑名物訓詁非是書所重，胡考訂援據之不憚煩為？曰：此正愚註之所以作也。自《宋史》分「道學」、「儒林」為二，而後知言程朱之學者，往往但求之身心性命之間，而不復以通經學古為事。……蓋求儒者之道於文章訓詁中則可，而欲以文章訓詁盡儒者之道則不可。……嘗竊論之：馬鄭賈孔之說經，譬則百貨之所聚也；程朱諸先生之說經，譬則操權度以平百貨之長短輕重者也。微權

31 茅星來撰，朱幼文校點：〈近思錄集註原序〉，《近思錄集註》，收入嚴佐之、戴揚本、劉永翔主編：《近思錄專輯》，第7冊，頁1。現代學者如余英時言《近思錄》「大致本之《大學》八條目」。氏著：《朱熹的歷史世界：宋代士大夫政治文化的研究》（北京市：生活·讀書·新知三聯書店，2004年），頁10。

32 茅星來撰，朱幼文校點：〈近思錄集註原序〉，《近思錄集註》，頁1-2。

度，則貨之長短輕重不見；而非百貨所聚，則雖有權度亦無所用之矣。故愚於是編備著漢唐諸家之說，以見程朱諸先生學之有本，俾彼空疎寡學者無得以藉口焉。[33]

茅星來主張通過訓釋考證以求儒者之道：他批評《宋史》將儒學分列「道學」、「儒林」後，割裂了講求「身心性命」的形上之學與作為訓釋基礎的「通經學古」；他進一步將漢唐家法所積累的學術喻為「百貨之所聚」，而程朱理學則如甄別者，能權衡「百貨之長短輕重」，二者理當是相依相存的關係。據此，呈現於茅氏《近思錄集註》詮解體例上，則是詳盡的校勘、註解字詞、引據典籍的考證，成為其詮解的重要特色。如註解卷一首則「無極而太極」一語：

無，宋本作「无」，下同。○太者，大無以加之謂；極者，至極之義。以其無形之可見，故曰「無極」。○朱子曰：「上天之載，無聲無臭」，而實造化之樞紐，品匯之根柢也，故曰「無極而太極」，非太極之外復有無極也。是就有中說無……是就無中說有……○陳北溪曰……。愚按，《易》所言太極，在兩儀、四象、八卦之先。此所謂太極，即在陰陽、五行、天地、萬物之中。彼處有次第，此處無次第也。蓋彼處在聖人畫卦上說，須是以漸生出，故有次第；此則直就陰陽五行天地萬物自然之理言之，故無次第也。[34]

茅星來在注文中先校勘版本異文，訂正訛誤，並就字詞進行注解；其次就所節錄葉采注文的朱熹之言進行訓釋，說明「上天之載，無聲無臭」、「無極而太極」二語之別；接著便大量引用了陳淳《北溪字義》中有關「太極」、「無極」之論述，文中溯源先秦兩漢眾說；最後以按語的方式闡發中所引文獻的見解，說明「太極」作為宇宙本體，以及用「無極」概念表達的意旨。基本上，茅氏詮解「無極而太極」的特出之處並非深化程朱義理或提出新解，而

33 茅星來撰，朱幼文校點：〈近思錄集註後序〉，《近思錄集註》，頁1-2。

34 茅星來撰，朱幼文校點：《近思錄集註》，卷1，頁1-2。

是在於以當時漢學家標舉的治學模式來註解這部理學著作：包括對於版本勘誤、文本字詞音訓的參校同異，釐正得失，[35]這種由考據尋繹義理的方法，是此前所未見的。再者，茅星來《近思錄集註》亦為各卷擬定綱目（參見附錄一），並於各綱目後綜述大要，更作〈近思錄集註附說〉，對於《近思錄》選語所據的北宋四先生之書進行梳理及統計，[36]又仿照朱熹註解《論》、《孟》附《史記》世家、列傳之例，「取《伊洛淵源錄》中四先生事狀，刪其繁複，為之注釋，以附簡端」，[37]均彰顯了茅氏力求疏治完備之意。

此外，必須說明的是，李文炤與茅星來雖均引述朱學論著進行詮解，但二人所側重之處不盡相同，如卷二載語錄「曾點、漆雕開已見大意，故聖人與之」條，係二程根據《論語》「子使漆雕開仕」、「子路、曾皙、冉有、公西華侍坐」[38]章以品鑑曾點與漆雕開受孔子稱許之因，在於「已見大意」。李文炤《近思錄集解》言：

> 朱子曰：大意是本初處推其極，只惟皇上帝降衷於下民，若不見大意，如何下手做工夫？若已見大意而不下手做工夫亦不可。又曰：論其資質之誠愨，則開優於點；語其見趣超詣、脫然無毫髮之累，則點賢於開。然開之進未有已也。[39]

35 更多相關例證，參見程水龍：〈論清初考證學對理學經典註解之革新〉，《歷史文獻研究》第39輯（2017年1月），頁99-113；周仕杰：《茅星來《近思錄集註》研究》（溫州市：溫州大學中國古典文獻學碩士論文，2015年），頁15-29。

36 有關茅星來對《近思錄》選語的考證研究，參見張美英：《《總目》「近思錄文獻」八種提要釋考》（溫州市：溫州大學中國古典文獻學碩士論文，2019年），頁58-62。

37 茅星來撰，朱幼文校點：〈近思錄集註後序〉，《近思錄集註》，頁2。

38 此二則係指「子使漆雕開仕。對曰：『吾斯之未能信。』子說。」與「子路、曾皙、冉有、公西華侍坐」章裡曾點所言「暮春者，春服既成。冠者五、六人，童子六、七人，浴乎沂，風乎舞雩，詠而歸。夫子喟然歎曰：『吾與點也』。」參見《論語集注》，收入朱熹：《四書章句集注》（北京市：中華書局，2003年重印），卷3〈公冶長〉，頁76；卷6〈先進〉，頁129。按朱熹注言：「信，謂真知其如此，而無毫髮之疑也。開自言未能如此，未可以治人，故夫子說其篤志。」「曾點，狂者也，未必能為聖人之事，而能知夫子之志。」

39 李文炤撰，戴揚本校點：《近思錄集解》，卷2，頁37。

茅星來《近思錄集註》言：

> 朱子曰：點見得較高，而做工夫卻有欠缺；開工夫精密，而見處或不如曾點也。學者須就自己下學致知力行處做工夫，久之自漸有得。[40]

按，不論是李文炤或茅星來均是選《朱子語類》內容入註，且都以節錄的方式呈現。[41]若檢視《朱子語類》內容，便可發現，朱熹雖讚賞曾點「有以見夫人欲盡處，天理流行，隨處充滿，無少欠闕」，[42]指出曾點展現出的心性修養究極成果，並且能悠然於內而從容地顯露於外。然而，朱熹顯然更重視在格物窮理前提下具體實踐的積漸工夫，因此在《朱子語類》中有大量評曾點「工夫疏略」之語，[43]甚至言「曾皙不可學。他是偶然見得如此，夫子也是一時被他說得恁地也快活人，故與之。今人若要學他，便會狂妄了。」[44]相對於曾點，朱熹則肯定當漆雕開表示對於仕宦之事尚未自信足以理解並承擔時（「吾斯之未能信」），即意味著其求道（理）之志的堅實，不願苟且隨世以就功名，這不僅已掌握聖人「大意」，更有力求踐履的精神，故而朱熹屢言漆雕開「確實」、「著實做事」，即稱許其志於道的精神。[45]換言之，在

40 茅星來撰，朱幼文校點：《近思錄集註》，卷2，頁63。

41 校覈李、茅二人所引錄語錄與《朱子語類》、葉采《近思錄集解》，往往可見其剪裁、化約的痕跡，李文炤的註文尤甚。相關對比與討論，參見張美英：《《總目》「近思錄文獻」八種提要釋考》，頁100-108。

42 朱熹：《論語集注》，卷6〈先進集注〉，頁129-131。

43 如言「曾點見處極高，只是工夫疏略」、「其實細密工夫卻多欠闕，便似莊列」、「曾點見得大意，然裡面工夫卻疏略」。相似之語甚夥，茲不枚舉。參見黎靖德編，王星賢點校：《朱子語類》，卷40，頁1100-1104。

44 黎靖德編，王星賢點校：《朱子語類》，卷40，頁1105。按楊儒賓言：「曾點之學在朱子的思想體系中，原來即有它的位置。這個位置如果就工夫論的觀點來看，它是最終的一站，是果位的概念。此處無功可用，也不能強盼，只能水到渠成，自然呈現。」參見氏著：〈孔顏樂處與曾點情趣〉，收入黃俊傑主編：《東亞論語學：中國篇》（上海市：上海華東師範大學出版社，2011年），頁21-42，引文見頁33。

45 如言「漆雕開想是灰頭土面，樸實去做工夫」、「他肯去做」、「為人卻有規矩，不肯只恁地休」。參見黎靖德編，王星賢點校：《朱子語類》，卷28，頁770；卷40，頁1112-1113。

修養的進路上，朱熹首選示於學子者的是漆雕開篤志務學的形象，而非曾點的浴沂詠歸，因此朱熹回答弟子詢問「漆雕開與曾點孰優劣？」答曰：「舊看皆云曾點高，今看來，卻是開著實，點頗動蕩。」[46]職是，朱熹闡釋二程「曾點、漆雕開已見大意，故聖人與之」一語時，在反覆的對照二人殊勝之處中，透顯出對漆雕開的讚揚及下學工夫的重視。據此檢視李文炤、茅星來二人詮解：李文炤所節錄出的《朱子語類》概括二程語錄的意涵較廣：首先，李文炤擇錄「大意」係「本初處推其極，只『惟皇上帝降衷於下民』」，實緊扣此語錄源自《論語》「使漆雕開仕」的討論，其中「惟皇上帝降衷於下民」所即指天地之性，這是朱熹提供為政者的行事終極依據。[47]其次，強調理解「大意」與「做工夫」必當緊密結合；復次，則比較曾點、漆雕開各有勝場，最後引用「開之進未有已」一語標誌漆雕開篤實進取實更為可貴可取。李文炤所揀錄的詮解之語，實頗能契合朱熹義蘊。至於茅星來的詮解，則聚焦於曾點與漆雕開的差異，並強調為學應由下學做工夫以求有所得。雖然茅氏的擇錄仍不失朱熹首重格致之學的特質，但省略了形上層面（「大意」）的詮解，由此不難看出以校勘、章句訓釋見長的茅氏，在呈顯原《近思錄》語錄或朱熹思想上，都是有所欠闕且不如李文炤所力求發揮的「性命之蘊」。

三　由「裒輯朱子之言」到「匯聚朱學眾家」以闡發意旨

自李文炤《近思錄集解》以擇錄朱熹、南宋與明代朱學各家語錄的詮解

46 黎靖德編，王星賢點校：《朱子語類》，卷28，頁772。

47 「惟皇上帝降衷於下民」一語係《尚書・湯誥》語，朱熹多次引用闡發《中庸》「天命之謂性」之意涵，如言：「蓋天命之性，雖人物所同稟，然聖賢之言，本以脩為為主，故且得言人，而脩為之功在我為切，故又有以「吾」為言者，如言『上帝降衷于民，民受天地之中以生』。」朱熹撰，陳俊民校編：〈答陳才卿一〉，《朱子文集》，卷59，頁2902。

模式後，逐步出現了兩種盛行於當世的纂註之作：一是擴大徵引朱學各家語錄入註，施璜（？-1706，字虹玉，號誠齋）《五子近思錄發明》即是代表。按該書是為闡發汪佑（？-？）增錄朱熹著述之書於《近思錄》後所合輯的《五子近思錄》而作。《五子近思錄》刊刻後，在康、雍、乾年間接踵而至的重刻甚夥，流播快速，接續以汪氏書為基礎而推衍的著作頗多，[48]如施璜為求便於講學紫陽、還古兩書院，於是選錄葉采《近思錄集解》，又匯輯薛瑄《讀書錄》、胡居仁《居業錄》、羅欽順（1465-1547）《困知記》、高攀龍（1562-1626）《高子遺書》等語要，分附於汪氏書後，增補纂註成《五子近思錄發明》，不僅疏解了汪氏《五子近思錄》，同時也續錄了明代程朱理學家著作，兼具《近思錄》的詮解與續纂兩種性質，然畢竟已非《近思錄》原貌，其內容亦不是專為詮解《近思錄》而作。

另一由李文炤《近思錄集解》所萌蘖的詮解模式，則是更趨完備的引錄朱熹之言作為詮解內容，最廣為人知的是乾隆七年（1742）江永所撰《近思錄集註》，其自敘詮解目的，曰：

> 考朱子朝夕及門人講論，多及此書（按：即《近思錄》），或解析文義，或闡發奧理，或辨別同異，或指摘瑕疵，又或因他事及之，與此相發，散見《文集》、《或問》、《語類》諸書，前人未有為之薈萃者。宋淳佑間，平巖葉氏采進《近思錄集解》，採朱子語甚略。近世有周公恕者，因葉氏註，以己意別立條目，破析句段。細校原文，或增或複，且復脫漏譌舛，大非寒泉纂輯之舊。後來刻本相仍，幾不可讀。……因仍原本次第，裒輯朱子之言有關此錄者，悉採入註，朱子

48 除了施璜《五子近思錄發明》之外，雍正年間孫嘉淦（1683-1753）輯為《五子近思錄輯要》，乾隆年間黃叔璥（1682-1758）裒輯成《近思錄集朱》，彙集的語錄更擴及楊時（1053-1135）、張栻（1133-1180）、真德秀（1178-1235）、黃榦（1152-1221）、許衡（1209-1281）、呂坤（1536-1618）、魏了翁（1178-1237）等師友門人與後學之著述，以及葉采《近思錄集解》、茅星來《近思錄集注》等注本，同治年間李元綱（1800-1874）則有研讀汪氏書「隨手著錄，默驗心得」之作，後人將之命名為命為《五子近思錄隨筆》。

> 說未備，乃採平巖及他氏說補之，間亦竊附鄙說，盡其餘蘊。[49]

又言：

> 原本十四卷，各為事類，而無篇目。……今本《語類》「《近思錄》逐篇綱目」一條，註於卷首，俾各篇有總領，仍不失朱子之意。……近世新安汪氏佑，每篇增入朱子之言，為《五子近思錄》。施氏璜又為之《發明》，採薛敬軒、胡敬齋、羅整庵、高景逸四家語錄入註，各自成書。此不能旁及，亦恐後儒衍說太多，讀者易生厭倦也。[50]

作為乾嘉時期的經學大家江永，被清代治漢學者奉為先河，戴震（1724-1777）、程瑤田（1725-1814）、金榜（1735-1801）均是其弟子，其淵博的學識展現於《三禮》、音韻、樂律、曆算、地理、古今制度等各類豐碩的著書，四庫館臣稱許為「辨訂俱有根據」、「考證精核，勝前人多矣」、「非深於古義者不能」；[51]然而，江永所作《近思錄集註》的詮解特點既不在於訓詁校勘，亦非自闡文義，而是有意識的將其所擅長治學思維模式充分運用於其中。據上引文，首先，江永認為朱熹是理解《近思錄》的門徑，唯有朱熹的著述能「與此相發」：此一主張與李文炤之說頗近似，另一方面也昭示了他所從事《近思錄》的詮解工作即在於「薈萃」朱熹《文集》、《或問》、《語類》諸書以詮釋之。據研究者統計，江永對《近思錄》六二二則語錄中的五三八則進行了集註，這其中有三五一則語錄下引用朱熹之言，足見所佔比例之高，另外有一七二則轉引葉采註文，並在一二五則下附有己見的按語，[52]僅少數引他家之言作為補充理解文意。以上節討論李文炤與茅星來在卷二

---

49 江永撰，嚴佐之校點：〈近思錄集註序〉，《近思錄集註》，頁1-2。

50 江永撰，嚴佐之校點：〈近思錄集註凡例〉，《近思錄集註》，頁1-2。

51 參見徐世昌等編，沈芝盈、梁運華點校：〈慎修學案〉，《清儒學案》（北京市：中華書局，2008年），卷58-59，頁2245-2334；永瑢等撰：《四庫全書總目》，卷20，經部禮類二〈（江永）《儀禮釋宮增注》提要〉，頁166；經部禮類三〈（江永）《深衣考誤》提要〉，頁175；經部禮類三〈（江永）《禮記訓義擇言》提要〉，頁174。

52 參見張美英：《《總目》「近思錄文獻」八種提要釋考》，頁92。

「曾點、漆雕開已見大意，故聖人與之」條的詮解為例，相較於李、茅二人所節錄、揀擇《朱子語類》內容的簡要註文，江永《近思錄集註》則是繁密地引用了朱熹之語，包括：

1.如何是「已見大意？」……雖已見得如此，卻恐做不盡，不免或有過差；雖是知其已然，未能決其將然。
2. 規模小底，易自以為足。規模大則功夫卒難了，所以自謂「未能信」。
3. 大意便是本初處。……若已見得大意，而不下手作工夫，亦不可。
4. 問：「大意」畢竟是如何？……只是「惟皇上帝，降衷於下民。」
5. 答曾擇之曰：漆雕語意深密難尋，而曾點之言，可以玩索而見其意。若見得曾點意，則漆雕之意，亦見得矣。
6. 且看程子說「大意」二字是何意，二子見得是向甚處，如何見得。
7. 又曰：謂開有經綸天下之志，則未必然，正是己分上極親切處，自覺有未盡處耳。雖其見處不及點之開闊，得處未至如點之從容，然其功夫精密，則恐點有所不逮也。然今日只欲想象聖賢胸襟灑落處，卻未有益。須就自家下學致知力行處做工夫，覺得極辛苦不快活，便漸見好意思也。
8. 舊看皆云曾點高，今看來卻是開著實，點頗動蕩。
9. 點開闊，開深穩。
10. 論其資質之誠慤，則開優於點；語其見趣超詣、脫然無毫髮之累，則點賢於開。
11. 點已見大意，卻做得有欠缺。……如邵康節見得恁地，只管作弄。[53]

在《朱子語類》中，討論本則語錄者，主要集中於〈子使漆彫開仕〉章，另少數見於〈子路曾皙冉有公西華侍坐〉章，[54]而江永所輯入的註文已將朱熹

53 江永撰，嚴佐之校點：《近思錄集註》，卷2，頁63-64。

54 在《朱子語類》中，粗估討論本則語錄者集中在〈子使漆彫開仕〉章約30條，另有零

詮解悉納於其中。考察上面這十一則註文，並未標註具體出處，其中有七則（第1、2、3、4、8、9、11則）現可見於《朱子語類》，第七則部分文字與茅星來的註文相近，第十則與李文炤的後半段註文相同，至於江永自己的闡釋則付諸闕如。換言之，在江永看來，藉由這十一則朱熹之言即能完整詮釋「曾點、漆雕開已見大意」條之意涵，已無須任何贅語。如果說李文炤、茅星來是透過揀擇朱熹之語表達自身所理解的《近思錄》，那麼江永則是建構了一種統一而標準化的方式，對《近思錄》作出規範注釋，這種完全以匯輯朱著的詮解模式，明顯比李文炤、茅星來表現得更詳實、嚴謹，即如《四庫全書總目》所評論言：「雖以餘力為此書，亦具有體例，與空談尊朱子者異也。」[55]其中的「具有體例」，所指應就是此一詮解模式。

其次，江永在以朱著釋證《近思錄》的基礎上，對於葉采《近思錄集解》的訾議是引錄朱熹之說「甚略」，而非茅星來所評的「粗率粗淺」、「字句舛譌」，至於明代周公恕割裂葉註、大悖原書舊旨則等而下之，因此不僅必須還原《近思錄》原貌，且更要匯集所有朱熹著述中相關之語「悉採入註」。值得注意的是，江永所還原的《近思錄》原貌，比起張習孔更為徹底：他甚至捨棄南宋葉采以來各注家於各卷首所擬定的綱目，逕以《朱子語類》所載「逐篇綱目」列於各卷做為總領（參見附錄一）以示悉遵朱熹之意。此一回到朱熹思想世界註解《近思錄》的方式，所謂「輯朱子之語，以注朱子之書」，[56]實即似於考據家法「以經注經」的展現。[57]若以上面詮解

散見於〈子路曾晳冉有公西華侍坐〉章有7條。參見黎靖德編，王星賢點校：《朱子語類》，卷28，頁767-773；卷40，1097-1116。

55 永瑢等撰：《四庫全書總目》，卷92，子部儒家類二〈(江永)《近思錄集註》提要〉，頁781。

56 此首見於李承端〈近思錄集注跋〉：「前秋謁相國石君師，出《近思錄集注》抄本，語端曰：『江先生輯朱子之語，以注朱子之書』。」文中「石君」係朱珪；其後近似之言頗多，如應寶時〈近思錄注跋〉，孫鏘鳴：〈朱子原訂近思錄跋〉則作「取朱子之語，以注朱子之書」。收入江永撰，嚴佐之校點：《近思錄集註》，附錄頁273、278-279、280。

57 所謂「以經注經」，亦可稱為「以經釋經」，係乾嘉學者治經方法最特出之處。此觀念可溯源於歷代諸儒所積累而出以經、傳、注、疏遞相訓釋、考證的方式；至清初儒者

「曾點、漆雕開已見大意」條而言，江永的立足點乃在於深信北宋四先生與朱熹思想是一體的，彼此邏輯相同，故能透過彼此互相釋證，至於二程對於漆雕開「吾斯之未能信」之理解是否於朱熹一致，[58]自然不是江永所深究之處。後世儒者推崇江永註本：「比類發明，條理精密，不特不敢輕下己見，並不敢雜以他儒之議論，俾後之學者一意遵朱，而不惑於多歧，其篤信謹守又如此」。[59]實即充分道出江永註本之特質。

最後，江永視盛行於當時的汪佑《五子近思錄》、施璜《五子近思錄發明》為「各自成書」，同樣也是在還原《近思錄》原貌的前提上，主張不應有納入過多後世儒者的衍說。江永此一嚴守《近思錄》原貌的主張，頗受嘉、道之後士人推崇：嘉慶十九年（1814）王鼎（1768-1842）同樣批評汪佑、施璜二書「均失原編之義」、「非復朱子之舊」，因此選擇刊刻江永注本作為視學教本，且標名為《朱子原訂近思錄》；[60]道光二十四年（1844）張

則進一步有系統的將經和傳注區別開來，提出以「經」為主要、以後世儒說為次要的觀念，即「利用經部文獻本身互相釋證」。此作法的立足點乃在於深信經文間是一體的，彼此邏輯相同，故能透過彼此互相釋證。有關乾嘉儒者治經方法，參見鄭吉雄：〈乾嘉學者治經方法釋例〉、〈再論乾嘉學者「以經釋經」〉、〈乾嘉學者經典詮釋的歷史背景與觀念〉、〈從乾嘉學者經典詮釋論清代儒學思想的屬性〉，氏著：《戴東原經典詮釋的思想史探索》（臺北市：臺灣大學出版中心，2008年），頁185-312。

58 二程對漆雕開之評議，除了《近思錄》所引「曾點、漆雕開已見大意」條，在《二程集》中尚有：「問：子使漆雕開仕，對曰：『吾斯之未能信』。漆雕開未可仕，孔子使之仕，何也？曰：據佗說這一句言語，自是仕有餘，兼孔子道可以仕，必是實也。……聖人如此言，便是優為之也。」此文中程頤所釋「斯」，乃指擔任官職一事（「仕」），並非朱熹逕以「理」釋之。程顥、程頤撰，潘富恩導讀：《二程遺書》（上海市：上海古籍出版社，2000年），〈伊川先生語四〉，頁268。相關討論，參見蔡家和：〈漢宋之間——程朱、船山、程樹德詮釋《論語．漆雕章》之比較〉，《當代儒學研究》第17期（2014年12月），頁49-76。

59 張日晸：〈重刊近思錄集注序〉，收入江永撰，嚴佐之校點：《近思錄集註》，附錄，頁278。

60 王鼎：〈朱子原定近思錄序〉，收入江永撰，嚴佐之校點：《近思錄集註》，附錄，頁275-276。按王鼎言：「汪氏、施氏又取朱子語附益其中，附又引後儒之說發明之，均失原編之義。」

日曻（1791-1850）於大梁書院重刻時，盛讚江永注本乃「自葉仲圭《集解》以下注釋者數家，惟此為最善本。」[61]咸豐二年（1852）孫鏘鳴（1817-1901）於粵西、同治四年（1865）吳棠視學江西時刊刻同樣沿用了「《朱子原訂近思錄》」為書名，[62]顯見江永注本之特色與傳刻之盛。

江永《近思錄集註》企圖建立標準化的《近思錄》解說文本，儘管獲得諸多肯定，成為嘉、道、咸、同、光等朝最為盛傳的刻本，然而，僅囿朱著以釋證的方式，畢竟無法呈現南宋之後理學家在同一議題下的見解。刊刻於咸豐年間的《近思錄補注》即是陳沆（1785-1826，字太初，號秋舫）廣徵各代諸儒之說、彙集歷代《近思錄》訓解以增補江永注本之作而成。現今所見《近思錄補注》沒有序跋，甚至對於該書作者歸屬也曾有過爭議，難以詳考其撰作宗旨。[63]然而，就陳沆《近思錄補注》體例來看：全書綱目均是按《朱子語類》所載「逐條綱目」列於各卷，卷首前除了有朱熹、呂祖謙原序之外，並附錄朱熹評論《近思錄》之言，此一安排均與江永《近思錄集註》相同；就內容來看，《近思錄補注》注文中所引用的朱熹之語，也多數襲取江永注文。足見，陳沆《近思錄補注》應是以江永《近思錄集註》為基礎進行增補，[64]在清代《近思錄》注本中，可說是採輯後儒眾說的代表之作。

事實上，陳沆《近思錄補注》卷首前除了有〈朱子論《近思錄》〉之

---

61 張日曻：〈重刊近思錄集注序〉，收入江永撰，嚴佐之校點：《近思錄集註》，附錄，頁277-278。

62 參見孫鏘鳴：〈朱子原訂思錄跋〉、吳棠：〈朱子原訂思錄跋〉，收入江永撰，嚴佐之校點：《近思錄集註》，附錄，頁278-279、279-280。

63 有學者認為《近思錄補注》的最初作者應是魏源，其後魏源將之贈與陳沆，由陳沆增補部分注文後完成全書。對此，張文提出反駁，他認為陳沆與魏源兩人私交甚篤，故魏源曾審讀、協助陳沆之撰作，並留下許多批注，且對照魏源曾提出增補《近思錄》的設想，亦與現今所見《近思錄補注》不同。本文循張文之論，以陳沆為《近思錄補注》之作者。有關陳沆《近思錄補注》作者、版本等討論，參見李瑚：《魏源研究》（北京市：朝華出版社，2002年），頁720-742；張文：〈陳沆《近思錄補注》考論〉，收入嚴佐之、顧宏義主編：《《近思錄》文獻叢考》，頁261-291。

64 參見張文：〈陳沆《近思錄補注》考論〉，收入嚴佐之、顧宏義主編：《《近思錄》文獻叢考》，頁281-282。

外，另又增附了黃榦（1152-1221）、薛瑄、吳與弼（1391-1469）、胡居仁、刁包（1603-1669）、李方子（1169-1226）、高攀龍、張履祥（1611-1674）等人評述《近思錄》之言，[65]已隱約可見陳沆採納諸多宋元明清儒者作為補注之文的企圖。考究其內容特色：其一，陳沆於各篇中增入朱熹晚年評述《近思錄》之言或闡發其意旨，完備了朱熹編輯時的主張。如《近思錄》卷十所擇錄的內容大抵為居官任職、處世之方，[66]歷來注本大多將此卷冠以「政事」、「臨政處事」為綱目，然而此卷最後一條選錄的是張載《經學理窟》「人教小童，亦可取益……」，[67]講述透過幼童教學，自身亦可得時習、威儀之功，其性質頗有差異。在江永注本中此條僅有按語：「教小童者，或多出入，受書草率，惰慢無威儀，不顧壞人才，是不善取四益矣。」這是就語錄意涵說明教授幼童該有的自處之道，而陳沆則在註文中增補入朱熹之言：「此書所錄雜，每卷不可以一事名。如此卷，不可以事君目之，以末有『人教小童』一段在耳」，[68]藉此說明了朱熹在原輯錄《近思錄》之初，並無訂定各卷篇目之因。另外，按朱熹與呂祖謙最初纂輯《近思錄》的大原則是「關於大體而切於日用者」，作為初學讀本，裨益學子在識得義理梗概後「足以得其門而入」，[69]能進一步求諸周、張、二程全書。然而《近思錄》

65 參見陳沆撰，張文校點：《近思錄補注》，收入嚴佐之、戴揚本、劉永翔主編《近思錄專輯》，第11冊，〈朱子論《近思錄》〉、〈諸儒論《近思錄》〉，頁2-6。

66 如葉采訂本卷篇目為「政事」，言：「此卷論臨政處世。蓋明乎治道而通乎治法，則施於有政矣。凡居官任職，事上撫下，待同列，選賢才，處世之道具焉。」錢穆言：「此目言應事之方，即猶言應事之道。惟事屬一隅，故用方字。細誦此目所收諸條，可悟當年理學家處事之大原則所在。」葉采著，程水龍校點：《近思錄集解》，收入嚴佐之、戴揚本、劉永翔主編《近思錄專輯》，第1冊，頁180；錢穆：〈近思錄隨劄〉，《宋代理學三書隨劄》，臺北市：東大圖書公司，1996年再版，頁151。

67 程水龍：《《近思錄》集校集注集評》，頁120。

68 陳沆撰，張文校點：《近思錄補注》，卷10，頁313。按：陳沆所引朱熹之言，源自《朱子語類》，但文字略異：「《近思錄》大率所錄雜，逐卷不可以一事名。如第十卷，亦不可以事君目之，以其有『人教小童』在一段」。參見黎靖德編，王星賢點校：《朱子語類》，卷105，頁2824。

69 朱熹撰，陳俊民校編：〈書《近思錄》後〉，《朱子文集》，卷81，頁3994。按朱熹言：「蓋凡學者所以求端用力、處己治人之要，與夫所以辨異端、觀聖賢之大略，皆初見首卷收錄周敦頤《太極圖說》與《通書》、程頤《易傳》等「陰陽變化性命之說」，似乎與編輯初衷不盡相符，這應是在編纂過程中採納了呂祖謙的主張。[70]職是，朱熹曾就《近思錄》首卷提出諸多評議，包括「嫌其太高」、「難看」、「道理孤單」，甚至指示學子可以「從第二、三卷看起」。[71]陳沆在卷一注文最後加入按語：

> 此卷中但看其親切下手處，其泛論道體者，不必十分理會，但於其親切處，常涵泳玩味，不肯放過，則一切道體自然在此，久之不待思索

其梗概。以為窮鄉晚進、有志於學而無明師良友以先後之者，誠得此而玩心焉，亦足以得其門而入矣。如此，然後求諸四君子之全書……。若憚煩勞，安簡便，以為取足於此而可，則非今日所以纂集此書之意也。」

70 如朱熹言「《近思錄》首卷難看。某所以與伯恭商量，教他做數語以載於後，正謂此也。（道夫）」黎靖德編，王星賢點校：《朱子語類》，卷105，頁2825。黃榦記載朱熹曾言：「其初本不欲立此卷，後來覺得無頭，只得存之，今近思反成遠思也。」氏著：〈復李公晦書〉，《勉齋集》，收入《景印文淵閣四庫全書》（臺北市：臺灣商務印書館，1983年，第1168冊），卷8，頁16。呂祖謙言：「《近思錄》既成，或疑首卷陰陽變化性命之說，大抵非始學者之事。祖謙竊嘗與聞次緝之意。後出晚進於義理之本原，雖未容驟語。苟茫然不識其梗槩，則亦何所底止？列之篇端，特使之知其名義，有所嚮望而已。」氏著：〈近思錄原跋〉，收入程水龍：《《近思錄》集校集注集評》，頁1098。現今學對此已有許多論證，如田浩言：「朱熹重視抽象的哲學，但卻是呂祖謙勸他將討論抽象哲學的『道體』當作全書的第一卷。」氏著：《朱熹的思維世界》（南京市：江蘇人民出版社，2011年），頁122。

71 如朱熹曾致書呂祖謙：「《近思錄》近令抄作冊子，亦自可觀。但向時嫌其太高，去卻數段，如《太極》及明道論性之類書」，《朱子語類》中則有：「若只讀此，則道理孤單，如頓兵堅城之下；卻不如《語》、《孟》只是平鋪說去，可以游心。（道夫）」「看《近思錄》，若於第一卷未曉得，且從第二、第三卷看起。久久後看第一卷，則漸曉得。（過）」「……今猝乍看這文字，也是難。有時前面恁地說，後面又不是恁地；這裡說得如此，那裡又卻不如此。子細看來看去，卻自中間有箇路陌。推尋通得四五十條後，又卻只是一箇道理……（驤）」「因論近思錄，曰：『不當編《易傳》所載。』問：『如何？』曰：『公須自見。』意謂《易傳》已自成書。（文蔚）」朱熹撰，陳俊民校編：〈答呂伯恭四十一〉，《朱子文集》，卷33，頁1320；黎靖德編，王星賢點校：《朱子語類》，卷105，頁2825。上述語錄相關論析，參見錢穆：〈附述《近思錄》〉，《朱子新學案》，收入《錢賓四先生全集》（臺北市，聯經出版公司，1994年，第3冊），頁172-182。

而契矣。[72]

顯然，陳沆有意將朱熹的見解融會於注文中，是以提出此卷的研讀方式，尤其對於涉及「道體」的部分採取「不必十分理會」，待日後蓄積有得之後方能契合，這是充分發揮了朱熹教人讀書強調沉潛反覆、由博返約的態度；且從朱熹編纂《近思錄》乃為「窮鄉晚進」、「有志於學」者提供入門要典的角度而言，陳沆的建言無疑也是延續了朱熹之意。

其二，陳沆注文採納諸多宋元明清儒者以及自身所見作為補注之文，充分匯集了前人成果，據現今研究者統計，《近思錄補注》所引約有九十餘家，[73]宋代幾乎占了半數，其中最饒富況味的應是引用了陸九淵（1139-1193）語錄，分別是：卷二「伊川先生曰：古之學者，優柔厭飫，有先後次序。今之學者，卻只做一場話說，務高而已。常愛杜元凱語，『若江海之浸，膏澤之潤，渙然冰釋，怡然理順。然後為得也。』……」條，陳沆《近思錄補注》引曰：

陸象山曰「優而游之，使自求之。厭而飫之，使自趨之。若江海之浸，膏澤之潤」，此數語不可不熟味。優游寬裕，卻不是委靡廢放。此中至健至嚴，自不費力。[74]

卷二「君子之學必日新……」條，陳沆《近思錄補注》引曰：

陸子靜曰：夫人學問當有日新之功，死卻便不是。須鍛鍊磨礲，方得

---

72 陳沆撰，張文校點：《近思錄補注》，卷1，頁44。

73 參見張文：〈陳沆《近思錄補注》考論〉，收入嚴佐之、顧宏義主編：《《近思錄》文獻叢考》，頁282。

74 陳沆撰，張文校點：《近思錄補注》，卷2，頁81。按陳沆所引對照今本《陸九淵集》頗有刪節：「……此數語不可不熟味，於己於人，皆當如此。若能如此，靜處應事讀書接人，皆當有益。優游寬容，卻不是委靡廢放，此中至健至嚴，自不費力。」陸九淵撰，鍾哲點校：《陸九淵集》（北京市：中華書局，2012年重印），卷6〈與包詳道・五〉，頁83-84。

此理明。如川之增，如木之茂，自然無已。[75]

卷三「伊川先生曰：凡看文字，先須曉其文義，然後可求其意。未有文義不曉，而見意者也」條，陳沆《近思錄補注》引曰：

陸象山先生曰：讀經須先精看古注，如讀《左傳》，則杜預注不可不精看。大概先須理會文義分明，則讀之其理自明白。[76]

卷四錄自《周易程氏傳》「人之所以不能安其止者，動於欲也。欲牽於前而求其止，不可得也。故艮之道，當『艮其背』。……『不獲其身』，不見其身也。謂忘我也，無我則止矣。不能無我，無可止之道。『行其庭不見其人』，庭除之間至近也……」條，陳沆《近思錄補注》引曰：

陸象山曰：「艮其背，不獲其身」，無我。「行其庭，不見其人」，無物。[77]

理學發展史中，有關朱熹與陸九淵之學間存在既有可相互會通、亦有差異的論辯，甚或再加上王陽明（1472-1529）良知學的異同、會通之爭，係為理學「數百年未了底大公案」；[78]在清代，相對於陸王學者對於此議題屢屢有

---

75 陳沆撰，張文校點：《近思錄補注》，卷2，頁91。按陳沆所引對照今本《陸九淵集》略有刪節：「夫人學問，當有日新之功，死卻便不是。邵堯夫詩云：『當鍛鍊時分勁挺，到磨礲處發光輝。』磨礲鍛鍊，方得此理明，如川之增，如木之茂，自然日進無已。」陸九淵撰，鍾哲點校：《陸九淵集》，《陸九淵集》，卷35〈語錄下〉，頁443。

76 陳沆撰，張文校點：《近思錄補注》，卷3，頁134。按陳沆所引與今本《陸九淵集》略有異：「或問讀《六經》當先看何人解註？先生云：『須先精看古註，如讀《左傳》則杜預註不可不精看。大概先須理會文義分明，則讀之其理自明白。……』」陸九淵撰，鍾哲點校：《陸九淵集》卷34〈語錄上〉，頁408-409。

77 陳沆撰，張文校點：《近思錄補注》，卷3，頁168。按陳沆所引參見陸九淵撰，鍾哲點校：《陸九淵集》，《陸九淵集》，卷34〈語錄上〉，頁419。

78 陳建：〈學蔀通辨總序〉，《學蔀通辨》，收入陳建撰，黎業明點校：《陳建著作二種》（上海市：上海古籍出版社，2015年），頁77；現代學者張立文言：「朱陸異同之辨，歷元、明、清數代，乃中國學術史、哲學史上的一樁公案。」參見氏著：《走向心學之路——陸象山思想的足跡》（北京市：中華書局，1992年），頁192。

消融朱、陸之異的聲音，宗朱學者大都強調二者義理的分殊且嚴厲抨擊心學家疏於問學工夫。[79]作為傳承程朱理學教本的《近思錄》，歷代注家以程朱一派學者之說為訓解，引陸、王之語作為批駁的對象，[80]自不待言。由此審視陳沆所正面引述陸九淵這四則的內容，闡述的都是道問學、知行關係的說法，包括精讀古注、理解文義、積累漸進之效等，作為訓釋、闡明《近思錄》語錄之意全無扞格，與朱學也幾乎同轍。可見，《近思錄補注》引述陸九淵語錄之舉，在某種程度上乃昭示了晚清注家對於朱陸門戶束縛的鬆動現象。

其三，現代學者已指出，陳沆撰作《近思錄補注》之時，曾受魏源（1794-1857）協助，而陳沆引錄魏源論說，是其另一特出之處。如《近思錄》卷一「無極而太極」，注文中與江永、茅星來同樣引錄了葉采注文，旋即大量引用魏源之見，曰：

> 魏默深曰：「無極而太極」一語，自象山與朱子三書辨難，疑乎太極之不淪於無也。……千載聚訟，即主周子、朱子之說者，亦不過「無形有理」之言與夫「不離乎氣」、「不雜乎氣」之二語，然終疑其贅。愚竊一言斷之曰，此是太極圖說，非太極說也。蓋周子既立圖以闡理，不著首一圈則理不明，既著一圈則似真有一渾淪之物在形氣之先者。故首言曰，吾所圖太極者，非真有此形也。然無形無象，而天地萬物，亘古亘今，止此一理，無所變易，是謂太極。故吾從而以圓者圖之耳，自首節至第六節，皆指圖中圈線而言。……故讀此篇者，必兼圖觀之，

---

79 朱陸異同論爭的發展情形，參見吳長庚：〈鵝湖之會與朱陸異同「早晚論」的歷史演變〉，《朱子學刊》1999年第1輯，頁78-98；陳林：〈義理與考據之間：「朱陸異同」學術史的內在發展理路〉，《求索》2015年第4期，頁150-154；徐公喜：〈朱陸異同論的歷史形態考察〉，《江淮論壇》2015年第6期，頁109-115。

80 如《近思錄》，卷13「謝顯道歷舉佛說與吾儒同處問伊川先生」條，李文炤《近思錄集解》引朱熹言：「子靜云『釋氏與吾儒所見亦同，只是義利公私之間不同』，此說不然。只被原頭處不同，吾儒萬理皆實，釋氏萬理皆空」；茅星來《近思錄集註》亦引：「陸子靜嘗言：『佛儒差處，只是義利之間』。某謂此猶是第二著，只他根本處便不是。當初釋迦為太子時……。」李文炤撰，戴揚本校點：《近思錄集解》，卷13，頁219；茅星來撰，朱幼文校點：《近思錄集註》，卷13，頁387。

> 方有著落。……按：默深此說似淺近而實簡易，較諸家爭先爭後有無、懸空揣測於無形無影之地者，有支離、切實之分矣。[81]

「無極而太極」係周敦頤《太極圖說》首句，朱熹與陸九淵曾就「太極」之上是否能再加上「無極」的問題進行書信往來的嚴詞攻駁，[82]這場雙方相詆的著名論辯常為後來理學家所評議，尤其就形上體系進而比較兩造思想體系的異同，直至現今仍是重要議題之一。[83]上述引文中，顯見魏源無意涉入過往所論朱、陸在理氣先後、形上形下、有形無形範疇的論辯，他指出周敦頤以「太極圖」建構一個具有天道價值體系的宇宙論，〈太極圖說〉是為了解說「太極圖」而作，並非解釋「太極」；而周敦頤為了表明「太極圖」中的「首一圈」係天地萬物終極且真實存在，卻又「無形無象」、「無所變異」，故以「無極而太極」一語釋之，強調所畫的這「一圈」乃「非真有此形」。基本上，魏源此番說法的前提與程朱理學家陣營相同，均是肯定「無極而太極」係出自周敦頤手筆，[84]至於理路上，魏源亦沒有超出朱熹所主「不言無極，則太極同於一物，而不足為萬化之根；不言太極，則無極淪於空寂，而

---

81 陳沆撰，張文校點：《近思錄補注》，卷1，頁1-2。

82 朱、陸雙方往來書信，參見朱熹撰，陳俊民校編：〈答陸子靜五〉、〈答陸子靜六〉，《朱子文集》，卷36，頁1439-1451；袁燮等：《陸象山年譜》、陸九淵：〈與朱元晦〉，《陸九淵集》，卷36，頁507；卷2，頁21-31。有關陸九韶與朱熹的論辯，參見束景南：《朱子大傳：「性」的救贖之路》（上海市：復旦大學出版社，2016年），頁562-563。

83 如牟宗三、劉述先、勞思光等前賢，不僅論究朱、陸爭辯本身的文獻，且擴及論辯中未及處理、或日後思想進一步發展等問題，甚或加上自身所建構的詮釋系統，進而發揮哲學創見，屬朱陸哲學比較。其中牟宗三由論析朱、陸解太極之文，進而言二人道體性體有「只存有不活動」、「即存有即活動」兩種系統，是最具代表性者。參見牟宗三：《心體與性體（一）》（臺北市：正中書局，1968年），頁404-415。

84 陸九淵贊同其兄陸九韶主張，認為「無極而太極」有可能不是出自周敦頤手筆，或是其思想未成熟時期之言，陸九淵言：「梭山兄謂『《太極圖說》與《通書》不類，疑非周子所為；不然，則或是傳他人之文，後人不辨也……假令《太極圖說》是其所傳，或其少時所作，則作《通書》時不言無極，蓋已知其說之非矣。』此言殆未可忽也。」參見朱熹撰，陳俊民校編：《陸九淵集》，卷2〈與朱元晦書〉引，頁23。

不能為萬化之根」的主張，[85]然而魏源逕由「太極圖」解說的立論，而不是從朱、陸義理之分殊衡定，確實是提供了另一考察進路，因此陳沆推崇魏源之說「似淺近而實簡易」；更重要的是，這一段魏源的論說並未見於其傳世詩文著述之中，在文獻取材上有其意義。歷來對於這位以「師夷長技以制夷」[86]聞名的儒者，往往重視的是作為晚清「西學東漸」發展的代表之一，是以，陳沆的引錄可視為魏源學思「初尚宋儒理學」[87]的另一佐證；而從魏源詮解「無極而太極」來看，亦可知其有意別開蹊徑的態度。

四　結語

本文梳理清儒注解《近思錄》的情形，包括方法、取材、側重內容的嬗遞，實即反映了清儒對程朱之學理解的一個側面，自當有其學術意義。

整體而言，清儒對《近思錄》的註解方式，在清初是以詮解文義為主，以張習孔、張伯行為代表，其後李文炤始以裒集朱熹語錄作為疏解；乾嘉時期的茅星來是目前所見首開以訓詁考證《近思錄》風尚者，他視漢唐訓詁為理解程朱學術之本，將乾嘉解經方法運用於《近思錄》的注釋，此舉受到四庫館臣的肯定，評曰：「薈稡眾說，參以己見，為之支分節解，於明物訓詁考證尤詳。」[88]而更受後世所矚目的是將李文炤注疏模式推至極致的江永，他薈蕞了更繁密的朱熹著述以詮解《近思錄》，這種「輯朱子之語，以注朱子之書」，係建立了一種標準化的注解模式，實即是透顯出在考據學興盛時期，對於當時注家的影響，如同一時期黃叔儆（1682-1758）作《近思錄集

85 朱熹撰，陳俊民校編：〈答陸子美書一〉，《朱子文集》，卷36，頁1433。

86 魏源著，陳華等點校注釋：《海國圖志》（長沙市：岳麓書社，1998年），〈自序〉，頁1。

87 錢穆曾論魏源「初尚宋儒理學，後主今文。」參見氏著：《中國近三百年學術史》（臺北市：臺灣商務印書館，1983年），頁529-532。又，有關魏源學術研究評述，參見楊晉龍：〈臺灣學者「魏源研究」述評〉，《中國文哲研究通訊》第14卷第1期（2004年3月），頁43-82。

88 永瑢等撰：《四庫全書總目》，卷92，子部儒家類二〈（茅星來）《近思錄集註》提要〉，頁781。

朱》著錄朱熹語錄達一千九百六十條，[89]無疑是朱學思想在《近思錄》文本中深化的展現。繼江永而起的陳沆則在擴大輯錄歷朝眾說之餘，側面反映出對朱陸異同的態度，並具有文獻取材之價值。

另外，清儒註解《近思錄》係從從葉采的基礎上發展而來，從最初的目的在於回復《近思錄》原貌，逐步取代了葉采的注本，許多時候是為了作為書院講學之用，如張伯行、李文炤即是作為書院教本之用，如此一來，這些注疏工作實應納入朱學傳播的一環，不容小覷。

最後，清代的《近思錄》詮解除了一般的注文之外，另有一種類型是研讀《近思錄》的讀書札記，通常在形式上不若注本嚴謹，內容上亦不主解釋文義，而是對前賢注本的補充或個人對《近思錄》義蘊之抒發。目前所見較具代表性者，[90]如汪紱（1692-1759）於乾隆年間所撰《讀近思錄》，全書不分卷，依《近思錄》內容先後次序以闡明聖賢大意，兼以寓己見於其中。按汪、江兩人同是出身於朱熹故里徽州婺源（今江西上饒市）、且浸潤於朱學的大儒，但面對漢學興起，所持態度不同，汪紱曾幾番致書當時已負盛名的江永，以期共同「振興末俗，一挽支離靡蔓之狂瀾」，[91]然而江永終究仍有不同的取徑與主張，呈顯於《近思錄》的詮解，不僅形式不同，學術觀點的差異有待日後更進一步的梳理。

至於晚清「洋務運動」大將郭嵩燾（1818-1891）長年研讀江永《近思

---

89 黃叔儆取朱熹著述分綴於《近思錄》各條後而成《近思錄集朱》，並非以註解為主，故不在本文討論之中。有關《近思錄集朱》之討論，參見任莉莉：〈《近思錄集朱》稿本考論〉，收入嚴佐之、顧宏義主編：《《近思錄》文獻叢考》，頁237-260。

90 據學者統計，清代《近思錄》讀書札記尚有：李元湘《近思錄隨筆》、令狐亦岱《近思錄摘讀》、黑葛次佩氏《近思錄復隅》、張楚鍾《近思錄理話》、秦士顯《近思錄案注》、陳階《近思錄劄記》、厲時中《近思錄按語》。參見佐之：〈歷代朱子學叢刊．近思錄專輯序〉，收入嚴佐之、戴揚本、劉永翔主編：《近思錄專輯》，頁13。

91 余龍光：《汪雙池先生年譜》，收入《乾嘉名儒年譜》（北京市：北京圖書館出版社，2006年，第3冊），頁217。按：有關汪紱生平、與江永往來書信之討論，參見丁紅旗：〈汪紱朱子學平議〉，《西南石油大學學報（社會科學版）》，2016年第18卷第5期，頁71-78。

錄集註》並隨筆註記，後人將這些累積的稿本出版為《近思錄注》，[92]雖名為「注」，但實際上全書體例為讀書劄記，對於葉采、江永等注家詮釋，提出異議與辯證，文中亦屢屢可見郭氏自我省思、現實關懷之情，即按郭氏所言：「研考人事之得失，與其存心之厚薄，以求為斯道延一線之緒，在於今日，無能多讓」，「是以流行七八百年，奉此書為入德之門」，[93]體現了晚清儒者在吸收西學改革思想之餘，並未捨棄傳統義理的學習，而其中的繼承或轉化情形，也可納入《近思錄》詮釋史的一環中再考察。

92 郭嵩燾自言：「慎修江氏《集注》，較張清恪注尤為簡要，而於朱子之言，所以發明程張諸子之旨，輯錄尤詳……瀏覽所及，四十餘年，於諸賢立言垂訓，稍能得其指要。得此本十餘年，前後四次加注……」參見氏撰，嚴佐之、張文校點：〈卷端題識〉，《近思錄注》，收入嚴佐之、戴揚本、劉永翔主編《近思錄專輯》，第11冊，頁1。按：相關考證與討論，參見嚴佐之：〈歷代朱子學叢刊．近思錄專輯序〉，頁17-18；〈清郭嵩燾注《近思錄》及其「宗朱」之學〉，《歷史文獻研究》，2016年第1期，頁1-22。

93 郭嵩燾撰，嚴佐之、張文校點：〈卷端題識〉，《近思錄注》，頁1。

附錄一　清代《近思錄》注疏本代表著述各卷綱目表[94]

卷目	朱熹自訂綱目	南宋葉采《近思集解》	張伯行《近思錄集解》	張習孔《近思錄傳》	茅星來《近思錄集註》	江永《近思錄集註》	陳沆《近思錄補注》
一	道體	道體	道體	道體篇	道體	道體	道體
二	為學大要	論學	為學	為學篇	為學大要	為學大要	為學大要
三	格物窮理	致知	致知	致知篇	格物窮理	格物窮理	格物窮理
四	存養	存養	存養	存養篇	存養	存養	存養
五	改過遷善克己復禮	克治	克治	克己篇	省察克治	改過遷善克己復禮	改過遷善克己復禮
六	齊家之道	家道	家道	家道篇	齊家之道	齊家之道	齊家之道
七	出處進退辭受之義	出處	出處	出處篇	去就取舍	出處進退辭受之義	出處進退辭受之義
八	治國平天下之道	治體	治體	治體篇	治道大要	治國平天下之道	治國平天下之道
九	制度	治法	治法	治法篇	治法	制度	制度
十	君子處事之方	政事	政事	政事篇	臨政處事之方	處事之方	處事之方
十一	教學之道	教學	教學	教人篇	教學之道	教學之道	教學之道
十二	改過及人心疵病	警戒	警戒	警戒篇	警戒	改過及人心疵病	改過及人心疵病
十三	異端之學	辨異端	辨別異端	辨異端篇	辨異端	異端之學	異端之學
十四	聖賢氣象	觀聖賢	總論聖賢	聖賢篇	觀聖賢	聖賢氣象	聖賢氣象

94 李文炤《近思錄集解》各卷未標綱目，故本表未列。

附錄二　清代詮解《近思錄》著作表[95]

編號	類型	作者	著述	成書時間	存佚
1	注疏	王夫之（1619-1692）	《近思錄釋》	明末-清太祖？	佚
2	注疏	車鼎賁（1691-1732）	《近思錄注析微》	順治年間	佚
3	注疏	張習孔（1606-1684？）	《近思錄傳》	康熙十三年（1674）初編 康熙十七年（1678）定稿	存
4	注疏	張伯行（1651-1725）	《近思錄集解》	康熙四十九年（1710）	存
5	注疏	李文炤（1672-1735）	《近思錄集解》	康熙五十九年（1720）	存
6	注疏	茅星來（1678-1748）	《近思錄集注》	康熙六十年（1721）始撰 乾隆元年（1736）完稿	存
7	札記	丘鍾仁（康熙年間）	《近思錄微旨》	康熙年間	存
8	札記	令狐亦岱（康熙年間）	《近思錄摘讀》	康熙年間	存
9	札記	張楚鍾（康、雍年間）	《近思錄理話》	康、雍年間	存

95 本表係據程水龍《《近思錄》版本與傳播研究》、嚴佐之〈歷代朱子學叢刊・近思錄專輯序〉中內容整理而成。

編號	類型	作者	著述	成書時間	存佚
10	注疏	劉之珩 （雍正年間）	《近思錄增注》	雍正年間	佚
11	注疏	江永 （1681-1762）	《近思錄集註》	乾隆七年 （1742）	存
12	札記	汪紱 （1692-1759）	《讀近思錄》	乾隆十九年 （1754）	存
13	注疏	秦士顯 （乾隆年間）	《近思錄案注》	乾隆年間	佚
14	注疏	陳沆 （1785-1826）	《近思錄補注》	道光年間成書 咸豐二年 （1852）-十一年 （1862）間刊刻	存
15	注疏	黃奭 （1790-1860？）	《近思錄集說》	道光年間	存
16	注疏	王廷燮 （咸豐初年）	《小學近思錄類解》	道、咸年間	佚
17	注疏	程尚友 （同治年間貢生）	《近思錄輯要》	同治年間	佚
18	札記	郭嵩燾 （1818-1891）	《近思錄注》	光緒十年 （1884）	存
19	注疏	陳大鈞 （？-？）	《近思錄集解》	？	佚
20	注疏	張紹價 （1861-1941）	《近思錄解義》	民國二十五年 （1936）	存
21	札記	黑葛次佩氏 （？-？）	《近思錄復隅》	？	存

編號	類型	作者	著述	成書時間	存佚
22	札記	陳階 （?-?）	《近思錄劄記》	?	存
23	札記	厲時中 （?-?）	《近思錄按語》	?	存
24	札記	李元湘 （?-?）	《近思錄隨筆》	?	存
25	札記	徐學熙 （?-?）	《近思錄小箋》	?	佚

明儒蔡清改本的格物致知思考*

王志瑋

三明學院文化傳播學院副教授

提要

朱熹改本知止本末段的功能在於申明三綱領要旨，不過在經傳對應的前提下，知止本末段的傳文並不完整。蔡清一方面不同意朱熹對此段的功能安排，又發現其間缺漏傳文的現象，是以刪除朱熹此段的安排，相關文句移為釋格物致知傳。在蔡清詮解下，本末一節屬於格物工夫，強調物事一體的實踐工夫；知止一節屬於致知工夫，申明知行相須的重要性。物事一體的格物工夫論，除對經文的體悟外，亦與蔡清理氣思想有關。由於蔡清的學問根柢本於朱學，是以其改本架構與詮解都具備朱學色彩，顯示蔡清的初衷並非全盤否定朱熹改本，而是修正朱熹改本所留下的問題。

關鍵詞：大學改本、蔡清、四書蒙引

* 本文為福建省哲學社會科學規劃項目「蔡清四書學對朱學的繼承與轉化發展研究」（項目編號：FJ2024T006）、2023下半年三明學院引進高層次人才科研啟動項目「閩儒蔡清四書學的成就與影響」（項目編號：23YG16S）之階段性成果；初稿曾宣讀於「第十三屆中國經學國際學術研討會」。

一　前言

韓愈（768-824）以《大學》對抗釋道思想，北宋儒者在疑經風氣下對《大學》錯簡、缺漏現象提出調整，南宋朱熹（1130-1200）在前人基礎上，不僅重視《大學》修己治人之法，更將《大學》區分經傳、調整文序及撰作〈格致補傳〉，其改本影響後世甚鉅。明初《四書大全》以朱熹改本為架構，在官學科舉推行下，朱熹改本儼然成為《大學》改本權威。明中葉後儒者們質疑朱熹改本，遂再度重啟《大學》改本思考，閩儒蔡清（1453-1508）的《大學》改本便是其中一例。

從《大學》改本史角度來說，許多研究已注意到蔡清《大學》改本的定位，如程元敏指出相對於南宋及元代諸儒，蔡清改本不如前儒深刻[1]；李紀祥認為蔡清改本是沿襲前人而小變[2]；陳恆嵩指出蔡清改本仍屬於主張格致傳並未亡佚一派[3]，黃進興亦認為蔡清改本是屬於「主張《大學》既有錯簡，且有衍文或缺文者」這一類[4]；孫寶山肯定蔡清改本表現出勇於突破前人的精神[5]；周天慶亦言蔡清將獨立思考精神運用於《大學》改本的文字調整上[6]；劉勇則認為蔡清提出改本的原因，是基於朱熹改本「會帶來文字表達和義理邏輯上的難題」[7]。早期研究偏向將蔡清改本與他人相比，觀看其

1　程元敏：〈理學與四書學〉，《王柏之生平與學術》（上海市：華東師範大學出版社，2011年），上冊，頁486。

2　李紀祥：〈格致傳改本〉，《兩宋以來大學改本之研究》（臺北市：臺灣學生書局，1988年），頁102。

3　陳恆嵩：《明人疑經改經考》（臺北市：東吳大學中國文學研究所碩士論文，1988年），頁254。

4　黃進興：〈理學、考據學與政治：以《大學》改本的發展為例證〉，《優入聖域：權力、信仰與正當性》（北京市：中華書局，2010年），頁311。

5　孫寶山：〈論蔡清的四書學詮釋〉，《中國哲學史》2016年第4期，頁58。

6　周天慶：《明代閩南四書學研究——以宗朱學派為中心》（北京市：東方出版社，2010年），頁155。

7　劉勇：〈從捍衛者到取代者：林希元與《大學經傳定本》〉，《變動不居的經典：明代大學改本研究》（北京市：生活·讀書·新知三聯書店，2016年），頁134。

間的異同之處；晚近則將視角限縮在蔡清與朱熹的對照上，思考蔡清改動的意義。不過疑經風氣下的諸多改本，多半都是諸儒各自對《大學》文本文序的理解，較不涉及《大學》完本全貌的真偽考證[8]，是以蔡清改本中的格物致知傳思考，亦為儒者自身的經典理解，不存在是否更接近《大學》完本全貌的問題。本文研究目的在於釐清蔡清提出修正的原因及方式，其說法與朱熹有何異同，同時其格物工夫與個人思想、實踐工夫的關聯性何在。

二　朱熹改本中「知止本末段」的安排

在宋儒疑經風氣下，程顥（1032-1085）、程頤（1033-1107）、林之奇（1112-1176）等人的《大學》改本思考影響了朱熹，其後朱熹將《大學》分成三綱領與八條目、經一章與傳十章的結構，不僅調整文序，更撰〈格致補傳〉以補文本的缺漏。[9]綱目的思索受前人啟發，但以理學思想撰作〈格致補傳〉卻是朱熹的新創。整體而言，二程等儒者看到《禮記．大學》注疏本缺文錯簡，所以試圖調整文序使結構趨於合理；同時也依注疏本的潛在結構進一步區別綱與目的段落。朱熹不僅延續此種方法，更撰〈格致補傳〉以補注疏本之缺，但也引發儒者非議[10]，遂形成更多改本思考。在最初反對朱

8　葉國良認為：「關鍵在這些改本都沒有版本或校勘學上的依據，而各改本的作者又每有自己的思想背景。所以想比較諸改本以評定優劣，並不切合實際。」葉國良：〈介紹宋儒林之奇的大學改本〉，《幼獅學誌》第18卷第4期（1985年10月），頁1。

9　有關朱熹改本研究成果甚多且已成定論，其間重要觀念可參考程元敏：《王柏之生平與學術》，頁460-468；葉國良：〈介紹宋儒林之奇的大學改本〉，《幼獅學誌》，頁1-11；李紀祥：《兩宋以來大學改本之研究》，頁44-71；張亨：〈朱子格物說試釋〉，《中國文哲研究集刊》，第55期（2019年9月），頁1-6；陳來：〈格物與致知〉，《朱子哲學研究》（上海市：華東師範大學出版社，2000年），頁278-284；陳逢源：〈從「理一分殊」到「格物窮理」：朱熹《四書章句集注》之義理思惟〉，《朱熹與《四書章句集注》》（臺北市：里仁書局，2006年），頁381-390；梅廣：〈《大學》古本新訂〉，《孔德成先生學術與薪傳研討會論文集》（臺北市：國立臺灣大學中國文學系，2009年），頁117-154。

10　程元敏指出，當時學者彭龜年、朱門後學饒魯亦提出己見，反對朱熹改本的格物致知傳安排。參見程元敏：《王柏之生平與學術》，頁468-469。

熹改本的眾多說法中，以董槐（1187-1262）改本對後世影響較大，董槐反對朱熹撰文補傳，並認為格物致知傳並未亡佚，遂調整文序而為之傳，其釋格物致知傳的內容為：

> 知止而後有定，定而後能靜，靜而後能安，安而後能慮，慮而後能得。
> 物有本末，事有終始，知所先後，則近道矣。
> 此謂知本。子曰：「聽訟，吾猶人也，必也使無訟乎！」無情者不得盡其辭。大畏民志。
> 此謂知本，此謂知之至也。[11]

與朱熹改本相較，董槐取消朱熹改本中知止本末段（「知止有定」、「物有本末」、「子曰聽訟」三節）、釋格物致知（「知本知至」及〈格致補傳〉）的安排，重新將「知止有定」、「物有本末」、「子曰聽訟」、「知本知至」等節文字共同置於「所謂誠其意者」一節之前，作為釋格物致知傳。在挪移「子曰聽訟」一節的同時，又將此節末的「此謂知本」四字放置句首，成為「此謂知本。子曰：『聽訟，吾猶人也，必也使無訟乎！』無情者不得盡其辭。大畏民志。」董槐改本出現後，尚有一些近於朱熹改本的其他調整，亦以類似的方式反對朱熹補格物致知傳[12]，可見這些文句並非只有一種解釋，其他儒者

---

11 黃震《黃氏日抄》抄錄董槐《大學》改本文字。〔南宋〕黃震：《黃氏日抄》（臺北市：大化書局，1984年，日本立命館大學圖書館影印清乾隆三十三年刊本），卷28，頁407。程元敏《王柏之生平與學術》所據董槐改本文字本於《黃氏日抄》。參見程元敏：《王柏之生平與學術》，頁469-471。明儒劉斯原〈宋董承相槐大學更議〉在「知止有定」前加一句「所謂致知在格物者」。〔明〕劉斯原：《大學古今本通考》（臺北市：中國子學名著集成編印基金會，1978年），卷6，頁298。李紀祥考證，劉斯原、謝濟世本加「所謂致知在格物者」一句為誤，而胡渭本將兩句「此謂知本」重疊，亦為誤。參見李紀祥：《兩宋以來大學改本之研究》，頁89。

12 南宋時期車若水、王柏的改本皆先列「知止有定」、次「物有本末」、再次「子曰聽訟」、末「知本知至」，唯刪去此節「此謂知本」一句衍文。元代王巽卿將「子曰聽訟」一節歸入釋新民之說，而格物致知傳則先列「知止有定」、次「物有本末」、後「知本知至」。明初王褘的改本於首加上「所謂致知在格物者」一句，其後排序則先列「知止有定」、次「物有本末」、再次「子曰聽訟」，並前提「此謂知本」一句如董槐分法、末

調整成釋格物致知傳似亦有其道理。

檢視《禮記．大學》文本結構，除首段文字較不規則外，其他皆可依「所謂……此謂……」的結構各自成段，故全篇可分成：

> 大學之道，在明明德，在親民，在止於至善。知止而後有定，定而後能靜，靜而後能安，安而後能慮，慮而後能得。物有本末，事有終始，知所先後，則近道矣。古之欲明明德於天下者，先治其國；欲治其國者，先齊其家；欲齊其家者，先脩其身；欲脩其身者，先正其心；欲正其心者，先誠其意；欲誠其意者，先致其知，致知在格物。物格而後知至，知至而後意誠，意誠而後心正，心正而後身脩，身脩而後家齊，家齊而後國治，國治而後天下平。自天子以至於庶人，壹是皆以脩身為本。其本亂而末治者否矣，其所厚者薄，而其所薄者厚，未之有也！此謂知本，此謂知之至也。
>
> 所謂誠其意者，毋自欺也，……子曰：「聽訟，吾猶人也，必也使無訟乎！」無情者不得盡其辭。大畏民志，此謂知本。
>
> 所謂脩身在正其心者，身有所忿懥……此謂脩身在正其心。
>
> 所謂齊其家在脩其身者，人之其所親愛而辟焉……此謂身不脩不可以齊其家。
>
> 所謂治國必先齊其家者，其家不可教而能教人者……此謂治國在齊其家。
>
> 所謂平天下在治其國者，上老老而民興孝……此謂國不以利為利，以

「知本知至」。而明初宋濂、鄭濟（劉斯原、李紀祥本作鄭儕，應有誤）的改本則先列「知止有定」、次「物有本末」、再次「子曰聽訟」、末「知本知至」，刪除「此謂知本」一句為衍文，其中鄭濟又將《孟子》「堯舜之智而不徧物，急先務也」一句作為此段的注解。參見李紀祥：《兩宋以來大學改本之研究》，頁91-103；陳恆嵩：《明人疑經改經考》，頁250-256；〔明〕宋濂：〈大學微第八〉，《龍門子凝道記》（臺北市：廣文書局，2020年），下，頁87；〔明〕蔡清，《四書蒙引》，景印文淵閣《欽定四庫全書》本（臺北市：臺灣商務印書館，1986年），經部200，四書類，第206冊，卷1，頁34。

義為利也。[13]

全文分成六段，對照八目結構，則誠意以下段落結構相對清楚，但致知以上段落則結構不明，是以自二程改本開始，便試圖為格物致知尋找釋文。程顥將《大學》分成三綱、釋三綱、八目、釋八目架構，並把「自天子以至於庶人」、「知本知至」二節獨立成段，視為格物致知釋文。[14]程頤則在三綱、八目、釋格物致知、釋三綱、釋其他六目架構下，將「所謂誠其意者」一段末的「子曰聽訟」一節前移至「知本知至」之前，以此二節文字釋格物致知，強調格物致知先於誠意的意義。[15]其後林之奇（1112-1176）以三綱、八目、釋三綱、釋八目結構，將「知止有定」一節視為釋致知，因而後移到「知本知至」之前。[16]在朱熹之前，顯然諸多儒者已意識到《禮記．大學》注疏本結構並不完整，是以諸儒各自思考如何完善《大學》結構，但朱熹不全然認同前儒的調整，遂撰〈格致補傳〉以釋格物致知段落。

從另一個角度看，許多改本都認為「此謂知本，此謂知之至」與致知有關，就《禮記．大學》結構而言，此節文字下接「所謂誠其意者，毋自欺也」，因此諸儒自然會認為「知本知至」一節與致知有關，朱熹亦然，遂在傳五章「知本知至」一節下注曰：「此句之上別有闕文，此特其結語耳。」[17]其

---

13 〔漢〕鄭玄注、〔唐〕孔穎達疏，〈大學〉，《禮記注疏》〔清〕阮元校勘《十三經注疏》本（臺北市：藝文印書館，2001年），卷60，頁983-988。

14 〔北宋〕程顥：〈明道先生改正大學〉，《二程集》（北京市：中華書局，2008年），下冊，頁1126-1129。可參看李紀祥的研究，李紀祥：《兩宋以來大學改本之研究》，頁45。

15 〔北宋〕程頤：〈伊川先生改正大學〉，《二程集》，下冊，頁1129-1132。李紀祥認為，程頤如此安排的用意在於：「解釋三綱領，亦當屬知中之事，故仍應以格、致為最先。其意蓋以為不先格致，則三綱之義亦不能知，此點與遺書所云『格物為適道之始』亦正相合。」李紀祥：《兩宋以來大學改本之研究》，頁48。

16 〔北宋〕林之奇：〈紀聞〉上，《拙齋文集》，景印文淵閣《欽定四庫全書》本（臺北市：臺灣商務印書館，1986年），集部79，別集類，第1140冊，頁381-382。葉國良認為：「他認為『知止』以下二十六字就是『解釋』『格物致知』的。」葉國良：〈介紹宋儒林之奇的大學改本〉，《幼獅學誌》，頁5；又可參看李紀祥的研究，李紀祥：《兩宋以來大學改本之研究》，頁57-59。

17 〔南宋〕朱熹：《大學章句》，《四書章句集注》（北京市：中華書局，2008年），頁6。

後才曰：「右傳之五章，蓋釋格物、致知之義，而今亡矣」[18]，於是自撰〈格致補傳〉以補注疏本的文字缺漏。[19]

諸多改本在調整文句的同時，皆涉及對「知止有定」、「物有本末」二節文字的屬性認定。《禮記．大學》將此二節列於首段「明德新民」一節之後；程顥、程頤將此二節視為綱；林之奇保留「物有本末」一節為綱，將「知止有定」一節視為釋格物致知之目；朱熹雖將此二節視為經一章之綱，但又將之與三綱領、八條目分開，使之對應傳四章釋本末「子曰聽訟」一節，顯然認為此二節另有作用，是以不宜歸入三綱領或八條目之中[20]；至於

18 〔南宋〕朱熹：《大學章句》，《四書章句集注》，頁6。

19 唐君毅認為朱熹〈格致補傳〉有其缺陷，其一為當先補致知，而非致知在格物；其二為補格物之義卻是談物之理。其曰：「則朱子首當補『所謂誠意在致其知者』，以明《大學》所謂『欲誠其意者先致其知』之義，而不當只補釋『致知在格物』之義……朱子之釋格物，又初不直以物為所對，而以物所自有之理為所對，則朱子之言格物致知，即為一方冒過與誠意之關連，而一方又冒過於物，而直達於物之『理』者。」唐君毅：〈原致知格物上：大學章句辨證及格物致知思想之發展〉，《中國哲學原論．導論篇》，《唐君毅全集》（臺北市：臺灣學生書局，1991年），頁310-311。不過陳來卻不從此角度來看，認為朱熹〈格致補傳〉實際上是包含「所謂誠意在致其知者」的內涵，其曰：「從章句結構上來說，應當是補 A（所謂致知在格物者……），但就朱熹這一補傳的內容來說，包含了所闕 A、B（所謂誠其意在致知者……）思想，故也可以說用以補 A 與 B。」陳來：〈格物與致知〉，《朱子哲學研究》，頁280-281。此外，在朱熹的理學觀念下，格物工夫的重點在於藉由事物而格其事物的形上之理，並非只停留在認識事物的層次上，〈格致補傳〉強調「即物而窮其理」，乃是將理學思想融入《大學》格物一詞的解釋，故楊儒賓表示：「就像任何格物所得的理最初都是可認知的經驗性規律，但這些經驗性的規律最後卻可通向形上的太極。」楊儒賓：〈格物與豁然貫通——朱子〈格物補傳〉的詮釋問題〉，收入鍾彩鈞主編：《朱子學的開展——學術篇》（臺北市：漢學研究中心，2002年），頁239。又如張亨指出：「從整體來看，朱子的思想大致可以分成兩個部分：一是形上學部分，討論太極或理氣的問題。一是實踐論或工夫論部分，討論格物致知的問題。而最後這兩部分是貫通起來的。」張亨：〈朱子格物說試釋〉，《中國文哲研究集刊》第55期（2019年9月），頁30。

20 朱熹在三綱領、八條目之間設立知止本末一段的結構，亦為後儒非議的焦點，如宋濂曰：「無有所謂本末者，何必傳以釋之？」〔明〕宋濂：〈大學微第八〉，《龍門子凝道記》，下，頁87。王褘曰：「且三綱領八條目之外，安有所謂本末乃別為之傳耶？」〔明〕王褘：《青巖叢錄》，收入《叢書集成新編》（臺北市：新文豐出版公司，1985

董槐等近於朱熹的改本，則將此二節視為釋格物致知之目。[21]朱熹雖將「知止有定」、「物有本末」、「子曰聽訟」三節與三綱、八目分開，但也並非與三綱、八目毫無關係，觀朱熹於傳十章處所言：「凡傳十章：前四章統論綱領指趣，後六章細論條目功夫。」[22]直接將「知止有定」、「物有本末」二節視為對三綱領的補充說明，形成經一章（三綱、知止本末、八目）、傳前四章（釋三綱、釋本末）、傳後六章（釋格物致知、釋誠意、釋正心、釋修身、釋齊家、釋治國）的結構。其分法與前儒不同，同時亦留下一些無法解決的問題，致使後儒提出質疑。在《大學或問》裡，朱熹曾說明：

> 曰：「然則其不論夫終始者，何也？」曰：「古人釋經，取其大略，未必如是之屑屑也。且此章之下，有闕文焉，又安知其非本有而並失之也耶？」[23]

其中「此章之下，有闕文焉」，指的是缺漏釋「知止有定」一節、釋始終及釋格物致知之文。面對缺文情形，朱熹只能以「古人釋經，取其大略」、「安知其非本有而並失之也」來解釋其中可能的原因，於是《大學章句》傳第四章僅列釋本末的《大學》文句。相對而言，由於格物致知是八目之始，同時

年），頁46。研究者雖已注意到，但尚未深入探討朱熹的用意，如李紀祥表示：「謂是釋經文中之『本末』一詞，實令人有突兀之感，故啟後儒之評騺（應「騭」）……以上諸人不乏朱子學派中人，可見本末傳之立，確招後人不滿。對『終始』之無傳，朱子亦曾自釋……朱子之解釋，可說甚為含糊，對『本末』立傳之義，並不能使人滿意。」李紀祥：《兩宋以來大學改本之研究》，頁67。陳逢源則認為：「朱熹成立『本末』傳，既非釋『三綱』，也不是解『八目』，前人頗感疑惑，不過經文『三綱』與『八目』之間……強調明瞭本末先後，才有『明明德』、『親民』、『止於至善』的進程，才有『格』、『致』、『誠』、『正』、『脩』、『齊』、『治』、『平』之事，所以知本未必不是關鍵。」陳逢源：〈從「理一分殊」到「格物窮理」：朱熹《四書章句集注》之義理思惟〉，《朱熹與《四書章句集注》》，頁384。

21 參見李紀祥：《兩宋以來大學改本之研究》，頁44-99。

22 〔南宋〕朱熹：《大學章句》，《四書章句集注》，頁13。

23 〔南宋〕朱熹：《大學或問》上，《四書或問》，收入朱傑人等編：《朱子全書》（上海市：上海古籍出版社；合肥市：安徽教育出版社，2010年），第6冊，頁521-522。

也是朱熹重視的為學工夫，是以朱熹便以自身理學思想撰〈格致補傳〉以補《大學》注疏本的缺漏，使全篇架構與功能趨於完整。

即便朱熹並未以補傳方式詮解釋「知止有定」、「物有本末」二節所缺漏的傳文內容，但從傳十章末朱熹自言「前四章統論綱領指趣」的敘述，可以知曉朱熹將此二節經傳視為說明三綱領的用意。其中「知止有定」一節扣住首節「止於至善」一句，強調唯有至善方是至極，故朱熹於此節注曰：

> 止者，所當止之地，即至善之所在也。知之，則志有定向。靜，謂心不妄動。安，謂所處而安。慮，謂處事精詳。得，謂得其所止。[24]

朱熹認為此處工夫若達到至善，則彼處自然有所相應，從知止到能得的每個過程都是如此，因此止至善是推動此一節工夫效驗的關鍵。[25]此外，朱熹又認為知止到能得是先知後行結合，必須要知至善成為知至、知止時，此心所知才能真實無妄，於是心有所定而踏實、心有所靜而不妄動、心有所安而不躁動。一旦接物，心體順此定理慮思發用，此時重心遂由知轉變為行，慮思後落實於日用間並終有所得，於是可知心體所知之理確為真實，此便是能得的止至善之義。[26]因此從知止到能得的過程實為由知到行、以行證知的過

---

24 〔南宋〕朱熹：《大學章句》，《四書章句集注》，頁3。

25 〔南宋〕朱熹曰：「此一節，只是說大概效驗如此。在明明德，在新民，在止於至善，卻是做工夫處。」
〔南宋〕黎靖德編：《朱子語類》（北京市：中華書局，2004年），第1冊，卷14，「大學一　經上」，頁272。

26 〔南宋〕朱熹曰：「此推本上文之意，言明德、新民所以止於至善之由也。蓋明德新民，固皆欲其止於至善，然非先有以知夫至善之所在，則不能有以得其所當止者而止之。如射者固欲其中夫正鵠，然不先有以知其正鵠之所在，則不能有以得其所當中者而中之也。知止云者，物格知至，而於天下之事，皆有以知其至善之所在，是則吾所當止之地也。能知所止，則方寸之間，事事物物，皆有定理矣，理既有定，則無以動其心而能靜矣；心既能靜，則無所擇於地而能安矣；能安，則日用之間，從容閒暇，事至物來，有以揆之而能慮矣；能慮，則隨事觀理，極深研幾，無不各得其所止之地而止之矣。然既真知所止，則其必得所止，固已不甚相遠。」〔南宋〕朱熹：《大學或問》上，《四書或問》，收入朱傑人、嚴佐之、劉永翔等編：《朱子全書》，第6冊，頁510。

程，故朱熹認為是一事之首尾。

朱熹認為「知止有定」一節申明知與行的止至善意義，「物有本末」一節則是重申前兩節的工夫階序關係，故於此節注曰：

> 明德為本，新民為末。知止為始，能得為終。本始所先，末終所後。此結上文兩節之意。[27]

朱熹以明德、知止為先，以新民、能得為後，申明工夫實踐的先後關係，故又曰：

> 明德、新民，兩物而內外相對，故曰本末。知止、能得，一事而首尾相因，故曰終始。誠知先其本而後其末，先其始而後其終也，則其進為有序，而至於道也不遠矣。[28]

在朱熹看來，明德為本、新民為末的階序符合儒家先成己後成人的工夫順序，故以內外相對稱之。無論本、末何者，都必須藉由先知後行的方式實踐，因此從知止到能得的過程不可稱為內外，僅能以一事首尾稱之。是以「物有本末」一節所重，在於闡發明德、新民不僅有其本末階序，更是知行相須的結合。在此前提下，朱熹認為「子曰聽訟」一節可為明德、新民實踐結果的說明，其曰：

> 蓋我之明德既明，自然有以畏服民之心志，故訟不待聽而自無也。觀於此言，可以知本末之先後矣。[29]

朱熹以聖人聽訟為喻，言必須先自明己德，才能以德感化他人，使他人亦能自明己德。當眾人都能自明己德，則天下紛爭自然減少而相訟之事自然不起，此便是聽訟的止至善，故朱熹曰：「觀於此言，可以知本末之先後

---

27 〔南宋〕朱熹：《大學章句》，《四書章句集注》，頁3。

28 〔南宋〕朱熹：《大學或問》上，《四書或問》，收入朱傑人、嚴佐之、劉永翔等編：《朱子全書》，第6冊，頁511。

29 〔南宋〕朱熹：《大學章句》，《四書章句集注》，頁6。

矣。」[30]遂將此節視為對「物有本末」一節的補充。

整體而言，諸儒從《禮記．大學》注疏本的結構認定「知本知至」一節與致知工夫有關，只是語意不全，是以各自安排釋格物致知的段落。同時，朱熹又考量《禮記．大學》將「知止有定」、「物有本末」二節置於「明德新民」一節之後，因此將之視為是對三綱領的補充，只不過運用自己的理學思想詮解其間的意涵。在經傳對應前提下，朱熹將「子曰聽訟」一節視為「物有本末」一節的釋文。即便如此，知止本末段的傳文結構亦不完整，於是當後儒反對朱熹〈格致補傳〉時，自然會反思朱熹改本中設立知止本末段的必要性，從而將此段文字另作他用。

三　對朱熹改本安排的反思

蔡清對朱熹改本的反省源自青年時期的研讀心得，這些內容又成為《四書蒙引》的一部分。據蔡清《四書蒙引》的序所示，《四書蒙引》中的文字為其準備科考時的四書研讀心得，故云：「〔清〕承父師之教指，自謂頗知所用心者，故有三年不作課而無三日不看書，間以其所窺見一二語諸同儕，要亦未能脫時文氣味也，然或已訝為迂遠而厭聽之矣。清乃多筆之以備切磋，久之，積成卷帙。」[31]明憲宗成化十六年（庚子年，1480），蔡清年二十七赴京參加會試，隨身攜帶平日研讀心得，不料稿件卻疑似遺失，且又遇大雪而不終試歸鄉。其後蔡清又重新撰寫一份，是為續稿之作。成化十九年（癸卯年，1483），蔡清年三十再度赴京趕考，卻意外於家中尋得先前遺失的舊稿，故〈序〉云：「庚子赴京，已收置於行囊，既而因冗翻，自遺之。逮至京檢覓不得，意其失之途中矣。時方溫故，輒復有錄，更三閱歲，故錄乃復

30 〔南宋〕朱熹：《大學章句》，《四書章句集注》，頁6。

31 〔明〕蔡清：〈四書蒙引序〉，《四書蒙引》，景印文淵閣《欽定四庫全書》本，第206冊，頁2。此序於《蔡文莊公集》中，作〈題蒙引初稿序〉。〔明〕蔡清：〈題蒙引初稿序〉，《蔡文莊公集》，《四庫全書存目叢書》（臺南市：莊嚴文化事業公司，1997年，影印武漢大學圖書館藏清乾隆七年遜敏齋刻本），第42冊，卷3，頁671。

得之家中。參會前後所錄詞意，重複者過半，又有前後異見至一句而二三其說者，皆無暇刪次也。」[32]此次考試蔡清中舉進士（成化二十年，1484），但由於舊續二稿僅是日常研讀心得，尚未有成書的構想，是以中舉後便不復整理。

明孝宗弘治十五年（1502），蔡清以父疾乞假，不久丁父憂，居家期間亦講學授徒[33]，因晚輩屢次求見舊續二稿而簡易整理。弘治十七年（1504）七月撰寫書〈序〉，〈序〉中自云此書「一得之見或有資於童蒙」與「明非定說」之故，遂以《蒙引初稿》命名。[34]《四書蒙引》雖成於蔡清五十一歲時，但就內容來說是其青年時期舊續二稿的整理，因此可視為蔡清青年時期研讀四書的心得之作。

對於《大學》改本議題的探討，蔡清寫在《大學》「知止有定」一節處，此節除詮解朱注外，蔡清以「或有以知止有定一條為釋格物致知之義」一句，補入方孝孺（1357-1402）〈題大學篆書正文後〉、鄭濟[35]的格物致知傳

32 〔明〕蔡清：〈四書蒙引序〉，《四書蒙引》，景印文淵閣《欽定四庫全書》本，第206冊，頁2。

33 《明史》本傳云：「一日心動，急乞假養父。歸甫兩月而父卒，自是家居授徒不出。」〔清〕張廷玉等：〈儒林傳一〉，《明史》（北京市：中華書局，1974年），第24冊，卷282，頁7234。林希元撰蔡清〈行狀〉云：「遂陞先生南京吏部郎中，上疏乞終養，至家未三月，丁稽勳公憂。服適除，弘治甲子，山東巡按御史陸公稱請主其省試事。」〔明〕林希元：〈南京國子祭酒虛齋蔡先生行狀〉，《同安林次崖先生文集》，《四庫全書存目叢書》（臺南市：莊嚴文化事業公司，1997年，影印遼寧省圖書館藏清乾隆十八年陳臚聲詒燕堂刻本），集部，別集類，第75冊，卷14，頁700。按弘治十七年（甲子年，1504）往前推算丁憂三年（27個月），則蔡清可能於弘治十五年（壬戌年，1502）乞假終養、丁憂。

34 〔明〕蔡清：〈四書蒙引序〉，《四書蒙引》，景印文淵閣《欽定四庫全書》本，第206冊，頁2-3。

35 蔡清《四書蒙引》作「鄭濟」，劉斯原《大學古今本通考》作「鄭儕」，《明人傳記資料索引》據《皇明世說新語》、《明史》二書考證曰：「鄭濟，浦江人，濂弟。嘗學於宋濂，有文行。洪武中以東宮官屬久曠，命廷臣舉孝弟敦行者，特擢濟為奉議大夫、左春坊左庶子，致仕卒。」國立中央圖書館原編、王德毅增訂：《明人傳記資料索引》（臺北市：中央研究院歷史語言研究所、國立中央圖書館，1978年），頁792。

看法，與自己新訂的格物致知傳。[36]據方孝孺〈題大學篆書正文後〉所述，鄭濟改本實承自宋濂（1310-1381）的意見[37]，宋濂亦不同意朱熹改本中知止本末段的安排，遂移文句為釋格物致知傳，其曰：

> 《大學》之要在於三綱八目，孔氏既著於經，曾子之門人又以所聞而為之傳，綱與目之名，無有所謂本末者，何必傳以釋之？自「知止而後有定」，及「聽訟吾猶人也」、「此之謂知之至也」二條，實釋致知格物之傳，蓋未嘗闕也。[38]

鄭濟繼承宋濂的看法，只是在傳末加上一句注解，成為：

> 知止而後有定，定而後能靜，靜而後能安，安而後能慮，慮而後能得。
> 物有本末，事有終始，知所先後，則近道矣。
> 子曰：「聽訟，吾猶人也，必也使無訟乎！」無情者不得盡其辭。大畏民志，此謂知本。
> 此謂知之至也。
> 堯舜之智而不徧物，急先務也。[39]

兩人都取消朱熹改本知止本末段（「知止有定」、「物有本末」、「子曰聽訟」三節）及釋格物致知（「知本知至」及〈格致補傳〉）的安排，將「知止有

36 〔明〕蔡清：《大學蒙引》，《四書蒙引》，景印文淵閣《欽定四庫全書》本，第206冊，卷1，頁32-36。

37 方孝孺曰：「太史金華宋公欲取朱子之意，補第四章章句以授學者而未果。浦陽鄭君濟仲辨受學太史公，預聞其說而雅善篆書，某因請以更定次序書之，將刻以示後世。」〔明〕方孝孺：〈題大學篆書正文後〉，〔明〕蔡清，《四書蒙引》，景印文淵閣《欽定四庫全書》本，第206冊，卷1，頁33。方孝孺此篇文章亦收錄在《遜志齋集》裡，文末標記洪武十四年（1381）十二月十二日。〔明〕方孝孺：〈題大學篆書正文後〉，《遜志齋集》，景印文淵閣《欽定四庫全書》本（臺北市：臺灣商務印書館，1986年），集部174，別集類，第1235冊，頁523-524。

38 〔明〕宋濂：〈大學微第八〉，《龍門子凝道記》，下，頁87。

39 〔明〕蔡清：《四書蒙引》，景印文淵閣《欽定四庫全書》本，第206冊，卷1，頁33-34。

定」、「物有本末」、「子曰聽訟」、「知本知至」（刪除此謂知本一句）等節作為釋格物致知傳。鄭濟改本又將《孟子》「堯舜之知而不遍物，急先務也」一句加於傳末，用以說明格物致知的優先性意義，故方孝孺表示：「舊說以聽訟釋本末，律以前後之例為不類，合為一章而觀之，與《孟子》『堯舜之智不徧物』之言正相發明，其為致知格物之傳何惑焉。」[40]此安排顯然異於朱熹改本，但方孝孺卻認為：

> 蓋聖賢之經傳非一家之書，則其說亦非一人之所能盡也。千五百年之間講訓言道者迭起不絕，至於近代而始定，而朱子亦曷嘗斷然以為至當哉？故亦以待後世之君子耳……是語雖異於朱子，然異於朱子而不乖乎道，固朱子之所取也歟。[41]

宋儒疑經的目的在於追求經書的純粹性，展現因尊經所以求其至善的態度，如王柏（1197-1274）所言：「亦各求其義之至善，而全其心之所安，非強為異而苟於同也……學者各極其所見，而明者擇焉，以俟聖人之復生也。」[42]對朱熹來說，注經亦是以尊經為目的，是以朱熹注解群書時，往往多次修改自注之詞。[43]方孝孺藉由疑經以尊經的想法，統合朱熹屢修注解的態度，是

40 〔明〕方孝孺：〈題大學篆書正文後〉，〔明〕蔡清，《四書蒙引》，景印文淵閣《欽定四庫全書》本，第206冊，卷1，頁34。

41 〔明〕方孝孺：〈題大學篆書正文後〉，〔明〕蔡清，《四書蒙引》，景印文淵閣《欽定四庫全書》本，第206冊，卷1，頁33。

42 〔南宋〕王柏：〈大學沿革論〉，《魯齋集》，景印文淵閣《欽定四庫全書》本（臺北市：臺灣商務印書館，1986年），集部125，別集類，第1186冊，頁146-147。

43 朱熹表示：「某於《論》、《孟》，四十餘年理會，中間逐字稱等，不教偏些子。學者將注處，宜子細看。」又曰：『解說聖賢之言，要義理相接去，如水相接去，則水流不礙。』後又云：『《中庸解》每番看過，不甚有疑。《大學》則一面看，一面疑，未甚愜意，所以改削不已。』」〔南宋〕黎靖德編：《朱子語類》，第2冊，卷19，「論語一　語孟綱領」，頁437。陳逢源認為：「以往對於朱熹建構四書學的歷程不甚了解，對於反覆修改，前後改易，多有疑惑，自然無法了解朱熹撰《四書章句集注》之意義所在，加上清代學者以考據抵其隙，對於朱熹說解四書遂多有質疑，其實朱熹融鑄訓詁說解，用意不僅在說解文義而已，更在義理之間的掌握，甚至有超乎言語之外的體會。」陳逢

以認為「是語雖異於朱子，然異於朱子而不乖乎道，固朱子之所取也歟」。蔡清將方孝孺此文置入《大學》「知止有定」一節處，不只用來簡述《大學》改本發展歷程，更有意效法前賢的尊經態度，故又曰：「愚竊取方公之論而私錄之於此，且其言曰『異於朱子而不乖乎道，亦朱子之所取也』，最見得到。」[44]

明初朱學已為官方認定的主流學術，其後明成祖頒三部《大全》於官學，朱學的權威性再度提升，想要運用疑經方法更定朱學顯然不易。蔡清學問本於朱學卻勇於反思，致使日後郭文博向蔡清問學時，蔡清便鼓勵後生學習王恕（1416-1508）勇於反思的治學精神。[45]事實上王恕對朱熹改本亦有質疑，其曰：「傳之首章已釋明德，二章已釋新民，今又言釋本末，則是復釋明德、新民，恐不然。」[46]質疑朱熹改本知止本末段有重複訓釋的情形，是以將之移為釋格物致知傳：

> 物有本末，事有終始，知所先後，則近道矣。
>
> 自天子以至於庶人，壹是皆以脩身為本。其本亂而末治者否矣，其所厚者薄，而其所薄者厚，未之有也！
>
> 知止而後有定，定而後能靜，靜而後能安，安而後能慮，慮而後能得。
>
> 子曰：「聽訟，吾猶人也，必也使無訟乎！」無情者不得盡其辭。大

源：〈從體證到建構：朱熹《四書章句集注》的撰作歷程〉，《朱熹與《四書章句集注》》，頁133。

44 〔明〕蔡清：《四書蒙引》，景印文淵閣《欽定四庫全書》本，第206冊，卷1，頁35。

45 蔡清〈與郭文博書〉：「《論語》夫子之道忠恕而已矣，公（王恕）不以予舊說，謂然曰：『朱子之說亦未當也。忠恕不宜分貼一貫，曾子本意是謂忠恕一理貫天下之道而無餘者也，故曰有一言而可以終身行之者，其恕乎。不知朱子若得聞此說，以為何如？』亦可見此公之高也，此方是真學問者乎。」〔明〕蔡清：〈與郭文博書〉，《蔡文莊公集》，《四庫全書存目叢書》，第42冊，卷1，頁616。在《石渠意見》裡，亦能見得王恕對《大全》「頗有疑滯，再三體認」的讀書筆記。參見〔明〕王恕：〈石渠意見請問可否書〉，《石渠意見》，《四庫全書存目叢書》（臺南市：莊嚴文化事業公司，1997年，影印吉林省圖書館藏明正德刻本），經部，五經總義類，第147冊，頁96。

46 〔明〕王恕：《石渠意見》，《四庫全書存目叢書》，卷1，頁96。

畏民志，此謂知本。

此謂知之至也。[47]

王恕改本將「物有本末」、「自天子以至於庶人」二節視為釋格物，強調格物與修身的關聯性；並以「知止有定」、「子曰聽訟」、「知本知至」（刪除此謂知本一句）三節釋致知，說明致知在修身過程中的重要性。蔡清改本思索不來自王恕，遂未在舊續二稿中提及，不過從蔡清的提問可以知曉其改本是基於青年時期對經典的思考，其曰：

今本以物有本末之物為明德、新民，其實亦有所未安。[48]

朱子所定，是誠可疑。蓋既云「知止而後有定，定而後能靜，靜而後能安，安而後能慮，慮而後能得。」其先後之序已自說出盡了，其誰不能知？而又曰「知所先後，則近道矣」，不為重複而有滯乎？[49]

蔡清一方面不認同朱熹將「物有本末」一節直接視為詮解「明德新民」一節，又指出「知止有定」一節已道出工夫的先後次序，下再接「物有本末」一節無疑是重複訓釋。同時蔡清又於「子曰聽訟」一節表示：

《或問》云：「其論夫終始者，古人釋經，取其大略，未必如是之屑屑也。且此章之下，有闕文焉，又安知其非本有而並失之也邪？」愚按前章以為本無本末一章，終是有理。[50]

認為朱熹明知其改本有釋本末而無釋始終之文，傳不全導致知止本末段更顯

47 〔明〕王恕：《石渠意見》，《四庫全書存目叢書》，卷1，頁97。

48 〔明〕蔡清：《大學蒙引》，《四書蒙引》，景印文淵閣《欽定四庫全書》本，第206冊，卷1，頁35。

49 〔明〕蔡清：《大學蒙引》，《四書蒙引》，景印文淵閣《欽定四庫全書》本，第206冊，卷1，頁35。

50 〔明〕蔡清撰、林希元訂正、敖鯤重訂：《大學蒙引》，《四書蒙引》（臺北市：國家圖書館，日本寬永十三年刊本），卷2，頁26右-26左；〔明〕蔡清撰、〔明〕林希元訂正、〔明〕吳同春重訂：《四書蒙引》（北京市：北京大學出版社，2023年），卷2，頁93。莊煦整理本的《四書蒙引》已刪除此條，敖鯤、吳同春重訂本尚且保留。

突兀，是以反對朱熹的安排。此外，蔡清雖抄錄鄭濟改本的格物致知傳，但卻認為此格物致知傳有文序顛倒問題，因此並未認同鄭濟改本的分法，其曰：

> 清竊謂諸先所定亦有未安者……今以知止居前、知所先後居後，則次序顛倒、文理俱礙矣。故清亦未敢全以為然，竊復更定於此，以俟後之君子。[51]

於是蔡清提出自己認定的釋格物致知傳文序，其曰：

> 所謂致知在格物者，
> 物有本末，事有終始，知所先後，則近道矣。
> 知止而後有定，定而後能靜，靜而後能安，安而後能慮，慮而後能得。
> 子曰：「聽訟，吾猶人也，必也使無訟乎！」無情者不得盡其辭。大畏民志，此謂知本。
> 此謂知之至也。[52]

蔡清首先保留朱熹〈格致補傳〉「所謂致知在格物者」一句作為格物致知傳的開頭[53]，其後依序置入「物有本末」、「知止有定」、「子曰聽訟」、「知本知至」（刪除此謂知本一句）等節《大學》文字。與鄭濟改本的格物致知傳相較，兩個改本在「知止有定」、「物有本末」二節的文序正好相反。蔡清認為《大學》既曰「致知在格物」，則應當先列釋格物的「物有本末」一節，其後才是釋致知的「知止有定」一節，故曰：「如此則由粗以及精，先自治而

51 〔明〕蔡清：《大學蒙引》，《四書蒙引》，景印文淵閣《欽定四庫全書》本，第206冊，卷1，頁34。

52 〔明〕蔡清：《大學蒙引》，《四書蒙引》，景印文淵閣《欽定四庫全書》本，第206冊，卷1，頁34-35。

53 蔡清「所謂致知在格物者」的增字詮解顯然受到朱熹改本的規律性結構影響，陳逢源指出朱熹改本中「八目各節，除第六章、第十章外，皆是從『所謂……』至『此謂……』，結構嚴整。」陳逢源：〈偽「古」仿「真」——豐坊偽《石經大學》之義理脈絡考察〉，《第七屆中國經學國際學術研討會論文集》（臺北市：國立政治大學中國文學系、中國經學研究會，2011年），頁242。

後治人，亦古人為學次第也。」[54]因而反對鄭濟改本的文序安排。論者對蔡清的調整看法不一，劉勇和周天慶從經文上下文脈絡的連貫性肯定蔡清的安排具有思辨精神[55]，明儒劉斯原、當代學者李紀祥、陳恆嵩則認為蔡清一方面糾正朱熹的增補文字，自己卻在釋格物致知時增補「所謂致知在格物者」八個字，因而也算是自補文字於《大學》文本裡。[56]論者思考角度不同，對蔡清改本評價也就不一，不過仔細推敲蔡清的安排邏輯，則可知曉蔡清是修正朱熹改本中所遺留的問題，其經傳安排只是回到三綱、八目、釋三綱、釋八目的架構，認為刪除知止本末經傳就能解決朱熹改本中缺少釋「知止有定」一節、釋始終、釋格物致知的問題。

蔡清的更動除必須說明修正的原因，尚要解釋修正結果及如何詮解釋格物致知傳。蔡清認為「物有本末」一節文字為釋格物工夫，此節內容兼含物之本末與事之始終兩方面，因此蔡清此處所言的格物工夫，必須從物事關係去思考，其曰：

> 或曰：「如子所定云，所謂致知在格物者，物有本末，事有終始。只用物字承之足矣，事字又從何而來？」曰：「有是物則有是物之事，實用工於格物者自知之。」

54 〔明〕蔡清：《大學蒙引》，《四書蒙引》，景印文淵閣《欽定四庫全書》本，第206冊，卷1，頁34。

55 劉勇表示：「在蔡清看來，朱子文本的『未安』之處，在於其會帶來文字表達和義理邏輯上的難題。」劉勇：《變動不居的經典：明代大學改本研究》，頁134；周天慶表示：「蔡清所疑，則是從上下文語意關聯角度立論的。但蔡清對朱子觀點的否定，至少表明，蔡清並非盲從朱子，而體現了他獨立思考的精神。」周天慶：《明代閩南四書學研究——以宗朱學派為中心》，頁155。

56 李紀祥表示：「考董、車諸人作『格致傳』改本之意，本在於彌縫朱子之自為補傳之失，故欲不增不補，但移原有而求完篇。今王、蔡二人既已循董、車之跡，亦移文求得一格致傳，卻又於傳首增『所謂』八字，使移傳本意盡失，此所謂本欲非朱子，奈何又效朱子之非！故劉斯原評曰『果若如此，則格致傳完矣，不應一簡上獨脫『所謂致知在格物者』一句也。」李紀祥：《兩宋以來大學改本之研究》，頁103；陳恆嵩亦曰：「唯蔡氏格致傳改本在彌縫朱子之補傳缺失，今又效朱子之法，於傳首增『所謂致知在格物者』八字，故劉斯原評之曰……」陳恆嵩：《明人疑經改經考》，頁255。

> 蓋物與事自不侔，事即是物中之事，特以其皆有先後之序，故對舉而言耳。[57]

事與物雖本有不同指涉，但蔡清指出《大學》先說物再說事，則格物工夫便不能只停留在認識物的層次上，從而忽略由物及事的實踐意義。在由物及事的觀念裡，所謂格物工夫並非兀自靜坐的冥想，而是必須藉由事例的實踐從中體認所格之理確實為真，是以蔡清認為「子曰聽訟」一節即是格物致知工夫在物事一體觀念裡的實踐結果。[58]

「知止有定」一節蔡清視為是釋致知工夫，此節內容涉及知行關係，是以蔡清借用朱熹對此節文字的說解，說明知止有定的知雖在邏輯上具有優先性，但能得的效驗必須要搭配行的工夫才能證成，其曰：

> 或曰：「格物致知之義何用說到能慮能得之境？」曰：「必知止而後能定靜安慮以至於能得，此所以必貴於知止也，不然終無得於道矣。夫知行豈可判然為二哉？但始求知時，便是要為踐行之地矣，故如此立言。」[59]

此說法顯然發揮朱熹知行相須思想[60]，亦符合朱熹原本對此節知行工夫的說明，只是雙方對此節的定位有不同認知而已。

---

57 〔明〕蔡清：《大學蒙引》，《四書蒙引》，景印文淵閣《欽定四庫全書》本，第206冊，卷1，頁35。

58 蔡清表示：「謂孔子言不以聽訟為難，而必以使民無訟為貴。於此便見得明德為本、新民為末，故可以知本末之先後」、「蓋民之無訟者，民德之新也，末也。所以使民無訟者，己德之明也，本也。必己之德明，然後民德始新，而自無訟。本末、先後，了然矣。」〔明〕蔡清：《大學蒙引》，《四書蒙引》，景印文淵閣《欽定四庫全書》本，第206冊，卷2，頁50。

59 〔明〕蔡清：《大學蒙引》，《四書蒙引》，景印文淵閣《欽定四庫全書》本，第206冊，卷1，頁35。

60 朱熹曰：「知行常相須，如目無足不行，足無目不見。論先後，知為先；論輕重，行為重。」〔南宋〕黎靖德編：《朱子語類》，第1冊，卷9，「學三　論知行」，頁148。

四 經學與理學融合下的格物致知工夫

對於《大學》知止本末段的認定，朱熹認為是三綱領的補充，蔡清則視為格物致知傳，二人看法雖不同，但都是從經學脈絡衡量其定位。至於如何詮解知止本末段的內涵，二人亦皆透過理學思想申說己義。從注疏角度看，蔡清舊續二稿雖以詮解朱注說法為主，但在知止本末段上，蔡清卻有意強調自己對《大學》文字的體認，故「物有本末」一節在朱熹改本裡有總結三綱領的本末始終意義，但蔡清卻有意忽略並認為：

> 按第二節不過推本第一節止至善之意，非與首節對言也。而於此第三節乃並舉而對言之，何邪？蓋物與事自不侔，事即是物中之事，特以其皆有先後之序，故對舉而言耳……明明德在己者，新民在人者，一內一外之相對也，故曰物事則一貫。[61]

只強調此節的本末始終意義，不闡釋朱熹「此結上文兩節之意」的說法，顯然蔡清不認同朱熹改本對此節的安排用意，直接以物事一體詮解此節的格物工夫意涵。在「知止有定」一節裡，由於蔡清對此節知行的詮解近於朱注，是以在解釋《大學》此節的「止」字文義後，蔡清便申論其中的朱注文義，其後才以「或有以知止有定一條為釋格物致知之義」補入方孝孺〈題大學篆書正文後〉、鄭濟改本格物致知傳及自己所認定的格物致知傳文字。

在蔡清調整下，知止本末段已為釋格物致知傳，是以朱熹補傳便無存在必要，不過蔡清依然在舊續二稿裡詮解朱熹補傳的重要意涵，甚至肯定朱熹勇於補傳的意義，其曰：「朱子補傳不肯學古傳之文，只要得致知在格物之義明白，使學者曉得明明了了耳。文之古與不古，類與不類所不計也。若他人如韓、歐輩，則豈肯如此補傳，豈肯云『言欲致吾之知，在即物而窮其理

---

61 〔明〕蔡清：《大學蒙引》，《四書蒙引》，景印文淵閣《欽定四庫全書》本，第206冊，卷1，頁35。

也』。又豈肯云『是以大學始教』云云。此見朱子之所以為朱子。」[62]兩個格物致知傳的存在看似不合理，但實際上蔡清只是先依朱熹改本架構論說，再申論個人看法，並非真正同意朱熹改本的補傳安排。

從理學思想層次看，朱熹和蔡清皆從理學角度加以申說知止本末等節的意涵，故在「物有本末」一節處，蔡清強調物事一體的格物之義，不過此說法與朱熹「即物窮理」的說法略有差異。[63]程頤以窮理釋格物[64]，強調格物是格出物事的形上之理；朱熹進一步宣稱一物有一物之理，故必即於物事方能窮得其間的形上之理，只不過此間的物、事可合觀為一，亦能分別看待。蔡清並不否認格物有窮理之意，是以在「致知在格物」處表示：

> 格物致知是窮此理，誠意正心修身是體其所窮之理也，齊家治國平天下則推此理於人也，可見明德、新民一理也。[65]

格物亦是窮理，但此理必須於人倫日用中實踐方能得之，是以此工夫無法抽離事而單獨言之。蔡清如此解釋，在於其格物工夫是融合「物有本末」一節與朱熹格物思想而成，是以特別強調物事一體的觀念，如在朱注「物，猶事也」處，蔡清便曰：「如為君是事，為君而仁，事之理也。格之者，自表而至裏，自粗而至精，於仁之理窮之無所不盡也。」[66]理之表裡、精粗雖有不同，但此理必須依賴現實各種事例方能竭盡體察，此即是物事一體的格物

---

62 〔明〕蔡清：《大學蒙引》，《四書蒙引》，景印文淵閣《欽定四庫全書》本，第206冊，卷2，頁51。

63 朱熹曰：「格，至也。物，猶事也。窮至事物之理，欲其極處無不到也。」〔南宋〕朱熹：《大學章句》，《四書章句集注》，頁4。

64 程頤曰：「格猶窮也，物猶理也，猶曰窮其理而已也。窮其理，然後足以致之，不窮則不能致也。」〔北宋〕程頤：〈伊川先生語十一〉，《河南程氏遺書》，卷25，《二程集》，上冊，頁316。

65 〔明〕蔡清：《大學蒙引》，《四書蒙引》，景印文淵閣《欽定四庫全書》本，第206冊，卷1，頁41。

66 〔明〕蔡清：《大學蒙引》，《四書蒙引》，景印文淵閣《欽定四庫全書》本，第206冊，卷1，頁38-39。

工夫觀。至於格物與致知的關聯性，蔡清認為可從工夫與境界兩方面立說，其曰：

> 蓋格物時，便當兼求其所以然，然必至於知至時，乃為能盡得其所以然也。此有用功與成功之分，逐事與全體之別。○以用功而言，則格物時不但求其所當然，便併求其所以然，乃格物以致其知者也。以成功而言，則知至時，方為盡得其所以然，而凡所當然者不假言矣，乃物格而知至者也。[67]

蔡清認為格物致知只是一事的兩個階段，於事上格物所獲得的知，又必須在知止能得過程裡反證所格之理確實為真，格物致知只是知行相須的過程，是以可從工夫層次論說，亦可從止至善境界而論。[68]

蔡清物事一體的格物工夫觀，亦與其理氣思想有一定關聯性。在理氣關係上，朱熹認為理為形上之理、氣為形下之氣，理氣不相離且不相雜。[69]對蔡清而言，其理氣思想亦偏向主張理氣不離不雜，其曰：

> 《大學》不說窮理只說格物者，形而上之道與形而下之器元不相離，此所謂道亦器、器亦道也。致知在格物，此所以異於異端之外物以為知也。[70]

---

67 〔明〕蔡清：《大學蒙引》，《四書蒙引》，景印文淵閣《欽定四庫全書》本，第206冊，卷1，頁40。

68 蔡清此觀念亦源自朱熹，朱熹曰：「格物只是就一物上窮盡一物之理，致知便只是窮得物理盡後，我之知識亦無不盡處，若推此知識而致之也。此其文義，只是如此。纔認得定，便請依此用功，但能格物，則知自至，不是別一事也。」〔南宋〕朱熹：〈答黃子耕〉五，《晦庵先生朱文公文集》，卷51，收入朱傑人等編：《朱子全書》，第22冊，頁2377-2378。

69 《朱子語類》：「或問：『必有是理，然後有是氣，如何？』曰：『此本無先後之可言。然必欲推其所從來，則須說先有是理。然理又非別為一物，即存乎是氣之中；無是氣，則是理亦無掛搭處。氣則為金木水火，理則為仁義禮智。』」〔南宋〕黎靖德編：《朱子語類》，第1冊，卷9，「理氣上　太極天地上」，頁3。

70 〔明〕蔡清：《大學蒙引》，《四書蒙引》，景印文淵閣《欽定四庫全書》本，第206冊，卷1，頁41。

蔡清認為理氣不離而道在器中，是以格物窮理工夫不只是不能離世而求道，更不能離器而求道。前者批判釋道二家離世而無根，後者反對陸九淵（1139-1193）過於強調尊德性而不道問學的工夫，故蔡清又曰：

> 雖曰人心之靈莫不有知，然不格物以致其知，則其所知者或得於此而遺於彼，或得於粗而遺其精，或失之過或失之不及……此所以貴於格物以致其知，而陸氏之學所以深見非於朱子者也。[71]

道器不離的觀念讓格物工夫從事例著手最終回到心體證之的過程獲得保證，尤其明德、新民的格物內涵實不離於人倫日用[72]，是以如何在日用之間藉由格物致知以實踐明德，成為蔡清修養工夫的重點之一。

朱熹的修養工夫以主敬為要，強調敬貫動靜、敬貫小學大學的意義[73]，同時對主靜工夫的持守亦相當重視，只不過此主靜工夫並非以離世、虛寂為目標，而是體認心體本具的天命之性，是以工夫雖主靜但卻不離萬物。[74]蔡

---

71 〔明〕蔡清：《大學蒙引》，《四書蒙引》，景印文淵閣《欽定四庫全書》本，第206冊，卷1，頁41。

72 陳逢源指出：「道不在陰陽之外，成為詮釋理論最重要的原則，可以了解相對於朱熹統合形上宇宙與人倫秩序，理氣不偏一端，蔡清更加留意從人倫秩序當中建立造化流行的義理進路。」陳逢源：〈「靜」與「虛」：蔡清修養工夫之觀察〉，《孔孟學報》第99期（2021年9月），頁185。

73 《朱子語類》：「『動出時也要整齊，平時也要整齊。』方問：『乃是敬貫動靜？』曰：『到頭底人，言語無不貫動靜者。』」〔南宋〕黎靖德編：《朱子語類》，第1冊，卷12，「學六　持守」，頁212。《大學或問》：「蓋吾聞之，敬之一字，聖學所以成始而成終者也。為小學者，不由乎此，固無以涵養本原，而謹夫灑掃應對進退之節，與夫六藝之教。為大學者，不由乎此，亦無以開發聰明，進德脩業，而致夫明德、新民之功也。」〔南宋〕朱熹：《大學或問》上，《四書或問》，收入朱傑人、嚴佐之、劉永翔等編：《朱子全書》，第6冊，頁506。

74 朱熹表示：「事物之來，若不順理而應，則雖塊然不交於物以求靜，心亦不能得靜。惟動時能順理，則無事時能靜；靜時能存，則動時得力。須是動時也做工夫，靜時也做工夫，兩莫相靠，使工夫無間斷，始得。若無間斷，靜時固靜，動時心亦不動，動亦靜也。若無工夫，則動時固動，靜時雖欲求靜，亦不可得而靜，靜亦動也。」〔南宋〕黎靖德編：《朱子語類》，第1冊，卷12，「學六　持守」，頁218。

清的主靜工夫則是從前儒的指引入手，最終融會所學而成，其曰：

> 程先生每教人靜坐，李先生亦教人靜坐，以驗夫喜怒哀樂之未發時氣象為何，如此法可以養心、可以養氣、可以照萬物，而處之各得其宜。[75]
>
> 夫人之所以為人者，心也。心之為心也，寂然不動，感而遂通天下之故。寂者，其靜；感者，其動，而靜者，其主也，故喜怒哀樂之未發謂之中。中也者，天下之大本也，百行萬善皆由此出。[76]

蔡清從早年[77]受李侗（757-762）主靜以觀未發氣象工夫的影響，到融會《易傳》、《中庸》動靜工夫而主靜，由宋儒心性修養工夫上推至對經典的體認，可以看到蔡清工夫論的不同階段樣態[78]，故清儒彭定求（1645-1719）評其學問工夫為：「靜中觀未發氣象，非致虛守寂之謂，正在于體認天理無有間斷耳。」[79]於靜中體認此心之性，動而不失其道，非以虛空寂滅為目的，此正是蔡清最初以格物工夫實踐明德的方式。此外，蔡清還以水為喻，強調主靜工夫的重要性，其曰：

> 吾聞之水以澄而清，夫水本清也，初何濁之可澄？惟動而撓之，或自動而所之者非其地，於是乎有濁耳。然使濁者復得片時之靜，則濁滓自沉而還歸於清矣。用是以觀澄之之方，其無出於靜之者乎。[80]

---

75 〔明〕蔡清：《艾庵密箴》，《蔡文莊公集》，《四庫全書存目叢書》，第43冊，頁40。

76 〔明〕蔡清：〈藏春窩記〉，《蔡文莊公集》，《四庫全書存目叢書》，第43冊，卷6，頁3。

77 《密箴》為蔡清青年時期自修持守的隨錄筆記，其曰：「《密箴》五十條，予年二十四至三十二、三時所作者。當時類用片紙書，置于臥處，外人足跡不到之地。」〔明〕蔡清：《艾庵密箴》，《蔡文莊公集》，《四庫全書存目叢書》，第43冊，頁39。

78 陳逢源亦指出蔡清的工夫有幾層的轉變，其曰：「由心體而及於朱學，由朱學而及於道學，又由道學而及於聖學。」陳逢源：〈「靜」與「虛」：蔡清修養工夫之觀察〉，《孔孟學報》第99期，頁177。

79 〔清〕彭定求：〈密箴序跋〉，《艾庵密箴》，《蔡文莊公集》，《四庫全書存目叢書》，第43冊，頁38。

80 〔明〕蔡清：〈靜之字說〉，《蔡文莊公集》，《四庫全書存目叢書》，第42冊，卷4，頁699。

蔡清以水喻性言水之狀本清，但動時又見其濁，其間的濁滓並非動時所另加，乃是此水受擾動或動靜失序時所產生的現象。本清之水的清濁變化之喻，正是蔡清理氣不離不雜的人性描述，承認人性兼含天地之性與氣質之性的特性，心體發用無不受二者的影響[81]，因此常人心體所發會因氣稟容易陷入如水混濁般的狀態，故必須要有靜澄工夫才能體察其本有的天地之性，由此以見主靜工夫在其格物時的重要性。其後，蔡清又從主靜工夫提升到主虛工夫的層次上，其曰：

> 靜之一字，更須於動中驗之，動而不失其靜，乃為得力。反覆體驗，又止是虛而已。蓋居常一念及靜字，猶覺有待於掃去煩囂之意，惟念箇虛字則自覺安，便目前縱有許多勞擾，而裡面條路元自分明，無用多費力，而亦自不至懈惰也。且靜亦須虛，方是靜本色。不然，形靜而心騖於外，或入於禪者，何限？人心本是萬理之府，惟虛則無障礙，學問工夫大抵只是要去其障礙而已。[82]

蔡清認為靜與虛的工夫並非對立與取代，反而指稱主虛工夫是對主靜工夫的提升。所謂虛並非虛無，而是體察心體本然虛靈不昧之狀，此即是《大學》所說的明德之心[83]，故蔡清又曰：「蓋心以虛為體，心之應物，未來不可預期，既來不可偏主，既往不可留滯，有一於此皆為心不正也。」[84]格物工夫若執於靜，則心體便偏向靜之端，心體偏靜則心便不虛；更何況若淪於行似

81 蔡清曰：「人心所以危者，人心發於氣，若無理以御之，則流而莫制矣。道心所以微者，正以理在氣中，易為氣所汩沒故也。」〔明〕蔡清：《中庸蒙引》，《四書蒙引》，景印文淵閣《欽定四庫全書》本，第206冊，卷3，頁74。

82 〔明〕蔡清：〈與黃德馨書〉，《蔡文莊公集》，《四庫全書存目叢書》，第42冊，卷2，頁628。

83 蔡清曰：「心所以能涵萬理者以其虛也，虛則有以具眾理，靈則有以應萬事。能具眾理而應萬事，此所以為明德。」〔明〕蔡清：《大學蒙引》，《四書蒙引》，景印文淵閣《欽定四庫全書》本，第206冊，卷1，頁30。

84 〔明〕蔡清：《大學蒙引》，《四書蒙引》，景印文淵閣《欽定四庫全書》本，第206冊，卷2，頁54。

靜而心實鶩於外，則所發之意便不誠，想要達到物格知至便不可能。有了這層次的體會，蔡清便將格物工夫由先前主靜轉向主虛，不再刻意對靜、對未發之中的追求，而是體察虛靈不昧、動靜皆合天理的明德之心，務使實踐時皆能依循明德而不失序，如此才是明德的止至善意義。

綜上所述，蔡清將知止本末段從朱熹改本中用來詮解三綱領要旨，改為傳四章格物致知傳，就經學層面來看，實是解決朱熹改本中仍然有缺漏文字的困境，同時又能從中推衍格物致知工夫的解釋。不過蔡清畢竟仍從朱學角度詮解《大學》，是以其間的論說多具朱學色彩。從理學層面來看，蔡清物事一體的格物觀念亦與其理氣思想有關，在道器不離的前提下，格物工夫必須落實於人倫日用之間，其中主靜工夫追求未發之中的性理意義，主虛工夫則強調心體不偏動靜的虛靈不昧之狀；由主靜到主虛的轉變，顯示蔡清在格物工夫實踐上的不同階段體悟。

五　結語

《四書大全》成為科舉定本所帶來的意義，不只是讓元代眾多朱學詮釋定於一尊，更引領明代朱學的解釋走向。儘管如此，蔡清並未因此而墨守舊說，相反地卻勇於提出自己對朱熹改本的疑慮。本文以蔡清修正朱熹改本為出發點，考察其間的思索與安排，遂有以下結論：

一、蔡清舊續二稿的四書研讀心得，雖是準備科考時所撰寫，但並非科考泛論之作，從撰作內容可以知曉蔡清針對《四書大全》仔細書寫個人理解，重提《大學》改本爭議亦是在此意義下的反思精神。

二、朱熹在前人基礎上重新規劃《大學》經傳結構，並撰〈格致補傳〉以補其缺。在朱熹的安排下，《大學》知止本末段的功能在於對三綱領的說明，然而卻也留下有經缺傳的問題，是以成為後儒非議的焦點之一。

三、蔡清以其反思的精神重新檢視朱熹改本，認為朱熹改本的知止本末段有重複訓釋和缺傳問題，同時又不認同鄭濟改本的文序安排，是以重新調整格物致知傳，並刪除朱熹改本中知止本末段的功能。

四、在蔡清安排下，格物致知傳具有經學與理學雙層面的意義。從經注角度看，蔡清雖以詮解朱注為主，但有意強調自己對《大學》文字的理解。不過蔡清改本亦屬近於朱熹的改本，是以借用方孝孺的說法，申明自己只是修正朱熹改本遺留的問題，而非全盤否定朱熹改本的架構。從理學思想角度看，蔡清認為格物致知工夫必須落實於人倫日用之間，是以提出物事一體的格物工夫觀與知行相須的致知工夫觀。

五、就《大學》文本脈絡，明德、新民的實踐必須借助格物致知工夫，是以蔡清先是主張主靜以體驗未發之中的性理，其後從經典中發現虛靈不昧方是明德之心的本體，因此格物工夫便由主靜工夫轉為主虛。

參考文獻

一　古籍

（一）經部

〔漢〕鄭玄注、〔唐〕孔穎達疏：《禮記注疏》，〔清〕阮元校勘《十三經注疏》本，臺北市：藝文印書館，2001年。

〔南宋〕朱熹：《四書章句集注》，北京市：中華書局，2008年。

〔南宋〕朱熹：《四書或問》，收入朱傑人等編：《朱子全書》，上海市：上海古籍出版社；合肥市：安徽教育出版社，2010年。

〔明〕蔡清撰、林希元訂正、敖鯤重訂：《四書蒙引》，臺北市：國家圖書館，日本寬永十三年刊本。

〔明〕蔡清撰、〔明〕林希元訂正、〔明〕吳同春重訂：《四書蒙引》，萬曆十五年刊本，北京市：北京大學出版社，2023年。

〔明〕蔡清：《四書蒙引》，景印文淵閣《欽定四庫全書》本，臺北市：臺灣商務印書館，1986年。

〔明〕劉斯原：《大學古今本通考》，臺北市：中國子學名著集成編印基金會，1978年。

（二）史部

〔清〕張廷玉等：《明史》，北京市：中華書局，1974年。

（三）子部

〔北宋〕程顥、程頤：《二程集》，北京市：中華書局，2008年。

〔南宋〕黃震：《黃氏日抄》，臺北市：大化書局，1984年，日本立命館大學圖書館影印清乾隆三十三年刊本。

〔南宋〕黎靖德編：《朱子語類》，北京市：中華書局，2004年。

〔明〕宋濂：《龍門子凝道記》，臺北市：廣文書局，2020年。
〔明〕王禕：《青巖叢錄》，收入《叢書集成新編》，臺北市：新文豐出版公司，1985年。

（四）集部

〔南宋〕朱熹：《晦庵先生朱文公文集》，收入朱傑人等編：《朱子全書》，上海市：上海古籍出版社；合肥市：安徽教育出版社，2010年。
〔南宋〕王柏：《魯齋集》，臺北市：臺灣商務印書館，1986年，景印文淵閣《欽定四庫全書》本。
〔明〕方孝孺：《遜志齋集》，臺北市：臺灣商務印書館，1986年，景印文淵閣《欽定四庫全書》本。
〔明〕蔡清：《蔡文莊公集》，《四庫全書存目叢書》，臺南市：莊嚴文化事業公司，1997年，影印武漢大學圖書館藏清乾隆七年遜敏齋刻本。
〔明〕林希元：《同安林次崖先生文集》，《四庫全書存目叢書》，臺南市：莊嚴文化事業公司，1997年，影印遼寧省圖書館藏清乾隆十八年陳臚聲詒燕堂刻本。

二　當代著作

（一）專書

李紀祥：《兩宋以來大學改本之研究》，臺北市：臺灣學生書局，1988年。
周天慶：《明代閩南四書學研究——以宗朱學派為中心》，北京市：東方出版社，2010年。
唐君毅：《中國哲學原論・導論篇》，《唐君毅全集》，臺北市：臺灣學生書局，1991年。
陳　來：《朱子哲學研究》，上海市：華東師範大學出版社，2000年
陳逢源：《朱熹與《四書章句集注》》，臺北市：里仁書局，2006年。

黃進興：《優入聖域：權力、信仰與正當性》，北京市：中華書局，2010年。

程元敏：《王柏之生平與學術》，上海市：華東師範大學出版社，2011年。

劉　勇：《變動不居的經典：明代大學改本研究》，北京市：生活・讀書・新知三聯書店，2016年。

（二）單篇論文

張　亨：〈朱子格物說試釋〉，《中國文哲研究集刊》第55期，2019年9月。

孫寶山：〈論蔡清的四書學詮釋〉，《中國哲學史》2016年第4期。

陳逢源：〈偽「古」仿「真」──豐坊偽《石經大學》之義理脈絡考察〉，《第七屆中國經學國際學術研討會論文集》，臺北市：國立政治大學中國文學系、中國經學研究會，2011年。

陳逢源：〈「靜」與「虛」：蔡清修養工夫之觀察〉，《孔孟學報》第99期，2021年9月。

梅　廣：〈《大學》古本新訂〉，《孔德成先生學術與薪傳研討會論文集》，臺北市：國立臺灣大學中國文學系，2009年。

楊儒賓：〈格物與豁然貫通──朱子〈格物補傳〉的詮釋問題〉，收入鍾彩鈞主編：《朱子學的開展──學術篇》，臺北市：漢學研究中心，2002年。

葉國良：〈介紹宋儒林之奇的大學改本〉，《幼獅學誌》第18卷第4期，1985年10月。

（三）學位論文

陳恆嵩：《明人疑經改經考》，臺北市：東吳大學中國文學研究所碩士論文，1988年。

宋明經學與「晚年定論」

蘇費翔
德國特里爾大學（Christian Soffel, Trier University）教授

一　前言

本篇論文談論「晚年定論」的概念及其對歷代思想家如何整理中國思想史的影響。「晚年定論」的意義是說，某位思想家一生中會產生不同的一些觀點或對某一篇經典的不同解釋，到了晚歲時間最終發展出一些有代表性的見解，其價值勝過於其早期的說法，因此值得被後代學者特別推崇。在中國文化史上，最著名的「晚年定論」為王守仁（1472-1529）編寫的《朱子晚年定論》，認為朱熹晚歲拋棄「理學」的見解，而歸根於「心學」概念。王氏這本著作引起後來學者激烈的爭議，下文加以討論。

只不過，「晚年定論」類似這樣的說法，不僅在經學、哲學或思想史出現，而是任何文化領域都如此，甚至在當時世界各國人口高齡化越來越明顯之際，亦變得越來越重要。

一般人很容易會承認某一位學者或藝術家一生中變得越來越成熟，因此「晚年定論」的概念有著一些基本的說服力。但是理論上造成不少問題：一則，人逝世期間無法預算。譬如說，一位學者活到七十歲，後人將他七十歲的說法稱為「定論」；假如同一位學者活到八十歲，在世上最後十年說不定還會發展出一些新的見解，就會成為新的「定論」。是故「定論」有著一定的偶然性。二則，從另外一個角度來看，「晚年定論」的概念是最推崇較晚出來的理論：一個說法越接近某人逝世之際，越是有價值的。一般儒家是有崇古思想，認為理論越早出來越有價值，此與「晚年定論」相牴牾。但是當然很符合儒家尊老敬老的精神。

三則，最大的問題：人活到很大的年齡，其學力或創造力或許會退步，最晚期的作品未必為最佳；說不定他年老就表示社會地位很高，因此世人不敢批評其作品的瑕疵，很容易會造成後人誤會。因為這些原因，德國哲學家狄奧多·阿多諾（Theodor W. Adorno, 1903-1969）曾云：「在藝術史，晚期作品皆是災禍。」[1]有趣的是，阿多諾是講藝術，非是哲學；他主要是針對貝多芬晚期的四重奏與鋼琴作品而言。後來學者對阿多諾的立場嚴加批評，但是他引起的「晚期作品」（“later work”/“Spätwerk”）的學術論辨。[2]某位藝術家晚期作品是比較有價值或沒有價值，是相當主觀的問題，可以有各種看法；重要的是，這種問題應當視為一種社會現象，不僅是以作品的內在涵意有關。因而起了「接受理論」（“reception theory”/“Rezeptionstheorie”）的學術領域。

本篇論文主要是講中國思想史的一些狀況。首言早期的一些列子，如孔子與佛宗，次論王守仁的《朱子晚年定論》，再談南宋到明初經學家「晚年定論」概念的文獻。

二　孔子與佛宗

《論語》2.4載孔子非常著名的一句話，論自己的生平：

> 吾十有五而志于學，三十而立，四十而不惑，五十而知天命，六十而耳順，七十而從心所欲，不踰矩。

此言引申孔子年輕時用功學習，在一生中陸陸續續累積很多知識與智慧，到了高齡之際達到「從心所欲，不踰矩」的理想境界。從孔子的傳可以看出，他晚歲依然從事教育工作而且編輯經典書，換言之，傳播其學問被視為其最偉大的事跡，因此《宋史》就孔子晚歲功勞有結論言：「故曰：夫子賢於

1 “In der Geschichte von Kunst sind Spätwerke die Katastrophen.” Theodor W. Adorno: „Spätstil Beethovens“ (1937). In: Theodor W. Adorno: *Gesammelte Schriften*. Hg. von Rolf Tiedemann. Bd. 17: Musikalische Schriften IV. Frankfurt/Main 1982, pp. 13-17.

2 如 Said, Zanetti…

堯、舜遠矣。」[3]可見，早期儒學對學者智慧的增加很肯定。

佛家許多宗派亦有類似的狀況。如天台宗、華嚴宗都認為，佛陀一生中講出的道理很多，皆記載在不同的佛經，而在其臨終時所講術的道理最為寶貴，分別可尋繹於《蓮華經》與《華嚴經》內，就便是其「晚年定論」。

三　王守仁

王守仁編著《朱子晚年定論》，其背景源於南宋道學家的分歧。從後儒的角度來看，主要有兩個派別，一是理學家，以朱熹（1130-1200）為中心，注重以追求學問來修身；一是心學家，以陸九淵（1139-1193）為中心，注重培養良心，王守仁自屬為心學家，認為陸九淵是宋代儒學的正宗，而朱熹為副。在明代，朱子學成為官學。

王氏著《朱子晚年定論》，其《序》云：

> 洙、泗之傳，至孟氏而息。千五百餘年，濂溪、明道，始復追尋其緒。自後辨析日詳。然亦日就支離決裂，旋復湮晦。吾嘗深求其故。大抵皆世儒之多言，有以亂之。守仁早歲業舉，溺志詞章之習。既乃稍知從事正學。而苦於眾說之紛擾疲恭，茫無可入。因求諸老、釋，欣然有會於心。以為聖人之學在此矣。然於孔子之教，間相出入。而措之日用，往往缺漏無歸。依違往返，且信且疑。
>
> 其後謫官龍場，居夷處困，動心忍性之餘，恍若有悟。體驗探求，再更寒暑。證諸《五經》、《四子》，沛然若決江河而放諸海也。然後歎聖人之道，坦如大路。而世之儒者，妄開竇逕，蹈荊棘，墮坑塹。究其為說，反出二氏之下。宜乎世之高明之士，厭此而趨彼也。此豈二氏之罪哉？間嘗以語同志，而聞者競相非議，目以為立異好奇。雖每痛反探抑，務自搜剔斑瑕。而愈益精明的確，洞然無復可疑。獨於朱子之說，有相牴牾，恆疚於心。竊疑朱子之賢，而豈其於此尚有未

3　《宋史》。

察？及官留都，復取朱子之書而檢求之，然後知其晚歲固已大悟舊說之非，痛悔極艾。至以為自誑誑人之罪，不可勝贖。世之所傳《集注》、《或問》之類，乃其中年未定之說。自咎以為舊本之誤，思改正而未及。而其諸《語類》之屬，又其門人挾勝心以附己見。固於朱子平日之說，猶有大相謬戾者。而世之學者，局於見聞，不過持循講習於此。其於悟後之論概乎其未有聞，則亦何怪乎予言之不信，而朱子之心，無以自暴於後事也乎？

予既自幸其說之不謬於朱子，又喜朱子之先得我心之同然，且慨夫世之學者，徒守朱子中年未定之說，而不復知求其晚歲既悟之論。競相呶呶，以亂正學，不自知其已入於異端。輒採錄而裒集之，私以示夫同志。庶幾無疑於吾說，而聖學之明可冀矣。[4]

可見王守仁認為，北宋巨儒的學說被後輩的學者所「湮晦」，成為詞章之學而已。而朱熹流傳與世的重要著作，如《四書章句集注》、《四書或問》等，僅為其「中年未定之說」，並無法傳達周敦頤（1017-1073，號濂溪）、程顥（1032-1085，號明道）的核心思想。唯有朱熹晚歲的一些作品，才能看出他臨終時豁然覺悟真相，誨之無及。《朱子晚年定論》的目的是來證明朱熹晚歲才回歸王守仁所謂「正學」。接著這篇序文，王氏從朱熹三十幾封書信中取出一些片斷，總計約五千字，用來證明他的立場，如此而已，其結構十分簡單。

實際上，《朱子晚年定論》有不少瑕疵，主要的問題是其片面性。王氏僅選出支持自己意見的篇章，而忽略其他資料。顧炎武（1613-1682）早已加以批評：

朱子一生效法孔子，進學必在致知，涵養必在主敬。德性在是，問學亦在是。如謬以朱子為支離，為晚悔，則是吾夫子所謂好古敏求、多聞多見、博文約禮，皆早年之支離。必如無言、無知、無能為晚年自

---

4 《王文成全書》，卷3。

悔之定論也。以此觀之，則晚年定論之刻，眞為陽明舞文之書矣。[5]

顧炎武駁斥王氏《朱子晚年定論》一文，是很有道理的。值得留意的是，顧氏並沒有否定「晚年定論」基本上的理論。

其實，王氏著《朱子晚年定論》的對象未必是朱熹本人的思想，而是明代標準化以朱熹為主的科舉之學；因此他特別必須證明朱熹跟他自己的思想是相同的，否則王氏多多推廣陸九淵學術即可。

後人多以為王守仁為發明「晚年定論」理論的學者。有人謂錢謙益（1582-1664）模仿王氏的作法，提出王世貞（1526-1590，號弇州）亦有其「弇州晚年定論」。[6]

四　經學家提出「晚年定論」

據上面所述，學者至今一般認為「晚年定論」的理論為王守仁首創，而為哲學的一種概念。實際上，「晚年定論」多出現在經學的作品裡面，而大多是早於王守仁。

（一）尚書

明末清初學者朱鶴齡（1606-1683）《尚書埤傳》有云：

《尚書．金縢》：武王既喪，管叔及其群弟乃流言於國，曰：「公將不利於孺子。」周公乃告二公曰：「我之弗辟，我無以告我先王。」周公居東二年，則罪人斯得。于後，公乃為詩以貽王，名之曰《鴟鴞》。汪睿曰：朱子《詩．鴟鴞》篇，從漢孔氏說「弗辟」之「辟」音「闢」，謂誅殺之也。鄭氏〔《詩傳》〕是謂：「周公以管〔叔度〕、蔡

5　《日知錄》，卷18，〈朱子晚年定論〉條。
6　魏宏遠：〈錢謙益「弇州晚年定論」發覆〉，《上海交通大學學報》2013年5期。

〔叔鮮〕流言，辟居東都。」二年然後罪人斯得。……朱子晚年亦從鄭說，于〈答仲默書〉可考也。

《尚書注疏．考證》亦有類似之說：「至朱子，則初取《孔傳》以為《詩傳》，晚年又駮《孔傳》而從鄭箋，蔡氏傳則朱子晚年說也。」[7]

（二）周易

蔡清（1453-1508）著《易經蒙引》云：

「〔坤〕六二：直，方，大，不習无不利。……六五，黃裳，元吉。」人有常言：「先入之言為主。」此最難免。如朱子時，滿天下學者講坤六二，俱從伊川以地道言。使朱子一旦全棄置了，眾必競譁。惟朱子見得端的，特平心以處。先提出「柔順正固，坤之直也；賦形有定，坤之方也。」云云然後曰「六二柔順而中正，又得坤道之純者」；至於六五曰「黃，中色；裳，下飾」；又曰「大善之吉」。蓋從前《春秋傳》曰「黃，中之色也；裳，下之飾也；元，善之長也」[8]。故朱子亦采其意。但於「黃中通理，正位居體」，亦分解黃裳之義。故朱子晚年每不自滿於《本義》之作，蓋緣從孔子說處太多也。朱子名其註釋曰《本義》，則程《傳》之說惟於道理發揮無憾，終是於《易》之本義有未切在。然以此義求之，雖孔子之說亦有時發己意，而未必盡伏羲、文王、周公之本旨者。

其又云：

〔歸妹：征凶，无攸利。《彖》曰：歸妹，天地之大義也。天地不交而萬物不興，歸妹人之終始也。說以動，所歸妹也。〕征凶，位不當

---

7 《尚書注疏》，卷12，考證。

8 語出《春秋左傳．昭公十二年》。

也。无攸利，柔乘剛也。

……卻有一疑未解：卦象〔䷵〕以少女而從震之長男，卦德又為以悅而動，則皆非正也。既非正，便自「征凶無攸利」矣，而乃必曰「『位不當』釋『征凶』、『柔乘剛』釋『无攸利』」，不知果是文王本義否？朱子晚年所以欲更定《本義》者，蓋為此類也乎？

在此不僅言朱熹晚年更定自己的著作，而又謂「孔子之說亦有時發己意，而未必盡伏羲、文王、周公之本旨」，是相當特殊的說法。

（三）詩

《詩經・淇奧》一篇曰：

瞻彼淇奧，綠竹猗猗。

有匪君子，如切如磋，如琢如磨。

瑟兮僩兮，赫兮咺兮。

有匪君子，終不可諼兮。

此篇詩非常有名，為儒家修身的標準，出現於《論語・學而》、《禮記・大學》等經典，被歷代學者所關切甚多。

元代儒家學者許謙（1270-1337）有《詩集傳名物鈔》云：

《淇奧》，君子美武公。

此章訓詁解義[9]皆不及《大學》詳明。曾子謂「『瑟兮僩兮』，恂慄也」[10]。是「瑟」、「僩」以存諸中者言，所以《〔大學〕章句》謂「嚴密」、「武毅」貌[11]；《〔毛詩〕傳》乃釋為「矜莊」、「威嚴」[12]，是就外

9 此「訓詁解義」指朱熹《詩集傳》，曰：「瑟，矜莊也；僩，寬大也。」

10 語出《大學》。

11 《大學章句》：「瑟，嚴密之貌；僩，武毅之貌。」

12 《毛詩注疏・傳》：「瑟，矜莊貌；僩，威嚴貌。」

> 言，則與曾子所謂「赫兮喧兮」，威儀者若有重意。解上文亦詳於此。蓋《大學》朱子晚年之書，讀此章者當從《大學》。

剛好與王守仁相友，將朱熹《大學章句》視為朱熹晚年之說，最為有價值。

（四）春秋

元代學者程端學（1278-1334）《春秋本義》曰：

> 〔《春秋・隱公元年》：「春，王正月。」〕
> 「春」在「王正月」之上既甚順，而「王」在「正月」之上亦甚妥。此朱子晚年之論始定，欲改《孟子註》「周七八月」為「夏五六月」、「周十一十二月」為「夏九十月」之說，而其書已徧行於世。故蔡氏解《書》親承朱子之教而有「改正朔，不改月數」[13]之說，不然何敢背其說而反《孟子集註》之論哉？
> 今陽恪夏正辨實出於朱子門人憂淵，親聞其師之論，愚所以敢於《〔春秋〕本義》引朱子晚年〈答憂氏[14]〉之說以明之者此也。

此又是以朱熹「晚年」之說改正《四書章句集注》。

（五）四書

史伯璿（1299-1354）有《四書管窺》云：

> 〔《孟子・盡心上》：孟子曰：「盡其心者，知其性也。知其性，則知天矣。存其心，養其性，所以事天也。殀壽不貳，修身以俟之，所以立命也。」〕

---

13 蔡沈《書經集傳》：「改正朔而不改月數，則於經史尤可考。」

14 憂淵：《孟子注》，曾受學於朱熹。

《語錄》：「問：『盡心，只是知得盡，未說行否？』曰：『初間亦只謂知得盡，如《大學》誠意一般。〔……〕蓋所謂盡心者，言心之所存，更無一毫不盡，好善便『如好好色』，惡惡便『如惡惡臭』。〔……〕如所謂盡心力而為之。」[15]

《語錄》又有一條如此說盡字。集疏亦以盡心為誠意。

按：《集註》及其餘《語錄》，皆以「盡心」屬「知」。惟此段《語錄》如此說「盡」字，殆朱子未定之說歟？《集疏》[16]又是祖述此說，想亦未為的當。但曰初間亦謂知得盡則初間之說又正是集註之意。豈朱子晚年所見如此，《集註》未及改耶？

此以《朱子語類》為晚說，改正《四書章句集注》。

（六）朱熹論張載

上述作品皆為針對朱熹經說而言。但朱熹自己也有類似「晚年定論」之說法，如，《四書或問》曰：

〔《孟子．盡心上》：「君子之於物也，愛之而弗仁；於民也，仁之而弗親。親親而仁民，仁民而愛物。」〕

程子、張子至矣！張氏推明程子，所以論《西銘》之意甚善。其〈答程子書〉時未及此也，豈其晚年所見始益精詣也與？尹氏「一本」、「無偽」之說[17]亦善。

15 《朱子語類》，卷60，孟子十。

16 〔宋〕蔡模：《孟子集疏》，卷13：「蓋所謂盡心者，言心之所存，更無一毫不盡。好善便如好好色，惡惡便如惡惡臭。徹底如此無少虛偽不實。如所謂盡心力而為之。」

17 尹焞曰：「於物則愛之，於民則仁之，於親則親之，此之謂差等。何以有是差等？一本故也，無偽也。」見《論孟精義．孟子精義》，卷13。

五　結論概要

本論文的目標並不是於「晚年定論」的概念加以褒貶，本人常常運用這類的說法。

一般認為「晚年定論」的概念為王守仁所創定，但實際上從南宋以來在經學的學界相當普遍。在這邊列出的例子只是較少為學術界所認識。而且這些經學家只是針對指定的一段經文而發出其論述，並不像王守仁而講前輩學者的整體思想。但其作用是相似的：傳統儒家皆以為某一位前輩學者晚歲的說法是最有價值的，而用這個想法來說服其讀者。

康有為對微言大義的詮釋

吉田勉

日本北海道大學副教授

一 前言

正如以今文學家而聞名的皮錫瑞在《經學歷史・經學復盛時代》中所說：「若嘉〔慶〕、道〔光〕以後，講求今文大義微言」，[1]微言大義這一詞通常作為表徵清代今文學特點的術語而被引用。梁啟超《清代學術概論》、錢穆《中國近三百年學術史》等其他清代學術史著作中，也可以發現今文學者宣揚微言大義的相關論述。[2]據此，可以說，通過今文經典來闡明微言大義，正是清代今文學者最關心的問題。[3]本文擬為主題的康有為（1858-1927）也是作為今文學者之一，有撰題為《春秋筆削大義微言考》的著作。

1 〔清〕皮錫瑞：《經學歷史》（北京市：中華書局，1959年），頁347。

2 梁啟超：《清代學術概論・二十二・清代今文學》：「今文學啟蒙大師，則武進莊存與也。存與著《春秋正辭》，刊落訓詁名物之末，專求所謂『微言大義』者，與戴段一派所取途徑，全然不同。其同縣後進劉逢祿繼之，著《春秋公羊經傳何氏釋例》，凡何氏所謂非常異義可怪之論，如『張三世』、『通三統』、『絀周王魯』、『受命改制』諸義，次第發明。」梁啟超：《清代學術概論》（北京市：中華書局，2020年），頁127。錢穆：《中國近三百年學術史・第十三章・陳蘭甫》：「〔陳澧〕與同時及其後起之所謂《公羊》今文學派，專講孔子微言大義，而發為非常可怪之奇義者更不同。」錢穆：《中國近三百年學術史》（北京市：九州出版社，2011年），頁235。

3 另外，就今文學之前的情況而言，張素卿氏提出了一個值得注意的觀點。張氏指出了惠棟（1697-1758）的易學研究將「微言」和「大義」作為關鍵詞一事，證明了惠棟是微言大義之學的前驅者。參看張素卿：〈惠棟論《易》之「大義」與「微言」〉，《國文學報》第56期，2014年。

該書成於戊戌變法之後，被稱為「清末公羊思想的殿軍之作」，[4]但是不光此書，他在戊戌以前寫的《春秋董氏學》中，也可以找到叫作「春秋微言大義」的一卷。從這些事實來看，可以說，康有為與其他今文學者一樣，始終堅持尋求微言大義。

康有為的這些著作已經積累了大量的研究成果，可以說他的《春秋》觀已經基本得到了一個比較清晰的認識。[5]本文基於這些研究成果，欲從微言大義的角度重新審視康有為的說法。如上所述，雖然長期以來，今文學與微言大義一詞之間有聯繫這一說法是被認為顯而易見的，但對於個別今文學者對微言大義一詞的具體用法，個人認為還是難以說有了充分的探討。下面將以這種問題意識作為出發點，去探討康有為詮釋微言大義的特點。雖然這裡以康有為的《春秋》相關著作作為主要考察對象，但從微言大義的角度來看，將澄清的是他總體性的經書觀，而不僅限於《春秋》。進而將他的經書觀置於清代今文學的發展脈絡之中，並且理清其地位是本文的最終目的。

二　「微言大義至今具存」──口說之《春秋》義

本來微言大義一詞，眾所周知，是出自於《漢書・藝文志》開頭的「昔仲尼沒而微言絕，七十子喪而大義乖。」和《同・劉歆傳》「及夫子沒而微

4　孫春在：《清末的公羊思想》（臺北市：臺灣商務印書館，1985年），頁182。

5　拙稿主要參考如下研究。孫春在：《清末的公羊思想》（臺北市：臺灣商務印書館，1985年），第五章〈完備及蛻變期（一八九九－一九〇二）〉；劉寅：〈康有為の春秋公羊思想──『春秋筆削大義微言考』を中心として──〉，《東洋文化》87（東京：無窮會，2001年）；丁亞傑：《清末民初公羊學研究──皮錫瑞、廖平、康有為》（臺北市：萬卷樓圖書公司，2002年），第三章第三節〈康有為經典詮釋〉；丁亞傑：《晚清經學史論集》，第三章〈孔教與異教：康有為《春秋董氏學》與蘇輿《春秋繁露義證》的比較──晚清公羊學的異同〉（臺北市：文津出版社，2008年）；郭曉東：〈維新與守舊之爭：論《春秋董氏學》與《春秋繁露義證》對董仲舒的不同詮釋〉，收入復旦大學上海儒學院編：《多元視角下的康有為問題》（北京市：生活・讀書・新知三聯書店，2018年）；鄭任釗：〈大義《春秋》與微言《春秋》──康有為《春秋筆削大義微言考》析論〉，《河北師範大學學報・哲學社會科學版》43：4（2020年7月）。

言絕，七十子終而大義乖。」[6]然而，站在今文學的立場上，主張古文經皆為劉歆所偽造的康有為，首先否定了劉歆的這些說法。在《新學偽經考》中，他說道：

> 秦火雖焚而六經無恙，博士之職不改，孔氏世世不絕，諸儒師師相受，微言大義至今具存，以為「乖絕」及「書缺簡脫，禮壞樂崩」，皆歆邪說，攻今學真經而創古學偽經也。[7]

在康有為看來，「微言絕，大義乖」，無非是劉歆為表揚古文經而虛構的形象。他認為實際上孔子的微言大義是由師徒相傳並且代代繼承的。緊接其下云：

> 且所謂「微言大義」，即孔子改制之學也，申公、轅固生、韓嬰、伏生、高堂生、田何、胡毋生、董仲舒，四百年傳之不絕。自歆偽經出，託之周公，而後孔子之微言大義乃乖絕，實乖絕於歆也。[8]

類似的說法在其他著作中也屢屢出現，例如在《春秋董氏學》中，他在引用了劉歆的言語之後，又有「孔子雖沒，既傳於弟子矣，則微言何能絕乎？七十子雖喪，既遞傳於後學矣，則大義何能乖乎？」[9]這樣的記載。由這些可以看出，康有為堅持強調著微言大義的存在。

那麼，若如他所說微言大義不曾滅絕，它是如何傳承下去，又如何被後人所知？關於《春秋》的事例，康有為引《孟子》記載道：

> 《春秋》文成數萬，其指數千。今《春秋》經文萬九千字，皆會盟征伐之言，誅亂臣賊子，黜諸侯，貶大夫，尊王攘夷，寥寥數指外，安所得數千之指哉？孟子曰：「其事則齊桓、晉文，其文則史，其義則

---

6 〔漢〕班固：《漢書》（北京市：中華書局，1962年），頁1701、1968。

7 〔清〕康有為：〈漢書藝文志辨偽第三上〉，《新學偽經考》（北京市：中華書局，1956年），頁48。

8 同前注。

9 〔清〕康有為：〈春秋微言大義第六上〉，《春秋董氏學》（北京市：中華書局，1990年），頁123。

> 丘竊取之。」以孟子之說《春秋》，重義不重經文矣。凡傳記稱引《詩》、《書》，皆引經文，獨至《春秋》，則漢人所稱，皆引《春秋》之義，不引經文。此是古今學者一非常怪事，而二千年來乃未嘗留意。閣束傳文，獨抱遺經，豈知遺經者，其文則史，於孔子之義無與？……《漢書・藝文志》，劉歆之作也，曰：「孔子褒貶當世大人威權有勢力者，不敢筆之於書，口授弟子。」蓋《春秋》之義，不在經文，而在口說，雖作偽之人，不能易其辭。[10]

根據司馬遷對上大夫壺遂的回應，據說《春秋》的要旨數以千計。[11]然而，從僅僅不足兩萬字的經文中所能了解到的，也不過是諸如「誅亂臣賊子」之類的寥寥數旨。因此，康有為著眼於孟子的言論。《孟子・離婁下》提到了《春秋》的「事」、「文」、「義」，而從語氣來看，其中尤當重視的應該就是「義」。這點從漢人常稱「《春秋》之義」的事實來看，也可見一斑。然而，漢人所謂的「《春秋》之義」，在經文中是找不到的。據此，康有為認為，《春秋》的經文只不過是《春秋》的「文」，而最重要的「義」並不包括在內。而且，這個「義」是通過口說的方式而流傳下來的，與經文獨立開來。

這樣一來，康有為認為經文的價值相對較低，同時也承認口說的價值較高。但是，跟他一樣強調應該重視「義」的這樣的說法，其他今文學者亦有所主張。[12]僅就這一點來說，康有為的主張並不足為特異。在他的說法之中，頗為有趣的是他認為這個口說的「《春秋》之義」從一開始就是獨立於經文的存在。康有為對於義的所在這樣說道：

---

10 〔清〕康有為：〈春秋口說第四〉，《春秋董氏學》，頁95。

11 《史記・太史公自序》：「上大夫壺遂曰：『昔孔子何為而作《春秋》哉？』太史公曰：『……《春秋》文成數萬，其指數千……。』」〔漢〕司馬遷：《史記》（北京市：中華書局，2014年），頁4003。

12 譬如皮錫瑞《經學通論・春秋》之中：〈論《春秋》借事明義之旨，止是借當時之事做一樣子，其事之合與不合、備與不備，本所不計〉條、〈論《公》、《穀》傳義，《左氏》傳事，其事亦有不可據者，不得以親見國史而盡信之〉條、〈論據朱子之說足證《春秋》是經非史，學《春秋》者當重義不重事〉條。〔清〕皮錫瑞：《經學通論》，收入吳仰湘編《皮錫瑞全集》第6冊（北京市：中華書局，2015年）。

> 其義何在乎？《公羊》曰：「制《春秋》之義，以俟後聖。」漢人所引廷議折獄見於《漢書》，大書特書曰：《春秋》之義，大一統，大居正；《春秋》之義，王者無外；《春秋》之義，大夫無遂事；《春秋》之義，子以母貴，母以子貴；《春秋》之義，不以父命辭王父命，不以家事辭王事；指不勝屈，其尊《春秋》至矣。然皆引《傳》而不引經文，其所謂《春秋》義，似別為一書，而與今所尊之經文渺不相屬者，此乃至奇宜究心之事。否則其會盟朝聘，誠為「斷爛朝報」，無義可稱，何足尊重？……學《春秋》者，第一當知孔子所作《春秋》為《春秋》之義，別為一書，而非今《春秋》會盟征伐一萬六千四百四十六字史文之書也。[13]

在此，他引用《漢書》中隨處可見的「《春秋》之義」，指出它們都不見於經文，而見於傳文。他還指出，這些傳文所依據的「《春秋》之義」本來「別為一書」，也就是說，作為一個獨立於經文的文本而存在的。這可以說是在康有為《春秋》觀中尤為奇特的一點。

不過，根據康有為自己的解釋，這種看似離奇的想法卻是有根有據的。他在《春秋筆削大義微言考》中，引用《公羊傳》、《穀梁傳》的傳文，對恆公九年「冬，曹伯使其世子射姑來朝」的經文，這樣解釋道：

> 《公羊傳》：「諸侯來曰朝。此世子也，其言朝何？《春秋》有譏父老子代從政者，則未知其在齊與？曹與？」《穀梁傳》：「朝不言使，言使非正也。使世子伉諸侯之禮而來朝，曹伯失正矣。諸侯相見曰朝，以待人父之道待人之子，以內為失正矣。內失正，曹伯失正，世子可以已矣，則是放命也。尸子曰：夫已多乎道。」二《傳》同義，以著父老不得使子代從政之義。按後世皆以編四時著文與事為《春秋》，如今所謂《春秋》經文一萬六千四百四十六字者是也。而《公羊》此

13 〔清〕康有為：〈發凡．春秋在義不在事與文考〉，《春秋筆削大義微言考》（桂林市：廣西師範大學出版社，2016年），頁25-26。

> 傳云「《春秋》有譏父老子代從政者」，明明曰有，則是似別有一部《春秋》，但明大義，而不在事蹟，迥非某年春某國某侯之云云矣。[14]

康有為尤為重視的是《公羊傳》中「《春秋》有譏父老子代從政者」一文。從傳文的記載來看，這裡的《春秋》應該是指某種文本。但只要沒在經文裡面看到其內容，就不能看作是傳承「文」、「事」的現行《春秋》經文。也就是說，《公羊傳》是在引用另一部《春秋》，而它只是專門傳達了「義」。如此這般，假設有這樣一本書，二《傳》的描述都是基於它，這樣就可以將《公羊傳》和《穀梁傳》都提到了「父老不得使子代從政」之義的緣由解釋清楚。

作為對桓公九年《公羊傳》中所出現的《春秋》的解釋，康有為的這個理論似乎確實具有一定的說服力。然而，設定另一本沒有現存的《春秋》這一理論給人的印象過於奇特，使人深思。個人認為涉及到該理論的其他參考資料也似乎有必要進行更詳細的探討。因此，下面將以傳達「義」的此《春秋》為代表，進一步考察康有為所考慮的《春秋》經與其他《春秋》之間的關係。實際上，康有為對於微言大義的詮釋，也深深涉及到這一點上。

三　不修、筆削、大義、微言——《春秋》之種類

對於莊公七年「夏四月辛卯，夜恆星不見，夜中星霣如雨」的經文，《公羊傳》引用了所謂的「不修《春秋》」，稱，經過「君子」修訂後，改為了現行的經文。康有為引孟子、司馬遷之言以及該經傳，就「不修《春秋》」與現行的《春秋》之間的關係，進行了如下論述：

> 孟子曰：「晉之《乘》，楚之《檮杌》，魯之《春秋》，一也。孔子曰：其事則齊桓、晉文，其文則史。」司馬遷曰：「因魯史而修《春秋》。」孔子《春秋》，確以魯史為底本而加筆削，古今定義，無有異

14 〔清〕康有為：〈桓公九年〉，《春秋筆削大義微言考》，頁151。

辭。至劉歆偽改《國語》為《左傳》，於是其後學杜預之流，乃謂《春秋》直書其事，善惡自見，是直欲攻倒筆削之義矣。……惟莊七年經文「夏四月辛卯，夜恆星不見，夜中星霣如雨。」《公羊傳》曰：「不修《春秋》曰『雨星不及地尺而復。』君子修之曰：『星霣如雨。』」不修《春秋》，即魯之《春秋》也；君子修之，即孔子筆削之《春秋》也。據此《傳》乎，則謂《春秋》只有直書而無筆削，不辨自闢矣。[15]

正如孟子和司馬遷所說，魯國本來有一部「不修《春秋》」，但那只不過是對史實的直接抄錄而已。孔子對此進行了一些修改，就成為了現如今的《春秋》。然而，就算是經孔子之手修改的《春秋》經文，仍然只傳達了「事」、「文」，並沒有傳達那個關鍵的「義」。於是，康有為設想了另一部傳達「義」的《春秋》的存在。

然而，康有為所設想的《春秋》的類型實際上並不僅限於這些。康有為在《春秋筆削大義微言考》的〈發凡·結序〉中，認為「《春秋》有四本」：

一、魯史原文，「不修之《春秋》」。（孟子所見「魯之《春秋》」、公羊所見「不修《春秋》」是也，今佚。可於《公》、《穀》「書」、「不書」推得之。）

一、孔子筆削，「已修之《春秋》」。（世所傳《春秋》一萬六千四百四十六字者是也。）

以上二本皆文。

一、孔子口說之「《春秋》義」。（《公》、《穀》傳之。）

一、孔子口說之「《春秋》微言」。（公羊家之董仲舒、何休傳之。）

以上二本皆無文，而口說傳授者。[16]

---

15 〔清〕康有為：〈發凡·春秋有魯史之不修春秋及孔子筆削已修之春秋考〉，《春秋筆削大義微言考》，頁34-35。

16 〔清〕康有為：〈發凡·結序〉，《春秋筆削大義微言考》，頁38。引文裡的括號內係康有為本人的自注。

前兩者對應的是「不修《春秋》」和現行的《春秋》經，這些在孔子所在的時代就已經被文本化了。而後兩者，即「《春秋》義」和「《春秋》微言」，都是以口說的方式傳承下來的，在孔子所在的時代沒有以書面形式被記載下來。在上一節討論過的傳達「義」的《春秋》，正是康有為在此所列舉的第三例，即「《春秋》義」。

此外，從這段描述中，不僅可以看出，康有為對能傳達在經文中無法得知的《春秋》之義的《公羊傳》和《穀梁傳》的重視，還可以看出他在此「義」之上設想了「微言」，且經由董仲舒、何休而流傳下來的。類似的描述在《春秋筆削大義微言考》的其他部分中也能找到，但形式略有不同：

> 後世並二《傳》而束之高閣，獨抱遺經，則與「不修《春秋》」無異矣。只有其文而無其義，則孔子無與。故據此推之，《春秋》有三部：一、不修之《春秋》也，只有史文及齊桓、晉文之事，而無義焉，此魯史之原文也。一、孔子已修之《春秋》也，因其文而筆削之，因文以見義焉，此大義之《春秋》也，《公》、《穀》多傳之。一、代數之《春秋》也，但以其文為微言大義之記號，而與時事絕無關，此微言之《春秋》也，公羊家董、何所傳為多，而失絕者蓋不知凡幾矣。此二部皆出於孔子之傳，本無分別，但義有淺深，出有先後，故略分之。若《春秋》所以可尊者，則在微言矣。[17]

這裡所說的「《春秋》有三部」，分別是「不修之《春秋》」、「孔子已修之《春秋》」、「代數之《春秋》」。「不修之《春秋》」對應的是「文」和「事」，「孔子已修之《春秋》」對應的是「大義」。「代數之《春秋》」則對應的是「微言」。通過對比這裡所指的三部《春秋》和剛才在〈發凡〉中所舉的四種《春秋》就可得知，雖然〈發凡〉中所說的位於中間兩種，即「已修之春秋」與「《春秋》義」可以對應在這里所說的《春秋》三部說中位於中間的「孔子

17 〔清〕康有為：〈隱公元年〉，《春秋筆削大義微言考》，頁53-54。

已修之《春秋》」，[18]但是也很難避免給人一種不一致的印象。如此看來，即使是康有為本人，似乎也沒有能很好地整理他所假定的《春秋》的類型。

儘管如此，通過康有為的這些理論，至少可以作出以下總結。一是說到底康有為重視的還是位於「事」和「文」對立面的「義」。二是「義」應當是獨立於經文而存在的。三是經口傳承的內容又可分為大義和微言。

對於這些大義和微言，康有為進一步指出，大義是由《公羊傳》、《穀梁傳》傳達的，微言則是由董仲舒、何休傳達的。兩者的區別可以概括為「義有淺深，出有先後」，這究竟意味著什麼，接下來將談論如何劃分大義和微言。

四　「義有淺深，出有先後」──微言、大義之分與三世說

康有為的思想是將《公羊傳》中所傳聞、所聞、所見以及何休注的據亂、[19]升平、太平所謂三世和《禮記・禮運》中的小康、大同聯繫起來的，這一點應該可以被廣泛地認可。[20]他對於微言大義之具體內容的言論，也可

18 郭曉東氏也認為：「按：此《春秋》之四分法中，二、三兩種即『大義之《春秋》』。」參看氏著：〈維新與守舊之爭：論《春秋董氏學》與《春秋繁露義證》對董仲舒的不同詮釋〉，頁114。

19 「據亂」這個詞，是曾以嚴厲批評康有為而聞名的蘇輿在《春秋繁露義證・楚莊王第一》中所說：「近人多稱據亂世，案何休《公羊解詁・序》云：『本據亂而作。』疏云：『謂據亂世之史而為《春秋》。』是『據亂』二字不相聯也。」如此，據亂一詞本來是康有為誤用的。〔清〕蘇輿：《春秋繁露義證》（北京市：中華書局，1992年），頁10。這一點在丁亞傑《晚清經學史論集》第三章〈孔教與異教：康有為《春秋董氏學》與蘇輿《春秋繁露義證》的比較──晚清公羊學的異同〉（臺北市：文津出版社，2008年），頁77-79也有指出。另外，岩本憲司：《春秋學用語集》（東京：汲古書院，2011年）【據亂】項中同樣也指出了這點。拙稿沿用康有為所用之「據亂」。

20 梁啟超《清代學術概論・二十四・大同書之條理》：「〔康〕有為以《春秋》『三世』之義說《禮運》，謂『升平世』為『小康』，『太平世』為『大同』。」梁啟超：《清代學術概論》，頁135。另外參看小野川秀美：《清末政治思想研究》（東京：平凡社，2009年），第三章〈康有為の変法論〉。

以認為與這一點有關。

例如，在戊戌變法之前的《春秋董氏學》中，他使用著上述術語，對微言和大義予以如下的說明：

> 三世為孔子非常大義，託之《春秋》以明之。所傳聞世為據亂，所聞世託升平，所見世託太平。亂世者，文教未明也；升平者，漸有文教小康也；太平者，大同之世，遠近大小如一，文教全備也。大義多屬小康，微言多屬太平。為孔子學，當分二類乃可得之，此為《春秋》第一大義。自偽《左》滅《公羊》，而《春秋》亡，孔子之道遂亡矣。[21]

在這裡，康有為規定，大義是關於所謂小康、升平的；微言是關於所謂大同、太平的。如此，正如前面所看到的大義和微言的嚴格劃分，是根據與三世中的哪一世有關來判斷的。而有趣的是，在戊戌之後寫的《春秋筆削大義微言考》中，這個三世的分配卻有所不同。該書中云：

> 今人聞升平、太平之義，猶尚驚怪，況在孔子之世？故必不能筆之於書，惟有傳之口。乃至《公》、《穀》先師寫《傳》，亦只能將其據亂大義寫之，其升平、太平異義，實為非常可怪，不能寫出也，亦只得口傳弟子，故見於董、何極詳，而《公》、《穀》反若無之。夫以升平、太平之異義範圍後世，非聖者不能作之，豈漢諸儒之篤謹能為之哉？蓋董、何時孔道益光大，故又不妨將所傳口說稍寫出之也。[22]

根據這裡所說的「據亂大義」，可將大義視為關於據亂的。與其相對的，所稱「其升平、太平異義」可被認為是微言。如若如此，這裡的分配與《春秋董氏學》中將大義分配於升平；微言分配於太平的這一說法，明顯有所不同。

造成如此差異的原因，可以認為是康有為在戊戌前後對於三世看法的轉

21 〔清〕康有為：〈春秋例第二．三世〉，《春秋董氏學》，頁28-29。

22 〔清〕康有為：〈發凡．春秋口說公穀只傳大義其非常之微言傳在公羊家董仲舒何休考〉，《春秋筆削大義微言考》，頁31-32。

變。有人指出，康有為在戊戌之前認為中國處於升平世，但在戊戌變法失敗之後，他開始將中國視為據亂世。[23]大義從升平退後到據亂，微言也隨之從僅包括太平，到升平也被包括在內，這應該與對當時的認識產生了變化有關。

除了三世分配的變化之外，《春秋筆削大義微言考》這一段還提到了大義和微言的文本化的過程。據此，一開始在孔子所處的時代，微言和大義都是口口相傳的。繼而經《公羊》、《穀梁》先師之筆，可以說是相當穩妥的據亂大義才首次被記錄了下來。至於留下的升平、太平的微言，仍然保持著口口相傳，到了董仲舒和何休「孔道益光大」之時，才終於得以記錄下來。前面那句「義有淺深，出有先後」指的就是這個事實，而在上一節中看到的幾種《春秋》之中，將大義分配與二《傳》，微言分配與董仲舒和何休的想法，也基於設想像這樣一個傳承和文本化的過程。

康有為還強調了最晚被抄寫下來的微言之意義：

> 後人皆不知教主改制、據亂、升平、太平之義。中國輕視董、何之說，不知為孔子微言，甚且怪之，無人傳習。於是中國之治教遂以據亂終。絕流斷港，無由入於升平、太平之域，則不明董、何為孔子口說之故也。學《春秋》者，尤當知董子《繁露》、何休注多為孔子口說，七十子後學輾轉傳之，雖有微誤，而宗廟百官之美富，可見大端。當一一理會尊重發明之。否則，雖抱《公》、《穀》傳文，其於《春秋》，猶欲入而閉之門耳。[24]

康有為強調了董仲舒、何休對傳承微言的貢獻。當然，不能說《春秋繁露》和《公羊解詁》的描述包含了孔子試圖傳達的微言的全部內容。然而，即便與傳達大義的《公》、《穀》二《傳》相比，它無疑蘊含著更為重要的內容，而為了將處於據亂的中國引向升平與太平，康有為表明必須依靠這些

23 孫春在《清末的公羊思想》，頁188-189。另見鄭任釗：《公羊學思想史研究》（北京市：中國社會科學出版社，2018年），頁367。

24 〔清〕康有為：〈發凡・春秋口說公穀只傳大義其非常之微言傳在公羊家董仲舒何休考〉，《春秋筆削大義微言考》，頁33-34。

微言。[25]

像這樣，康有為在宣揚微言大義與三世說之間有聯繫這一理論的同時，還在戊戌之後尤其強調微言才是挽救中國於據亂的關鍵。這也是他撰成《春秋筆削大義微言考》的目的。但實際上，在他的主張之中，還可以找到比這個微言更為深層的存在。康有為說，微言是被董仲舒、何休抄錄下來的，但他認為，還有一些內容沒有被他們寫下來。這樣一種超越口說之微言的存在，就是康有為所構建的理想。下節繼續分析這點。

五　「書不盡言，言不盡意」——跨越微言大義

對於第三節中也提到的莊公七年經文「夏四月辛卯，夜恆星不見，夜中星霣如雨」，《春秋筆削大義微言考》的該條可見如下記載。在此，康有為引用著《周易‧繫辭上傳》中的「書不盡言，言不盡意」來試圖跨越大義與微言：

> 《公》、《穀》所傳之書法，仍不離于事與文而已，「書不盡言」也。其口說之微言大義，則尚另為一部也。《公》、《穀》所傳之義二百餘條，為一部義之顯者，可早與天下人共之；董、何、六緯所傳之口說，又為一部，益深矣。然「言不盡意」也。[26]

引文開頭提到的「《公》、《穀》所傳之書法」，據說「仍不離于事與文而已」，基於本文迄今為止的考察，可以認為指的是《春秋》經文。這個經文終究只相當於「書」，而且「書不盡言」。其次的「口說之微言大義」，則對應能傳達「書」以上的內容的「言」。這又進一步細分為「《公》、《穀》所傳之義二百餘條」，也就是大義，和「董、何、六緯所傳之口說」，也就是微

25 關於如何將三世具體地分配給政治、經濟、社會、文化現象，孫春在《清末的公羊思想》中用表格整理了出來。譬如：在政治制度上，據亂世是「大夫不世」；升平世是「諸侯不世」；太平世是「天子不世」。參看該書頁185-187。

26 〔清〕康有為：〈莊公七年〉，《春秋筆削大義微言考》，頁222-223。

言，但都是相當於所謂的「言不盡意」，不能說是窮盡孔子之意。康有為接著又如下解釋道位於「言」上方的「意」：

> 其三世之義含而待發者，尚賴推補之。升平義當為一部，太平義當為一部；太平中又有三世，又可推為數部焉。甚矣！《春秋》之微而奧，採之而不盡也。《中庸》曰：「溥博淵泉，而時出之。」「百世以俟聖人而不惑。」孔子之待後人探討者，至矣！今据此條，因正面以求反面，尚可推得不修《春秋》舊書之大概；又因反面以求正面，而筆削之《春秋》文義更顯著焉。既得其書，乃求其言；乃推其意，庶幾《春秋》之學尚賴是而得其萬一云爾。[27]

這段引文開頭的「三世之義含而待發者」，可以被認為與「意」對應。關於升平義和太平義，據說還有等待發明的內容。關於這一點，要參照康有為在《中庸注》中對「百世以俟聖人而不惑」的解釋。他在該條下注：「孔子發明據亂小康之制多，而太平大同之制少，蓋委曲隨時，出於撥亂也。」[28]由於孔子所處的時代是亂世，所以他所發明的內容以據亂之制居多。另一方面，還沒有得到充分發揮的升平義、太平義，有必要在經過後世推測之後再將其補全。這樣一來，正如上引《春秋筆削大義微言考》的結尾處所說，研究《春秋》之學的目的無非就是從「書」（經文）來探求「言」（口說的微言大義），而且再從「言」推考「意」。[29]

康有為像這樣的對《春秋》學方法論上的主張，也可以從下面的記述中看出：

> 自劉歆作《左傳》攻《公羊》，而微言絕。陸德明謂：《公羊》有書無師。於是三世之義滅絕衰息，至今二千年。即有主《公羊》者，亦拘

27 同前注。

28 〔清〕康有為：《中庸注》（北京市：中華書局，1987年），頁225。

29 和這裡持同一意見的主張，在《春秋董氏學》中也有說：「《易》曰：『書不盡言，言不盡意。』學聖人者，以得聖意為貴。」康有為：〈春秋微言大義第六下・仁愛〉，《春秋董氏學》，頁155。

牽其例，未離於文與事之間，安能窺孔道之廣大深遠哉？[30]

這裡所說「拘牽其例」的公羊學者，應該是指《春秋公羊經何氏釋例》的作者劉逢祿，康有為卻說他「未離於文與事之間」。換句話說，用上面的術語來說，劉逢祿的研究還停留在「書」的階段。儘管如此，劉逢祿自己在該書中卻這樣說：

竊嘗以為先漢以《公羊》斷天下之疑，而專門學者，自趙董生、齊胡毋生而下，不少概見。何氏生東漢之季，獨能隱括兩家，使就繩墨，於聖人微言奧旨，推闡至密，惜其說未究於世，故竟其餘緒，為成學治經者正焉。[31]

此處正是表達了他同樣也要究明何休所傳達的微言的意願。然而，既然其義例的研究是關於經文書法的，在康有為看來，就僅限於闡明「書」，而不是微「言」。[32]相反，康有為自認，他自己的著作能揭示了「言」。如上面陳述的，不是通過經文，而是通過口說才能把微言大義弄清楚，這才是康有為的立場。

不過，採取這樣的立場也就意味著，對那些沒有口說的經文，即使試圖追究微言大義，也無法得到任何線索。康有為在所謂「無說」，也就是無任何傳文或注文的經文連續出現之處寫道：

以上各條多無說。《春秋》文成數萬，其旨數千，無一字無大義者；今各條無說，則微言大義之脫漏多矣。先師藉口說以傳，本易遺忘。

30 〔清〕康有為：〈隱公元年〉，《春秋筆削大義微言考》，頁70。

31 〔清〕劉逢祿：〈主書例第二十九〉，《春秋公羊經何氏釋例》（上海市：上海古籍出版社，2013年），頁267。

32 康有為的這種態度，可以從他把經文視為寄託微言大義的符號，並且一旦獲得了微言大義，就可以把經文忘記這一主張中窺見：「若得其微言之旨，則此數字者，皆記號代數之字，得魚而忘筌可也。」〔清〕康有為：〈隱公元年〉，《春秋筆削大義微言考》，頁52。另外，正如在本文第二節中所看到的，康有為認為經文的價值相對較低，同時也承認口說之「義」的價值較高，也是與此一貫的立場。

> 今《公羊》、《穀梁》二《傳》，僅餘大義二百餘條，幸賴董、何二家得掇拾於十一。然欲以此盡孔子之制作，則仍吉光片羽而已。嗚呼！師說不存，言不盡意，豈獨太平世之制不可多見，即撥亂世亦不可得盡聞。[33]

由於二《傳》和董、何之口說有其極限，目前能知道的微言大義很少，可以說是只有「吉光片羽」的程度。而且，這些「言」不能窮盡「意」。為此，康有為也在他的《春秋筆削大義微言考》一書中明確地指出，「聖人之意」是「非今編輯所及也」。[34]只要是基於二《傳》和董仲舒、何休的著作，就算「言」可以得到澄清，但「意」仍在此之外，他自己也指出了其局限性。

這些對「書」、「言」、「意」的看法，在康有為的著作中隨處可見。根據這些來看，可以窺見他不限於《春秋》的經書觀。例如，在《春秋筆削大義微言考》的隱公元年「公子益師卒」條中，對「書」、「言」、「意」這三者進行了簡單的定義：「書者六經也，言者微言也，意者聖意也。」[35]還有《孔子改制考・敘》也說：「《詩》、《書》、《禮》、《樂》、《易》、《春秋》為其書，口傳七十子後學為其言。……若夫聖人之意，窈矣，深矣，博矣，大矣。」[36]從這些描述中可以看出，「書」即六經，「言」即微言、口說，「意」即聖意，三者呈現這樣的有層次的遞進關係，是康有為一貫的看法。

---

33 〔清〕康有為：〈桓公十二年〉，《春秋筆削大義微言考》，頁165-166。「無說」就是如該書的〈例言〉中所說：「《公羊》、《穀梁》俱無傳無注者，則云無說」，指的是無傳無注的經文。

34 〈發凡・結序〉：「《易》大傳曰：『書不盡言，言不盡意。』書者，文之可見者也；言者，口說之可傳者也。今雖摭什一於千百，未能見聖人大道之全，然亦粗得其大概矣。若夫聖人之意不可見者，其在升平、太平之條理耶？《公羊》曰：『制《春秋》之義，以俟後聖。』《中庸》曰：『百世以俟聖人而不惑。』是則在於補衍升平、太平之條理者乎？先聖後聖，其揆一也。述先聖之至仁，撥亂世，除民患，而極樂之至於大同，其在斯耶！其在斯耶！此非今編輯所及也。」〔清〕康有為：《春秋筆削大義微言考》，頁39。

35 〔清〕康有為：〈隱公元年〉，《春秋筆削大義微言考》，頁67。

36 〔清〕康有為：《孔子改制考》（北京市：中華書局，1958年），頁1。

此外，基於「書不盡言，言不盡意」，主張應該以尋求聖意為目標這一看法也在其他著作中窺見一斑。例如，他在《中庸注》中指出：

> 孔子之書為六經，孔子之言為口說，而皆不能盡其意。蓋聖意之不著久矣，是在好學深思，深通其意者推之，固難為淺見寡聞者道也。[37]

也在《論語注．述而》中，就「與其不孫也甯固」而云：

> 孔子為聖之時，若當平世，必言「與其儉也甯奢。」故曰：「言不盡意」，又曰：「神而明之，存乎其人。」故貴好學深思，心知其意也。[38]

《中庸注》、《論語注》中，都引述了「好學深思，心知其意」，不用說，這句話在這裡表明了應該向上推知超越「言」的聖「意」。然而，這所謂聖意，已經擺脫了經文和經師之口說的束縛，它必然會與傳統經說越來越疏遠。[39]對於康有為來說，「好學深思，心知其意」這句似乎成為了他肆意表達自己理論的藉口。[40]而且，到了這個地步，哪怕是微言大義也都被認為是「言不盡意」，深度下降到了達到聖意前的階段。本來是今文學者的共同目標的微言大義，卻成為了應該克服的存在了。個人認為，康有為作為今文學者的定位，也可見於這一點上。

---

37 〔清〕康有為：《中庸注》，頁231。

38 〔清〕康有為：〈述而第七〉，《論語注》（北京市：中華書局，1984年），頁106。

39 葉德輝在〈正界篇下〉中，也將矛頭指向了康所說的「言」階段的微言大義：「今康〔有為〕、梁〔啟超〕之書，……言微言大義則比之於婆羅門及釋氏、耶穌矣。害道亂真，莫此為甚。」〔清〕葉德輝：〈正界篇下〉，收入〔清〕蘇輿編：《翼教叢編》（臺北市：臺聯國風出版社，1970年），頁231。

40 在《史記．五帝本紀》中所看到的「好學深思，心知其意」這句，在那之前為皖派考證學者所標榜。對於他們來說，儘管他們基於「實事求是」的原則，也就是依據文獻，但他們也試圖在無文獻參考之時，通過歸納推理來彌補證據不足的缺陷，這就是他們所理解的「好學深思，心知其意」。參看近藤光男：〈王念孫の學問〉，收入氏著：《清朝考證學の研究》（東京：研文出版，1987年），頁374-391，以及濱口富士雄：《清代考據學の思想史的研究》第一編第四章〈清代考據學における解釋理念の展開〉（東京：國書刊行會，1994年），頁146-173。

六　結論

正如本文開頭所說，澄清微言大義據說是清代今文學者的共同目標。康有為在他的著作中也反覆強調微言大義的存在，因此，可以先將他置於這樣的今文學譜系上。康有為還重視口說，表明其是傳達微言大義的手段，並主張它自孔子以來一直為經師所傳承，從未間斷過。例如，就《春秋》而言，正是《漢書》中隨處可見的「《春秋》之義」無外乎指的是這個口說。而且，這樣流傳下來的孔子的微言大義之中，據說比較穩妥的大義先被《公羊傳》、《穀梁傳》寫下，後來比較特殊的微言到了董仲舒、何休的時期才被寫下了。然後把這些大義、微言分配給據亂、升平、太平這三世。首先，康有為將微言大義與三世說之間聯繫起來這一點，可以說是他詮釋微言大義的特點之一。

然而，作為他的詮釋特徵，更值得注意的是他將微言大義與《周易・繫辭上傳》裡「書不盡言，言不盡意」相關聯這一點。康有為認為，這裡的「書」是指經文本身，「言」是指微言大義。可以說，在《春秋筆削大義微言考》中，他試圖通過經文的筆削痕跡來尋找微言大義之所在，並試圖直接從二《傳》和董仲舒、何休的理論中解讀微言大義，這正是通過「書」來究明「言」的嘗試。

但是，對於康有為來說，微言大義終究是「言」。最終目標的「意」，作為聖意而被進一步設定了。換言之，微言大義成為了被寄予克服期望的存在。至此，可以推測，據說由今文經典和經師而傳承下來的微言大義，已經成為單純獲得聖意的手段了。由此可見，康有為雖然標榜微言大義，但最終還是試圖超越它，而宣稱聖意借以發展自己的理論。這一點上，可以看出康有為與其他今文學者之間的很明顯的區別。

參考文獻

原典文獻

〔漢〕司馬遷：《史記》，北京市：中華書局，2014年。

〔漢〕班固：《漢書》，北京市：中華書局，1962年。

〔清〕劉逢祿：《春秋公羊經何氏釋例》，上海市：上海古籍出版社，2013。

〔清〕皮錫瑞：《經學歷史》，北京市：中華書局，1959年。

〔清〕皮錫瑞：《經學通論》，收入吳仰湘編：《皮錫瑞全集》第6冊，北京市：中華書局，2015年。

〔清〕康有為：《新學偽經考》，北京市：中華書局，1956年。

〔清〕康有為：《孔子改制考》，北京市：中華書局，1958年。

〔清〕康有為：《論語注》，北京市：中華書局，1984年。

〔清〕康有為：《中庸注》，北京市：中華書局，1987年。

〔清〕康有為：《春秋董氏學》，北京市：中華書局，1990年。

〔清〕康有為：《春秋筆削大義微言考》，桂林市：廣西師範大學出版社，2016年。

〔清〕葉德輝：〈正界篇下〉，收入〔清〕蘇輿編：《翼教叢編》，臺北市：臺聯國風出版社，1970年。

〔清〕蘇輿：《春秋繁露義證》，北京市：中華書局，1992年。

近人論著

丁亞傑：《清末民初公羊學研究──皮錫瑞、廖平、康有為》，臺北市：萬卷樓圖書公司，2002年。

丁亞傑：《晚清經學史論集》，臺北市：文津出版社，2008年。

孫春在：《清末的公羊思想》，臺北市：臺灣商務印書館，1985年。

郭曉東：〈維新與守舊之爭：論《春秋董氏學》與《春秋繁露義證》對董仲舒的不同詮釋〉，收入復旦大學上海儒學院編：《多元視角下的康有為問題》，北京市：生活・讀書・新知三聯書店，2018年，頁111-134。

張素卿：〈惠棟論《易》之「大義」與「微言」〉，《國文學報》第56期，2014年，頁123-152。

梁啟超：《清代學術概論》，北京市：中華書局，2020年。

鄭任釗〈大義《春秋》與微言《春秋》——康有為《春秋筆削大義微言考》析論〉，《河北師範大學學報・哲學社會科學版》43：4（2020.7），頁17-24。

鄭任釗：《公羊學思想史研究》，北京市：中國社會科學出版社，2018年。

錢　穆：《中國近三百年學術史》，北京市：九州出版社，2011年。

〔日〕小野川秀美：《清末政治思想研究》，東京：平凡社，2009年。

〔日〕近藤光男：《清朝考證學の研究》，東京：研文出版，1987年。

〔日〕岩本憲司：《春秋學用語集》，東京：汲古書院，2011年。

劉　寅：〈康有為の春秋公羊思想——『春秋筆削大義微言考』を中心として——〉，《東洋文化》87，東京：無窮會，2001年，頁33-47。

〔日〕濱口富士雄：《清代考據學の思想史的研究》，東京：國書刊行會，1994年。

再談《中庸章句·序文》的人心道心論

李昤昊
韓國成均館大學東亞學術院教授

一　什麼讓我們感到痛苦？

在生活中遇到困難時，我們會感到痛苦。由於這種痛苦，我們會感到沮喪，也會克服困難並重新開始。無論結果如何，我們在這個過程中所經歷的情感都會使我們感到痛苦。這種痛苦通常被稱為不幸。那麼這種不幸是來自外部的嗎？乍一看，是的。環境、他人、情況等因素會讓我感到痛苦和不幸。

但如果再仔細思考一下，這種痛苦的起源和不幸的根源不能簡單地局限於外部因素。我之所以感到痛苦，更多是因為我認為自己很痛苦，而不僅僅是因為某種外部情況困擾著我。也就是說，即使存在一些困擾我的外部情況，如果我沒有把它視為痛苦，我就不會感到痛苦。這意味著使人感到不幸的痛苦來自於兩個方面。一個是引發這種痛苦的外部條件，另一個是感受這種痛苦的內在想法或情感。著重解決前者的努力體現為社會哲學，著重解決後者的努力體現為心性哲學。在朝鮮時代，前者主要與實學有關，後者則與朱子學有關。

在使我們痛苦的兩個條件中，哪一個更重要，這問題取決於時代和人。那麼今日的我們又是屬於哪個方面呢？按照分析或觀察的方法，可能會得出不同的結論。但至少在這一點上，我們可能會達成共識。過去讓我們痛苦的典型外部條件是戰爭、饑荒、疾病、暴力等等。從全地球的觀點來看，這些因素還沒有完全消滅，但至少在現代韓國社會中，它們在很大程度上已經減少。儘管存在戰爭的威脅，但我們現在處於和平狀態；儘管有人在經歷飢餓，但大多數人現在更擔心肥胖；儘管有疾病，但我們的預期壽命比一百年前增加了很多；儘管仍有暴力，但由獨裁引起的國家層面的暴力已大大減少。

然而，正如各種指標所顯示的那樣，現在的韓國人比以往任何時候都更不幸福。許多人寧願放棄自己的生命，而即使活著，也有很多人不願意把這種生活傳給下一代，所以他們選擇不結婚或者即使結婚也不願意生孩子。在這種情況下，儘管需要努力改善我們生活的外部條件，但也需要通過某種方式來重新調整我們內心複雜的想法和情感。換句話說，不僅改善外部條件的努力之外，也必要重新調整內心。

二　一心中的兩個心靈

「痛苦」是何種心呢？在早期的東亞儒學傳統中，將其心稱為「人心」。「人心」是人類在具有肉體的情況下，通過各種活動所產生的心。換句話說，「人心」是與他人相處、互動，或者與各種現實狀況碰撞而產生的。如《大學·正心章》的「忿懥」、「恐懼」、「好樂」及「憂患」，則是「人心」的典型表現。雖然「人心」中有正面的情感「喜好」，但它絕對處於劣勢，而且也包含著不安。因此，更不用說其他三種情感所引起的痛苦如何。

東亞大儒朱熹曾將「人心」描寫為「危殆不安」[1]。由於大多數人長時間生活在由肉體引發的「人心」當中，將這些情感直接置換為「我」。這樣一來，「我」就等於「人心」，立即成為危險且不安的存在，處於不斷的痛苦之中。崇尚朱熹的儒者們說，讓我們感到不幸的結構就是如此。

然而，在這裡存在著一個轉折。從儒學形成的早期，儒者就開始探索人的心靈，並且由朱熹、王陽明以及繼承他們的東亞儒者將這種探索推向了極致。他們發現，人的心靈並不僅僅由我們前面提到的「人心」組成。他們意識到，在危殆不安的「人心」背後，還存在著微妙難以察覺的「道心」。「道心」是生俱來的，我誕生時就已經存在，與由肉體引發、在與世界碰撞中產

1　《中庸章句·序言》。

生的「人心」不同。因此，「道心」在沒有由肉體產生的情感（如「忿懥」、「恐懼」、「好樂」、「憂患」）而存在，是一種純粹的存在。然而，「道心」的難點在於，它的存在難以辨識，「微妙難見」[2]。

從生成的角度來看，「微妙難見」的「道心」是首要的，「危殆不安」的「人心」隨後生成。然而，一旦肉體存在，與之接觸中積累的「人心」力量非常強大，以至於「道心」不知不覺失去其原本的地位，變得模糊且難以察覺。於是，人的生活完全被「人心」支配，受到波折影響。當我們憤怒時，陷入於憤怒；當我們害怕時，陷入於害怕；當我們煩惱時，陷入於煩惱。

「人心」在當前的時間與空間中發揮作用，但也令人執著過去，同時也塑造未來的擔憂。換言之，「人心」同時佔有一個人的過去、現在和未來。如果如此的佔有是幸福的，那或許還可以容忍，但導致不幸的可能性實在太多。

另一方面，儒學者們所意識到的「道心」，看似與「人心」對立，但也不一定如此。朱熹認為「人心」與「道心」是同一顆心，即，共存於一心。「人心」與「道心」同時存在於一顆心中，其中「人心」的存在感非常鮮明，而「道心」很微弱難以顯現。[3]因此，我們要關注的問題是，減輕「人心」的存在感，並激活微弱的「道心」。為了如此，首先需要了解「人心」與「道心」的存在樣態。

三　顯現之心與觀照之心

「人心」與「道心」融為一心。玆內含著兩種心的一顆心，在存在論上有明確的實體性。然而，在現實生活中，其實現並不相同。危殆不安的「人心」相對容易察覺，而微妙難見的「道心」只能透過一些情境，在生活的歷

2　《中庸章句·序言》。

3　《中庸章句·序言》：「蓋嘗論之，心之虛靈知覺，一而已矣，而以為有人心道心之異者，則以其或生於形氣之私或原於性命之正，而所以為知覺者，不同。是以或危殆而不安，或微妙而難見耳。」

程中才能自覺。也就是說，雖然兩者並存於一心，但在認知上的感知截然不同。

如朱熹的定義，「道心」實在微妙難見，儘管是生俱來的，但無論是具體實體化還是在抽象層面上的概念化都顯得相當模糊。而雖然「人心」比「道心」相對容易認識，但若深入探究，也會遇到困難。「人心」的實體化很清晰，將情感或想法認同為自我，令人強力地沉迷。但當情感或想法的強度加深時，情感或想法就成為內在世界的全部。一旦如此，心靈的整體就被塗上了「人心」的色彩，反而難以認識到「人心」。通常來說，被認識的存在與進行認識的存在相互對視，此時可以發生認識。但「人心」佔領心靈的整體時，這兩個存在被融為一體，因此難以感知其存在。

那麼，如果將「人心」與「道心」轉化為我們可以理解的語言，我想將「人心」稱為顯現之心，將「道心」稱為觀照之心。當然，這並不是我的獨創之說。如此的解讀在很大程度上依據朱熹的主張。

顯現之心的典型特徵是前述的「忿懥」、「恐懼」、「好樂」及「憂患」，而觀照這些「人心」的即是「道心」。然而，在這裡，作為觀照之心的「道心」更多地是一種作用，而不是本體的形態。「道心」本體的形態很難用語言來表達。即使嘗試用諸如「天理」、「本性」、「未發之中」等表達，仍然無法完全捕捉。然而，「道心」具有明確的作用，則是觀照功能。「道心」觀照什麼？在一個心靈中觀照「人心」。朱熹在《中庸章句．序言》中將這種功能稱為「精察」[4]，而朝鮮儒者盧守慎（1515-1590）則將其解釋為「精者，察人心」。[5]

如此一旦觀照，危殆的「人心」會在一定程度上進入平安的狀態。為何如此？這是因為當「道心」觀照那些想法與情感時，可以保持一定的距離。這類似於將自己的情感或想法觀看為電影畫面。通過這種觀察，情感或想法暫時與自己分離，獲得客觀性，一旦如此客觀化，就不會被它們捲入其中。

4 《中庸章句．序言》：「精則察夫二者之間而不雜也。」

5 盧守慎：〈人心道心辨〉，《穌齋先生內集》下篇。

此與《論語》中顏回所說的「不遷怒」[6]境界相似。儘管發生憤怒，也不會被憤怒侵蝕，由此憤怒的火焰會隨著情境或環境改變而減弱。使我們感到痛苦的「忿懥」、「恐懼」、「好樂」及「憂患」在達到如此的境界時，終究失去其力量。當這種「人心」失去力量時，心靈會進入某種程度的安靜狀態。這是心靈與痛苦分離的結果。

顯現之心的「人心」，不僅與觀照之心的「道心」存在於同一個心靈中，同時也是確認「道心」的唯一素材。因此，表面上「人心」只在通往「道心」的過程中才顯得重要，但實際上有「人心」才有「道心」，兩者互相保證對方的存在，所以其重要性不亞於「道心」。這是一個非常強烈的信號，表示我們的不安直接可以轉化為和平，「人心」則能轉化為「道心」。由此而見，「人心」與「道心」是一顆心的兩軸，我們不應該忽視其中的任何一方。因為如果看不到「人心」，「道心」也就不會顯現。

四　從「人心」到「道心」的轉換如何可能？

從顯現之心到觀照之心，即從「人心」到「道心」的轉變如何可能？如果這是容易的話，人類很早就可能解決生活中的煩惱了。然而，如此看似簡單的問題，實際上在人類生活中並不容易實現。之所以如此的原因，主要是因為「人心」具有強烈的沉浸性，並且「道心」從未被領悟，難以認識其存在。

首先要談論「人心」的沉浸性。實際上，領悟「道心」之前，我們的生活完全由「人心」構成，這並不是誇張。因為在認知活動的任何時刻當中，我們都沒有脫離過想法與情感。而「人心」的典型作用是所謂「雪球效應」。從經濟上的角度來看，若種子資金長期得到良好的利息，資金就像雪球一樣迅速增加，想法與情感（「人心」的代表性作用之一）也是如此，一開始濃度較高，隨著時間的推移不斷增加，就像雪球一樣變大。如此增大且

6　《論語・雍也》。

加深的「人心」不僅在現在起作用，而且還在負面的意義上執著過去的回憶，並對未來進行猜測。

換句話說，由「人心」引發的過去的負面想法或情感會像創傷一樣，在整個生活中困擾著我們，而對未來的擔憂和焦慮則佔據內心。如此一來，我們被過去的回憶或對未來的擔憂困住，無法活在當下的時刻。一旦擺脫當下的時刻，「人心」就以更強大的力量吸引我們。受到這種引力的影響，人類生活忘卻現在，對過去的回憶感到「忿懥」，對未來感到「恐懼」或「憂患」。這就是讓人類的生活不安的主要原因。那麼，我們如何才能獲得觀照「人心」的「道心」？

通常，儒家稱那些以「道心」生活的人為「聖賢」、「仁者」、「君子」、「大丈夫」等。儘管這些人的形象有層次上的差異，但他們都以「道心」為生活方式，有其共同點。然而，孟子指出，上天將普通人（以「人心」生活的人）變成以「道心」生活的人時，需要經過一個過程，即先經歷肉體上的痛苦和心理上的煩惱。[7]通過這種痛苦與煩惱，「人心」的存在更為顯現，以此為基礎，我們可以通往「道心」。

就像避免肉體的傷害，人類也具有避免心理上煩惱的本能。按照避免方式的不同，生活可能會變得不幸或變得更加平穩。以痛苦為基礎，如果我們努力觀察這種痛苦的內在本質，就可以找到通往「道心」的途徑，但如果放棄努力，我們就會沉溺於「人心」。

如此情況下，痛苦越大，通往「道心」或陷入「人心」的可能性就越大。無論是肉體上的痛苦還是心理上的痛苦，當達到某個臨界點時，內在的本能逐漸企圖擺脫「人心」。如此的企圖通常引出問題：「為什麼如此痛苦？」轉而問：「誰會如此痛苦？」一旦誠懇地反芻這些問題，我們開始意識到痛苦的「人心」，並通過這種覺察，「人心」開始在一心中顯露。在這之前，我們被情感與想法佔據，無法看到「人心」，但當與它們分離時，可看

7 《孟子・告子下》：「天將降大任於是人也，必先苦其心志，勞其筋骨，餓其體膚，空乏其身，行拂亂其所為，所以動心忍性，曾益其所不能。」

到「人心」的產生。

此時，一旦「人心」顯露，我們就會邁出第一步，進入通往「道心」的路程。在此之後，「人心」在一心中顯現出來的每時每刻，「觀照」它的作用也會自然而然地同時發生。

另一方面，若持續觀察「人心」，意識的焦點逐漸從顯現之心轉向觀照之心。即，在一個心靈中觀察「人心」時，「道心」也會展現出來。這實際上是因為有危殆不安的「人心」，才能形成微妙難見的「道心」。換句話說，存在於同一個心靈中的「人心」與「道心」，是通過顯現、觀察的相互作用而產生的。

雖然如此的過程看似是一個漸進的過程，但從顯現之心到觀照之心的轉換一瞬間就發生。我無法確定觀察「人心」的努力是否會覺醒觀照之心。儘管這些努力可能會在某種程度上有所幫助，但這個轉變一瞬間發生，明顯地重新構築內心。對此，朱熹稱這種意識轉變的時刻為「一旦」[8]，但無法確定何時會發生的狀況。

另一方面，這種意識焦點的轉換一舉改變以「人心」為主的生活方式。就像在黑暗的房間裡點燃燈光一樣，「道心」的觀察能力從內心發出明亮的光芒。朱熹稱之為「不昧」[9]。然而，房間內的燈光可能會熄滅，但作為意識之光的「道心」觀察能力一旦點燃，便再也不會熄滅。如此一旦改變，就不再回到過去，而是在任何情況下都能以觀照之心的方式生活，這即是「惟一」[10]。

五　為什麼「道心」是和平的？

相對於危殆不安的「人心」，微妙難見的「道心」難以確認其屬性或存在。因為「道心」是觀照情感或想法的心，所以沒有任何情感或想法。如果

8 《大學章句・格物致知補亡章》。

9 《大學章句・經一章》。

10 《中庸章句・序言》。

「道心」有任何情感或想法，那麼它只是「人心」的另一個名稱，絕不是「道心」。如果無法用某種情感或想法來定義「道心」，那麼它究竟是否存在？如果說「道心」存在，那麼它立刻會陷入「人心」的領域，如果說「道心」不存在，那麼就不存在，是什麼在觀照？若承認其實體，則失去其資格；若不肯認其實體，則流失其存在。

一般來說，我們通過視覺、聽覺和觸覺來感知，由此產生想法與情感。如果「道心」不是情感或想法，那麼這意味著它既看不見，也聽不見，也摸不到。由此而見，「道心」無法定義其實體，也無法感知，確實是微妙難見的。

如此的情況引發了疑問：是否有必要給它起名為「道心」？關於此點，曆代儒者提出了各種討論，「道心」也被稱為「明德」、「性」、「中」、「本體」等等。由於無法通過感官進行感知，也不是通過感覺形成的想法或情感，無論給它起什麼名字，都不可能與實體完全相符。因此，儘管知識的積累可以補助我們感知「道心」，但這並不是確認「道心」的決定性因素。因為連知識本身也是由人的感覺產生的想法或情感的產物。

因此，為了感知「道心」，我們必須走向前人未涉足的領域。首先，先決條件是通過經歷各種困難，產出審視「人心」的心。然後，焦點就轉換為觀察「人心」的「道心」。此時，我們對「道心」會感到非常陌生。因為我們從未真正接觸過它。在這個情況下，描述「道心」的文獻是非常重要的指南。「文」是生動地描述「道心」的典籍，「獻」是意識到「道心」的人。

那些意識到「道心」的人，曾經用各種的方式來描述「道心」。主要的例子如下：朱熹稱之為「虛靈」[11]，退溪則進一步解釋「道心」的形象，稱之為「心之全體，至虛至靜，如明鏡照物。物來則應之而不滯，物去則如故而虛明。」[12]

這兩位先生的描述具有共同點。「道心」的本體是空虛的，而其作用是

11 《大學章句．經一章》。

12 李德弘：〈溪山記善錄（上）〉，《艮齋先生文集》卷之五。

對「人心」的觀察活動（按照退溪的比喻，如同鏡子映照事物）。因為「道心」空虛，所以無法以想法或情感把持之。正如前面提到的，觀察「人心」是領悟「道心」的唯一方法。

那麼，相對於危殆不安的「人心」，為什麼微妙難見的「道心」是平和的？實際上，由於「道心」本身的屬性是空虛的，所以沒有不安，也沒有平和。因此，我們不能說因為「道心」是平和的，所以感知它就生成平靜的心態。「道心」中並沒有平靜的心境或者痛苦的心情。但是，如果以道心的方式生活，就能夠避免在「人心」中所感受到的痛苦，從而只是感受到平靜而已。譬如，像嚴重感冒的人，當感冒症狀減輕時，會感到身體舒適。然而，這並不是身體真的變得舒適，而只是感冒病氣消失，身體就回復了原本的狀態。這種舒適感是感冒病氣離開身體的結果，不如說是一種錯覺。

當「道心」觀照「人心」時，也會產生類似的效果。隨著痛苦的離開，會感到平靜或安寧。這並不是因為空虛的「道心」本身具有這樣的特點，而是因為以「道心」生活時，感覺上會處於這種狀態。

六　外在的現實與內在的「道心」

閱讀《孟子》可以發現，人類長久以來的願望在其中得以體現。所謂的王道政治──孟子的政治理論，其中包含的願望非常簡單。穿溫暖的衣服，吃飽飯的「恆產」。當統治者向人民提供這些時，王道政治的理想就邁出了實現的第一步。而人格的「恆心」是隨後的問題。

孟子王道政治的願望，不僅是在東亞歷史中，也是在人類歷史中長期以來追求的理想。這種理想在人類歷史上近現代時期才得以實現。工業革命使其成為可能。工業革命後，隨著生產力的提高，雖然經濟不平等加劇，但擺脫寒冷和飢餓的人口急劇增加。儘管可能有一些異議，但筆者認為孟子提出的王道政治，至少在當今世界，特別是在韓國等先進國家得以實現。然則，我們已生活在體現王道政治的社會，有沒有覺得和平幸福？

這本質上涉及到一個問題：最終規定我們生活的是什麼？是外在的現

實，還是接納外在現實的心靈？在筆者看來，當今世界，特別是在我們生活的這個世界中，人類內心的心靈是關鍵。因為儘管孟子希望的理想社會在我們所生活的空間中在一定程度上已經實現，但我們並不像預期的那樣平安幸福。即使穿得溫暖，吃得飽，我們的生活仍然不穩定。目前，韓國的生活指標表明，自殺率和未婚率非常高，而生育率則歷史最低。因為生活不穩定，所以很多人放棄生活，他們不願意繼續延續這樣生活的世代，因此不結婚，或者即使結婚也放棄生育。如果情況是這樣，我們需要轉換我們的焦點：從外在的現實轉向內在的心靈。我們必須探索究竟是什麼讓我們如此不安。

當我們尋找不安的根源時，會有許多答案。然而，不安是完全關乎心靈的問題。儒學則探討如何理解這個心靈，從而能夠提示將不安轉變為平和的方法。這就是前述的「道心」之恢復。雖然「道心」中並沒有真正的平和，但在恢復「道心」時，可以遠離「人心」中產生的不安。

此外，由於「道心」的恢復僅在於觀察「人心」的活動，所以我們當前感受到的不安就是通往「道心」的階梯。換句話說，不安的現實是通往平和的關鍵。這是自孔孟以來諸如周敦頤、退溪等賢人的呼聲，他們毫不掩飾地講述了這一點。剩下的問題在於我們是否真正敞開心扉，聆聽這些話語。

翻譯：任洧廷（國立臺灣大學中文所博士生）

士與道：林希元學術及其《四書存疑》

陳逢源
政治大學中國文學系特聘教授

提要

林希元，字茂貞，號次崖，生於明成化十七年（1481），卒於嘉靖四十四年（1565¬），年八十五，福建泉州府同安縣人。正德十二年（1517）丁丑舉進士，授南京大理寺評事。嘉靖元年（1522）上呈〈新政八要疏〉，以助新局；任廣東按察僉事，撰〈學政三編〉，以端正士風；任大理寺右寺丞，撰〈王政附言疏〉二十一條等，標舉儒學治國，確立治平大政，甚至對於內外之患，都有務實之策，卻以改正《大學》經傳主張，廢居於家，雖然與世齟齬，但進退之際，為學、為官、為人皆無違於儒者志懷，撰成《四書存疑》不僅是舉業之作而已，更是致敬蔡清，延續朱學的學術事業，一生學術之心得。林希元是建立閩學學脈重要推手，《四書存疑》能夠得見明代晚期程、朱理學義理思考成果，因此本文嘗試釐清林希元學思歷程，梳理《四書存疑》學術系譜，深入晚明多元競逐思想觀察，期以還原林希元學思成就。

關鍵詞：林希元、四書存疑、閩學、舉業、朱學

一　前言

林希元，字茂貞，號次崖，生於明成化十七年（1481），卒於嘉靖四十四年（1565），年八十五，福建泉州府同安縣人。林希元於正德十一年（1516）丙子建福鄉試中舉，正德十二年（1517）丁丑進士，授南京大理寺評事，上呈〈新政八要疏〉，以立邦國之基；任泗州通判，則有〈荒政叢言疏〉，提出救災活民之術；任廣東按察僉事，則有〈學政三編〉，端正士風之策；任大理寺右寺丞，則有〈王政附言疏〉等，凡所主張，無不秉儒者治國之念，以求匡正風俗，甚至對於內外之患，也都有務實之策，剴切陳言，卻屢屢受挫，嘉靖十四年（1535）謫守欽州，卓有治績，後起用廣東按察司僉事分巡海北兼管珠池兵備，也頗有建樹，然而卻於嘉靖二十年（1541）落職回鄉，最終未能得復。《明史・儒林傳》僅有「與琛同年進士。歷官雲南僉事，坐考察不謹罷歸。所著《存疑》等書，與琛所著《易經通典》、《四書淺說》，並為舉業所宗。」[1]簡單的陳述，地位既附屬於陳琛，而成就所在，也僅是為舉業所宗。相較之下，焦竑《國朝獻徵錄》載之較詳，言其「自幼嗜學，讀書遲而甚刻苦，其寢處衣食有人所不堪者，其於研究義理，解析文字，尤極其精」，至於其勇於任事，也真正做到「犯忌諱以決天下之大計，而不計乎利與害者」，雖然與世相違，落職於家，但以學術為志業[2]，真正做到「古之人，得志，澤加於民；不得志，脩身見於世。窮則獨善其身，達則兼善天下」[3]，成就不應以得失論，誠如蔡獻臣〈林次崖先生文集原序〉云：

> 惟是生平蒿目憂世，抗論勇為。當世廟初，筮仕南寺，即上〈新政八

1 〔明〕張廷玉等撰：《明史》（北京市：中華書局，1974年4月），卷282〈儒林一〉，頁7235。

2 〔明〕焦竑輯：《焦太史編輯國朝獻徵錄》，收入《四庫全書存目叢書》編纂委員會編：《四庫全書存目叢書》（臺南縣：莊嚴文化事業公司，1997年6月），冊106，卷120，頁37。

3 〔宋〕朱熹撰：《孟子集注》，卷13〈盡心上〉，《四書章句集注》（臺北市：長安出版社，1991年2月），頁351。

要〉，其後復有〈荒政叢言〉、〈王政附言〉諸疏，亦皆聳動中外，見諸施行。而大同、遼東兵變，及守欽力主征交之議，大為當事所惻目。故先生官躓而起，起而復躓，竟不獲大用，以老既罷，而欽人生祠祀之。歿又二十年，而學使者祀之黌宮。今讀其疏，纖悉剴切，盡關天下大計，即晁、賈、歐、蘇，未能過之。而其他詩若文，雄勁典質，俱發其中之所欲言，而大指不背于紫陽。即年逾大耋，室如懸磬，而桑梓利病，不憚再三為地方諸公往復。其志氣磊磊落落，雖犀可剸、虹可貫，奔、育可奪矣。故為紫峰（陳琛）易，為先生難。幸而成則為襄惠（張岳），不幸而不成則為先生。所能者人，不能者天。然先生學之大儒，入而名卿，出而良吏，歿而言立，即安南四峝之復，都統之授，人謂林知州六疏，賢于十萬之師。夫是之謂不朽，論者無以其際遇之齟齬，而妄置軒輊哉！[4]

可見林希元雖然與世齟齬，但進退之際，為學、為官、為人皆無違儒者本分，甚至明末將頹之際，更可見憂慮之深，識見之遠，誠為明代閩學朱學一脈殿軍，云：

先生自泗州歸，無日不以讀書解經為事。其學專主程、朱，嘗恨不得及虛齋先生之門，于良知新說尤所不喜。所著《四書、易經存疑》，丞南時復加刪定，而《太極圖解》、《讀史疑斷》、《考古異聞》、《古文類抄》諸書，皆行于世。晚復考證《大學》古本，為改正經傳，疏上之，竟以此得削籍。……蓋其忘私徇國之心出乎天性，且學究精微，體驗真切。……至其晚歲歸來，家無擔儲，著書淑世，死而後已，則先生之事業悉從德性學問中來。所謂有體有用之士，先生真其人與！[5]

4 〔明〕蔡獻臣撰：〈林次崖先生文集原序〉，〔明〕林希元撰，何丙仲校注，廈門市圖書館編：《林次崖先生文集》（廈門市：廈門大學出版社，2015年12月）上冊，卷首，頁1-2。

5 〔明〕蔡獻臣撰：〈林次崖先生傳〉，〔明〕林希元撰，何丙仲校注，廈門市圖書館編：《林次崖先生文集》上冊，卷首，頁12。

躬行實踐，有體有用，行事與學問皆可傳世，相關事蹟見蔡獻臣撰〈林次崖先生傳〉，以及清人所修《福建通志》[6]，而近人何丙仲校注《林次崖先生文集》並且編撰〈林次崖希元先生年譜〉附之於其後，皆可提供參考[7]，林希元篤志勵行，學行所在，遂有可以考見的內容。事實上，明代閩學從蔡清、陳琛而下，林希元無疑是極重要學者，不僅受蔡清後人請託重刊《蒙引初稿》，撰成〈南京國子祭酒虛齋蔡先生行狀〉，成為了解蔡清最重要文獻，而「元之學也後，每恨不得與諸賢及先生之門」[8]，更可見其景仰；而與陳琛友好，引為同道，深為欽慕，云：「希元愚戇無似，於時多齟齬，戀升斗之祿，徒慕紫峰之高，而未能脫屣從之。」[9]可見明代閩學一脈，雖以蔡清為首，但是考察彼此關係，其實是以林希元為核心所形成的學術社群。然而過往既乏關注，晚近以地域為研究重點，開始建立觀察的線索，王一樵《從「吾閩有學」到「吾學在閩」：十五至十八世紀福建朱子學思想系譜的形成及實踐》以「得君行道」與「改正經傳」一節，勾勒林希元學術之所向，甚至言其「透過《四書存疑》撰寫，林希元在明帝國的邊緣發動的是一場思想的戰爭」[10]，高令印、高秀華《朱子學通論》則列林希元為明代後期福建朱學傳衍最後一人[11]，則又可見林希元《四書存疑》並不僅是舉業之作而已，

6 〔清〕金鋐、鄭開極纂修：《〔康熙〕福建通志》，收入北京圖書館古籍出版編輯組編：《北京圖書館古籍珍本叢刊》35冊（北京市：書目文獻出版社，1988年2月）下冊，頁2309-2310。

7 何丙仲撰：〈林次崖希元先生年譜〉，收入〔明〕林希元撰，何丙仲校注，廈門市圖書館編：《林次崖先生文集》下冊，頁709-738。

8 〔明〕林希元撰，何丙仲校注，廈門市圖書館編：《林次崖先生文集》下冊，卷14，〈南京國子祭酒虛齋蔡先生行狀〉，頁533-537。

9 〔明〕林希元撰，何丙仲校注，廈門市圖書館編：《林次崖先生文集》上冊，卷9，〈贈陳紫峰先生南歸序〉，頁333-334。

10 王一樵撰：《從「吾閩有學」到「吾學在閩」：十五至十八世紀福建朱子學思想系譜的形成及實踐》（臺北市：臺灣師範大學歷史學系碩士論文，2006年），頁73。其中第三章則又改寫為〈從「輔翼聖教」到「改正經傳」：林希元思想研究〉一文，發表於《史耘》第10期（2004年9月），頁23-45。

11 高令印、高秀華撰：《朱子學通論》（廈門市：廈門大學出版社，2007年9月），頁301-308。

而是致敬蔡清，延續朱學的學術事業，以其思慮也深，辨析也切，大助於明晚期多元思潮的了解，只是林希元思想究竟，《四書存疑》的義理內涵，尚未有深入的觀察，成為學術失落環節，是以檢視其文集，分析四書義理的思考，期以對於明代閩學有更全面的了解。

二　學術所向

林希元世代為農家，好讀書，六歲延師讀書，以科舉為事，師承並不明顯，自覺生於海濱之地，見聞不廣，頗為遺憾，然對於鄉賢前輩蔡清之關注，以及朱學為宗的信念，展現區域鄉土認同情懷則是頗為強烈，云：

> 元平生頗有書癖，不幸生長海濱，少不接中州文獻，又遭家多難，年二十一始獲就學。鄉有先正蔡虛齋，竟不及游其門，終身為恨。求師當世洪筆麗藻之士，則不入于理家；談道德者，又空虛詭誕之溺而無用。不得已，求之于心，亦時有見。然知音者希，裁正無人，重以疑惑為心，良亦苦矣。邇以鄙見求正高明，乃獨蒙與可，私心之喜豈特知己之故，實得朋之幸也。對面劇論，尤為至願。寒食考滿北上，此願想可以償矣。竊謂執事有所得，亦宜隨手筆之，以備他日參考，庶道理有所發明。緣這道理無窮，不是一人能見得盡，亦不是一家事拾遺補漏，固前輩所望于後人也。然紫陽之學，占得地步大，未可輕議，其遺缺處要亦千百之一二耳。元所以不敢盡同于彼者，亦拾遺補漏，效忠前輩之意，非敢故為異同也。[12]

林希元言其學術出於自學，因此樂有切磋之友，渴慕之情，溢於言表，至於麗藻之士，有失於理；談道德者，流於虛妄，均非林希元認可學人，然細究學術之增長，其中有些線索頗堪玩味。首先是對於蔡清的尊仰，乃是欽羨終身；其次，雖以朱學為宗，卻也容許拾遺補漏，朱熹學術遺缺僅是千百之一

12　〔明〕林希元撰：〈與王蘗谷中丞書〉，〔明〕林希元撰、何丙仲校注，廈門市圖書館編：《林次崖先生文集》上冊，卷54，頁190。

二，認為未可輕議，展現遠宗朱熹、近尊蔡清的學術立場，成為明代閩學一脈重要原則。甚至據以檢討時政風潮，云：

> 考亭而後復三百有餘年矣，國朝以經術造士取之，以是尊經也。又胡不聞近世之病經有三，科舉也、詩文也、道學也。科舉以經義，已則支裂經言，押闔時好，其失也市；詩文以紀述，已則遺外經傳，雕鏤枝葉，其失也荒；道學以希聖，已則塵落故實，空談性解，其失也霸。三者出而經蕪矣。……紆紆徐徐，握道之樞；勉勉汲汲，循道之則；淵淵默默，守道之極；暗暗昧昧，明道乃會；纖纖剪剪，斯道乃顯。孰能與於斯哉？其吾虛齋夫子乎！[13]

林希元標舉個人的觀察，對於學術風氣反省既深，對於蔡清推尊已極，四書解決現實科舉、詩文、道學問題的必要文本，乃是國朝舉士的重要經典，從朱熹學術以下，尊經明道的事業，也就有更為清楚的脈絡。事實上，林希元與陳琛相友好，而陳琛為蔡清門人[14]，對於蔡清學術的了解，不僅是鄉賢前輩而已，而是有相應的管道，此於〈贈陳紫峰先生南歸序〉云：

> 紫峰少以才名望鄉國，學子出其門，往往掇巍科，登顯仕，禮部再試，名動縉紳公卿，皆欲虛位以讓。使工於進取，不數年，公輔可立致。而紫峰乃恬然自守，足不及公卿之門。方以母老，屢求退。勢利斗進，泊然無所入於其心。其光明卓偉，孰敢望而及？是故紫峰道德之士也，進于功名矣。客曰：「夫有所受之與？」元曰：「紫峰，虛齋夫子高弟子也。虛齋以理學名海內，筮仕餘二十年，立朝不幾年，視

---

13 〔明〕林希元撰：〈重刊四書蒙引序〉，〔明〕林希元撰、何丙仲校注，廈門市圖書館編：《林次崖先生文集》上冊，卷7，頁242。

14 〔清〕周學曾、尤遜恭纂，吳之鋘修：《道光晉江縣誌》，據福建省圖書館藏抄本影印，收入《中國地方志集成．福建府縣志輯》冊25（上海市：上海書店出版社，2000年），卷38〈人物志．名臣之二〉云：「初學於李聰，聰引琛學於虛齋。虛齋異之，嘗語琛曰：『吾所發憤涵泳而僅得者，不意子皆已得之。』屈引輩與為禮。琛固辭，乃師事焉。」頁647。

學江右，又不一年而致其事。當時人多疑之，至今而後稱焉。蓋賢人君子進退自有道，未易以常情臆度焉。希元愚戇無似，於時多齟齬，戀升斗之祿，徒慕紫峰之高，而未能脫屣從之，安得不拳拳致意於紫峰耶？」[15]

「筮仕餘二十年，立朝不幾年」的觀察，一如黃榦所撰朱熹〈行狀〉云：「故其與世動輒齟齬，自筮仕以至屬纊，五十年間，歷事四朝，仕於外者僅九考，立於朝者四十日，道之難行也如此。」[16]其中類比，顯然是林希元有意為之。蔡清於成化二十年（1484）甲辰中進士，後出任禮部祠祭主事，正德改元，任江西提學副使，忤寧王宸濠，遂乞休，事見《明儒・儒林傳》。[17]日後寧王叛變為王陽明所平，然其未叛之時，驕矜放縱，蔡清絲毫不妥協，既展現儒者尊嚴，又能預於禍事之前，遠離是非，智慧遠出於時人。林希元以蔡清之行事，證明陳琛的思考，道之所在，行之所在，師徒兩人有相似的仕宦歷程，學者進退之間，唯道所向，乃是閩學宗風所在，蔡清理學名著海內，然而風範所在，學術所在，乃是林希元特別留意之處，學術濡染影響由此可見。[18]表彰前輩之思，與時人相與論學，無疑反映林希元深有延續

15 〔明〕林希元撰：〈贈紫峰先生南歸序〉，〔明〕林希元撰、何丙仲校注，廈門市圖書館編：《林次崖先生文集》上冊，卷9，頁333-334。

16 〔宋〕黃榦撰：《勉齋集》（影印文淵閣《四庫全書》第1168冊（臺北市：臺灣商務印書館，1986年3月），卷36〈朝奉大夫文華閣侍制贈寶謨閣直學士通議大夫諡文朱先生行狀〉，頁423。

17 〔清〕張廷玉等：《明史》，卷282〈儒林一〉，頁7234。

18 按：以其所撰〈自陳不職乞罷黜以弭天變疏〉、〈患病乞歸調理以保殘軀疏〉皆以自疏求退，而與張璁友好，張璁迎合大禮議，獲世宗重用，然而「元平生因不作希世取寵事，故至今日豈以中道改節乎？昔與張羅峰共仕留都，相與甚厚，屢以大禮相援。元以福薄不足，以致遠辭。是時，未有方、霍二公也。及謫泗州，張羅峰、桂見山奉詔北上，又親至泗相援。元以既得罪，不可言大事辭。是時，未有致齋、久庵二黃也。使在留都能從羅峰之招，其位當在方、霍之上矣；使在泗能從張、桂之招，其位當在二黃之上矣。而皆不能。此元不能希世取寵之一驗也。」見〈復京中故人書〉，〔明〕林希元撰、何丙仲校注，廈門市圖書館編：《林次崖先生文集》上冊，卷3〈奏疏〉，頁101-104，卷5〈書〉，頁176-177。

學脈理念，而表彰蔡清門人王宣之餘，同樣著力於師門學行，云：

> 國朝恢皇治理，至弘治間為極盛。是時也，眾正有彈冠之慶，士君子方樂于仕進，以行其志。先生以弘治中歲高掇鄉科，南宮一跌，以養親為辭，遂爾卷懷。雖朋輩強之而不可，方之徐稚子、蘇云卿，不甚相遠，豈非天下之卓行乎！自科舉之學興，天下之士始則浮華於文辭，終則破碎於經義，遂失渾厚之體，至國朝弘治間極矣。蔡虛齋先生崛起南服，以理學教學者，遂盛行於海內。先生以高明之資，尤能明發明師旨，至有青出於藍之譽。[19]

王宣為蔡清高第，弘治十七年（1504）中舉，卻不幸會試失利，同樣以養親為辭，藏身隱退，態度一如其師，林希元褒揚友人高行，更對於科舉深有反省，期以改正浮華文辭，破碎經義情況，念茲在茲，回歸於義理要義，既標舉王宣成就，也直指師門信念所在。蔡清《四書蒙引》回歸朱熹學術，乃是結合科舉進行的改革反省，用意在於改變士林風氣。[20]重視科舉制度，留意舉業文字，成為林希元關注方向，而對於蔡清的尊崇，正是在師門氛圍當中所獲得的結果，同道相友，以共同學術主張，強化地域鄉土情感[21]，形成直道而行的信念，云：

> 今世學者期一科一第而止耳，既得一第，旋忘其故業，遂逐於富貴聲

19 〔明〕林希元撰：〈王一矐先生文集序〉，〔明〕林希元撰、何丙仲校注，廈門市圖書館編：《林次崖先生文集》上冊，卷7，頁266-267。

20 〔明〕蔡清撰：〈四書蒙引原序〉云：「國家以經術造士，其法正矣，第士之所以自求於經者淺也，蓋不務實造於理，而徒務取給於文，文雖工，術不正，而行與業隨之矣。舉子業之關於世道也如此。」〔明〕蔡清撰：《四書蒙引》（臺北市：臺灣商務印書館，景印文淵閣《四庫全書》本1986年），〈原序〉，頁2。

21 〔明〕林希元撰：〈贈鴻磐王先生掌教甌寧序〉云：「同安，紫陽始仕之地，人才自宋至今未衰而盛。建寧，乃紫陽闕里，又宋世諸儒相望而興。……今之任也，以其分教同安者總教甌寧，必能闡文公諸儒之道，以教其闕里，人才將並肩而出，以追宋室之盛譽。」〔明〕林希元撰、何丙仲校注，廈門市圖書館編：《林次崖先生文集》上冊，卷8，頁304。

> 利之途，終日營營，官不高、富不極不止也。茍可以得富貴者，皆將不顧性命而為之，此其最下者。其或故業不忘，又馳情於詞章華藻之習，詩文必漢唐、書法必晉體。竭一生之力以要時譽，於身心性情了無關涉，經世之術漫焉不講。若此者，雖於富貴聲利有間，亦亦末矣。又有馳志高遠，超脫凡近，遺外傳注，目程、朱為支離，喜談象山易簡之學，聽其言，若姬、孔復生；考其行，則鄉黨自好者不肯為，使後生疑其似而莫辯其真。此惑世之巨奸，聖門之大盜，反不如志富貴聲利者之任情，靡他質實靡偽也。……夫徇外者遺內，逐末者忘本。是故記誦之富，真源之薄也；詞藻之工，道德之衰也。[22]

林希元勉勵後學之餘，也說明一般人科舉得官心態，從爭逐富貴聲色，到馳情辭章華藻，再到馳志高遠，皆有失其根本，而另一方面，學者馳志高遠之人，喜談易簡之學，疑似而亂真，也是令人擔憂，林希元直指為「惑世之巨奸，聖門之大盜」，學子以科考為目標，然而入仕之後，反而逐漸迷失方向，既非學者之幸，也非國家社會之福，批判既犀利又深刻，閩學之可貴，正是循朱學脈絡，留意科舉得失，唯有究析於理，才能回歸於道，對於世道與人心充滿關懷，對於學風變化無比留心，林希元對於同榜的張岳，也是以此要求，云：

> 江右之轉，為喜不寐。平生懷抱當次序行之，幸孰大焉。陽明之學近來盛行江右，吉安尤甚。此惟督學者能正之。曾此以語思獻，竟置空言，今執事想不待予贅也。然今日事勢似非淺淺言語能救得，須大擦刮一番。譬之劇疾非參苓蓍黃能療也。吾兄以為如何？
>
> 去聖既遠，今道術為天下裂。江西又有一種新學，迷誤後生，非有許大識見力量莫之克正。聞執事做得方有條緒，中道而廢，豈不重可

22 〔明〕林希元撰：〈送芳洲洪子之任南都序〉，〔明〕林希元撰、何丙仲校注，廈門市圖書館編：《林次崖先生文集》上冊，卷8，頁289。

> 恨？朝廷只欲行法，豈知適自誤己事也？[23]

張岳於嘉靖十二年（1533）任江西提學，隔年謫任提舉廣東鹽課，雖然任期很短，但林希元執持閩學立場，對於新起陽明學說深有疑慮，因此去信請託，要求整治學風，然而隨著好友被貶，對於朝廷自誤之舉，再次去信深致感慨。主要因為林希元親見陽明學術傳布，對於四書新說深有警惕，鮮明立場，由此可見，撰成〈祭王陽明總制文〉言其事功，而少及於學術，所謂「維公英資蓋世，雄智出群，涉獵三教，迄自成家」[24]，暗示陽明出入三教，雖然成家，但不純為儒；然而與之相反，與陽明學說不同的羅欽順，林希元則是頗為欽服，不僅為羅欽順《困知記》撰序，並刻於嶺南，盛贊羅欽順著書明道，乃是躬行君子。羅欽順過世之後，並撰〈祭冢宰羅整庵先生文〉標舉一生「稟天地之浩氣，鍾海岳之精英，得孔孟之正學」，云：

> 其志蓋欲與古之不朽者爭名於百世之下，豈與瑣瑣者較優劣於一時哉！去聖既遠，正學益蕪。務記誦者，掇糟粕而失道腴；攻文詞者，騁枝葉而忘本根；尚玄虛者，淪空寂而寡實用。其有欲拔出乎三者之表，則又厭同喜異，駕偽亂真，自謂繼絕學於孔孟，不知自踏於楊墨；自謂揭日月於中天，不知自作乎雲霧；自謂追蹤於往聖，而不知不齒於鄉人也。先生為此懼，諄諄然力與之辯。杞柳、湍水之論，雖未能倒告子之戈，而仁義人性之篇，蓋已立孟氏之赤幟矣。故嘗論先生之世，射策危科，有二蘇之遇；正學以言，無公孫之曲；急流勇退，有二疏之智；杜門著書，有董子之恬；樂天知命，有淵明之達。

23 〔明〕林希元撰：〈與張淨峰提學書〉、〈與張淨峰提學書二〉，〔明〕林希元撰、何丙仲校注，廈門市圖書館編：《林次崖先生文集》上冊，卷5，頁205-207。

24 〔明〕林希元撰：〈祭王陽明總制文〉，〔明〕林希元撰、何丙仲校注，廈門市圖書館編：《林次崖先生文集》下冊，卷15，頁558。按：林展撰：《羅欽順與學友對陽明學的批判及其時代意涵》（香港：香港理工大學中國文化學系博士論文，2019年7月）考察羅欽順《困知記》的傳刻，更留意到林希元撰〈祭王陽明總制文〉對於陽明事功的稱頌，並非掩其學術的用意而已，也有寄託安南之議收復故土的隱微心思，時局、學術相互糾葛，複雜由此可見。頁141-142。

> 辟佛似昌黎，而不感二鳥之光榮，詞賦似相如，而無〈封禪書〉之導侈，若先生者，豈非千古之人豪也與！[25]

認為羅欽順堪為千古人豪，雖然性論細處尚有不同意見，但羅欽順高豎旗幟，已有孟子昂藏規模，對其人格、學術、辭采褒揚已極，而話鋒一轉，批評當世學者，自謂繼絕學於孔孟，卻陷於楊墨異端；自謂揭日月於中天，卻留下更多迷障；強調可以追繼聖人，卻被一般人所不齒，違失儒學正道的風氣，林希元提醒學術應求學行如一，批判虛偽亂真，對於學風世局憂慮深矣，反映閩學一系關心儒林士風的思考，而查考林希元與羅欽順書信，還有細微之處值得留意，云：

> 留都接教音，歲月云邁，未及奉答。許序《困知記》，亦未能踐約，雖車塵馬跡，竟日忙忙，實大君子之教未能了了，有難致辭也。茲以狂言獲罪，南遷舟中，無事始得取先生之書從容檢閱，雖未能升堂觀奧，盡得大君子之用心。宮牆外望，大都亦得其一二。乃撰次數言，庸塞前責。極知鄙俚，伏冀改教。「理氣」兩字，實難體認，先儒「理墮氣中」之說誠可疑，執事之辯是也。然理一分殊之論，區區輒轉思之，竟未見著落，更俟請教。[26]

敘及交情之餘，更及於心得分享，羅欽順在理氣與心性之間，心性主張批駁陽明心學，理氣看法修正朱熹理學，黃宗羲批評羅欽順以理氣為一，心性為二，說法矛盾[27]，林希元並未提及心性論，立場顯然一致，也就無怪乎同樣

---

25 〔明〕林希元撰：〈祭羅冢宰整庵先生文〉，〔明〕林希元撰、何丙仲校注，廈門市圖書館編：《林次崖先生文集》下冊，卷15，頁575。

26 〔明〕林希元撰：〈復羅整庵冢宰書〉，〔明〕林希元撰、何丙仲校注，廈門市圖書館編：《林次崖先生文集》上冊，卷5，頁192。

27 〔清〕黃宗羲撰：《明儒學案》（臺北市：華世出版社，1987年2月），卷47〈諸儒學案中一〉云：「蓋先生之論理氣最為精確，謂通天地，亘古今，無非一氣而已。氣本一也，而一動一靜，一來一往，一闔一闢，一升一降，循環無已。積微而著，由著復微，為四時之溫涼寒暑，為萬物之生長收藏，為斯民之日用彝倫，為人事之成敗得

反對陽明心學，至於理氣合一之說，也是頗為認同，只是對於「理一分殊」主張，尚有未解。事實上，理在氣中的見解，也是蔡清重要主張，理先氣後，理氣不雜，乃是標舉理之純粹，以見理對氣的影響，至於理在氣中，由氣見理，則是強調理氣一貫，從而日用之間得見理的存在，前者重視理論體系完整，後者留意修養的落實，蔡清以氣見理的角度，乃是強調理氣不離關係，以求修養工夫的落實，也反映明儒關注實踐的方向。[28]對於前賢學術要義，林希元原就十分熟悉，對於羅欽順思考自然理解，「理一分殊」為道南指訣、閩學要義所在[29]，由分殊以見理一，從日用人生上體證，正是落實工夫的重要方向，也是明代閩學堅持所在，因此「未見著落」，並非不了解「理一分殊」所指，而是未能掌握羅欽順如何從工夫轉為道德本體[30]，羅欽

失，千條萬緒，紛紜膠轕，而卒不克亂，莫知其所以然而然，是即所謂理也。初非別有一物，依于氣而立，附于氣以行也。……斯言也，即朱子所謂『理與氣是二物、理弱氣強』諸論，可以不辯而自明矣。第先生之論心性，頗與其論理氣自相矛盾。夫在天為氣者，在人為心，在天為理也，在人為性。理氣如此，則心性亦如是，決無異也。……先生之言理氣不同于朱子，而言心性則于朱子同，故不能自一其說耳。」頁1109-1110。黃氏乃是將羅欽順學術視為朱學到陽明學中介過渡階段，以見道而未及來評價。

28 陳逢源撰：〈「靜」與「虛」：蔡清修養工夫之觀察〉，《孔孟學報》第99期（2021年9月），頁182-183。

29 牟宗三撰：《心體與性體》（三）（臺北市：正中書局，1996年2月）歸納李侗開示有四，分別為「默坐澄心，體認天理」、「洒然自得，冰解凍釋」、「即身以求，不事講解」、「理一分殊，始終條理。」頁4。錢穆撰：《朱子新學案》（臺北市：三民書局，1982年4月）第三冊，納朱熹獲之於延平者有三：一是須於日用人生上融會，一是須看古聖經義，又一為理一分殊，所難不在理一處，乃在分殊處。頁35。

30 按：〔明〕羅欽順撰：《困知記》（北京市：中華書局，1990年8月）卷7云：「愚嘗寤寐以求之，沉潛以體之，積以歲年，一旦恍然，似有以洞見其本末者。竊以性命之妙，無出理一分殊四字，簡而盡，約而無所不通，初不假於牽合安排，自確乎其不可易也。蓋人物之生，受氣之初，其理惟一，成形之後，其分則殊。其分之殊，莫非自然之理，其理之一，常在分殊之中。此所以為性命之妙也。語其一，故人皆可以為堯舜，語其殊，故上智與下愚不移。聖人復起，其必有取於吾言也矣。」頁7。羅氏以道之所在為理一，上智與下愚之別為分殊，理一與分殊成為解釋性命之妙的觀點，與道南一脈從分殊以見理一的方向並未完全契合。

順撰〈與林次崖僉憲（辛丑秋）〉一文云：

> 理氣之論，因拙疾艱於往復，未及究竟，此心缺然。執事理學素精，曾不以之衰朽空疏見棄。弗明弗措，正在今日，敢復有請，計不以為瀆也。僕從來認理氣為一物，故欲以「理一分殊」一言蔽之。執事謂：「於理氣二字，未見落著。」重煩開示，謂：「理一分殊，理與氣皆有之。以理言，則太極，理一也，健順五常，其分殊也。以氣言，則渾元一氣，理一也；五行萬物，其分殊也。」究觀高論，固是分明，但於本末精粗，殊未睹渾融之妙，其流之弊，將或失之支離。且天地間亦恐不容有兩箇理一，太極固無對也。[31]

從羅氏轉述當中，林希元以理氣觀解釋「理一分殊」，「理一分殊」可以施之於理，也可推之於氣，於是太極為理一，健順五常為分殊；渾元一氣所具為一理，五行萬物為分殊，然而分別而論，不免陷於支離之失，無法達致本末精粗、體用渾融之妙，觀點產生分歧，顯然兩人對於「理一分殊」有不同角度，一是由本體而及工夫，強調理是獨立存在；一是由工夫以見本體，從分殊見理一，理氣貫串，乃是因為觀看角度不同，導致詮釋範圍有異，從分殊以見理一，以氣見理的進路，兩人存在不同的理解，而務求一貫的思考，則無不同。隔年嘉靖二十一年（1542）壬寅冬、嘉靖二十二年（1543）甲辰夏，兩人又致書討論，集中於理氣關係的梳理。然而必須澄清，兩人更加留意是否可以循朱學脈絡，建立清楚詮釋內容，一如羅欽順所言「凡執事之所為說，率本諸晦翁先生，僕平日皆曾講究來，亦頗有得」[32]、「且吾二人之學，皆宗朱子者也。執事守其說甚固，必是無疑。僕偶有所疑，務求歸于至一，以無愧乎尊信之實。」[33]可見兩人皆有深化朱學的用心，其爭執在此，其成就亦在此，從而承朱學而貶陽明，則又是兩人共同的主張。於此反映陽

31 〔明〕羅欽順撰：《困知記·附錄·與林次崖僉憲（辛丑秋）》，頁151-152。

32 〔明〕羅欽順撰：《困知記·附錄·答林次崖僉憲（壬寅冬）》，頁157。

33 〔明〕羅欽順撰：《困知記·附錄·答林次崖第二書（甲辰夏）》，頁159。

明學興起之際，閩學一脈學術交流與發展情形，以及明儒多元的思考，有關羅欽順學術之考察，並非本文重點[34]，然而書信當中，林希元表彰朱學之功，為時人認可，則是清楚可見之事。

三　回歸於四書

林希元標舉前賢，以朱學為宗，以窮理修身為要，既有繼承閩學學脈訴求，也有對治學風的反省，此一信念成為學術思考重點，嘉靖十七年（1538）張岳改任浙江提學副使時，林希元重申主張，云：

> 蓋自詩章雕鏤之學興，先王經世之跡輟而不講，學術於是始壞。自記誦涉獵之學興，孔門博約之旨輟而不講，學術於是再壞。自良知易簡之學興，程朱義理之學輟而不講，學術於是大壞。……兩浙人文之盛先天下，學術之弊固有。然者吾聞道有要，事有機，督學之官，人文之領袖，世道轉變之要機也。今使督學之官能得經明行修者十數人，分布天下，正學安得而不興？士習安得而不變？淨峰少有異質，自知為學，即以孔孟、程朱為宗，日從事於窮理修身之要，再經憂患，磨礱益熟而造詣益深。以若人而督學兩浙，可為人文世道賀矣。昔淨峰兩任提學，所至以道帥諸生，不為空言之教。其在廣右選貢之法方嚴，不貶心以徇時好，君子稱其直。其在江右，易簡之說方熾，能正詞以禁時非，君子稱其義。既而以直失官，而義弗終於楚，君子稱其屈。今淨峰得復其官，而又增秩於兩浙，豈非君子之論獲伸廟堂之上，意固有在是耶！[35]

---

34 有關羅欽順理氣為一主張，前人討論多矣，理氣為一物，並不是唯物論，或是氣本論，而是保持理的形上性格的情況下主張理氣不離。見鍾彩鈞撰：《明代程朱理學的演變》（臺北市：中央研究院中國文哲研究所，2018年12月），頁212。

35 〔明〕林希元撰：〈送張淨峰郡守提學浙江序〉，〔明〕林希元撰、何丙仲校注，廈門市圖書館編：《林次崖先生文集》上冊，卷7，頁277-278。

所謂以孔孟、程朱為宗，以窮理修身為要，乃是閩學所認取的理學，標準至為清楚，林希元歷數過往張岳秉道行教事蹟，期許在浙江簡拔人才，興正學、變士習，關注治道與世風，有意思的是自詩章雕鏤之學興，而先王經世之學不傳，學術始壞；記誦涉獵之學興，孔門博文約禮之旨不傳，學術再壞；易簡之學興，則程朱義理之學不傳，學術大壞，既與〈祭冢宰羅整庵先生文〉所言「務記誦者，掇糟粕而失道腴；攻文詞者，騁枝葉而忘本根；尚玄虛者，淪空寂而寡實用」的觀點一致，甚至與〈重刊四書蒙引序〉所言「押闔時好，其失也市」、「雕鏤枝葉，其失也荒」、「空談性解，其失也霸」疑慮相同，對於利祿之下，世風日下不僅是漸變而失，而且是疊加的結果，學風影響士人，而士人牽動世局，成為林希元思以改變的情況，功利、文辭而至性解，說法稍有不同，但從其反覆致意，乃是林希元觀察學風的結果，念茲在茲，思以改變，然而憂慮最甚的部分，包括「尚玄虛」、「空談性解」、「易簡之學」等不同描述，可以了解所指就是新興的陽明心學，至於「其失也霸」、「淪空寂而寡實用」的擔心，至為核心之處是「程朱義理之學不傳」。林希元不僅有鄉土地域的情感，更有反思學風與政局的觀察，育才與督學成為林希元與同儕最重要的主張，甚至撰寫陳琛祭文，仍然將婉拒江右督學之命，視為錯失行道契機[36]，對於陽明心學傳播之際，林希元充滿疑慮，從而在閩學一系學人中，反覆致意，以程朱理學為號召，期以形成一股抗衡力量，陽明心學選舉講論與收招門徒，喚起人心力量，而閩學一系著力於科舉人才，反省時政風氣，則是深有回歸於治道的期待，兩者選擇不同發展方向，也就有不同影響。林希元為官秉道而行，謫居持道而守，留意治道的落實，以學養正的訴求，一生以之，形塑士人治身理政的學術身影，反映在實際措施上，強化閩地與朱學聯結，如撰〈漳浦縣朱文公祠堂記〉云：「紫陽昔牧爾漳，教在我民。冠婚喪祭，其儀今家有而人飫之也，奚啻六經

36 〔明〕林希元撰：〈祭陳紫峰先生文〉，〔明〕林希元撰、何丙仲校注，廈門市圖書館編：《林次崖先生文集》上冊，卷16，586-587。

四子之衣被天下。」[37]倡議重建同安文公書院，更是歷經十年而始成，感慨終於可以「存文公之跡於不沒」[38]，而嘉靖八年（1529）署理廣東按察司提學僉事，頒《學政三編》於十郡，士習因之而變[39]，嘉靖十五年（1536）任欽州知州，為靈山縣儒學撰〈靈山縣儒學記〉云：「夫學校不修，有司之過；學業不修，誰任厥咎？是故積學以明道，累行以理身，經政以宜民，繹教以敦俗，是諸子之責，予與當道之所望也，尚其勉之毋負。」[40]遷移舊學，移至州署之東，並以俸金助建號舍，學宮煥然一新[41]，進一步在邊荒之地，沿鄉設立社學，立條教，作訓言，選擇名師，召子弟七八歲以上者教之，先後修建學舍、創辦社學十八所，所謂「朝夕教子弟以灑掃、應對、進退之節」，可以施政要務，即為辦學，而「人心有天可以理動，誠然乎哉！」[42]所秉為朱熹之教，所求乃以理而行的施政方針，純然儒者本色，張岳倡建的合浦縣學落成，林希元為之作記，云：

> 按：學校首政，士夫類能知之。及至當官，往往漫焉費省，委之荒土，何歟？心有所奪，弗暇及也。淨峰之心，非有奪也。政先學校，不亦宜乎！然學校之設，以造士也。……有能窮經明道，克己修身，斐然成章，彬彬輩出。大者為棟梁，小者榱桷，充然備國家之用，無

37 〔明〕林希元撰：〈漳浦縣朱文公祠堂記〉，〔明〕林希元撰、何丙仲校注，廈門市圖書館編：《林次崖先生文集》下冊，卷10，頁375。

38 〔明〕林希元撰：〈重建文公書院記〉，〔明〕林希元撰、何丙仲校注，廈門市圖書館編：《林次崖先生文集》下冊，卷10，頁388。

39 〔明〕林希元撰：〈謝恩明節疏〉，〔明〕林希元撰、何丙仲校注，廈門市圖書館編：《林次崖先生文集》上冊，卷4，頁159。

40 〔明〕林希元撰：〈靈山縣儒學記〉，〔明〕林希元撰、何丙仲校注，廈門市圖書館編：《林次崖先生文集》下冊，卷10，頁382。

41 〔明〕林希元撰：〈欽州興造始末記〉，〔明〕林希元撰、何丙仲校注，廈門市圖書館編：《林次崖先生文集》下冊，卷10，頁413、415。

42 〔明〕林希元撰：〈欽州十八社學記〉，〔明〕林希元撰、何丙仲校注，廈門市圖書館編：《林次崖先生文集》下冊，卷10，頁386。

> 使嶺表諸州得專其美，豈非淨峰公之所望歟！[43]

以教為先，以學為要，成為林希元自許以及勉人重點，也是同儕共同推動的施政方向，從林希元擴散而出的學人共同意識，成為閩學特色所在，撰〈皇明科目題名記〉歷數科舉設置用意，強調科舉取士不可廢，而同安自宋以來名公輩出，有明以來人材為盛[44]，林希元展現鄉里學人的自覺情懷，以及結合科舉與儒學的思維，乃是源於自身成學體會得來，而對程、朱理學的重視，則又是薰染學脈的結果，使命所在，遂於地方治理當中深加留意，此一心境可以從正德十二年（1517）任南京大理事左評事，卜宅都城東北隅，闢交翠亭，張岳為其記云：

> 退坐是亭，默驗天理流行之機，亦有與之相契者，乃取交翠之語名之，法濂溪也。夫濂溪之學，已極于明通公溥之妙矣，而日用之間，即事即物，所以體驗涵泳此心者又如此，固非初學者之所敢議。然即所謂自家意思者，而深思之，亦可悟求仁之端矣。孟子曰：「仁，人心也，乍見孺子入井，皆有惻隱之心。」夜氣之所息，則平旦之好惡，與人相近，心之本體妙用，隨在昭著，惻隱發乎其動者也，夜氣存乎其靜者也，皆所謂自家意思者也。默而識之，操存而擴充之，湛湛乎！生意遍九垓，而無不之者也。獨窗前之草，與之相契也哉！雖然此與異端所爭者毫末之間爾，察之不精，求之太驟，則陷于揣度作用，而從容自得之意微矣！次厓讀古人書，莫聖賢之道，優游弗舍，務反諸躬，其評獄大理也，每以洗冤澤物為己責，亦有濂溪意思，某知其必無是失，而亦不敢不告。[45]

---

43 〔明〕林希元撰：〈合浦縣儒學記〉，〔明〕林希元撰、何丙仲校注，廈門市圖書館編：《林次崖先生文集》下冊，卷10，頁383-389。

44 〔明〕林希元撰：〈皇明科目題目記〉，〔明〕林希元撰、何丙仲校注，廈門市圖書館編：《林次崖先生文集》下冊，卷10，頁378。

45 〔明〕張岳撰：〈交翠亭記〉，《小山類稿》（影印《文淵閣四庫全書》第1272冊，臺北：臺灣商務印書館，1986年3月）卷14，頁449-450。

摯友深有勸勉，既取朱熹「風月無邊，庭草交翠」之意[46]，標舉濂溪道德學問，而「平旦之氣未與物接之時，湛然虛明，氣象自可見矣」則契合李侗指點「靜中看喜怒哀樂未發之謂中，未發時作何氣象」道南心法重點。[47]朱熹從李侗指點「靜」中體會「默識心融，觸處洞然」法門，開啟一生學術進程[48]，默驗天理流行，尋求心體灑落，辨析毫末之間，避免揣度之失，才能從容自得，雖說是濂溪之學，卻已是閩學系統中融通的理學工夫，同儕的觀察與期勉，可見是身處學術社群，分享學脈精神的結果，而從學友視角，也可得見林希元學術信守的進路，從研讀應試到中舉入仕，時時實踐體證，足以證成程、朱理學可以提供儒者日用之間，即事即物，涵泳體驗的指引，成為一生處世的信念，《四書存疑》即為思考的成果，云：

> 余少經憂患，就學最晚。然自和親筆硯，即喜窮研經理，有聞即記。頗慕橫渠，顧惟寡昧之資，短於聞道。……爰即墳典自求我師，十載沉思，若將有得。無何，宦轍東西，風波蕩析，奚囊舊稿十喪二三。幸視學嶺南，乃克興舊業，佑啟我生。知我者謂既與斯文，不宜獨善，乃以《四子》先付梓人，《學》、《庸》甫就，鴻跡忽遷，南北奔馳，遂虛歲月。回盼往業，有似夢中。既而因病在告，乃復搜尋故紙，庸畢前功。《語》、《孟》二疑，以次落稿。覆瓿之誚，庸知其免。閉戶之勤，有足多者。門人胡、卞二子，請與《學》、《庸》並刻為全書。或曰世方傳傳注之病，易簡是宗，奚乃之學？余曰：「是何言歟？夫義理玄微，窮之弗盡。故在古聖賢終日皇皇，有若曰博曰精，切磋深造，類皆繁難，奚其簡易？且六經諸子於今具在，使子舍

---

46 〔宋〕朱熹撰：〈六先生畫像贊．濂溪先生〉，朱熹撰陳俊民校編《朱子文集》（臺北市：德富文教基金會，2000年2月）卷85，頁4209。

47 〔宋〕朱熹編、陸建華、嚴佐之校點：《延平答問》，《朱子全書》第13冊（上海市：上海古籍出版社、合肥市：安徽教育出版社，2002年12月）「十一月十三日書」及「庚辰五月八日書」，頁3320-322。

48 陳逢源撰：〈「道南」與「湖湘」──朱熹義理進程之檢討〉，《「融鑄」與「進程」：朱熹《四書章句集注》之歷史思維》（臺北市，政大出版社，2013年10月），頁193-194。

> 傳求心，去繁即簡，豈能頓悟？是故陸子之學，智者之過，匪聖人之衷，大道之蠹也。」或聞之曰：「余過矣。」二子喜曰：「旨哉師言！請書以序。」[49]

林希元歷數從學入仕經歷，也說明研經刊刻過程，其中幾經仕途坎坷，南北奔波，嶺南時期刊《大學存疑》、《中庸存疑》以示學者，其後又續成《論語存疑》、《孟子存疑》，於是在門人倡議下完成《四書存疑》，既是從學、從政研經心得的整理，也有對於學子為學的期待，雖然多有周折，但經旨深微，豈能捨傳求心，求其頓悟，對於陸九淵易簡之學的排斥，也有對於程、朱理學的維護，充分反映閩人重視科舉的態度，以及對於學人的殷切期盼，從而又有增訂工作，云：

> 《四書存疑》余窗稿也。昔提督嶺南，曾刻《大學》、《中庸》以示諸生，四方學者見而悅之，有不見全書之恨。入丞南大理，士多相從學問，於是金陵胡椿、胡棟，江都卞崍共求《論語》與《學》、《庸》并刻，始為完書。建安王氏取其本，翻刻于書坊，顧字多訛脫，觀者弗便。嗜利之徒見此書之行之遠也，欲刻之而嫌起爭，又於《學》、《庸》編首增入數條，更其名曰「明心」，義既不倫，名亦無謂，予病焉，思有以正之，未得也。廢居林下，不忍自泯沒，爰取舊聞復加溫習。幸天不閉其衷，時有開益，經傳子史頗有論著，此書亦有增改。陽溪詹文用氏既刻予《易疑》於書肆，復請曰：「四書近為葉氏所亂，若以今本與文用刊行，彼當自廢矣。」予喜曰：「此吾志也。」乃與之，因道其故於編端，庸用學者。[50]

門人倡議時間應是嘉靖十年（1531）林希元任南京大理寺右寺丞時期，其後廢居時間，重加增改，續有增補，前後有胡椿、胡棟、卞崍刻本、建安王氏

49 〔明〕林希元撰：〈四書存疑序〉，〔明〕林希元撰、何丙仲校注，廈門市圖書館編：《林次崖先生文集》下冊，卷7，頁244。

50 〔明〕林希元撰：〈增訂四書存疑序〉，〔明〕林希元撰、何丙仲校注，廈門市圖書館編：《林次崖先生文集》下冊，卷7，頁245。

刻本、葉氏刻本，以及陽溪詹文用刻本等，如今四種刻本均已亡佚[51]，但《四書存疑》成為坊肆爭刻內容，則可得見，既本於「窗稿」內容，來自於應舉的準備，更印證結合舉業的四書詮釋，乃是明儒學術常態，而仕途歷練與世局思索，更有助於義理的探究與反省，延續程、朱學脈，端正士人學風，無疑是串貫其中的核心旨趣，《四書存疑》是林希元學術歸結所在，日後嘉靖二十八年（1549）更上〈改正經傳以垂世訓疏〉，為蔡清所改《大學》內容發聲，云：

> 今之更正者謂「格物致知」傳未嘗缺，特編簡錯亂，考定者失其序，遂歸經文「知止」以下四十二字於「聽訟，吾猶人也」之右為傳。四章釋「格物致知」，此近世諸儒董槐、葉夢鼎、王柏、車清臣、宋濂、方孝孺、蔡清之所見也。臣取前後諸儒所定，反復詳玩。宋儒之所定，委有未安。近世諸儒更定，義理周盡，委無可議，臣因細加辯析，以明其可從。……故執朱子之說而不欲更改者，固非學者求是當仁之誠，亦豈朱子所望於後學之意哉！臣見方孝孺跋《大學》篆書後云：「聖經賢傳，非一家之書。」則其說亦非一人所能盡。千五百年之間，講訓言道者，迭起不絕，至於近世而始定，而朱子亦曷嘗斷然以為至當哉！斯言也，可以解庸俗之惑矣。臣於是仰見天生我皇上之意焉，蓋宋濂等之所見，正當我太祖高皇帝建學造士、尊經設教之日，是書諸儒欲更正而未果，又當我成祖文皇帝表章六經，命諸儒纂集四書五經、《性理大全》之日，亦未聞有以是進者。逮一百五十年，陛下應運而興。又二十八年，臣乃得以所聞於先正者獻於陛下，豈苟然哉！蓋斯文之顯晦有時，《大學》之書出自孔氏一經，秦火錯亂殘闕者一千七百年，實反正歸全之期，陛下應期而生，蓋有待焉，亦臣所謂天地之祕於是乎泄耳，故曰非苟然也。[52]

---

51 徐長生撰：〈《同安林次崖先生文集》新見刻書史料考〉，《集美大學學報（哲學社會科學版）》第22卷第4期（2019年10月），頁24。

52 〔明〕林希元撰：〈改正經傳以垂世訓疏〉，〔明〕林希元撰、何丙仲校注，廈門市圖書館編：《林次崖先生文集》上冊，卷4，頁164-165。

延續蔡清《四書蒙引》從政教回歸於學術，具有強化儒學主體訴求[53]，本篇文章不僅是對皇帝的籲請，更有宣示明儒學術主體的意義，保留明儒義理檢討成果，有意成就一代學術盛事，因此對於固守與變革，齗齗爭辯，明儒數代研經成果，終能使聖經原貌大白於天下，然而必須澄清的是「退經補傳」的方式，避免了朱熹自作「格致補傳」，但蔡清改本策略與前人實有不同，不僅補入「所謂致知在格物者」一句，也將「物有本末，事有終始，知所先後，則近道矣」移於「知止而后有定……」之前，形成「格物者」下綴以「物有本末」，以「物」接「物」；「知所先後，則近道矣」下接「知止而后有定」，以「知」接「知」的文脈架構[54]，保留朱熹《大學章句》經傳結合體系，因此林希元認為是「千載未全之全書，一朝復全，天下學士、大夫無復遺憾。皇上允為萬世道德之宗，斯文主盟，名與天壤共不朽矣。」[55]充滿斯文有望的期待，但顯然太高估朝廷可以容受的範圍，也太低估明代中晚期紛雜世局，最後結果是削去官籍[56]，起復無望，然而始終關心士風，重視經教，以四書立世道規矩，從中可見。

---

53 陳逢源撰：〈道脈延伸——明代蔡清《四書蒙引》道統觀考察〉，《「2021年宋明清儒學的類型與發展 VIII 研討會」論文集》，國立中央大學中文系、國立中央大學哲學研究所（2021年10月），頁3。

54 〔明〕蔡清撰，莊煦編：《四書蒙引》卷1調整之後為「所謂致知在格物者，物有本末，事有終始，知所先後，則近道矣。知止而后有定，定而后能靜，靜而后能安，安而后能慮，慮而后能得。子曰：『聽訟，吾猶人也，必也使無訟乎！』無情者不得盡其辭。大畏民志，此謂知本，此謂知之至也。」頁34。

55 〔明〕林希元撰：〈改正經傳以垂世訓疏〉，〔明〕林希元撰、何丙仲校注，廈門市圖書館編：《林次崖先生文集》上冊，卷4，頁166。

56 〔明〕董倫等修：《明世宗實錄》卷368載「詔焚其書，下希元于巡按御史問，尋褫其冠帶為民。」至於認為「希元福建同安人，所著書雖間與朱傳不合，自成一家，言多可取者。」顯然只見其跡，未見其延續蔡清，上繼程朱學統之心。收入黃彰健等校勘：《明實錄附校勘記及附錄》（臺北市：中央研究院歷史語言研究所，1965年1月），頁6584。

四　學脈之思

林希元對於大同、遼東，都是力主征戰，收復安南之議甚至與好友張岳意見相左，但經略故土之志並未稍減[57]，守土衛邊，充滿書生「狂」氣；與張璁友好，與嚴嵩相熟，卻沒有攀援牽引，迎合上意，則又有儒者「狷」守特質，嘉靖八年（1529）林希元平定劇寇王基，強調不可招撫養患，並上疏建議：「嚴敕廣東撫按三司速整兵船，討滅海寇。又敕內外文武大臣速處兵食，防禦寇亂，則禍患不生，皇圖永固。」[58]其遠見實在倭患之前，而屢薦俞大猷更成為一代抗倭名將[59]，可見謀事既遠，治平有道，並非僅是書生之見，自然不能以其不用而輕看，受誣而蔑視。林希元仕途歷練既豐，遂有世局的思索，有助於義理的探究，四書成為一生學術歸結所在，近人整理文集，考察版本流傳情形，明嘉靖後刻本有崇禎八年（1635）酉酉山房刻《連理堂重刊四書存疑》十四卷十二冊，山西省圖書館藏，清順治十年（1653）鍾秉巘刻《重訂林次崖先生四書存疑》十六卷十四冊，南京圖書館藏，海外有明刊本《重刊次崖林先生四書存疑》十二卷，日本公文書館，內閣文庫藏，又明崇禎間桐城方文校刊本《連理堂重訂四書存疑》十四卷（附《四書考異》一卷），日本內閣文庫藏，日本承應三年（1654）據明崇禎方文刻本翻刻。[60]而核以臺灣所藏結果如下：

---

57 〔明〕林希元撰：〈王政附言疏〉第17條「邊患」云：「臣嘗披祖宗地圖，往來廉、欽之墟，詢安南山川、土俗、故事，未嘗不恨三楊之失策，而知交趾之可復。」〔明〕林希元撰、何丙仲校注，廈門市圖書館編：《林次崖先生文集》上冊，卷2，頁85。

58 〔明〕林希元撰：〈賞功謝恩疏〉，〔明〕林希元撰、何丙仲校注，廈門市圖書館編：《林次崖先生文集》上冊，卷3，頁99。

59 〔明〕林希元撰：〈送虛江俞君擢廣東都閫序〉，〔明〕林希元撰、何丙仲校注，廈門市圖書館編：《林次崖先生文集》上冊，卷7，頁285-286。

60 徐長生撰：〈《同安林次崖先生文集》新見刻書史料考〉，《集美大學學報（哲學社會科學版）》第22卷第4期（2019年10月），頁24。

四書存疑善本收錄樣況

題名	卷期頁次	出版項	版本	收藏情形	藏書處
論語存疑	四冊	臺北縣板橋：藝文，1966		存	國立成功大學圖書館 國立臺灣大學圖書館 國立中興大學圖書館 國立中山大學圖書與資訊處 國立清華大學圖書館 國立高雄師範大學圖書館 國立中正大學圖書館 靜宜大學蓋夏圖書館 中央警察大學圖書館
論語存疑	四卷		據日本承應三年（1654）覆刊明崇禎本影印	存	中央研究院中國文哲研究所圖書館
論語存疑四卷	四卷			存	日本京都大學人文科學研究所
重刊次崖林先生四書存疑	十二卷	重慶市：西南師範大學出版社； 北京市：人民出版社，2014	日本國立公文書館藏明刊本 合刊：陳紫峰先生四書淺說	存	國立故宮博物院圖書館
四書存疑	十四卷，考異一卷		日本承應三年村上平樂寺重刊鵜信之訓點本	存	臺灣大學圖書館
四書存疑		臺北市：國立編譯館，影印年不詳	據日本靜嘉堂文庫藏承應三年（1654年）刊本	存	國家圖書館

（續）

題名	卷期頁次	出版項	版本	收藏情形	藏書處
			影印		
連理堂重訂四書存疑			木板本（日本）	存	韓國國立中央圖書館
連理堂重訂四書存疑	十四卷		明崇禎八年（1635）西酉山房刻本	存	山西省圖書館
連理堂重訂四書存疑	11卷，考異1卷			存	築波大學圖書館中央圖書館
連理堂重訂四書存疑14卷考異1卷	14卷考異1卷	村上平樂寺刊，1954年		存	日本國會圖書館 日本內閣文庫

域外漢籍珍本文庫經部第四輯收錄日本國立公文書館藏明刊本《重刊次崖林先生四書存疑》，與日本承應三年（1654）村上平樂寺重刊鵜信之訓點《連理堂重訂四書存疑》本比較，重刊本與重訂本版面安排不同，文字也有差異，以《中庸》注解為例，重訂本言「蘇子瞻〈留侯論〉」[61]，重刊本作「蘇子瞻〈張子房論〉」[62]，說法有異，但無礙於文意了解；重訂本於《中庸》「發而皆中節謂之和」下云：「中節之和看來必以中為本」[63]，重刊本則作「中和之和看來必以中為本。」[64]「中和」是結果，「中節」是過程，言「中和」更為精準；重訂本於《中庸》子曰：「武王、周公」下云：「上章說

61 〔明〕林希元撰，〔清〕方文訂《連理堂重訂四書存疑》（日本：日本內閣文庫藏，承應三年村上平樂寺重刊鵜信之訓點本）卷2，頁21。

62 〔明〕林希元撰，胡椿、卞崍同校：《重刊次崖林先生四書存疑》（《域外漢籍珍本文庫》經部第四輯冊6，據日本國立公文書館藏明刊本影印，重慶市：西南師範大學出版社、北京市：人民出版社，2014年1月）卷2，頁428。

63 〔明〕林希元撰，〔清〕方文訂《連理堂重訂四書存疑》，卷2，頁11。

64 〔明〕林希元撰，胡椿、卞崍同校：《重刊次崖林先生四書存疑》，卷2，頁423。

武王、周公之事」[65]，重刊本則作「此章說武王、周公之事」[66]，實則「上章」才正確，兩者文字可以參校；然而內容方面，還有值得玩味之處，《中庸》「君子之道」重訂本於末云：「但觀本文『君子』二字，及《章句》『贊美之』三字，似只當依前說作君子之道。」[67]重訂本則作「言君子言行相顧如此，豈不慥慥然篤實乎！但《章句》不合下箇贊美字耳。」[68]語氣更為堅定。又《中庸》「君子素其位而行」，重訂本云：

> 言君子但即其所居之位，而為其所當為，其於利害得喪，皆所不計焉。蓋其在我者所當盡，而係於天，係於人者，則非所必也。上句以事言，下句以心言。君子之心，廓然而太（大）公，物來而順應，入於富貴貧賤也，惟因時順理，而為其所當為，不知富貴之為泰，貧賤之為約。入於夷狄患難也，惟因時制宜而為其所當為，不知夷狄之為鄙，患難之為困也。蓋其所主者理，而他舉無所與於中，何往不自得哉！[69]

重刊本無此段文字，除了刊刻脫漏的可能性外，似乎是林希元刪除芟去結果，君子居於其位，為所當為，得失利害不縈於心，富貴貧賤不移其志，因時順理，以理為心，其實是林希元一生奉行原則，既是士人入仕應有的信念，也是引領學子建立舉業正確心態的關鍵內容，林希元不管在朝在野，任何職位，勇於敢言，無所迴忌，秉道而行，理無所虧，立身行事完全貼合詮釋內容，然而最終結局卻是落職鄉居，係於天、係於人，心之所向，事未必能成，又重訂本云：

> 在上位也，則不恃勢以凌下，以求必得焉；在下位也，則不枉己以援上，以求必得焉。在上在下，惟盡吾所當為而不求於人，是其心安然，於此而何怨之有。以上言之，則此心泰然，與天游而不怨天之不

65 〔明〕林希元撰，〔清〕方文訂《連理堂重訂四書存疑》，卷2，頁39。

66 〔明〕林希元撰，胡椿、卞崍同校：《重刊次崖林先生四書存疑》，卷2，頁435。

67 〔明〕林希元撰，〔清〕方文訂《連理堂重訂四書存疑》，卷2，頁31。

68 〔明〕林希元撰，胡椿、卞崍同校：《重刊次崖林先生四書存疑》，卷2，頁432。

69 〔明〕林希元撰，〔清〕方文訂《連理堂重訂四書存疑》，卷2，頁32-33。

裁祐也。以下言之，則此心悠然，與人自適，不尤人之不裁與也，其心主於理，而其他舉不足以動其中何以是而為豪傑哉！該做底便是平地，不該做底便是險，道理便是坦途，俟命隨其自來，聽其自至也。失諸正鵠，反求諸其身，射自是如此。君子隨其所居，惟反己自盡，而不願乎外，何以異於此。夫子以射比君子，最善喻君子，蓋君子無不反求諸己者。[70]

官場上下之間，唯求心安，君子以理自持，顯然在晚明政局格格不入，於是最終重刊本所留文字下為：

故君子無入不自得，又是放開說，若下文在上位、在下位，以至為人君止於仁，凡人倫日用之所當行者是也。[71]

人倫日用之間，為所當為，行所當行，無入不自得，無疑是最終的領悟，人君止於「仁」更是深有寄託，然而君子在紛亂世局中，激昂熱情而歸於平淡自處，詮釋的擦除增補，事理歷練成長，則又可見學者歷練既豐，學術成熟，從經典當中，提醒君子自處之道，理學有益於人生，由此可見，歷練之後，歸於純粹，更加證明經典詮釋乃是儒者一生以之的事業。而以重刊本與重訂本相較，重刊本不僅清楚標示「續補」，前後補作內容更為清楚，也補入明儒說解內容，云：

薛敬軒《讀書錄》云：「天地間只有理氣而已，其可見者氣也，其不可見者理也，故曰：『君子之道費而隱。』」即朱子《語錄》之說亦未是，亦是認氣為費，認理為隱，即朱子《語錄》意。[72]

舉出薛瑄以理氣解費隱，並不契合朱熹「用之廣也，體之微也」的詮釋[73]，

---

70 〔明〕林希元撰，〔清〕方文訂《連理堂重訂四書存疑》卷2，頁33。

71 〔明〕林希元撰，胡椿、卞崍同校：《重刊次崖林先生四書存疑》，卷2，頁432-433。

72 〔明〕林希元撰，胡椿、卞崍同校：《重刊次崖林先生四書存疑》，卷2，頁429。

73 朱熹撰：《中庸章句》，《四書章句集注》（臺北市：長安出版社，1991年2月），頁22。

可見者氣也，說法並無問題，至於「隱」雖微，卻非不可見，饒有澄清與補充作用，也可見參酌更廣，辨析益密。此外，重訂本有《四書存疑考異》一卷，內容已經在重刊本之中，以上種種，可見重刊本更符合林希元晚年學術心得，尤其《大學》改本問題，詳列明儒說法，推崇蔡清改本內容，云：

> 希元竊謂曰明德、曰至善，理也，曰新民、曰止至善，事也。今以為物，似未妥。大學之道，明德、新民、止至善，乃三綱領也，知止一條，只是其中事，對他不過，卻分為事物有本末始終並言，則失輕重之等，且上既曰「知上而后有定」云云，則先後之序，誰不知之。又曰「知所先後，則近道」，不亦贅乎！下文八條目，既有格物致知二目，自知止至能得，就是致知以後事，不應於此預言之。依朱子所定本末是解明德新民也，傳既兩舉明德、新民而釋之，又舉本末而釋之，則是註腳之註腳，不尤贅乎！凡此皆可疑者。予自得聞諸名公之說，每看《大學》至此，便覺不樂，但恨未獲告於名公，聞於朝廷而正之耳。按：諸儒所定，蔡虛齋尤似有理，今宜從之。[74]

文理脈絡當中，詳列心中疑惑，才有為蔡清《大學》改本發聲，上〈改正經傳以垂世訓疏〉之舉，結果非其所料，詳如前述，然而蓄積既久，由此可見，從比對當中，觀察林希元學術所向，應以重刊本為基礎，以重訂本為輔，而串貫其中，大量引錄、討論、分析、檢討，蔡清《四書蒙引》，成為義理思考的指引，如「明明德於天下謂明，明德於己，又明之於天下爾，《蒙引》說得最詳，不可不看」[75]、「《或問》謂循之則治，失之則亂，正是此意，《蒙引》有辨」[76]；特加表彰者，如「克止是能也，不要說得重，《蒙引》說是」[77]、「《蒙引》說得好，言我之為父子兄弟，皆足以法於人」[78]；

74 〔明〕林希元撰，胡榛、卞崍同校：《重刊次崖林先生四書存疑》，卷1，頁403。
75 〔明〕林希元撰，胡榛、卞崍同校：《重刊次崖林先生四書存疑》，卷1，頁398。
76 〔明〕林希元撰，胡榛、卞崍同校：《重刊次崖林先生四書存疑》，卷2，頁420。
77 〔明〕林希元撰，胡榛、卞崍同校：《重刊次崖林先生四書存疑》，卷1，頁403。
78 〔明〕林希元撰，胡榛、卞崍同校：《重刊次崖林先生四書存疑》，卷1，頁413。

調整其說者，如「《蒙引》云：『原彼所以不能慎其獨者，其意蓋以其惡可掩，而善可詐也。』依愚見似過巧，原小人之為不善，未必有此意」[79]、「《蒙引》曰：『自新之民，用不得匡直字。』愚謂自新亦方有自新之機爾，要之克己最難，凡民安得都無邪曲者乎！匡直似無妨」[80]；提出疑義者，如「《蒙引》自表及裡，自裡及表之說，未知然否」[81]、「按此處從來無人如此說，雖《蒙引》亦然，愚只將本文玩味而參之《章句》，便覺有不然處，不知明者以為如何」[82]；反駁說法者，如「《蒙引》曰：『格物是逐件事致知全體事』恐非」[83]、「《蒙引》似未分曉其動靜之分，皆是先儒之說，愚未敢以為然」[84]；甚至初為不然，後始相信，云：「其有不合，《蒙引》作四事之外說，余初不之然，於四事之內，求其說而不得，始信虛齋燭理之精，其說可從也」[85]，字句之間，深加思考，蔡清《四書蒙引》成為林希元義理思考基礎，延續學脈成為貫串《四書存疑》的主軸，然而有意義的是林希元採取宗朱而不佞朱立場，提供明儒義理發揮空間，云：

> 故愚竊取方外之論，而私錄之於此，具其言曰：「異於朱子而不乖乎道，亦朱子之所取也」，最見得到。[86]

此文乃援引蔡清《四書蒙引》，「方外」乃是「方公」之誤，所指為方孝孺[87]，原本受皇權壓制的學人聲音，成為支持義理推進的力量，從蔡清到林希元一脈相承，宗朱而不佞朱，以宗朱為入道之徑成為林希元思考的進路，辨而證成，驗而有得，無疑是學術發展最佳態度，云：

---

79 〔明〕林希元撰，胡椿、卞崍同校：《重刊次崖林先生四書存疑》，卷1，頁408。
80 〔明〕林希元撰，胡椿、卞崍同校：《重刊次崖林先生四書存疑》，卷1，頁404。
81 〔明〕林希元撰，胡椿、卞崍同校：《重刊次崖林先生四書存疑》，卷2，頁420。
82 〔明〕林希元撰，胡椿、卞崍同校：《重刊次崖林先生四書存疑》，卷3，頁442。
83 〔明〕林希元撰，胡椿、卞崍同校：《重刊次崖林先生四書存疑》，卷1，頁400。
84 〔明〕林希元撰，胡椿、卞崍同校：《重刊次崖林先生四書存疑》，卷3，頁466。
85 〔明〕林希元撰，胡椿、卞崍同校：《重刊次崖林先生四書存疑》，卷10，頁682。
86 〔明〕林希元撰，胡椿、卞崍同校：《重刊次崖林先生四書存疑》，卷1，頁402。
87 〔明〕蔡清撰：《四書蒙引》，卷1，頁35。

> 孟子之時，人尚修天爵以要人爵；今之科舉以文取士，士爭事文藝以待有司之求，天爵不復修，在官多寡行之士矣，天下何由治哉！[88]

期許既深，言之懇切。蔡清《四書蒙引》於《論語・子張篇》「仕而優則學」章云：「蓋學所以求此理，仕則只是行此理，非有二理也，故曰理同。」[89]林希元《四書存疑》云：

> 仕亦此理，學亦此理，故曰理同；仕是行此理，學是求此理，故曰事異。○當仕之時，則學為餘功，當學之時，則仕為餘功，故皆必先盡其事而後及其餘。[90]

相對於蔡清認為學高於仕，學為仕的基礎，仕只是學的實踐，林希元更強調仕也要有學，學也要有仕，兩者相互補充，彼此證成，工作階段不同，但都要窮其理、盡其事，提醒士人應有的職分，以及合宜的心態，不僅釋義更為周密，也展現為學入仕始終如一的信念，分判既密，對於蔡清標舉「虛」的心體修養也就有更多留意[91]，林希元《四書存疑》於《大學》「明明德」章云：

> 《蒙引》云：「心惟虛則靈。」亦是，但以虛靈分體用，恐未是。蓋心列於臟腑，所以獨靈者，以其虛也。不但人靈，獸亦然，但其靈有限爾。故曰：「惟虛則靈」亦是，但欲以是分體用，吾見虛裡未嘗無用，靈裡未嘗無體。竊恐體用未免於強分，殆非所以語人心本體之妙也。……故具眾理應萬事，只在人之所得乎天，內虛靈不昧是他本體

---

88 〔明〕林希元撰，胡椿、卞崍同校：《重刊次崖林先生四書存疑》，卷11，頁712。

89 〔明〕蔡清撰：《四書蒙引》，卷8，頁391。

90 〔明〕林希元撰，胡椿、卞崍同校：《重刊次崖林先生四書存疑》，卷7，頁600。

91 〔清〕黃宗羲撰：《明儒學案》（臺北市：華世出版社，1987年2月），卷46〈諸儒學案上四〉云：「蓋居嘗一念及靜字，猶覺有待於掃去煩囂之意，唯念個虛字，則自覺便安。」「人心本是萬里之府，惟虛則無障礙，學問工夫，大抵只是要去其障礙而已。……故吾妄意虛之一字，就是聖賢成終成始之道。」頁1098-1099。

> 如此，所以謂明德，要只是箇心爾。心惟虛靈不昧，所以能承受許多道理，又能發出來應事，其他臟腑則不能矣。其靈又本於虛，但不可把虛靈分體用動靜，又不可謂虛具眾理，靈應萬事，為何？蓋虛靈雖有兩樣，卻不可作兩時看，其靜時未嘗不靈，其動時未嘗不虛。曰：心官至靈，何止言動，靜亦有靈也。曰：以虛受人是動，亦本於虛也，何止是靜；又具則能應是一串事，乃為分屬虛靈，未免分裂破碎。[92]

相對於蔡清強調「虛靈二字有動靜體用之分」[93]，以「虛靈」做為修養工夫主體，林希元強調虛靈是描述的狀態，兩者是相互支持的結果，虛中有靈，靈中有虛，兼及動靜，「虛靈」是形容人得之於天而具於心的情況，從而可以事理昭著，終能明明德，因此「虛靈」是了解「心」最為關鍵的詞彙，云：

> 蓋人之臟腑，惟心居中最貴而獨虛，血氣周流於一身，皆統會於是。人得此氣以有生，必有箇清爽處，其精英則盡萃於是，此心所以獨靈於諸臟，又能管轄乎臟腑肢胲也。理氣不相雜，氣之精英在是，則許多道理亦皆在是，理無計度無營為，氣有計度有營為。凡理之承載敷施，皆氣為之，故心也者，理氣之會，神靈之物，一身之主，萬事之綱也。自心之念慮言則曰意，自心之嚮往言則曰志，自心之具此理以生則曰性，自心之得此理以為性言則曰德，自性之動言則曰情，自情之能動言則曰才。曰意曰志，皆從心也；曰情曰才，皆從德性也，要皆氣之為也，故性情之寂感，氣之動靜也；心之善惡，氣之清濁美惡也；才之優劣，氣之強弱也。人之不能盡其性情才德者，皆氣之為而物欲之蔽，則緣氣而生也。學也者，撤其拘，去其蔽，反其本而復其初也。《大學》之明德，明此也；《中庸》之存省，省此也，雖古今聖賢所說入道門戶不同，要皆不外乎此而從事也。[94]

---

92 〔明〕林希元撰，胡椿、卞崍同校：《重刊次崖林先生四書存疑》，卷1，頁393-394。

93 〔明〕蔡清撰：《四書蒙引》，卷1，頁30。

94 〔明〕林希元撰，胡椿、卞崍同校：《重刊次崖林先生四書存疑》，卷1，頁394。

從理氣不雜的角度描繪「心」體虛靈，心是最特殊的存在，儒學修養強調反本復初，正是由氣見理的工夫，相較於蔡清強調理氣不離，林希元更重視不離中得見不雜的存在，標舉儒學價值，境界所在，提醒學者應有的堅持與理念，紛雜舛錯當中要有清敏正確的目標，心之為要，由此可知，工夫不可輕廢，亦可得見，云：

> 夫道具於心而該動靜，方其靜也，事物未接，思慮未萌，天真湛若，物欲不生，雖鬼神有莫窺其際者，道何離之有。惟其動也，外物一接，思慮亦萌，天理固當發見，人欲或萌乎其間，而斯道之離，多在此時，君子體道之功，固無時無處，不致其謹，而於此尤當用力處也，《大學》所謂意，周子所謂幾，即是此處。[95]

道具於心，固無可疑，然而動靜之間，思慮既萌，難免人欲乘之，因此體道之功，存養與省察必須兩相並行，無時無處不用其力，林希元統合動靜，強化修養功夫，指引學者起心動念之間，時時刻刻應秉道而行，出於歷練心得，絕非憑空揣想得之，云：

> 敬是檢束心身方法，心是活物，最易於逸，如今看書寫字，心尚馳出外去，故須有箇檢束他方法，敬便是檢束方法，……問心德何如？曰：德者得也，謂得乎天之理也，理在天地間未屬人，只謂之理，及氣聚成形而人生焉，此理具於人，方謂之德，言為人所得也。理具於人具於心也，心如何具是理，理氣在天地間，原不相離，氣聚成形，則理在其中，心雖是氣凝成形質，然有不滯形質者在，最為神妙，出入變化不測，是蓋人一身之氣精英總會處，氣雖充滿於人身，然精英則總會在心，此是形質之心，其精英便有靈覺，……人生有心，會氣之精英而含這理，故謂之心德。[96]

95 〔明〕林希元撰，胡椿、卞崍同校：《重刊次崖林先生四書存疑》，卷2，頁421。

96 〔明〕林希元撰，胡椿、卞崍同校：《重刊次崖林先生四書存疑》，卷6，頁541-542。

林希元以「精英」來建構「虛靈」的存在，心為氣之精英，出入變化，不滯於形質，靈覺寂感，遂能體察心體之德，然而心之靈矣，馳騁奔放，無一時之寧，唯有「敬」才能檢束，才能避免外馳，才能得見昭著流行之理，而程朱理學最核心工夫即是「敬」，從蔡清的「靜」而及「虛」，至林希元的「敬」，其實也再現了朱熹融鑄「道南」與「湖湘」的學術進程[97]，足以證成閩學一脈深有淵源，工夫純粹，在動靜之間，深有反省，云：

> 存心工夫兼動靜，靜亦定，動亦定是也，養性亦兼動靜。或謂如此則靜時存心，就該得養性矣？愚謂尚有毫釐之差，蓋應事接物，順其性而不害是動，養也；未感守其理而不失是靜，養也，心以知覺言，性以理言。[98]

覺察心體性理的存在，存養兼賅動靜，應事接物，日用之間，修養不斷，無一念之失，心之為要，落實於工夫的思考，則又可見歷練當中獲得結果。從而在心與理之間，蔡清在朱、陸之辨議題上，認為陸象山「欲以聖人自處，宜其不得斯文正印也」[99]，有助長之失，林希元則延續此一理學公案，認為指責朱熹以成就象山說法的學者，未必有足夠裁判能力，云：

> 朱註卻在能求放心，始可以學問，其病與此一般是皆朱子之偏處，而愚未能釋然者，妄意朱子之平生受用在此，其受病亦在此，意其見非於陸子者，亦或以是，此則吾道之公心，不敢黨於朱子也。今之學者或祖陸而非朱，然予考其存心制行，使陸氏再生，必斥之門牆之外，非但無得於道問學之功，又兼其尊德性者而失之，何足論朱陸之異同哉！修德凝道之功既盡，則至道在我，安往而不利哉！故以之居上位，則道足以濟天下而不驕逸，以之居下位，則道足以尊君上而不敢

97 陳逢源撰：〈「道南」與「湖湘」——朱熹義理進程之檢討〉，《「融鑄」與「進程」：朱熹《四書章句集注》之歷史思維》，頁211-215。

98 〔明〕林希元撰，胡椿、卞崍同校：《重刊次崖林先生四書存疑》，卷12，頁721。

99 〔明〕蔡清撰：《四書蒙引》，卷1，頁41。

悖叛，國有道則言者身之文也，必以言揚而其言足以興國，無道則謹言而不輕發，其默足以容其身而不致於取禍，《詩》云：「既明且哲，以保其身。」其此之謂矣。[100]

對於時人批判更為嚴厲，立場遠較蔡清更為強烈，朱陸異同成為學人妄議內容，自身缺乏修養，自以為公允，其實早已偏離儒者精神，既輕忽了道問學，更遑論尊德性，儒者以道自持，乃是最先決條件，因此居上而不驕，居下則不叛，有道則言揚以興國，無道則緘默以保身，由此得見士人之道，有助於國，有益於身，林希元在晚明世局當中的錚錚之言，然而意之所向，更有對於陽明心學既起，學術流於輕議的批評。由此可見林希元《四書存疑》捍衛閩學，攻擊浙學，標舉蔡清學術之餘，也對於陽明學術多有檢討，立場鮮明，只是牽涉既廣，並非本文篇幅所能處理，有待日後摘錄分析，茲不再贅。

五　結論

明代思想做為近世思想發展的開端，在傳統心學、理學，明清考據學的視野中，仍有許多待發掘內容，而從地域角度發展出「多元視域」觀察[101]，重新檢視多元並存樣態，確實可以得見明末思想的紛呈多彩，在斷裂與延續當中，存在思想的伏流，陽明心學既起，儒學往庶民發展之際，閩地學者在構建學脈，延續程、朱思想，從而在科舉、士人當中，標舉理學精神，重塑儒者典型，林希元乃是極為重要推動者，卻為人所疏忽。學人整理明代四書講章著作，發覺蔡清、陳琛、林希元為諸多著作經常引列學者，成為救治衰微世道，振起士風關鍵人物[102]，三人成為明代閩學一脈重要學人，只是蔡

100 〔明〕林希元撰，胡椿、卞崍同校：《重刊次崖林先生四書存疑》，卷3，頁457。

101 呂妙芬撰：《多元視域中的明清理學》（臺北市：聯經出版事業公司，2023年5月），頁9-11。

102 陳逢源撰：〈明代四書學撰作形態的發展與轉折〉，《國文學報》第68期（2020年12月），頁84。

清、陳琛入仕後，旋即奉親歸隱，對於時政參與不深，林希元卻是身處晚明世局人物，包括朝廷大禮議，安南、流寇、大同兵變、遼東軍亂等內政外患問題[103]；陽明批駁朱學，羅欽順批駁心學，攸關明清學術發展，林希元參與其中，與相關人物有所交誼，往來書信成為觀察明代思想競逐的重要材料，而對於舉業的用心，對於士風的提倡，乃至於閩學學脈的建立，卓然有其成績，則又是明確可見之事，尤其具有意義的是林希元宗朱而不佞朱，尊朱而補朱的主張，所強調的不是因襲無所更改，而是循朱學而深化，提供明儒學術發展空間，有助於學術主體的建立。然而斯文未就，曾被劾以「貪污不職」罷黜[104]，與〈祭告先人文〉中自承「方其為學也，專志讀書，田園不視，家業為之盡傾。及其入仕也，心在朝廷與天下，不自封植，家計為之不立。今之歸也，債負不能償，日用無所取，稱貸無所獲，亦已矣。而身為大夫，家廟不能建，使祖宗神主栖於頹垣破屋之下，罪何如也！」[105]情況不符；而朱紈言其「負才放誕，見事風生，……專造違式大船，假以渡船為名，專運賊賍，并違禁貨物。」[106]斥為地方勢家豪族，專營不法，有辱斯

103 何丙仲撰：〈林次崖希元先生年譜〉，收入〔明〕林希元撰，何丙仲校注，廈門市圖書館編：《林次崖先生文集》下冊，頁712-734。

104 〔明〕董倫等修：《明世宗實錄》卷245，嘉靖二十年正月辛亥條，收入黃彰健等校勘：《明實錄附校勘記及附錄》，頁4928。〔明〕林希元撰〈安南功成乞查功補罪以全臣節揭帖〉一文云：「元以不才被論去官，不知所論何事？途遇須知官回自京師者，咸云：『科道諸公謂元平生居官無可議，建議征南亦是至當不易之論。但今非其時，計莫登庸降，本當以臘月至，過期不至，疑是元沮撓。故略彈論以相警，意吏部必不便議罷黜。』已而吏部果議留用，科道諸公甚以為當，不意明徑批『特與閑住』。命下之日，物論驚駭，科道諸公咸共嘆息，追悔莫及。」收入〔明〕林希元撰，何丙仲校注，廈門市圖書館編：《林次崖先生文集》上冊，卷6，頁236。林展撰《羅欽順與學友對陽明學的批判及其時代意涵》認為是毛伯溫等同僚妒忌與排擠。頁148。可知此乃安南事牽累的結果。

105 〔明〕林希元撰：〈辛丑至家祭祖文〉，〔明〕林希元撰，何丙仲校注，廈門市圖書館編：《林次崖先生文集》下冊，卷16，頁601。

106 〔明〕朱紈撰：《朱中丞甓餘集》卷1，〈閱視海防事〉，收入〔明〕陳子龍等選輯：《明經世文編》（北京市：中華書局，1962年）第3冊，卷205，頁2158。按：朱紈文中直言「蓋漳泉地方本盜賊之淵藪，而鄉官渡船又盜賊之羽翼」，其偏見由此可見。

文[107]，然林希元於〈上巡按二司防倭揭帖〉交代始末，云：

> 昔丞大理，欲討遼東叛軍，忤拂夏桂洲，謫守欽州。在欽欲正安南，復忤夏桂洲、毛東塘。廢居林下，然猶志在鄉國民物。海寇機夷之禍，猶言於何古林巡按，姚、柯二海道。薦汀州守備、門生俞大猷，何巡按用之，遂平海寇於漳浦。嘉靖三十六年，強盜黃老虎流劋同安，虜鄉官郭貴德、知縣並其家屬，分劫劉御史等家，殺死官兵、鄉夫十餘人。元幸家丁、店客齊心備擊，擒斬楊薰卿等六賊，因得其姓名、籍貫，以告守巡道。窮兵追捕，掃其窟穴，盜賊屏息，於今十年。冢宰默泉吳公時為分守，嘉寒家得賊之功，行文府縣賞勞有功之人。彼時寇欲反仇，元遣家人致書求救於都御史朱秋崖。怒家人撞突，既加之罪，不錄家人得賊之功。元由是絕口不言，當世事於今十年矣。茲聞倭寇有南窺之志，恐家族鄉里之人陷於水火，故不復避而蒙冒有言，伏祈垂察焉。[108]

一生憂心於國事，關心鄉里，迭遭困辱，始終未改初衷，家人衝撞，竟致牽連，實乃無妄之災。[109]林希元思以道濟天下，始終以儒者自持，學行並無違失，只是學術未受關注，其行亦受污損，不得不加以澄清，撮舉觀察如下：

一、明代閩學一脈，雖以蔡清為首，但是考察彼此關係，其實是以林希

---

107 林麗月撰：〈閩南士紳與嘉靖年間的海上走私貿易〉，《歷史學報》第8期（1980年5月），頁99。

108 〔明〕林希元撰：〈上巡按二司防倭揭帖〉，〔明〕林希元撰，何丙仲校注，廈門市圖書館編：《林次崖先生文集》上冊，卷6，頁231。

109 按：據林希元撰〈祭何沅溪司寇文〉云：「然予家居被枉于當道，訴於闕下，當路沮焉。先生為予求之者凡十次，始得一行。」〔明〕林希元撰，何丙仲校注，廈門市圖書館編：《林次崖先生文集》下冊，卷15，頁581-582。所幸友人協助，終能自白。又〈鳳山得地記〉云：「予以丁亥冬起廢，自戊子至今丁未首尾二十年。今計尚須白金百餘，而功始畢。然昔日之成者又將壞，昔之捐囊相助者，猶責償未已。嗟乎！予登第三十一年，居官二十一年，一第之營至二十三年而未就。東塗西抹，左支右吾，而予之心亦良苦，其力亦勞矣。」卷10，頁401-402。窘迫情況，全然不是豪族模樣，誣枉應予澄清。

元為核心所形成的學術社群，所撰《四書存疑》不僅是舉業之作，更是致敬蔡清學術，延續朱熹學脈的重要事業。

二、林希元對於蔡清的尊仰，乃是欽羨終身，認為朱熹學術未可輕議，雖以朱學為宗，卻也容許拾遺補漏，於此展現遠宗朱熹、近尊蔡清的學術立場，成為明代閩學一脈的學術宗旨。

三、心為氣之精英，出入變化，不滯於形質，靈覺寂感，馳騁奔放，無一時之寧，唯有「敬」才能避免外馳，才能得見昭著流行之理，從蔡清「靜」而及「虛」，至林希元的「敬」，再現了朱熹融鑄「道南」與「湖湘」的學術進程。

四、林希元強化修養功夫，統合動靜，體道之功，存養與省察兩相並行，日用之間，無時無處不用其力，並無一念之失，指引學者起心動念之際，應秉道而行，則又可見出於歷練心得，並非憑空揣想出來。

五、林希元以程朱理學為號召，回歸於治道的期待，在閩學一系學人中反覆致意，鼓舞科舉學人，反省時政風氣，在陽明心學傳播之際，期以形成一股抗衡力量，在心學興起光芒下，形成不同光影的學術活動。

儒者要觀其制行，進退窮達不改其志，斯乃道之所在，林希元對此深有堅持，晚明紛擾世局中，無疑是極具意義人物，〈自述〉云：

> 孫臏既刖足，猶能破魏軍。范睢既折脅，猶能霸嬴秦。英布曾黥面，而乃受茅分。馬遷下蠶室，《史記》迄有聞。曰予雖蒙難，性命幸苟存。著述猶可勉，天未喪斯文。風雲如有會，猶解策華勛。[110]

雖蒙其難，不改其志，心念所在，有待後人究察。檢視觀察，見其志行，撮舉分享，尚祈博雅君子有以教之。

---

110 〔明〕林希元撰：〈自述〉，〔明〕林希元撰，何丙仲校注，廈門市圖書館編：《林次崖先生文集》下冊，卷17，頁624。

參考文獻

原典文獻

〔宋〕朱熹撰：《四書章句集注》，臺北市：長安出版社，1991年2月。

〔宋〕朱熹撰，陳俊民校編：《朱子文集》，臺北市：德富文教基金會，2000年2月。

〔宋〕朱熹編、陸建華、嚴佐之校點：《延平答問》，《朱子全書》第13冊，上海市：上海古籍出版社、合肥市：安徽教育出版社，2002年12月。

〔宋〕黃榦撰：《勉齋集》，影印文淵閣《四庫全書》第1168冊，臺北市：臺灣商務印書館，1986年3月。

〔明〕陳子龍等選輯：《明經世文編》，北京市：中華書局，1962年。

〔明〕張廷玉等撰：《明史》，北京市：中華書局，1974年4月。

〔明〕焦竑輯：《焦太史編輯國朝獻徵錄》，收入《四庫全書存目叢書》編纂委員會編：《四庫全書存目叢書》，臺南縣：莊嚴文化事業公司，1997年6月。

〔明〕蔡清撰：《四書蒙引》，臺北市：臺灣商務印書館，影印文淵閣《四庫全書》本1986年。

〔明〕林希元撰，何丙仲校注，廈門市圖書館編：《林次崖先生文集》，廈門市：廈門大學出版社，2015年12月。

〔明〕林希元撰，〔清〕方文訂：《連理堂重訂四書存疑》，日本內閣文庫藏，承應三年村上平樂寺重刊鵜信之訓點本。

〔明〕林希元撰，胡椿、卞崍同校：《重刊次崖林先生四書存疑》，《域外漢籍珍本文庫》經部第四輯冊6，據日本國立公文書館藏明刊本影印，重慶市：西南師範大學出版社、北京市：人民出版社，2014年1月。

〔明〕羅欽順撰：《困知記》，北京市：中華書局，1990年8月。

〔明〕張岳撰：《小山類稿》，影印《文淵閣四庫全書》第1272冊，臺北市：臺灣商務印書館，1986年3月。

〔清〕金鋐、鄭開極纂修：《〔康熙〕福建通志》，收入北京圖書館古籍出版編輯組編：《北京圖書館古籍珍本叢刊》冊35，北京市：書目文獻出版社，1988年2月，下冊。

〔清〕周學曾、尤遜恭纂，吳之鋘修：《道光晉江縣誌》，據福建省圖書館藏抄本影印，收入《中國地方志集成．福建府縣志輯》冊25，上海市：上海書店出版社，2000年。

〔清〕黃宗羲撰：《明儒學案》，臺北市：華世出版社，1987年2月。

近人論著

王一樵：《從「吾閩有學」到「吾學在閩」：十五至十八世紀福建朱子學思想系譜的形成及實踐》，臺北市：國立臺灣師範大學歷史學系碩士論文，2006年。

牟宗三：《心體與性體》（三），臺北市：正中書局，1996年2月。

呂妙芬：《多元視域中的明清理學》，臺北市：聯經出版事業公司，2023年5月。

林麗月：〈閩南士紳與嘉靖年間的海上走私貿易〉，《歷史學報》第8期，1980年5月。

徐長生：〈《同安林次崖先生文集》新見刻書史料考〉，《集美大學學報（哲學社會科學版）》第22卷第4期，2019年10月。

高令印、高秀華撰：《朱子學通論》，廈門市：廈門大學出版社，2007年9月。

陳逢源：《「融鑄」與「進程」：朱熹《四書章句集注》之歷史思維》，臺北市：政大出版社，2013年10月。

陳逢源：〈明代四書學撰作形態的發展與轉折〉，《國文學報》第68期，2020年12月。

陳逢源：〈「靜」與「虛」：蔡清修養工夫之觀察〉，《孔孟學報》第99期，2021年9月。

陳逢源：〈道脈延伸──明代蔡清《四書蒙引》道統觀考察〉，《「2021年宋明清儒學的類型與發展 VIII 研討會」論文集》，國立中央大學中國文學系、國立中央大學哲學研究所2021年10月。

黃彰健等校勘：《明實錄附校勘記及附錄》，臺北市：中央研究院歷史語言研究所，1965年1月。

錢穆：《朱子新學案》，臺北市：三民書局，1982年4月。

鍾彩鈞：《明代程朱理學的演變》，臺北市：中央研究院中國文哲研究所，2018年12月。

焦竑《焦氏四書講錄》「一貫」思維探析

翁琬婷
彰化師範大學國文學系博士／彰化高級中學國文科教師

提要

自朱熹建立四書為主的理學體系後，有明一代，四書成為科舉定本，也催生了關於四書的註解風潮，明代可謂是四書的具體實踐時代，從朱學到王學，各家學者皆冀望藉由疏通四書之思想底蘊，以此建構一己之學術主張。焦竑（1540-1619）身處晚明，既為王學泰州後勁，又以博洽見稱於世，其多元的身分和複雜的思想背景，使焦竑的學術關懷別具理趣。焦竑為學，重視一貫，反對割裂，乃是最為殊特之處。本文由《焦氏四書講錄》之詮釋為入路，通過焦竑對性、道、誠等相關論題的梳理，揭櫫焦竑「一貫」的獨特思考面向，進而證成儒家天人一體之價值，同時窺得明代四書學詮釋發展的一個側面，以此構築焦竑更完整且具體的思維世界。

關鍵詞：焦竑、四書、一貫、明代、心學

一　前言：問題的提出

焦竑，字弱侯，號澹園，別號漪園，南京江寧人，原籍山東日照。生於明世宗嘉靖十九年（1940），卒於明神宗萬曆四十八年（1619），弘光元年（1644）福王時追謚文端。嘉靖四十三年（1564）中舉人，萬曆十七年（1589）殿試第一中試，授翰林院修撰。萬曆二十二年（1594）出任太子朱常洛講官。萬曆二十五年（1597）主持鄉試後，為忌者誣劾，造作流言，言焦竑收受賄賂，取士非人。焦竑雖具疏上辯，然因朝中無勢，最後因取士文體險誕為罪名，貶為行人，後旋改遷為福寧州同知。在福州，於官員考核時名聲不佳，焦竑遂於萬曆二十七年（1599）辭官歸南京，開始與學友往來、講學、著書等事，這期間拒絕了太子的封官，至萬曆四十七年終（1619）溘然長逝。[1]

遠祖武略公焦庸，明初因任官職而遷居金陵。焦庸傳三代至武毅公文傑，即焦竑之父。焦文傑，字世英，生四子，焦竑為第二子。焦竑自幼從長兄焦端學，即長，師事耿定向，亦曾向羅近溪問學，與耿定向之兄弟及李贄交善。故其思想承自陽明，以心性為論，《明儒學案》收於「泰州學案」中。黃宗羲論其學術有言：

> 先生積書數萬卷，覽之略遍。金陵人士輻輳之地，先生主持壇坫，如水赴壑，其以理學倡率，王弇州所不如也。[2]

焦竑以理學名家，其藏書之多、讀書之博、講學之盛，在南京可謂風靡一時，可見當時廣泛的影響力。是以焦竑的學術特色，後來史家多以「博學」稱美之，如《明史．文苑傳》曰：

1　關於焦竑之年譜與大事記，多位研究者已詳加考證，蔚然大觀。本文以李劍雄之年譜為主。見氏著：《焦竑評傳．附錄二．焦竑年譜》（南京市：南京大學出版社，1998年），頁332-358。

2　〔清〕黃宗羲：《明儒學案》（臺北市：華世出版社，1987年2月），頁829。

> 博極群書，自經史至稗官、雜說，無不淹貫。善為古文，典正馴雅，卓然名家。[3]

可知焦竑的博洽展現在經史、考據、文學等面向。李焯然曾指出，焦竑為學之廣博與治學之嚴謹，實為晚明心學轉向清初考據過渡的重要人物，故其人其學都不易歸納入一個特定範疇，即使是胡適、梁啟超等人，都未能完全正確詮釋焦竑之思想。[4]

關於焦竑目前的研究，有專書、學位論文與期刊論文，研究內容則以生平、學術、專書研究為主，其中，針對焦竑義理思想的學位論文只見五篇[5]。可知對焦竑思維體系的建構，雖已有研究者注目，但尚未形成大規模風氣。由以上研究成果中，能得出以下之論：一、焦竑研究為晚明思想史的重要拼圖，卻未有具體論述；二、焦竑由心至氣的思想如何影響晚明學術的典範移轉，尚無研究者加以梳理；三、因《焦氏四書講錄》晚出[6]，少有研究者觸及焦竑的四書學思想。以上都成為焦竑研究未能完全發揮之處，值得後來學者進一步窮究深入，爬羅剔抉。

焦竑義理思想中的「一貫之學」極為鮮明，已有學者關注。其論由「三

---

3 楊家駱主編：《新校本明史．文苑傳》（臺北市：鼎文書局，1980年9月），卷288，頁7393。

4 李焯然：《明史散論．焦竑之三教觀》（臺北市：允晨文化公司，1987年），頁119-122。

5 分別為王琅：《焦竑學術研究》（高雄市：國立高雄師範大學國文學系碩士論文，1998年）、謝祐華：《焦竑哲學思想研究》（高雄市：國立高雄師範大學國文學系碩士論文，2008年）、劉正遠：《焦竑莊學會通研究》（臺北市：東吳大學中國文學系碩士論文，2009年）、謝成豪：《焦竑經學史學之研究》（高雄市：國立高雄師範大學國文學系博士論文，2012年）及廖鈺婷：《焦竑一貫之學研究》（桃園市：國立中央大學中國文學系碩士論文，2015年）五篇。

6 今所見之版本為明萬曆二十一年（1593）書林鄭望雲刻本，首尾並無序跋文，卷首有殘缺，前有「癸巳仲秋吉旦／書林鄭望雲梓」之牌記。每半葉十一行二十四字，單魚尾，四周單欄，多數版心下方有「光裕堂」或「光裕堂梓」之字樣。原書孤本存於中國大連市圖書館，上海古籍出版社編《續修四庫全書》時據此影印，福建鷺江出版社編《閩刻珍本叢刊》時收於經部第十四冊中，本文即據此影印版本為主。

教合一」之視角出發，綜整焦竑的形上學與工夫論等義理內容，揭櫫思想體系中的一貫特徵。[7]然筆者認為，「一貫」命題更是焦竑形構經典與詮解向度的重要關鍵，並以四書詮解的角度來抉發其論，廓清焦竑以一貫為宗旨，儒學為主體的思考，建立具有時代特色的四書學旨。

二　一貫之理的展開

焦竑學貫三教，實則以儒者自居，一貫的思考充具儒學規模，由《焦氏四書講錄》的引讀中，每每呈顯對一貫之理的思考。如釋《孟子·離婁下》:「孟子曰:『禹、稷、顏回同道。……禹、稷、顏子易地則皆然。』」[8]一段中，由「同道」一詞特別拈出道／理的一貫性：

> 道者事理之當然，事無常形，而理無定在，在此事便為此事之理，在彼事又為彼事之理，若不同者。然此事之理，理也；彼事之理，亦理也，其為理一也。譬之甘辛苦鹹不同，其為味一也；青黃赤白不同，其為色一也。禹稷之救民，顏子之脩己，事雖不同，其理則一而已矣。[9]

焦竑於此處提出由分殊見理一，分殊有異，其理則一，從而得見「道」、「理」中的一貫處，認為事有外相差異，但事中本具常理，便是由「當然之道」加以貫徹。焦竑以抽撰通則的方式，以味道和顏色為喻，味有甘辛苦鹹，色有青黃赤白之差異，但以「道」之視角而論，皆為本身「常理」之表現，故言事不同而理實為一，此為焦竑論「一貫」之基礎立場。

「一貫」之名出自《論語·里仁》中孔子與曾子所言:「參乎！吾道一以貫之。」[10]此處孔子言一以貫之，朱熹解為「聖人之心，渾然一理，而泛

7　前人研究有廖鈺婷:《焦竑一貫之學研究》。

8　〔宋〕朱熹:《四書章句集注》(臺北市：大安出版社，1994年11月)，頁418。

9　〔明〕焦竑:《焦氏四書講錄·孟子講錄》,《續修四庫全書》(上海市：上海古籍出版社，1995年，影印明萬曆21年〔1593〕書林鄭望雲刻本)，頁297。

10　〔宋〕朱熹:《四書章句集注》，頁96。

應曲當，用各不同。」[11]可知聚焦於體之本與用之末的同一性，而歸之於一理，因此得以一以貫之。但焦竑特將此「一以貫之」加以發明窮究，濃縮推衍其理而成「一貫」之學，將此昇華為賢聖授受之際的關鍵，並標舉為儒學經典之核心。其價值規模宏大，脈絡衍繹，已非泛論，轉而成為核心要義，宣示儒門宗旨之真機。故焦竑於《焦氏四書講錄》中時言及「一貫」，並賦予優位概念：

> 一貫忠恕，曾子此處既發明之，又詳發於《大學》一書。嗚呼！夫子卒時，曾子年纔二十九，一貫之明已在此，時聞道之蚤如此，吾人乃有白首而未能明者何耶！[12]

焦竑認為儒學一理之核心在「一貫」，其表現則為曾子所言之「忠恕」，此為儒門之理想境域，故學者之專習，必留意此關鍵，才能彰顯聖道，安頓生命。故焦竑於《論語・述而》「子以四教：文，行，忠，信。」[13]一句中，反覆申論一貫與忠恕之內在聯繫：

> 夫子之教，果止於四乎？然又曰：「吾無行而不與。」是不止於四也，果待於四乎？然又曰：「吾道一以貫之。」是不待於四也，果待於四乎？然又曰：「吾道一以貫之。」是不待於四也，要在人之自得而已。能自得於心，則博約即所以為卓爾，忠恕即所以為一貫，而無行不與者，非即所以為予欲無言乎？蓋四教者，阻之繩墨，羿之彀率也；而巧則存乎其人，當必有躍如之妙，出於彀率繩墨之外者矣。中道而立，能者從之信哉！[14]

焦竑援引經典交相詮解，先闡明聖門之教雖分為「文，行，忠，信」四種，孔子自言：「二三子以我為隱乎？吾無隱乎爾。吾無行而不與二三子者，是

---

11 〔宋〕朱熹：《四書章句集注》，頁96。

12 〔明〕焦竑：《焦氏四書講錄・論語講錄》，頁85。

13 〔宋〕朱熹：《四書章句集注》，頁133。

14 〔明〕焦竑：《焦氏四書講錄・論語講錄》，頁109。

丘也。」[15]可見孔門之教「不止於四」；再由「吾道一以貫之」闡明經典義理「不待於四」，以層層遞進方式，得出具心學特色的「自得之學」。認為學能自得，自能在言行語默中獲得啟發，此處之「一貫」即是學者自得而得躍如之妙，超越外在「彀率繩墨」的束縛，以博文約禮、忠恕一貫合乎中道的結果。此處強調用心所在，便能超乎言詮之限，全在學者一心之用而有澈內澈外的果效，可見在焦竑的思考體系中，「一貫」與「忠恕」便是身心一體實踐的重要依據。

焦竑也曾於其他著作中闡明「一貫」與「忠恕」命題的相關內容，其言曰：

> 孔子曰：「主忠信」。曾子曰：「夫子之道，忠恕而已矣。」人人有此忠信而不自知其為主人，人有此忠恕，而不知其即為道，舍無妄而更求，是自成妄也。故曰無妄之往何之矣？夫門人疑一貫之說如繫風捕影之難，而曾子斷斷然以忠恕盡之。然能直信曾子之言者誰乎？楊敬仲曰：「夜半爨火滅，饑者索食，對燭而坐，不知燭之即火也，則終於饑而已。」忠恕之論，燭喻也。[16]

焦竑指出「忠恕」為「道」，而在上文已明道／理一貫的架構之下，可知此夫子之道實為人人本有之理，無須更向外求。故此一貫之理為內在本具，而以「忠恕」作修養進路，此不可捨忠恕而更求天道，如此則妄。此處焦竑將「一貫」與「道」做本質上的聯繫後，再以燭之火與爨之火為喻，以說明其體本同，不可二分。由上可知，焦竑言「一貫」，實為其思考核心，橫跨了宇宙生成、本體工夫等範圍。故在《焦氏四書講錄》中，焦竑多處推衍「一貫」之價值方向，並認為此「一貫」之理乃《大學》、《中庸》錨泊，是曾子精神寄託，進而開展成為儒門之義蘊思想。此處焦竑由《論語．泰伯》曾子

15 〔宋〕朱熹：《四書章句集注》，頁132。

16 〔明〕焦竑：《焦氏筆乘續．讀論語》（臺北市：臺灣商務印書館，1968年9月），卷1，頁159。

自言：「士不可以不弘毅，任重而道遠。」[17]一句中勾勒曾子、《大學》與一貫之學的聯繫：

> 《大學》之著，一貫之唯，弘可見矣！手足之啟，易簀之斃，毅可見矣！此章之說，曾子亦自傳神者哉。[18]

焦竑承襲朱子之論，認為曾子著《大學》，弘揚儒門精神，自身更有「啟予足！啟予手！」[19]的戰戰兢兢，以及瞿然易簀一生的堅持，皆可見其死而後已，自律甚深的崇高處。換言之，曾子已將外在形軀與內在德行一以貫之，故焦竑亟言曾子為「自傳神者」。

焦竑進一步指出，《大學》為「一體之學」，故三綱領不能割裂來看。此「一體之學」即是指向儒家終極、單一之「道」。故在焦竑註解《大學》中，時見此論：

> 是其一體之仁也，雖小人之心，亦必有之。是乃根於天命之性，自然靈昭不昧者也，是故謂之明德。小人之心，既已分隔隘陋矣，而其一體之仁猶能不昧若此者，是其未動於欲，而未蔽於私之時也；及其動於欲，蔽於私而利害相攻，忿怒相激，則將戕物圮類，無所不為，其甚至有骨肉相殘者，而一體之仁亡矣。是故苟無私欲之蔽，則雖小人之心，而其一體之仁猶大人也；一有私欲之蔽，則雖大人之心而其分隔隘陋，猶小人矣。故為大人之學者，亦惟去其私欲之蔽以自明其德，復其天地萬物一體之本然而已耳非能於本體之外而有所增益之也。[20]

此處是焦竑釋三綱領。焦竑先確立不管「大人」、「小人」皆有「一體之仁」，也就是根植於天命賦與之自然、靈明、不昧的本性，也就是《大學》中的「明德」。然人為何會有大人與小人之別？此處焦竑以道德來區分「大

---

17 〔宋〕朱熹：《四書章句集注》，頁140。

18 〔明〕焦竑：《焦氏四書講錄·論語講錄》，頁115。

19 〔宋〕朱熹：《四書章句集注》，頁138。

20 〔明〕焦竑：《焦氏四書講錄·大學講錄》，頁10。

人」與「小人」，認為兩者差異只在小人「動於欲」、「蔽於私」，被外在利益、個人情緒的影響，掩蔽了本性，也破壞了原本圓滿的「一體之仁」。故焦竑肯定人人皆有此「一體之仁」，只是私欲障蔽，不得申發。此處焦竑不採朱子「天命之性」與「氣質之性」的理解進路，而是接近陽明「心即理」的思想。這樣的思考，也出現在焦竑詮釋《大學》的工夫入路中：

> 仁字是因絜矩說來，絜矩是恕，恕是為仁的方法。用人不恕，安能為爱人、惡人之仁？理財不恕，安能為以財發？身之仁既不能為仁，便不是以天地萬物為一體者也，不以天地萬物為一體者，而可謂之大人乎？[21]

「絜矩之道」是《大學》中重要的工夫論，其傳曰：「所惡於上，毋以使下；所惡於下，毋以事上；所惡於前，毋以先後；所惡於後，毋以從前；所惡於右，毋以交於左；所惡於左，毋以交於右：此之謂絜矩之道。」也就是以己心推致他人之情，並能以此同情之仁心治理天下，以求消解天下之倒懸，此處焦竑提出此行仁之方法是「恕」；但如果要有此「絜矩」的「恕」道，其前提必須體認「天地萬物為一體」的內在理蘊，也就是「身」能行仁之前提，在於肯認「心」中有「仁」。此種身心一貫之論，也是建立在儒家之「道」乃不可切分的理路之上。此種一體直截之思路，讓本體與工夫能彼此證成：

> 大道是絜矩，必忠信以得之，忠信如何就能得絜矩？蓋絜矩原從心裏出來，吾人此心原是至明至公的，盡心為忠，實心為信，實實落落，盡了此心，純是至公至明的本體，則好惡自與人同，而無處不是絜矩。[22]

因為道德行為必須有本體挺立作為支撐，才不會流於「義外」之論。故焦竑

---

21 〔明〕焦竑：《焦氏四書講錄．大學講錄》，頁26。

22 〔明〕焦竑：《焦氏四書講錄．大學講錄》，頁24。

強調「忠信」之表現與「絜矩」之內在聯繫，因此「心」至明至公，因此心此情，人我皆同，故他人之好惡，與我之好惡亦能相通，進而將此心推廓出去，自然能對他人具有同情的理解。

焦竑秉持此一貫之論，不僅在本體論、工夫論上皆有所撮舉分析，更據此點出「學」的先天本質：

> 道學、自脩，一學字便已了畢，講習討論之訓，不知其何謂也。如「學而時習之」、「學有緝熙於光明」，此等之學豈止於講習討論耶？蓋學是學存此天理，切而復磋者，在人欲上切磋出天理來也。自脩則就此天理有太過、不及，未能恰好者，又脩之以協於中。是天理中更示微妙至當處，便是琢之而復磨也，若以知行分貼作兩項，是豈聖門合一之學哉？[23]

此處釋「如切如磋者，道學也；如琢如磨者，自脩也」。「學」與「脩」在《章句》中，朱子分而釋之，認為學為講習討論，脩為省察克制。此處焦竑以「一體」的面向加以會通，認為學便是學習切磋、存養此天理；脩則是將此天理之性調整至「中」，無過於不及的微妙至當處。學是琢磨，脩亦是琢磨，故「知」與「行」應是同步顯發，彼此契合，才是「聖門合一」之學。

此處焦竑以《大學》為引，論及「人」與「道」之交集，而在詮解《中庸》時，更著力於顯煥「天人一貫」之理：

> 《中庸》之作傳道之書也，始之以天，終之亦以天。夫道之傳也，所以傳人學也。人之學也，所以學為人也，而始終以天說者，何哉？天人一也。不天不足以盡人，故以天命之性為始，自天而人也；以「上天之載，無聲無臭」為終，則自人而天也。深於《中庸》之書者，其有天人一貫之學哉！其可以任道統之傳哉！[24]

焦竑以「天人一貫」標舉《中庸》所具之超越性。首章開宗明義以「天命之

23 〔明〕焦竑：《焦氏四書講錄，大學講錄》，頁14。

24 〔明〕焦竑：《焦氏四書講錄·論語講錄》，頁112。

謂性」，勾索出形上性命之道；末章則引《詩》說明天道之精妙。然而在此微妙無形的天道之中，人能與天地並立，於此確立人之主體性，以道德行為實踐天道所賦予之本性。焦竑又曾強調：「知天知人，分說不必泥。天人無二理，知天知人非二事也。」[25]人如果能如此實踐一貫之學，便具備天人遙相共感的理解。故在書中，焦竑時時強調《中庸》中之天人脈絡：

> 天命之性，是天之生人也，戒懼慎獨是人之事。天也，天地萬物之位育，則又是人之成天也。天人一貫之學，其莫備於此書哉！[26]

此處由天至人，人以「戒懼慎獨」作為符合性命之實踐；以「位育天地」作為天人合一之終極成就，疏通了天人分際，也奠定了《中庸》思想中的超越性格，而「天人一貫」更是焦竑解經之重要基礎。以下內容即著眼於探究焦竑如何勾勒「一貫」之義理宗趣，並在咀嚼經典意涵中，呈現出跨越朱學，進而開出創造性詮釋的思考型態。[27]

三　道與性一貫：釋中和境界

關於道／性之間的關係，在《四書》中有兩個線索，一為《論語·公冶長》篇中子貢所言：「夫子之文章，可得而聞也；夫子之言性與天道，不可得而聞也。」[28]焦竑於下注云：

> 看來夫子之文章便是性與天道，此等妙處子貢不能窺測，故以為不可得聞。他原只在聞見上用功，意必形諸言而後可聞也，豈知文章之所在，即是性道之所在。無時無處而不是可聞者，何待於言乎？若說性

25　〔明〕焦竑：《焦氏四書講錄·中庸講錄》，頁54。

26　〔明〕焦竑：《焦氏四書講錄·中庸講錄》，頁56。

27　關於焦竑一貫思維之展現，於拙作：〈焦竑《焦氏四書講錄·中庸》之形上思維〉，《孔孟學報》第100期（2022年9月），頁191-209。已有論及，本節即在此文基礎上再增拓相關內容，期能更完整展現焦竑一貫思維的殊特處。

28　〔宋〕朱熹：《四書章句集注》，頁106。

> 與天道另在文章之外，則所以為文章者又何道耶？聞得文章而不聞性與天道，卻是習之而不察，由之而不知者矣，可謂知道乎哉？[29]

焦竑認為子貢將性、道、文章三者分視而觀，便不能理會孔門精神之妙處在於「一貫」。文章是性、道之承發表彰之載體，與性、道應一概而同視，不可割截。此處焦竑雖未言明性／道之間的一貫性，但可知焦竑將三者同等而觀，背後即蘊含了性、道一脈相承之意，以及由文章上究性、道的訴求。

另一個線索則是《中庸》第一章。此章除了揭櫫「性、道、教」之間的關係外，也提出了「中」與「和」兩個命題。「中和」與「未發」、「已發」，在《中庸》中皆為重要的體用表述。朱熹一生為此多有思考，且不斷推翻自己對「中和」之詮釋。歷來研究者亦多有論述。[30]焦竑在闡釋「喜怒哀樂之未發」一節中，亦對朱熹之注解提出叩問：

> 此條晦庵子以為言性情之德，以明道不可離之意。愚謂上文道不可離，可離非道，這兩句已說明了。「君子」以下，正是說脩道的工夫。此條便是工夫的有成處，若作明道不可離，則既說了工夫，又從頭轉去說道不可離，文理亦不接續。[31]

朱熹於此處言：「喜、怒、哀、樂，情也。其未發，則性也，無所偏倚，故謂之中。發皆中節，情之正也。無所乖戾，故謂之和。大本者，天命之性，

---

29 〔明〕焦竑：《焦氏四書講錄．論語講錄》，頁90。

30 朱熹有〈中和舊說序〉，抒發以「敬」代「靜」的思想轉折，〔宋〕朱熹撰，陳俊民校編：《朱子文集》（臺北市：財團法人德富文教基金會，2000年2月），第8冊，卷75，頁3786。後又有〈已發未發說〉，並將心得寫為〈與湖南諸公論中和第一書〉寄與學者，言明心具眾理，而性情有分之悟，後人稱之為「中和新說」。〔宋〕朱熹撰，陳俊民校編：《朱子文集》，第7冊，卷64，頁3229-3230。而關於朱熹對「中和」思想的觀察研究，可參見牟宗三：《心體與性體》，第三冊，第二章〈朱子參究中和問題之發展〉及第三章〈中和新說下之浸潤與議論〉，說明朱熹並非以體用不二，即用見體的「直貫思維」，而是以「靜涵橫攝」的系統建構觀點。焦竑於此處，亦藉由「一貫」思維，與朱熹商榷心、性、情三分的思想架構。

31 〔明〕焦竑：《焦氏四書講錄．中庸講錄》，頁54。

天下之理皆由此出，道之體也。達道者，循性之謂，天下古今之所共由，道之用也。此言性情之德，以明道不可離之意。」[32]朱熹於此將「未發」之情歸諸於「天命之性」，如能循道而發，便能無所乖戾，達致中和境界。故道之體用兩端，皆繫諸此情之「發」是否能符合「天命之性」，也就是符合「道」的標準，故人不可須臾離道。焦竑則於此提出質疑，認為《中庸》前文提及的「君子慎獨」，即是「道不可離」之脩道工夫，此處應是指君子如能「慎獨」，謹慎自己每個起心念動，則能使喜、怒、哀、樂之未發、已發，皆能達致中和境界。如果「喜、怒、哀、樂」此處是朱熹所言「道」之體用不可離，但在篇章結構上則不可謂和合。

焦竑藉此發揮，認為「中和」是君子慎獨工夫之後的「有成處」，即與朱熹之論點有所區隔──「中和」應是一種境界的表述，而非本體。故焦竑在「哀公問政」章，釋「脩深以道，脩道以仁」句時，便進一步梳理「中」之意涵：

> 脩身以道，是此身在日用間，處事接物都有條理，停停當當，悉協於中道也。脩道以仁，是協於中道處，心中有一段慈愛惻怛，肫肫懇懇，活活潑潑之意，貫徹乎其間也。身與道、道與仁，不是三項，總不過謂身之所行者皆是道，皆出於真切之心而已矣！[33]

焦竑遠承陽明心學，與朱熹「心統性情」、「心性分論」之理論架構，自有不同之詮解向度。此處焦竑將「身」、「心」合釋，身之行如能出於真切之心，也就是慈愛惻怛，肫肫懇懇，活活潑潑之「仁心」。而此「仁心」之發露，便是在日常舉動中合於「中道」，此「道」之內涵即是「仁」，故天之「道」與人之「仁」實為一體。至此，「道」、「身」、「心」之貫徹，即是以「仁心之發露」為工夫，以日常言動中為修養之本。脫離了朱熹「體／用二分」的二元理論架構，而是以「一貫」之理解基點詮釋「中和」之修養境界。

---

32 〔宋〕朱熹：《四書章句集注》，頁23。

33 〔明〕焦竑：《焦氏四書講錄．中庸講錄》，頁79。

焦竑的「一貫」之論是其重要的義理思考方向。焦竑於〈讀中庸〉一篇中亦有論：「中庸之言『中』，猶《論語》之言『仁』也。子思特異其詞曰：『喜怒哀樂之未發謂之中』。」[34]此處更清楚點出了「中」與「仁」的一貫，也就是情之未發的狀態，應是合於「仁」的狀態。於此，錢新祖亦有相關之論：「焦竑所賴以建立天（Heaven）與性之間等同的觀念基礎源自於《中庸》的「天命」觀念。《中庸》開宗明義說：『天命之謂性。』這個陳述句對焦竑來說提示了人性不僅在根源上、同時也在性質上是屬天的觀點，因為『天命之謂性』的天，所專注的不僅僅是一個為人立性的動作。天將祂自己給了人，並且在人之中具體化為性。這個天命的觀念包含了某種在天與人性之間的造物者－造物的關係。不過，這並不隱含著天與人性構成一個二元對立，因為天在為人創造出性的時候，也重新創造了自身成為在人之中的性。人的性因此與天合一，並且在它自身之中統一了天地萬物，就如同天一樣。」[35]故焦竑以「道」為天命之性，並進一步肯認了人如能在日常中真切依道而行，也就是以慈愛惻怛的「仁心」作為修身準則，如此則能通徹「天－心－身」的一貫之理。於此，「中」是焦竑對「道」的一種表述，而非另有一「中」的本體，與人之情相互分立。此論，焦竑在論《中庸》第六章：「執其兩端，其用中於民。」[36]時，亦反覆申辨之：

> 執其兩端，兩端都是善，惡的已隱了，又何必執？但善的或有不中處，故執而擇之。兩端不止兩件，猶云兩頭執而擇之者。看孰為中？孰為不中？把中與不中對看，便是兩端，過不及總是不中也。若云孰為過，孰為不及，孰為中，便是三端了。用中於民，正是措諸經綸事業，正見其行之至處。不是用民之中，民安得有中？若民自有中，聖人兩端之執，又何為乎？[37]

---

34 〔明〕焦竑：《焦氏筆乘續．讀中庸》，卷1，頁165。

35 錢新祖著，宋家復譯：《焦竑與晚明新儒思想的重構》（臺北市：國立臺灣大學出版中心，2014年5月），頁212。

36 〔宋〕朱熹：《四書章句集注》，頁26。

37 〔明〕焦竑：《焦氏四書講錄．中庸講錄》，頁59。

朱熹於此注曰：「蓋凡物者皆有兩端，如小大厚薄之類，於善之中又執其兩端，而量度以取中，然後用之，則其擇之審而行之至矣。」[38]朱熹於此處以「物」解釋萬物皆有相對相反的狀態，人必須用心選擇「中道」而用之，否則容易產生過與不及的結果。此處朱熹強調以心辨物之作用，焦竑則認為「兩端」只是一種概念性的說法，如果所為皆善，則善便無所謂兩端之別；善如不中，其可能性是過或不及，而「兩端」只是人暫時未達至善前的狀態描述而已，非如朱熹所解，將兩端分別解釋為過與不及，而善是兩者之「中」。焦竑認為，如此則產生三個概念，於文義不合。「中」是由道而來的純粹的善，是一種修養高度，如聖人能化民以「中」，其所見所行，皆渾淪之善，何來兩端之別？

焦竑持此「一貫」之論，與朱熹的思維向度便有許多值得對照之處。在第一章中，論「修道之為教」[39]便能看出：

> 問脩道之謂教，晦庵謂聖人品節，吾性之固有，以為法於天下，若禮、樂、刑、政之屬，如何？曰：道即天命之性，本是完完全全增減不得，不假脩飾的，何須要聖人品節？若要品節，便是不完全的物件了。禮樂刑政是治天下之法，固亦可謂之教，但不是中庸的本旨。若如晦庵之說，下面由教入道者，緣何舍禮樂刑政，別說出一段戒懼慎獨工夫？卻是聖人之教為虛設了。蓋性、道、教三字都從本原上說，天命於人，則命便謂之性；率性而行，則性便謂之道；脩道而學，則道便謂之教。此「教」字與「天道至教」，「風雨霜露，無非教」之「教」同。「脩道」字與「脩道以仁」之「脩道」同，人能脩道，然後能不違於道，以復其性之本體，下面「戒懼慎獨」便是脩道的工夫，中和便是復其性之本體矣！[40]

朱熹注此曰：「脩，品節之也。性道雖同，而氣稟或異，故不能無過不及之

38 〔宋〕朱熹：《四書章句集注》，頁26。

39 〔宋〕朱熹：《四書章句集注》，頁22。

40 〔明〕焦竑：《焦氏四書講錄·中庸講錄》，頁51-52。

差，聖人因人物之所當行者而品節之，以為法於天下，則謂之教，若禮、樂、政、刑之屬是也。」[41]此處朱熹以「脩」為「品節」之意，因人有先天「氣稟」的差異，故可能出現行為上的偏差，所以聖人要針對這些偏差行為，設立「禮、樂、政、刑」等客觀標準，以此按照人之行為加以區分等級、層次，並加以節制之功，此一論點展現了朱熹「性情二分」的理論架構，但也將「人」能做出符合「道」的可能性，寄託於外在的標準，如此，人是否能自覺地展現合乎「道」的「仁性」，便失去了保證，也就是問答中「（性）便是不完全的物件了」。故在此處問答中，焦竑援引了陽明的說法作為反駁。

陽明此處說解，焦竑揉合了王陽明答馬子莘的兩段問答[42]，認為朱熹闡釋「修道之謂教」時，認為此處岔出別說「禮樂政刑」，雖也是教化之方，但並非《中庸》本旨。依照《中庸》結構，此句後接續的是「君子慎獨」的內容，而非「禮樂政刑」，朱熹此處未考量到下文已有「修道」之工夫，以人之氣稟不齊，帶出「禮樂政刑」之安排，並未妥適。故焦竑此處以王陽明之說來發揮「性、道、教」一貫之說，性是天命之性，人能率性而行，自能合於天道，而「教」之內涵，就應該是合乎「道」。故修道就是「不違道」，也就是「不違本性」。其中的工夫就是「戒懼慎獨」，境界便是「復其中和之性」。所以人之天性、道之本體、工夫之內涵，其根據皆是一貫的。焦竑以此申明，人在切實踐仁之中，天能給予人恢復與天道等同的中和之性的保證。

人如能依據踐仁而復性，然仍需解決「人情」此問題。關於此，順著焦竑道／性一貫的義理架構以下，其在〈讀中庸〉一文中，提出了「性即情也」的思維：

---

41 〔宋〕朱熹：《四書章句集注》，頁23。

42 此處王陽明的闡述為：「道即性即命。本是完完全全，增減不得，不假修飾的，何須要聖人品節？卻是不完全的物件！禮、樂、刑、政是治天下之法，固亦可謂之教，但不是子思本旨。若如先儒之說，下面由教入道的，緣何舍了聖人禮、樂、刑、政之教，別說出一段戒慎恐懼工夫？卻是聖人之敢為虛設矣！」見陳榮捷：《傳習錄詳註集評》（臺北市：臺灣學生書局，2018年7月修訂版），頁151。

> 日動於情矣，而欲以之性，則何居？曰：未嘗動也，而夫人妄以為動，知其未嘗動也，情亦性矣。何也？水可為波，而波未嘗不水也；性可為情，而情未嘗不性也。噫！非知性知天之君子，孰能辨之？[43]

此處焦竑明確提出了「性」、「情」實為一的思考方向。如果將「動」視為「情」;「未嘗動」視為性，就是割裂同一的本體。「動」與「不動」，實為一體之兩種狀態，就如「水」與「波」，只是水的靜與動之差而已，而不可視為二物。此處焦竑之立論基礎，吾人在〈讀中庸〉一文中能繼續探知：

> 人生而靜，天之性也。率其性而不動於情，則為道。
>
> 性之靜，非離情以為靜也，而不知性者，常倚於情，夔夔齋栗，不敢離一絲焉，所以慎之也，慎獨矣，而必系之喜怒哀樂者，何也？曰：聖人獨能無情哉？喜怒哀樂，雖其憧憧焉，皆未發也。[44]

上句說明人之性為靜，而性由天所賦；人能以「靜」作為修養之終極目標，不受「情」之動搖，則為「道」。故「修道」即是修此易動之「情」，進而歸於天命之「靜」，進而申明天命與本性的貫通處。然此句之義理內涵過於片面，必須與交竑釋《中庸》「一貫」之理相互證解，才能完整呈露。

焦竑認為「性」、「情」不應二分，乃能符合聖門一貫之宗旨。《論語》中孔子曾自言「從心所欲不逾矩」乃為合道之境，至於如何指引理／欲、性／情發展之方向？焦竑則以陽明論道心／人心之關係來說明：

> 問：聖人是無欲者，卻云從心所欲，如何？曰：理亦不外欲，欲之合宜處便是理。陽明子云：「人心之得其正者即是道心，道心之失其正者即是人心。」蓋無欲不是絕無，是無私欲也。從心所欲，是欲之合宜而無私者，若要絕欲而為理，便是槁木死灰，豈所以為聖學乎？[45]

---

43 〔明〕焦竑：《焦氏筆乘續．讀中庸》，頁165。

44 〔明〕焦竑：《焦氏筆乘續．讀中庸》，頁165。

45 〔明〕焦竑：《焦氏四書講錄．論語講錄》，頁69。

焦竑以陽明之說宣示人心／道心實為一心，其差異乃在於是否能得其正，也就是能否得天理、合天道，此為陽明心學著力所在，故焦竑以此解道理乃在「合宜」處煥發，故修道在化「情」歸「靜」，也就是化「人心」復「道心」，關鍵在於欲必須合宜而無私，此去私復公之工夫，便是道／性一貫的根本處。故人心所以失衡乃因私欲作祟，不能回復中庸之道，故焦竑曾言：「中庸之道，人所以鮮能者，蓋由氣質之偏，有過不及之差也。智愚合屬明；賢不肖合屬行，此乃交互說者。知行原分不得，不知便是不行，不行便是不知，此可見知行合一處。」[46]此氣質之偏而非朱熹所言「氣質之性」，而是私欲遮蔽，不復本性清朗面貌，故雖有過與不及之處，然只要本心一「明」便為智；能行合道之事便為賢。故可之焦竑深致提醒之處，並非厭棄此氣質私欲之蔽，而是由此指引學者以「知行」一貫的工夫，使本性復歸於道，以道之中和以安頓氣質之偏。

然人生於世，總有耳目口鼻之欲，如何正視之、調整之，而不淪為滅欲以顯性的割截之理，焦竑於《孟子・盡心下》:「口之於味也，目之於色也，耳之於聲也，鼻之於臭也，四肢之於安佚也，性也，有命焉，君子不謂性也。仁之於父子也，義之於君臣也，禮之於賓主也，智之於賢者也，聖人之於天道也，命也，有性焉，君子不謂命也。」[47]一段中，主張其天道／人性一貫之理：

> 愚意：孟子是為人把耳目口鼻四肢之欲認是氣質之性，便忘了天命其於仁義禮智，又煞認是天命之精，而不知已落在氣質，遂使性命相離，日遠於道。故此章說耳目口鼻，人皆謂是氣質之性，無理寓其間，而不知雖云是性，卻有天命之理在其中。君子不謂是性而忘了天命也，此是在耳目口鼻中表出箇天命至善之理來。仁義禮智，人皆謂是天命之精，非人所皆有者，而不知雖云是命，卻已落在氣質之中，通有在人身上了。君子不謂是天命而另在性之外也，此是即仁義禮智

46 〔明〕焦竑:《焦氏四書講錄・中庸講錄》，頁57。

47 〔宋〕朱熹:《四書章句集注》，頁519。

> 中表出箇承受，有著落處來。兩性字同是氣質之性，兩命字同是天命之命，性中也有命，命也在性中。耳目口鼻，四肢也，不要看得太麄；仁義禮智，天道也，不要看得太精。若一樣性字，一樣命字，分做兩樣去解，異哉！[48]

關於性命一體，焦竑於篇首批駁了朱熹對本章的理解：「此章兩性字兩命字，晦庵子作兩樣看。時文且依他說。前性字是氣質之性，命字是富貴貧賤之命；後性字是性善之性，命字是清濁厚薄之命。」[49]認為朱熹將性與命二分，如此則形成「理」與「氣」相對之論，並非孔門一貫之學。此處焦竑則點出將天理／人欲割截來看，只會離道日遠。反之，焦竑認為「性字同是氣質之性，兩命字同是天命之命」，才能突破此章帶來的對性／命對揚的迷障。氣質亦屬天理中之範疇，而性中則本具耳目口鼻等欲望，此亦天理。於此可見焦竑之心學取向，乃在直面人性中的生理欲望，此為心學對理學之一大突破。但值得注意的是，焦竑並非鼓勵人應放任生理欲望橫流，而是肯定欲望本身亦為天理流行的內涵之一，與仁義禮智之性皆根於人性之中。由此，焦竑扭轉了朱熹體系中落於第二序的「氣質之性」，消弭了宋學中「氣質」與「天道」之鴻溝，同時提升了「氣」概念於其形上哲學體系之優先性。[50]學者須理解人性中本具生理欲求，亦本具天理之精，兩者實互不衝突，故言「性中也有命，命也在性中」，證成道／性一貫之境趣。

職是之故，焦竑由多層次的考察中把握「道」、「理」、「性」、「情」的不

---

48 〔明〕焦竑：《焦氏四書講錄．孟子講錄》，頁357。

49 〔明〕焦竑：《焦氏四書講錄．孟子講錄》，頁357。焦竑所援引之原文為：「夫口之欲食，目之欲色，耳之欲聲，鼻之欲臭，四肢之欲安逸，如何自會恁地？這固是天理之自然。然理附於氣，這許多卻從血氣軀殼上發出來。故君子不當以此為主，而以天命之理為主，都不把那箇當事，但看這理合如何。『有命焉，有性焉』，此『命』字與『性』字，是就理上說。『性也，君子不謂性也；命也，君子不謂命也』，此『性』字與『命』字，是就氣上說。」見〔宋〕黎靖德編：《朱子語類．孟子十一．盡心下》（北京市：中華書局，1999年3月），卷61，頁1461。

50 關於焦竑之「氣」論，於本文第五小節「氣與理一貫：釋萬物化育」中另有梳理與說明。

可二分，可視為焦竑「離情不可為性」的圓融意旨。如果不解此理，便難理解焦竑對《中庸》慎獨修養工夫之門徑。朱熹曾以「未發」、「已發」來區分「靜／動」、「性／情」，動靜之間是相互涵融影響的關係[51]；焦竑卻以「聖人有情」之論點，認為動靜實為一理，《中庸》的「慎獨」工夫，不能離情而說，慎是慎此情之喜怒哀樂，能在未發之時合於道，便是聖人的境界所在。是以，焦竑將道與人、性與情、動與靜加以通貫的義理內蘊，是非常明確的。

四　心與理一貫：釋誠之本體

既然焦竑將天與人、性與情加以通貫，視為一體，天道便成了「人性」能藉由修養而歸向「中和」境界的保證。此「道」之內涵，便是《中庸》所提出的「誠」體。焦竑在梳理《中庸》第二十五章「誠者自誠，而道自道也。」[52]便有表述：

> 誠者自成，就人身上說，道即是誠，要以誠為主。誠是天命之性，自己所以成性者；道是率性之道，自己所當率由者。晦庵子以誠屬心為本，道屬理為用，心與理有二，是体與用為二也。[53]

焦竑的理解基點為「道即是誠」，此道又是由超越之「天命」下貫為人之「性」，所以「誠」落在人身上為「性」，且是「自己所以成性者」，非由外加或後天的養成。此處朱熹注文說：「言誠者物之所以自成，而道者人之所當自行也。誠以心言，本也；道以理言，用也。」[54]朱熹結合二十五章下文中「誠者物之終始，不誠無物。」來區分「誠」與「道」分屬「心」與

51 朱熹曾言：「動則此理行，此動中之太極也；靜則此理存，此靜中之太極也。」〔宋〕朱熹：《朱子語類・周子之書・太極圖》，卷94，頁2371。

52 〔宋〕朱熹：《四書章句集注》，頁44。

53 〔明〕焦竑：《焦氏四書講錄・中庸講錄》，頁49。

54 〔宋〕朱熹：《四書章句集注》，頁45。

「理」兩個範疇。此處朱熹於下文詮注中進一步說明：「故人之心一有不實，則雖有所為亦如無有，而君子必以誠為貴也。蓋人之心能無不實，乃為有以自成，而道之在我者亦無不行之矣。」[55]可探知朱熹的體系中，君子需心能「誠」，才能體道，進而行道。故此處以道（理）為用，誠（心）為本；行「誠」的是心，其標準是道。然焦竑認為，如此詮釋將理／心、天／人、體／用截然劃分，讓人徒然向外追求「道」之標準，而非率由己心去尋找內心本有的「誠道」。是以焦竑此處反覆澄清的是：「誠」並非只是君子內心之修養工夫，更賦予了「誠」本體上的高度，進而保障了本心能契合天道的超越性。

然此處如順著焦竑以「天人一貫」、「性情一貫」的理路接續而下，其心學背景更讓焦竑肯認了「心／理一貫」的思維向度。在此前提下，「誠」既具有本體高度，又藉由天命而賦予人，其內涵必綰攝了道德實踐，如此必須縝密的指點出本體之原質所在。焦竑在《中庸》三十三章：「故君子不動而敬，不言而信。」[56]中言：

> 問：不言而信，信是何物？不動而敬，敬見何處？曰：只是存此心，心之本體即是誠，即是敬。信即是一，此體常存，便是主一，便是敬信，便是思誠了。此學不明，世儒只在可見可聞、有思有為上尋學舍之便，昏聵無用力處矣。[57]

君子如能以誠存心，不必憑藉外在的言語與舉動，便能使人受到感召，此種內外合一之圓境，即是聖學中主敬存誠之深奧處。此處焦竑廓清了「心體」即「誠體」，不需外求，只需由自身「思誠」，就能達至此心清明，自然能誠。如果不能往自己內心去體會探求，反卻以外在的見聞作為思維的內容，只會讓本心更加昏聵不清，離誠之本旨愈遠。

此處焦竑提出「思誠」作為工夫，並提出「誠即是敬」，以「信」主

---

55 〔宋〕朱熹：《四書章句集注》，頁45。

56 〔宋〕朱熹：《四書章句集注》，頁52。

57 〔明〕焦竑：《焦氏四書講錄．中庸講錄》，頁110。

一，使誠體顯豁常存，便是心體之顯煥。故在《中庸》二十五章釋「故君子誠之為貴」至「時措之宜也」[58]時再次詳加說明：

> 蓋誠之理以之成己，是渾融無私之仁，仁即誠之本體也。以之成物，是知明處當之智，智即誠之流行作用處也，是仁也、智也，皆吾性誠之德也。雖成己成物，若有內外之殊，而誠之為德，則無內外之分也。夫惟一誠備仁智之德，故君子特患未誠耳。誠則仁智兼全，而成己成物皆有其具了。是以時乎，成己、措誠之仁而已，便成時乎、成物、措誠之智，而物便成。可見仁智一理，得則俱得；物我一原，成不獨成，豈有得於仁而不得於智，能成己而不能成物者乎？[59]

此處首先揭示「仁」作為「誠」之本體，而此渾融無私之「仁」被賦予了先天之優位處，也就同時保證了道德的先天性。故人能以仁成己，以知成物，皆是以此誠體作為超越的保證，所以「仁」與「知」是「誠」之內涵。焦竑也曾以《中庸》二十三章中「其次致曲，曲能有誠……唯天下至誠為能化。」[60]一段中闡述「至誠」的化境：「上章言至誠之事，此言其次者，自致曲而至於能化，便亦是至誠了。人物亦可盡，天地亦可參贊，所謂聖賢同歸，天人一致也。」[61]結合以上引文，吾人可知，此「誠」既是心之本體，亦是天之本體，才具有成己成物的作用。於此，焦竑反覆申論此「誠」是合天人、合人我、合內外、合仁智的，乃能言「物我一源」，於此點明心與理一貫的同時性。而朱熹於此注云：「仁者體之存，知者用之發，是皆吾性之固有，而吾內外之殊。既得於己，則見於事者，以時措之，而皆得其宜也。」[62]此處朱熹亦提出仁與知兩者為性之「體」與「用」，皆性之固有，無內外之別。然兩者的理解向度仍稍有不同：朱熹以性具仁知，但仍有體用

58 〔宋〕朱熹：《四書章句集注》，頁44。

59 〔明〕焦竑：《焦氏四書講錄．中庸講錄》，頁92。

60 〔宋〕朱熹：《四書章句集注》，頁43。

61 〔明〕焦竑：《焦氏四書講錄．中庸講錄》，頁48。

62 〔宋〕朱熹：《四書章句集注》，頁45。

本末之差異；焦竑則以一貫架構說明「心性皆屬誠」，以此形構誠體之內涵，認為「仁智」實為一體。由上之說明可明瞭，前者以理之本體說，後者以心性貫通說，吾人仍可留意到二人義理宗趣上的不同側重。

以「仁」作為作為「誠」之本體，從而保證道德的先天性，焦竑則另由《孟子・盡心下》中以孟子言：「仁也者，人也。合而言之，道也。」[63]推言「仁」即為「理」的觀點：

> 此是明「仁」「道」兩字，以示人人有，恆言皆曰仁曰道，而不知仁者人也，人不離仁，合而言之，道也。仁即人所以為人之理，道即仁之推行者，不是別有一理也。總見得理之一而皆不外乎人耳。仁者人也，即「天命之謂性」；合而言之，道也，即「率性之謂道」。合字對離字看，合者不相離也，人不離仁，便有無限當然的事出來，便謂之道。不是分而言之，合而言之之說。若做分合看，則有生之初，此仁已合在人身上了，豈是分了而待於合耶？仁字包得闊，四端萬善都只是一箇仁。晦庵子云：「據外本，人也，下有義禮智信二十字，理極分明。」信如此說，恐倒不分明矣。若添了義禮智信，則仁固人也，而所謂宜也、履也、知也、實也，又屬之於何也？是仁固不遠於人，而義禮智信者皆人外之道矣，不近於仁內義外之說哉？[64]

焦竑首先言明「仁道」不兩分的核心觀點：人不離仁，此即為道，即為天理。人能行仁，即為行道，此皆為天理之一貫處。故先天之道與後天之性不可二分，乃能彰顯聖學體用之精微。故此處焦竑將《中庸》開篇「天命之謂性」、「率性之謂道」加以統攝綰合，先言「仁」為天命之性，再言人能合仁之道為「率性」。對照朱熹於此章下注言：「然仁，理也；人，物也。以仁之理，合於人之身而言之，乃所謂道者也。」[65]可看出朱熹將天理與人身加以

---

63 〔宋〕朱熹：《四書章句集注》，頁516。

64 〔明〕焦竑：《焦氏四書講錄・孟子講錄》，頁356

65 〔宋〕朱熹：《四書章句集注》，頁516。

二分，加強闡述人本身需力求吻合天理，由此得見宋儒天人分述，強調修養的理論特徵。但此處焦竑卻強調「合」之義並非「分合」之合，而是「不離」，亦可看出其一貫之學的旨趣發揮處；如此處解為「分合」之合，則據上文知此「仁」為「誠體」之內在本質，此「分」將使此本體成割裂之勢。焦竑檢討朱熹之詮釋，認為將仁與義、禮、智、信等德目分視而論，實則破壞了「仁」之整體性，將無法圓融地說明天與人的條貫處，自然無法發揮聖學境界中以「誠體」貫通人心與天理的義蘊血脈。

故學者欲深究本體之精微處，須先澄明此「誠體」之真幾奧義，才能體會聖門核心中心／理一貫之渾化思維。此處焦竑以「心」言「誠」，其解《中庸》三十二章之「唯天下至誠」[66]時有言：

> 至誠是一點純乎天理之心，大經、大本、化育，都是一箇天理。有了這點純乎天理之心，則何天理之不可盡？不必他有所倚，而大經、大本、化育，自然一以貫之而無遺。[67]

此處明確指出「心」、「誠」、「理」的義理方向。此心一能至誠，便達「純乎天理」之理境。而此天理能經綸天下、立天下之本，知天地化育。此處焦竑明言道德主體能與價值源頭袞合：人藉由道德行為，能上溯至超越的天道，進而達致人文化成。此處亦是以「誠」來證說「心－性－天」的一貫脈絡，同時也將儒家「內聖」與「外王」兩樣追求並置，兩者實無區別，無先後。焦竑在解《中庸》第二十六章「至誠無息」[68]章時，便有更明確的揭示：

> 至誠是聖人的實心，而實理就在其中。至誠了，自然無私。欲之間而不息，不息自然能久而有常。不息而久，是心裡的德；徵是外面的功業。[69]

---

66 〔宋〕朱熹：《四書章句集注》，頁51。

67 〔明〕焦竑：《焦氏四書講錄．中庸講錄》，頁107。

68 〔宋〕朱熹：《四書章句集注》，頁44。

69 〔明〕焦竑：《焦氏四書講錄．中庸講錄》，頁93。

「誠」為心之本體，其內涵為仁、為信、為敬，同時也具於人之性中。故聖人能至誠，有誠之心，便有誠之理。至誠與無私，一成皆成，人心至誠無私，自能上契天理，這是聖人一輩子的事業，也是內聖「心德」與外王「功業」能相融共濟的重要關鍵處。

五　氣與理一貫：釋萬物化育

宋代理學家中論「氣」者如張載、程頤、朱熹等人，皆有相關的理論建構。[70]張載以「太虛」言氣之至善，卻在分化落實至世界時，產生了片面或偏頗，導致了惡的型態。朱熹也曾言明，人具有「氣質之性」，以此來說明人世間仍有人品高低，善惡行為之原因。[71]此論雖肯定天道至善之本質，但

70 關於宋明理學中對於「氣」的觀察，論點頗多，大抵因範疇不同，而有「理氣相即」和「理氣相對」兩種看法。〔北宋〕張載（1020-1077）對「氣」之範疇，由《正蒙》中可見完整架構。在本體論方面，張載視「氣」為宇宙本體的構成要素，其言：「太虛無形，氣之本體，其聚其散，變化之客形爾。」參見蕭天石主編：《橫渠張子釋、張子正蒙注》，《中國子學名著集成》（臺北市：中國子學名著集成編印基金會，1978年12月），〔清〕王夫之：《正蒙注・太和篇》，頁239-240。將「氣」視為萬物變化之根本，具生生之理，故氣之陰陽、聚散中，相摩相盪，一而二，二而一，依理之法則運行而生萬物。在心性論點上，張載亦提出「天地之性」與「氣質之性」，這一對概念，其曰：「形而後有氣質之性，善反之；則天地之性存焉。故氣質之性，君子有弗性者焉。」參見〔清〕王夫之：《正蒙注・太和篇》，頁339。點明人性可分視為先天而善的「天地之性」，與後天氣質而化的「氣質之性」，並主張人後天之氣稟可能會遮蔽先天之本性，故修養上要變化氣質，求為復善。陳來認為，張載將「氣」概念廣泛化，不僅虛空為氣，形體、現象亦為氣之變化，成為萬物存在的基礎，參見陳來：《宋明理學》（上海市：華東師範大學出版社，2004年3月），頁47-51。蒙培元則認為，張載建立的是「氣本體論」的哲學，同時確立了以「氣」為宇宙論中心的體系，同時論及理氣之間的關係，參見蒙培元：《理學範疇系統》（北京市：人民出版社，1989年5月），頁9-12。

71 此處朱熹於《孟子集注》中曾援引程、張二人對「氣」的觀點：「程子曰：『性即理也，理則堯舜至於塗人一也。才稟於氣，氣有清濁，稟其清者為賢，稟其濁者為愚。學而知之，則氣無清濁，皆可至於善而復性之本，湯武身之是也。孔子所言下愚不移者，則自暴自棄之人也。』又曰：『論性不論氣，不備；論氣不論性，不明，二之則不

仍將義理與氣質分做兩截說，「氣」的本身仍有渾然與偏頗的狀態，導致人的秉性不均，氣質不齊。

然由上文之論述中可知，焦竑倡議人之心、性與天同一理，天理純然之善下貫於人，無非皆善，故在焦竑的形上思索中，「氣」並不能分做兩處看，但其角度卻也並非全然取自心學，而是認為宇宙間自有一「氣」之運行，此氣純然作為萬物化生之原理與原則，而無有善惡、整偏之分，人則需用修養之功加以匡扶補正。焦竑對此生生之氣的闡述，從《焦氏四書講錄》中可以側知。如其解《中庸》二十四章「至誠之道，可以前知。」[72]中有言：

> 至誠之道，心與天地同德，氣與天地同流，故興亡之兆，禍福之來，感於吾心，動於吾氣，如有萌焉，無不前知。[73]

焦竑提出「氣」的概念，是隨著「至誠」之道同時運作，只是在心則稱為「德」，在天地則是一流動之「氣」，由此可了解此氣亦是「道」的形態。人心之動，如能順應此天地之氣，自然能前知其中興亡禍福之來，也就是與天道互相感應。由此吾人能確知，此「氣」與程朱理學所倡之「氣質之性」不同。朱熹曾言：「論天地之性，則專指理言；論氣質之性，則以理與氣雜而言之。未有此氣，已有此性。氣有不存，而性卻常在。雖其方在氣中，然氣自是氣，性自是性，亦不相夾雜。至論其遍體於物，無處不在，則又不論氣之精粗，莫不有是理。」[74]按朱熹的體系，性即理，氣質之性則是性、氣相雜，故氣是性體不純然善之因。然「氣」是世界形成的要素，氣落於萬物中

是。』張子曰：『形而後有氣質之性，善反之則天地之性存焉。故氣質之性，君子有弗性者焉。』愚按：程子此說才字，與孟子本文小異。蓋孟子專指其發於性者言之，故以為才無不善；程子兼指其稟於氣者言之，則人之才固有昏明強弱之不同矣，張子所謂氣質之性是也。二說雖殊，各有所當，然以事理考之，程子為密。蓋氣質所稟雖有不善，而不害性之本善；性雖本善，而不可以無省察矯揉之功，學者所當深玩也。」參見〔宋〕朱熹：《四書章句集注》，頁461。

72 〔宋〕朱熹：《四書章句集注》，頁44。

73 〔明〕焦竑：《焦氏四書講錄．中庸講錄》，頁90。

74 〔宋〕黎德靖編：《朱子語類．性理一》，卷4，頁67。

而有精粗之別。

然焦竑則認為「氣」為生化萬物之超越原理，且一氣並無高低整偏之分，其言曰：

> 人、物之發生長育，俱是陰陽五行之氣，而道即陰陽五行之理，是氣之流行，即是理之流行也。峻極於天者，天之為天，不過陰陽五行，渾淪磅礴之氣。而有是氣，亦必有是理，是氣之充塞，即是理之充塞也。所謂造化之樞紐，品彙之根柢是矣。[75]

焦竑此處先肯定了此「氣」具有「陰陽五行」之狀態，此氣依理而流行，下貫於有形之人間，皆是一理。細觀此處之氣，率由理行，與焦竑一貫之學若合符節。此處焦竑暗引並扭轉了朱熹之說，朱熹曾明言：「有是理後生是氣，自『一陰一陽之謂道』推來。此性自有仁義」，「有是理便有是氣，但理是本。」[76]在朱熹的體系中，理為本，氣為理之所生，兩者有個先後主從關係；焦竑卻將「理」與「氣」兩者等同起來，認為氣只是「理」的落實，也就是最後焦竑引朱熹所言：「上天之載，無聲無臭，而實造化之樞紐，品彙之根柢也。」[77]但焦竑視野中的「氣」與「理」，高度一致，同是造化之本，至善之根。

由此可以推知，焦竑並不同意朱熹等理學家，將「氣」用整全／偏失加以區分的論點。其論在註解《中庸》第十六章「鬼神之為德，其盛矣乎！」[78]中可知：

> 鬼神只是一氣。蓋陰陽二氣之分，不過是一氣之運而已。屈而伸，伸而屈，往往來來只是這一箇氣。但以其屈便謂之鬼；以其伸便謂之

---

75 〔明〕焦竑：《焦氏四書講錄．中庸講錄》，頁96。

76 〔宋〕黎德靖編：《朱子語類．理氣上．太極天地上》，卷1，頁2。

77 〔宋〕朱熹撰，朱傑人、嚴佐之、劉永翔主編：《朱子全書．太極圖說解》（上海市：上海古籍出版社，2002年），頁4。

78 〔宋〕朱熹：《四書章句集注》，頁33。

神，非真有兩箇氣也。[79]

此處焦竑強調陰陽二氣之分，實是一氣之運作狀態不同而已，鬼神之不同，只在於氣之屈伸。此處與論「情」之兩端之持論相似，皆是其「一貫」之學的展現。而朱熹於此章則注曰：「愚謂以二氣言，則鬼者陰之靈者，神者陽之靈也。以一氣言，則至而伸者為神，反而歸者為鬼，其實一物而已。」[80]觀察兩人的著墨處，此處朱熹雖也承認氣為一氣，鬼神是在整全之氣中因不同的狀態而有不同的展現。不過，朱熹仍以陰為鬼；陽屬神，以陰陽二氣之區別來申論鬼神，其理解向度仍與焦竑稍有不同。

而在詮釋《中庸》二十六章「其為物不貳，則其生物不測」[81]中則言明誠與理、氣的關係：

> 為物不貳者，誠有是理，誠有是氣也。生物不測，是其生之所以然處，不可測也。此處只重在誠，還未重生物。上不測句，亦只見得誠之妙耳。[82]

《中庸》此處原是說明天道之至誠無息。焦竑以「誠」中有「理」、有「氣」以解「不貳」之意，說明此「誠」體有生化萬物之功，其深奧處不可測知。雖焦竑認為此句是說明「誠」體之妙處，尚未進得「生」之功，但由此處可勾勒出「誠」與「氣」之同一性，氣之流轉生生，其中皆有誠之「理」做為化育之原則。其「理」「氣」之一貫方向，朗然可見。《論語．先進》中有「季路問事鬼神」一章，孔子答：「未能事人，焉能事鬼？」又問死，孔子則言：「未知生，焉知死？」[83]焦竑於此便以「氣」與「誠」為核心加以申論發揮：

---

79 〔明〕焦竑：《焦氏四書講錄．中庸講錄》，頁70。

80 〔宋〕朱熹：《四書章句集注》，頁33。

81 〔宋〕朱熹：《四書章句集注》，頁45。

82 〔明〕焦竑：《焦氏四書講錄．中庸講錄》，頁94。

83 〔宋〕朱熹：《四書章句集注》，頁172。

> 夫子於子路之問，不是不告他，已是告之了「未能事人，焉能事鬼？」事人之道便是事鬼之道，總只是一箇誠。有其誠則有其神，無其誠則無其神也。「未知生，焉知死。」知生之道，便是知死之道，總只是一箇氣。氣聚則生，氣散則死矣。看來子路問死，是問何以死也。若云氣散而死之死，愚夫愚婦亦知得，子路乃獨不知而問乎？學者須知得自己有生處：天之賦形於我者，何如賦性於我者？何如我有此形當何處用？我有此性當何處作為？須要如君子存之以異於禽獸者方謂之知生。知所以生而順，便知所以死而安。夫子嘗曰：「朝聞道，夕死可矣。」此知死之說也。若只教子路知箇血氣之生，則其知也淺淺哉！[84]

焦竑認為子路之問，並非淺淺地問此一身之生死，而是思考「生」之究竟價值，也就是進入性理之學、道德之學的範圍。焦竑先揭櫫「事人」與「事鬼」同需以「誠」存心，乃能通神；「知生」與「知死」亦同為一氣之聚散。焦竑標舉「誠」與「氣」為「神」此形上層次之關鍵處。然人如只以誠敬事鬼，汲汲於追求形軀之生，並無深化自己對生命的體會與思考，便會落入一般人只追求一生富貴順利的俗套而已。故焦竑提出此處之「生」應與「誠」與「氣」貫通，人應自覺而具有「異於禽獸」之道德修養，才能謂有「真知」，亦才能言深切的「知生」，而於此體會儒家存在意義之呼喚，乃能建立完整德性人格，進而形塑聖學精神，此乃焦竑哲學體系中理氣論之重要性，亦是焦竑反覆參詳之處。

六　結論

焦竑的一貫之學，肌理條貫，由本體而至工夫，論述精到，義理豐盈，乃焦竑多年體會儒學經典蓄積的體會，認取為孔門家法，更具自信，故處處可見焦竑提醒學子留意體會之語。如《孟子・告子上》中有「羿之教人射，

84 〔明〕焦竑：《焦氏四書講錄・論語講錄》，頁134。

必志於彀；學者亦必志於彀。大匠誨人，必以規矩；學者亦必以規矩。」[85]焦竑於此，將射藝之教推衍為聖道之傳：

> 此重聖道上，只以曲藝為喻。聖道相傳，垂教萬世者，只有一箇家法，曰精一執中，曰博約一貫，曰明明德尊德性，曰求放心存心養性。名色雖不同，總是一箇道理，總是一箇家法，學者舍此更別無法可據矣。[86]

此處焦竑提出儒學義理核心在精一執中、博約一貫等內容，名稱雖有異，但此聖道之精神，本心之至理不可謂不同，此亦是聖聖相承之心靈意識所在。故學者欲契會此精神，則必以一貫之學為工夫，方不落入支離紛淆。焦竑於經注文字中多有指引與鼓勵：「誰人不有此心？誰人不能一貫？只為私欲蔽了，是以貫通不去耳。青天不起浮雲障，自然現出家家月。大本達道，一以貫之，而天下之能事畢矣！」[87]此處焦竑表達了對學者的深致叮嚀，與自身欲承擔聖學傳布之志。亦期許有志之學者，於人論日用之中，以理充其極，自能貫通無礙，優入聖域。

焦竑一生，經史兼治，旁及考據，可見其兼有「內聖」的良知宗旨，也有「外王」的實學工夫。而面對晚明思潮衝擊，也滌盪出對儒家經典詮釋觀點的多元視角。綜觀相關之研究成果，多集中在焦氏的史學與考據學，較少關注其四書思想的發揮。本文則期望通過對《焦氏四書講錄》中「一貫」思想的梳理，探究焦竑在四書學上的創發，期能更完整勾勒出焦竑的學術貢獻。是以本文檢視所及，列舉如下：

其一，在道與性的關係中，焦竑提出「中和」為境界之表述而非本體。認為天之「道」與人之「仁」實為一體，並將「道」、「身」、「心」一體貫徹，以「仁心之發露」為工夫，以日常言動中為修養之本，脫離朱熹的二元

---

85 〔宋〕朱熹：《四書章句集注》，頁472。

86 〔明〕焦竑：《焦氏四書講錄．孟子講錄》，頁326。

87 〔明〕焦竑：《焦氏四書講錄．中庸講錄》，頁85。

理論架構，改以「一貫」之理解基點來詮釋「中和」之修養境界。

次者，由「誠」體論心與理之一貫。「誠」非只是內心修養工夫，更具有本體上的高度，保障了本心能契合天道的超越性格。是以「誠」為心之本體，其內涵為仁，為信、為敬，同時也內具於人性中。故聖人能至誠，有誠之心，便有誠之理。至誠與無私，一成皆成，人心至誠無私，自能上契天理，這是聖人一生的事業，也是內聖「心德」與外王「功業」能相融共濟的重要關鍵處。

其三，以氣與理之一貫，論萬物之生化根源。焦竑倡議心、性與天同一理，天理純然之善下貫於人，無非皆善，而天理是以「氣」的形態落實於萬物中，故宇宙間有此「氣」之運行，此氣純然作為萬物化生之原理與原則，而無有善惡、整偏之分，與程朱「氣質之性」之義理架構有異，反而更接近清代「氣一元論」的內在超越脈絡。

綜覽焦竑對一貫之學的構畫，在於疏通道與性、心與性、本體與工夫等對立概念，在煥發儒家內涵中，深化學者對聖學境界的嚮往。然《焦氏四書集注》詮解所及，內容頗多，加以筆者學力有限，掛一漏萬，難見周全，尚有許多面向有待檢討。不足之處，尚祈各家先進，博雅君子不吝賜教。

參考文獻

一　原典文獻

〔宋〕朱熹：《四書章句集注》，臺北市：大安出版社，1994年11月。
〔宋〕朱熹撰，朱傑人、嚴佐之、劉永翔主編：《朱子全書・太極圖說解》，上海市：上海古籍出版社，2002年。
〔宋〕朱熹撰，陳俊民校編：《朱子文集》，臺北市：財團法人德富文教基金會，2000年2月。
〔宋〕朱熹撰，朱傑人、嚴佐之、劉永翔主編：《朱子全書・太極圖說解》，上海市：上海古籍出版社，2002年。
〔宋〕黎靖德編：《朱子語類》，北京市：中華書局，1999年3月。
〔明〕王守仁撰，錢德洪等編：《王文成全書》，收於《景印文淵閣四庫全書》，臺北市：臺灣商務印書館，1985年6月，第1265-1266冊。
〔明〕焦竑：《焦氏四書講錄》，《續修四庫全書》，上海市：上海古籍出版社，影印明萬曆21年（1593）書林鄭望雲刻本，1995年。
〔明〕焦竑撰；李劍雄點校：《澹園集》上冊、下冊，北京市：中華書局，1999年5月。
〔明〕焦竑：《焦氏筆乘》上下冊，臺北市：臺灣商務印書館，1968年9月。
〔明〕黃宗羲：《明儒學案》，臺北市：華世出版社，1987年2月。
〔清〕永瑢、紀昀等撰：《武英殿本四庫全書總目提要》，臺北市：臺灣商務印書館，1985年6月。
〔清〕張廷玉等撰：《明史》，北京市：中華書局，1974年4月。

二　近人論著

牟宗三：《心體與性體》，臺北市：正中書局，1969年6月。

李焯然：《明史散論》，臺北市：允晨文化實業公司，1987年10月。

李劍雄：《焦竑評傳》，南京市：南京大學出版社，1998年4月。

陳　來：《宋明理學》，上海市：華東師範大學出版社，2004年3月。

陳師逢源：《「融鑄」與「進程」：朱熹四書章句集注之歷史思維》，臺北市：政大出版社，2013年10月。

陳師逢源：《朱熹與四書章句集注》，臺北市：里仁書局，2006年9月。

陳師逢源：〈明代四書學撰作形態的發展與轉折〉，《國文學報》，第68期，2020年12月，頁67-101。

陳榮捷：《王陽明傳習錄詳註集評》，臺北市：臺灣學生書局，2018年7月修訂版。

蒙培元：《理學範疇系統》，北京市：人民出版社，1989年5月。

錢新祖著，宋家復譯：《焦竑與晚明新儒思想的重構》，臺北市：國立臺灣大學出版中心，2014年5月。

《孟子》中的「春秋」(二)

劉文強

中山大學中國文學系教授

提要

《孟子》中無《左傳》之名，而有與《左傳》相關之若干記載，其原因在於孟子當時本無《左傳》之書，而孟子所提及之「《春秋》」，實包括今之《春秋經》與《左傳》；孟子所提及「其義則丘竊取之」，即其所謂「《春秋》」之《春秋經》部分；「其文則史」，即其所謂「《春秋》」之《左傳》部分。由於學者對《孟子》中《春秋》一詞未曾精準判斷，故此義歷來概未論及。本篇使用數位新法，如巨量文本、精準判斷，以及傳統之二重證據法，設《孟子》中《春秋》與《左傳》相關之關鍵詞，進行精準判斷，故能得出上述結論，見工具與方法之重要，本學門同道宜與時俱進也。

關鍵詞：孟子、左傳、數位人文、精準判斷、還原情境

一　前言

本人於〈《孟子》中的「春秋」(一)〉已討論：

(一) 作《春秋》的背景與目的

(二)《春秋》的作者

(五) 弟子受《春秋》

惟於「(三)、作《春秋》的時間」、「(四)、《春秋》的起訖」，尚未及闡述，既以篇幅之故，又以茲事體大，宜別析論。今論之於下，以為完整之說明。

二　「(三) 作《春秋》的時間」

關於孔子作《春秋》的時間當在何時，上引《孟子》僅有泛說：

世衰，道微，邪說、暴行有作。臣弒其君者，有之；子弒其父者，有之。孔子懼，作《春秋》。

至於「作《春秋》」明確的時間點，孟子並未明言；相關文獻的記載，亦不盡相同，茲列表於下：

表二

編號	出處	備註
1	《孔子家語・曲禮子貢問・1》：子貢問於孔子，曰：「晉文公實：『召天子，而使諸侯朝』焉。夫子作《春秋》，云：『天王狩于河陽』，何也？」[1]	子貢問於孔子，必在孔子未卒之前，蓋返魯之後

1　楊朝明：《孔子家語通解》(臺北市：萬卷樓圖書公司，2005年3月)，頁509。

編號	出處	備註
2	《孔叢子・居衛・10》：子思既免，曰：「文王厄於牖里，作《周易》；祖君屈於陳、蔡，作《春秋》。吾困於宋，可無作乎？」[2]	屈於陳、蔡，作《春秋》
3	《淮南子・氾論訓・6》：王道缺，而《詩》作；周室廢，禮義壞，而《春秋》作。[3]	周室廢，禮義壞，而《春秋》作
4	《史記・孔子世家・73》：(魯哀公十四年春，狩大野。叔孫氏車子鉏商獲獸，以為不祥。——)子曰：「弗乎！弗乎！君子病：『沒世而名不稱』焉。吾道不行矣，吾何以自見於後世哉？」乃因史《記》，作《春秋》。[4]	(西狩獲麟)乃因《記》，作《春秋》
5	《史記・儒林列傳・1》：西狩，獲麟，曰「吾道窮矣！」故因史《記》，作《春秋》，以當王法；其辭微，而指博，後世學者多錄焉。[5]	西狩，獲麟——乃因《記》，作《春秋》
6	《史記・太史公自序・19》：孔子戹陳、蔡，作《春秋》。[6]	孔子戹陳、蔡，作《春秋》
7	《鹽鐵論・相刺・2》：是以東西南北，七十說，而不用，然後退，而修王道，作《春秋》。[7]	孔子戹陳、蔡，作《春秋》

根據上表，可有如下析論：

2 《孔叢子》(臺北市：臺灣中華書局，1970年4月)，卷2，頁9。

3 劉文典：《淮南鴻烈集解》(北京市：中華書局，1985年5月)，頁427。

4 〔日〕瀧川龜太郎：《史記會注考證》(臺北市：洪氏出版社，1977年5月)，頁762。

5 〔日〕瀧川龜太郎：《史記會注考證》，頁1285。

6 〔日〕瀧川龜太郎：《史記會注考證》，頁1372。

7 王利器：《鹽鐵論校注札記》(臺北市：世界書局，1979年3月)，頁142。

1. 王道缺：編號3（《淮南子・氾論訓》）（與孟子相同）。
2. 返魯之後：編號1（《孔子家語・曲禮子貢問》）。
3. （屈、戹）陳蔡：編號2（《孔叢子・居衛》）、編號6（《史記・自序》）、編號7（《鹽鐵論・相刺》）。
4. 西狩獲麟：編號4（《史記・孔子世家》）、編號5（《史記・儒林列傳》）。

上述四點之中，《淮南子》之說與《孟子》相同，可知其承自《孟子》，惟對於說明孔子作《春秋》的時間點無所助益，亦如孟子。「（屈、戹）陳、蔡」之說最令人感同身受，惟可能性也最低。試問「（屈、戹）陳、蔡」之際，孔子師徒甚且七日不火食。在如此窘迫的情況下，有何能力、機會、條件，足以讓孔子「作」、「修」《春秋》？《史記・自序》所以亦作「戹陳、蔡」，焉知其與司馬遷個人之不幸遭遇有關？焉得遽以為據？蓋果真如此，何以《史記・孔子世家》、《史記・儒林列傳》又作「西狩獲麟」？史公自為此互相矛盾之辭，其無意乎？其有意乎？

相較之下，「返魯之後」說（《孔子家語》），雖可知其時間點為哀公十一年十二月至十六年四月（孔子67-72歲），惟仍難以精確斷定時間點。當然「作」、「修」《春秋》亦非一蹴可及，需要若干時間；若以四年為期，或不至於離譜；就算是與「西狩獲麟」之說，亦有交集。若有四年時日，在時間方面，更為寬裕；雖然仍顯寬泛，卻更符合實情。何況孔子返魯之後，的確整理過當時的典籍文獻，《論語・子罕・15》：

> 子曰：「吾自衛反魯，而後《雅》、《頌》各得其所。」[8]

孔子「自衛反魯」之後，「《雅》、《頌》」便能「各得其所」，顯示孔子此時既有能力、有興致整理文獻，當然也就有能力、有興致「修」、「作」《春秋》。反之，若將時間定在「西狩獲麟」，如《史記・孔子世家》、《史記・儒林列傳》所言，則必然得面對上述有關時間能力等問題。按：「西狩獲麟」在哀十四年春；哀十六年夏，孔子卒。若於此時段，時間大約僅有二年；如此短

---

8 《論語注疏》（臺北市：藝文出版社，2007年8月），頁79-80。

暫的時間，能否即時「修」、「作」內容如此豐富，資料如此眾多的《春秋》？杜預〈春秋經傳集解・序〉便已致疑，曰：

> 先儒以為：「制作三年，文成，致麟」，既巳妖妄。[9]

先儒口中的「制作三年」從何而來，杜預甚不以為然，他自己則修訂為：

> 感麟，而作；作起，獲麟。[10]

比較之下，「感麟而作」或許不失為合理的說法；惟孔子究竟在何時感麟，則無任何弟子知曉，何況外人？若自返魯之日起算，或也不無可能；惟終無明確記載，確定孔子於此時感麟也。因此，杜預「作起，獲麟」說，若謂作成《春秋》，正好獲麟，也算是一個圓滿的結局；惟獲麟事在哀公十四年春天，以下還有夏、秋、冬三季，每季又都各有大事。若於春天獲麟時即已「作起」，那麼夏、秋、冬三季《經》文，又當如何處理？仍應記載否？特別是冬季，《經》書：

> 齊人弒其君壬于舒州。[11]

若此時孔子既已「作起」，則此事仍當書之否？按：陳恆弒君，對孔子而言，可謂特大事件，其重要性或許猶在趙盾弒君之上，[12]所以孔子一再要求魯國出師伐齊，以正陳恆之罪，《左傳・哀公十四年》：

> 「甲午，齊陳恆弒其君壬于舒州。」孔丘三日，齊，而請：「伐齊」，

---

9 《左傳正義》(臺北市：藝文出版社，2007年8月)，頁19。

10 《左傳正義》，頁19。

11 《左傳正義》，頁1030。

12 對比宣二年〈傳〉董狐旗幟鮮明地直書「趙盾弒其君」，哀公十四年的《春秋經》竟不敢稱「陳恆」之名，僅輕描淡寫地書「齊人弒其君壬于舒州」；二者之差異，可謂天壤之隔。可注意者，下引《左傳》所書「甲午，齊陳恆弒其君壬于舒州」，才符合孔子「弒君稱名」的要求；《春秋經》書「齊人弒其君壬于舒州」，簡直就是敷衍了事。其中細節，當另為文討論。

> 三，公曰：「魯為齊弱，久矣！子之：『伐之』，將若之何？」對，曰：「陳恆弒其君，民之不與者半。以魯之眾，加齊之半，可克也。」公曰：「子告季孫。」孔子辭，退，而告人，曰：「吾以：『從大夫之後』也，故不敢不言。」[13]

這件事在《論語》中也有記載，可見孔子對此事的看重，《論語・憲問・21》：

> 陳成子弒簡公，孔子沐浴，而朝，告於哀公，曰：「陳恆弒其君，請討之。」公曰：「告夫三子！」孔子曰：「以吾從大夫之後，不敢不告也。君曰：『告夫三子』者。之三子，告，不可。」孔子曰：「以吾從大夫之後，不敢不告也。」[14]

《論語》所載，與《左傳》基本相同，惟文字小異耳。針對陳恆弒君之事，孔子一再地請求魯國君臣伐齊，以正名示；雖終不成，惟此事之重要，絕對值得書之於《春秋》。因此，若按照杜預及其所謂的先儒所言，《春秋》「感麟，而作；作起，獲麟」，既無證據「感麟」於何時，又無法解釋哀公十四年獲麟以下至哀公十六年，仍有《經》文。若照杜預所說，豈既已獲麟，其他之事皆不重要？就算是孔子最重視的陳恆弒君，也可以冷處理，書「齊人弒其君壬于舒州」即可？[15]另外，再考慮時間因素，孔子於哀公十一年冬才返

13 《左傳正義》，頁1034。

14 《論語注疏》，頁127-128。對比《左傳》為當日記實之文，《論語》此條，明顯為後人所記，以其稱「陳成子」、「簡公」、「孔子」，皆後人敘述之辭。惟「陳恆弒其君」之句，則為當日孔子親口所言。由是可知，《左傳》此事所書時間，或較《論語》此條，猶在前也。

15 按：《春秋》書「齊人弒君」的記載，共有二次：文十八〈經〉：夏五月戊戌，齊人弒其君商人。（據〈傳〉，則邴歜、閻職二人所為。）哀十四年〈經〉：齊人弒其君壬于舒州。（據〈傳〉，則陳恆所為。）《左傳》書「齊人弒某公」的記載，一次：哀十年〈傳〉：齊人弒悼公，赴于師。其于《春秋》，則書之，曰：三月戊戌，齊侯陽生卒。連「弒」字都無，不知此數條之《春秋》書法為何？竟不得比《左傳》書法。惟若謂《春秋》對齊事都無書法，似又不然，哀六年〈經〉：齊陽生入于齊，齊陳乞弒其君

魯，哀公十四年春，便已獲麟，怎麼計算，就是兩年略多。先儒的算法，必得包前包後，才能號稱三年；就算如此，在這短短的兩年多以內，孔子還要整理《雅》、《頌》，使「《雅》、《頌》各得其所」；另外，還要整理書《傳》、禮《記》。[16]試問：孔子如此忙碌於《詩》、《書》、《禮》、《樂》，還有多少時間、多少精力可以「作《春秋》」？因此，只能退一步，保守估計：

> 若以二年為期，「修《春秋》」的可能性較高，「作《春秋》」的可能性則較低。

至於「修《春秋》」的時間，如果延長到哀公十六年，相對之下，也更加寬裕。惟孔子卒於哀公十六年夏，因此最晚截止於哀十六年春三月，尚稱合理。[17]事實上，《經》止哀公十六年冬，乃為尊重孔子著作精神；亦知「孔

荼。此條弒君書名，儼然《春秋》書法在焉。惟荼之立，為大夫所不欲，哀五年〈傳〉：齊燕姬生子，不成，而死。諸子：鬻姒之子荼嬖。諸大夫恐其為大子也，言於公，曰：「君之齒長矣，未有大子，若之何？」最後，在齊國大夫合力運作之下，納公子陽生，立之為君，陳乞使朱毛殺荼。由是觀之，《春秋》此條所以書「弒君」，乃此時無需擔心陳氏壓力，故得逕書「弒君」。逮哀公十四年，陳氏獨大，勢已難當，故書法有所不同矣！總之，面對齊國，《春秋》書法前後有異，畏懼權勢；反倒是《左傳》，直書不阿，真正展現符合孔子之志的《春秋》書法。當然，檢索齊國弒君之事，包括此條在內，共有七例，或書「齊人」，如文十八經（邴歜、閻職）、哀十四經（陳恆）；或直書其名，如無知（〈經〉）、公子商人（〈經〉）、崔杼（〈經〉）、陳乞（〈經〉）、陳恆（〈經〉書「齊人」，〈傳〉書「陳恆」），例證甚多，書法不一，宜有全盤析論，當於日後為文。

16 《史記．孔子世家．58》：孔子之時，周室微，而禮、樂廢，《詩》、《書》缺，追跡三代之禮，序書《傳》，上紀唐、虞之際，下至秦繆，編次其事，曰：「夏《禮》，吾，能言之，杞，不足徵也；殷《禮》，吾，能言之，宋，不足徵也；足，則吾，能徵之矣！」觀殷、夏所損、益，曰：「後，雖百世，可知也」，以：「一文，一質」。「周，監二代。郁郁乎！文哉！吾，從周。」故書《傳》、禮《記》自孔氏。《論語注疏》，頁759。

17 《孔子家語．終紀解．1》：孔子蚤晨作，負手，曳杖，逍遙於門而歌，曰：「泰山，其頹乎？梁木，其壞乎？哲人，其萎乎？」既歌，而入；當戶，而坐。子貢聞之，曰：「『泰山其頹』，則吾將安仰？『梁木其壞，則吾將安杖？『哲人其萎，吾將安放？夫子，殆將病也。」遂趨，而入。夫子歎，而言，曰：「賜！汝，來何遲？予疇昔夢：『坐奠於兩楹之閒』。夏后氏殯於東階之上，則猶在阼；殷人殯於兩楹之閒，則與賓主夾

丘卒」以下《經》文，必出他人（左丘明？）之手。由是可知，《公羊傳》《經》止十四年，只是為了牽合其所謂「獲麟」，以配合其特別強調的象徵性意義，反映其個別學派的要求。凡此種種說法，皆糾結於《春秋》是否為孔子所「作」、「修」，故紛擾未休；反之，若從另一角度思考，以《春秋（經、左傳）》為孔子團隊整合著作之成果，則上述紛擾，皆自然而然煙消雲散矣。

除了上述之外，由於孟子還提及《春秋》書寫的特色：「其文，則史」，

之；周人殯於西階之上，則猶賓之；而丘也！即殷人。夫明王不興，則天下其孰能宗余？余，殆將死。」遂寢病，七日，而終，時年七十二矣！（楊朝明：《孔子家語通解》，頁464）《禮記・檀弓上・49》：孔子蚤作，負手，曳杖，消搖於門，歌，曰：「泰山，其頹乎？梁木，其壞乎？哲人，其萎乎？」既歌，而入；當戶，而坐。子貢聞之，曰：「『泰山其頹』，則吾將安仰？『梁木其壞』、『哲人其萎』，則吾將安放？夫子，殆將病也。」遂趨，而入。夫子曰：「賜！爾來何遲也？夏后氏殯於東階之上，則猶在阼也；殷人殯於兩楹之間，則與賓主夾之也；周人殯於西階之上，則猶賓之也；而丘也，殷人也！予疇昔之夜，夢：『坐奠於兩楹之間』。夫明王不興，而天下其孰能宗予？予，殆將死也！」蓋寢疾七日，而沒。（《禮記正義》〔臺北市：藝文出版社，2007年8月〕，頁130-131）比對《家語》（177字）與《禮記》（169字）這兩條，相同者：150字，相異者：9字（逍遙→消搖）、（汝→爾）、（閒→間）、（則→而）、（余→予）、（余→予）、（病→疾）、（終→沒）），完全不同者：《家語》18字、《禮記》10字。其相似度為：〈終記解・1〉：150（用字相同）／177（總字數）＝84.7%、（150＋9）（相同＋用字相異）／177（總字數）＝89.8%、〈檀弓上・49〉：150（用字相同）／169（總字數）＝88.7%、（150＋9）（相同＋用字相異）／169（總字數）＝94.0%。由相似度分析，二者皆達到百分之八十以上，乃至百分之九十，可知《家語》、《禮記》此二條實有密切內在關聯。至於孰先孰後，以相異字，及語式分析，知《家語》在先，《禮記》在後；且比對上述相異9字，見《禮記》雖沿用《家語》，卻未精準。據《家語》、《禮記》此二條，則哀公十六年夏四月初，孔子已身體不適，因而以歌感子貢，遂命後事，在四月己丑前七日（壬午）。四月己丑卒，杜預以為「日月有誤」（同《左傳正義》，頁1041），楊伯峻以為「四月十一日」（《春秋左傳注》〔臺北市：源流出版社，1982年3月〕，頁1697）。曆法之事，非本人所長，有待專家確定，不贅。楊伯峻《注》引《禮記》此條，而不及《家語》（《春秋左傳注》，頁1698），見其自囿而已。整體而言，在孔子身體不適之前，或猶能顧及著作之事；逮覺不適，子貢來問，則逆推七日，為壬午（據楊伯峻，則為「四月四日」）；寢疾七日，於己丑卒。據此推論，故本文以為，孔子有關《春秋》之事：最晚截止於哀十六年春三月，尚稱合理。

當與其所見《春秋》內容甚為豐富有關。此點或可作為一項參考的依據，比對不同時代《春秋》書寫特色的異同，判斷其內容豐約的差異，見其流變或傳承。上引孟子曰：

其事，則齊桓、晉文；其文，則史。

「其事，則齊桓、晉文」，正是《左傳》重要的內容，之前已有論述。至於「其文，則史」，孟子謂此乃《春秋》書寫的特色，此語值得重視，而為歷來所輕忽。蓋《春秋》若僅指《春秋經》，則其書寫特色必不「史」；以眾所周知，《春秋經》書寫的特色為「微」，可舉典籍為證，如《荀子・勸學・12》：

《詩》、《書》之博也，《春秋》之微也。[18]

《荀子・儒效・16》：

《詩》，言是其志也；《書》，言是其事也——《春秋》，言是其微也。[19]

荀子又以「約」為《春秋》書寫之另一特色，《荀子・勸學・14》：

《詩》、《書》：故，而不切；《春秋》：約，而不速。[20]

不論是「微」，還是「約」，都呈現精簡的特色，與為人熟知的《春秋經》，

---

18 梁啟雄：《荀子注釋》(臺北市：華聯出版社，1968年5月)，頁8。

19 梁啟雄：《荀子注釋》，頁89。

20 梁啟雄：《荀子注釋》，頁9。按：〈大略篇〉：「《春秋》賢穆公」(梁啟雄：《荀子注釋》，頁372)、「《春秋》善胥命」(梁啟雄：《荀子注釋》，頁378)，此二條之「《春秋》」皆見《公羊傳》(文公十二年(《公羊傳注疏》〔臺北市：藝文印書館，2001年〕，據清嘉慶二十年江西南昌府學版影印，頁176)、桓公三年(《公羊傳注疏》，頁50))。按：〈大略篇〉時代晚出，其中有「誥、誓，不及五帝，盟、詛，不及三王，交質子，不及五伯」之文，又見《穀梁傳・隱公八年》(《穀梁傳注疏》〔臺北市：藝文印書館，2001年〕，據清嘉慶二十年江西南昌府學版影印，頁24)，據〈大略篇〉所記，可以見「《春秋》」之流變。至於是否足以反映荀子的意見，仍有待討論。

其特色正相符合。[21]但是孟子謂《春秋》的書寫特色為「其文，則史」，「史」，則「文勝質」矣，《論語・雍也・18》：

> 子曰：「質勝文，則野；文勝質，則史。文、質彬彬，然後君子。」[22]

《荀子》謂《春秋》的特色為「微」為「約」，與「史」具「文勝質」的特色，正好相反。顯然荀子所謂的《春秋》，具有《春秋經》的特色，與孟子所謂的《春秋》「其文，則史」，實為二事，適可反證孟子的《春秋》絕非僅止《春秋經》的部分，其內容尚包含具「文勝質」「史」的部分；二者合，而為孟子所謂之《春秋》也。[23]既然孟子所謂之《春秋》內容如此豐富，而以為孔子在短短二年之內，便可作（修）畢，對孔子（團隊）而言，或許是無盡的推崇或恭維；但綜合上述所有相關因素，此說雖理想豐滿，惟現實則未免骨感也。

因此，我們不以孔子個人作（修）《春秋》，而是從另一個角度來思考：

---

21 《左傳・成公十四年》：「九月，僑如以夫人婦姜氏至自齊。」舍「族」，尊夫人也，故君子曰：「《春秋》之：『稱』，微，而顯；志，而晦；婉，而成章；盡，而不汙；懲惡，而勸善。非聖人，誰能脩之？（《左傳正義》，頁465）《左傳・昭公三十一年》：是以《春秋》書齊豹，曰：「盜」；三叛人，「名」，以懲不義。數惡無禮，其善志也，故曰：「《春秋》之：『稱』，微，而顯；婉，而辨。」上之，人能使昭明，善人勸焉，淫人懼焉，是以君子貴之。（《左傳正義》，頁930）《左傳》此二條，君子皆以《春秋》為「微，而顯」，與荀子單以「微」為「春秋」之特色，實有差異。《公羊傳・僖公二十二年》：《春秋》「辭繁，而不殺」者，正也。（梁啟雄：《荀子注釋》，頁148）《公羊傳》這句的《春秋》「辭繁，而不殺」，與《左傳》的「春秋」特色為「微，而顯」，蓋無以別矣。

22 《論語注疏》，頁54。

23 孟子謂魯之《春秋》與晉之《乘》、楚之《檮杌》為同類，惟魯《春秋》、晉《乘》、楚《檮杌》雖皆國史，未經孔子修訂。至於孟子所謂：「《春秋》」，本人以為：係團隊作業，由孔子領銜，左丘明（等人？）據魯《春秋》所撰，經孔子修訂者，其與晉《乘》、楚《檮杌》，特別是魯《春秋》，實有本質之不同，故孟子特曰：「《春秋》」，以別之也。魯《春秋》者，《左傳・昭公二年》：韓宣子適魯——見《易》、《象》與魯《春秋》。（《左傳正義》，頁718）此為原本之魯《春秋》，為孔子團隊修撰之藍本；孔子團隊據魯《春秋》所修撰者，則孟子謂之「《春秋》」也。

《春秋》之作，乃孔子整合型團隊所為。[24]

今日，眾所周知，有所謂整合型研究計畫。然則於《春秋》之作，乃孔子團隊之整合型著作。此義已發於上篇〈《孟子》中的「春秋」(一)〉：

> 孔子為召集人，負責整體規畫、宗旨設定、筆法概念、意見討論。惟受時間等因素限制，未能親自執筆撰寫；或書寫一、二，以為範例；以壽命之限，未能正式署名。[25]

本篇則以實際條件為判斷，在有限的時間內，孔子必無法完成作（修）《春秋》之大業。此外，再以《春秋》《經》、《傳》內容比對而言，更能顯示二者若即若離，又各具特色之處，除了各種釋《經》之語：「書曰」、「故書曰」、「不書」、「亦不書」、「稱」、「不稱」、「禮也」、「非禮也」、「禮也」、「非禮也」、「皆非禮也」，尚有其他事例，如《春秋》書「世子」，《左傳》概作「大子」；《春秋》書「仲孫（魯）」，《左傳》概書「孟孫」；弒君之例，陳乞、陳恆，《經》、《傳》書寫未盡一致，[26]等等之類，皆足以呈現《經》、《傳》彼此互倚互立，各自書寫；甚且《傳》直書「陳恆弒君」，較《經》之所書「齊人弒君」，更能符合孔子之所堅持。

綜合上述，若謂孔子親自執筆作（修）《春秋》，則限於時間因素（哀十二至十六年春三月），其機率甚低，乃至於無；至於書寫一、二，以為範例，於理則合。若設定為整合之作，孔子既有上述參與之項，制定原則，發蹤指揮，為其主要職責，則謂其為作（修）者之一，亦無不宜；何況就時間因素而言，更為可能。乃後世少數之人，如公羊之流，必欲歸功於孔子一人，以成其一家之私。此舉，或有助其以庶孽奪嫡；惟究其所以，但以時間因素考慮，便知其說必不符合實情。

---

24 見本人所撰〈《孟子》中的《春秋》(一)〉，第二屆海峽兩岸《左傳》學高端論壇——2022年11月17-18日（臺南市：成功大學）。

25 同上註。

26 《春秋》書陳乞弒君，例同趙盾，書法盡現；惟於陳恆，則畏葸盡現。反倒是《左傳》，盡現《春秋》書法。何以至此，當另為文討論。

三　「(四)《春秋》的起訖」

《春秋》起於隱公元年，《春秋》始於隱公，終於哀公，此眾所周知；至於何以共計十二公，則未見的解。號稱最解《春秋》的《公羊傳》，有一段絕少疑之者，甚且廣受徵引的說明，《公羊傳．哀公十四年》：

> 《春秋》何以始乎隱？祖之所逮聞也。所見，異辭；所聞，異辭；所傳聞，異辭。何以終乎哀十四年？曰：「備矣！」[27]

言之鑿鑿，看似有解釋，實則等於沒有解釋；就連最基本的問題：十二之數從何而來？都未有任何說明。至於《左傳》大師杜預，亦只言起隱迄哀，未言何以共計十二公。[28]其實，「十二」這個數字有其來歷，《左傳》中已有相關記載，只是杜預視而不見，未能「以經證經」，《左傳．哀公七年》：

> (子服)景伯曰：「……周之王也，制禮，上物，不過十二，以為：『天之大數』也！」(頁1109)

可見數字「十二」出自久遠，淵源甚早，子服景伯乃以為「天之大數」。至於何以謂之「天之大數」？今以天文學角度觀之，中國當日計時：一日，十二時辰；一年，十二月，一紀，十二年(歲星十二年運行一週天)，數皆十二，則《春秋》十二公非盡巧合，當與十二之數——如歲星之——有關。十二之紀，不止《左傳》所載，出自久遠；即使後世，依然承襲，例如春秋時代諸侯何止十二？而《史記．十二諸侯年表》，仍以十二為數，與春秋十二公同為此義。由是可以逆推，著作《春秋》起心動念之時間點必為哀公。以哀公為結束基準，再上溯十一，為十二公，正值隱公，故始於隱公元年也；就算隱公之前仍有史料，亦但略取一、二，以為補充而已。[29]

---

27 梁啟雄：《荀子注釋》，頁357-358。

28 杜預：〈春秋經傳集解．序〉，《左傳正義》，頁18。杜說雖言之鑿鑿，亦僅供參考而已。

29 《左傳》中多有隱公之前事情，例如最為人熟知的「鄭伯克段于鄢」之篇，其事先後歷時甚長，其中便多隱公之前故事也；其他事蹟尚多有，今不贅舉。

《春秋（經、左傳）》之作，共十二公，起隱迄哀，已如上述；惟當迄於哀公何時？目前有如下記載：

1. 哀公十四年（《公》、《穀》之《春秋經》）
2. 哀公十六年（《左傳》之《春秋經》）
3. 哀公二十七年（《左傳》哀公出奔越，原定終結時間）
4. 悼之四年（《左傳》補錄事件，非原定終結時間）[30]

根據上述，《春秋》以哀公為終止，已無可疑；至於止於哀公何年，仍有不同記載，如上述。若止於十四年，雖有獲麟之事，惟孔子猶健在，逕止於此，難以令人置信。[31]且三《傳》中，唯《公羊》特重「獲麟」，大書特書孔子的情緒反應：「反袂拭面，涕沾袍。」[32]《左傳》略及而已，《左傳．哀公十四年》：

> 十四年春，西狩于大野，叔孫氏之車子鉏商獲麟，以為：「不祥」，以賜虞人。仲尼觀之，曰：「麟也！」然後取之。[33]

---

30 孟子謂魯之《春秋》與晉之《乘》、楚之《檮杌》為同類；惟魯《春秋》、晉《乘》、楚《檮杌》雖皆國史，未經孔子修訂。至於孟子所謂：「《春秋》」，係團隊著作，由孔子召集，左丘明（等人？）據魯《春秋》等相關文獻所撰，其中或有孔子修訂者；此與晉《乘》、楚《檮杌》，特別是魯《春秋》，實有本質之不同，故孟子特曰：「《春秋》」，以別之也。魯《春秋》者，《左傳．昭公二年》：韓宣子適魯——見《易》、《象》與魯《春秋》。（《左傳正義》，頁718）此為原本之魯《春秋》，為孔子團隊修撰之藍本；孔子團隊據魯《春秋》所修撰者，則孟子謂之「《春秋》」也。

31 眾多弟子之中，當孔子作、修《春秋》時，能隨侍左右，能悉心照顧，能深得孔子欣賞，孔子謂其：器也、瑚璉也（〈公冶長〉4）能深得孔子旨意，知：夫子不為（衛君輒）也（〈述而〉15），又具有足夠的聰明才智者，就文獻所戴載，惟子貢最能符合所有上述條件。其他弟子，當然亦知《春秋》的重要，尤其是非親受孔子之傳者，更是必曰：「親承夫子之志」，才能夠證明其繼承的合法性，甚且排擠原為親受孔子傳承者。

32 梁啟雄：《荀子注釋》，頁356。以「孔子」之稱謂為參照基準，凡稱「孔子」者，皆後世之人，未親見孔子之辭。由是可知：《公羊傳》作者未親見孔子，才會書「孔子」云云。

33 《左傳正義》，頁1031。當時人不識麟，竟以為「不祥」；孔子但遠看「觀之」，而無感傷垂涕之情緒反應。

孔子在遠處觀看，而後淡淡一句「麟也」，未見孔子有任何情緒反應。若麟的重要性果真如《公羊》所言，為世所共知，何以在《左傳》中，孔子表現如此淡定？由此可以反證，「獲麟」無《公羊》所云之重要，《春秋》亦與「獲麟」否與無關。《穀梁》亦平常視之，同樣未見孔子之情緒反應，《穀梁傳．哀公十四年》：

> 十有四年春，西狩獲麟。「引取之」也。狩地不：「地」，不狩也。非狩，而曰：「狩」，大：「獲麟」，故大其適也。其不言：「來」，不：「外麟於中國」也；其不言：「有」，不：「使麟不恆於中國」也。[34]

《穀梁傳》雖然「大獲麟」，卻只有間接論述；連「孔子」之稱都不載，遑論孔子情緒反應也。可見《春秋》為「獲麟」而止，為《公羊》一家之言，《穀梁》《經》止哀公十四年雖與《公羊》相同，惟《穀梁》於「獲麟」並未附隨《公羊》之大張旗鼓，可見其與《公羊》並非同調。三人占，從二人，《公羊》自稱之言，盍可信也？故謂《公羊》持此說，誠有；必以為

34 梁啟雄：《荀子注釋》，頁205。按：《左傳》獲麟事之記載為38字，《家語》為113字，《公羊傳》為243字。《左傳》、《家語》完全相同者25字，《家語》、《公羊傳》完全相同者26字，《左傳》、《公羊傳》完全相同者10字，若再扣除因經文而相同者，只剩4字（獲麟、麟、曰）。《家語》多出《左傳》65字之中，與過程有關者：「採薪於（3字）」「焉折其前左足載以歸叔孫（11字）」「棄之於郭外使人告孔子曰有麇而角者何也（18字）」，與孔子感傷有關者：「胡為來哉胡為來哉反袂拭面涕泣沾衿叔孫聞之（20字）」，與子貢問有關者：「子貢問曰夫子何泣爾孔子曰麟之至為明王也出非其時而見害吾是以傷焉（31字）」。由是可知，《家語》敘事來源為《左傳》；所多出者，重點在：「麟為明王出，出非其時而見害」云云，皆其自行發揮之言。再比對《家語》與《公羊傳》，皆有「麟（1字）」「獲麟（2字）」「王（1字）」「告（1字）」「曰有麇而角者（6字）」「孔子（2字）曰（1字）孰（胡）（1字）為來哉（3字）孰（胡）（1字）為來哉（3字）」「反袂拭面涕（8字）沾（1字）袍（衿）（1字）」，共26字（紅色標楷），可見《公羊傳》敘事來源，主要承自《家語》，與《左傳》。至於《公羊傳》「顏淵死」以下134字，全係其自行發揮，與孔子、《春秋經》，無必然之關聯。再比對《穀梁傳》所載，與《左傳》、《家語》、《公羊傳》幾全無關係，有如路人甲，可見其在「獲麟」之事，自成系統，頗為特殊。

是，則未免為其所誤矣。[35]此外，《公》、《穀》之《春秋經》不載「孔丘卒」，《左傳》之《春秋經》不載「孔子生」，二者涇渭分明。[36]今以事實推

35 梁啟雄：《荀子注釋》。按：《公羊傳》之自相矛盾而不可信者，除了上引「在側者」之外，於獲麟事，又見一例。《左傳》、《家語》，皆以獲麟者為子鉏商。《公羊傳》以為「薪采者」，見其對當日情境已經陌生，不能明確直指其人，故以含糊籠統之「薪采者」稱之。由是可知，三者之文本脈絡而言，《左傳》最早，為源流；《家語》承之，而多出獲麟細節、孔子感歎、「麟出為明王」云云，已經另起爐灶；《公羊傳》除因《春秋經》而與《左傳》有數字相同之外，引《家語》唯述麟之形狀，其他自言自語者，又與家語不同，可謂另闢蹊徑。整體而言，但就還原情境的角度判斷，《公羊傳》就連能說明的「某某者」，或不知為誰，或錯誤百出，如「紀子伯者」、「夫人子氏者」、「尹氏者」、「陳佗者」等等，盡顯其仄陋與無知；更無庸論那些不知名之「某某者」，如「在側者」、「薪采者」。凡此，皆見《公羊傳》晚出，其著成時代且後於《家語》，何況《左傳》？或曰：公羊先師親聞孔子云云。為此說者，竟不知《公羊傳》自身內容，便足以證明親聞孔子之說為讕言。蓋其先師果親聞孔子，何不直書「在側者」即子夏？乃後世學者竟信之不疑，亦可怪也。

36 上引《孔子家語・終紀解・1》：「遂寢病，七日，而終，時年七十二矣」，《史記・孔子世家・76》：「孔子年七十三，以魯哀公以十六年四月己丑卒。」《索隱》：「若孔子以魯襄二十一年生，至哀十六為七十三；若襄二十二年生，則孔子年七十二。經傳生年不定，致使孔子壽數不明。」《考證》：「孔子以魯襄二十一年庚子生，則年當七十有四。」(〔日〕瀧川龜太郎：《史記會注考證》，頁763）楊伯峻曰：「孔子生年，《左傳》無文，《公羊》、《穀梁》俱謂生于魯襄公二十一年，《史記孔子世家》謂生于二十二年。依前說，則孔丘終年七十三，依後說，則七十二。一歲之差，而古今聚訟二千餘年莫能定，亦不必也。」(同註17，頁1697）按：若孔子生於魯襄公二十一年（前551)，卒於魯哀公十六年（前479)，則其壽數為551－479＋1＝73；若孔子生於魯襄公二十二年（前550)，卒於魯哀公十六年（前479)，則其壽數為550－479＋1＝72。《家語》作72歲者，有二種可能，一為孔子生雖於魯襄公二十一年，惟其算式之誤（少加1，出生之年)，故為72歲；另一種可能則為：孔子生於魯襄公二十二年，其算式正確，孔子享年72。《考證》以為74歲者，則孔子當生於魯襄公二十年（前552)，惟歷來無此說。此外，《公羊傳》雖載孔子生，惟甚有可說，則以《春秋經》不載何人「生」；唯一載者，「子同生」，其原因見《公羊傳》〈桓六〉、〈莊元〉，幸讀者自行查看。故以大數據觀點而言，載「子同生」，已屬特例；載「孔子生」，絕無其理。蓋書「子同生」，則書其名「同」；書孔子生，亦應書「名」，曰「孔丘生」，乃書「孔子生」，絕不合理。疑《公羊傳》自行加入，《春秋經》本無此條。至於楊伯峻引《史記》孔子生於襄公二十二年，孔子七十二歲，卻不知《家語》已有七十二歲之說，亦自囿之一端。至於楊氏所謂「古今聚訟二千餘年莫能定」之語，疑自錢穆而來，錢氏云：「故謂孔子年七十二與

之，若孔子果「作、修」《春秋經》，則《公》、《穀》襄公二十一年「孔子生」之句，必非孔子所「作、修」；同理，《左傳・哀公十六》年之夏四月以後之《春秋經》，包括「孔丘卒」之句，必非孔子所作。基於上述，最有可能為孔子所「作、修」之《春秋》為哀公十四年以前之《春秋經》（三《傳》皆同）；《左傳》哀公十五年之《春秋經》，猶有可能為孔子所「作、修」；《左傳》哀公十六年之《春秋經》，尤其是夏孔子卒以後之《春秋經》，必與孔子無關，而是出自《左傳》作者；哀公十七年至二十七年，有《傳》，無《經》。若以哀十六年夏以後之《經》推之，知《左傳》作者非不能為也，不欲為也。究其原因，必為尊重孔子之故。雖不書《經》，《左傳》部分，仍按原定計畫，繼續撰寫，直至哀公出奔越為止（哀公二十七年）。「悼之四年」，為附錄性質，記當日重大事件，不在原定範圍。

《公羊》、《穀梁》《經》止哀公十四年，其《傳》也同步中止，其原因易於理解。《左傳》則《經》止哀公十六年，其《傳》則並未同步中止，仍繼續書之，直至哀公二十七年出奔為止；事實上，在最末之處，還補了悼之四年，以及總結悼公十三年趙、魏、韓三家滅智氏之事，才算全部終結。可見《左傳》的作者必於魯悼公時仍在世，方得以補述。這也反證本人上述推論，即《春秋》（《經》與《左傳》）之作，當於哀公時，定哀公為最後一公，前推十一，共計十二，符合一紀之數；哀公出奔越（前467），其事即

年七十三，必有一失，否則俱失之，不能俱得也。」（《先秦諸子繫年》〔香港：香港大學出版社，1956年〕，頁17）錢氏續云：「然而今人之智力，無以大踰乎昔之人，則孔子之年，終不可定，將以後息者為勝。謂生魯襄公二十二年可也，謂生魯襄公二十一年，亦無不可也。」（《先秦諸子繫年》，頁17-18）疑楊氏未見錢氏之書，否則當引為知己。總而言之，《公》、《穀》「襄公二十一年孔子生」之說，有其疑點；《史記》載孔子生於襄公二十二年，而壽數則為七十三，頗令人費解。惟《史記》資料來源，或有其他文獻可以比對。其生於襄公二十二年者，與《公羊》相異，惟生於襄公二十二年，則孔子壽數七十二，正《家語》所載之數；《史記》又載孔子壽數七十三，則孔子當生於襄公二十一年，又與《公羊》相合。檢視其中，見《史記》既欲與《家語》異（如〈弟子列傳〉與〈七十二弟子解〉，即歧異甚多），又不欲與《公羊》同，故載孔子年壽，既書「七十三」，又以孔子生於「魯襄公二十二年」，雖自我矛盾，亦不檢討。原因何在，猶待瞭解。

止，惟《左傳》作者仍然在世，故得以繼續撰述悼公時事（悼公四年，前463），然已非主要內容，故僅略述一、二而已。基於上述，可以繼續推論《左傳》的作者。由於《左傳》中「仲尼」一詞多見，可以斷定其與子貢的關係匪淺，尤其是《左傳》哀公十一年至十六年，這是孔子人生的晚期，所書行事，屢見諸《左傳》，皆署「仲尼」之稱。「仲尼」與《左傳》作者（群？）在此期間同時存在，且有互動，有交集，有言辭。上引《史記》，載孔子自云「自衛返魯，《雅》、《頌》各得其所」，則其生活的重心之一，便是典籍文獻的整理。除了《雅》、《頌》之外，《書》(《尚書》、《逸周書》)也不會置之不理。至於《春秋》(魯《春秋》)的整理修訂，為其中項目之一，亦理之必然。

總結上述，孟子所謂《春秋》，實包括今日所見之《春秋經》與《左傳》，宜稱之為《春秋（經、傳)》。其發始，於哀公十二年；其起迄，自哀公上溯十一公，共計十二公。過程中，孔子卒於哀公十六年夏。撰寫未竟，故撰寫者繼續《左傳》部分；《春秋經》部分，則因孔子卒，而止於哀公十六年，以示尊敬。哀公於其二十七年出奔越，《左傳》主文部分結束。《左傳》最後附錄三家滅智氏之事，已在悼公時；蓋以此事影響重大，值得記載之故。

四　結論

經過上述的討論，可以得到如下結論，以下就本篇討論項目：「(三) 作《春秋》的時間」、「(四)《春秋》的起訖」，分別條列：

「(三) 作《春秋》的時間」:

1. 言背景時間者：一、(王道缺)《孟子》、《淮南子・氾論訓》。二、言大致時間者：(返魯之後)《孔子家語・曲禮子貢問》。三、言心理時間者：((屈、戹) 陳蔡)：《孔叢子・居衛》、《史記・自序》、《鹽鐵論・相刺》。四、言精確時間者：(西狩獲麟)：《史記・孔子世家》、《史記・儒林列傳》。本篇以為《孔子家語》之說最為可信，《孟子》、《淮南子》同以王道缺為背景。《孔叢子》、《史記・自序》、《鹽鐵論》未免因同病相憐，屬想當然耳之言，尤其是《孔叢子》、《史記》。至於《史記・孔子世家》、《史記・儒林列傳》明顯受到《公羊傳》的影響，惟《公羊傳》之說可疑過甚，不足為憑也。

2. 《孔子家語》以為返魯之後，孔子返魯哀公十一年冬，此時始返，當無由修、作；哀公十六年夏，孔子卒，亦當排除。如是，修作時間當在哀十二年至哀十五年，最遲不過哀十六年春。修、作需要時間，若自哀十五年起，未免時間有限；若在哀十四年（感麟而起），時間仍顯緊湊；若起哀十二年，至哀十六年春，時間較為寬裕，可能之機率當為最大。

「（四）《春秋》的起訖」：

1. 《春秋》之作，起心動念於哀公十二年；以哀公為最終，上溯十一公，共計十二公。
2. 孔子於哀公十六年卒，故「《春秋經》」部分止於哀公十六年，以示尊敬；「《左傳》」部分，以哀公仍在，故撰者仍繼續從事。
3. 哀公二十七年，哀公出奔越，「《左傳》」主文結束，知撰寫者必為悼公（元公？）時人；「《左傳》」最後附錄悼公時趙、魏、韓三家滅智氏事，知撰寫者必為悼公（元公？）時人，與主文撰寫者或為同一人。

其他：

1. 《左傳》「齊陳恆弒其君壬」之句所展現的《春秋》大義，可謂較《春秋經》更《春秋經》。
2. 《左傳》「齊陳恆弒其君壬」之句，《論語》中亦有相關記載，足以為可信之比對；同時可證「孔子雖未親自撰寫，惟必曾提供意見」。
3. 《孔子家語・終紀解・1》、《禮記・檀弓上・49》皆載「孔子歌，子貢問疾」之事。以相異字，及語式分析，知《家語》在先，《禮記》在後；且《禮記》雖沿用《家語》，卻未精準。

4. 「獲麟」之事,《左傳》為原型;《家語》敘事部分承之,而自創孔子感歎,子貢問、孔子答之語;《公羊傳》敘事原型承自《左傳》,又繼承上述《家語》增加內容,再加上其自由發揮部分。
5. 「獲麟」之事,《穀梁傳》與《左傳》、《家語》、《公羊傳》幾全無關係,有如路人甲。可見其在「獲麟」之事,自成系統,頗為特殊。
6. 就還原情境的角度判斷,《公羊傳》屢見不知名之「某某者」,如「在側者」、「薪采者」之類,皆見其乃晚出之言,既後於《家語》,更晚於《左傳》。
7. 若孔子生於魯襄公二十一年(前551),卒於魯哀公十六年(前479),則其壽數為551－479+1=73;若孔子生於魯襄公二十二年(前550),卒於魯哀公十六年(前479),則其壽數為550－479+1=72。《家語》作七十二歲者,有二種可能,一為孔子生雖於魯襄公二十一年,惟其算式之誤(少加1,出生之年),故為七十二歲;另一種可能則為:孔子生於魯襄公二十二年,其算式正確,孔子享年七十二。《考證》以為七十四歲者,則孔子當生於魯襄公二十年(前552),惟歷來無此說。
8. 《公羊傳》雖載孔子生,惟甚有可說,則以《春秋經》不載何人「生」;唯一載者,「子同生」,其原因見《公羊傳》〈桓六〉、〈莊元〉,幸讀者自行查看。
9. 以大數據觀點而言,載「子同生」,已屬特例;載「孔子生」,絕無其理。書「子同生」,猶書其名「同」;書「孔子生」,亦應書「名」,曰「孔丘生」,乃書「孔子生」,絕不合理。疑《公羊傳》自行加入,《春秋經》本無此條。
10. 楊伯峻引《史記》孔子生於襄公二十二年,孔子七十二歲,卻不知《家語》已有七十二歲之說,見其自囿之一端。
11. 楊氏所謂「古今聚訟二千餘年莫能定」,似其獨創,實則穆已先發其語。疑楊氏未見錢氏之書,否則當引為知己。
12. 《公》、《穀》「襄公二十一年孔子生」之說,有其疑點;《史記》載孔子生於襄公二十二年,而壽數則為七十三,頗令人費解。

13. 《史記》資料來源，或有其他文獻可以比對。其生於襄公二十二年者，與《公羊》相異，惟生於襄公二十二年，則孔子壽數七十二，正《家語》所載之數；《史記》又載孔子壽數七十三，則孔子當生於襄公二十一年，又與《公羊》相合。
14. 檢視其中，見《史記》既欲與《家語》異（如〈弟子列傳〉與〈七十二弟子解〉，即歧異甚多），又不欲與《公羊》同，故載孔子年壽，既以孔子生於「魯襄公二十二年」，又書孔子年壽「七十三」，雖自我矛盾，竟不檢討。原因何在，猶待瞭解。

參考文獻

一　網路文獻

電子資料庫：《中國哲學電子書計畫》。

二　原典文獻

《禮記正義》，臺北市：藝文出版社，2007年8月。
《左傳正義》，臺北市：藝文出版社，2007年8月。
《公羊傳注疏》，臺北市：藝文出版社，2007年8月。
《穀梁傳注疏》，臺北市：藝文出版社，2007年8月。
《論語注疏》，臺北市：藝文出版社，2007年8月。
《孟子注疏》，臺北市：藝文出版社，2007年8月。
《爾雅注疏》，臺北市：藝文出版社，2007年8月。
楊伯峻：《春秋左傳注》，臺北市：源流出版社，1982年3月。
楊朝明：《孔子家語通解》，臺北市：萬卷樓圖書公司，2005年3月。
〔日〕瀧川龜太郎：《史記會注考證》，臺北市：洪氏出版社，1977年5月。
《漢書》，臺北市：宏業出書局，1974年12月再版。
許維遹：《呂氏春秋集釋》，臺北市：世界書局印行，1975年3月。
梁啟雄：《荀子注釋》，臺北市：華聯出版社，1968年5月。
陳奇猷：《韓非子集釋》，臺北市：平平出版社發行，1974年9月。
許維遹：《韓詩外傳集釋》，北京市：中華書局印行，1980年6月。
《孔叢子》，臺北市：臺灣中華書局，1970年4月。
劉文典：《淮南鴻烈集解》，北京市：中華書局，1985年5月。
王利器：《鹽鐵論校注札記》，臺北市：世界書局，1979年3月。
錢　穆：《先秦諸子繫年》，香港：香港大學出版社，1956年。

三　近人論著

劉文強：〈《左傳》中的仲尼（一）〉，第二屆《群書治要》國際學術研討會：《左傳》學之多元詮釋，2020年9月10日，臺南市：成功大學。

劉文強：〈《孟子》中的《春秋》（一）〉，第二屆海峽兩岸《左傳》學高端論壇，2022年11月17-18日，臺南市：成功大學。

《春秋左傳考義》經説勘誤十則

馮曉庭

嘉義大學中國文學系副教授

提要

《春秋左傳考義》二卷，日本江戶晚期福岡藩大儒龜井南冥遺著，龜井南冥認定《左傳》能彰顯孔子之道，以為考察《左傳》即可尋得《春秋》古義，是以全篇鋪展的基調單純，即針對《春秋》暨《左傳》當中一千七百一十六則可疑闕解處進行疏解釋析。

考諸《春秋左傳考義》，則龜井南冥所說，能有寔正舊說、刱制新解者，而異不能免除錯誤誖謬，本文據此思路略行爬梳，大致凸顯龜井南冥說釋《春秋》、《左傳》之明顯不及者三——訓詁不確、制度不明、天文不解，或能彰顯詮釋其學之必要注意處。

關鍵詞：龜井南冥、春秋左傳考義、杜預、日本《春秋》學、春秋大義

一　龜井南冥及其《春秋左傳考義》

龜井南冥（1743-1814），名魯，字道載，南冥其號。櫻町天皇寬寶三年（1743）生於筑前國早良郡姪濱村（今福岡縣福岡市西區），是活躍於日本江戶時代中晚期的儒學家。親父龜井聽因（1704-1780），以醫為業，南冥垂髫即從父學。十四歲起（1757），遊學於肥前國（今佐賀縣、長崎縣），受教於徂徠學派的學僧大潮（1676-1768）；青年時期，又師事吉益東洞（1702-1773）；其後又赴大阪隨山脇東洋（1706-1760）高足永富獨嘯庵（1732-1766）學醫，更赴長州（今山口縣）拜謁山縣周南（1687-1752）請益徂徠學。在學問基本性格上，龜井南冥的儒學歸屬於蘐園學派（「蘐園」係荻生徂徠別號，亦即「古文辭學派」），醫學則歸屬於山脇東洋之流，且與小石元俊（1741-1808）、小田享叔（1747-1801）並稱「獨嘯庵門下三傑」。

學成之後，龜井南冥先奉父於博多（今福岡市）唐人町開設醫館；桃園天皇寶曆十二年（1762），又於醫館旁側設置私塾，教學授課。後桃園天皇安永七年（1778），因為福岡藩藩主黑田治之（1753-1781）的拔擢，龜井南冥成為福岡藩儒醫，同時擔任籓主侍講。光格天皇天明三年（1783），福岡藩創設東、西兩「學問所」，龜井南冥依循黑田治之遺言成為「西學」（又稱甘棠館）祭酒，講授「徂徠學」，與貝原益軒（1630-1714）高足竹田定直（1661-1745）主持、講授朱子學的「東學」（又稱「修猷館」）分庭抗禮。「西學」在龜井南冥的經營之下，聲勢日漲，名望超越「東學」，龜井南冥也因此成為舉國知名的學者，來自各藩的「委託生（留學生）」人數頗眾，於龜井南冥的學術地位更形增益。

然而，平地驟起風雲，光格天皇寬政二年（1790），德川幕府頒布「異學禁令」，明令禁止幕府昌平坂學問所講授「朱子學」以外的學問，諸藩為了迎合幕府好尚，也起而效行。於是，以「徂徠學」為中心學說的「西學」「甘棠館」首攖其鋒，而以「朱子學」為傳授重鎮的「東學」「修猷館」諸人，亦順勢囂謗攻訐。在如是的風氣之下，寬政四年（1792）七月，龜井南冥終而遭到罷黜，免去學官職務，並受命終身蟄居禁足。對於已屆知天命之年的龜井南冥來說，喪失官職並遭監管，應該可以說是仕宦與學術路途上的重大挫折，而寬政十年（1798）「甘棠館」付之一炬並遭廢黜，則是其人生當中最為重大的打擊。自此之後，原屬「西學」的「教官」遭到解職，而生員則編入「修猷館」，龜井南冥的畢生心血，至斯全盤付諸東流。失意的龜井南冥從此只能在嗣子龜井昭陽（1773-1836）開辦的「龜井塾」指導學生，延續傳遞「龜門學」的薪火。光格天皇文化十一年（1814），龜井南冥因自宅起火身隕辭世，享壽七十有二。

從世俗的眼光來看，龜井南冥晚年迭遭不幸，仕進路途偃蹇否剝，學問薪傳窒塞圮滯，勢至於斯，理應頹廢終身，咄咄書空。然而這位享有「鎮西大文豪」美譽的儒者，於蟄居仍然戮力學術，「龜門學」中最具代表性的鉅著《論語語由》，便完成於龜井南冥遭到罷黜的次年（寬政五年〔1793〕）。而龜井南冥的《春秋》學專著《春秋左傳考義》，依全書卷末「余有《論語考義》（日本學者岡村繁〔1922-2014〕認為《論語考義》是龜井南冥對《論語語由》的私稱。〔〈《春秋左傳考義》解說〉〕[1]）不贅于此」數語，則又可知成書應該在《論語語由》之後。由是觀之，雖然屢逢劇變，龜井南冥對於經典學術依然研討不輟，幾乎所有專論都成於五十歲之後。

足與《論語語由》並稱「南冥經學」「雙璧」的《春秋左傳考義》，有別於一般全面性注釋解說，絕大多數為龜井南冥與門弟子讀書講學的載錄，專就《春秋》《經》文、《左傳》《傳》文、杜預（222-285）《春秋經傳集解》、孔穎達（574-648）《春秋正義》有待析理處施行說解疏釋考覈者，四項以下，除徵引證說之外，幾無涉及，似又可見龜井南冥「《左傳》專門」的學術基調。全書共計一千七百一十八則，除了發揮「考義」考正理義追求確解的精神之外，又展現了若干「《春秋》學」立場。

---

1 〔日〕龜井南冥撰，〔日〕岡村繁點校解說：《春秋左傳考義》，《龜井南冥朝陽全集》．第一卷（〔日〕龜井南冥朝陽全集編輯委員會編：《龜井南冥朝陽全集》．第一卷，福岡市：葦書房，1978年〔昭和53〕5月）。
（本文徵引文獻，皆於首見標注作者、書名、出版項，其後皆僅識書名、章節、卷、頁。）

二　《春秋左傳考義》說釋之是者

《春秋左傳考義》錄《春秋》、《左傳》說一千七百一十六則[2]，於春秋魯國十二公皆有論述，容或其書可能整理、傳鈔於龜井南冥身後，而其基本架構於其講學論難之際業已形成，則無可疑。講論之間，龜井南冥與弟子確實能夠提出若干可取意見，疏通理解《春秋》、《左傳》的窒礙阻塞。

（一）宋督弒其君與夷及其大夫孔父

魯桓公二年：

《春秋》：二年，春，王正月，戊申，宋督弒其君與夷及其大夫孔父。

《左傳》：春，宋督攻孔氏，殺孔父而取其妻。公怒，督懼，遂弒殤公。君子以督為有無君之心，而後動於惡，故先書弒其君。會于稷，以成宋亂，為賂故，立華氏也。宋殤公立，十年十一戰，民不堪命，孔父嘉為司馬，督為大宰，故因民之不堪命先宣言曰：「司馬則然。」已殺孔父而弒殤公，召莊公于鄭而立之，以親鄭。以郜大鼎賂公，齊、陳、鄭皆有賂，故遂相宋公。

《集解》：孔父稱名者，內不能治其閨門，外取怨於民，身死而禍及其君。（卷4，頁5下）[3]

《春秋左傳考義》：杜《註》：「孔父稱名者，內不能治其閨門，外取怨於民，身死而禍及其君。」此說大誤。夫見殺者稱名，是其常也，常者何？不關罪之有無也。此《經》獨罪督，故去氏稱名，其稱君與夷、大夫孔父者，皆無所褒貶。孔父蓋其族耳，與華父一例，猶魯有季孫、

2　岡村繁點校《春秋左傳考義》，以「真軒本」、「內田本」、「平沼本」相互參照，統合其中有說經解計1718則，而筆者讀計其書數年，實得1716則，岡村繁於計數內容未為說明，是以原鈔本未睹之前，是非難辨。

3　題〔周〕左丘明（?-?）撰，〔晉〕杜預集解，〔唐〕陸德明（550-630）音義，〔唐〕孔穎達正義：《左傳》（明思宗崇禎十一年〔1638〕海虞毛氏汲古閣刊本）。

> 孟孫也。《傳》曰：「孔父嘉。」華父名督，則嘉之為名，不辨而明也。而此《經》所以不稱嘉之義，未可詳知，《公羊》曰：「賢孔父，故字之。」《左氏》無其事，故不取，疑而欠之。（卷上，頁224）

魯桓公二年，宋國華父督殺司馬孔父嘉、弒宋殤公，《春秋》「宋督弒其君與夷及其大夫孔父」為書。《集解》以為：「孔父稱名者，內不能治其閨門，外取怨於民，身死而禍及其君。」顯然，杜預認為「孔父」是司馬之名，又以為因有罪而稱名。

杜預為名之說，龜井南冥不以為然，以為：

其一，「見殺者稱名」，是《春秋》常例，「不關罪之有無」，《春秋》於宋殤公稱君、於司馬稱孔父書其族，「皆無所褒貶」，唯有華父督書名為貶。

其二，「孔父」一如「華父」，皆是族稱，一如魯之「季孫」、「孟孫」，非是其名，至於「〇氏」、「〇父」的歧異，《春秋左傳考義》又云：

> 若以孔父為族，孔氏、孔父，何以辨之？孔氏指其家，孔父指其主也，魯季氏、季孫，孟氏、孟孫也。（卷上，頁225）

「〇氏」稱其族、「〇父」指其主，一如魯之「三桓」，《左傳》以「季氏、孟氏」稱其族、「季孫、孟孫」指其主。

其三，《左傳》於華父督獨書「督」，於司馬則書「孔父嘉」，是罪與無罪，已然明見。

龜井南冥所陳，或可檢析如下：

其一，殺大夫稱名，本就《春秋》書法常例，如魯僖公十年「晉殺其大夫里克」、魯文公九年「晉人殺其大夫先都」、魯成公十八年「齊殺其大夫國佐」。據此，則《集解》以書名為罪者，的確可疑可疑。

其二，所謂「〇氏」稱其族、「〇父」指其主，據之以讀《左傳》所書——華父督「攻孔氏，殺孔父」，則文義大通而文勢順暢，「〇父」的確一如「〇孫」，蓋稱氏族之主，非謂其字，若謂其字，則季氏、孟氏之主，世代以季孫、孟孫為字乎？龜井南冥所見，確實可信。

其三，《左傳》書「督」與「孔父嘉」，差別既存，或是隱其氏族而彰其罪，此或又能證明「《左氏》傳《春秋》」，是則《左傳》於「《春秋》之學」，價值又顯。

（二）春，城小穀

魯莊公三十二年：

《春秋》：三十有二年，春，城小穀。

《左傳》：三十二年，春，城小穀，為管仲也。

《集解》：小穀，齊邑，濟北穀城縣城中有管仲井。大都以名通者，則不繫國。（卷10，頁27上）

《春秋左傳考義》：都邑山川無大小皆不繫國，《春秋》之恆例也。杜氏誤讀「紀郱鄑郚」、「宋南里」，以為繫國，故曰：「大都以名通者，則不繫國。」不深思之過也。少時讀《左傳》，遵奉杜《註》，以為金科玉條，今知其謬誤如是。而再閱之，諸地名非大都者，往往窘迫給說，以飾固陋，至有不堪噴飯者。甚矣哉！校書之難，讀者思之，思之亦思，疏鑿啟沃，以濟不逮，何幸加焉。「郱鄑郚」、「南里」之說見元年。（卷上，頁247）

魯莊公三十二年，《春秋》書「城小穀」，《集解》以為小穀為齊邑，又謂「大都以名通者，則不繫國」。《春秋左傳考義》對於杜預說的反駁，主要集中在所謂「大都以名通者，則不繫國」一項，以為：

其一，《春秋》書法常例，「都邑山川」無論大小，「皆不繫國」，亦即大都城邑、自然山川，《經》文直書名稱，而不冒以國名。

其二，杜預之所以錯解，蓋因誤讀魯莊公元年「齊師遷紀、郱、鄑、郚」、魯昭公二十一年「宋華亥，向寧，華定，自陳入于宋南里以叛」、魯昭公二十二年「宋，華亥，向寧，華定，自宋南里出奔楚」《經》文導致。

龜井南冥所陳書法認知，求之於《春秋》文辭，或極確實。《經》文於都邑山川，的確照例不冒國名，如魯隱公元年「鄭伯克段于鄢」、魯桓公十一年「齊人、衛人、鄭人盟于惡曹」、魯莊公三十二年「宋公、齊侯遇于梁丘」、魯僖公九年「諸侯盟于葵丘」，盡是其例。至於杜預所誤，蓋誤以「紀」、「宋」為國名，不知「紀」即紀國國都、非紀國之稱，「宋南里」即其地之名，非宋國之南里。

「宋南里」真相若何，文獻闕如，今日無從印證。至於「紀」謂紀國國都，或得其理，魏國以都大梁而常有「梁」之稱，孟子之見梁惠王，即是其例。就此觀之，龜井南冥此節所駁儘管不損大義，而能為學者解讀《春秋》提供若干思維方向，確實可取。

（三）雖有姬、姜，無棄蕉萃

魯成公九年：

《春秋》：楚公子嬰齊帥師伐莒。庚申，莒潰。楚人入鄆。

《左傳》：莒恃其陋，而不脩城郭。浹、辰之間，而楚克其三都，無備也夫。《詩》曰：「雖有絲、麻，無棄菅蒯。雖有姬、姜，無棄蕉萃。凡百君子，莫不代匱。」言備之不可以已也。

《集解》：逸詩也。姬、姜，大國之女；蕉萃，陋賤之人。（26卷，頁36上）

《春秋左傳考義》：蕉萃，憔悴也，謂卑賤婦形顏憔悴，杜《註》非。未知孰是。（卷下，頁287）

魯成公九年，楚國公子芈名嬰齊伐莒，《春秋》以「楚公子嬰齊帥師伐莒。庚申，莒潰。楚人入鄆」為書，《左傳》則以莒自恃國之鄙陋，不修戰備，遂為楚師蹂躪為記，並舉逸詩「雖有絲、麻，無棄菅蒯。雖有姬、姜，無棄蕉萃。凡百君子，莫不代匱」說「備之不可以已」。

《集解》以為「蕉萃」蓋指「陋賤之人」，亦即「蕉萃」義為「陋賤」。《春秋左傳考義》不以杜預說為勝，以為「蕉萃」即「憔悴」。

「蕉萃」、「憔悴」，聲符一致，謂之同義，或可成立，而考諸史籍古注，《漢書・文帝紀・注》如是云：

> 師古曰：《左氏傳》曰：「雖有姬、姜，無棄蕉萃。」（卷4，頁105）[4]

《後漢書・應奉傳・注》如是云：

> 《左傳》曰：「詩云：『雖有絲、麻，無棄菅蒯。雖有姬、姜，無棄蕉萃。凡百君子，莫不代匱。』」杜《注》云：「逸詩也。姬、姜，大國之女。蕉萃，陋賤之人。」「蕉萃」、「憔悴」古字通。（卷48，頁1613）

如是，則唐人所見《左傳》文辭仍作「蕉萃」，而已明瞭二者為同音通假，是為「古字通」。準此，則龜井南冥確較杜預說近實，而所以能得此說，或者有益於《漢書》顏師古《注》、《後漢書》李賢《注》。

前陳三例，不過《春秋左傳考義》說《春秋》、《左傳》義之寥寥，若以為即龜井南冥識見之全豹則不可，以為龜井南冥於前修諸說能有所解讀評議、捌制可取疏釋，則或者可行。龜井南冥雖然能常於《春秋》、《左傳》、《集解》立說駁誤，而其說釋仍然不免有所訛譌，其中最是顯著者，則是訓詁不確、制度不明、天文不解，茲姑列舉於下。

三　《春秋左傳考義》說釋勘誤之一——訓詁不確

（一）遐不作人

> 魯成公八年：
>
> 《春秋》：晉欒書帥師侵蔡。

---

4 〔漢〕班固（32-92）撰，〔唐〕顏師古（581-645）注：《漢書》（臺北市：洪氏出版社，1975年9月）。

《左傳》：晉欒書侵蔡，遂侵楚，獲申驪。楚師之還也，晉侵沈，獲沈子揖初，從知、范、韓也。君子曰：「從善如流，宜哉！《詩》曰：『愷悌君子，遐不作人。』求善也夫！作人斯有功績矣。」

《集解》：遐，遠也。作，用也。《詩・大雅》。言文王能遠用善人。不，語助。（卷26，頁28上）

《春秋左傳考義》：遐，假也。作，起也。言必起人也。（卷下，頁287）

魯成公八年，晉國欒書帥師侵蔡、楚，又侵沈獲其國君獲揖初，是為軍功之盛，而欒書之功成，蓋以能從「荀首、士燮、韓厥」之議，是以《左傳》作者以《詩・大雅・旱麓》「豈弟君子，遐不作人」彰顯其聽人美德。

杜預以「遐」為「遠」，以「作」為「用」，「不」作助詞，則「遐不作人」義謂「用遠人」。龜井南冥以「遐」為「假」、是「不假」為「真」，以「作」為「起」、即起用，則「遐不作人」義謂「真能起（用）人。

《集解》、《春秋左傳考義》之說，皆迂遠不通。〈旱麓〉「遐不作人」蓋「不遐作人」之倒，義謂「不遠作人」，即「起遠人」也。《詩》句多「不」字到裝，如「不我遐棄」、「不我過」、「寧不我顧」、「豈不爾思」、「子不我思」、「不我肯穀」、「爾不我畜」、「不我告猶」，皆是其例。而「遠人」既能有所起用，其於親近之議，益發能采，如此說釋，最能符合《左傳》「君子」之讚。杜預「用遠人」、龜井南冥「真起人」，雖於真義稍有聯結，而不能明其所然所以然，是皆於訓詁有所不明。

（二）男、女以班

魯襄公二十五年：

《春秋》：公會晉侯、宋公、衛侯、鄭伯、曹伯、莒子、邾子、滕子、薛伯、杞伯、小邾子于夷儀。

《左傳》：晉侯濟自泮，會于夷儀，伐齊，以報朝歌之役。齊人以莊公說，使隰鉏請成，慶封如師，男、女以班，賂晉侯以宗器、樂器。自六正、五吏、三十師、三軍之大夫、百官之正長、師旅及處守者皆有賂。晉侯許之。

《集解》：皆以男、女為賂。（卷36，頁10下-11上）

《春秋左傳考義》：別男、女而繫囚，示為臣妾之意也。（卷下，頁301）

魯襄公二十五年，晉平公會諸侯伐齊，齊人「請成」，慶封於是赴晉師獻賂，《左傳》以「慶封如師，男、女以班，賂晉侯以宗器、樂器」載錄之。

《集解》說「男、女以班」以「皆以男、女為賂」，《春秋左傳考義》說「男、女以班」以「別男、女而繫囚，示為臣妾之意也」。則是杜預重在以男、女為賂，龜井南冥重在繫縛男、女以表臣服。

所謂「男、女以班」者，「以」當訓「而」，《尚書・周書・君陳》「寬而有制，從容以和」、《詩・邶風・燕燕》「瞻望弗及，佇立以泣」「先君之思，以勗寡人」、魯哀公元年《左傳》「蔡人男、女以辨」，皆是「以」義為「而」之例。如此，則「男、女以班」，可作「男、女而班」，《玉篇・玨部》：「班，次也。」則《左傳》之義，蓋謂慶封率齊國男、女分然而次，皆表恭順臣服。《傳》文書「賂晉侯以宗器、樂器」，不書以「男、女」為賂，或可知之。杜預說之不確固是，而龜井南冥男、女「繫囚」之說，《傳》之所無，益發臆斷無稽。

（三）長鬣者三人

<u>魯昭公十七年</u>：

《春秋》：楚人及吳戰于長岸。

《左傳》：吳公子光請於其眾曰：「喪先王之乘舟，豈唯光之罪？眾亦有焉。請藉取之，以救死。」眾許之。使長鬣者三人潛伏於舟側，曰：「我呼皇則對。」師夜從之，三呼，皆迭對。楚人從而殺之，楚師亂，吳人大敗之，取餘皇以歸。

《集解》：長鬣，多髭鬚，與吳人異形狀，詐為楚人。（卷48，頁16下）

《春秋左傳考義》：蓋勇猛敢死者，杜《註》恐臆說。（卷下，頁319）

魯昭公十七年，楚、吳於長岸對戰，《春秋》以「楚人及吳戰于長岸」書，《左傳》彰明其事，並載吳公子光謀計「使長鬣者三人潛伏於舟側」事。《集解》說「長鬣」為「多髭鬚」，《春秋左傳考義》說「長鬣」為「勇猛敢死」，二者說義分歧巨大。

所謂「鬣」，《說文解字・人部》：「儠，長壯儠儠也……《春秋傳》曰：『長儠者相之。』」段玉裁《注》云：

《左傳》昭七年、十七年，《國語・楚語》皆云「長鬣」。「鬣」者，「儠」之假借字也。韋昭、杜預釋為美鬚髯，誤。《廣雅》曰：「儠，長也。」按：「儠儠」，長壯貌。辭賦家用「獵獵」字，蓋當作「儠儠」。

據《說文解字》及段玉裁《注》，「鬣」當讀為「儠」，二字通假，「長儠者」即身長而壯者也。魯昭公七年《左傳》「楚子享公于新臺，使長鬣者相」，若以長髯訓之，則意義不如訓「身長而壯」明顯。如此，則杜預所說，必然不確可知，而龜井南冥所說，亦不近正解，是皆不明古文辭訓詁所致。

（四）帥群不弔之人

魯昭公二十六年：

《左傳》：十二月，癸未，王入于莊宮，王子朝使告于諸侯曰：「昔武王克殷，成王靖四方，康王息民，並建母弟，以蕃屏周……至于幽王，天不弔周，王昏不若，用愆厥位。攜王奸命，諸侯替之……今王室亂，單旗、劉狄剝亂天下，壹行不若，謂：『先王何常之有？唯余心所命，其誰敢請之？』帥群不弔之人，以行亂于王室。侵欲無厭，規求無度，貫瀆鬼神，慢棄刑法，倍奸齊盟，傲很威儀，矯誣先王，晉為不道，是攝是贊……」。

《集解》：弔，至也。（卷52，頁13上）

《春秋左傳考義》：不弔皇天之人，杜《註》非。（卷下，頁323）

魯昭公二十六年，王子朝與周敬王爭位，周敬王得晉師之助，入於王城，王子朝告諸侯晉之罪，於單穆公、劉文公有所責怨，謂之「帥群不弔之人，以行亂于王室」，《左傳》於斯有所載記。《集解》杜《注》杜預氏說：以「不弔」之「弔」意義為「至」；龜井南冥《春秋左傳考義》：以「不弔」之「弔」意義為「不弔皇天」。

所謂「不弔」即「不善」，《傳》文多見，魯成公七年「有上不弔，其誰不受亂」、魯成公十三年「文公即世，穆為不弔，蔑死我君，寡我襄公」、魯襄公十三年「君子以吳為不弔」、魯襄公十四年「寡君使瘠聞君不撫社稷，而越在他竟，若之何不弔」、魯哀公十六年「旻天不弔，不憖遺一老」，是皆以「不弔」為「不善」。《說文解字．人部》：「弔，問終也。」責杜預訓「弔」為「至」，或以「問終」之義而申張之。龜井南冥以為「不弔皇天」，亦或根源於「問終」之義。《左傳》此節「天不弔周」、「帥群不弔」，辭句文勢，與杜預說的確不合。龜井南冥說則或若有相孚，而「不弔皇天」，又當作如何解？皇天可以弔乎？龜井南冥不能明古文辭訓詁，雖能略見杜預之誤，而己說亦不能妥。

四　《春秋左傳考義》說釋勘誤之二——制度不明

（一）夫人姜氏如齊

魯莊公十五年：

《春秋》：夫人姜氏如齊。

《左傳》：無載。

《集解》：無《傳》。夫人文姜，齊桓公姊妹。父母在，則禮有歸寧；沒，則使卿寧。

《正義》：文姜，僖公之女，故為桓公姊妹。《詩》美后妃之德云：「歸寧父母。」是父母在，則禮有歸寧。襄十二年《傳》曰：「秦嬴歸于楚，楚司馬子庚聘于秦，為夫人寧，禮也。」是父母沒，則使卿寧兄弟，不得自歸也。但不知今桓公有母以否，故杜不明言得失。

《穀梁傳》：夏，夫人姜氏如齊。婦人既嫁，不踰竟。踰竟，非禮也。

《春秋左傳考義》：《穀梁》曰：「婦人既嫁，不踰境。踰境，非禮也。」案：文姜會齊侯、如齊師，并與下十九年二十年如莒，無非姦者。然則此如齊，其姦可知也，故今從《穀梁》。如杜《註》，似失於詳。且父母沒之後使卿寧，是歸寧兄弟也，豈有此禮乎？襄十二年《傳》：「楚司馬子庚聘於秦，為夫人寧，禮也。」蓋父母存，而夫人不得行，故使卿代寧耳。

魯莊公十五年，魯桓公夫人文姜往齊見齊桓公，《春秋》以「夫人姜氏如齊」，《左傳》則無所載述。《集解》以此說君夫人歸寧之制──以為「父母在，則禮有歸寧；沒，則使卿寧」。《春秋左傳考義》謂《集解》所說非是，用《穀梁傳》「婦人既嫁，不踰竟」為說，並以「父母沒之後使卿寧，是歸寧兄弟也」，是無有此禮也，終而總謂文姜「會齊侯」、「如齊師」、「如莒」，皆「無非姦者」。

杜預、龜井南冥所說，或各有立場，然而文姜卒於魯莊公二十年，其時當齊桓公十二年，齊襄公已卒於魯莊公八年。自魯莊公九年爾後，齊桓公用事，則文姜之往齊、會齊侯者，皆齊桓公，所欲何為？不宜臆推。龜井南冥所謂「無非姦者」，則以齊桓公同於齊襄公乎？舊史難考，龜井南冥所說過當否，有待深思。龜井南冥於《經》、《傳》文字頗有掌握，故說解有時或勝杜預，而於此確實失考。

《春秋》書事實，為其成帙根本，縱然書法內蘊，而不脫此例，是以《經》文常有怪異不經之事。《左傳》書事實外，於《春秋》當設疏適，述其事亦張其正理，是以《傳》文常有書記綱常正禮事。魯襄公十二年《左傳》「秦嬴歸于楚，楚司馬子庚聘于秦。為夫人寧，禮也」，正可指龜井南冥或於春秋制度有所未考、論說不免有矯枉偏失者。

（二）夫人氏之喪至自齊

魯僖公元年：

《春秋》：夫人氏之喪至自齊。

《左傳》：夫人氏之喪至自齊，君子以齊人殺哀姜也，為已甚矣。女子，從人者也。

《集解》：僖公請而葬之，故告於廟，而書喪至也。齊侯既殺哀姜，以其尸歸，絕之於魯，僖公請其喪而還。不稱姜，闕文。（卷12，頁3下）

《春秋左傳考義》：魯人惡齊人之殺同姓，為夫人絕于齊，故不稱姜也。何以知之？《傳》曰：「女子，從人者也。」言哀姜雖有罪，既已為魯夫人，非齊人，不待魯命，可妄加戮也？《傳》文明白，是以知之。僖公請而葬之，薨、葬備禮，重夫人也。於是乎惡齊妄殺同姓，與齊絕親，去姜而告喪至于廟，義豈不明乎？杜氏不深考《傳》，以為闕文，豈不窮乎？且果闕文之是，則《傳》文亦闕，杜氏不怪〔之〕，何也？ （卷上，頁251）

魯閔公二年，公子慶父與魯莊公夫人哀姜謀弒國君，哀姜奔逃至邾，其後齊桓公知哀姜所為，遂召而鴆殺之，魯僖公元年，哀姜靈柩歸魯，《春秋》以「夫人氏之喪至自齊」，《左傳》補載其事，以為「齊人殺哀姜也，為已甚矣。女子，從人者也」。杜預、龜井南冥皆於《春秋》「夫人氏之喪至自齊」有所申說。《集解》以為，哀姜靈柩之歸魯，蓋因魯僖公之請，其事告廟，所以《春秋》「書喪至」；另一方面，齊桓公殺哀姜，「以其尸歸，絕之於魯」，魯僖公「請其喪而還」，不稱「姜」，是史（《春秋》）之闕文；《經》文前此書「秋，七月，戊辰，夫人姜氏薨于夷，齊人以歸」，則杜預所謂「闕文」，有鑑於此乎？龜井南冥以為，魯人怨惡齊人「殺同姓」，故為哀姜「絕于齊」，是以史（《春秋》）「不稱姜」；所以如是言之，蓋因《左傳》「女子，從人者也」，既曰「從人」，則「哀姜雖有罪」，則「已為魯夫人」，「魯夫人」即「非齊人」，無魯之命，不可妄行「加戮」；魯僖公「請而葬之」，「薨、葬備禮」，蓋為「重夫人」，情、禮具備而《春秋》書之非常，蓋以「惡齊妄殺同姓」，與之「絕親」；杜預謂之「闕文」，設若果真，則《傳》文亦「闕」，於此無說，亦可怪也。

龜井南冥雖駁杜預之說，而起心一致，皆以《春秋》之書乃為「絕齊」。《春秋》常例，自齊而歸之魯夫人，多以「夫人姜氏」書，唯魯莊公元年作「夫人孫于齊」、魯僖公元年作「夫人氏之喪至自齊」，《三傳》《經》文皆無二致。設若闕文，則所闕不晚於先秦，是以師說紛紛，亟欲解說。所謂「絕齊」、「絕魯」，蓋皆以齊，而一作「夫人」，一作「夫人氏」，著實費解。且作「夫人」者，文義尚明，作「夫人氏」者，則語意難通，且史籍不見。龜井南冥謂《傳》文「女子，從人者也」蓋說魯為夫人絕于齊，而觀諸文勢，謂其呼應「齊人殺哀姜也，為已甚矣」，義益暢達，以之非關絕齊，或亦可行，如是則兩說皆多可質疑。杜預所說，雖不能盡義，而緊據《春秋》、《左傳》推論，不干涉相關禮制，是以誤導有限。龜井南冥所說，彷彿以魯僖公之薨、葬哀姜，《春秋》、《左傳》之書記載錄，皆有相應制度，其見或能自圓已說，而於禮制規範，確有根據乎？若是悖誤在中，則完說備論誤導甚深。經典制度，儘管蘊藏聖人理想，而參酌史證，論述立說，或是正道，龜井南冥於古代禮制軌範或有不逮者，而師弟論學，則常以過度推論之理想強行為說，想當然爾，此節即是明例。

（三）夫人姜氏薨

<u>魯襄公二年</u>：

《春秋》：夏，五月，庚寅，夫人姜氏薨。

《左傳》：齊侯使諸姜宗婦來送葬。

《集解》：宗婦，同姓大夫之婦。婦人越疆送葬，非禮。（卷29，頁9上）

《春秋左傳考義》：宗婦是同姓大夫之婦，然「諸姜」似衍文。且謂

> 大夫稱諸姜，似無君臣之別。余謂：諸姜蓋謂（言）齊侯之女，或姑姊妹嫁其大夫高、國等者，故敘宗婦上。《詩》云：「孌（《考義》誤作「臠」）彼諸姬，聊與之謀。」語例正同。（卷下，頁292）

魯襄公二年，魯成公夫人齊姜薨，《春秋》以「夫人姜氏薨」書，《左傳》補載齊靈公「使諸姜宗婦」來魯「送葬」事。齊靈公使「諸姜宗婦」越境送葬，杜預以為失禮，龜井南冥無所說釋，或是不以為失禮。二者所議，在於「諸姜宗婦」之義。《集解》謂「宗婦，同姓大夫之婦」，則「諸姜宗婦」不分讀，謂齊國宗室姜姓之婦。《春秋左傳考義》以為，「宗婦」即是「同姓大夫之婦」，二字意義顯明，意義既已顯明，則「諸姜」前置，其「似衍文」；且謂宗室「大夫稱諸姜」，則與齊君遂「無君臣之別」，是其義並非單純如字面；所謂「諸姜」者，「蓋謂齊侯之女，或姑姊妹嫁其大夫高、國等者」，亦即齊君之女既其姑姊妹歸於國、高諸氏者，地位高尚，「故敘宗婦上」，亦即「諸姜」、「宗婦」雖然皆指婦人，而貴賤有別；《詩・邶風・泉水》「毖彼泉水，亦流于淇，有懷于衛，靡日不思，孌彼諸姬，聊與之謀」，其「諸姬」一辭，與此節「諸姜」「語例正同」。

魯莊公二十四年《春秋》「大夫宗婦覿」，若謂《左傳》有取於《春秋》文語之例者，則「大夫宗婦」、「諸姜宗婦」，「宗婦」固同義，「大夫」、「諸姜」則義當近似。《左氏》以魯為我，故直稱魯國姬姓大夫為「大夫」、齊國姜姓大夫為「諸姜」，或是其義。衛女姬姓，依禮，所歸當不姓姬，設依龜井南冥說，則「諸姬」蓋歸嫁之國君姑姊妹女乎？是為怪異。又，國、高皆姜姓，齊女得歸乎？此亦怪異。據此，謂「諸姜」為齊女，義或無闕；說其嫁別姓大夫，義亦可達；而謂之歸國、高者，則難以通暢。魯襄公二十五年《傳》文，崔杼欲娶東郭姜，東郭偃以同姓拒之甚明，此又可見龜井南冥以為「姜蓋謂齊侯之女，或姑姊妹嫁其大夫高、國等者」，誠是誖說。龜井南冥之誖誤若此，或以其事非意義之重，而不明古婚姻制度，或是其主因。

（四）亳社災

魯哀公四年：

《春秋》：亳社災。

《左傳》：無載。

《集解》：無《傳》。天火也。亳社、殷社，諸侯有之，所以戒亡國。（卷57，頁26上）

《春秋左傳考義》：魯有之，以周公故也。杜《註》：「諸侯有之。」未詳。（卷下，頁334）

魯哀公四年，魯國「亳社」遭雷擊火焚，《春秋》以「亳社災」為書，《左傳》則無所載。《集解》以為，「亳社」「諸侯有之」，亦即諸侯之國皆有。《春秋左傳考義》以為，魯之有「亳社」，蓋以周公，「亳社」既然因人而設，則非諸侯各國皆所能有也。二說明顯歧異。

「亳社」《經》文一見，《傳》文四見──《左傳》魯襄公三十年「或叫于宋大廟曰：『譆譆出出，鳥鳴于亳社。』」、魯昭公十年「始用人於亳社」、魯定公六年「陽虎又盟公及三桓於周社，盟國人于亳社」、魯哀公七年「以邾子益來獻于亳社，囚諸負瑕」。據杜預所釋，則魯襄公三十年事在宋國，餘在魯國。據龜井南冥所釋，則四事皆在魯國。魯襄公三十年言宋太廟又言亳社，則二者或非一處，而宋國本就殷商後裔，太廟在焉，又立亳社自警，情理皆異。又其事或終爾與魯國相關，依《春秋》書例，若是宋亳社，則文辭當作「宋亳社災」。《左傳》魯定公四年：

昔武王克商，成王定之，選建明德，以藩屏周。故周公相王室以尹天下，於周為睦。分魯公以大路大旂、夏后氏之璜、封父之繁弱，殷民六族：條氏、徐氏、蕭氏、索氏、長勺氏、尾勺氏，使帥其宗氏，輯其分族，將其類醜，以法則周公，用即命于周，是使之職事于魯，以昭周公之明德。分之土田倍敦、祝宗卜史、備物典策、官司彝器。因商奄之民，命以伯禽，而封於少皞之虛。分康叔以大路、少帛、綪

> 茷、旃旌、大呂，殷民七族：陶氏、施氏、繁氏、錡氏、樊氏、饑氏、終葵氏。（卷54，頁19下-23上）

如是，則周初之理領殷遺民，魯國、衛國是其重者，周公、康叔既理殷民，於其封國建「亳社」而領其祭祀，樹威立恩，總其管制，於人事於情勢皆可契合。就《春秋》、《左傳》書記文辭言，魯國之有亳社，無可疑義；就人事情勢言，諸侯之國或無而魯國獨有，周公之領殷遺民而魯國遂有「亳社」，或是其理。龜井南冥未深思慮，只言其然而不言其所以然，或是不能因《經》、《傳》文辭而推諸古史事實暨禮制，是以說而誖誤。

五　《春秋左傳考義》說釋勘誤之三——天文不解

（一）甲午，晦

> 魯成公十六年：
>
> 《春秋》：六月，丙寅，朔……甲午，晦。（卷28，頁1下）
>
> 《左傳》：無載。
>
> 《集解》：無說。
>
> 《春秋左傳考義》：丙寅至甲午得二十九日，而今日晦，可怪，闕疑。（卷下，頁289）

魯成公十六年六月，「丙寅」為「朔」、「甲午」為「晦」，據干支所配，則「丙寅」至於「甲午」為六月，計二十九日。月日之數，據月之行，月有行三十日而一週者、有行二十九日而一週者，三十日一週則月日三十、為大月，二十九日一週則月日二十九、為小月，是各月三十、二十九之數不一。此節所稱月，即小月二十九日，是以丙寅而至甲午。杜預《春秋長曆》即作「六月，丙寅，小」（成公十六年，頁122）[5]，斯可證也。《春秋》之書，常

5　〔晉〕杜預撰，郜積意（1966-）點校：《春秋長曆》（北京市：中華書局，2021年6月）。

理無疑，而龜井南冥疑之，蓋或不明月之所行？日之多少乎？無端論說，恰是不明天文曆算者也。

（二）西陸朝覿

魯昭公四年：

《左傳》：大雨雹。季武子問於申豐曰：「雹可禦乎？」對曰：「聖人在上，無雹。雖有，不為災。古者日在北陸而藏冰，西陸朝覿而出之。」

《集解》：謂夏三月，日在昴、畢，蟄蟲出，而用冰。春分之中，奎星朝見東方。

《正義》：謂覿，見也。西道之宿，有星朝見者，於是而出之，謂奎星晨見而出冰也。……杜以西陸為三月，日在大梁之次、清明節、穀雨中。《三統曆》云：「大梁之初，日在胃七度，為清明節；在昴八度，為穀雨中；終於畢十一度。」是夏之三月，日在昴、畢，於是之時，蟄蟲已出，有溫暑臭穢，宜當用冰，故以時出之也。（卷42，頁27上-28上）

《春秋左傳考義》：諸家之註皆難通，今闕疑。（卷下，頁310）

魯昭公四年，魯國「大雨雹」，季武子有問於申豐，《左傳》於是記載。申豐以古或降雹而無災，蓋以藏冰、用冰得宜，是有「古者日在北陸而藏冰，西陸朝覿而出之」諸語。《集解》說「西陸朝覿」為「夏之三月，日在昴、畢」，宜用冰。《正義》申張其義，以為「夏之三月，日在昴、畢，於是之時，蟄蟲已出，有溫暑臭穢，宜當用冰」。《集解》、《正義》表裡相說，皆指始「用冰」時節，而同以「西陸朝覿」為「夏正三月。」

所謂「日在北陸」、「西陸朝覿」，謂古人書寫習慣可，謂撰《左傳》浮誇變文亦可，蓋以天象「二十八星宿」為時節之記者也。「覿」，見也，「朝覿」，清晨（日出）見之。「北陸」，北方「畢」、「危」二宿，正指夏正十二月；「西陸」，西方「昴」、「畢」二宿，正指夏正三月。大抵夏正十二月，北宮玄武「畢」、「危」二宿轉而行至東方，是以日出之際，東見「畢」、「危」。夏正三月，西宮白虎「昴」、「畢」二宿轉而行至東方，是以日出之際，東見「畢」、「危」。《集解》、《正義》說之已然明白，而龜井南冥遂以「諸家之註皆難通」而闕疑，誠是不明天文，而無以理解。

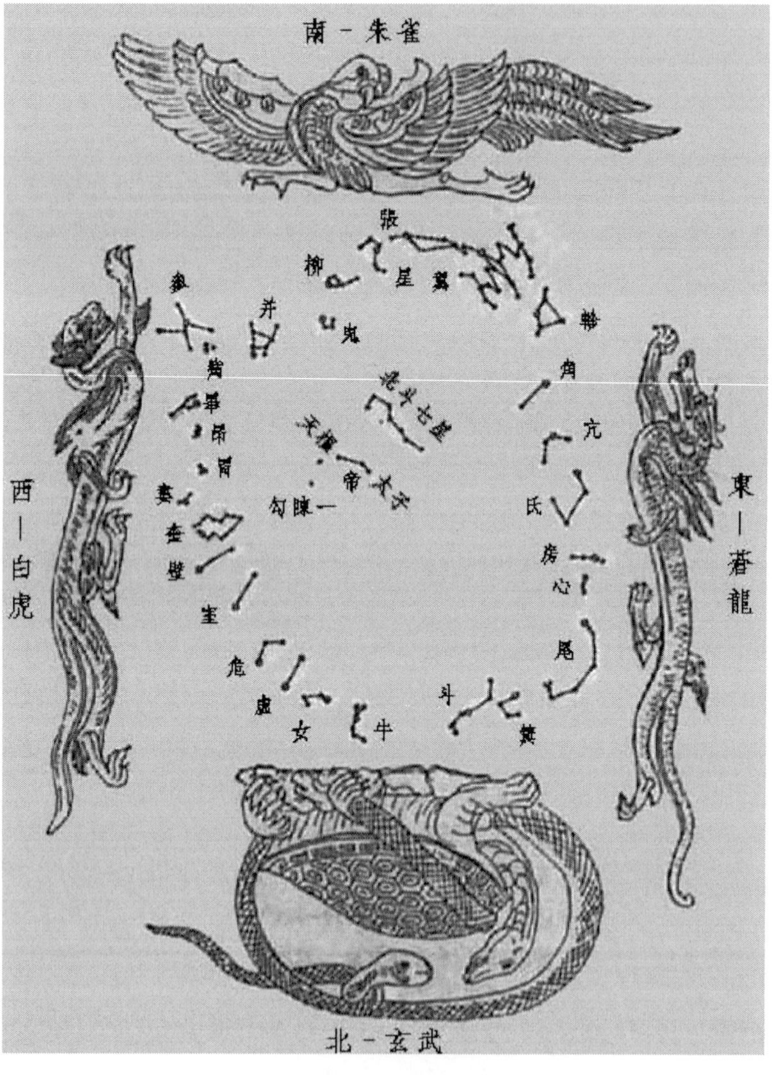

圖　二十八星宿圖

西陂柳僖對《書經集傳》的剳疑與辨正*

陳亦伶
香港浸會大學中國語言文學系助理教授

一 前言

相較於退溪李滉（1501-1570）、星湖李瀷（1681-1763）、茶山丁若鏞（1762-1836），華文學界或對西陂柳僖（유희，1773-1837）不太熟悉。朝鮮後期著名考據學者石泉申綽（1760-1828）曾在寫給丁若鏞的書信中提到，柳僖對《古文尚書》考證精詳，[1]也曾在〈胎教新記序〉中讚嘆柳僖對《春秋》的造詣極高。[2]一九九〇年韓國政府文化體育觀光部，為發揚韓國歷史文化，曾每月選定一位具代表性韓國歷史人物，除了華文學界所熟知的李滉、李瀷、丁若鏞、金正喜外，柳僖亦於二〇〇〇年十月被選入。[3]此外，二〇一五年中國實學研究會、韓國實學學會、日本東亞實學研究會共同

* 本文為“Using the Korean Reception and Critique of Cai Shen 蔡沈’s *Shujizhuan* 書集傳 to Identify Divergences Between Chinese and Korean Confucian Thought”研究計劃部分成果，計劃得到香港政府大學教育研究資助局優配研究金資助（UGC ECS: Ref. no. 22619922），謹此致謝。

1 申綽：〈答丁承旨〉，《石泉遺稿》，收入《韓國文集叢刊》（首爾市：民族文化推進會，2001年），第279冊，頁564。

2 申綽：〈胎教新記序〉，《石泉遺稿》，收入《韓國文集叢刊》，第279冊，頁569。

3 此為韓國文化體育觀光部於一九九〇年七月至二〇〇五年十二月間舉辦的「이 달의 문화인물（本月文化人物）」活動，旨在發揚韓國歷史文化，從韓國歷史上挑選具代表性的思想、文學、藝術等領域之文化人物，共一百八十六名。進一步內容可參閱韓國文化體育觀光部網站，網址：https://www.mcst.go.kr/kor/main.jsp。

策劃出版《影響東亞的99位實學思想家》[4]，由三國學者各自討論、票選出各國歷史上最具代表性的三十三位實學者，合計三國共九十九位，柳僖即為其一。之後更邀請各國該領域專家學者對其撰寫提要，並以中、日、韓三種語言於三地同時出版。除被納入東亞具代表性的實學者外，柳僖於韓國歷史上最早以國音學者著名於世。在其經學論著中，常能見其應用語言學專長解經，如在《孝經刊誤發揮》中從文脈與語法的角度析論《孝經》作者、真偽等問題。並留下百餘卷的《文通》，可謂朝鮮後期儒學者中尠比丁若鏞，於經史、天文、律曆、卜筮、醫藥、農田等多方面皆有涉獵，且著述豐沛之儒學者。

以上種種，雖足以顯示柳僖於韓國學術史上的重要性，然由於柳僖的《尚書》論著未能收錄於《韓國經學資料集成》、《韓國文集叢刊》、《韓國歷代文集叢書》等幾部著名韓國叢書中，文獻難以足徵，故學界對其《尚書》學著墨甚少。本文即以柳僖的《書蔡傳補說》、《書詁》為研究中心，梳理其文獻內容外，進而探究其對《書經集傳》的剳疑與辨正。

二　柳僖其人及研究現況

由於華文學界對柳僖較為陌生，故有必要先對柳僖的生平及家學作一番梳理。柳僖，初名儆，字戒仲，號西陂、方便子、南嶽、丹邱、觀青農、否翁，本籍晉州。一七七三年閏三月二十七日亥時生於京畿道龍仁慕賢村馬山里，一八三七年二月一日逝世。[5]柳僖的母親師朱堂李氏（1739-1821）曾著有《胎教新記》、表親憑虛閣李氏（1759-1824）亦為朝鮮時代著名女性實學

4　此三書出版資訊如下：《影響東亞的99位實學思想家》（北京市：中國物資出版社，2015年11月）、《동아시아 실학 사상가 99 인》（首爾市：學資苑，2015年11月）、《日中韓思想家ハンドブック——実心実學を築いた99人》（東京：勉誠出版，2015年11月）。

5　申綽：〈胎教新記序〉，《石泉遺稿》，卷3，收入《韓國文集叢刊》第279冊（首爾市：民族文化推進會，2001年），頁568-570；鄭亮秀：〈내가 아는 柳僖와 그 關聯資料考〉，《10 월의 문화인물》（2000年），頁79-82；沈慶昊：〈柳僖의 한문문학에 나타난 통속성〉，《古典文學研究》第35號（2009年6月），頁426。

家。憑虛閣李氏之夫徐有本（1762-1822），即出自朝鮮實學的核心集團達成徐氏家族。在此家學淵源下，柳僖亦受家人影響與鼓勵，編著有類書《物名攷》與《諺文志》，其中《諺文志》奠定其成為朝鮮時代著名國音學家之地位。除此二部書籍外，柳僖另有經史、天文、律曆、卜筮、醫藥、蟲鳥、農田等多方面著述上百卷，而這龐大的論著多收錄於其《文通》叢書中。為堂鄭寅普（1893-1950）很早便留意到《文通》的重要性，在一九三一年二月二十三日於《東亞日報》的「朝鮮古書解題」專欄中連載介紹《文通》。但由於柳僖的母親師朱堂李氏所撰《胎教新記》為朝鮮時代第一本婦女胎教書籍，柳僖為此書加上韓文諺解，故學界對柳僖的關注，起初是先由對師朱堂的研究，進而擴及柳僖的國音學成就。因此對柳僖的研究，在二〇〇〇年前後多圍繞在與訓民正音相關的韓國語文、語音學方面的專究。[6]研究成果側重於此，除了柳僖以國音學聞名外，也和《物名攷》與《諺文志》兩書曾單獨影印出版，文本取得較為便利有關。

柳僖有關經學的論著，皆收錄於《文通》中，如《易象數原說》、《易詁類訂》、《讀詩三百》、《詩物名攷》、《書古今文訟疑》、《書蔡傳補說》、《書詁》、《大學章句發明》、《中庸章句補說》、《論語集註補說》、《孟子集註補說》、《考工記補註補說》、《三禮同異考》、《儀禮註疏補說》、《夏小正經傳音義》、《春秋大旨》、《春秋四傳刪誤》、《春秋括例分類》、《春秋經文考異》、《春秋左傳註補說》、《孝經刊誤發揮》、《孝經古文考》等多部經學論著。但因日軍侵略、美軍接管、政局交替等動盪不安因素，《文通》長久以來由其曾孫柳近永（1897-1949）保存於慶北醴泉郡，直到二〇〇一年、二〇〇三年才由柳僖的玄孫柳來亨（一名柳來鉉）分批捐贈予韓國學中央研究院。[7]

6 如權寧徹：〈胎教新記研究〉，《女性問題研究》第2號（1972年），頁153-178；姜信沆：〈諺文志에 나타난 유희의 음운연구〉，《유희의 생애와 국어학 자료집》（2000年），頁1-19；정경일：〈諺文志에 나타난 국어 음운 연구〉，《새국어생활》第10卷第3號（2000年），頁27-42；전광현：〈『물명류고』의 이본과 국어학적 특징에 대한 관견〉，《새국어생활》第10卷第3號（2000年），頁43-62；이상혁：〈국어학사의 관점에서 바라본 유희의 언어관-『諺文志』를 중심으로-〉，《韓國學論集》第36輯（2002年），頁93-113等。

7 晉州柳氏宗親會於二〇〇一年首次捐贈柳僖遺稿七十四種七十四冊，後陸續整理柳僖

之後，韓國學中央研究院雖曾於二〇〇七、二〇〇八年出版兩冊《晉州柳氏西陂柳僖全書》[8]，然而由於《文通》內容龐大，該次出版也僅能影印此叢書中與文學相關的部分內容，經學相關論著則未能出版。故而，此書出版後圍繞在柳僖的漢文學研究如雨後春筍般接連出現，較具代表性者有沈慶昊、김근태、吳보라等。沈慶昊是韓國漢文學界著名學者，參與《晉州柳氏西陂柳僖全書》的文獻整理、出版計畫，並為此書撰寫序言及發表柳僖相關研究近十篇。[9]而김근태曾於韓國學中央研究院就讀博士課程，因地利之便利用館藏撰寫的博士論文《西陂 柳僖의 詩文學研究》為第一本專研柳僖之學位論文。김근태的研究主要著重於柳僖的古典詩歌探究。[10]而吳보라的博士論文則從古典詩歌擴大到柳僖的文學世界，[11]吳보라師從沈慶昊，在其師研究基礎上，繼續《文通》的文獻整理工作，除陸續研究柳僖學問外，近來並將柳僖散文譯為現代韓文出版。[12]

遺物於二〇〇三年再次捐贈四十五種四十五冊的書籍，合計一一九種一一九冊，並於二〇〇五年十二月舉行捐贈儀式，現收藏於韓國學中央研究院藏書閣。詳細情形可進一步參閱古文書研究室：〈서파유희전서 발간 개요〉，《晉州柳氏　西陂柳僖全書》（京畿道：韓國學中央研究院，2007年10月），頁2-4；吳보라：《西陂柳僖文學研究》（首爾市：高麗大學國語國文學系漢文學專業博士論文，2018年2月），頁11-13。除了藏書閣的館藏外，吳보라在撰寫《西陂柳僖文學研究》時，發現延世大學圖書館另館藏《方便子遺稿》，裡面另收有《律呂新書摘解》、《樂律管見辨》、《觀象志》等著述。

8 國學振興研究事業推進委員會編：《晉州柳氏西陂　柳僖全書》（京畿道：韓國學中央研究院，2007-2008年），2冊。

9 如沈慶昊：〈柳僖의 시문문집과 그 정신세계〉收入國學振興研究事業推進委員會編：《晉州柳氏　西陂柳僖全書》（京畿道：韓國學中央研究院，2008年），第2冊，頁2-45；〈柳僖의 한문문학에 나타난 통속성〉，《古典文學研究》第35輯（2009年），頁425-453等。

10 如김근태：〈西陂柳僖의 생애와 學詩門路〉，《溫知論叢》第14輯（2006年），頁219-254；〈西陂柳僖의 樂府詩연구〉，《정신문화연구》第32卷第2號（2009年），頁137-163；《西陂 柳僖의 詩文學 研究》（首爾市：韓國學中央研究院國文學專業博士論文，2010年8月）等。

11 吳보라：《西陂 柳僖 文學 研究》（首爾市：高麗大學國語國文學系漢文學專業博士論文，2017年12月）。

12 柳僖著、吳보라譯：《산골 농부로태어난 책벌레- 서파 유희 산문선》（首爾市：글을읽다，2022年10月），頁264。

經學類資料雖尚未能出版，但關於這部分的探究，有韓正吉對其《大學》學[13]、金東敏對其《春秋》學[14]、吳보라對其《中庸》學[15]、金秀炅對其《詩經》學[16]等相關研究。然而，相比柳僖留下的經學論著數量，學界對其探究仍不足。經學論著的探究裹足不前，經筆者了解，應與柳僖的手稿本漫漶不清，辨識不易有關，由下圖便可知悉其文獻狀況。

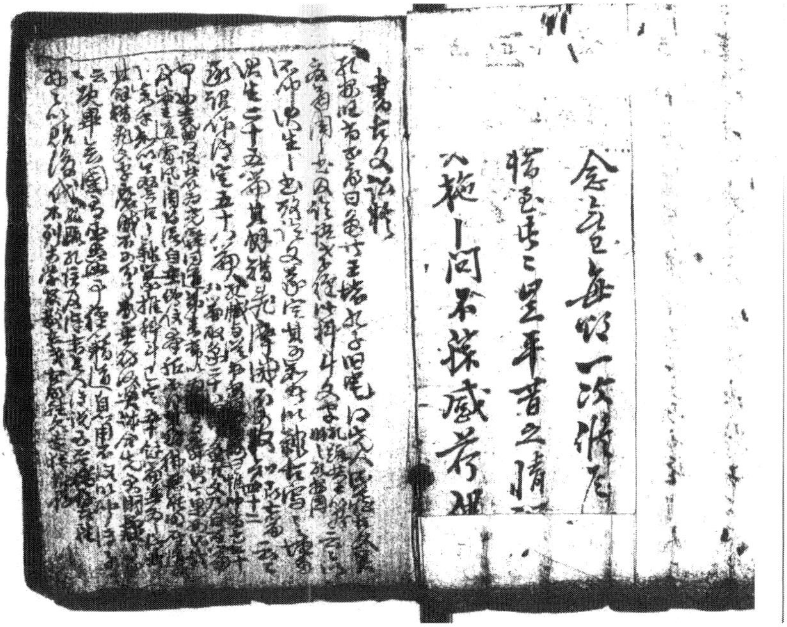

圖一　韓國學中央研究院館藏《書古文訟疑》手稿

13 韓正吉：〈柳僖의 『大學』觀연구〉，《震檀學報》第118輯（2013年），頁299-321。

14 김동민：〈西陂 柳僖 春秋學의 독자성과 체계성〉，《한국실학연구》第32輯（2016年），頁7-47；〈西陂 柳僖의 『춘추괄례분류』 에 보이는 『춘추』 범례 분류의 특 징〉，《한국철학논집》第54輯（2017年），頁115-151；〈서파 유희의 『춘추』四傳에 대한 비판적 관점-春秋四傳刪誤說을 중심으로-〉，《동양철학연구》第94輯（2018年），頁73-110。

15 吳보라：〈西陂 柳僖의 『中庸章句補說』 연구-구조 분석 특징과 主氣的 학설 비판을 중심으로-〉，《韓國實學研究》第42號（2021年），頁41-86。

16 金秀炅：〈柳僖 詩經論에 반영된 해석과 접근의 재구조〉，《韓國漢文學研究》第85輯（2022年），頁385-429。

上圖為韓國學中央研究院館藏編號 No.35-13459之柳僖手稿微卷，該文獻標題為「書古文訟疑、讀史漫筆、正統說」，圖中可約略看出應為《書古文訟疑》，但其內容漫漶不清，幾無法辨識內容，僅能從幾個段落大約推測為談論魯共王廣其宮壞孔子宅得古文《尚書》的內容。故而，手稿本漫漶不清為柳僖經學論著判讀上的最大問題，亦使得相關研究不易推動。下文針對其《尚書》論著的文獻問題進一步析探之。

三　柳僖《尚書》論著的文獻考察

柳僖有關《尚書》的論著有《尚書古今文訟疑》、《書詁》、《書蔡傳補說》三部，皆收入於《文通》中。

根據吳보라的研究可知，柳僖在世時雖未能刊行《文通》，但於親友間已廣為流通。[17]又，由韓國學中央研究院所藏〈文通鈔手錄〉、〈文通修契簿〉、〈通文〉等文書，可知其曾孫柳近永因擔心《文通》手稿終有一日會被蠹蟲啃蝕，在世時曾力圖整理出版。但由於一己之力難以梳理龐大文獻，曾於一九三一年十一月向屏山書院儒生尋求協助淨寫《文通》手稿的請求：

> 生等即伏見南嶽公諱僖，則文成公諱順汀之后，家學淵源已有自來，而又被其母夫人李氏師朱堂胎養之教，孝根性天氣禀其清，同時鴻碩咸推為天下奇才，則已認其範圍之大、經綸之廣。而加之以沈潛窮究之工，造詣該博，其所著述有天文、地理、陰陽、易象、春秋、碁數、律曆、禮樂、性理諸篇，并皆鉤玄探頤，撰述發揮。以至醫藥、筮、量田、黍鍾、起水、氣水及蟲魚鳥獸之類，亦莫不窮其理而蔽其要，以利用厚生為務，眞有關於世教而可補於民政者也。……其曾孫

17 吳보라：《西陂柳僖文學研究》（首爾市：高麗大學國語國文學系漢文學專業博士論文，2017年12月），頁11：「（申滓詩作）文通一部好成書，盥手芸床日卷舒。墳典搜羅棟溢宇，縷豪分析軸運車。推來教士真多益，展處為邦用有餘。博洽縱為人艷羨，青冥無路送吹嘘。」

近永甫慟先徽之日日沈，惧遺文之愈往愈失，圖所以壽傳之計，以獨力難辦，一邊收契一邊營劃，殫盡誠孝，誠極嘉尚。生等彝衷所同，少助其資，又此飛文奉告于僉君子。伏願僉尊同聲齊力，無使關世教補民政之遺文永為蠹塵所噬，千萬幸甚。[18]

同時，對於參與淨寫的儒生名錄、書寫範圍、使用何種紙張、稿紙費用、謄寫費用等等皆於〈文通鈔手錄〉、〈文通修契簿〉中有詳細的記載。然歷經十五載，直至柳近永逝世，最終仍未能出版。[19]柳僖手稿本就漫漶不清，加上淨寫時又夾雜他人稿件，愈加增文獻梳理難度外，亦有傳鈔之誤的問題。以《尚書今古文訟疑》為例，在韓國學中央研究院館藏的《文通》微卷目錄裡，No.35-13457的第五項標題與內題皆為「尚書今古文訟疑」（該微卷次序第152-218，67張），第六項則標明為「尚書今古文訟疑」轉寫本（該微卷次序第219-285，67張），將兩者比對後可知後者為前者之轉寫本。然 No.35-13459卷的第七至八項另有標題為「書古文訟疑、讀史漫筆、正統說」（該微卷次序515-568，54張），但由於此卷漫漶不清，辨識難度相當高。細察此份微卷，可知僅三張為《書古文訟疑》，其他部分無論是字體、內容、體例皆與《書古文訟疑》（即上文圖一）相異。由於談到蚩尤、項羽、曹植等內容，推測應為「讀史漫筆」或「正統說」。另外，若對照 No.35-13457的第五與第六項，有幾處出現傳鈔之誤，例如下圖：

---

18 〈通文〉韓國學中央研究院微卷館藏號碼：No.35-13461。

19 有關柳近永欲刊行《文通》的詳細過程可進一步參閱古文書研究室：〈서파유희전서 발간 개요〉，《晉州柳氏西陂柳僖全書》（京畿道：韓國學中央研究院，2007年10月），頁2-9；吳보라：《西陂柳僖文學研究》，高麗大學國語國文學系漢文學專業博士論文，2017年12月，頁10-17；김성태、박숙현編著：《서파 류희와 진주류씨 목천공파》（晉州市，비천당，2021年7月），頁521。

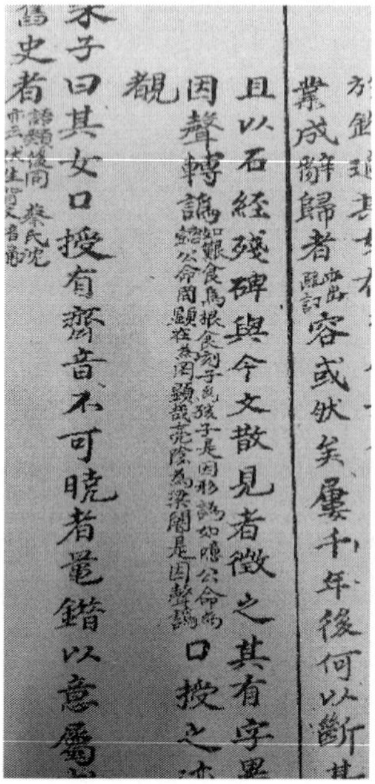

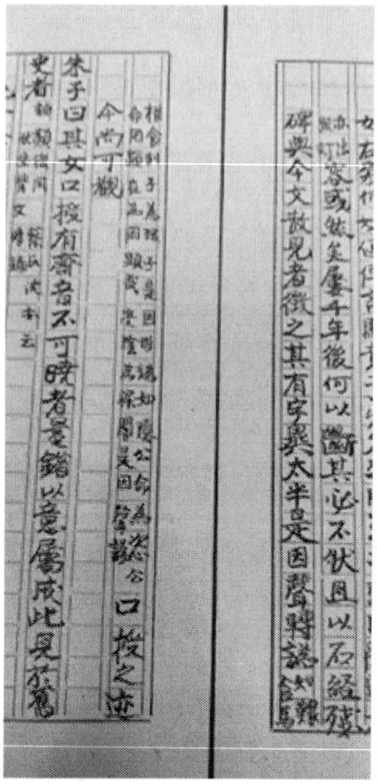

圖二　微卷 No.35-13457 **第五項　圖三　微卷** No.35-13457 **第六項轉寫本**

由上列兩圖可清楚看到轉寫本誤將「為」字謄寫為「馬」、「懿」字謄寫為「恣」。因此，《文通》除漫漶不清外，亦有不少删改，以及別紙黏貼痕跡，然為保護脆弱的手稿，韓國學中央研究院已將柳僖經學論著全部拍攝為微卷保存，難以進一步查閱背後文字。同時，轉寫本經過淨寫，雖明顯清朗不少，卻另有傳鈔之誤的問題。以上種種皆加深柳僖《尚書》學探究的難度。

柳僖的三部《尚書》論著中僅有《尚書古今文訟疑》有序言載明「孔子刪書後二千三百八年周八月哉生明粵四日」時序，若以《左傳》哀公十一年（前484年）孔子返魯刪《詩》、《書》為依據，則可推測此書著成於一八二四年，即柳僖五十二歲時。而《書詁》是《經詁類證》中的一部分，柳僖原先預計針對九經的文字詁訓釋義，但後加上對宋人學說的論述，擴充成《易詁》、《書詁》、《詩詁》、《儀禮詁》、《周禮詁》、《禮記詁》、《春秋詁》、《論語詁》、《孝經詁》、《中庸詁》、《大學詁》、《孟子詁》、《宋詁》等，共十三種，並計畫單獨刊行，不納入《文通》叢書之中。[20]根據金秀炅對《詩詁》的考證，從柳僖引用申綽詩說的內容推測，《詩詁》應作於兩人交遊後。而根據鄭良婉與沈慶昊的考證，柳僖與申綽兩人於一八二一年始識。[21]故金秀炅推測《詩詁》應作於一八二一年後。反觀《書詁》，雖沒有引用申綽的言語，但應該也是作於一八二一年後，甚而更進一步來說，應完成於一八二五年之後。原因在於《書詁》的體例中，柳僖在闡明己意時，使用「僖按」、「因復按」，而根據柳氏宗親會所編年譜可知柳僖原名柳儆，五十三歲（1825）時才改名柳僖，[22]故筆者認為《書詁》應於一八二五年後著成。此亦可於《書蔡傳補說》中見得旁證。此外，《書詁》〈泰誓〉篇「惟十有三年」條下有「詳論在《書訟疑》」小字，亦說明《書詁》應成書晚於一八二四年的《尚書今古文訟疑》。

《書蔡傳補說》同樣沒有任何著成時序記錄，但由於將《書蔡傳補說》中對古文《尚書》真偽的問題文句與《尚書古今文訟疑》對照來看，當知《尚書古今文訟疑》構成早於《書蔡傳補說》，如〈泰誓〉篇下有刪改痕跡，並有「亦嘗論在《書古文訟疑》中」文句。此外，《書蔡傳補說》內文有「儆有別論在《經詁類證》中」，而《書蔡傳補說》通書未見僖字自稱之語，[23]在闡明己意時使用「儆嘗細論」、「儆嘗有所論」、「儆初讀」等，故推測《書蔡傳補說》應作於一八二五年之前，且晚於《尚書古今文訟疑》、早於《書詁》。綜上所述，可梳理為下表：

---

20 參自金秀炅：〈柳僖 詩經論에 반영된 해석과 접근의 재구조〉，《韓國漢文學研究》第85輯（2022年），頁395：「諸經詁訓皆可單行，非《文通》一書聯絡而有次第也……諸作可以單行，則謄者當題其簽曰『西陂先生經解』」。

21 鄭良婉、沈慶昊：《江華學派의 文學과 思想（4）》（京畿道：精神文化研究院，1999年），頁137：「柳子博洽，無所不通。居在西陂數十里地，自是年始識，過從源源來，未嘗不信宿流連，如羊仲、求仲焉」。

22 김성태、박숙현編著：《서파 류희와 진주류씨 목천공파》（晉州市，비천당，2021年7月），頁520：「1825년（53세）초명인 儆（경）을 버리고 희로 이름을 바꿈」。

23 《書蔡傳補說》僅一處出現僖字，為〈秦誓〉篇尾「詩之魯頌將授命于僖公乎」，除此處之外，未見柳僖以僖字自稱，皆已儆字自稱，故推測此書應作成於改名前。

書名	按語體例	推測著成時間
《尚書古今文訟疑》	訟疑	1824年
《書蔡傳補說》	儆	1824-1825年間
《書詁》	僖按	1825年後

故三書的著成順序應為：《尚書古今文訟疑》（1824）→《書蔡傳補說》（推測應為1824-1825年間）→《書詁》（1825年後）。下將針對《書蔡傳補說》與《書詁》進一步析論之。[24]

四 《書蔡傳補說》

《尚書正義》與《書集傳》並稱《尚書》學史上影響後世深遠的兩大巨作。其中尤以《書集傳》為重，影響力不僅是時代的向度，甚而擴及域外的廣度。除因此書為朱子晚年囑咐蔡沈續其遺志撰成，於學術上有其權威性外，元代延祐貢舉、明代洪武頒布科舉定式以此書為定本後，有志出仕之讀書人為了應舉，皆須埋首熟讀《書集傳》。之後永樂年間《書經大全》刊印，更奠定了《書集傳》的學官地位。[25]於是，在朱子與官方的雙重加持下，使得《書集傳》屹立數百年，然自宋朝末撰成之始，便出現擁護與違異兩種正反看法，其中不乏來自蔡沈同門之批判。[26]宋元之際至清，對《書集傳》訂誤辨正之論著相當多，如張葆舒《書蔡傳訂誤》、袁仁《尚書砭蔡篇》、左眉

24 有關《尚書古今文訟疑》的部分請參閱拙作《『古文尚書』에 대한 朝鮮時代 학자들의 認識과 考辨》（首爾市：高麗大學（韓）國語國文學系漢文學專攻博士論文，2016年8月）。

25 紀昀、永瑢等：《武英殿本四庫全書總目》第一冊（臺北市：臺灣商務印書館，2001年），頁280：「自元祐中，使以蔡《傳》試士，明洪武中雖作《書傳會選》以正其訛，而永樂中修《書傳大全》乃懸為功令，莫敢歧趍」。

26 紀昀、永瑢等：《武英殿本四庫全書總目》第一冊，頁274：「當其初行，已多異論。宋末元初張葆舒作《尚書蔡傳訂誤》、黃景昌作《尚書蔡氏傳正誤》、程直方作《蔡傳辨疑》、余芑舒作《讀蔡傳疑》，遞相詰難」。

《蔡傳正訛》、姜兆錫《書經蔡傳參議》等數十種。[27]從這些書名便可或多或少了解他們對《書集傳》的評價優劣，從較為客氣的訂正、辨疑，到明確地貶抑。同樣地，朝鮮時代訂補《書集傳》之著亦不少，筆者目前所見，至少約二十七位儒者三十二種論著，柳僖《書蔡傳補說》即為其一。

《書蔡傳補說》是柳僖對蔡沈《書集傳》中有疑問的部分，提出個人的見解與訂補，除〈湯誓〉、〈旅獒〉、〈微子之命〉三篇未有述及外，其餘各篇皆或多或少有所論述。然此作篇幅為柳僖三部《尚書》論著中最小者，且刪改塗去痕跡最多，間又有別紙黏貼於上，但微卷僅能見其黑白影像，無法翻閱查看實際情形，增添文字判讀難度。柳僖在進入各篇補說前，原欲先對百篇書序真偽問題闡發，但刪去大段文字。在此問題上，丁若鏞雖曾表達欣賞柳僖的博學，但遺憾彼此對古文《尚書》觀點相異，而申綽也如實將此評價轉述予柳僖：

> 丁令間亦有書，稱柳上舍之博雅，但以古、今說所見之參差為恨耳。[28]

其實，柳僖並非未曾動搖其心志，在《書蔡傳補說》中可見其曾言：

> 僘平生未嘗敢輕疑古經傳，文字獨於此竊不能無惑，徑吐委見待後之罪我者。[29]

但又將此處刪去，又有：

---

27 蔣秋華：〈明人對蔡沈《書集傳》的批判初探〉，《明代經學國際研討會論文集》（臺北市：中央研究院中國文哲研究所，2002年），頁5。此外，華文學界對《書集傳》的研究較具代表性者，另有游均晶《蔡沈《書集傳》研究》（臺北市：東吳大學中國語言文學系碩士論文，1996年）、許育龍《宋末至明初蔡沈《書集傳》文本闡釋與經典地位的提升》（臺北市：臺灣大學中國文學系博士論文，2012年）、王春林《《書集傳》研究與校注》（北京市：人民出版社，2012年）、許華峰《蔡沈《朱文公訂正門人蔡九峰書集傳》的注經體式與解經特色》（臺北市：臺灣學生書局，2013年）、陳良中《朱子《尚書》學研究》（北京市：人民出版社，2013年）等。

28 申綽：〈與柳進士僖〉，《石泉遺稿》，卷3，收入《韓國文集叢刊》，第279冊，頁564。

29 《書蔡傳補說》〈五子之歌〉。

> 古文《尚書》語多平順，或疑晉世偽遠者多矣。然如以此篇（仲虺之誥）觀之，既以誥民命意，而末段純作陳戎於湯，正是聖賢意思。況其中「志自滿，九族乃離」一句，定非後人口氣所能發得。[30]

可知柳僖終究未轉變其立場。除此例外，《書蔡傳補說》中類似之處另有「儆有別論在《經詁類證》中」、「愚嘗論辨在《律呂新書》摘解下」、於「又詳在《論語詁》」、「儆嘗有所論在《歷代正朔》中」、「愚嘗論在《周禮小識》下」、「亦嘗論在《書古文訟疑》下」、「詳釋在《詩詁》」、「詳●《禮詁》」等語，顯示《書蔡傳補說》可能較接近於柳僖的讀書筆記，由於各項問題於上述各書均有詳論，故於《書蔡傳補說》中不再贅述，甚而僅是筆記提點可參看哪部著作。因而，若欲了解柳僖對《書集傳》的詳盡釘補，《書詁》無論是在篇幅或內容的縝密度上，遠勝於《書蔡傳補說》。筆者認為《書蔡傳補說》應看為柳僖個人的讀書札記，其《尚書》學較完整地體現於《尚書今古文訟疑》與《書詁》中。

五　《書詁》

《書蔡傳補說》雖是柳僖對蔡沈《書集傳》中有疑問的部分，提出個人的見解與訂補，而《書詁》則是針對《尚書》中有歧異的字句，進行訓解，然幾乎每條經句下，皆舉《書集傳》之解為例，再進一步對其論述。因此，若要了解柳僖對蔡沈之說的續承與轉化，實應同時參照兩書。《書詁》雖僅針對〈堯典〉、〈舜典〉、〈皋陶謨〉、〈益稷〉、〈禹貢〉、〈甘誓〉、〈五子之歌〉、〈胤征〉、〈盤庚〉、〈說命〉、〈西伯戡黎〉、〈微子〉、〈泰誓〉、〈武成〉、〈洪範〉、〈金縢〉、〈大誥〉、〈康誥〉、〈梓材〉、〈洛誥〉、〈無逸〉、〈多方〉、〈呂邢〉、〈費誓〉等二十四篇中有歧異的字句，進行訓解，然談論問題的篇幅與深度明顯多於《書蔡傳補說》。以〈堯典〉一篇為例，《書蔡傳補說》僅

30 《書蔡傳補說》〈仲虺之誥〉。

以八百餘字談論四仲中星、朞三百等曆法問題，且當中多有刪改塗劃痕跡。而《書詁》則對「曰若稽古、百姓、乃命羲和、宅南交、靜言庸違、四岳、洪水方割」等字句詳加訓解闡釋，以「曰若稽古」為例：

> 曰若稽古堯典《疏》:「史述堯之美，曰能順考校古道而行之者，是帝堯也。」〇《集傳》:「曰，粵，越通，古文作粵。謂馬氏本曰若者，發語辭。《周書》:「粵若來三月」，亦此例也。史臣先言考古之帝堯者，其德如下文也。」劉元城曰:「〈堯典〉下當為粵若稽古」〇僖按《鬼古子》首篇「粵若稽古聖人云云」可見古人語例。《文選注》引書作「粵若稽古」，唐〈碧落碑〉引書作「粵若乩古」，乩，稽古文則劉義得之。曰若稽古別無深意，秦近君何以解至三萬餘言。[31]

由上可知《書詁》體例，先將欲訓解的經文頂格列出後，下以小字寫明篇名（若同篇便以「同」字標示），後書寫〈孔傳〉或孔穎達疏文，接著以「〇」先列《書集傳》等各家之語，再以「〇僖按」詁訓字義，並以雙行小字進一步說明。如「曰若稽古」條，柳僖認為此四字別無深意，不解秦近君何能對此書寫逾三萬言。此外，若再有闡發，柳僖亦會以「再復按」另起一行書寫補充。

又，〈金縢〉「未可以戚我先王」句，歷來對戚字解眾說紛紜，大體而言有四種解釋。第一種是孔〈傳〉:「戚，近也。召公、太公言王疾當敬卜吉凶，周公言未可以死近我先王」，則此句便可理解為「不能讓使武王走近我們的先王，要讓他活下去（進而祈求祝禱）。」。第二種是根據鄭玄訓為憂，蔡沈則進一步闡釋為:「憂惱之意，未可以武王之疾而憂惱我先王也」，則此句便可理解為「不可以此來憂愁我們的先王（即不可讓先王知道我們武王——他們的子孫——病重而擔心憂愁）」。第三種則是依據《孟子》將戚訓為感動，清戴鈞衡（1814-1855）《書傳補商》:「戚，讀若《孟子》『於我心有戚戚焉』之戚，趙岐注:『戚戚然有心動也。』僅卜未可以戚先王，故下

31 《書詁》〈堯典〉。

文特為壇墠先冊告而後用卜耳」，那麼此句便可詮釋為「（僅有占卜）還是不能感動我們的先王（要更積極的代武王死）」。此外，另有近人周秉鈞將戚字讀為禱，即告示求福之意，如此一來，此句便可解為周公認為僅是占卜，聽天由命過於消極，所以要積極地祈求祝禱。而柳僖對此字詁訓言：

> 未可以戚我先王金縢〈孔傳〉戚，近也。未可以死近我先王〇《集傳》:「戚，憂惱之義，未可以憂惱我先王，蓋卻二公之卜。」〇僖按《考工記》:「無以為戚速」是為「戚，近也」之證。《小爾雅》:「請天子命曰未可以戚先王」是似未可以死之證，然死但未可耳近先王亦可乎？《小爾雅》不過據此經生說孔氏家學[32]不足為證。閔亞顏曰：蔡謂卜憂惱先王，未知禱與卜孰惱?乃卻卜而禱之，且竟自卜之，豈謂共卜則惱？《集傳》稽卜、共卜亦未見必然獨卜則不惱耶？《孟子》:「於我心有戚戚焉」戚是心動之意，未可以戚我先王言，但卜吉凶，未足以動我先王心也。須味未字惟以永有依歸告之，乃可以戚我先王，如此於文理恐順。[33]

從上述引文可知，柳僖雖舉《考工記》序言、《小爾雅》〈廣名〉篇為第一種〈孔傳〉之解佐證，但仍未能釋疑。同時，柳僖也認為《書集傳》之解有其矛盾之處，最後傾向依據《孟子》將戚訓為感動（即第三種解釋），如此上下文句脈絡較為通順。再如〈無逸〉「所其無逸」詁訓：

> 所其無逸無逸〈孔傳〉所在念德，其無逸豫。〇朱子曰:「恐有脫字，不可知。」〈召誥〉:「王敬作所，不可不敬德」，朱子依〈孔傳〉作一句讀，《集傳》猶所其無逸之所。〇《集傳》:「所，猶處所也。」本呂東萊義。〇魏子才曰:「關西方言致力一事為所。」李夢陽曰:「西土人謂，著力幹此事，則呼為所。」〇僖按《左傳》「以務烈所」宣十二「姑成無所」哀十三並是居處之義，亦有致力之意，關西方言

32 此處為塗改文字。

33 《書詁》〈金縢〉。

亦以居處借稱致力歟。《漢書》「上有酒所」顏註「 酒在體中」則無致力意。[34]

朱子認為此處可能有遺漏文字，故不可解，但蔡沈認為應解為居處所。然而柳僖引魏子才、李夢陽之言，並佐以《左傳》經文輔證，認為所字除了居處的意思外，更同時包含致力之意。由以上數例可知，柳僖並未全然地墨守代表朱熹遺志的《書集傳》，在面對歧異時，透過文獻訓解，找出合適的解釋。

六 結語

如前所述，自宋至清，乃至朝鮮時代，無論中外皆留下不少批駁《書集傳》之作。探究這些論著，可資吾人了解《書集傳》在當時被攻詰情形，其駁斥之內容有無道理，抑或僅是學派間的意氣之爭。反之，解析擁護、續衍《書集傳》之論著，亦可知悉宋元明清學者，乃至域外彼此之間有無傳承。在明清時期，擁護《書集傳》者認為蔡沈祖述朱子之意時，在嚴守師道下，又能廣採眾說不拘泥於其，為之長處。但看在朝鮮文人眼中，便是悖離尊師本意。於是，無論是將《書集傳》與《朱子語類》中談論《尚書》內容放在一起比較其中出入，批駁蔡沈者；或單以《書集傳》解經內容合理與否，進行修正與辨誤者，皆是對蔡沈《書集傳》的不滿意，而進行訂補。

朝鮮時代針對《書集傳》進行辨疑與補正的論著，合約二十七位儒者三十二種論著。在這之中，柳僖的《書蔡傳補說》、《書話》雖相對較溫和，但從其內容來看，亦顯示朝鮮儒者並非全然地墨守代表朱熹遺志的《書集傳》，於義理不通處，亦會對其辨正與訂誤。誠如艾爾曼（Benjamin A. Elman, 1946-）所言，人們「往往錯誤地認為李氏朝鮮的儒士皆是宋代程朱理學的熱切宗奉者」。[35]柳僖的《書蔡傳補說》、《書話》除驗證艾爾曼之語外，書

34 《書話》〈無逸〉。

35 Benjamin A. Elman 著、時霄譯：〈朝鮮鴻儒金正喜與清朝乾嘉學術〉，《世界漢學》第14卷（2014年12月），頁35。

中對《書經集傳》的剳疑與辨正內容中徵引不少古人學說。如宋人馬廷鸞、明人李槩對《尚書》的說解，較為少見，若能通盤梳理其《文通》中經學論著，或可資輯佚之功，亦能更進一步解決微卷中無法辨識的漫漶文字、傳鈔訛誤等問題。

元末明初朱善生平仕宦與《詩經解頤》探析*

侯美珍

成功大學中國文學系教授

提要

元末明初朱善，長期執教授徒，洪武初年召赴京師，廷對第一，累官至文淵閣大學士，作《詩經解頤》四卷。學界對朱善其人其書的研究罕少，間有錯誤和不足。本論文梳理其生平仕途，辨證其是否為狀元。探討明初此書刊行、傳播的情形及影響。商榷四庫館臣等前人對《詩經解頤》的評論。本論文羅列各種證據，證明此書是為舉業而編，乃幫助士子應試備考的《詩經》科舉用書。

關鍵詞：朱善、《詩經解頤》、《詩解頤》、科舉學、科舉用書、元末明初

* 本文刊載於《中國文哲研究集刊》第64期（2024年3月）。

一　前言

朱善（1314-1385），字備萬，號一齋，江西豐城人。在元末明初時隱居傳經授徒，洪武初年召赴京師，廷對第一，授修撰，累官至文淵閣大學士，作有《詩經解頤》四卷，或名《詩解頤》。朱善其子曾刊印此書，洪武三十五年（1402）朱善弟子丁隆重刻，[1]並作跋語，附於全書之末：

> 《詩經解頤》一編，先師文淵閣大學士一齋朱先生之所述也。先生得家學之傳，經籍無不考賾。至古詩《三百篇》，尤博極其趣，每授諸弟子，於發明肯綮處，輒錄之。時愚亦在門，不數年成集，俾誦之者，不待玩諸心而喜形於色。先生遂取「匡說詩，解人頤」之語以名之。其子叔■[2]既鋟諸梓，遠邇讀《詩》之士，往往稱之，不啻良金美玉之重焉。比年，愚承乏南昌司訓，上下亦莫不重是編之便學者。但歲久不能無亥豕魯魚之難辨，於是僉議命工重刊，以廣其傳。愚僭分章析類，正其譌誤，以便觀覽，亦未必無小補云。洪武三十五年歲在壬午，孟夏上澣，後學豐城丁隆謹識。[3]

---

1 丁隆重刊此書，正逢靖難之變，壬午應為建文四年（1402），燕王於此年七月攻克金陵，登基後明成祖（1360-1424）不承認建文年號，將建文元年至四年，改為洪武三十二至三十五年。丁隆，生卒年不詳。府志載：「丁隆，以通經舉教諭。」〔明〕范涞修，〔明〕章潢纂：〈選舉・薦辟〉，《新修南昌府志》（臺北市：成文出版社，1989年，影印明萬曆16年〔1588〕刊本），卷17，頁4。

2 康熙《通志堂經解》本，此處原作墨丁，見圖一。

3 引文及圖一見〔明〕朱善：《詩解頤》（清康熙19年〔1680〕《通志堂經解》本，哈佛燕京圖書館藏，網址：https://library.harvard.edu/，檢索日期：2023年9月2日，卷4，頁26。本論文引用，以此本為主。或用《解頤》簡稱，以省篇幅。又，〔明〕朱善：《詩解頤》，收入〔清〕徐乾學等輯：《通志堂經解》第18冊（臺北市：大通書局，1970年，原題影印清康熙19年〔1680〕刻本），此大通書局印本《詩解頤》，每卷末，皆標示「巴陵鍾謙鈞重刊」，鍾謙鈞（1803-1874），晚清官員，故此實非康熙徐乾學等原刻。且歷來多據《經解》前徐乾學序，將《經解》刊時標為乾隆十九年，然今學者搜羅證據，論證《經解》刊成當更晚，約在康熙三十年（1691）。參楊國彰：〈《通志堂經解》刊刻問題新探〉，《中國典籍與文化》2019年第2期（2019年4月），頁40-49。

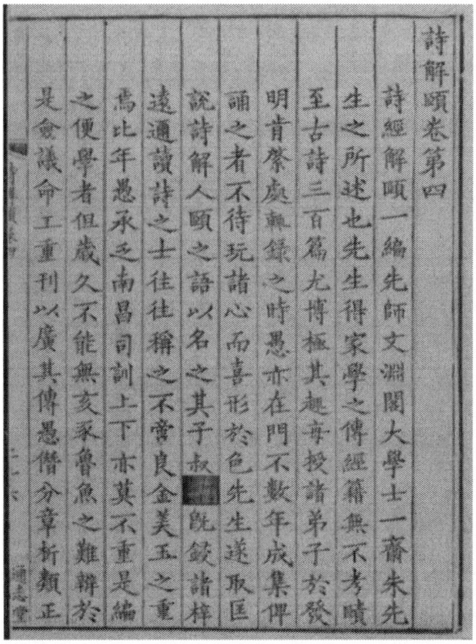
詩解頤卷第四
詩經解頤一編先師文淵閣大學士一齋朱先
生之所述也先生得家學之傳經籍無不考賾
至古詩三百篇尤博極其趣每授諸弟子於發
明肯綮處輒錄之時愚亦在門不數年成集俾
誦之者不待玩諸心而喜形於色先生遂取匡
說詩解人頤之語以名之其子叔[redacted]旣鋟諸梓
遠通讀詩之士往往稱之不啻良金美玉之重
焉比年愚承乏南昌司訓上下亦莫不重是編
之便學者但歲久不能無亥豕魯魚之難辨於
是僉議命工重刊以廣其傳愚僭分章析類正

圖一　《解頤》，卷 4，頁 26

據書末丁跋，可見此書應成於朱善長期授徒之累積，乃教學過程講義、心得之纂集，雖經朱善命名，但首次刊行是由朱善之子朱叔服付梓。[4]至於刊刻於朱善在世時或去世後，跋語未曾明言。但在洪武六年（1373）二月，明太

4　朱叔服，生卒年不詳。朱善建家廟灜峰祠，請林弼（1325-1381）作記，篇題下有小注：「灜峰，字子方；備萬，其子也，仕至大學士；叔服，備萬子也，仕至興化教官；今縉雲縣丞敬業，叔服子也。」〔明〕林弼：〈燕坑朱氏灜峰祠記〉，《林登州集》，收入〔清〕紀昀主編：《景印文淵閣四庫全書》第1227冊（臺北市：臺灣商務印書館，1983-1986年），卷17，頁1。聶鉉所作墓誌銘，言朱善有二子，「象環早逝，次即逢掖，克世父業，以《詩經》授徒，郡辟為南昌府學據德齋訓導」。〔明〕聶鉉：〈故奉議大夫文淵閣大學士一齋先生朱公墓誌銘〉，收入〔明〕朱善：《朱一齋先生文集．前卷》，收入《四庫全書存目叢書》集部第25冊（臺南縣：莊嚴文化事業公司，1997年，影印明成化22年〔1486〕朱維鑑刻本），卷前，頁2。疑逢掖為名，叔服為字，後以字行，故方志載：「朱叔服，善之子，以通經舉教授。」〔明〕范涞修，〔明〕章潢纂：〈選舉．薦辟〉，《新修南昌府志》，卷17，頁4。

祖（1328-1398）即因科舉取中多為後生少年，以未能得人而暫罷科舉。[5]至洪武十七年（1384）恢復科舉，這段時間，較乏刊印此書的誘因，且朱善詩文中，未曾留下《解頤》相關的線索，疑為朱善去世後，兒子朱叔服方刊印，若然，則初刻應在洪武十八年（1385）後。初刻問世，頗受歡迎，版刻因長期刷印而模糊漫漶、字體難辨。洪武三十五年，時任南昌訓導的弟子丁隆，遂「分章析類，正其譌誤」，重刻《詩經解頤》以廣其傳。

清康熙時，徐乾學（1631-1694）、納蘭成德（1655-1685）將此書收入《通志堂經解》中刊行。至乾隆纂修《四庫全書》時，以此書「闡興觀群怨之旨，溫柔敦厚之意，而於興衰治亂，尤推求源本，剴切著明」，[6]亦將此書收在《四庫全書》中。《四庫全書薈要》亦收錄《解頤》，[7]且是明代眾多《詩經》學著作中，唯一被收入《薈要》者。

今學界多稱朱善之《詩經解頤》為《詩解頤》，乃因《通志堂經解》及《四庫全書》、《薈要》所收，咸題作《詩解頤》。《通志堂經解》在清朝已多次刊行，民初後，更廣為印行。《四庫全書》、《薈要》影印本，也是許多重要圖書館購置庋藏的對象。這些叢書的編印、流通，方便學者利用，也產生了影響。然《明太祖實錄》所記載，[8]聶鉉所作朱善墓誌銘（詳後），及前引

5 參郭培貴：《明代科舉史事編年考證》（北京市：科學出版社，2008年），頁5-12。明太祖罷科舉諭言：「今有司所取多後生少年，觀其文詞若可與有為，及試用之，能以所學措諸行事者甚寡。」〔明〕李景隆等纂修：《明太祖實錄》（臺北市：中央研究院歷史語言研究所，1966年），卷79，頁4。

6 〔清〕紀昀等奉敕撰：《四庫全書總目》（臺北市：藝文印書館，1989年），卷16，〈詩解頤〉條，頁9。後簡稱《總目》，以省篇幅。又，此《總目》提要內容文字，與文淵閣本書前提要同。見〔明〕朱善：《詩解頤》，收入〔清〕紀昀主編：《景印文淵閣四庫全書》第78冊，卷前，頁1-2。

7 〔明〕朱善：《詩解頤》，收入〔清〕紀昀主編：《景印摛藻堂四庫全書薈要》第27冊（臺北市：世界書局，1986年）。經筆者比對，《薈要》本乃據通志堂本，略加校對、抄錄，故每卷末所附校記，皆針對通志堂本而發。

8 洪武十八年九月《實錄》載：「是月，文淵閣大學士朱善卒。……年七十二。所著有《詩經解頤》等集行於世。」〔明〕李景隆等纂修：《明太祖實錄》，卷175，頁4。

丁隆跋語，以及今尚存世明刊黑口本、[9]毛氏汲古閣抄本，[10]咸題作《詩經解頤》，[11]故本文從之。

因上述叢書的收錄、流通，學界並不難取得《解頤》一書。但至今所見，除零星提要式介紹，或論述其他主題偶或帶及外，專門研究《解頤》之論著，僅有二〇一四年張亞輝所作碩士論文《朱善詩解頤研究》。[12]此或肇因於歷代《詩經》學著作甚多，朱善其人、其書，在悠久的《詩經》學史所累積的浩繁著作中，未能受到太多的關注，且館臣對朱善詩文集的評價也有所保留，言朱善雖以文章為明太祖所知，「然核其品第，究不能與宋濂諸人雁行」。[13]故館臣僅置之於《四庫全書總目》之「存目」中，古本傳世亦甚

9 〔明〕朱善：《詩經解頤》（臺北市：國立故宮博物院藏明刊黑口本，1997年攝製微卷）。

10 汲古閣是明末清初毛晉（1599-1659）、毛扆（1640-1713）父子的藏書樓和出版處。〔清〕彭元瑞著，徐德明標點：《天祿琳琅書目後編》（上海市：上海古籍出版社，2007年），卷20，頁807，著錄「《詩經解頤》，一函，二冊」，並言「此本乃汲古閣藏，收書家所珍，為毛鈔也」。經查「全國古籍普查登記基本數據庫」網站，網址：http://202.96.31.78/xlsworkbench/publish，檢索日期：2023年9月2日，有朱善撰「《詩經解頤》四卷」，標注「清初毛氏汲古閣抄本，2冊」，現藏於中國國家圖書館。〔明〕朱善：《詩經解頤》（北京市：中國國家圖書館藏，清初毛氏汲古閣抄本），參見「中華古籍資源庫——數字古籍」網站，網址：http://read.nlc.cn/allSearch/searchList?searchType=10024&showType=1&pageNo=1，檢索日期：2023年9月2日。

11 〔明〕朱善：《詩經解頤》，收入中國國家圖書館編：《原國立北平圖書館甲庫善本叢書》第8冊（北京市：國家圖書館出版社，2013年，影印明洪武刻本）。按：此乃據臺北國立故宮博物院藏明刊黑口本影印，而編者逕標「據明洪武刻本影印」，蓋因在康熙通志堂刻本之前，今所知刊刻《解頤》者，僅朱叔服初刻、丁隆再刻，都在洪武時期之故。凡黑口本缺頁處，則用毛氏汲古閣抄本配補。此本卷1頁1為毛抄本配補，卷2頁1為明刊黑口本，可見皆題作《詩經解頤》。

12 張亞輝：《朱善詩解頤研究》（廣州市：暨南大學中國古代文學碩士論文，2014年），頁2-4，緒論〈研究現狀〉一節中，作者搜索了許多專書、論文瑣碎的論述，節末指出，「尚未有人針對朱善的《詩解頤》進行整體性的研究，也未有就其書的某個觀點或特色形成專篇論文」，多數只敘錄式的、尚未有系統的研究。

13 《總目》，卷175，頁7，〈一齋集〉條。

少，且未易取得。[14]直到一九九七年《四庫全書存目叢書》行世，集部收錄了六世孫朱維鑑於成化二十二年（1486）所刊《朱一齋先生文集》，方得以較普遍流傳。但書況不佳，細字模糊，收入叢書時，又經縮印，不易辨讀，使朱善的研究倍感困難，令學者望而卻步。幸李修生等整理《全元文》時，將朱善詩文集中屬文章部分，經點校、重新編排，收入第五十三冊中。[15]

張亞輝的碩論，以七十四頁的篇幅，對朱善的生平、著作及《解頤》加以探討，為後續的研究奠基，功不可沒。但在資料的運用上有所不足，如雖知《解頤》被收入《通志堂經解》中，認定「《四庫全書》即據以抄錄」，故研究時逕據文淵閣本，此恐失之大意，非為上策。[16]在《解頤》一書性質、內容的探討上，仍受《四庫全書總目》、周中孚（1768-1821）等前人論述的籠罩和局限，較乏對此書性質、內容的深入鑽研，或以今律古，[17]或知其然

14 經查「全國古籍普查登記基本數據庫」網站，網址：http://202.96.31.78/xlsworkbench/publish，檢索日期：2024年6月2日，只有三筆，皆作「朱一齋先生文集前十卷後五卷廣遊文集一卷」，北京國家圖書館有二種，一為已收入《四庫全書存目叢書》之明成化朱維鑑刻本，六冊，一為「清末至民國刻本」，兩冊；首都圖書館有一「清末刻本」，亦兩冊，不知是否與北京國圖「清末至民國刻本」藏本相同。

15 朱善之文，收在李修生主編：《全元文》第53冊（南京市：鳳凰出版社，2004年），卷1616-1626，頁1-201。頁1整理說明言，所收朱善文，以成化二十二年家刻本為底本，「校以北京大學圖書館存曹楝亭舊藏清鈔本」。

16 張亞輝：《朱善詩解頤研究》，頁1。按：《薈要》方是以通志堂本為底本，再加校對。文淵閣本所據為「內府藏本」，經筆者比對，與通志堂本有所出入，或因對「夷狄」等字眼的忌諱，或抄錄致誤，不如通志堂本精審。又，「內府藏本」包括清宮各處圖書收藏，如皇史宬、懋勤殿、摛藻堂、昭仁殿、武英殿、永和宮、景陽宮、上書房、含經堂、內閣大庫等所庋藏之圖書。吳哲夫：〈內府藏本〉，《四庫全書薈要纂修考》（臺北市：國立故宮博物院，1976年），頁39-40。當時內府尚藏有朱叔服初刻、丁隆再刻本。（詳後文所引《薈要》本提要）

17 如作者常以今人對詩篇的解釋，來對照、指出《解頤》的不足，故頻見類似以下的敘述：「這其實就是一位男子愛慕女子不能如願的民間情歌，這樣一首簡單的詩，作者卻引出了一番『齊家治天下』的大道理。……如〈雞鳴〉，本是一首妻子催丈夫早起上朝的詩。而朱善解釋為：……〈邶風．谷風〉本是一首棄婦受苦的詩。而朱善闡之為：……」見張亞輝：〈《詩解頤》解經之特色〉，《朱善詩解頤研究》，頁28-32。這類論述，實缺乏對朱書性質的認識，亦對古人解《詩》的語境未能同理。

而不知其所以然，需待澄清、補充論述者頗多。故筆者以〈元末明初朱善生平仕宦與《詩經解頤》探析〉為題，立足於前人的研究基礎上，對可疑的論述加以商榷，徵引各種史料，以證成新的觀點，盼能對於朱善其人其書的研究，及補正元末明初《詩經》學，略有棉薄之助益。

二　朱善之生平與仕宦

朱善生平，記載最詳者，乃聶鉉所作朱善墓誌銘。[18]聶鉉，字器之，江西清江人，為洪武四年（1371）進士，曾任國子助教，生卒年不詳。除與朱善同為江西人外，明初，繼洪武四年會試後，洪武十八年再次舉行會試，朱善與聶鉉同主會試，擔任正、副主考官。明成化家刻本《朱一齋先生文集》卷前，首為聶鉉所撰文集序、墓誌銘，文末皆署「賜同進士出身前國子助教清江聶鉉器之」。文集序言：「僕自蚤年與朱備萬先生游」，十八年禮闈同司文衡後，「以病告歸，未幾而先生卒。悲夫！今先生令子集詩文若干卷，將鋟諸梓，而徵言於予。」[19]而銘文首已明言：「學士朱公既歿之三年，其子逢掖奉前進士戴先生行可所為狀來請銘」，[20]兩文寫作時間應相去不遠，是後世認識朱善的重要憑藉。

銘文對朱善生卒年記載甚詳，言生於元仁宗延祐元年（1314）九月六日，卒於洪武十八年（1385）九月二十一日，享年七十二歲。首述其家世、祖先，言豐城朱氏，世為儒家，曾大父朱三德，大父朱應岳，父朱隱老（1284-1357）。[21]續言朱善之早慧、學養、教學成效、著作，及在元末動盪

18 以下引朱善墓誌銘，皆見〔明〕聶鉉：〈故奉議大夫文淵閣大學士一齋先生朱公墓誌銘〉，收入〔明〕朱善：《朱一齋先生文集．前卷》，卷前，頁1-3上。

19 〔明〕聶鉉：〈文集序〉，收入〔明〕朱善：《朱一齋先生文集．前卷》，卷前，頁1-2。本文未署篇名，版心作「文集序」。

20 戴行可，生卒年不詳。洪武十七年八月朱善與戴氏自江西同至廣東，擔任廣東鄉試正、副主考。〔明〕朱善：〈送廣州太守張翥序　洪武十七年〉，卷1618，頁50-51。

21 朱三德、朱應岳，生卒年不詳。朱隱老，字子方，號瀫峰，生平參〔明〕宋濂：〈故瀫峰先生府君墓誌銘〉，《文憲集》，收入〔清〕紀昀主編：《景印文淵閣四庫全書》第

時養親教子，及對繼母、弟妹之照護：

> 先生諱善繼，[22]字備萬，別號一齋先生，生於元之甲寅年九月初六日丑時。少聰穎，不好弄，好讀書，早歲作文，通《四書》、《五經》大義。祖洞雲先生，嘗指以示人曰：「吾是孫，他日必為令器。」壯年以經學授徒鄉邦，藩府大臣延至西塾，子弟擢高科者相繼，多出其門，由是聲譽隆洽。壬辰兵變，隱居鄉里，養親教子之外，惟著書立言，以聖賢道統之傳為己任。著述有《詩經解頤》、《詩經輯釋》、《史輯》等書。奉繼母李氏克盡孝道，攜至弟妹教育婚娶，如親弟妹，至老待之不衰。壬寅亂劇，扶母逃竄十餘日，兩全無恙，人謂孝感所至。

「壬辰兵變」在元順帝至正十二年（1352）；[23]「壬寅亂劇」，為至正二十二年（1362）之戰禍。此時江西受到陳友諒（1320-1363）攻占南昌，朱元璋出兵圍勦等戰亂衝擊。稍晚於朱善的江西吉水人胡廣（1369-1418），記祖父、父親舊事亦曾述及。[24]此皆為江西在元末易代動盪之敘事，誠如宋濂（1310-1381）所概括：「天下弗靖者幾二十年，干戈相尋，曾無寧日。」[25]

1224冊，卷22，頁34-38。作《皇極經世書說》，館臣評云：「隱老以邵子《皇極經世》義趣深奧，學者猝不能得其說，因以己意訓解。……然邵子作此書，其大旨主於推步。隱老乃多講義理，而於數學罕所發明，則仍未能得其綱領也。」《總目》，卷110，頁4，〈皇極經世書說〉條。

22 四庫館臣已云：朱善文集首載聶鉉所作墓誌稱名「善繼」，然文集自稱及《詩經解頤》作者皆題為「朱善」，「繼」字乃刊本誤衍。《總目》，卷175，頁7，〈一齋集〉條。

23 應指「淮兵渡江，所在盜起，焚掠鄉落」事，〔明〕林弼：〈朱隱老傳〉，《林登州集》，卷21，頁13。

24 胡廣為建文二年（1400）庚辰科狀元，記祖父胡崧（1302-1354）晚年，「至正壬辰，天下兵亂，部使者守郡，檄先生興義，保障鄉里，先生以義激動，鄉人翕然皆從，由是寇不敢入境，鄉里得安」。又記父親胡壽昌（1333-1377），「元末兵亂，避地于洪。歲壬寅，皇朝兵下洪，先公偕豪傑迎王師」。〔明〕胡廣：〈先太父貫齋先生墓表〉、〈先考中憲大夫延平府君贈翰林學士奉政大夫墓表〉，《胡文穆公文集》，收入《四庫全書存目叢書》集部第29冊（臺南縣：莊嚴文化事業公司，1997年，影印清乾隆16年〔1751〕胡張書等刻本），卷14，頁10、12。

25 〔明〕宋濂：〈庚戌京畿鄉闈紀錄序〉，《文憲集》，卷5，頁18。

墓銘續言入明後：

> 皇上平定天下，開設學校，豐城仍舊為富州，州守強侯憲中延公訓導州學，南昌守許方延至郡庠，皆有成效，天府以名聞于朝，授職教授。洪武八年起取赴京，廷試第一，除授翰林脩撰，署院事，知制誥。逾年，以家屬不完，謫教遼東。公略無慍色，方且日賦詩文，有《遼海集》。未至遼城，恩賜還鄉，語子逢掖曰：「汝力畊以供賦役，我取汝祖所著《皇極經世》等書而考證之。」十七年，廣東布政司請公司其文衡。未歸，天子思用老成，驛使召公，竟趨朝見，上授翰林待詔。十八年，奉旨校文禮闈，撤棘之日，授奉議大夫文淵閣大學士。是年九月，遘危疾，上命醫治。月餘，疾增劇，逢掖詣闕上訴，蒙賜告歸調治，本年九月二十一日寅時卒。……男二人，象環、逢掖。象環早逝，次即逢掖，克世父業，以《詩經》授徒，郡辟為南昌府學據德齋訓導。

所言及「《詩經解頤》、《詩經輯釋》、《史輯》」等著作，今僅見《詩經解頤》流傳。尚有「詩文若干卷藏于家」者，應在朱善逝世不久後，經子孫加以整編，輯為詩文集。今所見成化二十二年重刊本，和四庫館臣所見朱善《一齋集》「是編前集十卷，後集五卷，又《廣遊集》一卷」，[26]編帙、卷數相同。後集共五卷，依序分別題為：〈遼海集〉、〈說〉、〈序〉、〈詩〉，從卷一的標題，加上卷五亦多為謫遼往返所作詩，原《遼海集》之詩文應已收納於後集中。

聶鉉所作墓銘言：「洪武八年起取赴京，廷試第一，除授翰林脩撰，署院事，知制誥。逾年，以家屬不完，謫教遼東。」常為後人所承用，但「洪武八年」的記載，卻存在錯誤。故「逾年，以家屬不完，謫教遼東」，循順前文讀之，時間也隨之淆亂不明。如黃佐（1490-1566）載：「九年六月，修撰朱善以家屬不完，謫教遼東。」[27]應是由聶鉉所云「八年」、「逾年」線索

26 《總目》，卷175，頁7，〈一齋集〉條。

27 〔明〕黃佐：〈降謫〉，《翰林記》，收入〔清〕紀昀主編：《景印文淵閣四庫全書》第596冊，卷5，頁10。

推論而得。

在張亞輝論文中，曾引述朱善文集中之自述，已澄清「洪武八年」之誤。[28]朱善文章常留有時間訊息，可資考索，在〈與南昌胡知府書　洪武十七年〉自云：

> 善當昔少壯之時，頗負才名。十八以經學訓諸生，惟恐人不聞知。中年逢時之亂，深自晦匿，時耕以給衣食，惟恐人或見知。晚歲遭值聖明，開設學校，招延師儒，雖不敢求知於人，而眾且妄推之矣。然猶退避數年，未敢輕出。行年六十有一，迺以當道之舉，校藝京師。司銓衡者憫其年老，特令歸教本府。在職三年，再召入京，授職翰林，侍講東宮，位雖不過六品，而出入殿廷，日承顧問，亦已榮矣。[29]

可知：洪武八年（1375）六十一歲首次辟召入京時，獲南昌府儒學教授之資格；[30]「任職三年，再召入京」，則在洪武十年（1377）六十三歲，方有廷試第一，授職翰林修撰之事。此書信，也證明朱善十八歲至六十三歲，長達四十餘年，主要是以教授生徒維生。聶鉉在朱善文集序中亦曾云：元末「時方重舉子業」，朱善教學成效卓越，「出其門者，皆高科膴仕，而先生卒不偶於有司」。言及朱善在元末曾與試、落榜的經驗，續言：「洪武拾年，先生以郡邑薦至京，制作稱旨，職居翰苑。」聶鉉此處所記「洪武拾年」，才是正確的時間點。

張亞輝論文中，雖已有力反駁「洪武八年」廷試第一的記載錯誤，卻又主張：

> 筆者認為朱善「廷試第一」的時間應是洪武九年，謫戍遼東的時間應

28 張亞輝：《朱善詩解頤研究》，頁6-8。

29 〔明〕朱善：〈與南昌胡知府書　洪武十七年〉，卷1616，頁19。

30 時任國子助教之貝瓊（1314-1379）曾載：「洪武七年秋，其子善來京師，試補南昌文學掾，獲見於成均，因出所述灤峰行實始末示余，復求記其灤峰之祠焉。」如此，則洪武七年（1374）秋，朱善已提早至京師。〔明〕貝瓊：〈灤峰祠堂記〉，《清江文集》，收入〔清〕紀昀主編：《景印文淵閣四庫全書》第1228冊，卷16，頁9。

是洪武十年。[31]

此恐失察導致推論不確。朱善所作〈送翰林典籍羅原奎歸鄉侍養序〉，此篇贈序再次證明「廷試第一」、授翰林修撰的時間在洪武十年春，而謫戍遼東，則在洪武十一年（1378），起因為「家屬不完」。序云：

> 洪武十年春，善與江西教官同赴召者十有二人，而居翰林者唯善與羅氏原奎、劉氏仲質三人焉。……今年正月十五日早朝退，丞相召善三人至政事堂，諭曰：「有旨令翰林官速取家屬以來，子其毋忽。」[32]

十一年正月，諸人被要求速取家屬來京完聚。劉仲質請假三個月後，攜室家至。羅原奎奏曰：「臣有老母，今年七十有七矣，如以書取，未必肯來。臣請親往迎之，或者其可乎！」太祖聞之惻然，賜其歸家侍養母親。贈序末以「人孰不欲歸養其親，而顧有得不得焉」作結，這篇約在十一年初夏所作贈序，已透露出朱善的企盼、壓力和無奈。

果在不久後，朱善因「老妻臥病，久而不至。是致聖主赫怒」。[33]該年七月，「善以家屬不完聚，召詣御史臺，受違制之罪。既畢，大夫矜其旅寓，迺即臺之東偏，指一室以授余，俾得寢處其中，以便醫藥。……居月逾，病少愈」。[34]可見，七月至八月間，朱善在御史臺東偏一室養病，另有〈述神〉一文，所載相符。[35]

《朱一齋先生文集・後卷》卷五所錄，多為謫教遼東往返詩作，大抵依時間先後為序，詩題頗常點出人事時地，可藉以考索其行程。如〈九月初一日庚午出龍江〉「清晨辭鳳闕，薄暮出龍江」，點明啟程時間。續有：〈辛未至瓜州〉、〈癸酉過寶應縣〉、〈甲戌過桃源驛〉、〈乙亥過宿遷〉、〈丙子過邳

---

31 張亞輝：《朱善詩解頤研究》，頁8，注語。

32 〔明〕朱善：〈送翰林典籍羅原奎歸鄉侍養序〉，卷1617，頁31-32。按：劉、羅二人，元末明初人，生卒年不詳。

33 〔明〕朱善：〈上李布政書　洪武十七年〉，卷1616，頁18。

34 〔明〕朱善：〈四明袁孟表文集序〉，卷1620，頁78。

35 〔明〕朱善：〈述神〉，卷1621，頁110-111。

州〉、〈八日丁丑至徐州城下，老妻劉氏病歿，時年已六十有八矣。倉卒治葬具畢，日已暝，揮淚登舟而去〉、〈九日戊寅哭妻〉、〈己卯至沛縣〉云云，[36]藉此可知其行程景況。朱善於九月一日於金陵長江畔龍江登舟啟程，經沛縣、濟寧、濟南後，九月二十日己丑，捨舟而車，「舟行二十日，始復聽車音」。二十八日丁酉，抵山東半島北邊海隅，與遼東半島相望的蓬萊縣。二十九日戊戌，與累月陪伴的刑部從事仇文炳作別，以「匹馬回京遠，扁舟過海輕」，形容別後各自的前程。朱善續將浮海到遼東，隨即出海，十月二日已在海上作〈題沙門島〉。[37]可惜，卷五所收渡海及至遼東、〈詔許還鄉〉詩等，及多首餞別、辭謝、回程之詩作，多未能點出明確時間。

再觀朱善十一年十二月作〈觀趵突泉記〉:「今年九月，道經濟南，……十月至遼東，忽承恩命，復得南還，……今幸承恩南還，鬱結以舒。」[38]如此，從九月一日從龍江出發，到遼東約十月中時，得詔令賜還，亦合乎「而未逾兩月，即有賜還之詔」的敘述。[39]回程十二月經濟南，同月來到老妻病歿的徐州，作〈祭妻劉氏文〉云：

> 奈何今年之春，主上有命，令我迎子，同居京師，就祿食。而子以久病不瘥，遷延數月，竟不能至。致主上震怒，而我與子，俱有遼東之行。[40]

又有〈己未正月三日至瓜洲贈聊城閘官丁彥輝〉詩，[41]點明十二年（1379）一月三日已抵達瓜洲。〈梅泉亭記〉一文有「洪武己未正月，善歸自遼東，

36 〔明〕朱善：《朱一齋先生文集・後卷》，卷5，頁1-4。「時年已六十有八矣」，指老妻劉氏享年六十八歲，時朱善六十五歲。

37 〔明〕朱善：《朱一齋先生文集・後卷》，卷5，頁4-9。

38 〔明〕朱善：〈觀趵突泉記〉，卷1624，頁150-151。此記言「十月至遼東，忽承恩命，復得南還」。然朱善十一年所作〈晚翠軒記〉卻載「是年十一月，復以恩命召還」(卷1624，頁153)。兩者略有出入，也許是因收到賜還之令和真正返程南歸的時間差所致。

39 〔明〕朱善：〈與南昌胡知府書　洪武十七年〉，卷1616，頁19。

40 〔明〕朱善：〈祭妻劉氏文〉，卷1626，頁200。

41 〔明〕朱善：《朱一齋先生文集・後卷》，卷5，頁16。

謁南昌推官呂侯於官舍」語。[42]文集後卷的卷五，收有〈二月八日到家〉、〈謁灤峰祠〉諸詩。[43]綜合這些訊息，可知謫教遼東之行，在十一年九月一日於龍江登舟啟程，九月八日老妻病歿徐州、續行至濟南；約十月一日或二日，從蓬萊渡海，約十月中至遼東，旋即獲赦南還。回程十二月行至濟南、徐州，十二年正月，已回到瓜洲、南昌，在南昌略事停留，二月八日到家，自此隱居鄉里。至洪武十七年恢復科舉考試，八月朱善至廣東擔任鄉試主考，畢事朝見，授翰林待詔；十八年任會試主考，撤棘後授文淵閣大學士，而於同年九月去世。

此外，聶鉉言朱善「廷試第一，除授翰林脩撰」，亦受到後人關注。因制度遞革，後人對選官制度變遷，未能充分掌握、理解，遂產生誤會。見「廷試第一」誤認為是通過會試者所參與的殿試廷對獲第一；再加上朱善除官翰林修撰，甚為優遇，遂誤以為朱善是狀元。弘治十八年（1505）進士陸深（1477-1544）云：

> 《江西通志》載：「豐城朱善備萬，洪武初，赴廷試第一，授翰林院修撰。」則備萬當為本朝狀元第一，而無錄傳焉。《實錄》所載：「善，洪武初為郡學教授，八年被薦，除翰林修撰，後陞文淵閣大學士，卒。」與《通志》微不同。[44]

陸深雖有朱善是「狀元」的揣測，但後又舉洪武朝「太祖以洪武三年庚戌鄉試，明年辛亥，則吳伯宗為狀元。後至十八年，開科值乙丑」云云，指出與文獻所記載會試舉行的時間點存在矛盾、出入，似未敢斷定。而沈德符（1578-1642）《萬曆野獲編》中〈洪武開科〉條載：

> 楊升菴又紀洪武五年壬子科會元陳忠，福建莆田人，而狀元則為朱

---

42 〔明〕朱善：〈梅泉亭記〉，卷1624，頁156。

43 〔明〕朱善：《朱一齋先生文集．後卷》，卷5，頁17。

44 〔明〕陸深：〈豫章漫抄一〉，《儼山外集》，收入〔清〕紀昀主編：《景印文淵閣四庫全書》第885冊，卷18，頁2。引文中「八年被薦」，有誤，筆者前文已辨明。

善。蓋連三年，三賜廷對，得大魁三人，而世知之者尠矣。[45]

楊慎（1488-1559），字升菴（庵），為正德六年（1511）狀元，博學多聞，著作甚富，而沈氏《萬曆野獲編》也頗受重視，於是朱善是狀元，甚至明言是洪武五年（1372）狀元之說，似更有跡可循。加上今人對科舉制度益加陌生，對洪武朝制度的變革，也不遑探討，遂在疑信之間，以訛傳訛，誤以朱善為狀元之記述，不遑一一列舉。[46]

實則，洪武三年（1370）頒〈科舉詔〉後，因需才孔亟，連開科舉，共舉行四次，分別為：三年八月鄉試，四年二月會試、八月鄉試，五年八月鄉試，在洪武六年二月即因未能得人而暫罷科舉。洪武初年三次鄉試考試，未見試錄流傳，獨洪武四年會試之試錄猶得傳世。[47]暫罷科舉後，洪武十七年頒定〈科舉成式〉，[48]復行科舉。所以，不論是洪武五年或八年，皆未舉行會試、殿試，又何來狀元之有？

且朱善詩文集中，只道及召試廷對第一、任文淵閣大學士等，不曾自言為狀元。在朱善廷對第一，授翰林修撰後，約洪武十年春至十一年中，宋濂為朱善父親朱隱老撰墓誌銘，只言「翰林修撰善」，[49]亦不稱朱善為狀元以顯親揚名。林弼（1325-1381）所作〈燕坑朱氏灊峰祠記〉，篇題下有小注，

---

45 〔明〕沈德符：〈洪武開科〉，《萬曆野獲編》（北京市：中華書局，1997年），卷15，頁394。沈德符所引楊說，出處待考。

46 如張亞輝：《朱善詩解頤研究》，頁6云：洪武10年，朱善應詔入京，以廷對第一的成績，「拔得頭籌，高中狀元」。

47 〔明〕宋濂編：《洪武四年會試錄》，收入寧波市天一閣博物館整理：《天一閣藏明代科舉錄選刊．會試錄》第1函第1冊（寧波市：寧波出版社，2007年，影印明洪武4年〔1371〕刻本）。

48 「科舉成式」之名，史料中所載微有不同，或作「科舉定式」、「科舉程式」。參郭培貴：《明史選舉志箋正》（呼和浩特市：內蒙古大學出版社，1997年），頁80。

49 銘文言：朱隱老「歿後二十一年，而門人弟子與其孤翰林修撰善，……而以銘文屬筆於濂。」故得藉以推估銘文的寫作時間。〔明〕宋濂：〈故灊峰先生府君墓誌銘〉，《文憲集》，卷22，頁34。

以「大學士」稱朱善。[50]林弼又作〈朱隱老傳〉，讚美朱善「邃於經學，能文章」，[51]亦不言其為狀元，於此可見一斑。

三 《詩經解頤》在明初之傳播

據書末丁隆跋語可知，此書是朱善傳經授徒之心得、講義纂集，朱善在洪武十年赴京廷對第一、成為翰林修撰之前，約有四十餘年，主要擔任教職維生。而聶鉉在朱善文集序中也曾云：元末時朱善雖曾與試而未中，但學養佳、善調教，出其門者皆高科膴仕云云。

元代經書考試，除《四書》為共同必考外，需於《五經》中擇一，配合丁隆跋云朱善於「經籍無不考賾，至古詩《三百篇》尤博極其趣」，可知朱善對《詩經》曾深入考索，此當與其元末備考、應試，以《詩經》為本經，所奠定的基礎有關。且聶鉉墓誌銘言朱逢掖，「克世父業，以《詩經》授徒」，可證父子以《葩經》相傳，在教學、纂成過程以及初刻問世後，父子二人的生徒及豐城、南昌一帶的學子，應是首先接觸的傳播者。

江西由北宋至南宋，學術益發勃興。[52]入元後，蒙元實施科舉，雖因族群而有分別，對南人相當不利。但南人所分布諸路，江西是人文薈萃、人才輩出之區域，取中進士相當多。據蕭啟慶教授研究、統計顯示：江西之吉安、撫州與龍興，分別為南人各路之第一、二、五名，開啟江西在科舉中領先之地位。[53]明初承襲前朝流風餘韻，功名之盛，尤銳不可擋，[54]以至於當

---

50 〔明〕林弼：〈燕坑朱氏濡峰祠記〉，《林登州集》，卷17，頁1。篇題下小注言朱善「仕至大學士」，朱善授大學士在洪武十八年會試後，林弼已去世，故篇題下注語，應為後人所加。

51 〔明〕林弼：〈朱隱老傳〉，《林登州集》，卷21，頁14。

52 賈志揚：《宋代科舉》（臺北市：東大圖書公司，1995年），頁196-199，圖四〈北宋進士的分佈〉、圖五〈南宋進士的分佈〉、表二十一〈根據地方史志中的名錄編列的宋代各路進士數〉，可見由北宋至南宋，江西一帶的進士數量增加、科舉競爭力的提升。

53 蕭啟慶：〈元朝南人進士分布與近世區域人才升沈〉，《元代的族群文化與科舉》（臺北市：聯經出版事業公司，2008年），頁177-209。

時有「狀元多吉水，朝士半江西」之諺。[55]應試及讀書風氣極為興盛，《解頤》一書，也因此隨著江西應試舉子、官員、師儒，而擴大流傳。[56]故擔任南昌儒學教官的丁隆，才又重刻《解頤》。此書也很迅速納入楊士奇（1365-1444）的藏書中：

> 《詩解頤》四卷，國朝文淵閣大學士朱善著。南昌有刻板，吾得之兵部侍郎盧淵，凡二冊。盧，朱之同郡人。[57]

楊士奇，江西吉安人，永樂即位，改楊士奇為翰林院編修，旋即進入內閣，獲得重用，與楊榮（1371-1440）、楊溥（1372-1446）合稱「三楊」，為永樂盛世、仁宣時期的重臣。而盧淵，江西南昌府新建縣人，「洪武中由監生授兵部主事，陞員外郎郎中，以賢勞特擢本部右侍郎，尋罷歸，永樂初復起為右侍郎」。[58]根據這些文獻交錯比對，大約可知，楊士奇的收藏是盧淵在永樂初年起復為兵部侍郎時所持贈，較可能是洪武三十五年南昌訓導丁隆的再刻本。

楊士奇〈新編葩經正鵠序〉又載：

> 梁君本之佐教筠庠時，慮學者於精深蘊奧不易入也，偕其內弟陳賞，

54 吳宣德：〈明代直省各科進士分布表〉，《明代進士的地理分布》（香港：香港中文大學出版社，2009年），頁56-58。據此表統計，可見在明初時，江西進士中式者超越其他直省之盛況，後實施南、北、中分卷，才受到抑制。

55 〔清〕朱彝尊編：《明詩綜》，收入〔清〕紀昀主編：《景印文淵閣四庫全書》第1459冊，卷4，頁38，〈吳伯宗〉條注語。

56 由楊士奇所云，可見江西掄科名之盛，所產生之影響：「世未嘗無學者，惟善教者難遇也。元之世，江右經師為四方所推服，《五經》皆有專門，精深明徹，講授外，各有著書，以惠來學。當時齊、魯、秦、蜀之士，道川陸，奔走數千里以來受業者，前後相望。迨國朝龍興，江右老師宿儒，往往多在，學者有所依歸。」〔明〕楊士奇：〈蠖闇集序〉，《東里集．續集》，收入〔清〕紀昀主編：《景印文淵閣四庫全書》第1238冊，卷14，頁6-7。

57 〔明〕楊士奇：〈詩解頤〉，《東里集．續集》，卷16，頁23。

58 〔明〕雷禮：《國朝列卿紀》，收入《續修四庫全書》第523冊（上海市：上海古籍出版社，2002年，影印明萬曆徐鑑刻本），卷51，頁5。傳末注：「見《一統志》。」

> 取朱備萬所為《解頤》，何伯善、曹居貞所為《主意》，[59]林泉生所為《矜式》，[60]篇別而章附之，合為一，名曰《葩經正鵠》。使學《詩》者讀之，大要瞭然，無復他岐之惑，誠亦《三百篇》之指南也。梁君嘉惠學者之心，可謂深矣。筠久不薦經術士，本之來職教，而後筠之學者選鄉貢、選進士科不乏焉，是書之利於人也。……自漢以下，言其旨者至多也，至宋朱文公，始折衷歸一焉。此書又明文公之旨而會其要者也。……本之將教諭溧陽，探其囊得之，讀之躍然以喜。本之求余序之，故為書其簡首。[61]

略考楊士奇文集，其中有不少與梁本之（1370-1434）、陳賞（1378-1413）往來之詩文，梁、陳去世，楊士奇親撰兩人的墓誌銘，[62]又言梁、楊世婚姻家，楊、陳姻好不絕云云，[63]可見交情匪淺。王直（1379-1462）推崇梁本

59 江西廬陵人曹居貞《詩義發揮》，《經義考》、《千頃堂書目》等皆曾著錄。何淑（？-1388），字伯善，以《詩經》為本經，至正十一年（1351）辛卯科進士，作《詩經衍義》，且曾刊行，楊士奇言：「嘗見先生所著《詩經衍義》等書，皆已傳世。因念國初諸老，皆有著作，今獨梁、何二家所著有傳，蓋由其門人及子孫之賢也。」。參〔明〕楊士奇：〈蠖闇集序〉，《東里集．續集》，卷14，頁8。〔明〕蕭儀：〈送何維亮赴四川考校序〉，《重刻襪線集》，收入《四庫全書存目叢書》集部第31冊（臺南縣：莊嚴文化事業公司，1997年，影印清乾隆5年〔1740〕重刻本），卷4，頁2。沈仁國：《元朝進士集證》（北京市：中華書局，2016年），頁539-540。

60 〔元〕林泉生：《明經題斷詩義矜式》，收入《中華再造善本．金元編》（北京市：北京圖書館出版社，2006年，影印元刻本），此書多簡稱作《詩義矜式》。林泉生（1299-1361）是元至順元年（1330）庚午科進士，《詩義矜式》是否為其所作？或為書坊託名，仍有爭議。

61 〔明〕楊士奇：〈新編葩經正鵠序〉，《東里集．續集》，卷14，頁13。梁本之，名混，以字行，晚號坦菴，任瑞州、溧陽儒學教官；陳賞，字公延，早孤，賴外兄梁潛、梁本之照應。

62 〔明〕楊士奇：〈梁紀善墓志銘〉，《東里集．文集》，卷20，頁8-11。〔明〕楊士奇：〈故奉議大夫廣西按察司僉事陳君墓碣銘〉，《東里集．續集》，卷42，頁7-10。

63 〔明〕楊士奇：〈梁紀善墓志銘〉，《東里集．文集》，卷20，頁8。〔明〕楊士奇：〈送陳賞序〉，《東里集．文集》，卷8，頁9。

之、陳賞，「皆深於《詩》」。[64]楊序中言《葩經正鵠》編於梁本之「佐教筠庠」時，即梁本之擔任瑞州府學訓導時。[65]梁本之赴任時，偕內弟陳賞及其從孤弟梁洞（1382-1429）同行，旦暮督勵學習。陳賞、梁洞皆從本之受《詩經》業，分別於永樂九年（1411）、十三年（1415）舉進士。[66]陳賞、梁洞以《詩經》禮闈中式，亦是梁本之教導有方的明證，也應受惠於《葩經正鵠》一書。因梁本之在筠庠教學成效佳，自此筠士有中舉人、進士者，故考滿遷任溧陽教諭時，再整編此書，楊序即作於梁本之於永樂九年遷任溧陽教諭時。[67]

可惜梁本之參考《解頤》諸書而編的《葩經正鵠》，今已不得見。只能從楊士奇序文略窺一二，知此書施之於教學、應試大有助益，故又推出「新編」版。而楊序中，強調此書乃「明文公之旨而會其要者」，尊朱熹（1130-1200）《詩集傳》，也完全符合元代到明代的經學主流和功令規定。

明初另一部重要的《詩經》著作《詩義集說》，乃永樂十二年（1414）舉人孫鼎（1392-1457）所編。[68]後收入《宛委別藏》中，名為《新編詩義集

---

64 王直為梁本之姻家，言梁本之分教瑞州時，學徒眾，命高弟子轉相受授，易覰（字仲載）因此「受於先生內弟陳賞公延」，深獲梁、陳器重。王直並推崇梁、陳二君「皆深於《詩》」。〔明〕王直：〈贈易通判序〉，《抑菴文後集》，收入〔清〕紀昀主編：《景印文淵閣四庫全書》，第1241冊，卷21，頁48-49。

65 唐代設筠州，到南宋理宗時，因「筠」與理宗趙昀（1205-1264）之名同音，故改稱「瑞州」。

66 陳賞，少孤貧，梁母陳安人甚憐之，命二子梁潛、梁本之教之。〔明〕楊士奇：〈梁紀善墓志銘〉，《東里集·文集》，卷20，頁8-11。〔明〕王直：〈刑部郎中梁君墓誌銘〉，《抑菴文集》，收入〔清〕紀昀主編：《景印文淵閣四庫全書》第1241冊，卷9，頁23-25。

67 楊士奇云：梁本之貫通《四書》及《詩》、《書》二經，先任瑞州府學訓導，卓有成效，「自是大比，瑞之士彬彬出矣。九年，陞溧陽縣學教諭，溧陽學亦久弛，本之篤於教不減在瑞，數年，其學者勃興如瑞。」〔明〕楊士奇：〈梁紀善墓志銘〉，《東里集·文集》，卷20，頁9。

68 〔明〕何三畏：〈督學使宜鉉孫公傳〉，《雲間志略》，收入《四庫禁燬書叢刊》史部第8冊（北京市：北京出版社，2000年，影印明天啟刻本），卷1，頁12云：「孫鼎，字宜鉉，江西廬陵人。永樂甲子舉于鄉，授江浦縣學教諭。宣德甲寅年，陞松江府教授。

說》。[69]孫鼎是宣德、正統年間，出色的儒學教官、提學，深獲時人肯定。王直稱讚孫鼎：「今為松江府學教授，名聞於當時。士大夫論善教者，必曰孫先生。至論有識有守，能別是非，慎重而不妄者，亦以孫先生為言。」[70]葉盛（1420-1474）《水東日記》亦云：

> 盧陵孫鼎宜鉉教授松江，一時東南稱善教者，無踰焉。正統辛酉京闈鄉士百人，松舉十五人，《五經》魁占二人。[71]

辛酉為正統六年（1441），松江府的舉子，在南京應天鄉試中有出類拔萃的表現，在應天一百名解額中，[72]松江府中舉者多達十五名，且前五名中就占了兩位，[73]故以孫鼎為東南一帶「善教者」之最。

葉盛又讚揚孫鼎任「庠校教導之職，亦多得人」，與彭勗（1390-1453）、朱冕並駕，由正統四年（1439）會試、殿試弟子金榜高中可徵：

> 己未首科，會闈拆名，殿盧[74]進讀，三先生之執經弟子多在前列，至

滿考，諸生具疏乞留，以楊文定公溥薦為監察御史，總南畿學政。」有筆誤，永樂無「甲子」年。其他文獻，皆概略言孫鼎永樂舉鄉薦云云，〔明〕顧清等修纂：《(正德)松江府志》(臺北市：成文出版公司，1983年，影印明正德7年〔1512〕刊本)，卷24，頁13，言孫鼎「永樂甲午舉于鄉」，應可從，乃永樂十二年（1414）中舉。又永樂同時期，另有一同姓名、同時代之孫鼎，乃浙江錢塘人，永樂十二年甲午科中舉；永樂十三年乙未科陳循榜進士。〔清〕嵇曾筠等監修，〔清〕沈翼機等編纂：《(雍正)浙江通志》，收入〔清〕紀昀主編：《景印文淵閣四庫全書》第522冊，卷130，頁30；卷134，頁43。

69 〔明〕孫鼎：《新編詩義集說》，收入《續修四庫全書》第58冊（影印「1935年商務印書館影印《宛委別藏》影鈔明刻本」)，為省篇幅，後文或簡稱為《詩義集說》、《集說》。

70 〔明〕王直：〈贈孫教授序〉，《抑菴文後集》，卷20，頁27。

71 〔明〕葉盛撰，魏中平點校：〈興學勸教〉，《水東日記》(北京市：中華書局，1997年)，卷8，頁94。

72 原應天鄉試解額八十名，正統二年（1437）下令鄉試取中不拘額數。正統五年（1440)，恢復限額，應天鄉試取一百名。參郭培貴：《明代科舉史事編年考證》，頁60-68。

73 按：鄉試、會試取中前五名，《五經》各佔其一，故名「《五經》魁」。

74 應作「殿臚」，指殿試以後，由皇帝宣佈登第進士名次、召見的「臚傳」典禮。

> 或悉占首選，天下固已信之。二三十年來彬彬才彥，布列庶位，則又有足徵者。[75]

後來所流通、收於《宛委別藏》之《新編詩義集說》，前序已脫佚，然黃虞稷（1629-1691）《千頃堂書目》著錄「孫鼎《詩義集說》四卷」，下小字註「正統十二年丁卯序」。[76]約略可推估，亦應如朱善、梁本之等人的歷程，孫鼎以《詩經》為本經應試，在永樂十二年中舉後，身歷江浦教諭、松江教授等職，故《集說》應融會其備考經驗及長期教學心得，並節錄多種《詩經》講章之菁華，所纂成之《詩經》科舉用書。

除《千頃堂書目》曾著錄《集說》外，朱彝尊（1629-1709）《經義考》博稽眾書，雖著錄《集說》而注云未見。[77]而《總目》未曾著錄，除時代稍湮遠外，《集說》舉業用書的性質，也可能使之在徵繳、進呈過程中遭到剔除。晚清阮元（1764-1849）將此書收入《宛委別藏》，並撰提要，指出《集說》編輯體例、特色，及保存已佚典籍的文獻價值：

> 蓋采取《解頤》、《指要》、《發揮》、《矜式》等書，[78]擇其新義，彙為一編。仍分總論、章旨、節旨各類，展帙釐然，頗屬精備。其中所引如彭奇《詩經主意》、[79]曹居貞《詩義發揮》，朱彝尊則云未見，謝升

---

75 〔明〕葉盛：〈幽菴朱先生墓表〉，《涇東小藁》，收入《續修四庫全書》第1329冊（影印明弘治刻本），卷8，頁2-3。此墓表，乃朱冕生前預囑門生葉盛所作，墓表有「先生家居年已八十餘，強健不衰」語。同卷又有〈祭朱幽菴文〉，作於成化五年四月二十三日。依此推測，朱冕約洪武二十二年（1389）前生，卒於成化五年（1469），享年八十餘。

76 〔清〕黃虞稷：《千頃堂書目》，收入〔清〕紀昀主編：《景印文淵閣四庫全書》第676冊，卷1，頁49。

77 〔清〕朱彝尊：《經義考》，收入〔清〕紀昀主編：《景印文淵閣四庫全書》第678冊，卷112，頁11。

78 《指要》，考《集說》所引，應作《旨要》，全名及作者不詳。《解頤》、《發揮》、《矜式》分指朱善《詩經解頤》、曹居貞《詩義發揮》、林泉生《詩義矜式》。

79 「彭奇」，有脫漏，應作彭士奇。〔明〕楊士奇：《文淵閣書目》，收入〔清〕紀昀主編：《景印文淵閣四庫全書》第675冊，卷1，頁20，載「彭士奇《詩經主意》，一部，一冊」。

> 孫《詩經斷法》則云已佚。考之黃虞稷《千頃堂書目》，知是書成於正統十二年。《經義考》曾列此書而注云未見。此則從原刻影鈔，惜其序文已佚耳。[80]

阮元提要所言及的書籍，共六種，皆為孫鼎編纂《集說》所借重、取資，而其中最為倚重的，即是朱善《解頤》一書。玆舉《集說》解〈周南〉、〈召南〉為例，呈現其節錄諸書的情形。

表一　孫鼎《詩義集說・二南》纂錄諸書比較

篇目	小標	節錄
／	〈周南〉總論	《解頤》
〈關雎〉	關關雎鳩，在河之洲，窈窕淑女，君子好逑。	《解頤》
〈葛覃〉	葛之覃兮，施于中谷，維葉萋萋。黃鳥于飛，集于灌木，其鳴喈喈。	《解頤》
	葛之覃兮，施于中谷，維葉莫莫。是刈是濩，為絺為綌，服之無斁。	《旨要》 《解頤》
	言告師氏，言告言歸。薄污我私，薄澣我衣。害澣害否？歸寧父母。	《解頤》
	總論	《解頤》
〈桃夭〉	桃之夭夭，灼灼其華。之子于歸，宜其室家。	《解頤》
〈兔罝〉	肅肅兔罝，椓之丁丁。赳赳武夫，公侯干城。 肅肅兔罝，施于中逵。赳赳武夫，公侯好仇。 肅肅兔罝，施于中林。赳赳武夫，公侯腹心。	《解頤》 《發揮》

（續）

80 〔清〕阮元：〈詩義集說四卷提要〉，〔清〕阮元撰，鄧經元點校：《揅經室集・揅經室外集》（北京市：中華書局，1993年），卷5，頁1282。按：孫鼎《集說》中所引以此六種為常見，輔廣《詩童子問》僅偶或引及。

篇目	小標	節錄
〈兔罝〉	肅肅兔罝，椓之丁丁。赳赳武夫，公侯干城。	《主意》 《旨要》
〈麟之趾〉	麟之趾，振振公子。于嗟麟兮！麟之定，振振公姓。于嗟麟兮！麟之角，振振公族。于嗟麟兮！	《解頤》 《矜式》 《發揮》 《主意》
〈采蘩〉	于以采蘩？于沼於沚。于以用之？公侯之事。于以采蘩？于澗之中。于以用之？公侯之宮。被之僮僮，夙夜在公。被之祁祁，薄言還歸。	《解頤》
〈甘棠〉	蔽芾甘棠，勿翦勿伐，召伯所茇。蔽芾甘棠，勿翦勿敗，召伯所憩。蔽芾甘棠，勿翦勿拜，召伯所說。	《解頤》 《主意》 《旨要》
	蔽芾甘棠，勿翦勿伐，召伯所茇。	《旨要》
〈羔羊〉	羔羊之皮，素絲五紽。退食自公，委蛇委蛇。	《矜式》 《旨要》
〈騶虞〉	彼茁者葭，一發五豝，于嗟乎騶虞！彼茁者蓬，一發五豵，于嗟乎騶虞！	《解頤》 《主意》
	彼茁者葭，一發五豝，于嗟乎騶虞！	《旨要》
／	〈召南〉總論	《解頤》

上表，《集說》於〈周南〉只解〈關雎〉等五篇、〈召南〉只解〈采蘩〉等四篇，共解九篇詩之部分經文段落。合計孫鼎於《集說．二南》所纂錄諸書，共引《解頤》十三次，其他五種書，共引十四次，分別為：《發揮》兩次，《主意》四次、《旨要》六次，《矜式》兩次，《斷法》於《集說．二南》中未見引用，可見孫鼎在備考、授徒、編纂《集說》時，對《解頤》一書的重視，大量取材自《解頤》，倚重此書。

在永樂十二年明成祖（1360-1424）令胡廣等修《四書大全》、《五經大全》，於十三年九月修成，後頒於學宮。孫鼎是儒學教官，比起一般學子，要利用《大全》更為方便些。但比較《大全》和《集說》，兩者取材殊異，顯然孫鼎非自《詩傳大全》節錄、刪補以成書，兩者最為相同、交集處，在於《詩傳大全》也大量徵引了朱善《解頤》。清人已嘗言《詩傳大全》為求速成，立足於《詩傳通釋》之上，加以增修。楊晉龍教授曾比對兩書，指出《詩傳大全》比《詩傳通釋》共多出六五四條，「增入的條文中，以據朱善的解說補入的一九六條最多」。[81]可見修纂《詩傳大全》諸文臣，對《解頤》的看重。因此，在永樂之後，《詩經》學者及著作，直接取用，或間接透過《大全》、《集說》等，徵引《解頤》之說，不可勝計，受到朱善《解頤》的影響，也更形普遍。

四 《詩經解頤》之性質考辨

《總目》云：

> 是編不載經文，但以詩之篇題標目。大抵推衍朱子《集傳》為說，亦有闕而不說者，則併其篇目略之。其說不甚訓詁字句，惟意主借詩以立訓。故反覆發明，務在闡興觀群怨之旨，溫柔敦厚之意，而於興衰治亂，尤推求源本，剴切著明。在經解中為別體，而實較諸儒之爭競異同者，為有裨於人事。其論〈何彼襛矣〉，為後人誤編於〈召南〉。蓋沿王柏之謬說，不足為據。……然論其大旨，要歸醇正，不失為儒者之言，其於「太王翦商」一條，引金履祥之言，補《集傳》所未備。其據宣王在位四十六年，謂〈節彼南山〉之申伯、蹶父、皇父、尹氏，皆非當日之舊人，駁項安世之說，亦時有考據。……蓋元儒篤

81 楊晉龍：〈論《詩傳大全》與《詩傳通釋》的差異〉，《中國文哲研究集刊》第8期（1996年3月），頁127。

實之風，明初猶有存焉，非後來空談高論者比也。[82]

四庫館臣雖間或論及其不足，但還是給予不錯的評價，許其能「闡興觀群怨之旨，溫柔敦厚之意」，「有裨於人事」，醇正而不失元儒篤實之風云云。

周中孚（1768-1821）《鄭堂讀書記》曰：

其書每篇各為總論，間或各章分論。或先為之說，後為總論；或先為總論，後又分章而論之。或有闕而不論者，則併其篇目不著。雖亦闡明《集傳》，而意主於垂世立教，姑借《詩》以發之，務求合於興觀群怨、事父事君之旨。於治亂興亡之際，尤三致意焉，實為解經之別體。雅與宋人經筵講義相近，故有裨於世道人心。[83]

更進一步說明其編輯體例，且承《總目》之評論，言《解頤》是「解經之別體」、「意主於垂世立教」、「務求合於興觀群怨、事父事君之旨」。「於治亂興亡之際，尤三致意焉」，「有裨於世道人心」云云。以上的評論，措辭雖略有變化，大意則與《總目》不二。比較特殊的是提及《解頤》「雅與宋人經筵講義相近」。[84]

一九九六年《詩經要籍解題》承《總目》「借詩以立訓」之說，言朱書是「借詩闡發義理」：

顯然，他是把《詩經》當作「修齊治平」的政治教科書來看待的。……開創了借說詩以抒發自己政治見解的新形式。這種借題發揮式的說詩法是對春秋時代對《詩經》斷章取義的一種發展。清代王夫之借鑒這種手法，寫出哲學名著《詩廣傳》。[85]

---

82 《總目》，卷16，頁8-9，〈詩解頤〉條。

83 〔清〕周中孚：《鄭堂讀書記》，收入《續修四庫全書》第924冊（影印民國10年〔1921〕刻《吳興叢書》本），卷8，頁17。周氏自注所閱為《通志堂經解》本。

84 經筵講義，是經筵講官向皇帝講經說史，藉此教導國君、培養君德的教材。雖《解頤》也常有議論、說理的成分，但接受對象顯然有別。

85 蔣見元、朱傑人：《詩經要籍解題》（上海市：上海古籍出版社，1996年），頁60-61，二〇〇一年戴維《詩經研究史》以五頁餘的篇幅論述《解頤》。亦多據《總目》、周中孚所論，舉例闡述，言注重「人事」的說解，「遠則紹先秦兩漢修齊治平的餘緒，近則承袁燮《絜齋毛詩經筵講義》的說法，借詩以抒自己的心志」，「論說主要從政治、道德諸方面而入手的」。[86]

二〇〇三年《詩經要籍提要》參綜前人見解，評《解頤》：

> 惟闡述大義，反復發明，宣揚儒家的封建政治觀點和孝悌節義之類倫理道德。……本書全力推行理學的修齊治平之道，可以代表明初《詩》說的經學化、政治化。……《詩解頤》借詩為訓，取詩義之某一點借題發揮，反復發明，如同一篇篇社會政治短論。這種體例，為後世王夫之《詩廣傳》所沿用。不過王氏倡導經世致用的實學，議論的內容大不相同。[87]

二〇〇一年劉毓慶《從經學到文學——明代《詩經》學史論》言《解頤》此書特點有二：「一是借詩立訓，以見志懷；二是闡發義理，不遺餘力。」大概是因專書的主題「從經學到文學」使然，劉書又著力於分析「朱氏在推演詩之義理的過程中，似乎看到了詩的文學表現的一面」。[88]

二〇〇八年劉毓慶等又撰《解頤》之提要，先羅列《總目》、周中孚等古代文獻，並云：

> 《詩解頤》乃一部教學隨感錄，專為學子而作。書推衍《朱傳》，多議論闡發之言，少考據詮解之說。每篇必要大講人倫道德、天理人

〈詩解頤〉條。《解頤》說解必須緊扣經文和遵守朱《傳》，與春秋賦詩「斷章取義」大有不同；王夫之未必見過見過此書，《詩廣傳》是借鑒於朱書的說法，亦無可徵。

86 戴維：《詩經研究史》（長沙市：湖南教育出版社，2001年），頁430、433。

87 尚繼愚：〈《詩解頤》提要〉，收入夏傳才、董治安主編：《詩經要籍提要》（北京市：學苑出版社，2003年），頁136-137。又，尚繼愚：〈《詩解頤》提要〉，收入中國《詩經》學會編：《詩經要籍集成》第12冊，頁309-310。

88 劉毓慶：《從經學到文學——明代《詩經》學史論》（北京市：商務印書館，2001年），頁53、57。

欲、興衰治亂之理，即詩之「興觀群怨」之旨。[89]

大抵也是循《總目》等所論的闡發。

至二〇一四年張亞輝作《朱善詩解頤研究》碩士論文，廣搜前人論述，彙整《總目》、周中孚，及今人書中所論《解頤》之特色，將諸筆文獻所曾述及的觀點如：借詩立訓、闡發義理，重人事，多從政治、道德、齊家治國來立論，具理學色彩、文學闡釋等，予以承襲、綜合發揮，並配合舉證論述。

二〇二〇年甄洪永《明初經學思想研究》，在論南昌府籍學者時，也以六頁的篇幅，介紹了朱善，除引《總目》、周中孚之說外，也參考了劉毓慶《從經學到文學——明代《詩經》學史論》一書的論點，認為：「朱善所強調的主要是人倫道德、天理人欲等理學主題，這仍然帶有斷章取義的特色。……最重要的特色是以經說理，而最具突破性的則是以經說情感，以經說文學。」[90]

筆者以為，《總目》以降，至今人所論，並未洞悉此書的作用和性質。從本論文前文之梳理，此書之纂成，原就是作為備考、教學之用，不論是聶鉉所作朱善墓誌銘，或丁隆再刻本的跋語，都強調《解頤》一書對教學的適用、對學習的助益。所謂的適用、助益，能幫助考生中式、金榜題名，才是最好的證明。因此，在第三節，論及《解頤》在明初之傳播，不論是丁隆，或梁本之《葩經正鵠》，還是孫鼎《詩義集說》，都極為倚重《解頤》，正是因為丁、梁、孫三人也和朱善一樣，是儒學教官，知道學子所需，正是這種去蕪存菁，事半功倍，有助科舉備考、應試的教材。同被孫鼎《集說》節錄、取材，除《解頤》外，其他《旨要》、《發揮》、《矜式》、《主意》、《斷法》諸書，咸為科舉用書，此皆可用來佐證《解頤》的性質，與諸書不二。

因科舉乃為拔擢未來官員而設，故科場出題，常有特殊考量。筆者《明

89 劉毓慶等：《歷代詩經著述考（明代）》（北京市：中華書局，2008年），頁9。

90 甄洪永：《明初經學思想研究》（南京市：鳳凰出版社，2020年），頁260、261。

代鄉會試詩經義出題研究》書中，第六章為〈鄉會試常見出題的詩篇〉，[91] 考察《詩經》熱門的出題詩篇，出自〈大雅〉、〈三頌〉的比例較多，出自〈國風〉者，比例較少。內容常包含祝福、頌美、吉祥等意涵，關乎聖君、賢臣者，如文王、宣王、周公等。或者關乎祭拜祖先、神明、祈福的詩篇，或與農事、戰勝凱旋等政事相關者，以及富涵義理的經文，可闡揚儒家推崇的修養和德行者。相反的，不關乎國政，負面不吉，無嘉言義理可闡發之詩篇，則罕見出題。畢竟科舉是掄才盛典，憑文取人，有藉文章以見其人心性、識見、才學高下的立意。如此，不難理解為何《解頤》一書多為道德政教、修齊治平、有裨人事的議論。

科舉用書常見且顯著特色，其一是多依功令註解，自南宋末朱子學興盛，元、明功令，《詩經》皆尊朱熹《詩集傳》，《總目》言《解頤》「推衍朱子《集傳》為說」，周中孚言「闡明《集傳》」，除「述朱」是學術主流外，更重要的是科場功令規定本如此。再者，凡是科舉考試頻見出題者，常不厭其詳的解說，反之，不出題者，甚至略去不提，或僅簡略帶過。《解頤》是否具備此種特色呢？茲以〈魏風〉、〈唐風〉為範圍，依時代先後，羅列南宋段昌武[92]《詩義指南》，[93]元林泉生《詩義矜式》、朱善《詩經解頤》、孫鼎《詩義集說》之小標數或擬題數，[94]並佐以明代鄉、會試科舉出題數，加以比較、並觀。

91 侯美珍：〈鄉會試常見出題的詩篇〉，《明代鄉會試詩經義出題研究》（臺北市：臺灣學生書局，2014年），頁93-110。並參頁163-165，〈結論〉對常出題與罕見出題之概括。

92 段昌武，字子武，吉州永新縣人，南宋寧宗嘉定元年（1208）鄭自誠（1172-1254）榜進士，生卒年不詳。

93 參侯美珍：〈南宋段昌武《詩義指南》研究〉，《中國學術年刊》第44期（秋季號）（2022年10月），頁1-34。可參此文，頁22-32，〈附錄〉之〈《指南》、《矜式》、《集說》擬題與明鄉會試《詩經》出題比較〉。

94 因每本書編輯體例不同，書中小標，或為詩篇名，或為章數的標示，或為節錄數句經文的擬題。

表二　四部《詩經》科舉用書小標數與明鄉會試出題比較

類別	詩篇	指南	矜式	**解頤**	集說	明會試出題次數	明鄉試出題次數
魏風	葛屨	0	0	**0**	0	0	1
	汾沮洳	0	0	**0**	0	0	0
	園有桃	0	0	**0**	0	0	1
	陟岵	0	0	**0**	0	0	0
	十畝之間	0	0	**0**	0	0	0
	伐檀	1	0	**1**	0	2	9
	碩鼠	0	0	**0**	0	0	0
唐風	蟋蟀	1	0	**1**	1	1	7
	山有樞	0	0	**0**	0	0	0
	揚之水	0	0	**0**	0	0	0
	椒聊	0	0	**0**	0	0	0
	綢繆	0	0	**0**	0	0	0
	杕杜	0	0	**0**	0	0	0
	羔裘	0	0	**0**	0	0	0
	鴇羽	0	0	**0**	0	0	0
	無衣	0	0	**1**	0	0	0
	有杕之杜	0	0	**0**	0	0	3
	葛生	0	0	**0**	0	0	0
	采苓	1	0	**1**	0	0	0

從表二的統計，大致可考見，四部科舉用書對《詩經》三〇五篇說解的有無、簡繁的取捨，與科場慣常出題否，頗為攸關、緊密相連。表二中，雖偶或稍有出入，但〈魏風〉偏重〈伐檀〉，〈唐風〉偏重〈蟋蟀〉，則甚為顯

然。《解頤》的繁簡取捨，與其他《詩經》科舉用書相去不遠，此正因咸為科舉用書之故。再如科場出題，雖多重〈大雅〉、〈三頌〉而輕〈國風〉，然〈豳風〉多記周公之德行、輔佐成王之功業，合計明代鄉、會試題，出題之冠是〈豳風・七月〉，[95]不論是在〈國風〉或三〇五篇中，都是考官最常出題詩篇。故《解頤》於〈七月〉每章皆有解說，多達八個小標，且頗具篇幅，此亦是《解頤》為科舉用書的證明。

科舉用書的明顯特色，除尊朱《傳》外，解說之有無、繁簡，必然和出題與否連動、緊扣。若沒有這層認識，對於朱書何以未完整的解釋三百篇、常有闕略不言者，就會有錯誤的臆測。如《詩經要籍解題》嘗言：

> 詩篇多有缺略，如〈王風〉僅有〈黍離〉，〈魏風〉只列〈伐檀〉，〈曹風〉但見〈鳲鳩〉，其它各風都有不同程度的刪略。這大概與本書的撰述宗旨有關——沒有多少微言大義可以闡發的，則略而不論。[96]

張亞輝亦言《詩解頤》是根據需要，「有選擇性地發揮，重點闡釋，沒有需要的就略而不述」，雖注意到「《詩經》中尚有一二七首詩未被《詩解頤》收錄其中」，也留意到〈國風〉未解的詩篇比例特別高，但卻以為：「這是因為作者闡《詩》的目的是為了表達『事父事君』之旨以及其政治理想，以期利於『人事』」，〈國風〉多為民歌，「與作者要表達的政治思想相去甚遠，加之歷代學者認為〈風〉詩多出淫詩，故而作者覺得沒有什麼好發揮的，乾脆就不錄」。[97]

甄洪永也曾加以比對，「綜合統計，朱善之《詩解頤》中沒有解釋的篇目多達一一七篇，占全部三〇五篇的百分之三十八之多。並且朱善在解釋篇目時，也並不對所釋詩篇進行全部的分析注解」。[98]但只是說明所觀察到的現象，卻未分析何以如此，知其然而不知其所以然。

95 侯美珍：《明代鄉會試詩經義出題研究》，頁164。

96 蔣見元、朱傑人：《詩經要籍解題》，頁60。

97 張亞輝：《朱善詩解頤研究》，頁25-27。

98 甄洪永：《明初經學思想研究》，頁257-259。

不論是「一二七首」或是「一一七篇」，都出現了統計的錯誤，筆者核計，《解頤》未有解釋的詩篇，〈國風〉、〈小雅〉、〈大雅〉、〈三頌〉，分別有八十四、二十七、二、七篇，合計一二〇篇，[99]占全部三〇五篇的百分之三十九，即約有近四成的詩，未獲朱善關注，在《解頤》中不曾出現，其中尤以〈國風〉詩篇居多，十五〈國風〉共計一六〇篇，就有八十四篇未解，超過半數。而前引學者闡釋《解頤》何以有近四成的詩篇未解說，其闡述頗遠離實情，這不是說解《春秋》，不關乎微言大義，也非繫於朱善對於詩篇有無心得。在前文，筆者已嘗言，科舉出題有其趨勢，偏重〈大雅〉、〈三頌〉而輕〈國風〉。「〈魏風〉只列〈伐檀〉，〈曹風〉但見〈鳲鳩〉」，這在《詩經》科舉用書是常見的現象，因為〈魏風〉、〈曹風〉，除〈伐檀〉、〈鳲鳩〉外，其他詩篇，多罕見出題，這些不出題的詩篇，是應試者不讀、不關心的。在競爭劇烈的科場，專注於會考、常考的內容，這是人情之常，不遑顧及不出題的詩篇，亦司空見慣。

即使是教材、科舉用書，也有高低、雅俗之分，身為儒學教官所編用書，既要嘉惠學子，有助於學習、備考，卻又不能功利過甚，太露痕跡，而為大雅所鄙。[100]葉盛曾載：

> 古廉李先生在成均時，松江士子新刊孫鼎先生《詩義集說》成，請序，先生卻之。請之固，則曰：「解經書自難為文，近時惟東里楊先生可

---

99 張亞輝未列詳目，只在頁26，交代〈國風〉、〈二雅〉、〈三頌〉，刪去不解的詩篇，分別為九十二、二十八、七篇，合計為《一二七篇，應有疏漏。甄書，於頁257-258，詳列篇目，無解說者合計有一一七篇，經筆者核對：〈衛風．伯兮〉有解說，誤被計入，且遺漏〈小雅．魚麗〉、〈大雅．鳧鷖〉及〈泂酌〉、〈周頌．有客〉四篇未計入。

100 此類應試功利取向顯然，而為館臣所貶斥者，《總目》經部之〈春秋類存目〉尤多，如評《春秋匡解》：「是書專擬《春秋》合題，每題擬一破題，下引胡《傳》作注，又講究作文之法，蓋鄉塾揣摩科舉之本。」評《麟經統一篇》：「惟以經文之可作試題者，截其中二三字為目，各以一破題括其意，即注胡《傳》於下。後列合題數條，亦各擬一破題，并詮注作文之要，其體又在講章下矣。」評《麟旨定》：「以『麟』字代『春秋』字，命名已陋，又但標擬題，各以一破題為式，而略為詮釋於下，即在舉業之中亦為下乘矣。」《總目》，卷30，頁17、18、24。

當此。況《六經》已有傳註，學者自當力求。此等書吾平生所不喜，以其專為進取計，能怠學者求道之心故也。」[101]

李時勉（1374-1450）除推崇楊士奇解經的能力外，也透露出對《詩義集說》的微詞，「其專為進取計，能怠學者求道之心」。科舉考試原欲取中篤實、富有才學之士，而非取巧、捷得速成之人。作為青雲利器的科舉用書，不免成為捷得者的「幫凶」，李時勉因此不願作序。雖在應考階段，需常借重科舉用書，而當功成名就成為上位者時，卻不禁對此類破壞制度立意的出版品產生反感，是以謝鐸（1435-1510）在弘治三年（1490）甚至有禁絕《京華日抄》[102]等科舉用書之議：

今之所謂科舉者，雖可以得豪傑非常之士，而虛浮躁競之習，亦莫此為甚。蓋科舉必本於讀書，今而不讀《京華日抄》則讀《主意》，不讀《源流至論》則讀《提綱》，甚者不知經史為何書。……臣愚乞敕提學等官，凡此《日抄》等書，其板在書坊者，必聚而焚之，以永絕其根柢；其書在民間者，必禁而絕之，以悉投於水火。[103]

作為儒學教官的朱善、梁本之、孫鼎等人，一方面必須符合朝廷、大雅之士的期待，一方面基於師生感情、責任所在，又盼能對學子有幫助，不得不在兩者之間擺盪，求一可平衡的立足點。也惡居下流，不敢淪為如唯利是圖的坊刻，無所不用其極。這些顧慮，正是讓後人如隔著一層縐紗，益覺朦朧而

101 〔明〕葉盛撰，魏中平點校：〈不序經解〉，《水東日記》，卷6，頁67。

102 〔明〕郎瑛：《七修類稿》，收入《續修四庫全書》第1123冊（影印明刻本），卷24，頁14，云：「成化以前，世無刻本時文。吾杭通判沈澄，刊《京華日抄》一冊，甚獲重利。後閩省效之，漸至各省刊提學考卷也。」據此，知《京華日抄》為成化年間沈澄所刊的時文選集。

103 〔明〕謝鐸：〈論教化六事疏〉，《桃溪淨稿》，收入《四庫全書存目叢書》集部第38冊（臺南縣：莊嚴文化事業公司，1997年，影印明正德16年〔1521〕台州知府顧璘刻本），卷25，頁1-4。〈論教化六事疏〉開頭即言是任「南京國子監祭酒」所奏，再參〔清〕張廷玉等撰：〈謝鐸傳〉，《明史》（臺北市：鼎文書局，1975年），卷163，頁4432：「（弘治）三年，擢南京國子祭酒，上言六事，……」則謝鐸上奏當在弘治三年。

未能洞識《解頤》原貌之故。

五 結語

本論文在〈前言〉先略述研究動機，指出學界雖不難獲閱《解頤》，但研究朱善其人及其書的論著卻甚少，有限的研究，存在可以補白的空間，和糾正的可能，故筆者以此為題，詳加探討。

接續，考索了元末明初朱善的生平及仕宦，以澄清前人論述的不足與錯誤。朱善在元末亦曾與試，然不售，十八歲即開始執教。於洪武十年經辟舉，廷對第一，而為翰林。以家屬不完，遠謫遼東，十一年九月一日啟程，約十月中抵遼東，旋即獲赦賜還。十二年初返回江西，隱居故里。至洪武十七年出任廣東鄉試主考，十八年任會試主考，累官至文淵閣大學士。後人或誤以為朱善是狀元，是對制度的不熟悉及錯解「廷對第一」的意涵。在成為翰林之前，朱善有長達四十餘年任教、授徒生涯。《解頤》應是朱善備考、長期教學心得纂集，由兒子朱叔服初刻。洪武三十五年，時任南昌訓導的弟子丁隆，經整理而印行重刻本。各種文獻的記載，咸推崇朱善教學有成，這和他勤於考賾，並纂集了適用的《解頤》作為教材，不無關係。

筆者再進一步考察《解頤》在明初之傳播，梁本之、孫鼎和朱善一樣，都是長期擔任教職、口碑載道的儒學教官，梁、孫所編輯的《葩經正鵠》、《詩義集說》皆極為倚重《解頤》，從中捃摭相當多的菁華、篇幅，纂入自己所編的《詩經》科舉用書中，且亦同樣獲得卓越的教學成效，幫助學生躍登龍門。這是《解頤》一書的影響，也說明了其書的性質，是幫助考生備考、應試的舉業用書。筆者更以〈國風〉中的〈魏風〉、〈唐風〉、為範疇，羅列自南宋、元代，到明初的多本科舉用書，輔以明代鄉、會試《詩經》科舉出題數的統計，比並觀之，朱善《解頤》與《詩義指南》、《詩義矜式》、《詩義集說》相似，三百〇五篇中，並非每首詩、每句經文皆獲同等重視，一首詩解說與否、選擇那些段落釋義，及解釋之篇幅繁簡，皆與出題緊密連動。唯有認識《解頤》為科舉用書，才能正確理解：何以朱善對一二〇篇、占百分之三十九的詩篇未加收錄、釋義。因為這未釋義的一二〇篇，乃罕見或不曾出題者。

倘今人對科舉陌生，不能洞識，情有可原，然何以連乾隆時期的四庫館臣亦無此眼力呢？雖不排除館臣「失察」的可能，但筆者以為《總目》所述，不言及其為舉業用書，較可能是四庫館臣在整理、潤色提要時，避重就輕、有意文飾。

在徵訪遺書、擬編《四庫全書》之初，科舉用書原就不受關注。乾隆三十七年（1772）一月四日上諭，令各直省督撫會同學政，用心購訪遺書，搜訪重在「歷代流傳舊書，有闡明性學治法，關繫世道人心」及「發揮傳注，考覈典章，旁暨九流百家之言，有裨實用者」。至於「坊肆所售舉業時文，及民間無用之族譜、尺牘、屏幛、壽言等類，……均毋庸採取」。[104]四庫館臣在《總目》之《四書》類存目跋語又云：

> 古書存佚，大抵有數可稽。惟坊刻《四書》講章，則旋生旋滅，有若浮漚；旋滅旋生，又幾如掃葉，雖隸首不能算其數。蓋講章之作，沽名者十不及一，射利者十恒逾九。一變其面貌，則必一獲其贏餘；一改其姓名，則必一趨其新異。故事同幻化，百出不窮。取其書而觀之，實不過陳因舊本，增損數條，即別標一書目、別題一撰人而已。如斯之類，其存不足取，其亡不足惜，其剽竊重複不足考辨，其庸陋鄙俚亦不足糾彈。今但據所見，姑存其目。所未見者，置之不問可矣。[105]

認為科舉講章泛濫書坊，不足考辨、糾彈，不值得搜訪，只宜「置之不問」。收入朱善《解頤》這部舉業用書，似違反了原則。但館臣在考慮一本書的去留，總是需多方兼顧、考量，元代到明初，留存的典籍有限，《解

---

104 〔清〕清高宗：〈諭內閣著直省督撫學政購訪遺書〉，收入中國第一歷史檔案館編：《纂修四庫全書檔案》（上海市：上海古籍出版社，1997年），頁1-2。

105 《總目》，卷37，頁58。

頤》其書年代已屬久遠，流傳難免佚失。在康熙通志堂刻印《解頤》時，卷三，頁三十九至頁四十解〈大雅·桑柔〉第七章處，已佚失了三十行。雖《欽定四庫全書薈要總目》，留有線索交代：「今依內府所藏通志堂刊本繕錄，據其子叔明本及丁隆本恭校。」[106]宣稱是以通志堂刻本為底本，參考宮廷所藏朱叔服的初刻本及洪武三十五年丁隆再刻本，但《薈要》所收《解頤》，仍同其他《四庫》本缺了三十行。考量朱善其人形象頗佳，兼以保存湮遠的文獻，以免遺佚失傳，也將此書作為元末明初的代表云云，當館臣決定要收入此書時，避重就輕的「美言」，或許就在所難免了。

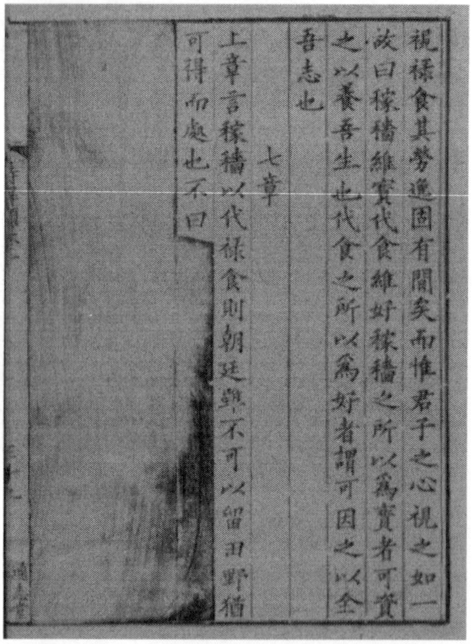
視祿食其勢適固有閒矣而惟君子之心視之如一
故曰稼穡維寶代食維好稼穡之所以爲寶者可資
之以養吾生也代食之所以爲好者謂可因之以全
吾志也
七章
上章言稼穡以代祿食則朝廷與不可以留田野猶
可得而處也不曰

圖二　《解頤》，卷3，頁39

筆者檢閱《總目》所述，並參文淵閣本書前提要、文溯閣本提要，《解頤》一書的提要內容大抵相同，差別只在文淵閣本文末標註「乾隆四十六年

106 〔清〕陸費墀主編：《欽定四庫全書薈要總目》，收入〔清〕紀昀主編：《景印摛藻堂四庫全書薈要》第1冊，〈總目一〉，頁29。按：「叔明」誤，應作「叔服」。

十月恭校上」，[107]文溯閣本文末標註「乾隆四十七年四月恭校上」，[108]時間點不同，而《總目》的體例，本毋需註明時間。

《薈要》本所收《解頤》之書前提要，則更形簡略，且評價、文字頗有不同：[109]

> 臣等謹案：《詩解頤》四卷，明洪武中文淵閣大學士朱善撰。善，字備萬，豐城人，其書不載經文，但以詩之篇題或章次標目，衍朱子《集傳》大意而為說，亦有置而不說者，則併篇目闕之。蓋自經疑作而揣摩問答之例興，經義行而敷衍文句之體盛，明人口義、講章，汗牛充棟，先儒說經之法，至是而一變，是編其嚆矢矣乎！卷末有其門人丁隆跋，稱其「每授諸弟子，於發明肯綮處輒錄之」，「不數年成集，俾誦之者，不待玩諸心而喜形於色」。今觀其書辭意條達而簡要不煩，雖考證發明不及古人，然愈於纖巧支離、破碎經義者遠矣。乾隆四十年十月恭校上。[110]

《四庫全書薈要提要》之文字全同於上引書前提要，文末亦署「乾隆四十年十月恭校上」。[111]文津閣本《詩解頤》書前提要及《文津閣四庫全書提要匯編》，內容同上引，但文津閣兩種，末皆署「乾隆四十九年二月恭校上」。[112]

---

107 〔明〕朱善：《詩解頤》，收入〔清〕紀昀主編：《景印文淵閣四庫全書》第78冊，卷前，頁2。

108 金毓黻輯：《文溯閣四庫全書提要》（瀋陽市：遼海書社，1935年），卷10，頁4-5。

109 楊晉龍：《明代詩經學研究》（臺北市：臺灣大學中國文學研究所博士論文，1997年），頁250；劉毓慶：《從經學到文學——明代《詩經》學史論》，頁49，都注意到《薈要》提要與《總目》、文淵閣本之異，並推測與《詩經》義、時文寫作有關，但限於主題，未遑深入發揮。

110 書前提要，見〔明〕朱善：《詩解頤》，收入〔清〕紀昀主編：《景印摛藻堂四庫全書薈要》第27冊，卷前，頁1-2。

111 〔清〕紀昀等奉敕撰：《欽定四庫全書薈要提要》，收入〔清〕紀昀主編：《景印摛藻堂四庫全書薈要》第1冊，頁1，總頁309。按：每則提要，版心頁數自為起迄。

112 〔明〕朱善：《詩解頤》，收入〔清〕紀昀主編：《文津閣四庫全書》第26冊（北京市：商務印書館，2005年），卷前，總頁543。按：此印本，未見原乾隆時手抄本版心各本提要或有異同，然不能將所署「恭校上」時間，等同於最後定稿的時間。《四庫全書》纂修、抄錄，本極繁重，為時相當長，又因違礙而撤換、改寫提要。一般認為《總目》與文淵閣本提要，較為詳細、完整，是經紀昀（1724-1805）等多次修訂、調整後的成品。[113]

相較之下，專供皇上御覽的《薈要》本及其提要，修纂時間皆較文淵閣、《總目》早，文筆簡鍊，內容精要，且「提要大多未經紀氏刪改，多半還保存原提要的精神」。[114]因此，《薈要》和文津閣本這段被總纂官刪去的文字：「蓋自經疑作而揣摩問答之例興，經義行而敷衍文句之體盛。明人口義、講章，汗牛充棟，先儒說經之法，至是而一變，是編其嚆矢矣乎！」是更真實、可靠的，已明白交代《解頤》作為舉業用書的性質，這才是呈現四庫館臣眼力的明證，也是朱書是科舉講章、舉業用書有力的背書。

頁數。《四庫全書》出版工作委員會編：《文津閣四庫全書提要匯編》（北京市：商務印書館，2006年），頁219上。按：版心無頁數，縮印排成上下各一頁。

113 《總目》200卷，乾隆四十六年已編撰完稿，經修改，乾隆五十二年又查到所收李清著作有悖妄語，展開新一波禁書查撤，各閣《全書》及《總目》、提要的編纂、撰寫，皆受到連動。這是各閣收書、館臣所撰提要，或有異同之故。《總目》「從基本完稿到武英殿刊刻完工，花了近十五年工夫」，「這期間，《總目》一直處於修訂、調整狀態」。崔富章：〈二十世紀四庫學研究之誤區——以《四庫全書總目》為例〉，《書目季刊》第36卷第1期（2002年6月），頁1-19。

114 吳哲夫：〈《薈要》書中的提要〉，《四庫全書薈要纂修考》，頁68。

參考文獻

一 傳統文獻

〔元〕林泉生：《明經題斷詩義矜式》，收入《中華再造善本．金元編》，北京市：北京圖書館出版社，2006年，影印元刻本。

〔明〕王直：《抑菴文集》，收入〔清〕紀昀主編：《景印文淵閣四庫全書》第1241冊，臺北市：臺灣商務印書館，1983-1986年。

〔明〕王直：《抑菴文後集》，收入〔清〕紀昀主編：《景印文淵閣四庫全書》第1241冊，臺北市：臺灣商務印書館，1983-1986年。

〔明〕朱善：《朱一齋先生文集》，收入《四庫全書存目叢書》集部第25冊，臺南縣：莊嚴文化事業公司，1997年，影印明成化22年〔1486〕朱維鑑刻本。

〔明〕朱善：《詩經解頤》，臺北市：國立故宮博物院藏明刊黑口本，1997年攝製微卷。

〔明〕朱善：《詩經解頤》，北京市：中國國家圖書館藏，清初毛氏汲古閣抄本，「中華古籍資源庫．數字古籍」網站，網址：http://read.nlc.cn/allSearch/searchList?searchType=10024&showType=1&pageNo=1，檢索日期：2023年9月2日。

〔明〕朱善：《詩經解頤》，收入中國國家圖書館編：《原國立北平圖書館甲庫善本叢書》第8冊，北京市：國家圖書館出版社，2013年，影印明洪武刻本。

〔明〕朱善：《詩解頤》，哈佛燕京圖書館藏康熙清康熙19年（1680）《通志堂經解》本，網址：https://library.harvard.edu/，檢索日期：2023年9月2日。

〔明〕朱善：《詩解頤》，收入〔清〕徐乾學等輯：《通志堂經解》第18冊，臺北市：大通書局，1970年，原題影印清康熙19年〔1680〕刻本。

〔明〕朱善：《詩解頤》，收入〔清〕紀昀主編：《景印文淵閣四庫全書》第78冊，臺北市：臺灣商務印書館，1983-1986年。

〔明〕朱善：《詩解頤》，收入〔清〕紀昀主編：《景印摛藻堂四庫全書薈要》第27冊，臺北市：世界書局，1986年。

〔明〕朱善：《詩解頤》，收入〔清〕紀昀主編：《文津閣四庫全書》第26冊，北京市：商務印書館，2005年。

〔明〕貝瓊：《清江文集》，收入〔清〕紀昀主編：《景印文淵閣四庫全書》第1228冊，臺北市：臺灣商務印書館，1983-1986年。

〔明〕何三畏：《雲間志略》，收入《四庫禁燬書叢刊》史部第8冊，北京市：北京出版社，2000年影印明天啟刻本。

〔明〕宋濂：《文憲集》，收入〔清〕紀昀主編：《景印文淵閣四庫全書》第1224冊，臺北市：臺灣商務印書館，1983-1986年。

〔明〕宋濂編：《洪武四年會試錄》，收入寧波市天一閣博物館整理：《天一閣藏明代科舉錄選刊．會試錄》第1函第1冊，寧波市：寧波出版社，2007年，影印明洪武4年〔1371〕刻本。

〔明〕李景隆等纂修：《明太祖實錄》，臺北市：中央研究院歷史語言研究所，1966年。

〔明〕沈德符：《萬曆野獲編》，北京市：中華書局，1997年。

〔明〕林弼：《林登州集》，收入〔清〕紀昀主編：《景印文淵閣四庫全書》第1227冊，臺北市：臺灣商務印書館，1983-1986年。

〔明〕郎瑛：《七修類稿》，收入《續修四庫全書》第1123冊，上海市：上海古籍出版社，2002年，影印明刻本。

〔明〕胡廣：《胡文穆公文集》，收入《四庫全書存目叢書》集部第29冊，臺南縣：莊嚴文化事業公司，1997年，影印清乾隆16年〔1751〕胡張書等刻本。

〔明〕范涞修，〔明〕章潢纂：《新修南昌府志》，臺北市：成文出版社，1989年，影印明萬曆16年〔1588〕刊本。

〔明〕孫鼎：《新編詩義集說》，收入《續修四庫全書》第58冊，上海市：上海古籍出版社，2002年，影印「1935年商務印書館影印《宛委別藏》影鈔明刻本」。

〔明〕陸深：《儼山外集》，收入〔清〕紀昀主編：《景印文淵閣四庫全書》第885冊，臺北市：臺灣商務印書館，1983-1986年。

〔明〕黃佐：《翰林記》，收入〔清〕紀昀主編：《景印文淵閣四庫全書》第596冊，臺北市：臺灣商務印書館，1983-1986年。

〔明〕楊士奇：《文淵閣書目》，收入〔清〕紀昀主編：《景印文淵閣四庫全書》第675冊，臺北市：臺灣商務印書館，1983-1986年。

〔明〕楊士奇：《東里集．續集》，收入〔清〕紀昀主編：《景印文淵閣四庫全書》第1238冊，臺北市：臺灣商務印書館，1983-1986年。

〔明〕葉盛：《涇東小藳》，收入《續修四庫全書》第1329冊，上海市：上海古籍出版社，2002年，影印明弘治刻本。

〔明〕葉盛撰，魏中平點校：《水東日記》，北京市：中華書局，1997年。

〔明〕雷禮：《國朝列卿紀》，收入《續修四庫全書》第523冊，上海市：上海古籍出版社，2002年，影印明萬曆徐鑑刻本。

〔明〕蕭儀：《重刻襪線集》，收入《四庫全書存目叢書》集部第31冊，臺南縣：莊嚴文化事業公司，1997年，影印清乾隆5年〔1740〕重刻本。

〔明〕顧清等修纂：《（正德）松江府志》，臺北市：成文出版公司，1983年，影印明正德7年〔1512〕刊本。

〔明〕謝鐸：《桃溪淨稿》，收入《四庫全書存目叢書》集部第38冊，臺南縣：莊嚴文化事業公司，1997年，影印明正德16年〔1521〕台州知府顧璘刻本。

〔清〕朱彝尊：《經義考》，收入〔清〕紀昀主編：《景印文淵閣四庫全書》第678冊，臺北市：臺灣商務印書館，1983-1986年。

〔清〕朱彝尊：《明詩綜》，收入〔清〕紀昀主編：《景印文淵閣四庫全書》第1459冊，臺北市：臺灣商務印書館，1983-1986年。

〔清〕阮元撰，鄧經元點校：《揅經室集》（北京市：中華書局，1993年。

〔清〕周中孚：《鄭堂讀書記》，收入《續修四庫全書》第924冊，上海市：上海古籍出版社，2002年，影印民國10年〔1921〕刻《吳興叢書》本。

〔清〕彭元瑞著，徐德明標點：《天祿琳琅書目後編》，上海市：上海古籍出版社，2007年。

〔清〕紀昀等奉敕撰：《四庫全書總目》，臺北市：藝文印書館，1989年。

〔清〕張廷玉等撰：《明史》，臺北市：鼎文書局，1975年。

〔清〕陸費墀主編：《欽定四庫全書薈要總目》，收入〔清〕紀昀主編：《景印摛藻堂四庫全書薈要》第1冊，臺北市：世界書局，1986年。

〔清〕嵇曾筠等監修，〔清〕沈翼機等編纂：《(雍正)浙江通志》，收入〔清〕紀昀主編：《景印文淵閣四庫全書》第522冊，臺北市：臺灣商務印書館，1983-1986年。

〔清〕黃虞稷：《千頃堂書目》，收入〔清〕紀昀主編：《景印文淵閣四庫全書》第676冊，臺北市：臺灣商務印書館，1983-1986年。

二　近人論著

《四庫全書》出版工作委員會編：《文津閣四庫全書提要匯編》，北京市：商務印書館，2006年。

中國第一歷史檔案館編：《纂修四庫全書檔案》，上海市：上海古籍出版社，1997年。

全國古籍普查登記基本數據庫網站，網址：http://202.96.31.78/xlsworkbench/publish

吳宣德：《明代進士的地理分布》，香港：香港中文大學出版社，2009年。

吳哲夫：《四庫全書薈要纂修考》，臺北市：國立故宮博物院，1976年。

李修生主編：《全元文》第53冊，南京市：鳳凰出版社，2004年。

沈仁國：《元朝進士集證》，北京市：中華書局，2016年。

金毓黻輯：《文溯閣四庫全書提要》，瀋陽市：遼海書社，1935年。

侯美珍：《明代鄉會試詩經義出題研究》，臺北市：臺灣學生書局，2014年。

侯美珍：〈南宋段昌武《詩義指南》研究〉，《中國學術年刊》第44期（秋季號），2022年10月，頁1-34。

夏傳才、董治安主編：《詩經要籍提要》，北京市：學苑出版社，2003年。
崔富章：〈二十世紀四庫學研究之誤區──以《四庫全書總目》為例〉，《書目季刊》第36卷第1期，2002年6月，頁1-19。
張亞輝：《朱善詩解頤研究》，廣州市：暨南大學「中國古代文學」碩士論文，2014年。
郭培貴：《明代科舉史事編年考證》，北京市：科學出版社，2008年。
郭培貴：《明史選舉志箋正》，呼和浩特市：內蒙古大學出版社，1997年。
楊晉龍：〈論《詩傳大全》與《詩傳通釋》的差異〉，《中國文哲研究集刊》第8期，1996年3月，頁105-146。
楊晉龍：《明代詩經學研究》（臺北市：臺灣大學中國文學研究所博士論文，1997年。
楊國彰：〈《通志堂經解》刊刻問題新探〉，《中國典籍與文化》2019年第2期，2019年4月，頁40-49。
賈志揚：《宋代科舉》，臺北市：東大圖書公司，1995年。
甄洪永：《明初經學思想研究》，南京市：鳳凰出版社，2020年。
劉毓慶：《從經學到文學──明代《詩經》學史論》，北京市：商務印書館，2001年。
劉毓慶等：《歷代詩經著述考（明代）》，北京市：中華書局，2008年。
蔣見元、朱傑人：《詩經要籍解題》，上海市：上海古籍出版社，1996年。
蕭啟慶：《元代的族群文化與科舉》，臺北市：聯經出版事業公司，2008年。
戴維：《詩經研究史》，長沙市：湖南教育出版社，2001年。

《爾雅》名物學析論

莊雅州
中正大學中國文學系教授退休

莊斐喬
中央大學中國文學系兼任助理教授

提要

本論文旨在對《爾雅》名物學進行全面的析論。除前言、結論外，主體共分五節：首節分人倫關係類、建築器物類、天文地理類、動植物類四類，介紹《爾雅》名物諸篇的內容。次節根據《爾雅》郭注探討《爾雅》名物諸篇收錄字詞的來源，計有二十三本書，一八二個名物詞。第三節建議以傳世的先秦典籍及地下出土文獻補苴《爾雅》之失收字，以便編成《先秦詞彙》。第四節舉例說明研究《爾雅》名物學的材料有《爾雅》學、語言文字學、博物學、文獻學、地下文獻、科學新知、文化學資料。第五節舉例說明研究《爾雅》名物學的方法，有訓詁求義法、文獻考徵法、二重證據法、科學實證法、文化統整法。庶幾有助於《爾雅》學、名物學、《爾雅》名物學之研究。

關鍵詞：《爾雅》、名物、材料、方法

一 前言

《爾雅》不僅是十三經之一，也是訓詁的鼻祖，古代名物詞的總彙。劉興鈞〈名物的定義與名物詞的確定〉曾說：

> 名物是指古代人們從顏色、形狀（對於人為之器來說是指形制）功用、質料（含有等差的因素）等角度對特定具體之物加以辨別認識的結果，是關於具體特定之物的名稱。[1]

王強〈中國古代名物學初論〉也曾為名物和名物學下了定義：

> 名物為有客體可指，關涉古代自然與社會生活各個領域的事物，其名稱亦皆為我國古代實有或見諸典籍記載的客體名詞。名物學是研究與探討名物得名由來、異名別稱、名實關係、客體淵源流變及其文化涵義的學科。[2]

日本知名學者青木正兒說：「名物學發端於名物之訓詁，以名物之考證為其終極目的。[3]」名物一詞，屢見於《周禮》，如〈天官・庖人〉：「庖人掌共六畜、六獸、六禽，辨其名物。」〔唐〕賈公彥疏：「此禽獸等，皆有名號物色，故云辨其名物。」[4]根據前述諸說，可見名物範圍甚廣，舉凡天文、地理、草木、蟲魚、鳥獸、飲食、服飾、器物、建築、車馬等專名皆屬之，甚至還包括郡國、山川等的命名，以及人的稱謂、典章制度的頭銜，對象具體，特徵明顯，相當於自然科學以及部分應用科學、社會科學的專門術語，

---

1 劉興鈞：《周禮名物詞研究》（成都市：巴蜀書社，2001年5月），頁22。

2 王強：〈中國古代名物學初論〉，《揚州大學學報》（人社版）2004年6期，頁54。

3 〔日〕青木正兒撰，范建民譯：《中華名物考》（北京市：中華書局，2003年8月），頁10。

4 〔漢〕鄭玄注，〔唐〕賈公彥疏：《周禮注疏》，《十三經注疏》本（臺北市：藝文印書館，1989年），卷41，頁6-7，總頁59-60。其他如〈地官・大司徒〉、〈春官・小宗伯〉、〈典瑞〉、〈司服〉、〈典路〉、〈司常〉、〈家宗人〉、〈龜人〉、〈司弓矢〉亦有「名物」一詞。

也就是經世之學的一部分[5]。這些名物詞隨著人類的文明進化而產生、演變，傳播於人口，散見於群書。《爾雅》的編纂者秉承物以類聚的精神，兼採文獻徵引及田野調查的方式，運用比較互證的方法，將它們蒐集到《爾雅》之中，成為十六個名物詞專篇。如果沒有這十六篇的奧援，只有〈釋詁〉、〈釋言〉、〈釋訓〉三個普通語詞專篇，那麼今天《爾雅》的面貌必定迥然不同，就連語言文字學的發展也會大異其趣。

《爾雅》成書之後，不僅宣告訓詁學的成立，也直接間接影響到《方言》、《說文解字》、《釋名》等語言文字學名著的產生，甚至推動經學「箋注主義」的形成，成為古代各門各類學術著作的主要形式[6]。名物學和《爾雅》的關係也是如此。名物是訓詁的重點，《詩》、《禮》等古書的箋注、字書的編纂，名物訓詁都擔任重要的角色。〔東漢〕劉熙《釋名》以聲訓推究事物得名的原因，解釋也具體清楚，已開名物學獨立的先聲。到了三國時代，陸璣的《毛詩草木鳥獸蟲魚疏》以物質研究為主，對動植物的今名及方言的差異、形狀、色味、藥性等進行詳細說明，可說已經正式宣告名物學的獨立。此後，除了《爾雅》、《詩經》的名物之外，在三禮、格古（古器物）、本草、種樹、物產、類書等方面，名物考證也仰齊足而並馳，以附庸而蔚為大國[7]。所以名物學可以說是脫胎於《爾雅》，而又彼此相輔相成的一門學問，對於兩者之間的關係，當然很有探討的價值。

葉國良〈從名物制度之學看經典詮釋〉引鄭玄、朱熹、戴震的言論為證，並舉唐詩杜秋娘〈金縷衣〉及《史記》鴻門宴座次為例，說明不重視名物制度之學往往導致詮釋上的重大錯誤。他強調詮釋經典時應以聲韻訓詁之學及名物制度之學為基礎。完全漠視上述二者固不恰當，過分誇大聲韻訓詁的重要性也有偏差，對中國古代的名物制度有適當的修養也是必要的。因而

5　高明：《高明文輯．中華學術體系》（臺北市：黎明文化公司，1978年3月），頁63-80。

6　莊雅州：〈經學與小學關係析論〉，《經學跨域研究學術研討會論文》（宜蘭市：佛光大學，2018年5月），頁3-5，10-15。

7　〔日〕青木正兒撰，范建民譯：《中華名物考．名物學序說》，頁13-25。

他籲請當代學者在詮釋經典時重視名物制度之學。[8]本論文的寫作，除了回應此一問題之外，也希望對中國古代科技文化研究之推展能略盡綿薄。

二　《爾雅》名物諸篇的內容

《爾雅》共有一〇八一九字，四千三百多個詞語，二二一九個條目，共三卷十九篇。前三篇〈釋詁〉、〈釋言〉、〈釋訓〉解釋普通語詞，〈釋親〉以下十六篇解釋名物，這十六篇依其性質可歸納為四類，茲參考相關的注釋、通論介紹其內容如下[9]：

（一）人倫關係類：〈釋親〉一篇

〈釋親〉：解釋古代親屬的稱謂，共四節三十四條，九十三個詞語，一〇二種親屬，可分為宗族、母黨、妻黨、婚姻四類。親屬關係龐雜，名稱細密，遠非西方所能比，與《儀禮．喪服》經傳等古典文獻相表裡，充分表現宗法社會的特色，屬於現代倫理學的範圍，是研究古代社會學、民族學的重要資料。

---

8 葉國良：〈從名物制度之學看經典詮釋〉，《中央大學人文學報》20、21期合刊（1999年12月-2000年6月），頁1-20。

9 注釋如〔清〕郝懿行：《爾雅義疏》（臺北市：臺灣中華書局，1966年3月）。莊雅州、黃靜吟合撰：《爾雅今注今譯》（臺北市：臺灣商務印書館，2012年3月）。陳建初、胡世文、徐朝紅：《新譯爾雅讀本》（臺北市：三民書局，2011年5月）。通論類如顧廷龍、王世偉：《爾雅導讀》（成都市：巴蜀書社，1990年1月）。管錫華：《爾雅研究》（合肥市：安徽人民出版社，1996年12月）。馬重奇、李春曉：《爾雅開講》（上海市：華東師範大學出版社，2013年7月）。林寒生：《爾雅新探》（南昌市：百花洲文藝出版社，2006年12月）。文中節數依《爾雅》本文，條目（訓列）數依《新譯爾雅讀本》，詞語數依《爾雅研究》，只就訓詞與被訓詞而言，其他訓釋語不計。

（二）建築器物類：〈釋宮〉、〈釋器〉、〈釋樂〉三篇

〈釋宮〉：解釋古代土木建築的名稱和知識，以宮室為主，旁及廟寢、道路、庭院、隄梁等，古人認為道路、橋梁都出於宮，故以宮統之，作為總稱。共二十八條八十七個詞語，是中國建築的重要文獻。

〈釋器〉：解釋日常生活所使用的器物，包括禮器、玉石、寫具、兵器、農具、捕器、服飾、車馬、食物和盛器、炊器，旁及食品加工、紡織、印染、玉石雕刻等工序，涉及物理和化學知識。共有四十六條一三五個詞語。

〈釋樂〉：解釋古代宮、商、角、徵、羽五個音階，金、石、土、革、絲、木、匏、竹八類樂器的名稱和別名，這類別名除了鼖、鏞等外，在其他文獻極為少見。共十六條三十六個詞語，是古代樂學概說和樂器總論，可與《禮記．樂記》互相證明。

（三）天文地理類：〈釋天〉、〈釋地〉、〈釋丘〉、〈釋山〉、〈釋水〉五篇

〈釋天〉：解釋天文、曆法、氣象的專有名詞，共分四時、祥、災、歲陽、歲陰、歲名、月陽、月名、風雨、星名、祭名、講武、旌旂十三節五十一條、一五〇個詞語。其中祭名、講武、旌旗三節，可能與事天有關，故附錄於末。

〈釋地〉：解釋古代地理的專有名詞，也介紹了一些珍貴特產及異常怪誕之物，分為九州、十藪、八陵、九府、五方、野、四極，七節四十七條，六十九個詞語，大抵採擷自古代典籍，注意到其代表性與整體性，是古代地理學史的重要文獻。

〈釋丘〉：解釋自然形成的高地名稱、形狀和特點，分為丘和厓岸（山邊、水邊）兩節，共二十九條五十一個詞語。

〈釋山〉：解釋各種山嶽名稱，以五嶽開篇及結尾，中間解釋山嶽的多種形態、地形、地貌等不同專名，共有二十四條、五十個詞語，古代稱大的

石山為山，稱小的高地或土山為丘，故〈釋山〉、〈釋丘〉分為兩篇。

〈釋水〉：解釋泉水、河流各種名稱，分為水泉、水中、河曲、九河四節二十七條七十個詞語，還涉及與水流相關的陸地之名及乘舟、渡水等行為。

（四）動植物類：〈釋草〉、〈釋木〉、〈釋蟲〉、〈釋魚〉、〈釋鳥〉、〈釋獸〉、〈釋畜〉等七篇

〈釋草〉：解釋草本植物的名稱及其形狀特徵，或別其異名，或詳其性狀，或以類相從，或前後互見，不僅切於民用，也為詩人比興之所資取。共兩百條，二五二個詞語。大約可分為蔬菜、眾卉、五穀、瓜果、藻類、菌類、竹類、草木之花的異名八類。其中訓釋荷花一條，由荷花名稱連及其莖、葉、本、花、實各部位，十分凸出。

〈釋木〉：解釋木本植物的名稱及其形狀特徵。共七十九條一一七個詞語。大約可以分為喬木、垂條、茱木、核仁、灌木、寓木六類。其中訓釋棗木名稱多達十一種，十分細緻。《爾雅》把植物分為草本和木本兩大類，甚至進一步還有類屬的觀念，足見當時對植物已有相當正確的觀察和認識。只是草木兩類性質接近，有時也難以截然劃分。

〈釋蟲〉：解釋各種昆蟲的名稱、形體特徵和習性，大多為節肢動物，小部分是軟體動物，共有五十七條，八十九個詞語。大約可分為飛蟲、甲蟲、毛蟲、裸蟲、爬蟲、蛀蟲六類。

〈釋魚〉：解釋水生動物的名稱、形體特徵和習性，除了魚類，還包含兩棲類、爬行類、軟體類、節肢類、環節類、哺乳類，共四十二條七十九個詞語。其中有些動物只是與魚類有所類似，如魚類有鱗、爬行類的螣、蟒也有鱗，就連類而及。由此可見，〈釋魚〉的魚在古人心目中遠比今日魚類為廣。

〈釋鳥〉：解釋各種鳥類的名稱、形體特徵和習性，除了鳥類外、能飛的獸類，如蝙蝠、鼯鼠也納入，共七十九條一二〇個詞語。大約可分為鳩鳥、雉鳥、鶉鳥、鳫鳥、雁鳥、鷙鳥、水鳥、海鳥、怪鳥、神鳥十類。

〈釋獸〉：解釋各種哺乳動物的名稱、形體特徵和習性，共分寓屬、鼠屬、齸屬、須屬四節六十四條一〇二個詞語。

〈釋畜〉：解釋馬、牛、羊、豬、狗、雞等六種家畜的名稱、形體特徵和習性，共分六節四十七條九十六個詞語。其中豬已在〈釋獸〉中訓釋，故本篇沒有作重點訓釋。

以上這些名物諸篇共一四八六條，一五九六個詞語，無論條數、詞語數都占全書百分之七十以上，內容包括倫理、建築、音樂、天文、地理、植物、動物，乃至於物理、化學。橫跨社會科學、應用科學與自然科學，不啻為古代文化的百科全書，影響至後來的群雅與類書。不僅是百科全書的濫觴，也是文化學的寶庫、詞彙學的淵藪、詞典學的先河、訓詁學的始祖，價值極高[10]。

三 《爾雅》名物諸篇收錄字詞的來源

追溯《爾雅》各篇字詞的來源，不僅攸關《爾雅》成書時代的考證，對《爾雅》訓詁、詞彙的研究也十分重要。覃勤〈先秦古籍字頻分析〉統計了二十七部先秦古籍的總字量、單字量，《爾雅》單字量三三八三字[11]，是二十七部古籍單字量之冠。一提到《爾雅》字詞的來源，一般專書與論文對《四庫全書總目》臚舉的《楚辭》、《莊子》、《列子》、《穆天子傳》、《管子》、《呂氏春秋》、《山海經》、《尸子》、《國語》諸例都津津樂道[12]。其實《總目》所述，多取之於郭璞注，只是舉例性質，頗有疏漏，今據筆者統計，先列出《爾雅》名物諸篇郭氏所注字詞來源如下：

《易經》3見。如：〈釋地〉：「三歲曰畬。」〈釋畜〉：「牧�。」

《書經》10見。如：〈釋山〉：「一成坯。」〈釋魚〉：「四曰寶龜。」

《詩經》65見。如：〈釋器〉：「兔罟，謂之罝。」〈釋蟲〉：「食苗心，螟。食葉，蟘。食節，賊。食根，蟊。」

10 莊雅州：〈爾雅的時代價值及其在現當代的傳播〉，《會通養新樓經學研究論集》（臺北市：萬卷樓圖書公司，2019年5月），頁478-491。

11 覃勤：〈先秦古籍字頻分析〉，《語言研究》第2期，2005年。

12 《四庫全書總目》（臺北市：藝文印書館，1969年3月），卷40，頁3-4，總頁830。

《周禮》12見。如：〈釋宮〉：「容謂之防。」〈釋丘〉：「丘一成為敦丘。」
《儀禮》5見。如：〈釋宮〉：「東南隅，謂之窔。」〈釋樂〉：「小者謂之和。」
《禮記》19見。如：〈釋親〉：「父為考，母為妣。」〈釋獸〉：「鼶鼠。」
《春秋》1見。即：〈釋天〉：「周曰繹。」
《左傳》15見。如：〈釋器〉：「木，謂之虡。」〈釋鳥〉：「鷹，鶆鳩。」
《公羊傳》8見。如：〈釋水〉：「千里一曲一直。」〈釋獸〉：「麐，麕身牛尾，一角。」
《論語》1見。即〈釋器〉：「食饐，謂之餲。」
《孟子》3見。如〈釋宮〉：「石杠，謂之徛。」〈釋木〉：「遵，羊棗。」
《楚辭》4見。如〈釋天〉：「蜺為挈貳。」〈釋草〉：「藒車，芞輿。」
《莊子》1見。即〈釋器〉：「冰脂也。」
《穆天子傳》2見。即〈釋獸〉：「狻麑，如虦貓。食虎豹。」〈釋畜〉：「小領，盜驪。」
《管子》1見。即〈釋天〉：「宵田為獠。」
《呂氏春秋》1見。即〈釋地〉：「即有難，邛邛岠虛負而走，其名謂之蟨。」
《山海經》14見。如〈釋水〉：「井一有水一無水為瀱汋。」〈釋草〉：「蘄茝，蘪蕪。」
《尸子》6見，如〈釋木〉：「樅，松葉柏身。」〈釋畜〉：「牛七尺為犉。」
《國語》5見，如〈釋器〉：「絕澤，謂之銑。」如〈釋鳥〉：「爰居，雜縣。」
《晏子春秋》1見，即〈釋水〉：「潛行為泳。」
《逸周書》2見，即〈釋親〉：「來孫之子為晜孫。」〈釋鳥〉：「鶾，天雞。」
《韓非子》1見，即〈釋蟲〉：「蚅，烏蠋。」

除此之外，《總目》所提到的《爾雅》所收錄的先秦語料還有《列子》，如〈釋水〉：「瀵，大出尾下。」郭璞注《爾雅》前三篇所提到的也有《穀梁傳》，如〈釋詁〉：「功，績，質，登，平，明，考，就，成也。」〈釋言〉：

「聘，問也。」由此可見，單是根據郭璞注，《爾雅》字詞來源可考者，至少有二十餘本古書。但郭注未曾提及的古書，如《墨子》、《公孫龍子》、《孫子兵法》、《六韜》等為數亦不少，這些書與《爾雅》是否完全無關，實難詳考。當然，並不是所有的先秦古書，《爾雅》都加以採擷，也不是所有《爾雅》字詞的來源，郭注都已注出，殷孟倫說：「《十三經》使用的單字數共計有六五四四個，其中約三千五百個是《爾雅》有的，有九二八個是《爾雅》獨有的。」管錫華也說：「《爾雅》中不見於《十三經》的詞語有七百多個。」[13]就是這個意思。在二千多年前，寫作條件很不充分的古代，《爾雅》能夠採擷那麼多古書，整理出那麼多的語料，真是十分不易。可以說，沒有任何一本先秦古書擁有這麼豐富而有條理的語料，這些語料基本詞彙和一般詞彙，通用詞和專用語、方言詞和全民詞，以及同義詞等一應俱全，可以代表先秦最重要、最基本的詞彙，是我們研究先秦詞彙非常寶貴的資料庫。

楊清臣以《爾雅》名物詞用字有無添加相應表意部件為基準對其進行考察，對添加相應表意部件的字追溯其源泉，對字不加旁或表意部件與《爾雅》所記錄之名物無干者則考究其流變。在用字溯源方面，他以《說文》及其他傳世字書、經典文獻、《經典釋文》等與《爾雅》進行比對。在用字流變方面，他從《爾雅》名物詞用字在流傳過程中發生了意符的添加、替換、改變，聲符的改換，新造形聲字，省旁，俗訛等變化去進行考察[14]。此一研究掌握名物詞常會添加相應表意部件的特色進行溯源，頗具有啟發性。

四　《爾雅》名物詞的補苴

自古以來，《爾雅》研究論著以注釋為大宗，訓詁最基本的任務就是要交代文字的形、音、義及其由來，所以在郭注之外，能補足《爾雅》字詞來源

13 殷孟倫：〈從《爾雅》看古漢語詞匯研究〉，《爾雅詁林敘錄》（武漢市：湖北教育出版社，1998年9月），頁432。管錫華：《爾雅研究》，頁38。

14 楊清臣：《爾雅名物詞用字的歷時考察與研究》（北京市：中國社會科學出版社，2023年6月），頁16-67。

者俯拾皆是，如邵晉涵《爾雅正義》指出〈釋宮〉:「闍謂之臺。」出自《禮記・月令》;〈釋天〉:「秋為旻天。」出自《詩・大雅・召旻》;〈釋木〉:「柚條。」出自《尚書・禹貢》[15]。郝懿行《爾雅義疏》指出〈釋水〉:「深則厲，淺則揭。」出自《詩・匏有苦葉》;〈釋草〉:「蕢，赤莧。」出自《管子・地員》;〈釋鳥〉:「倉庚，商庚。」出自《大戴禮記・夏小正》[16]，即是其例。只是這些資料散見群書，缺乏彙整而已。《爾雅語源考》乃至《爾雅詞典》、《爾雅詞彙研究》的編撰應該是可期待的事。

這樣的研究，終究不離《爾雅》學的籠罩，站在詞彙學的立場，更重要的應該是以《爾雅》字詞為基礎，進一步去全面整理先秦詞彙，例如《爾雅・釋魚》中收了《詩經》的鯉、鱣、鰋、鱧、鯊、鮪、鱒、魴等魚，卻遺漏了〈齊風・敝笱〉的鱮、〈小雅・采綠〉的鱮、〈周頌〉的鰷、鱨。又如《爾雅・釋器》中收了珪、玠、璋、璆、璧、宣、瑗、環等玉器，卻遺漏了《尚書》的璪，《詩經》的瑱、琫，《周禮》的琮、琥、瑒、瑞，《大戴禮記》的璜，《戰國策》的珥，《楚辭》的玦。這些都是值得補苴的。

誠如殷孟倫所言:「《爾雅》是漢語詞的蒐集、整理、研究向著成為獨立的一門學科發展中的重要里程碑。[17]」《爾雅》既然主要取材於群經諸子，從傳世的先秦典籍及地下出土文獻去比對《爾雅》到底失收了哪些字詞，應該是不可忽略的方式，我們可以利用《爾雅》橫向探討春秋戰國的文字，也可縱向追溯甲、金文、簡帛文字、像楊世鐵的《先秦漢語常用詞研究》，以統計分析法、描寫法、歷時比較法、個案研究法，從西周早期到秦代，分期研究先秦的常用詞及其特點，就是正確的作法[18]。但在材料上以周原甲骨、西周青銅器為主，在傳世文獻上，以《詩經》、《周易卦爻辭》、《今文尚

15 〔清〕邵晉涵：《爾雅正義》(臺北市：復興書局，《皇清經解》本，1961年)，頁5643、5668、5735。

16 〔清〕郝懿行：《爾雅義疏》(臺北市：臺灣中華書局，《四部備要》本，1966年5月)，中之八頁5、下之一頁20、下之五頁13。

17 殷孟倫：〈從《爾雅》看古漢語詞匯研究〉，《爾雅詁林敘錄》，頁435。

18 楊世鐵：《先秦漢語常用詞研究》(北京市：中國社會科學出版社，2014年7月)。

書》、《春秋經》、《論語》、《左傳》、《商君書》、《孟子》、《莊子》、《呂氏春秋》為主，雖甄別甚嚴，而未免狹隘。倘能加入殷商甲文、東周金文、戰國簡帛的集釋，如李孝定的《甲骨文字集釋》、周法高的《金文詁林》，以及詞彙研究專書，如楊懷遠的西周金文、楊運庚的《今文尚書》、向熹的《詩經》、唐德正的《晏子春秋》、毛遠明的《左傳》、張長書的《國語》、孫卓彩、劉書玉的《墨子》、唐元發的《逸周書》、車淑婭的《韓非子》、張雙棣的《呂氏春秋》[19]，再加上經學、諸子、《山海經》、《戰國策》、《楚辭》等的逐字索引，相信研究成果會更為完整，更為豐碩，而《先秦詞彙》也就可以成書。但這絕非個人能力所能企及，而需要有陣容堅強的團隊始克蕆事。

五　《爾雅》名物學的研究材料

（一）爾雅學

以雅證雅的內部自證是研究《爾雅》名物詞的基本功夫。《爾雅》學的研究範圍包括《爾雅》、廣雅（如《小爾雅》、《廣雅》）、類雅（如《方言》、《釋名》）、仿雅（如《埤雅》、《爾雅翼》）及其相關的注解、注音、圖解、考辨、校勘、輯佚、釋例等整理研究的著作[20]。自漢代以降，迄於現當代，著作之多，不下數百種，直可汗牛充棟，其中以注釋為大宗，如郭璞《爾雅注》、邵晉涵《爾雅正義》、郝懿行《爾雅義疏》等早已騰播人口，成為經

---

19 楊懷遠：《西周金文詞彙研究》（成都市：巴蜀書社，2007年）、楊運庚：《今文尚書詞彙研究》（北京市：科學出版社，2016年）、向熹：《詩經語言研究》（成都市：四川人民出版社，1987年）、唐德正：《晏子春秋詞彙研究》（鄭州市：中州古籍出版社，2006年）、毛遠明：《左傳詞彙研究》（成都市：西南師範大學，2000年）、張長書：《國語詞彙研究》（北京市：中國社會科學出版社，2014年）、孫卓彩、劉書玉：《墨子詞彙研究》（北京市：中國社會科學出版社，2008年）、唐元發：《逸周書詞彙研究》（杭州市：浙江大學出版社，2015年3月）、車淑婭：《韓非子詞彙研究》（濟南市：山東教育出版社，2008年6月）、張雙棣：《呂氏春秋詞彙研究》（北京市：商務印書館，2008年）。

20 竇秀艷：《中國雅學史・前言》（濟南市：齊魯書社，2004年9月），頁1-2。

典[21]。如有意研究《爾雅》名物詞，以此為主，再輔以集大成的《爾雅詁林》、《爾雅詁林敘錄》[22]，則基本而直接的資料就已具備了。如有不足，可再參考其他資料加以補強。古代《爾雅》名物詞的研究都出現於注釋、札記、文集，幾乎沒有專書。到了現當代，除了今注今譯及單篇論文之外，已有許多分章分節的專書。《爾雅》的名物詞當然也不例外，由於這些研究成果都與下列各領域有關，所以散見下列各項之下。此外，這些研究成果都可以成為研究參考資料，所以在此節一併介紹，不另單獨立節論述，這是需要在此特別說明的。

（二）語言文字學

《爾雅》是訓詁的經典，語言文字學的鼻祖，而文字有形音義三要素，所以語言文字學與《爾雅》關係最為密切。它主要包含文字學、聲韻學、訓詁學、詞彙學、文法學。從語言文字學進行旁證，也是研究《爾雅》名物詞的要務。黃季剛先生曾臚列十本治雅的主要書籍，有《爾雅》、《小爾雅》、《方言》、《說文》、《釋名》、《廣雅》、《玉篇》、《廣韻》、《集韻》、《類篇》，輔助書籍有唐以前的古注（如《十三經注疏》、《經典釋文》）、唐以後的金石書（如《集古錄》、《鐘鼎彝器款識》）、古韻書（如《切韻指南》、《音學五書》）、訓詁書（如王氏《廣雅疏證》、段氏《說文注》）[23]，所言確實十分精覈，像段玉裁的《說文解字注》、王念孫的《廣雅疏證》、錢繹的《方言箋疏》、王先謙的《釋名疏證補》都是經典名著[24]，對研究《爾雅》名物詞大

---

21 〔晉〕郭璞注，〔宋〕邢昺疏：《爾雅注疏》（臺北市：藝文印書館，1989年）。〔清〕邵晉涵：《爾雅正義》見注15。〔清〕郝懿行：《爾雅義疏》見注16。

22 朱祖延：《爾雅詁林》、《爾雅詁林敘錄》（武漢市：湖北教育出版社，1996年11月、1998年9月）。

23 黃侃口述、黃焯筆記編輯：《文字聲韻訓詁筆記》（臺北市：木鐸出版社，1983年9月）。

24 〔清〕段玉裁注：《說文解字注》（臺北市：洪葉文化公司，2005年9月，據經韻樓藏版影印）。王念孫：《廣雅疏證》（臺北市：新興書局，1965年）。錢繹：《方言箋疏》（上

有裨益。清代《說文》學鼎盛，學者探討文字、訓詁，無不資取《說文》、顧廷龍、王世偉《爾雅導讀》說：「清代雅學研究者，如邵晉涵、郝懿行、王念孫、嚴元照、俞樾等，都採用了《爾雅》、《說文》對照法。清代雅學獨隆於前古，與這種方法的普遍使用不無關係。」[25]可見其影響之大。此外，清代古音學由顧炎武以迄江有誥，亦日臻精密，與《廣韻》交相為用，是運用因聲求義研究《爾雅》名物詞的重要關鍵。黃季剛先生推崇《說文》與古韻學說為治《爾雅》的兩大資糧[26]，實在有其道理。現當代，以語言文字學治《爾雅》者，如賴雁蓉《爾雅與說文名物詞比較研究——以器用類、植物類、動物類為例》、黃侃《爾雅音訓》、丁惟汾〈爾雅古音表〉、〈爾雅釋名〉、姜仁濤《爾雅同義詞研究》、楊清臣《爾雅名物詞用字的歷時考察與研究》、王建莉《爾雅同義詞考論》、郭鵬飛《爾雅義訓研究》、江遠勝《爾雅與說文解字釋義比較研究》[27]等也可參閱。其中兩本研究《爾雅》同義詞的專書本來都是博士論文，都屬於詞彙學範疇，這是新興學科，將來很有拓展空間。

（三）博物學

博物學是名物學科技部分的異稱，也可稱為格物致知之學，在經史子集

海市：上海古籍出版社，1984年5月）。王先謙：《釋名疏證補》（臺北市：廣文書局，1971年10月）。

25 顧廷龍、王世偉：《爾雅導讀》，頁160。

26 黃侃：《黃侃論學雜著》（臺北市：學藝出版社，1969年5月），頁396-401。

27 賴雁蓉：《爾雅與說文名物詞比較研究——以器用類、植物類、動物類為例》，國立中正大學中國文學所碩士論文，2006年。黃侃：《爾雅音訓》（北京市：中華書局，2007年5月）。丁惟汾：《詁雅堂叢著六種》中冊（臺北市：中華叢書編委會，1966年），頁1-186。姜仁濤：《爾雅同義詞研究》（北京市：中國文史出版社，2006年8月）。楊清臣：《爾雅名物詞用字的歷時考察與研究》（保定市：河北大學博士論文，2011年）。王建莉：《爾雅同義詞研究》（北京市：中華書局，2012年7月）。郭鵬飛：《爾雅義訓研究》（上海市：上海古籍出版社，2012年8月）。江遠勝：《爾雅與說文解字釋義比較研究》（南京市：鳳凰出版社，2019年6月）。

四部古籍之中，博物學資料俯拾皆是，集中於類書，尤以《格致鏡原》[28]集其大成。研究成果更僕難數，今只略舉與《爾雅》相關者言之。例如李如圭的《儀禮・釋宮》、江永的《儀禮釋宮增注》、張惠言的《儀禮圖》[29]都是與〈釋宮〉有關的；又如秦蕙田的〈授時通考〉、雷學淇的《古經天象考》[30]都是與〈釋天〉有關的；如陸璣《毛詩草木鳥獸蟲魚疏》、李時珍《本草綱目》、吳其濬《植物名實圖考》[31]等都是與草木蟲魚鳥獸有關的。現當代的著作如揚之水的《詩經名物新證》，李儒泉的《詩經名物新解》，呂華亮《詩經名物的文學價值研究》，劉興鈞《周禮名物詞研究》，鄭良樹《儀禮宮室考》，曾永義《儀禮車馬考》、《儀禮樂器考》，黃金貴《中國古代文化會要》，華夫的《中國古代名物大典》[32]，都是其他領域的博物學著作，可供參考。

（四）文獻學

中國經、史、子、集四部古籍估計有八萬種左右，為了整理這些古典文獻，所以產生了目錄學、版本學、校勘學、辨偽學、輯佚學，合稱為文獻學。文獻學可以決定研究目標，充實研究材料，熟悉研究方法，提升研究水

---

28 〔清〕陳元龍：《格致鏡原》（臺北市：臺灣商務印書館，《四庫全書》本，1983年）。

29 〔宋〕李如圭：《儀禮・釋宮》，〔清〕江永：《儀禮釋宮增注》（臺北市：臺灣商務印書館，《四庫全書》本，1983年）。〔清〕張惠言：《儀禮圖》（臺北市：復興書局，《皇清經解續編》，1961年）。

30 〔清〕秦蕙田：《五禮通考・授時通考》（臺北市：聖環圖書公司，1994年）。〔清〕雷學淇：《古經天象考》（臺北市：新文豐出版公司，1989年，《叢書集成續編》本）。

31 〔三國〕陸璣：《毛詩草木鳥獸蟲魚疏》（臺北市：臺灣商務印書館，1983年9月，《四庫全書》本）。〔明〕李時珍：《本草綱目》（臺北市：鼎文書局，1973年9月）。〔清〕吳其濬：《植物名實圖考》（臺北市：世界書局，1974年4月）。

32 揚之水：《詩經名物新證》（北京市：古籍出版社，2002年2月）。李儒泉：《詩經名物新解》（長沙市：岳麓書社，2000年）。呂華亮：《詩經名物的文學價值研究》（合肥市：安徽大學出版社，2010年4月）。劉興鈞：《周禮名物詞研究》。鄭良樹：《儀禮宮室考》。曾永義：《儀禮車馬考》、《儀禮樂器考》（臺北市：臺灣中華書局，1971年12月）。黃金貴：《中國古代文化會要》（杭州市：浙江大學出版社，2016年3月）。華夫主編：《中國古代名物大典》（濟南市：濟南出版社，1993年）。

準，與語言文字學相輔相成，是研究古典文獻的兩大利器。在古代，直接與《爾雅》文獻相關的，如胡元玉《雅學考》、阮元《爾雅注疏校勘記》、嚴元照《爾雅匡名》、臧庸《爾雅漢注》、黃奭《爾雅古義》[33]等，都很有參考價值。現當代則有林師明波〈清代雅學考〉，汪中文《爾雅著述考》，莊雅州〈臺灣現當代（1945-2017）爾雅學研究〉，顧廷龍、王世偉〈爾雅版本介紹〉，周祖謨《爾雅校箋》，翁世華〈爾雅音義釋疑〉，李運益〈郭璞爾雅音義釋疑〉，孔維寧《爾雅古注輯考》，王書輝《魏晉南北朝爾雅著述佚籍考》，彭喜雙《爾雅文獻學研究》，竇秀艷《雅學文獻學研究》[34]等也都值得一讀。

（五）地下文物

在歷史上，每一次地下文獻的出土都對學術的發展產生重大的影響，例如西漢的古文經，促進小學興起，引起古文經學的發達；西晉的汲塚書，導致史學脫離經學而獨立；宋代的商周銅器及石刻，催生了金石學，也促進名

33 胡元玉：《雅學考》（臺北市：新文豐出版公司，1985年，《叢書集成新編》本）。阮元：《爾雅注疏校勘記》（臺北市：藝文印書館，1989年，《十三經注疏》本）。嚴元照：《爾雅匡名》（臺北市：復興書局，1961年，《皇清經解續編》本）。臧庸：《爾雅漢注》（臺北市：新文豐出版公司，1985年，《叢書集成新編》本）。黃奭：《爾雅古義》（1934年，江都朱長圻刊《黃氏遺書考》本）。

34 林明波：〈清代雅學考〉，《慶祝高郵高仲華先生六秩誕辰論文集》（臺北市：臺灣師範大學國文研究所，1968年3月），頁69-214。汪中文：《爾雅著述考》（臺北市：國立編譯館，2003年）。莊雅州：〈臺灣現當代（1945-2017）爾雅學研究〉），《會通養新樓學術研究論集卷二‧語言文字學編》（臺北市：萬卷樓圖書公司，2021年5月）。顧廷龍、王世偉：〈爾雅版本介紹〉，《爾雅導讀》，頁135-148。周祖謨：《爾雅校箋》（昆明市：雲南人民出版社，2004年11月）。翁世華：〈爾雅音義釋疑〉，《大陸雜誌》49卷3期，1974年，頁143-152。李運益：〈郭璞爾雅音義釋疑〉，《西南師範大學學報》（哲社版），1988年1期。孔維寧：《爾雅古注輯考》（臺北市：文史哲出版社，1998年）。王書輝：《兩晉南北朝《爾雅》著述佚籍考》，國立政治大學中國文學系博士論文，2001年。彭喜雙：《《爾雅》文獻學研究》，（上海市：復旦大學博士論文，2009年）。竇秀艷：《雅學文獻學研究》（北京市：中國社會科學出版社，2015年1月）。

物學的研究。近代殷墟甲骨、敦煌紙卷、各地金石、簡帛的出土，也使得傳統學術研究得以脫胎換骨，蓬勃發展。在《爾雅》方面，敦煌石室有 P.3719 白文（〈釋詁〉到〈釋訓〉）、P.2661、3735郭璞《爾雅注》（〈釋天〉到〈釋水〉）[35]，周祖謨即以南宋監本為底本，再參考敦煌寫本及許多輔本、參考資料，寫成《爾雅校箋》，被公認為最好的《爾雅》校本。此外，馮華依據甲骨文、金文、簡帛等古文字資料，寫成《爾雅新證》[36]。一方面，從字形和辭例訂正《爾雅》的不足，同時驗證《爾雅》的正確解釋；另一方面，以非文字的考古資料對《爾雅》詞語進行逐條新證。筆者〈論二重證據法在《爾雅》研究上之運用〉[37]，則結合各種地下文獻，除了以周祖謨《爾雅校箋》斠傳本之異同外；還以殷之年曰祀、殷之又祭曰肜、乙丙丁之古義、周之詞彙證古說之可從；以十二月名、四方風名、二十八宿存典制之異說；以建築、青銅器、玉器、樂器詳名物之形制，亦足以略窺二重證據法之妙用。前些年吐魯番交河故城出土了《爾雅》殘卷二十四卷[38]，正引起學界的重視，假以時日，相信會有豐富的收穫。

（六）科學新知

在明代以前，中國的科學水準與西方相較，有過之而無不及。拙作〈中國古代科技文化史導論〉，對科學思想、自然科學、應用科學各領域的重要成就、重要學者與著作都有精要介紹[39]。自然科學可分為天文、數學、物理、生物、地學；應用科學可分為醫藥、農學、建築、機械、化學。有不少

---

35 黃永武：《敦煌寶藏》（臺北市：新文豐出版公司，1986年），130冊、135冊。

36 馮華：《爾雅新證》，首都師範大學博士論文，2007年5月。

37 莊雅州：〈論二重證據法在爾雅研究上之運用〉，《國科會中文學門小學類92-97研究成果發表會論文集》（臺北市：新文豐出版公司，2011年4月），頁275-295。

38 榮新江：《吐魯番文書總目・歐美收藏卷》（武漢市：武漢大學出版社，2007年）。

39 莊雅州：〈中國古代科技文化史導論〉，臺灣師範大學國文學系：《紀念林尹教授國際學術研討會論文集》（2012年5月），頁41-76。

領域與《爾雅》都有密切關係，如〈釋宮〉屬於建築，〈釋器〉、〈釋樂〉屬於機械，〈釋天〉屬於天文，〈釋地〉等四篇屬於地學，〈釋草〉等七篇屬於生物。有許多過去不清楚的名物，或誤解的觀念，都可以透過現代科技加以澄清，所以運用科學新知來闡發舊學是十分重要的事。例如〈釋天〉內容牽涉甚廣，天文部分，拙作〈爾雅釋天天文史料今論〉[40]曾以現代天文學賦予新解。但曆法、氣候，則乏人問津。又如草木蟲魚鳥獸在《詩經》有許多新著，如陸文郁《詩草木今釋》、吳厚炎《詩經草木匯考》、潘富俊《詩經植物圖鑑》、高明乾等《詩經動物解詁》[41]，《爾雅》著錄植物三三〇種，動物三三八種，比《詩經》植物一四二種，動物一一三種，超過一倍有餘，但除了今注今譯，如《爾雅今注今譯》、《爾雅注證》[42]有全新的解釋外，單篇論文只有于景讓〈鰋鮎鱧鯇—爾雅釋魚注一〉、王富祥〈爾雅草名今釋〉、施孝適〈爾雅蟲魚名今釋〉等[43]。專書則付之闕如，仍有待學界努力。

（七）文化學

文化是人類生活的累積、智慧的結晶。人類的物質、社會、精神生活幾乎都涵蓋其中，範圍無比寬廣。文化學的研究，其道多端，十九世紀後半葉崛起的文化人類學是聲勢最為顯赫的一個派別。其特點是通過考察地球上現

40 莊雅州：〈爾雅釋天天文史料今論〉，《李爽秋教授八十壽慶祝壽論文集》（臺北市：萬卷樓圖書公司，2016年4月），頁251-271。

41 陸文郁：《詩草木今釋》（臺北市：長安出版社，1975年4月）。吳厚炎：《詩經草木匯考》（貴陽市：貴州人民出版社，1992年）。潘富俊：《詩經植物圖鑑》（臺北市：貓頭鷹出版社，2001年6月）。高明乾、佟玉華、劉坤：《詩經動物解詁》（北京市：中華書局，2005年9月）。

42 莊雅州、黃靜吟：《爾雅今註今譯》。郭郛：《爾雅注證》（北京市：商務印書館，2013年1月）。

43 于景讓：〈鰋鮎鱧鯇——爾雅釋魚注一〉，《大陸雜誌》27卷1期，1963年，頁1-8。王富祥：〈爾雅草名今釋〉，《臺東師專學報》1期，1973年，頁1-50。施孝適：〈爾雅蟲魚名今釋〉，《大陸雜誌》81卷3期，1990年9月，頁130-144。

存的未開化民族，進而對人類各種文化型態進行追根溯源式的比較研究[44]。基本特徵有三：一為世界性的文化視野，二為多學術交叉的綜合性，三為指導原理的普遍性[45]。現當代有不少古籍採取此種研究方法，尤以《詩經》為最。在《爾雅》方面，謝美英的《爾雅名物新解》即屬之。她採取四重證據法和 N 級編碼理論，考察了《爾雅》的生態人類學、親屬稱謂制度、宗教祭祀、族群，乃至天文地理、日常用器、動植物名詞的特徵與思維特點[46]，令人一新耳目。盧國屏《爾雅語言文化學》則採用漢語文化學的理論和方法，將傳統的文字、聲韻、訓詁理論和社會、政治、文學、思想、科技、生物等等議題相聯結。全書十二章，以文化的觀點、平易近人的文字敘述，重新詮釋條列式的詞書——《爾雅》，構成生動而有趣的《爾雅》語言文化學的體系[47]，頗值得一讀。除了本身的研究外，他也指導了好幾篇語言文化學的論文，包括王盈方的《《爾雅・釋親》親屬關係之文化詮釋》、古佳峻的《郝懿行《爾雅義疏》及其宮器二釋研究——以文化闡析為觀察重點》、吳珮慈的《從《爾雅》〈釋獸〉〈釋畜〉篇看中國古代牲畜文明》、黃立楷的《《釋名》語言文化研究》、《從《爾雅》到《釋名》的社會演進與文化發展》[48]將來如能逐篇寫出，匯為一帙，成果應該大有可觀。此外，還有漢字文化學，是以

44 廖群：〈談談詩經研究的多維角度的拓展與交匯〉，《詩經研究叢刊》第10輯，2006年1月，頁19。

45 趙沛霖：《現代學術文化思潮與詩經研究——20世紀詩經研究史》（北京市：學苑出版社，2006年7月），頁231-243。

46 謝美英：《爾雅名物新解》（北京市：中國社會科學出版社，2015年9月）。所謂四重證據分別為傳世文獻、出土文獻、口傳與非物質文化遺產、物與圖像。所謂 N 級編碼的理論是按時間順序對文化文本進行編碼，後世作家的創作就是N級編碼，見該書頁3-4。

47 盧國屏：《爾雅語言文化學》（臺北市：臺灣學生書局，1999年12月）。

48 王盈方：《《爾雅・釋親》親屬關係之文化詮釋》（新北市：淡江大學碩士論文，2005年）、古佳峻：《郝懿行《爾雅義疏》及其宮器二釋研究——以文化闡析為觀察重點——》（新北市：淡江大學碩士論文，2007年）、吳珮慈：《從《爾雅》〈釋獸〉〈釋畜〉篇看中國古代牲畜文明》（新北市：淡江大學碩士論文，2013年）、黃立楷：《《釋名》語言文化研究》（新北市：淡江大學碩士論文，2004年）、《從《爾雅》到《釋名》的社會演進與文化發展》（新北市：淡江大學博士論文，2011年）。

《說文》、甲骨文、金文和歷代典籍語料為依據，全面系統地從文化的視角觀察漢字。它和漢語文化學性質相近，但較側重字形分析，除了何九盈等《漢字文化大觀》，還有許多專書，如王玉鼎《漢字文化學》、韓偉《漢字字形文化論稿》、李景生《漢字與上古文化》[49]。但迄無集中焦點，研究《爾雅》者，這可能是《爾雅》是詞書，不是字書，較不易著力的緣故吧？

六 《爾雅》名物學的研究方法

（一）訓詁求義法

《爾雅》是義書，以訓詁方法求取字詞之義是最基本的方法。訓詁方法說法極多，陸宗達、王寧的《訓詁方法論》提出以形索義、因聲求義、比較互證三大方法[50]。不僅綜合了形訓、聲訓、義訓三種訓詁方式，也強調了形、音、義互相求的樸學傳統：

1 以形索義

漢字發軔於象形文字，漢字的古老字形，常為先民對名物特徵與本質的概括與描繪。《爾雅》為義書，注重名物的別名異稱，而不重字形的分析；而《說文》為字書，注重分析字形，以求本義，所以要了解名物詞的本義，就必須透過《說文》求其本字，再進一步利用六書以求本義。清代學者常以《說文》治《爾雅》其故在此。如〈釋宮〉：「樴，謂之杙。」嚴元照《爾雅匡名》：「此當作弋，《說文》木部：『樴，弋也。从木戠聲。』又，厂部：『弋，橜也。』又，木部：『橜，弋也。一曰門梱也。』」〈釋水〉：「天子造

---

49 何九盈、胡雙寶、張猛：《漢字文化大觀》（北京市：北京大學出版社，1995年1月），王玉鼎：《漢字文化學》（西安市：西安出版社，2010年8月），韓偉：《漢字字形文化論稿》（北京市：世界圖書出版公司，2010年12月），李景生：《漢字與上古文化》（北京市：中國社會科學出版社，2009年11月）。

50 陸宗達、王寧：《訓詁方法論》（北京市：中華書局，2018年7月）。

舟。」《匡名》:「案:《說文》艁,古文造也。」[51]皆是。

2 因聲求義

明代以前,學者解釋古書,多根據《說文》,採取以形索義的方法。到了清代,乾嘉學者上承漢代聲訓說、宋代右文說,主張聲義同源,改採因聲求義,使訓詁學的研究突破文字學的領域,進入語言學的領域,解決許多文字學無法解決的問題。如〈釋畜〉:「青驪繁鬣,騥。」王引之《經義述聞》:「蕃繁古字通,繁者,白色也,讀若老人髮白曰皤。……蘩與皤同義,白蒿謂之蘩,白鼠謂之𪕮,馬之白鬣,謂之繁鬣,其義一也。」〈釋木〉:「栵,栭。」黃侃《爾雅音訓》:「凡从而聲者,多有小義。小栗為栭,小魚為鮞,小雞為䨠,小兔為䨲,小鹿為麛,皆是也。又,屋枅上標名栭,亦小物也。栵栭音近,栭又與『樲酸棗』音近。」[52]皆是。

3 比較互證

為了避免鑿空妄談,訓詁學家必須從文本的本身或其他相關的文獻材料去尋找充分而有力的證據,使用歸納、演繹、比較等邏輯方法,來闡發詞義的內涵,這才能大大拓展古籍訓解的空間,強化古籍訓解的可靠性。例如〈釋鳥〉:「鶪,伯勞也。」只有四個字,交代鶪的異稱。邵晉涵《爾雅正義》卻用了二八〇個字旁徵博引了將近十種古書,對鶪之各種異稱、性狀、鳴時皆有詳盡的闡發。又如〈釋蟲〉:「蠪,朾螘。」王引之《經義述聞》使用一七四字,博引《經典釋文》、《玉篇》、《廣韻》、《說文》,並根據〈釋蟲〉文例,證明舊說之非。不但為赤螘正名,也歸納了朾、虰、葑、赬、經都是音義相同的同源詞,可說將因聲求義與比較互證作了巧妙的整合[53]。

---

51 〔清〕嚴元照:《爾雅匡名》,頁5900、5937。

52 〔清〕王引之:《經義述聞》(臺北市:廣文書局,1963年),頁689。黃侃:《爾雅音訓》,頁136。

53 〔清〕邵晉涵:《爾雅正義》,頁5770。〔清〕王引之:《經義述聞》,頁678。

（二）文獻考徵法

文獻學分為目錄學、版本學、校勘學、辨偽學、輯佚學五個領域，每個領域各有其不同方法，必須分工合作，各盡其責，才能把古典文獻妥善整理。

1 明目錄

治學要涉徑入門，蒐集資料，乃至辨章學術，考鏡源流，端賴檢索目錄。如果要將繁富雜亂的資料分類編目，那就更須再三整理，依照書目之體例加以編製。以《四庫全書總目》為例，就包含總序、小序、每書之著錄（又包括書名、卷數、版本、撰人姓名、爵里、略考是書之得失）[54]。當然，現代的書目編製，因分類方法的差異，如四部分類法、十進分類法、中國圖書分類法，會呈現不同的面貌。但除了書名、作者、出版地、出版者、出版年等版本項外，最好也能有敘錄文字，介紹著者生平、說明著書原委及書的大旨，評論書的得失[55]，對讀者助益較大。拙作〈臺灣現當代（1945-2017）爾雅學研究〉[56]，限於篇幅，雖有案語，而著重內容介紹，未詳加析論，並儘量避免評議，所以有其侷限。

2 考版本

同一本古書，版本不同，完整性、精確度可能就有差別，會影響到研究資料的可靠性。所以讀古書要慎選版本，以古本、精本、全本為優先，周祖謨《爾雅校箋》所以選《天祿琳瑯叢書》南宋監本為底本，就是因為它符合善本書的條件。如果要從事版本的研究，那就更需要熟悉版本的術語（包括版式、裝幀形式）、版本的著錄（包括出版年、出版地、出版者、版本類

---

54 許世瑛：《中國目錄學史》，（臺北市：中國文化大學出版社，1982年），頁100。

55 姚明達：《目錄學》（臺北市：商務印書館，1973年）。昌彼得：《中國目錄學講義》（臺北市：文史哲出版社，1973年）、余嘉錫：《目錄學發微》（臺北市：藝文印書館，1974年）。

56 莊雅州：〈臺灣現當代（1945-2017）爾雅學研究〉），頁161-260。

別)、版本的鑑別(包括版本內容、版本形式、刻本的文字紀錄、其他資料)[57],顧廷龍、王世偉〈爾雅版本介紹〉介紹了六個類型十八本《爾雅》古籍,雖未能鉅細靡遺,但至少中規中矩,可以參閱。

3 校譌誤

校勘學又稱斠讎學。廣義的校勘是對文獻整理工作的總稱,狹義的校勘只是校正古書的譌誤。要從事校勘,首先須了解古籍錯誤的類型有譌誤、缺脫、增衍、顛倒錯亂;校勘的材料,除了精選底本外,還須廣羅輔本、類書、古注、相關書籍、近人校勘成果、實物;校勘的方法,主要是陳垣的《元典章校補釋例》中的〈校法四例〉,亦即對校法(以同書的不同版本校勘)、本校法(以同書的相關材料校勘)、他校法(參證其他相關文獻)、理校法(根據常識、邏輯事理推論)[58]。例如〈釋草〉:「葭華。」阮元《校勘記》:「按華當作葦,字之誤也。………。郭注:『葭,葦。』云:『即今蘆也。』注『葭,蘆。』云『葦也。』正彼此互證。」即屬本校法。又如〈釋草〉:「苗,蓨。」郭注:「未詳。」各家均未校,依通志堂本〈爾雅音義〉:「苗,郭他六反,又,徒的反。《說文》云:『从由聲。』」《說文》:「苖,蓨也。从艸,由聲。」正可為證,苗應訂正為苖,即屬他校法[59]。全書校勘完畢,寫成校記,任務就圓滿達成了。

4 辨真偽

四部古籍中偽造者屢見不鮮,張心澂《偽書通考》所辨即有一一○五

---

[57] 葉德輝:《書林清話》(臺北市:文史哲出版社,1976年)、屈萬里、昌彼得:《圖書版本學要略》(臺北市:華岡書局,1978年)、李致忠:《古書版本學概論》(北京市:書目文獻出版社,1990年8月)。

[58] 〔清〕章學誠:《校讎通義》(臺北市:臺灣中華書局,1966年)。王叔岷:《斠讎學》(北京市:中華書局2007年,有通例122條),陳垣:《校勘學釋例》(北京市:中華書局,1959年)。

[59] 〔清〕阮元:《爾雅注疏校勘記》,頁155。莊斐喬:《陸德明〈爾雅音義〉名物諸篇異文類型研究》(桃園市:中央大學中文系博士論文,2021年6月),頁167。

部，或全部為偽，或部分失真，或誤認撰人或時代。其中《爾雅》部分著錄《漢書・藝文志》、《西京雜錄》以下至內藤虎次郎、梁啟超、呂思勉之說將近四十條，主要是辨《爾雅》非出於一時一人之手，更非周公所作。《小爾雅》、《方言》部分各錄十餘條，《釋名》部分五條。鄭良樹《續偽書通考》又略加補苴[60]。在辨偽方法上，梁啟超《古書真偽及其年代》曾分別就傳授統緒上辨別（又分從舊志是否著錄、前後志著錄是否可疑、卷數、篇數、著者姓名是否有偽、來歷是否曖昧不明等）、就文義內容上辨別（又分從字句殘漏處辨別、從抄襲舊文處辨別、從佚文上辨別，從文章上辨別、從思想上辨別），條理十分詳密，以此為據，古書之真偽大抵可以明辨無疑[61]。例如翁世華〈爾雅音義釋疑〉，首先指出《晉書・郭璞傳》之誤導，進而以三個證據證明郭璞未嘗著《爾雅音義》，最後臚舉〔唐〕慧琳《一切經音義》所引郭氏《音義》八條，陸德明《經典釋文》所引郭氏《音義》七條，逐一駁斥其非[62]。堪為其證，可補張心澂《通考》之不足。

5 **輯散佚**

由於禁燬、戰亂、火災、自然淘汰等因素，古代典籍亡佚情形十分嚴重，稽之前代史志，往往十亡七八。輯佚之學始於唐宋，至清代臻於鼎盛，如從《永樂大典》輯出而錄入《四庫全書》及其存目者，共三七五種，四九二六卷，黃奭《黃氏佚書考》收書二九一種、馬國翰《玉函山房輯佚書》收書六三二種、王謨《漢魏遺書鈔》收書四〇五種、嚴可均《全上古三代秦漢三國六朝文》凡七四六卷、作者三四九五人，都是大型輯佚書。雖多斷簡殘編，但已沾溉無窮。輯佚主要取材於類書、古注、子史群書、總集、雜纂雜鈔、地方志、金石、地下文獻、海外散佚書、報刊雜誌。其方法包含摘錄佚

---

60 張心澂：《偽書通考》（臺北市：鼎文書局，1973年10月），頁532-556。鄭良樹：《續偽書通考》（臺北市：臺灣學生書局，1984年6月），頁971-972。

61 梁啟超：《古書真偽及其年代》（現改名為古書真偽常識）（臺北市：臺灣中華書局，1969年8月）。

62 翁世華：〈爾雅音義釋疑〉，頁143-152。

文、選擇底本、註明異同、校正文字、恢復篇第，還要注意廣泛蒐羅佚文、認真刪汰蘩蕪、進行精密考訂、作出合理編排，誠能如此，才可望從茫茫書海中，發幽鈎沈，得到豐碩的成果[63]。有清一代，雅學輯佚著作有臧庸《爾雅漢注》，黃奭《爾雅古義》，葉蕙心《爾雅古注斠》，李曾白、李滋然《爾雅舊注考證》不下二十種，對版本、校勘、補正郭注，乃至研究雅學史都大有助益[64]。現代孔維寧《爾雅古注輯考》中卷〈輯佚篇〉將古注十四種打散，分別輯入《爾雅》各條經文之下，其下必加案語六項（字數、校勘、注音、釋義、圖讚、郭注），如有前人失輯之佚文，亦附焉。下卷〈考證篇〉以晉郭璞為分野，籠括其前古注五家六書，其後舊注七家，探討古注與郭注之關係及其價值。對輯佚資料可謂善盡運用之能事了[65]。

（三）二重證據法

地下文獻之運用，自古有之，但首先提出二重證據法的口號，引起熱烈回響，迄今盛況不減的是王國維，他在《古史新證》中說：

> 吾輩生於今日，幸於紙上之材料外，更得地下之新材料。由此種材料，我輩固得據以補正紙上之材料，亦得證明古書之某部分全為實錄，即百家不雅馴之言亦不無表示一面之事實。此二重證據法惟在今日始得為之。[66]

中國幾千年來傳世的典籍，由於材料的不足、見解的偏差、傳寫的訛誤、蓄意的篡改等原因，導致偏離史實之處屢見不鮮。幸有二重證據法，得到地下

63 張舜徽：《中國文獻學》（臺北市：木鐸出版社，1983年）、洪湛侯：《中國文獻學新探》（臺北市：臺灣學生書局，1991年）、曹書杰：《中國古籍輯佚學論稿》（長春市：東北師範大學出版社，1998年4月）。

64 竇秀豔：《雅學文獻學研究》，頁121-139。

65 孔維寧：《爾雅古注輯考》（臺北市：文史哲出版社，1998年）。

66 王國維：《古史新證》（北京市：清華大學出版社，1994年12月），頁2。

出土器物及文字的協助，可考求傳世典籍的真實面貌，這是考古學、歷史學、甲骨學、簡牘學、敦煌學等對於學術研究的重大貢獻。

葉國良在〈二重證據法的省思〉一文，曾針對二重證據法的操作提出六種方式：

> 一、先確定地下材料為真品。
>
> 二、比較異同時，地下與紙上材料何者為底本，視情況而定。
>
> 三、既有異同，當加解釋。
>
> 四、難以解釋，應闕疑不論；同理，闕文不應輕補。
>
> 五、已定位的出土文獻，可以再用來考證出土文獻。
>
> 六、二重證據法的運用不限於先秦文獻的研究。[67]

所言都是經驗之談，具體可行，很有參考價值。

二重證據法在《爾雅》名物詞研究的運用，可分為兩方面：

1　有字文獻的運用

地下文獻出土入藏之後，要利用碳十四、紅外線等儀器，醇醚法結合真空冷凍乾燥等技術，經過清理、保護和鑒定、拍照、試讀等過程，進行綴合、分篇，並逐篇隸定、釋讀[68]。確定其為真品，轉成紙面資料，正式公布出版後，一般學者才能夠加以運用。

例如《爾雅・釋地》：「岠齊州以南。」周祖謨《爾雅校箋》：「岠，唐寫本作歫，注：『岠，去也。』亦同，當據正。『歫』見《說文》，今通作『距』。[69]」岠，除敦煌寫本作歫外，各本均作岠，周氏據唐寫本，核以《說文》，以理推之，斷定岠應為歫形近而訛，良是。

---

67 葉國良：〈二重證據法的省思〉，葉國良、鄭吉雄、徐富昌編：《出土文獻研究方法論文集初集》（臺北市：臺灣大學出版中心，2005年9月），頁1-18。

68 李學勤：〈清華簡的文獻特色與學術價值〉，姚小鳴主編：《清華簡與先秦經學文獻研究》（北京市：生活・讀書・新知三聯書店，2016年10月），頁1。

69 周祖謨：《爾雅校箋》，頁242。

又如〈釋天〉:「載，歲也，夏曰歲，商曰祀，周曰年，唐虞曰載。」又「春祭曰祠，夏祭曰礿，秋祭曰嘗，冬祭曰烝。」《爾雅》所言歲名、祭名，三代各有不同，自古以來多無異辭，且陳陳相因，近代學者始稍疑之。馮華《爾雅新證》則據《甲骨文合集》、《殷周金文集成》，依古文字辭例，以為商代紀年不但曰祀，也用年；周代紀年，既用年，也用祀，不像〈釋天〉區分那麼清楚。同樣，祠礿嘗烝，在西周至戰國時期的銅器銘文中均為祭祀之意，並沒有春夏秋冬之別[70]，所言可以正傳統說法之失。

又如〈釋天〉:「正月為陬，二月為如，三月為寎，四月為余，五月為皋，六月為且，七月為相，八月為壯，九月為玄，十月為陽，十一月為辜，十二月為涂。」一年十二月各有異名。一九三八年長沙子彈庫出土〈楚帛書・宜忌篇〉亦有:「取于下，女此武，秉司春……。」兩者對勘，實屬於同一系統。唯其時代先後不甚清楚，文字亦略有出入。將這些月名配合傳統典籍（如《大戴禮記》、《楚辭・離騷》、《史記・曆書》）中的異稱，及近代出土戰國時代器物（如陳逆簠、陳喜壺、五年權）所書月名，對探討先秦十二月名的異同及其得名之故，乃至於古曆的內容，一定大有裨益[71]。

2 無字文物的運用

例如〈釋器〉:「附耳外，謂之釴。」又云:「木豆，謂之豆。竹豆，謂之籩。瓦豆，謂之登。」《爾雅》所說的「附耳外」，指的是附耳鼎，馮華《爾雅新證》據「作冊大方鼎」實物是直耳鼎，故云:《爾雅》時代的人還不知道釴並非一定要附耳在外。又，豆在周代是薦菹醢之器，固然有以竹木製者，但亦有陶豆、漆豆，銅豆在商周青銅器更是常見，故馮華認為〈釋器〉的訓釋，也是不甚精確[72]。

又如〈釋宮〉:「宮謂之室，室謂之宮。牖戶之間謂之扆，其內謂之

---

70 馮華:《爾雅新證》，頁10-12。

71 饒宗頤:〈楚繒書十二月名覈論〉，《大陸雜誌》30卷1期，1965年1月，頁1-5。饒宗頤、曾憲通:《楚帛書・楚帛書十二月名與爾雅》（香港：香港中華書局，1985年）。

72 馮華:《爾雅新證》，頁17-18。

家。……四方而高，曰臺，陝而脩曲，曰樓。」一九八九年陝西周原鳳雛村發現了一組大型西周建築基址，是一個類似四合院的高臺建築群，由照壁、門道、東西門塾、前堂、中院、前室、東西小院、後室、東西廂房、回廊等部分組成，並以門道、前堂、後室為中軸線，兩側東西對稱，各配置八間廂房，以回廊相連接，形成一前後兩進，東西對稱的封閉式建築[73]。此一發現，提供了翔實的物證，可協助我們具體了解〈釋宮〉的內容。

（四）科學實證法

1 考辨名實

正名實為先秦諸子語言觀的核心，也是名物學研究的首要之務，所以邵晉涵《爾雅正義·序》開宗明義說：「《爾雅》所為作者，正名協義，究洞聖人之微恉，俾學者軌於正道也。」[74]但由於名物受到時間、空間變化的影響，有古今、南北、雅俗之異，以致產生許多名實相混的現象，或同名異實，或異名同實，或共名、專名相混，從事考辨，並非易事。例如：〈釋草〉：「椴，木槿，櫬，木槿。」〈釋木〉：「櫬，梧。」〈釋木〉：「榮，桐木。」[75]木槿或名椴，或名櫬，梧桐，或名櫬，或名榮，此異名同實；櫬，或指木槿，或指梧桐，此同名異實，關係錯綜複雜，除舊注外，尚須考察《植物辭典》之類，吸收新知，才能詳辨其異同。又如〈釋魚〉：「蠑螈，蜥蜴；蜥蜴，蝘蜓；蝘蜓，守宮也。」郭璞注：「轉相解，博異語，別四名也。」郝懿行旁徵博引，並云：「此皆同類，故《爾雅》通名矣！」[76]然四名區分仍不甚分明。依現代動物學分類，蠑螈屬兩棲綱，有尾目，蠑螈科；

73 陝西周原考古隊：〈陝西岐山鳳雛村西周建築基址發掘簡報〉，《文物》1979年10期，頁28-29。有詳細介紹並附建築基址平面圖。

74 〔清〕邵晉涵：《爾雅正義·序》，頁5577。

75 〔清〕郝懿行：《爾雅義疏》，下之一，頁1；下之二，頁11、15。

76 〔清〕郝懿行：《爾雅義疏》，下之四，頁9。

蜥蜴屬爬行綱，有鱗目，蜥蜴科；蝘蜓，屬爬行綱，有鱗目，石龍子科；守宮，屬爬行綱，有鱗目，壁虎科。四者性狀各有不同，古人以其形體相似，遂誤認為一類[77]。《爾雅》以遞訓解之，漸行漸遠，遂還不了原，得現代科學新知，然後古人疑惑，可以一掃而空了。

2 觀察實物

名物研究的對象是物，不能空談抽象的理論，也不能單憑紙面上的紀錄，所以走出書房，到田野進行調查，甚至到實驗室進行實驗，再回過頭來與紙面資料進行參證，實在是其必要，這就是《大學》所講的「格物致知」。古代的名物學者多重視目驗的功夫，在天文方面，宋朝沈括為了測定唐宋時代的北極星——紐星（北極座天樞星）的確切位置，連續三個月觀測，最後得出「天極不動處，遠極星猶三度有餘。」[78]的結論。地理方面，如明朝徐宏祖周遊天下名山大川，寫出很有科學價值的《徐霞客遊記》[79]。生物學方面，陸璣、郭璞、羅願以迄李時珍、程瑤田、段玉裁、王念孫、郝懿行、吳其濬，或遍訪田野，或培養艸木，也都有很好的成績。例如《爾雅．釋蟲》：「果蠃，蒲盧。螟蛉，桑蟲。」《詩．小雅．小宛》：「螟蛉有子，蜾蠃負之。」舊解都以為蜾蠃以螟蛉之子為義子，不知螟蛉不過是蜾蠃幼蟲的飼品而已，早在晉代，陶宏景之注《本草》，就已加以駁斥[80]。物理、化學方面，如湖北隋縣曾侯乙墓出土的編鐘，經過許多學者以電鏡掃描、X 光透視、化學定量分析，對其成分、設計、音色、調音都已瞭若指掌；而有些學者採取建立模型、科學計算的方式，也使人們對鐘鼓聲學特性得到更深刻的了解，這對於《爾雅．釋樂》、《周禮．考工記》的研究，真是助益匪淺。

---

77 施孝適：〈爾雅蟲魚名今釋〉，頁141。

78 胡道靜：《夢溪筆談校證》（臺北市：世界書局，1978年），頁296。

79 〔明〕徐宏祖：《徐霞客遊記》（臺北市：世界書局，1999年）。

80 聞人軍：《考工記導讀》（成都市：巴蜀書社，1996年）。〔明〕李時珍：《本草綱目》，頁1268。

3 統計數量

統計是用數學計算的方法取得與某些現象有關的數據，用數據來說明或驗證某種見解和觀念，如能具備去偽存真的功夫，不為表面現象所惑，就能夠得到比較可靠的結論。清代學者如顧炎武《日知錄・卷六・檀弓條》、阮元《揅經室文集・卷八・論語論》雖已使用統計方法研究語言，但只是偶一為之，並不普遍。近代科技發達，學者常用統計語言學對語音、詞彙、句法、語義作定量分析，來探討語言規律，所以程俊英、梁永昌《應用訓詁學》高揭「目驗與統計」為新訓詁方法[81]，實在很有見地。在《爾雅》名物學的研究上，如方環海〈論《爾雅》的語源訓釋條例及其方法論價值〉將《爾雅》語源相同者分成三類八百多條進行統計，可以找到不少同源的線索[82]。又如管錫華《爾雅研究》全書共有十一個表，對於十九篇訓語與被訓語的關係、分類、情況、位置、比例等都詳加統計[83]，可以看出一般人所未看出的問題，都很有借鏡的價值。

4 描述性狀

名物需要訓詁，是為了增進讀者的了解。訓詁方式有直訓、有推因、有義界。如〈釋天〉:「壽星，角亢也。天根，氐也。」是以單個同義詞直接訓解，《爾雅》最常使用，唯過分簡略，雖可收到異名對位的效果，卻無法多所發揮。如〈釋獸〉:「貜父，善顧。」是推因，以音近之字解釋，可以推究事物得名的原因，由於《爾雅》是義書，所以很少使用。如〈釋水〉:「泉一見一否為瀸。」是義界，以多數字解釋某一個字詞的意義、性質或範圍，較能暢所欲言。所以後代注家多採之。例如:〈釋蟲〉:「蛶蝣，渠略。」郭璞注:「似蛣蜣，身狹而長，有角，黃黑色，叢生糞土中，朝生暮死，豬好啖

81 程俊英、梁永昌:《應用訓詁學》(上海市:華東師範大學出版社，1989年11月)，頁149-159。

82 方環海:〈論《爾雅》的語源訓釋條例及其方法論價值〉,《語言研究》，2001年4期，頁83-87。

83 管錫華:《爾雅研究》，頁47-143。

之。」郝懿行《義疏》引《說文》、《方言》、〈夏小正〉、《詩經正義》(引孫炎、舍人、陸璣、樊光)、《淮南子》、《莊子》、《廣雅》、《抱朴子》、《藝文類聚》(引《廣志》)[84]，引據浩博，可以略窺古代各種異說。現代高明乾等《詩經動物解詁》，在「訓詁精要欄」引毛傳、陸璣疏、《爾雅》郭璞注、《本草綱目》四家之說。在「分類地位」欄謂蜉蝣是昆蟲綱、蜉蝣目、蜉蝣科的小型昆蟲，種類甚多，蜉蝣目有兩千種，通稱為蜉蝣。在「動物今釋」欄則以三百餘字，詳細介紹其異名，種屬，現代科名、形狀、結構、大小、色味、生長過程、生活習慣、產地、性別、壽命等[85]。這種描述方法雖然屬於語言文字學，但其材料除傳統典籍外，常來自目驗或現代科學新知，所以還是與科學實證有關。施孝適〈爾雅蟲魚名今釋〉也以三百餘字詳細介紹蜉蝣，並云：「根據郭璞的描述，這應該是昆蟲綱鞘翅目金龜甲科中的一種甲蟲。至於《詩經・曹風》中『蜉蝣之羽』的蜉蝣，則為今之昆蟲綱蜉蝣目昆蟲的通稱。……李時珍把兩種蜉蝣區分得很清楚。……二者同名異實，不可混淆。」[86]考辨名實，更為清楚。

5 繪製圖影

名物之考釋，無論描述如何詳盡，作者終究是徒託空言，言不盡意，讀者也只能託諸玄想，難以產生具體的認識。所謂百聞不如一見，早自漢代，即有鄭玄、阮諶的《三禮圖》，宋有聶崇義的《三禮圖集注》二十卷、楊復的《儀禮圖》十七卷。《詩經》方面，梁有《毛詩圖》三卷，唐有《毛詩草木蟲魚圖》、清有徐鼎《毛詩名物圖說》。《爾雅》方面，晉有郭璞《爾雅圖》十卷、《爾雅圖讚》二卷。以領域言，天文方面，〔宋〕蘇頌《新儀象法要》有圖六十三幅。建築方面，〔宋〕李誡《營造法式》有圖六卷。農業方面，〔元〕王禎《農書》有〈農器圖譜〉。醫學方面，〔明〕李時珍《本草綱

84 〔清〕郝懿行：《爾雅義疏》，下之三頁3-4。
85 高明乾、佟玉華、劉坤：《詩經動物解詁》，頁154-155。
86 施孝適：〈爾雅蟲魚名今釋〉，頁131。

目》有藥物圖一一〇九幅。這些圖譜有的早已亡佚無存，如《三禮圖》、《毛詩圖》，有的今傳之本是偽書，如《爾雅圖》、《爾雅圖讚》，有的影響深遠，迄今未衰，如《本草綱目》，有的深具文化史價值，如《新儀象法要》、《營造法式》，可說是名物學的重要傳統。所以到了科學昌明的今日，仍有許多圖繪精密，甚至栩栩如生的攝影問世，如王力《古代漢語》彩色套印的〈中西對照天文圖〉，容庚《商周彝器通考》，馬承源的《中國青銅器》，楊伯達的《中國玉器全集》，王子初的《中國音樂考古學》，潘富俊的《詩經植物圖鑑》、《楚辭植物圖鑑》，顏重威的《詩經裡的鳥類》對於名物的研究助益就更大了[87]。可惜《爾雅》名物方面，在郭璞兩本圖譜亡佚之後，迄無繼響，只有郭郛《爾雅注證》採用許多插圖，其他今注今譯可能有版權疑慮，始終付諸闕如。希望不久的將來，也有《爾雅天文地理圖》、《爾雅器物圖》、《爾雅植物圖鑑》、《爾雅動物圖鑑》之類問世。當然，這些圖繪應該是經過細心考辨，精心繪製或攝影，對於研究才能發揮真正的功用。有了這些圖繪之後，仍然需要有考辨名實、描述性狀之類的資料，因為有許多資訊，如器物的材料、工序、質地、性能，生物的異名、大小、生態，是圖繪無法表達的，只有左圖右文，研究時才有左右逢源之樂。

（五）文化統整法

文化學研究是近代新興的熱門學科，門派繁多，方法各異，但仍有其共通的特色與方法，舉其要者有：

87 王力：《古代漢語》（北京市：中華書局，1981年）、容庚：《商周彝器通考》（臺北市：大通書局，1973年12月）、馬承源：《中國青銅器》（上海市：上海古籍出版社，1988年7月）、楊伯達：《中國玉器全集》（石家莊：河北美術出版社，2005年1月）、王子初：《中國音樂考古學》（福州市：福建教育出版社，2003年8月）、潘富俊：《詩經植物圖鑑》（臺北市：貓頭鷹出版社，2001年6月九刷）、潘富俊：《楚辭植物圖鑑》（上海市：上海書店出版社，2003年1月）、顏重威：《詩經裡的鳥類》（臺中市：鄉宇文化事業公司，2004年9月）。

1 認識研究對象的特點

《爾雅》是用漢字寫成，來表達漢語的一本訓詁名著。其主要的特質是按義類編排的詞典，以比較互證的方式釋義，在語言、社會等方面都具有實用的價值[88]。漢字是一種單音獨體的方塊字，其特質是具有完整性、統覺性、穩定性、藝術性[89]。也就是具有象形的本質、表意的功能、衍聲的趨勢。漢語則是一種單音節的孤立語，與多音節的屈折語（如英語）、中間型的黏著語（如日語）都大異其趣[90]。這些都是我們在研究《爾雅》文化學首先須掌握的。同時，《爾雅》文化屬於中國文化，據張光直說，它是一種連續性的型態，與西方破裂型的型態迥然有別[91]。析言之，具有歷史悠久，內容豐富，具獨創性，富融合力，重視實際、偏於保守，崇尚道德、家族本位等特色，這也是需要特別注意的。

2 採取宏觀的文化視野

文化學的範圍非常廣泛，幾乎其大無外，無所不包。若有意透過文化學研究《爾雅》名物學，以〈釋樂〉為例，則眼光不能再侷限於名物訓詁，諸如各樂器形、音、義的異同，文字的正譌、通叚，樂器名稱的出入，得名之故、形制特色等問題。而應該考察各種樂器有無地下實物出土？有無少數民族實物留存？製作材料、工序為何？各種樂器如何類聚群分，整理出體系？在《詩經》、《三禮》如何記錄？與古代的禮樂文明有何關係？誠能如此宏觀考慮，研究結果勢必大不相同。

3 運用科際整合的方法

無論文化人類學、漢語文化學、漢字文化學，或一般文化意識的研究，

---

88 管錫華：《爾雅研究》，頁39-80。

89 林尹：《文字學概說》（臺北市：正中書局，1971年12月），頁23-27。

90 何丹、方柯：《漢語文化學》（杭州市：浙江大學出版社，2003年12月），頁5-6。

91 何丹、方柯：《漢語文化學》，頁8-9。

門類雖多，都有一個共通的特色，就是重視科際整合的方法。例如文化人類學廣泛運用到歷史學、宗教學、神話學、民俗學、心理學乃至自然科學等，又稱三重證據法，尤以民俗學最為醒目[92]。漢語文化學除了語言研究的通用方法，如比較、類比、分析、綜合、概括、溯因外[93]，更特別強調實地參與考察、共層背景比較、整合外因分析，或者採取文化參照法、闡釋法、描寫法[94]，融合了文化學和語言學的方法，其實也是一種科際整合。漢字文化學則是採取挖根求源、點面綜合、縱橫比較、據形系聯的方法，它和漢字學、歷史學、考古學、社會學、民俗學、藝術學、科學、教育學都有密切關係，更是採取科際整合，進行整體民族文化的研究[95]。至於不標榜文化人類學，而秉持文化意識，對《詩經》進行全方位的文化觀照，其重要著作有王洲明《先秦兩漢文化與文學》、李山《詩經的文化精神》、廖群《詩經與中國文化》、姚小鷗《詩經三頌與先秦禮樂文化》、許志剛《詩經論略》，著作成果與時俱增，不下數百筆，他們的研究成果大大地深化了人們對於文化，特別是傳統文化與現代化關係的認識。尤其值得注意的是，有不少學者從歷史文化傳承與地域文化因素兩方面重新審視《雅》、《頌》，並檢視《雅》、《頌》之間部分作品的對應關係，研究成果十分豐碩，這顯然也是拜科際整合之賜，值得供研究《爾雅》名物學之借鏡。

4　建構文化的體系，闡發文化的義涵

個別檢視《爾雅》名物詞，多為異稱詞，另有同義詞或對被釋詞作一般說明。而篇章的安排則是按照事物類別，亦即按義分篇，在同篇之中往往加以分類立目，或將相關事物聚集在一起。雖然井然有條，但體系不夠精密，

92 趙沛霖：《現代學術文化思潮與詩經研究——二十世紀詩經研究史》，頁231-243。

93 梁錦祥：《語言學研究的通用方法》（廣州市：廣東科技出版社，1995年6月），頁52-165。

94 邢福義：《文化語言學》（武漢市：湖北教育出版社，2000年1月），頁16-26。蘇新春：《文化語言教程》（北京市：外語教學與研究出版社，2006年4月），頁241-257。

95 韓偉：《漢字字形文化論》（北京市：世界圖書出版公司，2010年12月），頁16-25。

義蘊不夠深刻。在經過上述各種方法的運用，累積了許多研究材料之後，就有必要重新建構其文化體系，闡發其文化意義。例如：盧國屏《爾雅語言文化學》在探討〈釋天〉時，先依《爾雅》將上古天文知識類聚群分為十三項，此猶不脫〈釋天〉牢籠。但其下七節，如「太歲頭上動土」、「三年五載者何」、「從祭祀對象看信仰文化」、「講武與田獵文化」則能以現代科學的眼光重新檢視〈釋天〉的天文曆法及信仰文化、田獵文化[96]。又如謝美英《爾雅名物新解》則以第三章〈天文地理名詞文化蠡測〉，將〈釋天〉及〈釋地〉四篇貫串為一。在〈從爾雅看中國古人的時間觀〉一節，又分天象運行是區分時間的參照系、農事進程是界定時間的尺度、自然物候是獲得四時節序的根據、時間的循環與再生觀。第二節〈從爾雅看中國古人的空間觀〉，下分天圓地方觀、一點四方觀、結論和思考，可以說已將〈釋天〉、〈釋地〉整個打散，重新去探討其文化蘊涵，唯只是重點突破，未能關照所有內容。第三節〈釋天旂語文化編碼蠡測〉，更是集中焦點，充分運用文化人類學方法的具體例證[97]。

七　結論

綜觀上述各節的析論，可以得到下列的結論：

一、《爾雅》得名物詞之奧援而成為語言文字學鼻祖；名物學因《爾雅》之訓詁運用而蔚為大國，兩者相輔相成，關係密切，很有探討價值。

二、《爾雅》三卷十九篇，名物詞共十六篇，一四八六個訓列，一五九六個詞語，占全書七成以上，可分為人倫關係類、建築器物類、天文地理類、動植物類，內容包羅萬象，不啻是古代文化的百科全書，影響後代極為深遠。

三、《爾雅》單字數三三八七字，為二十七部古籍之冠，追溯《爾雅》名

96 盧國屏：《爾雅語言文化學》，頁121-158。

97 謝美英：《爾雅名物新解》，頁81-128。

物各篇字詞的來源，十分重要。據《爾雅》郭璞注所注來源，計有二十三本書，一八二個名物詞，以經書為大宗，但又不限於經書，先秦最重要、最基本的詞彙大抵網羅於此。若以此為基礎，補足《爾雅》詞彙來源，則可望編纂《爾雅語源學》，或《爾雅詞彙研究》。若進一步從傳世的先秦典籍及地下出土文獻進行補苴，則亦有可能編成《先秦詞彙》，只是茲事體大，非有陣容堅強的團隊通力合作不可。

四、要研究《爾雅》名物學，在材料方面可廣羅《爾雅》學、語言文字學、博物學、文獻學、地下文獻、科學新知、文化學資料；在方法方面，可採取訓詁求義法、文獻考徵法、二重證據法、科學實證法、文化統整法，研究上必可左右逢源，大有收穫。但本文所言，是統觀全局，且屬舉例性質，真正研究時須視題目的大小、性質、重點等，斟酌去取或增補才可以。

五、最後要特別說明的是：《爾雅》是文化學的寶庫、詞彙學的淵藪、辭典學的先河、訓詁學的始祖，《爾雅》名物學的研究，可大大發揮這幾方面的效益，由於拙作〈爾雅的時代價值及其在現當代的傳播〉言之已瞭，在此不再重複。純粹就名物學研究而言，《爾雅》對古代科技的探討、文學的創作與欣賞也都大有裨益。

春秋魯國卿數芻議

黃聖松
成功大學中國文學系教授

提要

本文以《春秋經》與《左傳》為主要文本，旁及《國語》、《史記》與其他先秦史料，整理春秋魯國卿數。春秋時期十二位魯君，雖於魯桓公朝僅知二卿，然魯隱公元年（前722）、魯文公十一年（前616）與魯宣公九年（前600）各見六卿，魯成公在位前十六年亦是六卿同朝，推知春秋魯國確備六卿。

關鍵詞：春秋時期、魯國、卿、《春秋經》、《左傳》

一　前言

漢人許慎（30？-124？）《說文解字》：「卿，章也，六卿：天官冢宰、地官司徒、春官宗伯、夏官司馬、秋官司寇、冬官司空，从卯、皀聲。」[1]許氏以《周禮》「六官」釋「卿」，清人朱駿聲（1788-1858）《說文通訓定聲》：[2]

> 〈王制〉：「三公、九卿」，[3]疑益以少師、少傅、少保，此夏制也。漢之九卿，謂太常、光祿、衛尉、廷尉、大僕、大鴻臚、宗正、大司農、少府等也。《廣雅・釋詁一》：「卿，君也。」[4]《禮記・王制》：「諸侯之上大夫卿。」《注》：「上大夫曰卿。」[5]《管子・揆度》：「卿大夫豹飾。」《注》：「卿大夫，上大夫也。」[6]又〈王制〉：「大國三卿，皆命于天子。次國三卿，二卿命于天子，一卿命于其君。小國二卿，皆命于

1　〔漢〕許慎著，〔清〕段玉裁注：《說文解字注》（臺北市：黎明文化事業公司，1994年，據經韻樓藏版影印），頁436。

2　〔清〕朱駿聲：《說文通訓定聲》（北京市：中華書局，1984年，據臨嘯閣刻本影印），頁869。

3　原句見《禮記・王制》「天子：三公、九卿、二十七大夫、八十一元士。」鄭玄《注》云「此夏制也。」見〔漢〕鄭玄注，〔唐〕孔穎達正義：《禮記注疏》（臺北市：藝文印書館，1993年，據清嘉慶二十年（1815）江西南昌府學版影印），頁220。

4　原句見《廣雅・釋詁一》「乾、宮、元、首、主、上、伯、子、男、卿、大夫、令、長、龍、嫡、郎、將、日、正，君也。」見〔三國魏〕張揖著，〔清〕王念孫疏證，鍾宇訊整理：《廣雅疏證》（北京市：中華書局，1983年，據清嘉慶年間王氏家刻本影印），頁5。

5　原句見《禮記・王制》「諸侯之上大夫卿、下大夫、上士、中士、下士，凡五等。」鄭玄《注》云「上大夫曰卿。」見〔漢〕鄭玄注，〔唐〕孔穎達正義：《禮記注疏》，頁212。

6　原句見《管子・揆度》「卿大夫豹飾，列大夫豹幨。」《注》「卿大夫，上大夫也。」見題〔周〕管仲著，黎翔鳳校注，梁運華整理：《管子校注》（北京市：中華書局，2004年，據上海涵芬樓影宋刊楊忱本為底本校注），頁1371。

> 其君。」[7]《儀禮・大射儀》:「小卿」,《注》:「命于其君者也。」[8]《禮記・曲禮》:「國君不名卿老、世婦。」《注》:「上卿也。」[9]

成公三年《左傳》載魯卿臧宣叔之言,「次國之上卿,當大國之中,中當其下,下當其上大夫。小國之上卿,當大國之下卿,中當其上大夫,下當其下大夫。」(頁437)則「卿」分上、中、下三級,「大夫」別「上大夫」、「下大夫」二級。又哀公二年《左傳》記鐵之戰前晉卿趙鞅誓詞云「克敵者,上大夫受縣,下大夫受郡」(頁99),亦見「大夫」分上、下二級。總而言之,「卿大夫」實分「卿」、「上大夫」、「下大夫」三級;《左傳》、《國語》所載「中大夫」乃晉國掌理國君內廷之大夫,實與大夫等第無涉。[10]依《周禮・天官・大宰》「以八柄詔王馭群臣:一曰爵,以馭其貴。」漢人鄭玄(127-200)《注》曰「爵謂公、侯、伯、子、男、卿、大夫、士也。」[11]則「卿」、「上大夫」、「下大夫」乃其「爵」,即近人金景芳(1902-2001)所言「統治階級內部的等級關係在法律上的規定。」[12]清人江永(1681-1762)認為「卿與大夫,《春秋》皆謂大夫。分言之,卿為上大夫,其大夫皆下大夫也。」[13]依此則大夫之稱有廣狹之分,廣義者包括卿與大夫,狹義者僅稱位

---

7 原句見《禮記・王制》「大國:三卿,皆命於天子。……次國:三卿,二卿命於天子,一卿命於其君。……小國:二卿,皆命於其君。」見〔漢〕鄭玄注,〔唐〕孔穎達正義:《禮記注疏》,頁220。

8 原句見《儀禮・大射儀》「小卿賓西,東上。」鄭玄《注》云「小卿,命於其君者也。」見〔漢〕鄭玄注,〔唐〕賈公彥疏:《儀禮注疏》(臺北市:藝文印書館,1993年,據清嘉慶二十年(1815)江西南昌府學版影印),頁191。

9 原句見《禮記・曲禮下》「國君不名卿老、世婦。」鄭玄《注》云「卿老,上卿也。」見〔漢〕鄭玄注,〔唐〕孔穎達正義:《禮記注疏》,頁71。

10 黃聖松:〈春秋晉國「中大夫」考〉,《東華漢學》第20期(花蓮市:東華大學中國語文學系,2014年),頁47-98。

11 〔漢〕鄭玄注,〔唐〕賈公彥疏:《周禮注疏》(臺北市:藝文印書館,1993年,據清嘉慶二十年(1815)江西南昌府學版影印),頁28。

12 金景芳:《中國奴隸社會史》(上海市:上海人民出版社,1983年),頁125。

13 〔清〕江永:《鄉黨圖考》(臺北市:臺灣商務印書館,1986年,景印文淵閣四庫全書),卷10,頁5。

階低於卿之大夫。易言之，狹義大夫則指位階低於卿之大夫，本文所論之卿乃不含狹義之大夫。

清人顧棟高（1679-1759）《春秋大事表．春秋列國爵姓及存滅表》記魯侯始封君為伯禽，「獲麟後二百三十二年，頃公二十四年滅于楚。」[14]春秋時期魯國歷十二君，於《春秋經》與《左傳》詳載史事與制度。魯於春秋至少可稱次國，依上揭朱氏引文所錄〈王制〉則可置三卿。然清人秦嘉謨（？-？）輯《世本》，謂「魯自成、襄以來有五卿，季孫氏、叔孫氏、仲孫氏、臧孫氏、叔氏。聘、會、奔、卒，並書于《經》，可以考也。」[15]依秦氏之見，魯自成公與襄公以降則有五卿，已與〈王制〉之說有異。此外，成公二年《春秋經》載「六月癸酉，季孫行父、臧孫許、叔孫僑如、公孫嬰齊帥師會晉郤克、衛孫良夫、曹公子首及齊侯戰于鞌，齊師敗績。」[16]（頁420）日本人竹添光鴻（1841-1917）《左傳會箋》（以下簡稱《會箋》）亦言：

> 魯自成、襄後，司徒、司馬、司空常以三家居之。此戰季孫行父、臧孫許、叔孫僑如、公孫嬰齊四卿並行，併同時見《經》之仲嬰齊、仲孫蔑兩卿為六卿。惟臧孫許知是司寇，餘二卿不可考耳。[17]

依《左傳》所錄，晉常設六位軍帥、軍佐，[18]宋亦見六卿之數，[19]文公六年

---

14 〔清〕顧棟高著，吳樹平、李解民點校：《春秋大事表》（北京市：中華書局，1993年，據清乾隆十三年〔1748〕萬卷樓刻本為底本點校排印），頁563。

15 〔漢〕宋衷注，〔清〕秦嘉謨等輯：《世本八種》（北京市：北京圖書出版社，2008年，據商務印書館1957年《世本八種》影印），頁281。

16 〔晉〕杜預集解，〔唐〕孔穎達正義：《春秋左傳注疏》（臺北市：藝文印書館，1993年，據清嘉慶二十年〔1815〕江西南昌府學版影印），頁420。為簡省篇幅及便於讀者閱讀，下文徵引本書時，逕於引文後夾注頁碼，不再以注腳呈現。

17 〔日〕竹添光鴻：《左傳會箋》（臺北市：天工書局，1998年），頁804。

18 晉設三軍與六位軍帥、軍佐時間頗長，雖成公三年《左傳》載「十二月甲戌，晉作六軍」（頁438），然大約在魯成公十三年（前578）時裁撤新設之二軍，又於襄公十四年《左傳》「新軍無帥，故舍之。」（頁562）自魯成公三年（前588）作六軍，至魯襄公十四年（前559）完全裁撤新設之三軍，僅約歷三十年。

19 孔令紀等：《中國歷代官制》（濟南市：齊魯書社，1993年），頁12。顧德融、朱順龍：

《左傳》明言宋國「六卿和公室」（頁317），可為實證。近人楊伯峻（1909-1992）《春秋左傳注》（以下簡稱《左傳注》）謂宋國「以右師、左師、司馬、司徒、司城、司寇為六卿。」[20]又襄公九年《左傳》「將盟，鄭六卿公子騑、公子發、公子嘉、公孫輒、公孫蠆、公孫舍之及其大夫、門子，皆從鄭伯」（頁528）；又昭公十六年《左傳》「夏四月，鄭六卿餞宣子於郊」（頁828）；可證鄭有六卿。近人童書業（1908-1968）《春秋左傳研究》謂「鄭六卿為：當國、為政、司馬、司空、司徒、少正」，[21]孔令紀等《中國歷代官制》、顧德融與朱順龍《春秋史》同之，[22]其說可從。宋、鄭於春秋非大國而皆有六卿，魯是否真如〈王制〉所言僅置三卿？近人劉師培（1884-1919）〈春秋時代官制考〉謂春秋「諸侯列國，皆有六卿。」[23]依此則魯亦有六卿，可惜劉氏未予論證。清人秦嘉謨（？-？）輯補《世本》設〈大夫譜〉（以下簡稱〈大夫譜〉），自西周共和元年（前841）至魯哀公二十七年（前468）排比史料，編輯周天子之卿士與諸侯之卿，[24]然於魯國則仍疏略，有待吾人增補考訂。今不揣譾陋，爬梳《春秋經》與《左傳》比對釐清，以〈春秋魯國卿數獻疑〉為題，將讀書心得形諸文字，就教於方家學者。

二　隱公、桓公、莊公、閔公之卿

隱公立於西元前722年，在位十一年於前712年遭弒。桓公立於前711年

《春秋史》（上海市：商務印書館，2001年），頁292。晁福林：《春秋戰國的社會變遷》，頁713-714。

20 楊伯峻：《春秋左傳注》（北京市：中華書局，2000年），頁556。

21 童書業著，童教英校訂：《春秋左傳研究（校訂本）》（北京市：中華書局，2006年），頁306。

22 孔令紀等：《中國歷代官制》，頁12。顧德融、朱順龍：《春秋史》，頁291。

23 劉師培：〈春秋時代官制考〉，收入劉師培著，鄔國義、吳修藝編校：《劉師培史學論著選集》（上海市：上海古籍出版社，2006年），頁439-450。

24 〔漢〕宋衷注，〔清〕秦嘉謨等輯：《世本八種》（北京市：北京圖書出版社，2008年，據商務印書館1957年《世本八種》影印），頁179-272。

而前694年為齊所殺，在位十八年。莊公立於前六九三年而薨於前六六二年，在位三十二年。閔公立於前六六一年而遭弒於前六六二年，在位僅二年。本節疏證隱公、桓公、莊公、閔公之卿，以下分設四小節依續說明。

（一）隱公之卿

隱公之卿徵諸《春秋經》、《左傳》者首位乃公子益師，隱公元年《春秋經》「公子益師卒。」《集解》謂「《春秋》不以日月為例，唯卿佐之喪獨記日以見義者。」（頁33）同年《左傳》「眾父卒，公不與小斂，故不書日。」《集解》言「禮：卿佐之喪，小斂、大斂君皆親臨之，崇恩厚也。」《正義》曰「卿是大夫之尊者也，明小斂、大斂君皆親之，所以崇恩厚也。」（頁40）《集解》既稱公子益師為「卿佐」，《正義》又言「卿是大夫之尊者也」，知公子益師為隱公之卿，然不足一年即謝世。秦嘉謨輯《世本》案語云「眾氏雖後未為卿，然《春秋》隱元年書『公子益師卒』，則卿族也。」[25]公子益師或為卿族，其後未任卿確為事實。隱公第二卿無駭，隱公二年《春秋經》「無駭帥師入極。」《集解》謂「無駭，魯卿。」（頁41）《正義》曰「《春秋》之例，卿乃見《經》。今名書於《經》，《傳》言司空，故知無駭是魯卿。諸名書於《經》，皆是卿也。故於此一注，以下不復言之。」（頁41）同年《左傳》「司空無駭入極，費庈父勝之。」《集解》謂「魯司徒、司馬、司空皆卿也。」（頁42）然無駭為卿僅至魯隱公八年（前715），該年《春秋經》「冬十有二月，無駭卒」（頁73），任隱公之卿僅八載。隱公第三卿公子翬，隱公四年《春秋經》「秋，翬帥師會宋公、陳侯、蔡人、衛人伐鄭。」《集解》謂「公子翬，魯大夫。不稱公子，疾其固請強君，以不義也。諸外大夫貶皆稱人，至於內大夫貶則皆去族稱名。……魯之卿佐不得言魯人，此所以為異也。」（頁55）《集解》所謂「內大夫」乃魯大夫，彼雖釋公子翬為「魯大夫」，然下文又言「魯之卿佐不得言魯人。」且隱公二年

---

25 〔漢〕宋衷注，〔清〕秦嘉謨等輯：《世本八種》，頁278。

《正義》又言「〈王制〉云『上大夫卿。』則卿亦大夫也。故《注》多以大夫言卿，下《注》云『裂繻，紀大夫。』[26]如此之類，皆是卿也。」（頁41）《集解》既「多以大夫言卿」，又《春秋經》書名者乃卿，則公子翬當為魯卿。公子翬活動時間較長，歷隱公至桓公三年《春秋經》與《左傳》仍見記錄，[27]知其於桓公初期仍在世，亦為桓公之卿。

隱公第四卿公子彄，隱公五年《春秋經》「冬十有二月辛巳，公子彄卒。」（頁58）同年《左傳》「冬十二月辛巳，臧僖伯卒。公曰：『叔父有憾於寡人，寡人弗敢忘。』葬之加一等。」《集解》謂「有恨，恨諫觀魚不聽。」（頁62）比對《春秋經》與《左傳》知公子彄即臧僖伯。《集解》所謂「諫觀魚不聽」乃該年《春秋經》「五年春，公矢魚于棠」之事（頁57），同年《左傳》見臧僖伯諫隱公莫往，然隱公不從仍執意行之，[28]故隱公方如是云。至於《左傳》所言「葬之加一等」，《集解》言「加命服之等。」（頁62）此處所謂「命服」《左傳》又稱「命數」，有「三命」、「再命」、「一命」之別。如僖公三十三年《左傳》「反自箕，襄公以三命命先且居將中軍，以再命命先茅之縣賞胥臣。……以一命命郤缺為卿，復與之冀，亦未有軍行。」（頁291）然《周禮・春官・典命》「王之三公八命，其卿六命，其大夫四命。……公之孤四命，以皮帛視小國之君，其卿三命，其大夫再命，其士壹命；……侯伯之卿、大夫、士亦如之。子男之卿再命，其大夫壹命，其

26 原句見隱公二年《春秋經》「九月，紀裂繻來逆女。」《集解》謂「裂繻，紀大夫。《傳》曰『卿為君逆也』，以別卿自逆也。」（頁41）同年《左傳》「九月，紀裂繻來逆女，卿為君逆也。」（頁42）

27 隱公十年《春秋經》「夏，翬帥師會齊人、鄭人伐宋。」（頁77）同年《左傳》「夏五月，羽父先會齊侯、鄭伯伐宋。」（頁78）《左傳》之羽父即公子翬之字。又桓公三年《春秋經》「公子翬如齊逆女。」《集解》謂「禮：君有故則使卿逆。」（頁103）同年《左傳》「秋，公子翬如齊逆女，修先君之好，故曰『公子』。」（頁103）此處《集解》謂「使卿逆」云云，亦可證公子翬為魯卿。

28 隱公五年《左傳》「五年春，公將如棠觀魚者。臧僖伯諫曰：『……。』公曰：『吾將略地焉。』遂往，陳魚而觀之，僖伯稱疾不從。」（頁58-60）

士不命。」[29]上引僖公三十三年《左傳》記晉之事，晉之爵既為侯，[30]依〈典命〉則其卿為三命、大夫為再命、士為一命，何以《左傳》卻言「以一命命郤缺為卿」？對此，日本竹添光鴻（1842-1917）《左傳會箋》（以下簡稱《會箋》）云「蓋以士秩試守也。」[31]《左傳注》曰「春秋諸侯之卿，有『一命』、『再命』、『三命』之別，以命數多為貴，車服之制亦隨之。」[32]若依《會箋》則晉以「一命命郤缺為卿」，係以「士」之職秩試用郤缺。然《左傳》尚見「一命」記載，如成公二年《左傳》「秋七月，晉師及齊國佐盟于爰婁。使齊人歸我汶陽之田。公會晉師於上鄍。賜三帥先路三命之服。司馬、司空、輿帥、候正、亞旅皆受一命之服。」《集解》謂「晉司馬、司空皆大夫，輿帥主兵車，候正主斥候，亞旅亦大夫也。皆魯侯賜。」（頁426-427）則魯成公賜晉司馬、司空等大夫皆一命之服，豈能謂「以士秩試守」？又襄公十九年《左傳》「公享晉六卿于蒲圃，賜之三命之服；軍尉、司馬、司空、輿尉、候奄皆受一命之服。」《集解》謂「如鞌戰還之賜，唯無先輅。」（頁584）此又魯襄公賜晉軍尉、司馬諸大夫等一命之服，情況類同上引成公二年《左傳》鞌之戰後之賞賜。如此一命似為大夫命數，則又與《周禮・春官・典命》不同。閻步克謂「《左傳》中能看到『三命之服』、『再命之服』和『一命之服』的提法；但命數與官職高下沒有一般性的對應關係；同樣是做『卿』，命數有三命的，有再命的，也有一命的。」[33]不唯如此，上引《左傳》亦見大夫受「一命」者。如是觀之則命數高低恐無法判準人物是否為卿，僅能視為爵秩高低。然公子彄既載於《春秋經》，其身分為卿則無疑，唯其僅任隱公之卿五年即謝世。

隱公第五卿挾，隱公九年《春秋經》「挾卒。」《集解》謂「挾，魯大

29 〔漢〕鄭玄注，〔唐〕賈公彥疏：《周禮注疏》，頁321-322。

30 〔清〕顧棟高著，吳樹平、李解民點校：《春秋大事表》，頁565。

31 〔日〕竹添光鴻：《左傳會箋》（臺北市：天工書局，1998年），頁554。

32 楊伯峻：《春秋左傳注》，頁502-503。

33 閻步克：《中國古代官階制度引論》（北京市：北京大學出版社，2010年），頁25。

夫。」（頁76）挾為魯大夫之名而載於《春秋經》，知其為卿，[34]於隱公時任卿九年。隱公第六卿費伯，隱公元年《左傳》「夏四月，費伯帥師城郎。不書，非公命也。」《集解》謂「《傳》曰『君舉必書』，[35]然則史之策書皆君命也。今不書於《經》，亦因史之舊法，故《傳》釋之。」（頁35）依《集解》則「費伯帥師城郎」之事本應書諸《春秋經》，唯因非隱公之命故不書，則費伯之名本應書於《春秋經》而為魯卿。秦嘉謨輯《世本》編有〈大夫譜〉，其於魯隱公元年（前722）列費伯為卿，[36]其說可從。

總上所述，隱公在位歷十一年，見諸《春秋經》與《左傳》之卿有公子益師、無駭、公子翬、公子彄、挾、費伯六位。六卿雖於隱公在位期間先後謝世，然魯隱公元年（前722）時六位應同時在職，可證魯卿計有六席。

（二）桓公之卿

桓公之卿首見公子翬，上引桓公三年《春秋經》與《左傳》仍見其名，知其為隱、桓二朝之卿。桓公第二卿柔，桓公十一年《春秋經》「柔會宋公、陳侯、蔡叔盟于折。」《集解》謂「柔，魯大夫。」（頁122）柔乃魯大夫之名，既載於《春秋經》則為卿。[37]須說明者為臧哀伯身分，〈大夫譜〉於魯桓公二年（前710）至魯莊公十四年（前680）列為卿。[38]臧哀伯事蹟首見桓公二年《左傳》「夏四月，取郜大鼎于宋。戊申，納于太廟，非禮也。

34 秦嘉謨輯〈大夫譜〉不列挾為魯卿，見〔漢〕宋衷注，〔清〕秦嘉謨等輯：《世本八種》，頁199。

35 原句見莊公二十三年《左傳》「二十三年夏，公如齊觀社，非禮也。曹劌諫曰：『不可。……非是，君不舉矣。君舉必書。書而不法，後嗣何觀？』」《集解》於「君舉必書」云「書於策。」（頁171）

36 〔漢〕宋衷注，〔清〕秦嘉謨等輯：《世本八種》（北京市：北京圖書出版社，2008年，據商務印書館1957年《世本八種》影印），頁198。

37 秦嘉謨輯〈大夫譜〉不列挾為魯卿，見〔漢〕宋衷注，〔清〕秦嘉謨等輯：《世本八種》，頁202。

38 〔漢〕宋衷注，〔清〕秦嘉謨等輯：《世本八種》，頁200-206。

臧哀伯諫曰：『……。』公不聽。周內史聞之曰：『臧孫達其有後於魯乎！君違，不忘諫之以德。』」（頁91-95）《集解》謂「臧哀伯，魯大夫，僖伯之子。」（頁91）《正義》言「內史，周大夫官也。僖伯諫隱觀魚，其子哀伯諫桓納鼎。積善之家，必有餘慶，故曰『其有後於魯。』」（頁95）臧哀伯為公子彄，即臧僖伯之子，《會箋》認為臧哀伯非卿：

> 《世本》「孝公生僖伯彄，彄生哀伯達，達生伯氏瓶，瓶生文仲辰。」[39]伯氏瓶殆沒於哀伯之先，故無諡，文仲以孫繼祖也。達不見《經》，又不書其卒，蓋不承僖伯為卿也。文仲辰、宣叔許皆見《經》書卒，襄二十三年武仲舉文仲、宣叔為二勳，[40]上不及哀伯，益知其非卿也。[41]

《會箋》之釋或有其理，為求謹慎暫不列臧哀伯為卿。總上所述，知桓公之卿可徵於《春秋經》與《左傳》者僅公子翬、柔二位。公子翬之記載僅至魯桓公三年（前709），柔則始見魯桓公十一年（前701），二人或未能同時在朝。

（三）莊公之卿

莊公第一位卿公子慶父，莊公二年《春秋經》「夏，公子慶父帥師伐於餘丘。」（頁137）《集解》謂「莊公時年十五，則慶父莊公庶兄。」（頁137-138）然依《國語・齊語》三國吳人韋昭（204-273）《注》（以下簡稱韋《注》）與《史記・魯周公世家》，則言公子慶父為莊公之弟，[42]《左傳注》

---

39 原句見〔漢〕宋衷注，〔清〕秦嘉謨等輯：《世本八種》，頁278。

40 原句見襄公二十三年《左傳》「臧孫如防，使來告曰：『紇非能害也，知不足也。非敢私請。苟守先祀，無廢二勳，敢不辟邑？』乃立臧為。」《集解》謂「二勳，文仲、宣叔。」（頁606）

41 〔日〕竹添光鴻：《左傳會箋》，頁226。

42 《國語・齊語》「桓公憂天下諸侯。魯有夫人、慶父之亂，二君弒死，國絕無嗣。」韋昭《注》謂「慶父，莊公之弟，共仲也。」見題〔周〕左丘明著，〔三國〕韋昭注：《國語韋昭注》（臺北市：藝文印書館，1974年，據天聖明道本・嘉慶庚申（1800）讀未見書齋重雕本影印），頁176。又《史記・魯周公世家》「莊公有三弟：長曰慶父，次曰叔謂《集解》之說恐不可信。[43]公子慶父再見莊公三十二年《春秋經》「公子慶父如齊」（頁180）；至閔公二年《春秋經》仍載「公子慶父出奔莒。」（頁189）公子慶父既書於《春秋經》，至閔公時《春秋經》仍記其名，知其歷莊公朝皆為卿，至閔公亦如是。

莊公第二卿溺，莊公三年《春秋經》「三年春王正月，溺會齊師伐衛。」《集解》謂「溺，魯大夫，疾其專命而行，故去氏。」（頁138）同年《左傳》「三年春，溺會齊師伐衛，疾之也。」（頁139）《春秋經》既載溺之名，雖未知其氏，然知其為卿則無疑。莊公第三卿公子友，莊公二十五年《春秋經》「冬，公子友如陳。」《集解》謂「公子友，莊公之母弟。」（頁173）公子友再見莊公二十七年《春秋經》「秋，公子友如陳，葬原仲。」同年《左傳》「秋，公子友如陳葬原仲，非禮也。原仲，季友之舊也。」（頁175）該年《左傳》先言「卿非君命不越竟」（頁175），後稱「公子友如陳葬原仲，非禮也」，故《會箋》與《左傳注》皆謂《左傳》此言乃評公子友「非禮」，[44]益可證公子友為卿。公子友不僅為莊公之卿，至僖公時《春秋經》仍見其名，知其歷莊、閔、僖三朝。莊公第四卿臧孫辰，莊公二十八年《春秋經》「大無麥、禾，臧孫辰告糴于齊。」《集解》謂「臧孫辰，魯大夫臧文仲。」（頁176）同年《左傳》「冬，饑，臧孫辰告糴于齊，禮也。」（頁178）上揭《會箋》已錄《世本》之文，知臧孫辰乃公子彄曾孫、臧哀伯之孫。臧孫辰之名至文公十年《春秋經》見其卒，[45]知其任莊、閔、僖、文四朝之卿。總上所述，莊公之卿計公子慶父、溺、公子友、臧孫辰四位。由上疏證知公子慶父歷莊公朝為卿，公子友與臧孫辰至少於魯莊公二十八年（前666）時已同任卿，該年魯有公子慶父、公子友、臧孫辰三卿在位。

牙，次曰季友。」見〔漢〕司馬遷著，〔南朝宋〕裴駰集解，〔唐〕司馬貞索隱，〔唐〕張守節正義，〔日〕瀧川龜太郎考證：《史記會注考證》（高雄：復文圖書出版社，1991年），頁558。

43 楊伯峻：《春秋左傳注》，頁173。

44 〔日〕竹添光鴻：《左傳會箋》，頁270。又楊伯峻：《春秋左傳注》（北京市：中華書局，2009年），頁236。

45 文公十年《春秋經》「十年春王三月辛卯，臧孫辰卒。」（頁322）

（四）閔公之卿

閔公之卿首位為公子慶父，莊公三十二年《左傳》「八月癸亥，公薨于路寢。子般即位，次于黨氏。冬十月己未，共仲使圉人犖賊子般于黨氏。成季奔陳。立閔公。」《集解》謂「共仲，慶父。……閔公，莊公庶子，於是年八歲。」（頁182）莊公卒後公子般本已即位，然遭公子慶父所弒而改立莊公庶子閔公。閔公二年《春秋經》「公子慶父出奔莒」（頁189），其出奔原因乃弒閔公，同年稍後自縊。[46]莊公第二卿公子友，依上引莊公三十二年《左傳》，知其於魯莊公薨後奔陳。翌年閔公元年《春秋經》「秋八月，公及齊侯盟于落姑。季子來歸。」《集解》謂「季子，公子友之字。」（頁187）則公子友歸魯復為閔公之卿。閔公第三卿臧孫辰，上文已述文公時《春秋經》仍見其名，知其亦任閔公之卿。至於上述莊公之卿有溺，因《春秋經》與《左傳》僅見載一次，不知閔公時是否在世。如是則閔公之卿可徵於文獻者有公子慶父、公子友、臧孫辰三位，且依上文梳理，公子慶父於魯閔公二年（前662）自縊前為三卿同朝。須說明者為〈大夫譜〉於魯閔公二年（前662）標記公孫茲為魯卿，[47]然下節第一小節將說明公孫茲事蹟，其始見《春秋經》與《左傳》在魯僖公四年（前656）。莊公三十二年《左傳》載莊公疾病時問叔牙立後之事，叔牙答以「慶父材」而遭公子友忌憚。公子友「使鍼季酖之，曰『飲此，則有後於魯國；不然，死且無後。』飲之，歸，及逵泉而卒。立叔孫氏。」（頁182）然立為叔孫氏不得謂其立為卿，故本文不從〈大夫譜〉之見。

總結上述，以為本節結束。隱公之卿有公子益師、無駭、公子翬、公子彄、挾、費伯六位，且魯隱公元年（前722）時六位應同在職。桓公僅知公子翬、柔二卿，然二人或未能同時在朝。莊公有公子慶父、溺、公子友、臧

---

46 閔公二年《左傳》「秋八月辛丑，共仲使卜齮賊公于武闈。成季以僖公適邾。共仲奔莒，乃入，立之。以賂求共仲于莒，莒人歸之。及密，使公子魚請。不許，哭而往。共仲曰『奚斯之聲也。』乃縊。」（頁190）

47 〔漢〕宋衷注，〔清〕秦嘉謨等輯：《世本八種》，頁210。

孫辰四卿，至少於魯莊公二十八年（前666）時，公子慶父、公子友、臧孫辰三人同在位。閔公之卿知公子慶父、公子友、臧孫辰三位，於公子慶父自縊前三人同時為卿。

三　僖公、文公、宣公之卿

僖公立於西元前六五九年而薨於前六二七年，在位三十三年。文公立於前六二六年而薨於前六〇九年，在位十八年。宣公立於前六〇八年而薨於前五九一年，在位亦十八年。本節疏證僖公、文公、宣公之卿，以下分設三小節依續說明。

（一）僖公之卿

僖公之卿首見公子友，僖公元年《春秋經》「冬十月壬午，公子友帥師敗莒師于酈，獲莒挐。」（頁197）爾後公子友四見僖公時期《春秋經》，僖公十六年《春秋經》書其卒，[48]知其任僖公之卿計十六年。《世本》「桓公生成季友，友生齊仲無逸，無逸生文子行父，行父生武子夙，夙生悼子紀，紀生平子意如，意如生桓子斯，斯生康子肥。」[49]公子友之子齊仲無逸未載《春秋經》與《左傳》，其孫季孫行父始文公六年《春秋經》「夏，季孫行父如陳。」（頁312）因未能證實齊仲無逸是否任魯卿，故不列入討論。

僖公第二卿公孫茲，僖公四年《春秋經》「冬十有二月，公孫茲帥師會齊人、宋人、衛人、鄭人、許人、曹人侵陳。」《集解》謂「公孫茲，叔牙子叔孫戴伯。」（頁201）同年《左傳》「冬，叔孫戴伯帥師會諸侯之師侵

48 僖公三年《春秋經》「冬，公子友如齊涖盟。」（頁200）又僖公七年《春秋經》「公子友如齊。」（頁214）又僖公十三年《春秋經》「冬，公子友如齊。」（頁223）又僖公十六年《春秋經》「三月壬申，公子季友卒。」（頁235）。

49 〔漢〕宋衷注，〔清〕秦嘉謨等輯：《世本八種》，頁280。

陳。」（頁203）叔牙者，依《史記・魯周公世家》知為莊公之弟。[50]上引莊公三十二年《左傳》知叔牙卒後乃立為叔孫氏，且為「三桓」之一。僖公十六年《春秋經》「秋七月甲子，公孫茲卒」（頁235）；知公孫茲任僖公之卿亦十餘年。依現有資料僅知公孫茲至少於魯僖公四年（前656）任卿，至如〈大夫譜〉謂公孫茲早於魯閔公二年（前662）即任卿，恐不可遽信。《世本》「桓公生僖叔牙，牙生戴伯茲，茲生叔得臣。」[51]文公元年《春秋經》「叔孫得臣如京師。」《集解》謂「得臣，叔牙之孫。」（頁297）叔孫得臣乃叔牙之孫、公孫茲之子，又載文公元年《春秋經》，推測公孫茲於魯僖公十六年（前644）謝世後，即由叔孫得臣接任卿位。宣公五年《春秋經》「叔孫得臣卒」（頁376），歷僖、文、宣三朝為卿。

僖公第三卿公孫敖，僖公十五年《春秋經》「三月，公會齊侯、宋公、陳侯、衛侯、鄭伯、許男、曹伯盟于牡丘，遂次于匡。公孫敖帥師及諸侯之大夫救徐。」《集解》謂「公孫敖，慶父之子。」同年《左傳》「孟穆伯帥師及諸侯之師救徐，諸侯次于匡以待之。」（頁229）《春秋經》稱公孫敖而《左傳》記孟穆伯，故《會箋》謂「敖即孟穆伯名，稱公孫敖者，著孟孫氏之始也。」[52]知公孫敖為公子慶父之子，此時亦為卿，爾後為「三桓」之一。公孫敖不僅為僖公之卿，其名屢見文公時《春秋經》，知歷僖、文二朝。

僖公第四卿臧孫辰，雖其名不見於僖公時期《春秋經》，然上文已述其卒於魯文公十年（前617），且僖公時期《左傳》屢見其事蹟，[53]則必任僖公之卿無疑。僖公第五卿公子遂，僖公二十六年《春秋經》「公子遂如楚乞師。」《集解》謂「公子遂，魯卿也。」（頁264）同年《左傳》「東門襄仲、

---

50 《史記・魯周公世家》「莊公有三弟：長曰慶父，次曰叔牙，次曰季友。」見〔漢〕司馬遷著，〔南朝宋〕裴駰集解，〔唐〕司馬貞索隱，〔唐〕張守節正義，〔日〕瀧川龜太郎考證：《史記會注考證》，頁558。

51 〔漢〕宋衷注，〔清〕秦嘉謨等輯：《世本八種》，頁279。

52 〔日〕竹添光鴻：《左傳會箋》，頁393。

53 臧文仲見載僖公二十年、二十一年、二十二年、二十四年、二十六年、三十一年、三十三年《左傳》，於此不一一俱引，敬請讀者自行參看。

臧文仲如楚乞師。」《集解》言「襄仲居東門，故以為氏。臧文仲為襄仲副使，故不書。」（頁265）《春秋經》稱公子遂而《左傳》記東門襄仲，知為一人。公子遂屢見僖公、文公、宣公時期《春秋經》，[54]知其乃三君之卿。僖公第六卿公子買，僖公二十八年《春秋經》「公子買戍衛，不卒戍，刺之。」《集解》謂「公子買，魯大夫子叢也。」（頁268）同年《左傳》「公子買戍衛，楚人救衛，不克。公懼於晉，殺子叢以說焉。謂楚人曰：『不卒戍也。』」《集解》言「召子叢而殺之以謝晉。」（頁270）謂公子買「不卒戍」而殺之，實為僖公向晉謝罪之託詞。公子買於《春秋經》雖僅此一見，既載《春秋經》則其當為魯卿。

總而言之，僖公之卿有公子友、公孫茲與叔孫得臣父子、公孫敖、臧孫辰、公子遂、公子買，公子友與公孫茲同於魯僖公十六年（前644）謝世，前一年公孫敖始見於《春秋經》。臧孫辰歷僖公朝皆為卿，則魯僖公十五年（前645）時有公子友、公孫茲、公孫敖、臧孫辰四人同朝。公子遂始見魯僖公二十六年（前634），公子買僅見僖公二十八年《春秋經》。公孫茲謝世後由其子叔孫得臣任卿，則魯僖公二十八年（前632）時魯有公子遂、公子買、臧孫辰、叔孫得臣四卿。

（二）文公之卿

上文已揭文公元年《春秋經》載叔孫得臣事蹟，至文公卒時仍見文公十八年《春秋經》「秋，公子遂、叔孫得臣如齊」（頁350），終文公朝皆為卿。文公元年《春秋經》又曰「秋，公孫敖會晉侯于戚。」（頁297）此後文公時期《春秋經》屢見公孫敖之名，直至文公八年《春秋經》「公孫敖如京師，不至而復。丙戌，奔莒。」（頁319）則魯文公八年（前619）前公孫敖乃為

54 公子遂見載僖公二十六年、二十七年、二十八年、三十年、三十一年、三十三年《春秋經》，文公二年、六年、八年、九年、十一年、十六年、十七年、十八年《春秋經》，與宣公元年、八年《春秋經》。於此不一一俱引，敬請讀者自行參看。

魯卿。《世本》「桓公生共仲慶父，慶父生穆伯敖，敖生文伯穀、惠叔難，穀生獻子蔑。」[55]文公八年《左傳》「穆伯之從己氏也。魯人立文伯。」《集解》釋「穆伯之從己氏也」為「在八年」，又謂文伯乃「穆伯之子穀也。」（頁336）《國語．魯語上》載其事：

> 文公欲弛孟文子之宅，使謂之曰「吾欲利子于外之寬者。」對曰「夫位，政之建也；署，位之表也；車服，表之章也；宅，章之次也；祿，次之食也。君議五者以建政，為不易之故也。今有司來命易臣之署與其車服，而曰『將易而次，為寬利也。』夫署，所以朝夕虔君命也。臣立先臣之署，服其車服，為利故而易其次，是辱君命也。不敢聞命。若罪也，則請納祿與車服而違署，唯里人所命次。」公弗取。[56]

韋《注》謂「孟文子，魯大夫，公孫敖之子伯穀也。」[57]文伯穀之言強調「位」、「署」、「車服」、「宅」、「祿」，韋《注》分釋為「位，謂爵也，言爵所以立政事也」；「署者，位之表識也」；「車服，貴賤有等，所以自章別也」；「有章服者之次舍也」；「居次舍之所食也。」[58]文伯穀回絕文公要求毀文伯穀之宅要求，特言上述五項乃其為官任職之本。文伯穀言其「立先臣之署，服其車服，為利故而易其次」，所謂「先臣」韋《注》釋曰「父、祖之官也。」[59]文伯穀之父公孫敖與其祖公子慶父皆為卿，既自言繼承父、祖之官，知公孫敖奔莒後由其子文伯穀任卿。文公十四年《左傳》「文伯疾，而請曰『穀之子弱，請立難也。』許之。文伯卒，立惠叔。」《集解》謂「難，穀弟。」（頁336）則文伯穀卒後由其弟惠叔難繼為宗子，亦替其兄為卿。因未知惠叔難何時致仕或謝世，文伯穀之子仲孫蔑見《春秋經》已在魯宣公九年（前600）。總而言之，於文公之世乃公孫敖、文伯穀與惠叔難相繼為卿。

---

55 〔漢〕宋衷注，〔清〕秦嘉謨等輯：《世本八種》，頁279。

56 題〔周〕左丘明著，〔三國〕韋昭注：《國語韋昭注》，頁120-121。

57 題〔周〕左丘明著，〔三國〕韋昭注：《國語韋昭注》，頁120。

58 題〔周〕左丘明著，〔三國〕韋昭注：《國語韋昭注》，頁120。

59 題〔周〕左丘明著，〔三國〕韋昭注：《國語韋昭注》，頁121。

文公第三卿公子遂，始見文公二年《春秋經》「公子遂如齊納幣。」（頁301）上揭文公十八年《春秋經》載公子遂與叔孫得臣如齊之事，知終文公朝公子遂皆任卿。文公第四位卿臧孫辰，第二節已說明其卒於魯文公十年（前617）。《世本》「辰生宣叔許」，[60]成公元年《春秋經》始見其名，[61]宣公十八年《左傳》亦見其事，[62]可證當承其父為卿，是臧孫辰與臧孫許父子相繼為卿。文公第五卿季孫行父，始見文公六年《春秋經》「夏，季孫行父如陳。秋，季孫行父如晉。」《集解》謂「行父，季友孫子。」（頁312）文公十八年《春秋經》仍載曰「季孫行父如齊」（頁350），終文公朝皆任卿。文公第六卿叔彭生，文公十一年《春秋經》「夏，叔彭生會晉郤缺于承匡。」《集解》謂「彭生，叔仲惠伯。」（頁328）叔彭生又見文公十四年《春秋經》「邾人伐我南鄙，叔彭生帥師伐邾。」（頁334）叔彭生之名既載於《春秋經》，且文公十八年《左傳》載其卒於魯文公薨後不久，[63]知終文公朝叔彭生皆任卿。秦氏輯《世本》案語云「叔仲氏雖後不為卿，然文十一年叔仲彭生見《春秋經》，則曾列于卿也。」[64]秦氏之說可從，叔仲氏確僅叔彭生一人載《春秋經》，爾後未見後人列於卿班。

總而言之，文公之卿有叔孫得臣、公孫敖、文伯穀與惠叔難父子三人、公子遂、臧孫辰與臧孫許父子、季孫行父、叔彭生。叔孫得臣終文公朝皆為卿，公孫敖、文伯穀與惠叔難、臧孫臣與臧孫許皆父子相繼；公子遂、季孫

---

60 〔漢〕宋衷注，〔清〕秦嘉謨等輯：《世本八種》，頁279。

61 成公元年《春秋經》「夏，臧孫許及晉侯盟于赤棘」（頁419）

62 宣公十八年《左傳》「公孫歸父以襄仲之立公也，有寵，欲去三桓，以張公室。與公謀而聘于晉，欲以晉人去之。冬，公薨。季文子言於朝曰『使我殺適立庶以失大援者，仲也夫！』臧宣叔怒曰『當其時不能治也，後之人何罪？子欲去之，許請去之。』遂逐東門氏。」《集解》謂「宣叔，文仲子、武仲父；許，其名也，時為司寇。」（頁413）。

63 文公十八年《左傳》「冬十月，仲殺惡及視，而立宣公。書曰『子卒』，諱之也。仲以君命召惠伯，其宰公冉務人止之曰『入必死。』叔仲曰『死君命可也。』公冉務人曰『若君命，可死；非君命，何聽？』弗聽，乃入，殺而埋之馬矢之中。公冉務人奉其帑以奔蔡，既而復叔仲氏。」（頁351）

64 〔漢〕宋衷注，〔清〕秦嘉謨等輯：《世本八種》，頁280。

行父與叔彭生三人分別至少始於魯文公二年（前625）、魯文公六年（前621）與魯文公十一年（前616）任卿，且三人終文公朝皆為卿，故魯文公十一年（前616）時魯有六家之卿。

（三）宣公之卿

宣公之卿首見公子遂，宣公元年《春秋經》「公子遂如齊逆女。……三月，遂以夫人婦姜至自齊。……公子遂如齊。」（頁360）又宣公八年《春秋經》「辛巳，有事于太廟，仲遂卒于垂」（頁378）；知公子遂任宣公之卿計八年。《世本》「仲遂，魯莊公之子東門襄仲，述產子家歸父及昭子子嬰。」秦氏案語言「《世本》多古音古字，如《正義》引作遂而《索隱》引作述。若此之類，皆仍其故。」[65]知「述產子家歸父及昭子子嬰」之「述」實為「仲遂」、「公子遂」，其卒後有歸父繼承宗子。公孫歸父始見宣公十年《春秋經》「公孫歸父如齊。葬齊惠公。……公孫歸父帥師伐邾，取繹。……冬，公孫歸父如齊。」《集解》謂「歸父，襄仲之子。」（頁381）爾後公孫歸父活躍於國際事務，[66]直至宣公十八年《春秋經》「公孫歸父如晉。……歸父還自晉，至笙。遂奔齊」（頁413）；公孫歸父奔齊乃絕卿職。公孫歸父終宣公朝皆任卿，則公子遂與公孫歸父接替為宣公之卿。

宣公第二卿季孫行父亦見宣公元年《春秋經》「夏，季孫行父如齊」（頁360）；再見宣公十年《春秋經》「季孫行父如齊。」（頁381）季孫行父不僅終宣公朝為卿，至成公時期《春秋經》仍見其名，直至魯襄公五年（前568）方謝世。此部分將留待後文說明，於此不贅述。總而言之，季孫行父歷文、宣、成、襄四君為卿，不僅奠定季氏為「三桓」之首，更逐步侵蝕君權而執國政。宣公第三卿叔孫得臣，宣公五年《春秋經》「叔孫得臣卒」（頁

---

65 〔漢〕宋衷注，〔清〕秦嘉謨等輯：《世本八種》，頁280。

66 如宣公十一年《春秋經》「公孫歸父會齊人伐莒。」（頁384）又宣公十四年《春秋經》「冬，公孫歸父會齊侯于穀。」（頁404）又宣公十五年《春秋經》「十有五年春，公孫歸父會楚子于宋。」（頁406）

376)，任宣公之卿五年。《世本》曰「桓公生僖叔牙，牙生戴伯茲，茲生莊叔得臣，臣生宣伯僑如、穆叔豹，豹生昭子婼，婼生成子不敢，敢生武叔州仇，州仇生文子舒。」[67]叔孫得臣之子叔孫僑如首見成公二年《春秋經》「六月癸酉，季孫行父、臧孫許、叔孫僑如、公孫嬰齊帥師會晉郤克、衛孫良夫、曹公子首及齊侯戰于鞌，齊師敗績。」(頁420）僑如之名雖較晚見諸《春秋經》，然推測叔孫得臣卒後即已繼其父為卿。近人錢玄（1910-1999）《三禮通論》謂「春秋時也承西周行世卿制」；[68]日本吉本道雅〈先秦時期國制史〉亦認為春秋時代「身為卿的世族，構成了諸侯國統治結構中的最上端部分。各個諸侯國之中，卿的成員大致一定。同時存在若干的卿成為世族統治體制完成後，體制穩定不可或缺的因素。」[69]叔孫氏為「三桓」之一，無疑是魯之世卿，代代相承之權力無由中斷數年，如是則叔孫得臣與叔孫僑如父子應接續為宣公之卿。宣公第四卿仲孫蔑，宣公九年《春秋經》「夏，仲孫蔑如京師。」(頁379）同年《左傳》「九年春，王使來徵聘。夏，孟獻子聘於周。」(頁380）依上引《世本》知文伯穀生獻子蔑，即《春秋經》之仲孫蔑。仲孫蔑又見宣公十五年《春秋經》「仲孫蔑會齊高固于無婁」(頁406)，更見諸成公與襄公時期《春秋經》，知仲孫蔑任宣、成、襄三君之卿。仲孫蔑乃「三桓」之一，亦是魯之世卿。仲孫蔑見諸《春秋經》雖已在魯宣公九年（前600)，其父文伯穀謝世後由弟惠叔難繼之。唯惠叔難何時致仕或謝世已不可徵，然仲孫蔑為宣公之卿則無疑。

宣公第五卿叔肸，宣公十七年《春秋經》「冬十有一月壬午，公弟叔肸卒。」(頁411）同年《左傳》「冬，公弟叔肸卒，公母弟也。凡太子之母弟，公在曰公子，不在曰弟。凡稱弟，皆母弟也。」(頁412)《世本》言「魯文公生惠伯叔肸，叔肸生聲伯嬰齊，嬰齊生叔老子叔，子叔生敬叔叔弓，叔弓

---

67 〔漢〕宋衷注，〔清〕秦嘉謨等輯：《世本八種》，頁279。

68 錢玄：《三禮通論》(南京市：南京師範大學出版社，1996年)，頁339。

69 〔日〕吉本道雅：〈先秦時期國制史〉，收入〔日〕佐竹靖彥：《殷周秦漢史學的基本問題》(北京市：中華書局，2008年)，頁48-69。

生仲南文楚及伯張軏、穆伯鞅、定伯閱為子叔氏，鞅生詣。」[70]知叔肸為文公之子、宣公之弟，既見於《春秋經》乃知為卿。唯叔肸之名僅見此年《春秋經》與《左傳》，難知何時任卿。或宣公即位後不久即命為卿，至此年謝世。上揭成公二年《春秋經》載「季孫行父、臧孫許、叔孫僑如、公孫嬰齊」（頁420）會諸侯之師與齊戰於鞌，《左傳注》言「公孫嬰齊，叔肸之子，又稱仲嬰齊，諡聲伯。」[71]《春秋經》之公孫嬰齊即《世本》之聲伯嬰齊，知叔肸卒後乃由其子接續任卿。宣公第六卿臧孫許，宣公十八年《左傳》：

> 公孫歸父以襄仲之立公也，有寵，欲去三桓，以張公室。與公謀而聘于晉，欲以晉人去之。冬，公薨。季文子言於朝曰「使我殺適立庶以失大援者，仲也夫！」臧宣叔怒曰「當其時不能治也，後之人何罪？子欲去之，許請去之。」遂逐東門氏。（頁413）

《集解》謂「宣叔，文仲子、武仲父；許，其名也，時為司寇。」（頁413）《會箋》言「時三桓之外有臧氏、東門氏、子叔氏。……宣叔以其先進，而位班最高，故曰『我為子去之。』魯卿之序：季孫為上卿，而臧宣叔、而孟獻子、而叔孫僑如、而公孫嬰齊。」[72]《會箋》已列五卿，再計入該年遭逐之公孫歸父，則宣公時魯有六卿可知。上文已述臧孫許之任卿乃繼其父臧孫辰，雖於成公元年《春秋經》方見其名，然依上引宣公十八年《左傳》可證其於宣公朝已為卿久矣。

總而言之，宣公之卿有公子遂與公孫歸父父子、季孫行父、叔孫僑如與叔孫得臣父子、仲孫蔑、叔肸與公孫嬰齊父子、臧孫許；公子遂與公孫歸父、叔孫僑如與叔孫得臣、叔肸與公孫嬰齊三卿乃父子相承，季孫行父與臧孫許終宣公朝為卿。至於仲孫蔑何時任卿已難知，至少其名見諸宣公九年《春秋經》，是年已任卿無疑。由是可知魯宣公九年（前600）時，魯有公孫

---

70 〔漢〕宋衷注，〔清〕秦嘉謨等輯：《世本八種》，頁281。

71 楊伯峻：《春秋左傳注》，頁785。

72 〔日〕竹添光鴻：《左傳會箋》，頁795。

歸父、季孫行父、叔孫僑如、仲孫蔑、叔肸、臧孫許六家之卿。

總上所述，以為本節結束。本節論僖公、文公、宣公之卿，知僖公之卿有公子友、公孫茲與叔孫得臣父子、公孫敖、臧孫辰、公子遂、公子買，魯僖公二十八年（前632）時有公子遂、公子買、臧孫辰、叔孫得臣四卿在任。文公之卿有叔孫得臣、公孫敖與文伯穀父子、公子遂、臧孫辰與臧孫許父子、季孫行父、叔彭生，至少於魯文公十一年（前616）上述六家之卿同在。宣公之卿有公子遂與公孫歸父父子、季孫行父、叔孫僑如與叔孫得臣父子、仲孫蔑、叔肸與公孫嬰齊父子、臧孫許，魯宣公九年（前600）時有公孫歸父、季孫行父、叔孫僑如、仲孫蔑、叔肸、臧孫許六家之卿在職。

四　成公、襄公、昭公之卿

成公立於西元前五九〇年而薨於前五七三年，在位亦十八年。襄公立於前五七二年而薨於前五四二年，在位三十一年。昭公立於前五四一年而薨於前五一〇年，在位三十二年。本節疏證成公、襄公、昭公之卿，以下分設三小節依續說明。

（一）成公之卿

成公首卿臧孫許，成公元年《春秋經》「夏，臧孫許及晉侯盟于赤棘」（頁419）；又成公四年《春秋經》「夏四月甲寅，臧孫許卒」（頁438）；知其任成公之卿僅四年。繼臧孫許者乃臧孫紇，其名雖僅見襄公二十三年《春秋經》「冬十月乙亥，臧孫紇出奔邾」（頁601），知其奔邾前為魯卿無疑。此外，成公十八年《左傳》「晉士魴來乞師。季文子問師數於臧武仲。」《集解》謂「武仲，宣叔之子。」（頁489）宣叔為臧孫辰，武仲乃其子臧孫紇，知其於宣公朝亦任卿。襄公十四年《左傳》之《集解》謂該年時臧孫紇未為卿，然此說有待商榷，留待下文說明。總之，臧孫辰卒後即由臧孫紇繼任，父子相承為成公之卿。

成公第二卿至第四卿始見成公二年《春秋經》「六月癸酉，季孫行父、臧孫許、叔孫僑如、公孫嬰齊帥師會晉郤克、衛孫良夫、曹公子首及齊侯戰于鞌，齊師敗績。」（頁420）第二卿季孫行父於成公年間頗在國際活動，[73]直至襄公五年《春秋經》「辛未，季孫行父卒」（頁514），知其終成公朝皆為卿。第三卿叔孫僑如活動能力較諸季孫行父亦不遑多讓，[74]直至成公十六年《春秋經》「冬十月乙亥，叔孫僑如出奔齊。」（頁472）同年《左傳》「冬十月，出叔孫僑如而盟之。僑如奔齊。十二月，季孫及郤犨盟于扈。歸，刺公子偃。召叔孫豹于齊而立之。」（頁480）知叔孫僑如任成公之卿計十六年。依上節所引《世本》，叔孫豹為叔孫僑如之弟。叔孫僑如奔齊，乃由叔孫豹立為宗子且為卿。叔孫豹主要活動時間在襄公年間，此則留待後文說明。須注意者為，襄公二年《春秋經》「叔孫豹如宋。」《集解》謂「豹於此始自齊還為卿。」（頁498）言下之意乃叔孫僑如於魯成公十六年（前575）奔齊，叔孫豹非立即返魯為卿。《集解》認為待四年後魯襄公二年（前571），叔孫豹之名見於《春秋經》乃可證其為卿。

第四卿公孫嬰齊除見上揭成公二年《春秋經》，《春秋經》載其二次出使他國，[75]成公十七年《春秋經》「壬申，公孫嬰齊卒于貍脤。」（頁481）依上節所引《世本》，知公孫嬰齊之子為叔老子叔。叔老之名始見襄公十四年

---

73 成公六年《春秋經》「冬，季孫行父如晉。」（頁441）又成公九年《春秋經》「夏，季孫行父如宋致女。」（頁447）又成公十一年《春秋經》「夏，季孫行父如晉。」（頁456）又成公十六年《春秋經》「九月，晉人執季孫行父，舍之于苕丘。……十有六年，春，季孫行父會齊侯于陽穀，齊侯弗及盟。」（頁472）

74 成公三年《春秋經》「秋，叔孫僑如帥師圍棘。」（頁436）又成公五年《春秋經》「夏，叔孫僑如會晉荀首于穀。」（頁439）又成公六年《春秋經》「秋，仲孫蔑、叔孫僑如帥師侵宋。」（頁441）又成公八年《春秋經》「叔孫僑如會晉士燮、齊人、邾人伐郯。」（頁445）又成公十一年《春秋經》「秋，叔孫僑如如齊。」（頁456）又成公十四年《春秋經》「秋，叔孫僑如如齊逆女。」（頁464）又成公十五年《春秋經》「冬十有一月，叔孫僑如會晉士燮、齊高無咎、宋華元、衛孫林父、鄭公子鰌、邾人會吳于鍾離。」（頁465）

75 成公六年《春秋經》「公孫嬰齊如晉。」《集解》謂「嬰齊，叔肸子。」（頁441）又成公八年《春秋經》「公孫嬰齊如莒。」（頁444）

《春秋經》「十有四年春王正月，季孫宿、叔老會晉士丐、齊人、宋人、衛人、鄭公孫蠆、曹人、莒人、邾人、滕人、薛人、杞人、小邾人會吳于向。」《集解》謂「叔老，聲伯子也。魯使二卿會晉，敬事霸國，晉人自是輕魯幣而益敬其使。故叔老雖介，亦列於會也。」（頁557）叔老於襄公朝既為卿，推測其父公孫嬰齊卒後應已接替其職，則父子相繼為宣公之卿。第五卿仲孫蔑，成公五年《春秋經》「仲孫蔑如宋」（頁439）；至成公十八年《春秋經》「十有二月，仲孫蔑會晉侯、宋公、衛侯、邾子、齊崔杼，同盟于虛朾」（頁485）；知仲孫蔑終宣公朝為卿。第六卿仲嬰齊，僅見成公十五年《春秋經》「三月乙巳，仲嬰齊卒。」《集解》謂仲嬰齊乃「襄仲子，公孫歸父弟。宣十八年逐東門氏，既而又使嬰齊紹其後，曰仲氏。」（頁465）上節引《世本》亦謂東門襄仲之子有公孫嬰齊與昭子子嬰，子嬰即《春秋經》之仲嬰齊。上節已述公孫歸父於魯宣公十八年（前591）奔齊，《集解》謂爾後由仲嬰齊繼為魯卿。成公八年《春秋經》既載仲嬰齊之卒，知其終宣公朝任卿。

總而言之，成公之卿有臧孫辰與臧孫紇父子、季孫行父、叔孫僑如、公孫嬰齊與叔老父子、仲孫蔑、仲嬰齊。其中臧孫氏父子、公孫嬰齊與叔老父子乃相繼為卿，季孫行父、仲孫滅與仲嬰齊乃終成公朝皆為卿。叔孫僑如於魯成公十六年（前575）奔齊前，成公朝六卿齊備。叔孫僑如奔齊後至成公薨逝之二年為五家之卿在位，待魯襄公二年（前571）始由叔孫僑如之弟叔孫豹繼承卿職。

（二）襄公之卿

襄公首卿仲孫蔑，襄公元年《春秋經》「仲孫蔑會晉欒黶、宋華元、衛甯殖、曹人、莒人、邾人、滕人、薛人，圍宋彭城。……夏，晉韓厥帥師伐鄭，仲孫蔑會齊崔杼、曹人、邾人、杞人，次于鄫。」（頁496）至襄公十九年《春秋經》「八月丙辰，仲孫蔑卒」（頁584）；知仲孫蔑任卿計十九年。《世本》「蔑生莊子速，速生孺子秩、孝伯羯，羯生僖子貜，貜生懿子何忌，何忌生武伯彘。」[76]仲孫蔑有子莊子速，襄公二十年《春秋經》「二十年春王正月辛亥，仲孫速會莒人盟于向。……仲孫速帥師伐邾」（頁587-588）；仲孫速即莊子速，又稱孟莊子。[77]唯襄公二十三年《春秋經》「己卯，仲孫速卒」；《集解》謂「孟莊子也」（頁601）；知仲孫速繼父為卿僅五年。仲孫速卒後本應立孺子秩，然襄公二十三年《左傳》載季孫氏馬正公鉏干預繼承，最終「遂立羯，秩奔邾。」（頁606）仲孫羯見襄公二十四年《春秋經》「仲孫羯帥師侵齊」（頁608）；然襄公三十一年《春秋經》又載「己亥，仲孫羯卒」（頁684）；知仲孫氏歷蔑、速、羯祖孫三人相繼為卿。

襄公第二卿叔孫豹，襄公二年《春秋經》「叔孫豹如宋。」（頁498）上文已說明《集解》謂此年叔孫豹始返魯為卿，襄公年間叔孫豹活躍於國際，[78]至昭公四年《春秋經》方載其卒，[79]知其終襄公朝皆為卿。襄公第三卿臧孫紇，雖見《春秋經》已至魯襄公二十三年（前550），其文曰「冬十月乙亥，臧孫紇出奔邾」（頁601）；然此年前之《左傳》亦載其事。如襄公四年《左傳》載臧孫紇帥師救鄫，又襄公十三年《左傳》記其請俟農事畢乃城防。[80]然襄公十四年《左傳》「衛侯在郲，臧紇如齊唁衛侯。衛侯與之言，虐。退而告其人曰『衛侯其不得入矣。其言糞土也。亡而不變，何以復國？』」《集解》謂「武仲不書，未為卿。」（頁562）《集解》所謂「不書」者，乃此年《春秋經》不載臧孫紇唁衛侯之事，故謂其此時未為卿。然《春秋經》與《左傳》載「唁」他國之君者，除此則外尚見四例：其一為昭公二十五年《春秋經》「九月己亥，公孫于齊，次于陽州。齊侯唁公于野井」（頁887）；此齊景公唁魯昭公。其二是昭公二十九年《春秋經》「二十有九年春，公至

---

76 〔漢〕宋衷注，〔清〕秦嘉謨等輯：《世本八種》，頁279。

77 〔清〕顧棟高著，吳樹平、李解民點校：《春秋大事表》，頁1221-1222。

78 叔孫豹見襄公二年、三年、四年、五年、六年、十四年、十五年、十六年、十九年、二十三年、二十四年、二十七年《春秋經》，於此不一一俱引，敬請讀者自行參看。

79 昭公四年《春秋經》「冬十有二月乙卯，叔孫豹卒。」（頁726）

80 襄公四年《左傳》「冬十月，邾人、莒人伐鄫，臧紇救鄫，侵邾，敗於狐駘。」《集解》謂「臧紇，武仲也。」（頁508）又襄公十三年《左傳》「冬，城防。書事，時也。於是將早城，臧武仲請俟畢農事，禮也。」（頁556）

自乾侯，居于鄆。齊侯使高張來唁公。」《集解》謂「高張，高偃子。」（頁921）高張乃齊卿高昭子，[81]知齊遣卿唁魯昭公。其三乃昭公三十年《左傳》「冬十二月，吳子執鍾吾子。遂伐徐，防山以水之。己卯，滅徐。徐子章禹斷其髮，攜其夫人以逆吳子。吳子唁而送之，使其邇臣從之，遂奔楚」（頁982）；此為吳王闔廬唁徐君。其四見昭公三十一年《春秋經》「晉侯使荀躒唁公于乾侯。」（頁929）昭公九年《左傳》「秋八月，使荀躒佐下軍以說焉。」（頁781）荀躒於魯昭公九年（前533）已是晉卿，知魯昭公三十一年（前511）乃以晉卿身分唁魯昭公。上述四例有二則為國君唁國君，另二則為卿唁國君，可證臧孫紇唁衛君時身分為卿。此外，襄公二十一年《左傳》載魯國多盜之事，季孫意如問臧孫紇「子盍詰盜？」臧孫紇答曰「不可詰也。紇又不能。」季孫意如又詰問「子為司寇，將盜是務去，若之何不能？」（頁589）臧孫紇任魯司寇，定公元年《左傳》載「秋七月癸巳，葬昭公於墓道南。孔子之為司寇也，溝而合諸墓。」《正義》謂「孔子之為司寇在定公十年以後，未知何年溝之。」（頁942）孔子任司寇而為魯卿，此留待下節說明。臧孫紇亦是司寇，其班秩亦當為卿，是其奔齊前乃襄公之卿。臧孫氏此後不見《春秋經》，推測自臧孫紇後不任魯卿。臧孫紇奔齊後，襄公二十三年《左傳》「乃立臧為。」（頁607）《世本》謂「許生疇、賈、定伯為、武仲紇，為生昭伯賜。臧會，臧頃伯也，宣叔許之孫，與昭伯賜為從父昆弟也」；[82]知臧為乃臧孫紇兄弟。臧為傳子臧昭伯，因臧昭伯從魯昭公而開罪季氏，故昭公二十五年《左傳》「平子立臧會」，《集解》謂「立以為臧氏後。」（頁896）然依現有資料實難推斷臧為、臧昭伯為卿，僅能懸而不論。

襄公第四卿季孫行父，襄公五年《春秋經》「辛未，季孫行父卒。」（頁514）依第三節所引《世本》，季孫行父之子為武子夙，《春秋經》「夙」作「宿」。[83]季孫宿首見襄公六年《春秋經》「季孫宿如晉」（頁516），襄公在

---

81 〔清〕顧棟高著，吳樹平、李解民點校：《春秋大事表》，頁1286-1287。

82 〔漢〕宋衷注，〔清〕秦嘉謨等輯：《世本八種》，頁278-279。

83 《國語．魯語下》「若得楚師以伐魯，魯既不違夙之取卞也，必用命焉。」韋《注》曰「夙，武子名也。」《國語》與《世本》同作「夙」，見題〔周〕左丘明著，〔三國〕韋昭注：《國語韋昭注》，頁137。

位期間頗為活躍，[84]至魯昭公七年（前535）方卒，[85]知季孫行父與季孫宿父子相繼為卿。襄公第五卿叔老，襄公十四年《春秋經》「十有四年春王正月，季孫宿、叔老會晉士匄、齊人、宋人、衛人、鄭公孫蠆、曹人、莒人、邾人、滕人、薛人、杞人、小邾人會吳于向。」《集解》謂「叔老，聲伯子也。魯使二卿會晉，敬事霸國。……故叔老雖介，亦列於會也。」（頁557）依《集解》知叔老此會乃任季孫宿之介，因事晉甚勤故與正使同載於《春秋經》，可證叔老為卿。襄公二十二年《春秋經》「秋七月辛酉，叔老卒」（頁598），知叔老任襄公之卿歷二十二年。第三節引《世本》知叔老有子曰叔弓，襄公三十年《春秋經》「秋七月，叔弓如宋，葬宋共姬。」《集解》謂「叔弓，叔老之子。卿共葬事，禮過厚。」（頁679）可證叔弓為卿。叔弓事蹟主要在昭公年間，此部分留待下文說明，於此不再贅述。總之，叔老與叔弓父子相繼為卿，終襄公朝皆列卿班。

襄公第六卿厚成叔，襄公十四年《左傳》載衛獻公奔齊，「公使厚成叔弔于衛，曰『寡君使瘠，聞君不撫社稷，而越在他竟，若之何不弔？以同盟之故，使瘠敢私於執事。』」《集解》謂「瘠，厚成叔名。」（頁561）《春秋大事表．春秋列國卿大夫世系表》載郈氏有郈成子，是魯孝公之子惠伯鞏之後。[86]《會箋》謂《左傳》之厚成叔「《禮記》作后，[87]《左傳》或作厚、或作后，厚、后通，郈則別字。」[88]唯本文所用清嘉慶二十年（1815）江西南昌府學版影印之《春秋左傳注疏》不見「后」氏而用「郈」字，如昭公二十五年《左傳》「季、郈雞鬭。季氏介其雞，郈氏為之金距。平子怒，益宮於郈氏，且讓之。故郈昭伯亦怨平子」（頁892-893）；厚成叔即郈成叔。上引

84 季孫宿見載襄公六年、七年、八年、九年、十二年、十四年、十五年、十九年、二十年《春秋經》，於此不一一俱引，敬請讀者自行參看。

85 昭公七年《春秋經》「冬十有一月癸未，季孫宿卒。」（頁758）

86 〔清〕顧棟高著，吳樹平、李解民點校：《春秋大事表》，頁1240-1241。

87 如《禮記．檀弓上》「后木曰：『喪，吾聞諸縣子曰：夫喪，不可不深長思也，買棺外內易，我死則亦然。』」鄭玄《注》謂「后木，魯孝公子，惠伯鞏之後。」見〔漢〕鄭玄注，〔唐〕孔穎達正義：《禮記注疏》，頁147。

88 〔日〕竹添光鴻：《左傳會箋》，頁1081。

襄公十四年《左傳》記厚成叔「弔于衛」，然《左傳》載「弔」實有二類。[89]莊公十一年《左傳》「秋，宋大水。公使弔焉，曰『天作淫雨，害於粢盛，若之何不弔？』」《集解》謂「不為天所愍弔。」（頁153）《會箋》舉此年之例與厚成叔弔於衛相附，言「臨弔之弔而非愍弔之弔也。」[90]則他國遭天災兵禍等而弔之者，《會箋》借《集解》之詞而稱「愍弔」。至於另一種弔則是「臨弔」，乃他人喪亡而弔唁。臨喪之弔於《左傳》有二處記載，昭公三十年《左傳》有「先王之制」，謂諸侯之喪他國遣「士弔，大夫送葬」（頁927）；然昭公三年《左傳》又見「文、襄之霸」時規範，[91]謂諸侯之喪他國令「大夫弔，卿共葬事。」（頁721）《左傳》載「愍弔」之事除厚成叔另見三則，[92]首見僖公三十三年《左傳》「冬，公如齊朝，且弔有狄師也。反，薨于小寢，即安也」（頁291）；知僖公親往齊弔齊遭狄師入侵。[93]次見昭公六年《左傳》「冬，叔弓如楚，聘，且弔敗也。」《集解》謂「弔為吳所

89 徐杰令言「吊葬之使是逢某諸侯國有大的變故，如大喪、大災、大敗等事，其他諸侯派遣的進行吊唁的使節。……但吊葬之使更多的使命是吊喪及送葬。」則徐氏未將正文所述「愍弔」、「臨弔」分別論之。見徐杰令：《春秋邦交研究》（北京市：中國社會科學出版社，2004年），頁20-21。

90 〔日〕竹添光鴻：《左傳會箋》，頁226。

91 徐杰令謂《傳》所載「先王之制」是「西周時王室本來規定」，「但春秋霸主出現後，違背了這一規定，提高了吊葬之使的規格」，即《傳》所言「文、襄之霸」時規範。見徐杰令：《春秋邦交研究》，頁21。

92 正文所引莊公十一年《左傳》「秋，宋大水。公使弔焉」之事，《史記・十二諸侯年表》於魯莊公十一年（前683）記曰「臧文仲弔宋水」；該年為宋湣公九年，於宋國亦曰「宋大水，公自罪。魯使臧文仲來弔。」又〈宋微子世家〉「（湣公）九年，宋水，魯使臧文仲往弔水。」見〔漢〕司馬遷著，〔南朝宋〕裴駰集解，〔唐〕司馬貞索隱，〔唐〕張守節正義，〔日〕瀧川龜太郎考證：《史記會注考證》，頁242、600。《左傳注》言「然據《世本》，臧文仲為哀伯達之孫，以莊公二十八年始見於《經》，以文十年卒。文十年上則莊二十八年凡五十年，上距此年凡六十八年，若文仲卒年九十，此時不過二十二歲耳。《史記》之說或因下文臧文仲之言而誤。」見楊伯峻：《春秋左傳注》，頁187。今從《左傳注》之見，暫不討論此則記載。

93 僖公三十三年《春秋經》「狄侵齊。」（頁288）同年《左傳》「狄侵齊，因晉喪也。」（頁290）

敗。」（頁753）魯遣叔弓至楚弔其敗。[94]三見哀公十五年《左傳》「夏，楚子西、子期伐吳，及桐汭，陳侯使公孫貞子弔焉，及良而卒，將以尸入。」《集解》謂「弔為楚所伐。」（頁1034）陳命公孫貞子如吳弔其為楚所伐。叔弓為卿已於上文說明，至於公孫貞子，《會箋》、《左傳注》皆謂即《孟子·萬章上》之司城貞子，[95]其文曰「是時孔子當阨，主司城貞子，為陳侯周臣。」漢人趙岐（？-201）《注》謂「司城貞子，宋卿也。」然宋人孫奭（962-1033）《疏》曰「司城貞子為陳國之卿，非宋卿也」；[96]知公孫貞子乃陳卿。同為「愍弔」之事，上述三例除僖公為諸侯，另二人為魯卿叔弓與陳卿公孫貞子，由是推知厚成叔亦為卿。唯厚成叔事蹟僅此一見，未知何時致仕或謝世。〈大夫譜〉未列厚成叔為卿，[97]可為之證補。

總而言之，襄公之卿有仲孫蔑、仲孫速、仲孫羯祖孫三人相繼為卿，叔孫豹於魯襄公二年（前571）始為卿，臧孫紇於魯襄公二十三年（前550）奔齊前為卿，季孫行父與季孫宿父子、叔老與叔弓二對父子亦相繼為卿，另有厚成叔於魯襄公十四年（前559）弔於衛國。經梳理知魯襄公二年後至魯襄公二十三年前，魯有六家之卿在朝任職。

（三）昭公之卿

昭公之卿首見叔孫豹，昭公元年《春秋經》「叔孫豹會晉趙武、楚公子圍、齊國弱、宋向戌、衛齊惡、陳公子招、蔡公孫歸生、鄭罕虎、許人、曹人于虢。」（頁696）然昭公四年《春秋經》「冬十有二月乙卯，叔孫豹卒。」

---

94 昭公六年《春秋經》「楚薳罷帥師伐吳。」（頁749）同年《左傳》「令尹子蕩帥師伐吳，師于豫章，而次于乾谿。吳人敗其師於房鍾，獲宮廄尹棄疾。子蕩歸罪於薳洩而殺之。」（頁752-753）

95 〔日〕竹添光鴻：《左傳會箋》，頁1978。楊伯峻：《春秋左傳注》，頁1690。

96 〔漢〕趙岐注，題〔宋〕孫奭疏：《孟子注疏》（臺北市：藝文印書館，1993年，據清嘉慶二十年〔1815〕江西南昌府學版影印），頁172。

97 〔漢〕宋衷注，〔清〕秦嘉謨等輯：《世本八種》，頁244。

（頁726）是叔孫豹任昭公之卿僅四年。第三節引《世本》知叔孫豹子為叔孫婼，始見昭公七年《春秋經》「叔孫婼如齊涖盟」（頁758），昭公二十五年《春秋經》「冬十月戊辰，叔孫婼卒」（頁887），任昭公之卿十餘年。《世本》載叔孫婼之子為成子不敢，定公元年《左傳》「夏，叔孫成子逆公之喪于乾侯。」《集解》謂「成子，叔孫婼之子。」（頁941）唯定公五年《春秋經》「秋七月壬子，叔孫不敢卒。」（頁958）知叔孫不敢繼其父任卿而卒於定公初年。總之，叔孫氏有豹、婼、不敢祖孫三人相繼為昭公之卿。

昭公第二卿叔弓，昭公元年《春秋經》「叔弓帥師疆鄆田」（頁696），昭公中期前頗為活躍。[98]昭公十五年《春秋經》「二月癸酉，有事于武宮。籥入，叔弓卒。去樂，卒事。」（頁821）知叔弓任昭公之卿計十五年。依第三節引《世本》，叔弓有子伯張輒。昭公二十一年《春秋經》「八月乙亥，叔輒卒。」《集解》謂「叔弓之子伯張。」（頁867）知叔輒繼其父叔弓為卿。《世本》載叔弓另有子穆伯鞅，昭公二十二年《春秋經》「六月，叔鞅如京師，葬景王。」《集解》謂「叔鞅，叔弓之子。」（頁871）知叔輒卒後由其弟叔鞅繼承卿職，唯翌年昭公二十三年《春秋經》「癸丑，叔鞅卒」（頁875），叔鞅任卿未足三年。依《世本》則叔鞅有子名詣，昭公二十五年《春秋經》「夏，叔詣會晉趙鞅、宋樂大心、衛北宮喜、鄭游吉、曹人、邾人、滕人、薛人、小邾人于黃父。」（頁886）《會箋》謂「叔詣，叔鞅子。」[99]然昭公二十九年《春秋經》「夏四月庚子，叔詣卒。」（頁921）叔詣任卿亦僅數年。《世本》又曰「叔弓生定伯閱，閱生西巷敬叔，叔生成子還，還生僖仲青。」[100]知定伯閱亦叔弓之子，其後有成子還。定公十一年《春秋經》「冬，及鄭平。叔還如鄭涖盟。」《集解》謂「還，叔詣曾孫。」（頁979）《集解》之說與《世本》異，然可證叔還為叔氏之後。雖未知叔還於何時任卿，然繼叔詣為卿之可能頗高，姑將其列為昭公之卿。總之，叔氏於昭公朝

98 叔弓見載昭公元年、二年、三年、五年、六年、八年、九年、十年、十一年、十五年《春秋經》，於此不一一俱引，敬請讀者自行參看。

99 〔日〕竹添光鴻：《左傳會箋》，頁1672。

100 〔漢〕宋衷注，〔清〕秦嘉謨等輯：《世本八種》，頁281。

歷叔弓、叔輒、叔鞅、叔詣、叔還等五人為卿。

昭公第三卿季孫宿，昭公二年《春秋經》「季孫宿如晉」（頁718），又昭公七年《春秋經》「冬十有一月癸未，季孫宿卒」（頁758）；任昭公之卿僅七年。昭公十二年《左傳》「季平子立，而不禮於南蒯。……南蒯語叔仲穆子，且告之故。季悼子之卒也，叔孫昭子以再命為卿。」《集解》謂「悼子，武子之子，平子之父也。」（頁791）依第三節引《世本》，知武子乃季孫宿，平子為悼子之子季孫意如。《會箋》言「悼子之卒不書于《經》，是未為卿也。……武子卒後即平子立也。」[101]然《論語．季氏》「自諸侯出，蓋十世希不失矣；自大夫出，五世希不失矣；陪臣執國命，三世希不失矣。」宋人邢昺（932-1010）《疏》曰「季文子初得政，至桓子五世者，謂文子、武子、悼子、平子、桓子為五世也」；[102]則又數季悼子在列。上引《左傳》謂「季悼子之卒也，叔孫昭子以再命為卿。」季孫宿卒於魯昭公七年（前535），昭公五年《左傳》「昭子即位，朝其家眾」（頁743），知叔孫昭子即位於魯昭公五年（前537）。若季悼子曾任季氏宗子，則應在魯昭公五年至七年間。季孫意如見昭公十年《春秋經》「秋七月，季孫意如、叔弓、仲孫貜帥師伐莒。」《集解》謂「三大夫皆卿，故書之。季孫為主，二子從之。」（頁781）直至定公五年《春秋經》「六月丙申，季孫意如卒」（頁958）；知季孫意如終昭公朝為卿。總之，季氏於昭公年間歷季孫宿、季悼子、季孫意如祖孫三人任卿。

昭公第四卿仲孫貜，昭公九年《春秋經》「秋，仲孫貜如齊。」（頁777）本節上引《世本》謂仲孫羯有子仲孫貜，仲孫羯卒於魯襄公三十一年（前542），雖其子仲孫貜至魯昭公九年（前533）方見諸《春秋經》，然理應自仲孫羯卒後即任卿。昭公二十四年《春秋經》「二十有四年春王二月丙戌，仲孫貜卒」（頁885），知其任昭公之卿約二十四年。《世本》又言仲孫貜

---

101 〔日〕竹添光鴻：《左傳會箋》，頁1516。

102 〔魏〕何晏注，〔宋〕邢昺疏：《論語注疏》（臺北市：藝文印書館，1993年，據清嘉慶二十年〔1815〕江西南昌府學版影印），頁148。

之子為仲孫何忌，見昭公三十二年《春秋經》「冬，仲孫何忌會晉韓不信、齊高張、宋仲幾、衛世叔申、鄭國參、曹人、莒人、薛人、杞人、小邾人城成周」（頁931）；乃其繼其父為卿。仲孫何忌屢見定公與哀公時期《春秋經》，知其終昭公朝為卿。總之，仲孫貜與仲孫何忌父子相繼為卿。

須說明者為昭公十二年《春秋經》「冬十月，公子憖出奔齊。」《集解》謂「書名，謀亂故也。」（頁788）上文已陳《春秋經》書名乃卿，然遇特例則《左傳》、《集解》另予說明。《會箋》對此言《春秋經》書公子憖之名「蓋以公子故書，非卿也。」《會箋》舉昭公十二年《左傳》「故叔仲小、南蒯、公子憖謀季氏」（頁792）與昭公十三年《左傳》「南蒯、子仲之憂」（頁812）為證，[103]謂公子憖「書在家臣之下，必非命卿。」[104]《會箋》之見可從，故《春秋經》雖書公子憖之名，實非昭公之卿。此外，上小節已說明，世為魯卿之臧氏因臧孫紇於魯襄公二十三年（前550）奔齊後，繼任之臧為、臧昭伯未知是否任卿，僅能闕而不論。總而言之，昭公之卿有叔孫氏有豹、婼、不敢祖孫三人，叔氏有弓、輒、鞅、詣、還等五人，季氏有季孫宿、季悼子、季孫意如祖孫三人，仲孫氏有貜、何忌父子二人，昭公之卿共計四家。

總上所述，以為本節結束。成公之卿有臧孫辰與臧孫紇父子、季孫行父、叔孫僑如、公孫嬰齊與叔老父子、仲孫蔑、仲嬰齊等。叔孫僑如於魯成公十六年（前575）奔齊前，成公朝乃六卿齊備。叔孫僑如奔齊後至成公薨逝之二年有五家之卿，待魯襄公二年（前571）始由叔孫僑如之弟叔孫豹繼承卿職。襄公之卿有仲孫蔑、仲孫速、仲孫羯祖孫三人相繼為卿，叔孫豹於魯襄公二年（前571）始為卿，臧孫紇於魯襄公二十三年（前550）奔齊前為卿，季孫行父與季孫宿父子、叔老與叔弓二對父子亦相繼為卿，另有第六卿厚成叔。經梳理知魯襄公二年後至魯襄公二十三年前，魯有六家之卿。昭公之卿有叔孫氏有豹、婼、不敢祖孫三人，叔氏有弓、輒、鞅、詣、還等五

103 昭公十二年《左傳》「南蒯謂子仲。」《集解》謂「子仲，公子憖。」（頁791）。

104 〔日〕竹添光鴻：《左傳會箋》，頁1509。

人，季氏有季孫宿、季悼子、季孫意如祖孫三人，仲孫氏有貜、何忌父子二人。臧氏之宗子臧為、臧昭伯因未能確論其身分，故暫不錄之，則昭公之卿計四家。

五　定公與哀公之卿

定公立於西元前五〇九年而薨於前四九五年，在位十五年。哀公立於前四九四年而薨於前四六八年，在位二十七年。本節疏證定公、哀公之卿，以下分設二小節說明。

（一）定公之卿

定公首卿為仲孫何忌，定公三年《春秋經》「冬，仲孫何忌及邾子盟于拔。」（頁943）仲孫何忌於昭公晚期已任卿，在定公年間頗為活躍，[105]直至哀公十四年《春秋經》「八月辛丑，仲孫何忌卒」（頁1031），知其歷昭、定、哀三君。定公第二卿季孫意如，定公五年《春秋經》「六月丙申，季孫意如卒。」（頁958）然第四節已說明，季孫意如至少於魯昭公十年（前532）已繼其祖、父為卿。依第三節所引《世本》，季孫意如之子為季孫斯，首見定公六年《春秋經》「夏，季孫斯、仲孫何忌如晉。」（頁960）定公朝屢見記載，[106]直至哀公七年《春秋經》「秋七月丙子，季孫斯卒」（頁997），知其為定、哀二公之卿。定公第三卿叔孫不敢，定公五年《春秋經》「秋七月壬子，叔孫不敢卒。」（頁997）第三節引《世本》謂季孫不敢之子為武叔州仇，首見定公十年《春秋經》「叔孫州仇、仲孫何忌帥師圍郈。」（頁

105 仲孫何忌見載定公三年、六年、八年、十年、十二年《春秋經》，於此不一一俱引，敬請讀者自行參看。

106 季孫斯見載定公六年、八年、十二年《春秋經》，於此不一一俱引，敬請讀者自行參看。

976）定、哀二公時期《春秋經》常見叔孫州仇之名，[107]則叔孫不敢與叔孫州仇父子相繼為卿。

定公第四卿孔子，第四節曾引定公元年《左傳》載「秋七月癸巳，葬昭公於墓道南。孔子之為司寇也，溝而合諸墓。」《正義》謂「孔子之為司寇在定公十年以後，未知何年溝之。」（頁942）又定公十年《左傳》「夏，公會齊侯于祝其，實夾谷。孔丘相。」（頁976）《韓詩外傳》卷八載孔子任司寇之事云「傳曰：予小子使爾繼邵公之後。受命者必以其祖命之。孔子為魯司寇，命之曰『宋公之子弗甫有孫魯孔丘，命爾為司寇。』」[108]至於「孔子為魯司寇」時間，《正義》認為在魯定公十年（前500）。《史記・孔子世家》「其後定公以孔子為中都宰，一年，四方皆則之。由中都宰為司空，由司空為大司寇。……魯定公且比乘車好往，孔子攝相事。……定公十四年，孔子年五十六，由大司寇行攝相事，有喜色。」[109]清人江永（1681-1762）《孔子年譜》訂魯定公十年（前500）孔子進位為司寇。[110]清人毛奇齡（1623-1716）《西河集》卷十八〈答施愚山侍講問公山弗擾書〉則謂孔子任司寇在魯定公九年（前501），[111]近人錢穆（1895-1990）《先秦諸子繫年》亦言「魯定公九年，孔子為司寇之歲。」[112]錢氏又云：

春秋時所重莫如相，凡相其君而行者，非卿不出。魯十二公之中，自

107 叔孫州仇見載定公十年、十二年《春秋經》，又見哀公二年、三年《春秋經》，於此不一一俱引，敬請讀者自行參看。

108 題〔漢〕韓嬰著，許維遹校釋：《韓詩外傳集釋》（北京市：中華書局，2005年），頁285。

109 〔漢〕司馬遷著，〔南朝宋〕裴駰集解，〔唐〕司馬貞索隱，〔唐〕張守節正義，〔日〕瀧川龜太郎考證：《史記會注考證》，頁731-733。

110 〔清〕江永編・〔清〕黃定宜輯注：《孔子年譜輯注》，收入北京圖書館：《北京圖書館藏珍本年譜叢刊》第三冊（北京市：北京圖書館出版社，1999年，據清道光二十七年〔1847〕刻本影印），頁172-173。

111 〔清〕毛奇齡：《西河集》，收入任繼愈、傅璇琮總主編：《文津閣四庫全書》第四百四十冊（北京市：商務印書館，2005年），頁618-619。

112 錢穆：《先秦諸子繫年》（臺北市：東大圖書公司，1986年），頁26。

> 僖而下，其相君者皆三家，皆卿位。魯之卿非公族不得仕。而是時以陽虎諸人之亂，孔子遂由庶姓當國，夾谷之會，三家拱手以聽，孔子儼然得充其使，是破格而用之者也。[113]

由此究之，無論孔子於魯定公九年（前501）或十年（前500）任司寇，依錢氏之見，孔子既於夾谷「相」魯君，是時當為卿。《會箋》亦云：

> 凡盟會、壇坫，必有一詔禮之官。而孔子為之，此如齊侯如晉，晉士匄相；[114]子產相鄭伯以如晉，[115]同一官稱。但魯君之使孔子，亦使卿也，非下大夫也。若下大夫，安得使之接大賓如〈鄉黨〉所云乎？[116]況夾谷之會乃大國之君，何敢輕之乎？至于上卿之政，孔子無所不言之，然未能專行其事爾。[117]

如此可證孔子任魯司寇，其身分亦為卿。且哀公十六年《春秋經》「夏四月己丑，孔丘卒。」《集解》謂「仲尼既告老去位猶書卒者，魯之君臣宗其聖德，殊而異之。」（頁1041）《春秋經》既載孔子之卒，雖已致仕告老，然循《春秋經》例可推證其為魯卿。《史紀．孔子世家》載齊大夫黎鉏「選齊國中女子好者八十人，皆衣文衣而舞康樂，文馬三十駟，遺魯君。陳女樂文馬於魯城南高門外，季桓子微服往觀再三，將受，乃語魯君為周道游，往觀終日，怠於政事。」因魯君與季氏怠乎政事，使孔子去魯而罷卿。〈孔子世

---

113 錢穆：《先秦諸子繫年》，頁22。

114 昭公六年《左傳》「十一月，齊侯如晉，請伐北燕也。士匄相士鞅逆諸河，禮也。」（頁753）

115 如襄公二十八年《左傳》「九月，鄭游吉如晉，告將朝于楚以從宋之盟。子產相鄭伯以如楚。舍不為壇。」（頁653）又襄公三十年《左傳》「子產相鄭伯以如晉，叔向問鄭國之政焉。」（頁679）又襄公三十一年《左傳》「公薨之月，子產相鄭伯以如晉，晉侯以我喪故，未之見也。」（頁686）

116 原句見《論語．鄉黨》「仲弓問仁。子曰『出門如見大賓，使民如承大祭。己所不欲，勿施於人。在邦無怨，在家無怨。』仲弓曰『雍雖不敏，請事斯語矣！』」見〔魏〕何晏注，〔宋〕邢昺疏：《論語注疏》，頁106。

117 〔日〕竹添光鴻：《左傳會箋》，頁1843。

家〉載魯定公十四年（前496）時孔子「由大司寇行攝相事」，且「誅魯大夫亂政者少正卯，與聞國政。」然日本瀧川龜太郎（1865-1946）《史記會注考證》主張孔子行攝相事「蓋無其事，而與聞國政則有之矣」；又謂「采《孟子・告子篇》，孔子去魯在定公十二年秋冬之間」；[118]瀧川氏之說不免矛盾。〈大夫譜〉於魯定公十年（前500）至十二年（前498）列孔子為卿，[119]因本文重點不在考辨孔子何時罷卿去魯，概括論之則在魯定公十二年（前498）至十四年（前496）間。

定公第五卿叔還，定公十一年《春秋經》「冬，及鄭平。叔還如鄭涖盟」（頁979）；至哀公十四年《春秋經》「庚戌，叔還卒」（頁1030-1031），知其為定、哀二公之卿。總之，定公之卿有仲孫何忌、季孫意如與季孫斯父子、孫不敢與叔孫州仇父子、孔子、叔還等五家之卿。孔子約在魯定公十二年（前498）至十四年（前496）間去魯，至定公謝世則魯餘四家之卿。

（二）哀公之卿

哀公之卿首見仲孫何忌，哀公元年《春秋經》「冬，仲孫何忌帥師伐邾。」（頁990）上文已引哀公十四年《春秋經》，知其於該年謝世。第四節引《世本》知仲孫何忌之子有武伯彘，哀公十一年《左傳》「十一年春，齊為鄎故，國書、高無丕帥師伐我，及清。……孟孺子洩帥右師，顏羽御，邴洩為右。」《集解》謂「孺子，孟懿子之子武伯彘。」（頁1016）《左傳注》言「孟孺子，孟懿子之子，懿子不自率師，以其子帥，必已立為後，故稱孺子。名彘，謚武伯，洩其字。」[120]哀公十四年《左傳》又曰「初，孟孺子洩將圉馬於成，成宰公孫宿不受。……孺子怒，襲成，從者不得入，乃反。成有司使，孺子鞭之。秋八月辛丑，孟懿子卒，成人奔喪，弗內；袒、免，哭

118 〔漢〕司馬遷著，〔南朝宋〕裴駰集解，〔唐〕司馬貞索隱，〔唐〕張守節正義，〔日〕瀧川龜太郎考證：《史記會注考證》，頁733。

119 〔漢〕宋衷注，〔清〕秦嘉謨等輯：《世本八種》，頁265。

120 楊伯峻：《春秋左傳注》，頁1659。

于衢，聽共，弗許；懼，不歸。」《集解》謂「圉，畜養也。成，孟氏邑。」（頁1034）仲孫何忌未卒前，武伯彘欲在其采地成邑畜養馬匹，成邑之宰公孫宿不受命令，故二人產生嫌隙。待仲孫何忌卒後，武伯彘竟遭公孫宿所拒而不得入其采地。翌年哀公十五年《春秋經》「十有五年春王正月，成叛。」（頁1034）同年《左傳》「十五年春，成叛于齊。武伯伐成，不克，遂城輸。」（頁1034）成宰公孫宿更以成邑叛魯歸齊，武伯彘伐成亦不克。由《左傳》前後文可證武伯彘繼其父為卿，唯《春秋經》與《左傳》不載其何時致仕或謝世。

哀公第二卿季孫斯，哀公二年《春秋經》「二年春王二月，季孫斯、叔孫州仇、仲孫何忌帥師伐邾，取漷東田及沂西田。癸巳，叔孫州仇、仲孫何忌及邾子盟于句繹。」（頁993）唯翌年哀公三年《春秋經》「秋七月丙子，季孫斯卒」（頁997）；季孫斯任哀公之卿僅三年。第三節引《世本》知季孫斯之子為季康子季孫肥，哀公三年《左傳》「秋，季孫有疾。……季孫卒，康子即位。」《集解》言「肥，康子也。」（頁998）哀公二十七年《左傳》「夏四月己亥，季康子卒。公弔焉，降禮。」（頁1053）季孫肥與哀公卒於同年，知季孫斯與季孫肥父子相繼為卿。哀公第三卿叔孫州仇已見上引哀公二年《春秋經》，哀公十一年《左傳》「十一年春，齊為鄎故，國書、高無丕帥師伐我，及清。……季孫使從於朝，俟於黨氏之溝。武叔呼而問戰焉。」（頁1016）同年《左傳》稍後又云「甲戌，戰于艾陵。……衛賜進，曰『州仇奉甲從君。』而拜。」（頁1017-1018）該年叔孫州仇仍在世。依第三節引《世本》，知叔孫州仇之子為叔孫舒，哀公二十六年《左傳》「二十六年夏五月，叔孫舒帥師會越皋如、舌庸、宋樂茷納衛侯，文子欲納之。」《集解》謂「舒，武叔之子文子也。」（頁1051）推測此時叔孫州仇已謝世，由其子叔孫舒將兵會越、宋之師納衛君，叔孫州仇與叔孫舒父子相繼。

哀公第四卿叔還，哀公五年《春秋經》「冬，叔還如齊」（頁1000）；又哀公十四年《春秋經》「庚戌，叔還卒」（頁1030-1031）；知其卒於哀公之卿任上。第四節引《世本》知叔還有子僖仲青，哀公十九年《左傳》「冬，叔青如京師，敬王崩故也。」《集解》謂「叔青，叔還子。」（頁1047）考諸

《春秋經》載某人「如京師」者數見，除國君外尚有六人，分別為公子遂、叔孫得臣、公孫敖、仲孫蔑、叔孫豹、叔鞅，[121]依上文討論知六位皆為卿。其間叔鞅之事見昭公二十二年《春秋經》「六月，叔鞅如京師，葬景王。」（頁871）叔鞅如京師乃葬周景王，與上引哀公十九年《左傳》叔青如京師乃因周敬王崩情況雷同。如是可知叔青亦為卿，則叔還與叔青父子相繼為哀公之卿。

哀公第五卿臧賓如，哀公八年《左傳》「秋，及齊平。九月，臧賓如如齊涖盟。齊閭丘明來涖盟，且逆季姬以歸，嬖。」《集解》謂「賓如，臧會子。」（頁1013）《世本》曰「孝公生僖伯彄，彄生哀伯達，達生伯氏瓶，瓶生文仲辰，辰生宣叔許，許生疇、賈、定伯為、武仲紇，為生昭伯賜。臧會，臧頃伯也，宣叔許之孫，與昭伯賜為從父昆弟也。會生賓如，賓如生石。」[122]上文已述臧氏自公子彄始，歷臧孫辰、臧孫許、臧孫紇，諸人之名皆見諸《春秋經》，知四人確為卿。後因臧孫紇奔邾至齊，乃改立其兄弟臧為。[123]臧為傳子臧昭伯，因臧昭伯從魯昭公而開罪季氏，故昭公二十五年《左傳》「平子立臧會」，《集解》謂「立以為臧氏後。」（頁896）臧為、臧昭伯雖未必為卿，然臧賓如適齊涖盟，且與其交互涖盟者為閭丘明，《集解》謂閭丘明乃「閭丘嬰之子。」（頁1013）對上引哀公八年《左傳》魯、齊涖盟之事不載於《春秋經》，《集解》謂「盟不書，諱，略之。」《正義》

---

121 僖公三十年《春秋經》「公子遂如京師，遂如晉。」（頁284）又文公元年《春秋經》「叔孫得臣如京師。」（頁297）又文公八年《春秋經》「公孫敖如京師，不至而復。丙戌，奔莒。」（頁391）又文公九年《春秋經》「二月，叔孫得臣如京師。」（頁320）又宣公九年《春秋經》「夏，仲孫蔑如京師。」（頁379）又襄公二十四年《春秋經》「叔孫豹如京師。」（頁608）又昭公二十二年《春秋經》「六月，叔鞅如京師，葬景王。」（頁871）

122 〔漢〕宋衷注，〔清〕秦嘉謨等輯：《世本八種》，頁278-279。

123 襄公二十三年《左傳》「臧武仲自邾使告臧賈，且致大蔡焉，曰『……。』賈曰『是家之禍也，非子之過也。賈聞命矣。』再拜受龜，使為以納請，遂自為也。臧孫如防，使來告曰『紇非能害也，知不足也。非敢私請。苟守先祀，無廢二勳，敢不辟邑？』乃立臧為。臧紇致防而奔齊。」（頁606-607）

言「魯以淫女見伐喪邑，又屈服求盟，是可恥之事。二盟皆不書者，諱其惡而略之。」（頁1013）所謂「魯以淫女見伐喪邑」者，見哀公八年《左傳》稍早記載，曰「齊悼公之來也，季康子以其妹妻之，即位而逆之。季魴侯通焉，女言其情，弗敢與也。齊侯怒。夏，五月，齊鮑牧帥師伐我，取讙及闡。」（頁1013）《集解》謂「齊悼公之來也」乃「在五年」（頁1013），知其未為君前曾於魯哀公五年（前490）至魯。《集解》又云「魴侯，康子叔父。」（頁1013）《左傳》記季康子以其妹季姬嫁齊悼公，相約悼公即位後立季姬為夫人。熟料季康子叔父季魴侯通季姬，季姬向季康子稟告魴侯通之，故季康子懼而不敢致女於齊，[124]致使悼公遣鮑牧帥師伐魯而取驩、闡二邑。《集解》與《正義》認為此乃惡事，故《春秋經》不載臧賓如與閭丘明交互涖盟。須注意《左傳》載閭丘明至魯不唯涖盟，「且逆季姬以歸。」爾後季姬更深受齊悼公「嬖」，故該年稍後《左傳》謂「冬十二月，齊人歸讙及闡，季姬嬖故也。」（頁1013）隱公二年《春秋經》「九月，紀裂繻來逆女。」（頁41）同年《左傳》「九月，紀裂繻來逆女，卿為君逆也。」（頁42）又文公四年《春秋經》「夏，逆婦姜於齊。」（頁305）同年《左傳》「逆婦姜于齊，卿不行，非禮也。」（頁306）知逆國君夫人須遣該國之卿親迎，否則為「非禮也」。唯昭公二年《左傳》見一則由大夫逆之事，曰「夏四月，韓須如齊逆女。齊陳無宇送女，致少姜。少姜有寵於晉侯，晉侯謂之少齊。謂陳無宇非卿，執諸中都。少姜為之請，曰：『送從逆班。畏大國也，猶有所易，是以亂作。』」《集解》謂「須，韓起之子，逆少姜。……欲使齊以適夫人禮送少姜。……韓須，公族大夫。陳無宇，上大夫。言齊畏晉，改易禮制，使上大夫送，遂致此執辱之罪。」（頁719）少姜所謂「送從逆班」，乃言至齊逆女之韓須品秩為公族大夫，送女之陳無宇為上大夫，已是身分相當。且依《集解》之釋，則少姜實非嫡夫人，故亦不必以卿逆女。唯晉刻意刁難而拘執陳無宇，故少姜方為之請。至於閭丘明所逆季姬雖是季康

124 《會箋》釋「女言其情」曰「言於康子也」；釋「弗敢與也」曰「康子懼而不與，故曰敢。」見〔日〕竹添光鴻：《左傳會箋》，頁1928。

子之妹，然齊悼公於即位第二年即迎逆返齊。《春秋經》不載此事乃因忌諱季魴侯通季姬，且引發齊取魯二邑之難，否則理當書於《春秋經》，可證季姬係齊悼公嫡夫人。上文已述迎逆嫡夫人須遣卿為之，則閭丘明當為齊卿。閭丘明既為卿，臧賓如與其交互涖盟，基於對等原則，其品秩亦當為卿才是。〈大夫譜〉未列臧賓如為卿，[125]於此可予增補。

《世本》載臧賓如有子臧石，其事僅見哀公二十四年《左傳》「二十四年夏四月，晉侯將伐齊，使來乞師。……臧石帥師會之，取廩丘。」（頁1049）《左傳》載他國「乞師」後而帥師出征者，依《左傳》卷帙先後有魯公子翬、[126]鄭大子忽、[127]楚令尹子玉、[128]、晉郤克、[129]、魯成公、[130]齊國

125 〔漢〕宋衷注，〔清〕秦嘉謨等輯：《世本八種》，頁268。

126 隱公四年《春秋經》「秋，翬帥師會宋公、陳侯、蔡人、衛人伐鄭。」（頁55）同年《左傳》「秋，諸侯復伐鄭。宋公使來乞師，公辭之。羽父請以師會之，公弗許。固請而行。故書曰『翬帥師』，疾之也。」《集解》謂「羽父，公子翬。」（頁57）宋向魯乞師，公子翬未經魯隱公同意而擅自帥師出兵。公子翬之名見諸《經》，知其為魯卿。

127 桓公六年《左傳》「北戎伐齊，齊侯使乞師于鄭。鄭太子忽帥師救齊。」（頁112）齊向鄭乞師，由鄭大子忽帥師救齊。

128 僖公二十六年《春秋經》「公子遂如楚乞師。……冬，楚人伐宋，圍緡。公以楚師伐齊，取穀。」（頁264）同年《左傳》「東門襄仲、臧文仲如楚乞師。臧孫見子玉而道之伐齊、宋，以其不臣也。」（頁265）魯向楚乞師，令尹子玉帥師伐齊、宋。令尹為楚卿已於第二節說明，知楚師由卿將兵。

129 成公二年《春秋經》「六月癸酉，季孫行父、臧孫許、叔孫僑如、公孫嬰齊帥師會晉郤克、衛孫良夫、曹公子首及齊侯戰于鞌，齊師敗績。」（頁420）同年《左傳》「孫桓子還於新築，不入，遂如晉乞師。臧宣叔亦如晉乞師。皆主郤獻子。……郤克將中軍，士燮佐上軍，欒書將下軍，韓厥為司馬，以救魯、衛。臧宣叔逆晉師，且道之。季文子帥師會之。」（頁422-423）衛、魯向晉乞師，晉中軍帥郤克帥師救魯、衛。晉中軍帥為執政卿，知晉師由卿將兵。

130 成公十三年《春秋經》「十有三年春，晉侯使郤錡來乞師。……夏五月，公自京師，遂會晉侯、齊侯、宋公、衛侯、鄭伯、曹伯、邾人、滕人伐秦。」（頁459-460）同年《左傳》「十三年春，晉侯使郤錡來乞師，將事不敬。……公及諸侯朝王，遂從劉康公、成肅公會晉侯伐秦。」（頁460）晉向魯乞師，魯成公帥師會同諸侯伐秦。又成公十七年《春秋經》「晉侯使荀罃來乞師。冬，公會單子、晉侯、宋公、衛侯、曹伯、齊人、邾人伐鄭。」《集解》謂「無《傳》，將伐鄭。」（頁481）同年《左傳》「公會尹

佐、高無咎、衛獻公與魯成公、[131]魯仲孫蔑、[132]楚共王、[133]楚康王、[134]楚司馬薳越、[135]秦公子子蒲。[136]帥師者或為國君、或為大子、或為公子、或為卿，身分皆甚崇高。臧石應晉之乞師而帥軍會之，其身分既非國君、大子或

武公、單襄公及諸侯伐鄭，自戲童至于曲洧。」（頁482）晉向魯乞師，魯成公再帥師會諸侯伐鄭。

131 成公十六年《春秋經》「晉侯使欒黶來乞師。甲午晦，晉侯及楚子、鄭伯戰于鄢陵。楚子、鄭師敗績。」（頁472）同年《左傳》「郤犨如衛，遂如齊，皆乞師焉。欒黶來乞師。……戰之日，齊國佐、高無咎至于師，衛侯出于衛，公出于壞隤。」（頁473-478）晉向衛、齊、魯乞師，衛獻公、齊國佐與高無咎、魯成公等各帥其師助晉。國佐與高無咎為齊之世卿，知齊師由卿將兵。

132 成公十八年《春秋經》「晉侯使士魴來乞師。十有二月，仲孫蔑會晉侯、宋公、衛侯、邾子、齊崔杼，同盟于虛朾。」（頁485）同年《左傳》「晉士魴來乞師。……十二月，孟獻子會于虛朾，謀救宋也。宋人辭諸侯而請師以圍彭城。」（頁489-490）晉向魯乞師，仲孫蔑帥師會諸侯於虛朾而謀救宋。仲孫蔑為魯世卿「三桓」宗子，知魯師由卿領軍。

133 襄公九年《左傳》「秦景公使士雃乞師于楚，將以伐晉，楚子許之。……秋，楚子師于武城，以為秦援。秦人侵晉。」（頁527）秦向楚乞師，楚共王親自帥軍援秦。

134 襄公二十四年《左傳》「秋，齊侯聞將有晉師，使陳無宇從薳啟強如楚，辭，且乞師。……冬，楚子伐鄭以救齊，門于東門，次于棘澤。」（頁610）齊向楚乞師，楚共王帥師伐鄭以救齊。

135 昭公二十一年《春秋經》「宋華亥、向寧、華定自陳入于宋南里以叛。」（頁867）同年《左傳》「大敗華氏，圍諸南里。……使華登如楚乞師，華貙以車十五乘、徒七十人犯師而出，食於睢上，哭而送之，乃復入。楚薳越師將逆華氏。」（頁870-871）宋人向楚乞師，楚原欲遣薳越帥師救之。薳越身分可見昭公二十三年《左傳》「冬十月甲申，吳太子諸樊入郹，取楚夫人與其寶器以歸。楚司馬薳越追之，不及。」（頁878）知薳越時任司馬，是為楚卿。

136 定公四年《左傳》「初，伍員與申包胥友。……及昭王在隨，申包胥如秦乞師。……立，依於庭牆而哭，日夜不絕聲，勺飲不入口七日。……九頓首而坐。秦師乃出。」（頁953）定公五年《左傳》「申包胥以秦師至。秦子蒲、子虎帥車五百乘以救楚。」（頁958）楚向秦乞師，秦遣子蒲、子虎帥師救之。《吳越春秋・闔閭內傳》「六月，申包胥以秦師至，秦使公子子蒲、子虎率車五百乘救楚擊吳。」知子蒲身分為秦公子。見〔漢〕趙曄著，周春生彙考：《吳越春秋輯校彙考》（上海市：上海古籍出版社，1997年，據中華書局《四部叢刊》影印明弘治十四年（1501）鄺璠（？-？）刊《吳越春秋》為底本），頁64。

公子，依《左傳》所載於此情況將兵者，又不見狹義大夫任之，推知臧石是時應為魯卿，則臧賓如與臧石父子又重任卿職，是哀公第五卿。總之，哀公有仲孫何忌與武伯彘父子、季孫斯與季孫肥父子、叔孫州仇與叔孫舒父子、叔還與叔青父子、臧賓如與臧石父子等五家之卿。

總上所述，以為本節結束。定公之卿有仲孫何忌、季孫意如與季孫斯父子、孫不敢與叔孫州仇父子、孔子、叔還等五家之卿。哀公亦見仲孫何忌與武伯彘父子、季孫斯與季孫肥父子、叔孫州仇與叔孫舒父子、叔還與叔青父子，魯之世卿臧氏，因相關論據而推斷臧賓如與臧石復任卿職，故哀公時有五卿並立。

六　結語

第二節至第五節已論春秋魯國十二君之卿，為便於讀者查檢，製成「表一、春秋魯國卿表」以清眉目。須說明者為「卿數」一欄計算單位為「家」而非「位」，乃因「世卿」制度之故，往往父死子繼或兄終弟及擔任卿職。如僖公時公孫茲與叔孫得臣父子相繼，文公時公孫敖、文伯穀與惠叔難父子三人相承。因是宗子繼承卿職，若以「家」為單位計算則二人或數人同列一席卿位，然若以「位」計算則難以表現魯國卿班席次。本文宗旨既是疏證魯卿席位數量，故於「卿數」欄位以「家」統計。本文以《春秋經》與《左傳》為主要文本，旁及《國語》、《史記》與其他先秦史料，整理春秋魯國卿數。十二位魯君雖有桓公之卿僅知二位，然魯隱公元年（前722）、魯文公十一年（前616）與魯宣公九年（前600）各見六卿，魯成公在位前十六年亦是六卿同朝，推知春秋魯國確備六卿。

表一　春秋魯國卿表

魯君	在位時間	卿之名號	卿數	備註
隱公	前722年至前712年，在位十二年。	公子益師、無駭、公子翬、公子彄、挾、費伯。	六家	五卿於隱公在位期間先後謝世，推測魯隱公元年（前722）六位應同時在職。
桓公	前711年至前694年，在位十八年。	公子翬、柔。	二家	公子翬之記載僅至魯桓公三年（前709），柔則始見魯桓公十一年（前701），二人或未能同時在朝。
莊公	前693年至前662年，在位三十二年。	公子慶父、溺、公子友、臧孫辰。	四家	公子慶父歷莊公朝皆為卿，公子友與臧孫辰至少於魯莊公二十八年（前666）時已同任卿，則該年時魯有公子慶父、公子友、臧孫辰三卿在位。
閔公	前661年至前660年，在位二年。	公子慶父、公子友、臧孫辰。	三家	公子慶父於魯閔公二年（前662）自縊前為三卿同朝。
僖公	前659年至前627年，在位三十三年。	公子友、公孫茲與叔孫得臣父子、公孫敖、臧孫辰、公子遂、公子買。	六家	魯僖公十五年（前645）時，公子友、公孫茲、公孫敖、臧孫辰四卿在位。魯僖公二十八年（前632）時，公子遂、公子買、臧孫辰、叔孫得臣四卿同朝。
文公	前626年至前609年，在位十八年。	叔孫得臣、公孫敖、文伯穀與惠叔難父子三人、公子	六家	公子遂、季孫行父與叔彭生三人分別至少始於魯文公二年（前625）、魯文公

（續）

魯君	在位時間	卿之名號	卿數	備註
		遂、臧孫辰與臧孫許父子、季孫行父、叔彭生。		六年（前621）與魯文公十一年（前616）任卿，且三人終文公朝皆為卿，故魯文公十一年（前616）時魯有六家之卿在職。
宣公	前608年至前591年，在位十八年。	公子遂與公孫歸父父子、季孫行父、叔孫僑如與叔孫得臣父子、仲孫蔑、叔肸與公孫嬰齊父子、臧孫許。	六家	魯宣公九年（600）時魯有公孫歸父、季孫行父、叔孫僑如、仲孫蔑、叔肸、臧孫許等六家之卿在職。
成公	前590年至前573年，在位十八年。	臧孫辰與臧孫紇父子、季孫行父、叔孫僑如、公孫嬰齊與叔老父子、仲孫蔑、仲嬰齊。	六家／五家	魯成公十六年（前575）叔孫僑如奔齊前六卿齊備，叔孫僑如奔齊後至成公薨逝之二年為五家之卿在位。
襄公	前572年至前542年，在位三十一年。	仲孫蔑、仲孫速與仲孫羯祖孫、叔孫豹、臧孫紇、季孫行父與季孫宿父子、叔老與叔弓父子、厚成叔。	六家	叔孫豹於魯襄公二年（前571）始為卿，臧孫紇於魯襄公二十三年（前550）奔齊前為卿，另有厚成叔於魯襄公十四年（前559）弔於衛國，則魯襄公二年至魯襄公二十三年有六家之卿在朝。
昭公	前541年至前510年，在位三十二年。	叔孫氏豹、叔孫婼、叔孫不敢祖孫，叔弓、叔輒、叔鞅、叔詣、叔還五人，季孫宿、季	四家	

（續）

魯君	在位時間	卿之名號	卿數	備註
		悼子、季孫意如祖孫，仲孫貜與仲孫何忌父子。		
定公	前509年至前495年，在位十五年。	仲孫何忌、季孫意如與季孫斯父子、孫不敢與叔孫州仇父子、孔子、叔還。	五家／四家	孔子約在魯定公十二年（前498）至十四年（前496）間去魯，至定公謝世前則魯餘四家之卿。
哀公	前494年至前468年，在位二十七年。	仲孫何忌與武伯彘父子、季孫斯與季孫肥父子、叔孫州仇與叔孫舒父子、叔還與叔青父子、臧賓如與臧石父子。	五家	

論楊時喬〈河圖〉與〈洛書〉數值布列的重要義蘊

陳睿宏
政治大學中國文學系特聘教授

提要

楊時喬《周易古今文全書》內容宏富多元，龐博之制圖，為其《易》學之特色。輯制圖說，約近三百幀，涉言〈河圖〉與〈洛書〉者為大宗，成為其《易》學圖說最重要的部分。從《易》學圖說的視域觀之，〈河圖〉、〈洛書〉基本結構的發展，除了朱熹打破劉牧原有的「圖九書十」主張，改為「圖十書九」之說外，〈洛書〉漸漸與《洪範》之九疇結合，至蔡沈走向「範數」推占的成熟之新里程碑，此外，〈河圖〉與〈洛書〉的布列形式，宋末以前傳世文獻皆取黑白子，至元代吳澄方有龍馬旋毛與龜背坼文形式，而楊時喬可以視為明代有關形式之重要沿制代表，並為具有體系的繼承創新之重要《易》學家。因此，本文以楊氏〈河圖〉與〈洛書〉數值布列的重要義蘊為討論主題，關注其旋毛坼文數列結構的具體內涵，進行系統性之爬梳，闡發有關圖說之重要思想，並予圖書《易》學發展之客觀學術定位。

關鍵詞：楊時喬、周易古今文全書、易學啟蒙、圖書易學、河圖洛書

一 前言

明代《易》學的發展，呈現空前的規模，根據《明史・藝文志》所載，明代之《易》著，共二二二部，一五七〇卷；[1]另《千頃堂書目》收錄三〇八部，《經義考》則更高達五七八部。《易》學飛躍發展，面對特殊時空學術的激盪碰撞，走向多元宏富的局面，故晚近學林如朱伯崑、徐芹庭、林忠軍、楊自平等學者，進行不同系別的分殊。[2]明代《易》學風尚，「很大程度上應視為宋代易學的延續」，[3]其中朱熹（元晦，1130-1200）一系的《易》學思想，以及《易》學圖說的承繼與開展，成為明代《易》學的大宗與重要特色。

從圖書《易》學的發展視域言，明代在宋《易》的繼承基礎上，陳摶（圖南，871-989）一脈圖說，大幅漫衍，競相制圖倡論，迅發成為體量複雜的圖說系統。延續與增衍新論，正反映此一時代《易》學於圖說發展上之特殊盛況，也成為此一時代《易》學知識系統與詮釋方式的重要特殊性所在。在此《易》家林立的年代，楊時喬（宜遷，1531-1609）可以視為朱熹《易》學的重要後繼者，亦是詮釋《易學啟蒙》增衍創說的典型代表，又為圖式制說最顯龐博的《易》學家之一，成為研究明代圖書《易》學所不能不關注者。

楊時喬，字宜遷，號邱庵，廣信府上饒縣人（今江西上饒市），嘉靖乙丑（1565）進士，授工部主事，官吏部侍郎，過勞得疾，卒於在職。為官清

1 參見〔清〕張玉書、〔清〕王鴻緒、〔清〕張廷玉等撰：《明史・藝文志》（北京市：中華書局，1997年11月），卷96，頁2344-2351。

2 參見朱伯崑：《易學哲學史（第三卷）》（北京市：華夏出版社，1995年1月），頁3-335。又見徐芹庭：《易學源流》（臺北市：國立編譯館，1987年8月），頁849-992。又見林忠軍、張沛、張韻宇等著：《明代易學史》（濟南市：齊魯書社，2016年6月），頁1-15。又見楊自平近年來國科會研究，對明代《易》學作類型研究，亦確立其不同的類型分殊。

3 參見林忠軍、張沛、張韻宇等著：《明代易學史》，頁13。

正廉潔，百姓譽稱「楊天官」，諡號端潔。學廣尚實，涉經學、文字、史學與動物醫學等方面，重要著作包括《周易古今文全書》（後文簡稱《周易全書》）、《四書古今文註發》、《大學古今四體文章句》、《古今字韻全書》、《皇明馬政紀》、《兩浙南關榷事書》、《馬書》、《牛書》、《楊端潔公文集》等等，今存《周易全書》、《大學古今四體文章句》、《馬政紀》、《兩浙南關榷事書》、《馬書》、《楊端潔公文集》諸著。受業於甘泉（湛若水，民澤，1466-1560）學派呂懷（汝德，1492-1551），黃宗羲（太沖，1610-1695）《明儒學案》列「甘泉」門下；然其學思傾向，惡陽明（伯安，1472-1529）之說，而近於程朱。[4]其《周易全書》二十一卷，主要包括《易》例推舉、朱熹《易學啟蒙》詮義與圖式構說、《周易》今古文之詁訓、《易》學傳衍考辨，以及龜卜考論等內容。書名「古今」，即判別《易》之古今文，惟時衍久遠，古今難辨，故《四庫提要》認為其「大意在薈萃古今，以闢心學說《易》之謬，所宗惟在程朱」。[5]不論述義或圖說，貼近於程朱理學思想。朱彝尊（錫鬯，1629-1709）《經義考》並言其撰著，「用力之勤，摭采之博」，多有可觀者，惟或有紕謬，「殆校勘者不得其人」。[6]不論從思想內容，或是博采之功，予以一定之認同。

《周易全書》內容豐實多元，並有龐博之制圖，主要收於其〈易學啟蒙〉與〈傳易考〉二部之中，約近三百圖。涉及〈河圖〉與〈洛書〉之圖說者為大宗，約占泰半，可以看出楊氏對於此方面之重視。「圖書」相關圖說，主要集中於其〈易學啟蒙〉之首卷；內容本於朱熹與蔡元定（季通，1135-1198）所撰的《易學啟蒙》為根柢；詮解之內容，實則《易學啟蒙》

---

4 楊時喬生平事蹟與著述，見《明史・楊時喬傳》、《廣信府志》、《上饒縣志》、《明儒學案》、《明史・藝文志》、《千頃堂書目》、孫承澤《四朝人物考》、祁承爜《澹生堂書目》等。詳見〔清〕張玉書、〔清〕王鴻緒、〔清〕張廷玉等撰：《明史・楊時喬列傳》，卷224，頁5906-5910。又詳見〔清〕黃宗羲：《明儒學案・甘泉學案》（北京市：中華書局，2008年12月），卷42，頁1026-1043。

5 見〔清〕永瑢等撰：《四庫全書總目・經部・易類》，《景印文淵閣四庫全書》第1冊（臺北市：臺灣商務印書館，1986年3月），卷7，頁177-178。

6 見〔清〕朱彝尊：《經義考》（北京市：中華書局，1998年11月），卷55，頁306。

的創造性衍述，廣引前人的重要觀點，確定自身的重要主張，成其更為周延之體系。

《周易全書》內容龐博，尤於羅織古文之訛弊，為《四庫》館臣所疵議，少為人們所重視。晚近有關其《易》學之研究，少有學者論及，徐芹庭《易圖源流》，僅以數語概括，未明其要。[7]另有張泉鑫、郭翠麗、吳雯、吳愛邦等人，就其生平著論、理學思想、畜牧獸醫等方面作簡述，未有及於《易》說。[8]

從《易》學圖說的視域觀之，〈河圖〉、〈洛書〉基本結構的發展，除了朱熹打破劉牧（先子，1011-1064）原有的「圖九書十」主張，改為「圖十書九」之說外，〈洛書〉漸漸與《洪範》之九疇結合，至蔡沈（仲默，1167-1230）走向「範數」推占的成熟之新里程碑，此外，〈河圖〉與〈洛書〉的布列形式，宋末以前傳世文獻皆取黑白子，至元代吳澄（幼清，1249-1333）方有龍馬旋毛與龜背坼文形式，而楊時喬可以視為明代有關形式之重要沿制代表，並為具有體系的繼承創新之重要《易》學家。因此，本文以楊氏〈河圖〉與〈洛書〉數值布列的重要義蘊為討論主題，關注其旋毛坼文數列結構的具體內涵，進行系統性之耙梳，闡發有關圖說之重要思想，並予圖書《易》學發展之客觀學術定位。

二　遵明朱法與綜採衆說

楊時喬肯定古今所論道學，傳法於古之聖人，《周易全書》序言開宗明

7　見徐芹庭：《易圖源流》（北京市：中國書店，2008年1月），頁419。

8　見張泉鑫：〈明代江西籍畜牧獸醫管理專家——楊時喬〉，《農業考古》1993年第3期（1993年9月），頁319-320。又見郭翠麗、吳雯：〈楊時喬的理學思想〉，《宜春學院學報》第32卷第1期（2010年1月），頁64-67。又見郭翠麗：〈楊時喬的政治實踐與政治思想探微〉，《南昌大學學報（人文社會科學版）》第41卷第2期（2010年3月），頁12-16。又見郭翠麗：〈楊時喬生卒年及著作考述〉，《學理論》2010年第14期（2010年5月），頁134-135。又見吳愛邦：〈江西甘泉後學概述〉，《井岡山大學學報》第38卷第3期（2017年5月），頁71-76。

義指出，「聖人言學以道，言道以天，言天以命，言命以性，言性以理，言理以得于心為德」。論學以道，道之所及，在體察覺知天、命、性、理，終得會於心而明德。聖人之道，即天命、性理，歸之於心，則治聖人之學，亦即明道德之幾。此處可以看出，楊氏對心之德的重視，雖思想體系大抵本於朱熹之說，但亦隱隱存在心學色彩，當受於甘泉門下之浸染。至於聖人的道學，楊氏則強調惟顯於《易》，以「《易》言道即天，言天即性命之理、心之德」。至於《易》之所以能彰明天道、性命之理與心之德，在於聖人透過摹寫「卦畫、蓍法」，並於卦蓍之建立，序列「辭、象、變、占」之法。因此，楊氏統整《易》書之主要內容，「一言理，二言卦、蓍，四言辭、象、變、占」，[9]諸內容即構成完整的聖人之道。

聖人之道以《易》而明，《易》作自羲皇，八卦之象便自此而畫，楊氏認為《易》「以卦立象，以象繫辭，以辭明占」，而天道有正有反，「反則變，乃以反設卦」，則因卦明天道，說明自然變化之必然性，而自然之變化，由卦可見。《易》卦系統之辭、象、變、占，正為陰陽流行變化之實，亦自然大道之理。推求陰陽的變化，「窮理盡性，事天作聖」，以天理之通達，合洽於人事之至道，早於羲皇之時已見，楊氏認為其「畫圖象教民以占」，圖式化之構說，為成《易》之時已普遍見用，圖畫合經傳相傳，但時久而亡，古《易》不再，圖說不存。秦嬴焚書雖《易》得以續存，但筮人掌管占法，「書中卦圖蓍圖皆亡」；又至漢初「河內女子始出卦圖、蓍圖、占法」後，竟再亡缺；晚至宋初邵雍（堯夫，1011-1077）得卦圖於方外，與周敦頤（茂叔，1017-1073）的〈太極圖〉等諸家圖說之再顯，復以朱熹「據理推明蓍本義」，輯制圖說，「本圖書，原卦畫，明蓍策，考變占」，使

9 今《周易全書》主要傳本，為明萬曆三十五年（1607）松江知府蔡增譽刊本，現國家圖書館、北京大學圖書館、哈佛大學燕京圖書館等，並藏此本。本文主要取《四庫全書存目叢書》收錄者，亦同此本。括弧諸引文，見〔明〕楊時喬：《周易古今文全書．周易古今文全書總序》，《四庫全書存目叢書》經部第8冊（濟南市：齊魯書社，1997年10月，影印北京圖書館藏明萬曆刻本），頁1。後注文簡作《周易全書》。

辭、象、變、占的原有《易》學內容，得以彌補周全。[10]

楊氏認同《易》學圖式，早於伏羲時期，已取辭、象、變、占為窮理盡性的形式方法與內容，在歷經千餘年的佚失之後，至宋初邵氏諸家而得以再彰，則圖說為《易》學知識系統，乃至體察自然大道，不可或缺的方法與內容。其圖說理論之建立，主要為遵明朱熹之法，與綜採眾家之說，構築成為繼承創新之系統性主張。

（一）宗法朱熹之道

楊氏以天地自然之道，起於伏羲則取〈河圖〉畫《易》卦，而有文王（姬昌，前1152-前1056）、周公（姬旦，？-？）之繫辭，再而孔子（孔丘，前551-前479）作《易傳》，若「邵子不出圖，朱子不有《啟蒙》」，則諸義法不可見。強調學《易》者，必先從《易學啟蒙》入手，「學者為學問道理，皆從此而得」，故「讀《啟蒙》可以知理」，知「性命之理」、「止至善、格物之旨」，[11]《易》學系統下的一切萬理，皆從研讀《易學啟蒙》作為開展之門戶。

學《易》在推明辭、象、變、占，當從稽考圖書、詳於先後天之說、卦變之釐清，乃至明於著占與卦占，[12]可由朱熹之說以據理推明其義，而諸法之識，每不離圖式之用，乃至對圖說的探賾稽疑，察其深理而不踰。楊氏特本《易學啟蒙》之原義，善取篇中之懿旨，乃至朱熹一系門人之語錄，擇「諸儒發明者為證據，不敢稍出意見」。[13]亦即在推源圖書、卦畫、蓍策與變占方面，楊氏認為自身主要遵法於朱熹《易學啟蒙》之基本架構，擴大確立有關的思想內容與理論體系，殫精竭慮，考鏡源流，引述詳賅，創發出處

10 括弧引文與有關之闡說，見〔明〕楊時喬：《周易全書‧周易古今文全書總序》，頁1-3。又見〈啟蒙序〉，頁146。

11 括弧諸引文，見〔明〕楊時喬：《周易全書‧易學啟蒙‧啟蒙總語》，頁149。

12 楊氏論占，每分「蓍占」與「卦占」，前者即推蓍之法，後者為得卦變占之用。

13 見〔明〕楊時喬：《周易全書‧易學啟蒙‧啟蒙序》，頁146。

有據，非出於無端之造作。有關內容之論述，藉大量的圖說，闡明其要，並成為其論《易》之重要特色。

「圖書」方面，即有關〈河圖〉與〈洛書〉之說，依據朱熹與蔡元定父子對二者之分別，實又前推奠基於邵雍時期的主張。伏羲仰觀俯察，遠邇取物之用，藉〈河圖〉「以畫卦生蓍」，然自《說卦》又以〈洛書〉並論，以致「後世儒者乃謂羲皇並用『圖書』作《易》」。〈河圖〉與〈洛書〉布列雖異，但誠如《易學啟蒙》之說，「以『圖書』之理同、象數同者，而皆可以作《易》」，[14]二者展示的自然變化之理、象數之法皆同，固可作《易》論《易》。分辨〈河圖〉與〈洛書〉，詳審其理，歸本於朱熹所持，以至後學之推衍詳說，為闡義之要徑。

藉由〈河圖〉與〈洛書〉推明卦畫，進一步「正變六十四卦」，亦即先天之學所列之圓圖與方圖，又據〈河圖〉所衍「反變六十四卦」，以成後天之序列方位，則先天與後天相分，二者又可相合，溯其本皆同於自然之理，皆「原于太極」，亦即用數的五中之虛中之位為衍化之源。[15]此所以為朱熹於《周易本義》、《易學啟蒙》輯立圖說，以推原卦畫之旨意。

〈河圖〉與〈洛書〉，因於自然之理、陰陽變化之道，成先後天卦畫布列之別，蓍策、變占之法，亦由是定焉。此正為《說卦傳》所謂：

> 昔者聖人之作《易》也，幽贊於神明而生蓍，參天兩地而倚數，觀變於陰陽而立卦，發揮於剛柔而生爻，和順於道德而理於義，窮理盡性以至於命。[16]

楊氏理解《易學啟蒙》所以立「圖書」、「卦畫」、「蓍策」、「變占」四者，亦即《說卦傳》此文之言，「圖書」以作《易》，《易》別先後天之卦畫，即天地之數的變化規則，此又為《繫辭上傳》所述「成變化而行鬼神」的天地之

---

14 見〔明〕楊時喬：《周易全書．易學啟蒙．啟蒙論例》，頁147。

15 見〔明〕楊時喬：《周易全書．易學啟蒙．啟蒙論例》，頁147。

16 《說卦傳》之言，逕引自〔宋〕朱熹：《周易本義》（臺北市：大安出版社，2011年8月），卷4，頁267。

數布列之用。成卦以〈河圖〉、〈洛書〉之用數，藉蓍占得卦推變，亦即《繫辭上傳》的大衍之法。[17]聖人之作《易》，明於聖人之學，楊氏所言即道、天、命、性、理，以至會於心之德，即因《說卦傳》此論而發；此作《易》的聖人之學，具顯於「圖書」因天地陰陽之數立卦而起，而蓍策之用，「天地萬物之理」，備於蓍策之中。[18]

大衍蓍策推用，說明陰陽變化之道，其虛一不用者，「以象天地統體一太極」，所謂太極主宰立於萬化之中，而用其四十九兩分陰陽，說明「一陰一陽對待流行之氣」，進一步的揲蓍衍化，此即天地生生之理，亦即卦爻之正變與反變之分；楊氏區分正變與反變，也就是有伏羲先天《易》與文王《周易》（後天）之別，其正變者，「初變初，以至上變上」，為先天之變，而反變者，「上變初，以至初變上」，為後天之變。由此可知，體察聖人之學，又必當考明蓍策、變占；楊氏並在於此之辨明，特別關注朱熹蓍策圖說與先天正變之占的考定。[19]

楊氏所述《易》道，「一一皆遵《十翼》」，即依準於《易傳》之大義，而據朱熹《易學啟蒙》「圖書」、「卦畫」、「蓍策」、「變占」之基本認識，貫通朱子後儒之理解，取「諸儒傳訂諸圖象者」，或為舊所未有，但合於《易》理者，經「紬繹討論」之審慎構制，以證聖義。[20]撰著《周易全書》，立〈易學啟蒙〉一部，既有繼承，又有新制，透過圖式結構之運用與周詳闡釋，擴大對《易》學所傳遞的聖人之道，進行有系統的完整把握。

不論卦畫上的先天後天之正變與反變、孔門之學的正反之說，或又先後天蓍策、先後天變占，乃至後儒有關主張之構論，皆以〈河圖〉、〈洛書〉為根本，「圖書」之學亦即《易》學與聖人之學的基礎，卦畫、蓍策與變占，皆源由於「圖書」。因此，楊氏詮說〈河圖〉與〈洛書〉，圖說最為多元，內

---

17 《繫辭上傳》天地之數「五位相得而各有合」的布列之說，乃至大衍五十之法，參見〔宋〕朱熹：《周易本義》，卷3，頁243。

18 參見〔明〕楊時喬：《周易全書．易學啟蒙．啟蒙論例》，頁147。

19 參見〔明〕楊時喬：《周易全書．易學啟蒙．啟蒙論例》，頁147-148。

20 參見〔明〕楊時喬：《周易全書．易學啟蒙．啟蒙論例》，頁148。

容所涉最為龐富。此「圖書」之說，最根本的立場，即源於朱熹與蔡元定父子「圖十書九」的主張，並溯及《洪範》理解所分立出之〈河圖〉衍卦、〈洛書〉立九疇的諸觀點。楊氏擷取諸儒之說，對有關圖說，「芟煩去雜，約實就簡」，[21]實則繼熊禾（去非，1247-1312）《勿軒易學啟蒙圖傳通義》、稅與權（宋理宗寶慶時人，1225-1227）《易學啟蒙小傳》、胡方平（師魯，？-？）《易學啟蒙通釋》、胡一桂（廷芳，1247-？）《易學啟蒙翼傳》、韓邦奇（汝節，1479-1556）《易學啟蒙意見》等諸家撰著以來，進行最為詳實而有系統的論述。

（二）綜采諸家善說

楊氏藉圖說構築，對《易學啟蒙》進行詮釋，實然對宋明以來有關思想主張的全面綜合與總結，由「圖書」確立伏羲畫卦，以及先後天卦爻變化之別，乃至相涉的卦變之法、蓍策占變之用，雖為朱熹與蔡元定對學《易》之法的綱領式擘定，其實質內容，則為以邵雍為主的北宋初期圖說學者的一貫主張之再延伸，以至朱熹之後學的進一步陳說。楊氏在前人的基礎上，大量摭取迻錄引用，成為以圖說為主法，對《易學啟蒙》的再次理解，某種程度上，可以視為藉匯解以正己意，亦是對朱熹之學的繼承與再創。

若從原來《易學啟蒙》的內容與引述言，除了本質上屬朱熹與蔡元定於時代《易》學發展的認識外，亦展示其內容上藉《易傳》以立其論，並對歷來學者的引述，包括引用宋代之前孔安國（子國，前156-前74）、劉歆（子駿，前46-前23）之言，以正「圖書」之實，並取關朗（子明，471-499年期間為北魏孝文帝所重）所言，論證與批判用數的真確性，以駁劉牧之非。[22]取焦延壽（贛，前87-前74受推薦為縣令）之說言卦變。[23]又，舉劉禹錫（夢

21 見〔明〕楊時喬：《周易全書・易學啟蒙・啟蒙論例》，頁148。

22 參見〔宋〕朱熹撰，蘇勇校注：《周易本義・附　易學啟蒙》（北京市：北京大學出版社，1992年9月），頁207。關朗為偽，惟非本文所關注討論者。

23 參見〔宋〕朱熹撰，蘇勇校注：《周易本義・附　易學啟蒙》，頁217。

得，772-842）、僧一行（張遂，673-727）、畢中和（？-？）、顧象（？-？）諸家，說明此前論數之備。[24]引述最多者，為宋時諸家之言，其中以邵雍之內容最為龐富，普遍見於原考「圖書」、「卦畫」、「蓍策」、「變占」之中；如推原卦畫，太極生次方面，引邵氏「道為太極」、「心為太極」，以證太極之義；「一分為二」，述說陰陽兩儀；「兩儀生四象」之義，取邵氏「二分為四」之語；「四象生八卦」，取「四分為八」之語；生卦續取「八分為十六」、「十六分為三十二」、「三十二分為六十四」，以明成卦布列。[25]又取周敦頤之說，如以原卦畫的太極生次之內容，藉周氏「無極而太極」，說明「易有太極」之蘊；取周氏所謂「水火木金」，說明四象之處位與五行之配應。[26]又，取歐陽修（永叔，1007-1072）、程迥（沙隨，1163年進士）之說，說明占變之法。[27]《易學啟蒙》考原諸論，包括引述《左傳》等傳統典籍，強調所據有本，源流條明，以張其實。楊氏取《易學啟蒙》為底本，肯定朱熹之義，擴大抉選採證諸家之宜，務在釐清學《易》之章法，窮究圖說之蘊，體察天道性命之理。

除了根本於《易學啟蒙》之外，楊氏並擴大取用邵雍、周敦頤諸家之說，以及朱熹與蔡元定原著之外的重要主張，又尤其更為多元綜採朱熹後儒之論。對後儒之匯解引述，大量採用有關圖說之名家。約考其實，引述眾說，其重要者如鄭樵（漁仲，1104-1162）、項安世（平甫，1129-1208）、黃榦（直卿，1152-1221）、董銖（叔重，1152-1224）、劉爚（晦伯，1144-1216）、陳植（器之，1141-1152年間進士）、蔡淵（伯靜，1156-1236）、陳淳（安卿，1159-1223）、蔡沈、真德秀（景元，1178-1235）、蔡模（覺軒，1188-1246）、徐幾（子與，？-？）、鮑雲龍（景翔，1226-1296）、董楷（正叔，1256年登進士）、翁泳（永叔，1260-1264年間任縣尉）、胡方平、胡一

24 參見〔宋〕朱熹撰，蘇勇校注：《周易本義・附　易學啟蒙》，頁228。

25 參見〔宋〕朱熹撰，蘇勇校注：《周易本義・附　易學啟蒙》，頁215-217。邵氏之引述，最為繁富，不一一贅舉。

26 參見〔宋〕朱熹撰，蘇勇校注：《周易本義・附　易學啟蒙》，頁215。

27 參見〔宋〕朱熹撰，蘇勇校注：《周易本義・附　易學啟蒙》，頁234-235。

桂、吳澄、胡炳文（仲虎，1250-1333）、鮑寧（廷謐，？-？）、朱升（允升，1299-1370）、趙撝謙（古則，1351-1385）、蔡清（介夫，1453-1508）、許誥（廷綸，1471-1534）、何孟春（子元，1474-1536）、韓邦奇、舒芬（國裳，1484-1527）、季本（明德，1485-1563）等等。可見其搜羅眾籍，引述廣博，探賾索隱，自有定論。

對於各圖說源流衍化，以及有關的思想內涵，楊氏多能有本有據，大量引述考索，如考定〈河圖〉，取趙撝謙《六書本義》所記龍馬負圖之說，又取鄭樵《通志》輔證，乃至吳澄、朱升、許誥、何孟春之說，進一步申明邵雍得於方外之士李之才（挺之，1001-1045）而顯於當時；乃至朱熹、蔡元定的傳述，並就季本之疑問作辨析，以論其實然。[28]楊氏立論之詳實，有本有據，不以臆測為真。

三　〈河圖〉龍馬旋毛與十數蘊義

「圖書」之圖說，《周易本義》與《易學啟蒙》，僅輯列〈河圖〉與〈洛書〉二幅圖式，[29]二著之圖式，不論形式或內容皆同，為十與九黑白子的圖式結構。若溯源於文獻所及，劉牧好以「圖書」之論而名者，所取適與朱熹圖式數值相反，即「圖九書十」之數。[30]劉牧數值之用，在朱熹之前，大抵無爭議，如李覯（泰伯，1009-1059）《刪定易圖論》、朱震（子發，1072-1138）《漢上易傳》、楊甲（嗣清，約1110-1184）《六經圖》、程大昌（泰之，1123-1195）《易原》等，與劉牧同，又如與朱熹年代相近的唐仲友（與政，1135-1188）《帝王經世圖譜》、吳仁傑（斗南，1178年進士）《易圖說》等人，

---

28 參見〔明〕楊時喬：《周易全書·易學啟蒙》，卷1，頁154。

29 見〔宋〕朱熹：《周易本義》，頁16。又見〔宋〕朱熹撰，蘇勇校注：《周易本義·附易學啟蒙》，頁207。

30 有關劉牧之「圖書」之圖說，非如朱熹僅為二圖，而為藉陰陽數值之變化，確立生成數運用與太極生化推衍八卦的多元圖式，參見〔宋〕劉牧：《易數鈎隱圖》，《景印文淵閣四庫全書》第8冊，1986年3月初版。

亦原始於劉牧之說。朱熹取偽關朗之著說，堅持「圖十書九」的主張，作為改變數值運用的分水嶺，「圖書」之說成為其《易》學考辨與關注之議題，並深遠的影響後學之從說。楊氏在前人的基礎上，特取吳澄之主張，確立其〈河圖〉為龍馬背心、旋毛似星點之狀的具體實像，[31]並綜就相關衍數，進行詳細之考述。

（一）龍馬旋毛的原始十數結構

《易學啟蒙》中，朱熹考索「圖書」，取《繫辭上傳》「河出圖，洛出書，聖人則之」之說，乃至漢儒孔安國、劉歆所述，確立「圖書」之文獻來源，並且隱約分判出漢儒已定言的伏羲受〈河圖〉畫八卦、禹據〈洛書〉陳「九疇」之實，並敷陳「圖十書九」的真確性。楊氏並迻列原文，以為疏論之本，並且同胡方平等諸家，取朱熹、蔡元定諸文，分判二者用數之別；為十數與九數之用，提出孔安國、劉歆、關朗、邵雍，以至朱熹、蔡元定一脈的合理傳衍譜系。[32]

朱熹輯制之〈河圖〉（圖一），[33]為黑白子方正的圖型，作為傳世的典型圖像；形式結構同於李覯、朱震、楊甲等之〈洛書〉，也就是說，朱熹之圖像，本於前人所制。然而，楊氏取鄭樵、胡一桂、吳澄等人之說，明確指出「〈河圖〉龍馬旋毛，圈如星點」之狀，所列圖式為圓狀包覆，且為施毛之文的黑白圈。見圖二所示。[34]楊氏〈河圖〉的圓形結構，不同於世傳的方形

31 見〔明〕楊時喬：《周易全書．今文》，卷9，頁91。

32 有關《易學啟蒙》之原文，楊氏之引述，參自〔明〕楊時喬：《周易全書．易學啟蒙》，卷1，頁152。又見〔宋〕胡方平著，谷繼明點校：《易學啟蒙通釋》（北京市：中華書局，2019年），卷上，頁44-49。

33 圖式取自《易學啟蒙》之輯圖。見〔宋〕朱熹撰，蘇勇校注：《周易本義．附　易學啟蒙》，頁207。

34 引文見〔明〕楊時喬：《周易全書．易學啟蒙》，卷1，頁153-154。圖式採中國哲學書電子化計劃網站，原書源自哈佛大學燕京圖書館，與本《四庫存目》收錄為同一版本圖像，因其圖像相對清晰而取用之。本文有關圖式底色呈黃者，皆取該網站圖式，仍注作《四庫存目》本。網址：https://ctext.org/library.pl?if=gb&res=95009。

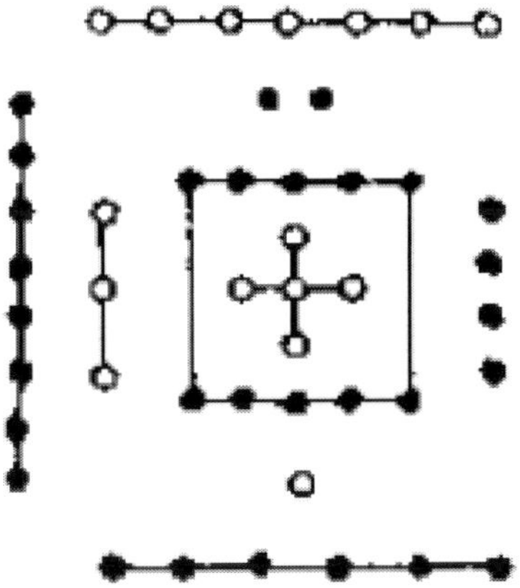

圖一　〈河圖〉（朱熹）

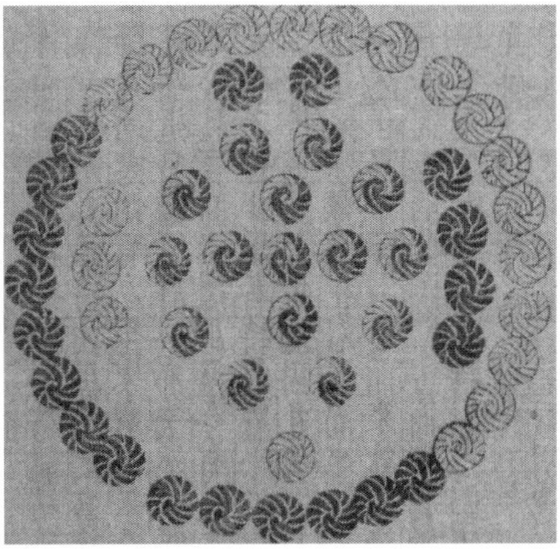

圖二　〈河圖〉（楊時喬）

布列，楊氏之說，正體現蔡沈強調者〈河圖〉「體圓而用方」，配應《周易》八卦系統的用「象」概念，而相對於〈洛書〉則「體方而用圓」，配應《洪範》「九疇」之主於用「數」。[35]這種體圓的主張，亦為韓邦奇所承，肯定《易》卦因以圓為體的〈河圖〉而生，並以方為用，結合五行與方位，確立其變化之用，並配應於占筮之法的「揲之以四」之用上。[36]因此，楊氏的構圖取其圓體，溯其本義，則與蔡氏父子無異，作理據合暢的論述，非憑空妄造。

原《易學啟蒙》取《繫辭傳》「天一、地二、……凡天地之數五十有五，此所以成變化而行鬼神」的天地之數一文，楊氏明確視之為此「龍馬旋毛」之所指，亦「龍馬真象」之全圖，也正驗證〈河圖〉為十數，故楊氏按語強調：

《易大傳》敘天一至地十之數，總之曰「凡天地之數五十有五」，則

35 見〔宋〕蔡沈：《洪範皇極內篇・皇極內篇中》，《景印文淵閣四庫全書》第805冊，卷2，頁708。

36 見〔明〕韓邦奇：《苑洛集・洪範圖解序》，《景印文淵閣四庫全書》第1269冊，卷1，頁332。

十之為〈圖〉，不可易也。《洪範》〈書〉亦不可易矣。[37]

《易》言天地之數，大衍推筮之法亦取之，則《易》必以〈河圖〉「十」數為用，至若《洪範》九疇之法，以「九」為名，則當用「九」數。至於原來旋毛星點之狀，何以至朱熹轉變成黑白之圖，乃因邵雍得之於方外隱士，所傳者為無旋毛的黑白之圈，至朱熹之釋述，宗邵子未有旋毛之圖，發明其微理，闡明其要義。對於以旋毛為圖而見傳者，楊氏準於鄭樵《通志》始記，並取吳澄、朱升、趙撝謙、許誥、何孟春之說，確立已見龍馬旋毛之圖。然而，從世傳文獻實見此圖者，吳澄論著確見圖說，但圖式線條簡略。[38]至章潢（本清，1527-1608）《圖書編》之輯說，認為因丹道方技之書而以存世者，不同於當時普遍的圖式，故稱〈古河圖〉；[39]同時期來知德（矣鮮，1525-1604）《來註易經圖解》、錢一本（國瑞，1539-1610）《像抄》並傳以馬為型而名〈馬圖〉者，圖之形義相近。[40]因此，旋毛之圓圖，當於吳澄已見，至楊、章時期才詳盡見世者，並展現出圖上（前）為馬首位南，圖下（後）為馬尾位北，以天地之數合方位與五行之配應布列，終在明於卦畫之推衍生成。[41]

（二）天地十數之數位要義

〈河圖〉生成十數布列，即陰陽流行對待之推衍，生數一至五居內，成

37 見〔明〕楊時喬：《周易全書·易學啟蒙》，卷1，頁153-154、156。

38 見〔元〕吳澄：《易纂言外翼》，《景印文淵閣四庫全書》第22冊，卷7，頁667-668。

39 見〔明〕章潢：《圖書編》，《景印文淵閣四庫全書》第968冊，卷1，頁8。

40 〔明〕來知德：《來註易經圖解》（北京市：中央編譯出版社，2010年1月），卷之末，頁497。此見清代高雪君復刻來知德之《易》著。又，〔明〕錢一本：《像抄》，《四庫全書存目叢書》經部第14冊（濟南市：齊魯書社，1997年10月，影印中國科學院圖書館藏明萬曆刻本），卷1，頁102。錢氏並考明，指出：「〈河圖〉為龍馬所負之圖，圖圈內凡五樣，古今无異議，特黑白之文為旋毛，則古今未言之，憔鄭樵《通志》始有之。至宋廬陵朱公升、臨川吳公澄，皆謂其然。」揭前書，頁102。肯定旋毛之圖，始於鄭樵之說。

41 參見楊氏圖式下之說明。〔明〕楊時喬：《周易全書·易學啟蒙》，卷1，頁154。

數六至十居外，陰陽生成數合五行與方位，天一生水合地六處北方之位，地二生火合天七處南方，天三生木合地八處東方，地四生金合天九處西方，天五生土合地十處中央之位。一奇一偶為一陰一陽，兩兩並居一方，以五行相配而各得其位。天地十數，構成陰陽之變化，楊氏另外構制不同的變化圖式，以說明〈河圖〉數值變化處位的重要意義。

1 〈河圖〉中五之中央之位

楊氏構制〈河圖〉五十五數之中五的正中央之位的圖式，名為〈河圖中五中央一圖〉（見圖三），並指出：

> 此〈河圖〉中五之中央，其中│者，馬背脊中骨之上，毛皮之間，若有若无，若微若顯，而實直上直下，至中至正，象乎│者，所謂太極也。[42]

取〈河圖〉中間五圓之正中圓象，即「中五之中央」的一圓圖，顯現之│，象徵太極，若馬背脊中骨，一種若有若無、既微既顯之狀，實則為上下貫通，居於中正不偏之位，正為太極之所在，亦即萬化之根源。

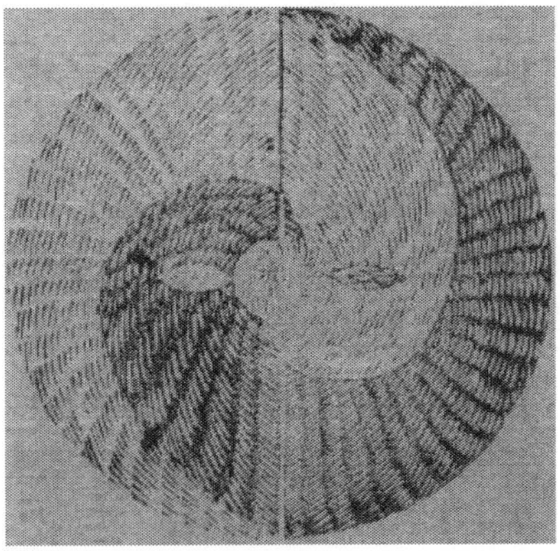

圖三　河圖中五中央一圖

42 圖式與引文，見〔明〕楊時喬：《周易全書・易學啟蒙》，卷1，頁154。

楊氏指出左之與右之，即陽與陰，為太極（｜）所主宰而生，稱之為「天根」。陰陽固存不毀，因太極之｜而生，五中太極，「亘古而存」，超越於萬有而永恆存在。至於，象徵陰陽之交會，左陽右行、右陰左行交會於中，構成「中央之旋窩」，稱之為「中氣」、「中和」，此狀楊氏特別強調為「陽極所生」，即五中之位，以陽為尊。陽位本在於上，實則由下而上，由微而盛，盛而旋下，至於右陰位，此即陰陽消息變化，為消陽生陰，太極（｜）至中而生陰（）於右。同樣的，陰由上而下，由微而盛，盛而旋上，即至於左陽位，消陰生陽，陽（）生於太極之中。陰陽皆由太極而生，之盛，本於｜，到極處而消，為陰陽之氣的消長屈伸之理。

2　〈河圖〉中五之前後左右之位

〈河圖〉五十五數的中之五數，其前後左右之四方的四數圖像，為相同的圖像，楊氏構圖名為〈河圖中五前後左右四圖〉（見圖四）。

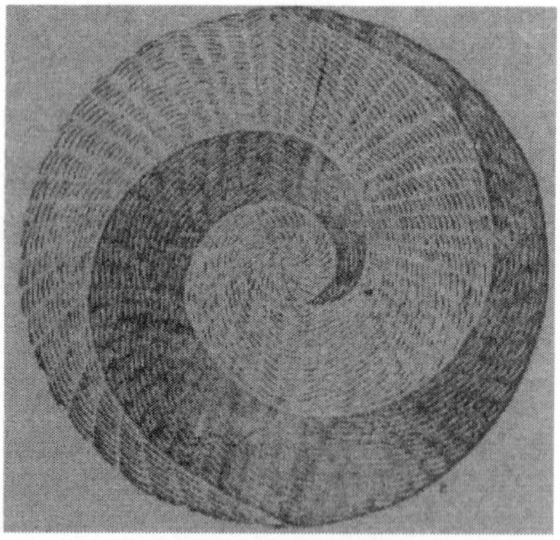

圖四　河圖中五前後左右四圖

前圖中之五數的中央之圖位，太極處其至中，既以天根為名，則以陽極為尊；同樣的，中央之位所包圍的前後左右四圖，亦皆屬陽，即五數為名的居中之位，本當同屬於陽。楊氏進一步指出：

> 龍馬背旋毛，白為陽，自後而生，往前為順；順生反來於陰之內，而

> 旋窩于之中間皆白也。白旋窩于中，即陽之入而為主也。右地陰數毛黑，亦自前而生，旋在于陽窩之外，即陰之環而從陽也。天以陽為主，而陰從之，故為天數。凡四合前一為天五。[43]

陽以白顯，自下而生，由微而顯，順向漸盛，盛極而反來於陰之內，其旋窩之中間所顯皆白，以純陽居處於圖中，而為此陰陽變化之主；此中以陽主而陰周環從之，故以陽為主體，本於陽而為天數之性，同五中之一，合而為「天五」。因此，〈河圖〉中之五數，其陰陽變化之圖像，所展示者即以陽為主的陽天之數。

3 〈河圖〉中之十位

〈河圖〉最內層屬陽之五位圖像，已如前述，其外包覆相同的十位圖像，此十位的每一圖像，正說明陰陽變化的實況，楊氏構制〈河圖中十圖〉（見圖五）以明之。

楊氏圖釋云：

> 此〈河圖〉中之前後為陰。龍馬背旋，毛黑為陰，自前而生，來後為逆；逆旋生，復往于陽之內，而旋窩于之中間皆黑也。黑旋窩于中，即陰之入而為主也。左天陽數毛白，亦自後而生，旋在于陰窩之外，即陽之環而從陰也。地以陰為主，而陽從之，故為地數。凡前後各五，合為十。[44]

龍馬色黑之毛，以黑象陰之明，自上而生，由微而顯，逆向漸盛，盛極而反來於陽之內，其旋窩之中間所顯皆黑，以純陰居處於圖中，而為此陰陽變化之主；此中以陰主而陽周環從之，故以陰為主體，本於陰而為地數之性，前後周環各有五陰，合而為「地十」。因此，〈河圖〉中之十數，其陰陽變化之圖像，所展示者即以陰為主的陰地之數。

---

43 圖式與引文，見〔明〕楊時喬：《周易全書・易學啟蒙》，卷1，頁155。

44 圖式與引文，見〔明〕楊時喬：《周易全書・易學啟蒙》，卷1，頁155。

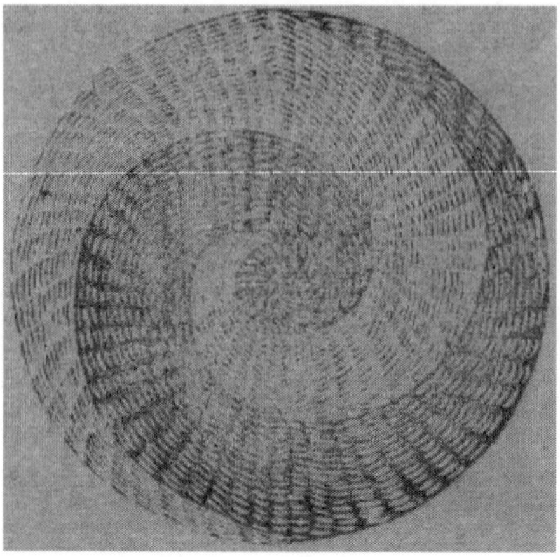

圖五　〈河圖中十圖〉

4　〈河圖〉四方一三七九之位

〈河圖〉中之「五」與「十」圖位，外包一、二、三、四、六、七、八、九諸圖位，其分屬四方相同的陽位圖像，即一、三、七、九圖像之位，楊氏構圖名為〈河圖四方一三七九圖〉（見圖六），說明陽屬的陰陽變化實況。

楊氏圖釋云：

> 此〈河圖〉四方之一、三、七、九為陽。龍馬背旋毛，白為陽，在左自後而生，往前為順者，陽中之陽也。右自前而生，來後為逆，亦白者，陽中之陰也。陽中之陽本白，陽中之陰亦白，惟以逆而來者，見其為陰；陰數逆，所謂陰在陽中，陰逆行，故曰之陰也。此四者為陽位皆陽數，故為天數，天一、天三、天七、天九，凡二十。[45]

旋毛色白，以白象陽之顯，在左自下而上生，由微而顯，順行向上漸盛，為陽中之陽的氣行之狀。在右自上而下生，此右逆之行，其色亦白象，而為陽中之陰的氣行規律。順行陽中之陽為白，逆行陽中之陰亦為白，惟以逆而來行，即陰在陽中的逆行，其質固有陰在，則稱之為陰。總體觀之，四方之陽

45 圖式與引文，見〔明〕楊時喬：《周易全書・易學啟蒙》，卷1，頁156。

數，各自所展示者，同為順逆皆白為☯之狀，即皆天陽之性，故數稱天一、天三、天七、天九者，合為二十之白象之陽。

5 〈河圖〉四方二四六八之位

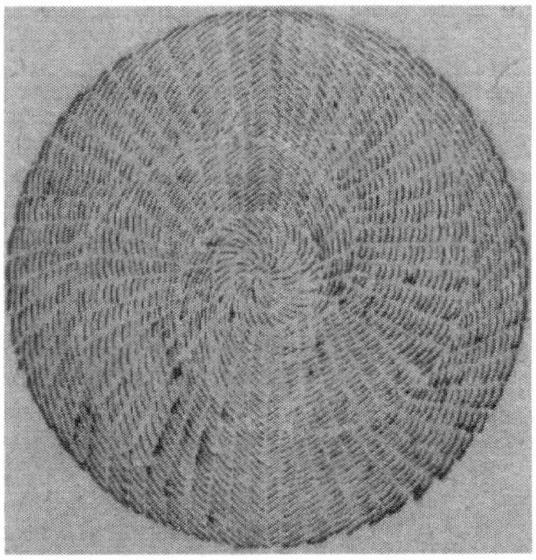

圖六 〈河圖四方一三七九圖〉

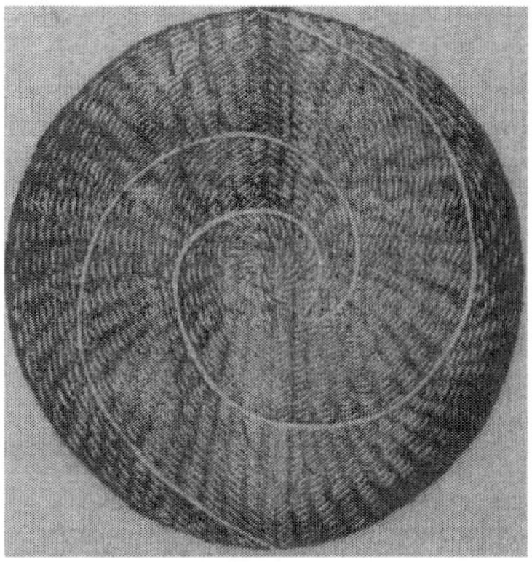

圖七 〈河圖四方二四六八圖〉

〈河圖〉外圍二、四、六、八等四方圖像之位，皆為相同的陰位圖像，楊氏構圖名為〈河圖四方二四六八圖〉（見圖七），說明陰屬之陰陽變化實況。

楊氏圖釋云：

> 此〈河圖〉四方之二、四、六、八為陰。龍馬旋毛，黑為陰，在右自前而生，來後為逆者，陰中之陰也。左自後而生，往前為順，亦白者，陰中之陽也。陰中之陰本黑，陰中之陽亦黑，惟以順而往者，見其為陽；陽數順，所謂陽在陰中，陽順行，故曰之陽也。此四者為陰位皆陰數，故為地數，地二、地四、地六、地八，凡二十。[46]

旋毛色黑，以黑象陰之顯，在右自上而下生，由微而顯，逆行來後漸盛，為陰中之陰的氣行之狀。在左自下而上生，此左由後而前之順行，其色亦黑象，而為陰中之陽的氣行規律。逆行陰中之陰為黑，順行陰中之陽亦為黑，

46 圖式與引文，見〔明〕楊時喬：《周易全書・易學啟蒙》，卷1，頁156。

惟以順而往行，即陽在陰中的順行，其質固有陽在，則稱之為陽。總體觀之，四方之陰數，各自所展示者，同為逆順皆黑為之狀，即皆地陰之性，故數稱地二、地四、地六、地八者，合為二十之黑象之陰。

五位陰陽布列，推衍之陰陽變化各有不同，整體概觀而言，上列之五圖，首圖中五之中的陰陽呈像為，次圖中五四方為，再次中十為，再次一、三、七、九為，其末二、四、六、八為。其黑白之分，並非僅如黑白子的「分陰分陽」，強調陽白陰黑之分別，更重要的是，每一黑或白所代表的陰或陽，更有內含陰陽往來順逆的流行變化，具有「陽中生陰，陰中生陽」之性，故楊氏認為上列五圖所展現的天地十數布列，會有不同的陰陽呈像。惟有藉龍馬旋毛的〈河圖〉，才能體現此不同之性，此圖得以再現，更能了然於聖人據〈河圖〉作《易》之蘊；若純為歷傳的黑白子，則不易體現其深義。[47]

四 〈洛書〉龜背坼文九數之義蘊

原劉牧所傳〈洛書〉十數，至朱熹、蔡元定採偽關朗所論，取九數為〈洛書〉，並以《洪範》「九疇」之說為證，此後朱氏一系，皆立主其說。楊氏亦宗朱法，又尤其特取蔡沈《洪範皇極內篇》之論，貫徹〈洛書〉與《洪範》的緊密關係，也試圖還原〈洛書〉的原始結構，取如吳澄之說，以神龜背之坼文作為其數列的基本形象，[48]重塑其實質的重要內涵。

（一）〈洛書〉原始構圖與陰陽之位數

朱熹、蔡元定、蔡沈所輯制〈洛書〉圖說，甚至前推至朱震所輯，皆為黑白子的結構，如取《易學啟蒙》之圖（見圖八）為例，[49]為傳統普遍之圖

47 參見〔明〕楊時喬：《周易全書・易學啟蒙》，卷1，頁156。

48 見〔明〕楊時喬：《周易全書・今文》，卷9，頁91。

49 見〔宋〕朱熹撰，蘇勇校注：《周易本義・附　易學啟蒙》，頁207。

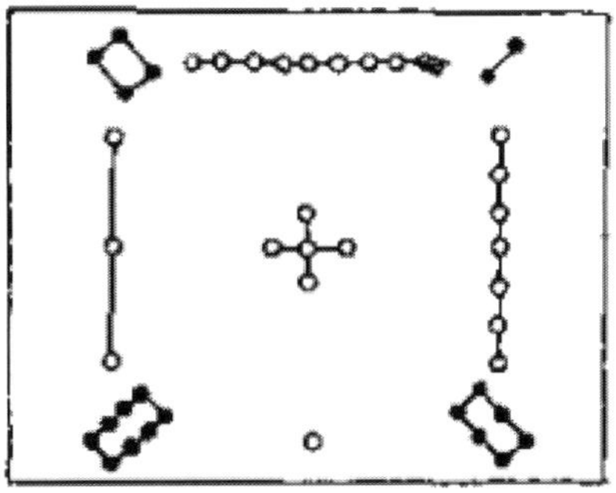

圖八　〈洛書〉(《易學啟蒙》圖式)

圖九　〈洛書〉(楊氏)

形。然而，楊氏所制圖式（圖九），[50]則取龜之坼文圖式，同〈河圖〉取旋毛者，異於傳統所見。已如前文〈河圖〉所述旋毛之圖，與坼文之〈洛書〉，早見於鄭樵之說，清代胡煦（滄曉，1655-1736）在其《周易函書約存》中，考定二圖為古，並指出為鄭氏所定；[51]然二古圖今卻未見於鄭氏之著，但相近的坼文之圖，則最早見於吳澄《易纂言外翼》，後傳見於朱升《周易旁注前圖》、盧翰（登瀛，1534年舉人）《易經中說》之中。[52]今日文獻所及，客觀而言，坼文〈洛書〉始見於吳澄。與楊氏相近時期的章潢，其《圖書編》並輯，但以〈古河圖〉為名；[53]不同於如劉牧、朱震等黑白子的「圖書」結構，至本於旋毛、坼文之說，而有吳澄以降諸家所立之「圖書」，學者並有以之稱為原始之圖式，或以「古」冠名，有別於黑白子之傳。

楊氏確立龜之坼文的〈洛書〉，才是真正的〈洛書〉原貌。取《禮記·明堂》言「二九四、七六三、六一八」，鄭玄（康成，127-200）注為「法龜

50 見〔明〕楊時喬：《周易全書·易學啟蒙》，卷1，頁167。

51 見〔清〕胡煦著，程林點校：《周易函書·周易函書約存》（北京市：中華書局，2008年8月），卷1，頁85。

52 諸家坼文圖式，見〔元〕吳澄：《易纂言外翼》，卷7，頁668。又見〔明〕朱升：《周易旁注前圖》，《續四庫全書》本第4冊（上海市：上海古籍出版社，2002年3月），頁162。又見〔明〕盧翰：《易經中說》，《四庫全書存目叢書》經部本第6冊（濟南市：齊魯書社，1997年10月，影印湖南衡陽第三師範學校圖書館藏明刻本），卷26，頁563。

53 見〔明〕章潢：《圖書編》，卷1，頁11。

文」之說，證明〈洛書〉取龜文之法，並認為早見於漢儒明堂九室之用。此〈洛書〉結構，取龜首在上前處南為九，龜尾在下後處北為一，餘成文諸數亦各位其所，形成對應之數，一九純奇為太陽，四六純偶為太陰，三七為少陽，二八為少陰，以及五數居中的完整九數布列。

〈洛書〉坼文成數的布列，除了上述陰陽太少之區分外，尚有幾個重要的觀點：其一，中五之中，以│為直上直下，象徵太極，同於〈河圖〉處中的虛靈之狀。中五之中的餘四者，後之◡為陽，左之（亦為陽，此由後而前者，為往為順，即天左旋為順；前之⌒為陰，右之）亦為陰，此自前而後者，為來為逆，即地右轉為逆。此中五之外四者，形成「後左為陽，前右為陰」的陰陽布分格局。其二，中五外包四方四隅之數，四方一、九、三、七，其文◡⌒（）皆陽數而單行，為奇屬連亙之狀。至其四隅之位，二、四、六八，其文（）皆陰數而雙行，為偶屬對待之狀。其三，區分陰陽的對待與流行，其一九、三七、二八、四六為流行，強調陰陽之分為對待，陰陽之合為流行，陰陽的分合變化，確立其對待流行的規律。[54]

〈洛書〉九數之布列，為始於中五之中的太極，以及其前後左右的太陽、少陰、少陽、太陰之位，形成陰陽的有序推變；此等變化之性，與〈河圖〉相同，同為自然變化之道。至於中五之外的八數變化之性，亦與〈河圖〉同，楊氏並制〈陰陽太少位數圖〉（圖十），[55]說明此八數之屬性。此圖與韓邦奇之制圖相近，惟韓氏為黑白子之構制，並明確區分一、二、三、四等四數為四象之位，而六、七、八、九則為四象之數，作不同的「位」與「數」之別。[56]楊氏此一圖說，同於對〈河圖〉之理解，並不刻意就生數與成數，作「位」與「數」之分判，而認為在太陽的位數上，始於一極於九，

54 相關之引文與論述，參見〔明〕楊時喬：《周易全書．易學啟蒙》，卷1，頁167。

55 〔明〕楊時喬：《周易全書．易學啟蒙》，卷1，頁168。圖式中所示「太陽數之極」當改作「太陰數之極」，「少陰數之極」當改作「少陽數之極」，「少陽數之極」當改作「少陰數之極」。

56 韓氏該圖式，見〔明〕韓邦奇：《啟蒙意見》（北京市：國家圖書館，明嘉靖十九年〔1540〕《性理三解》原刊本），卷1，頁23。《四庫》本未收錄該圖。

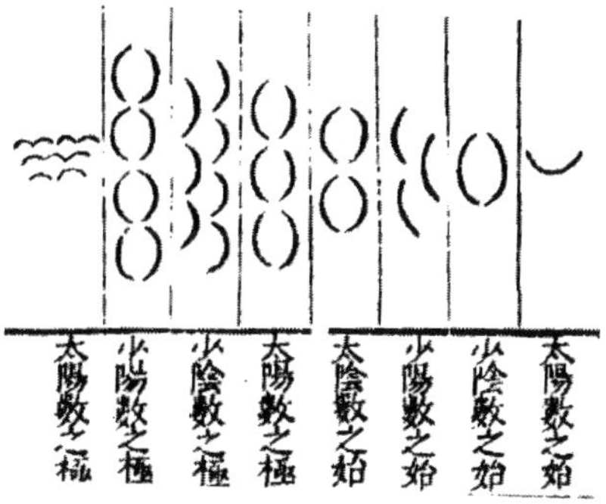

圖十　〈陰陽太少位數圖〉

少陰始於二極於八，少陽始於三極於七，太陰始於四極於六。[57]陰陽太少之四象，各有由始而極之生衍，合為「十」數之用。

（二）《洪範》九疇則〈洛書〉而立

楊氏一貫於《易學啟蒙》所引《洪範》「九疇」之說，所謂：

> 初一曰五行，次二曰敬用五事，次三曰農用八政，次四曰協用五紀，次五曰建用皇極，次六曰乂用三德，次七曰明用稽疑，次八曰念用庶徵，次九曰嚮用五福、威用六極。

同時取蔡沈《書經集註》之注云：

> 在天惟五行，在人惟五事，以五事參五行，天人合矣。八政者，人之所以因乎天；五紀者，天之所以示乎人；皇極者，君之所以建極也；三德者，治之所以應變也；稽疑者，以人而聽于天也；庶徵者，推天而徵之人也；福極者，人感而天應也。五事曰敬，所以誠身也；八政曰農，所以厚生也；五紀曰協，所以合天也；皇極曰建，所以立極

57 楊氏圖說之論述，云「太陰數始于四而極于八」，當改作「太陰數始于四而極于六」。見〔明〕楊時喬：《周易全書．易學啟蒙》，卷1，頁168。

> 也；三德曰乂，所以治民也；稽疑曰明，所以辨惑也；庶徵曰念，所以省驗也；五福曰嚮，所以勸也；六極曰威，所以懲也。五行不言用，無適而非用也；皇極不言數，非可以數名。本之以五行，敬之以五事，厚之以八政，協之以五紀，皇極之所以建也。又乂之以三德，明之以稽疑，驗之以庶徵，勸懲之以福極，皇極之所以行也。人君治天下之法，是孰有加於此哉！

藉蔡氏之言，確立九疇的重要意義，並制作〈洪範九疇則洛書圖〉（圖十一），[58]即以〈洛書〉九數配應《洪範》「九疇」大綱之當然關係，繼承漢儒肯定九疇之法宗於〈洛書〉的具體事實。其圖即據熊宗立（道宗，1409-1482）與韓邦奇〈箕子洪範九疇之圖〉（圖十二）改造而來，[59]加入〈洛書〉坼文九數於其中，而為新制之圖。然而，溯源〈箕子洪範九疇之圖〉之制，早見胡廣（光大，1369-1418）《書經大全・圖說》已引此圖，[60]雖未注明來由，但從南宋王霆震（亨福，？-？）《古文集成》所記，或當出於南宋鄭東卿（少梅，1112年進士）之手。[61]

該圖說明〈洛書〉坼文九數，合會「九疇」的主要內涵。首先，皇極居〈洛書〉五中之中，五中之中本為太極之所，為天道主宰之源，皇極居此位，作為人君之建「極」，準之以至中至極，取正四方以養，敷言以為教訓，則「造就之方，敷言之訓」，可以政通治順，致福天下。其次，五行居〈洛書〉之「一」，亦九數之首，說明水、火、木、金、土為天道之自然的

---

58 引文與圖式，見〔明〕楊時喬：《周易全書・易學啟蒙》，卷1，頁167。其取蔡沈《書經集註》之說，即今傳《書經集傳》，中文原作「五極」為誤，當作「五紀」；「八政曰敬」為誤，當作「八政曰農」，據改。見〔宋〕蔡沈：《書經集傳》，《景印文淵閣四庫全書》第58冊，卷4，頁76-77。

59 見〔明〕熊宗立：《洪範九疇數解》，《四庫全書存目叢書》子部第57冊（濟南市：齊魯書社，1995年9月），頁708。又見〔明〕韓邦奇：《洪範圖解》，《四庫全書存目叢書》子部第57冊（濟南市：齊魯書社，1995年9月），頁717。熊、韓之圖，形式與內容相近，為同一圖源。

60 見〔明〕胡廣：《書經大全・圖說》，《景印文淵閣四庫全書》第63冊，頁201-211。

61 見〔宋〕王霆震：《古文集成》，《景印文淵閣四庫全書》第1359冊，卷62，頁441。

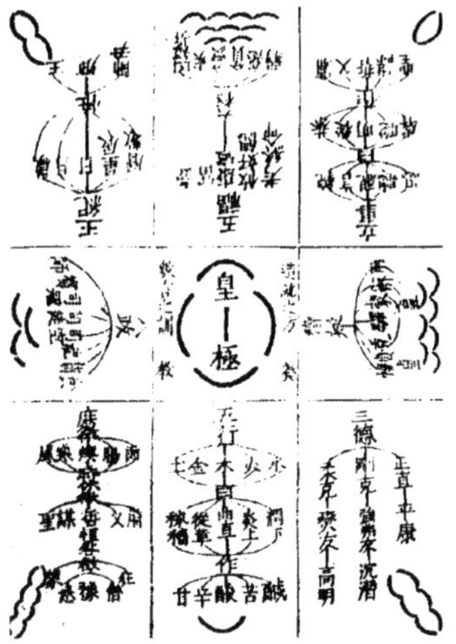

圖十一 〈洪範九疇則洛書圖〉

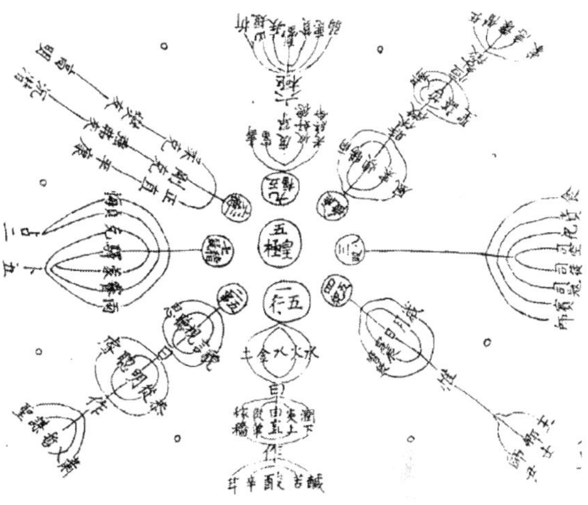

圖十二 〈箕子洪範九疇之圖〉

氣化元質屬性，具濕潤而下、炎熱升上、曲直生衍、因革就從、稼種穡斂之氣性，同時又具鹹、苦、酸、辛、甘等五味。五性類比自然萬象，如黑、赤、青、白、黃五色，羽、徵、角、商、宮五聲等，萬化之性，皆出五者所牢籠。再其次，以〈洛書〉之「二」合五事，即天道入於人事之理，以人為本，取賦形之貌、言、視、聽、思，貌取之恭，言取之從，視取之明，聽取之聰，思取之睿，作為敬保天性而為人之形色所宜者。推之為用，則在肅、乂、哲、謀、聖，體恭用肅，體從用乂，體明用哲，體聰用謀，體睿用聖，總此五德，敬以誠身而用事。再其次，以「三」合八政，八政合乎天，為食、貨、祀、司空、司徒、司寇、賓、師八者，農食厚生本於天，貨產富藏於天地，祀祭敬奉天地鬼神，司空善備水土盡自然之利，司徒教化定序以合天理人倫，司寇邦禁刑罪以準定則，賓以嘉會合禮之宜，行師執天刑誅亂之履。再其次，以「四」合五紀，協合五紀，即因天之紀，準於歲、月、日、星辰、曆數，又即時空之紀，歲時、日、月司乎晝夜寒暑節氣，星辰定乎四方，則時空常綱規律不移，曆數詳明不紊，而人道之王、卿、師尹，協此天道，共依時地而不斷盪。又其次，以「六」合三德，以應變之治道，在正直、剛克與柔克三者。正直無邪，得以平康無事；以剛之克，用於強梗弗順之「強弗友」，亦在「沉潛」；以柔之克者，用於柔和順委之「燮友」，又在「高明」合當，則三德修乂，貴在治民。再其次，以「七」合稽疑，明於「辨惑」，躊躇雖有，而以卜筮聽準於天，無容私心；有雨、霽、蒙、驛、克之占兆之五法，取雨主水、霽主火、蒙主木、驛主金、克主土而察之兆象；又有貞與悔之二占，本內外卦象定吉凶，得變通之宜。再其次，以「八」合庶徵，推天徵人，求於省驗，在雨、暘、燠、寒、風五者。又在時以休徵與恆以咎徵：休徵以肅、乂、哲、謀、聖五者，時雨恭肅，時暘治明，時燠昭和，時寒藏密，時風通暢；咎徵以狂、僭、豫、急、蒙五者，為事失其正之咎徵，因應求宜。其後，以「九」合「五福與六極：五福為壽、富、康寧、攸好德、考終命五者，乃人所嚮求以為勸善者；六極為凶短折、疾、憂、貧、惡、弱六者，為人所懼以為威用懲惡者。楊氏此一理解，為蔡沈《洪範》衍數的一脈主張。

（三）虛五用十與大衍合數

楊氏構制〈皇極次五九疇虛五用十圖〉（圖十三）與〈九疇合太衍數圖〉（圖十四），[62]說明藉〈洛書〉所構築之「九疇」圖說，內含虛五用十與大衍合數之義。此二圖實參考韓邦奇與熊宗立圖式而制，前圖為二家之〈皇極居次五圖〉與〈九疇虛五用十之圖〉兩圖合併修制者，後圖則為二家之〈九疇合八疇數之圖〉與〈大衍洪範本數圖〉兩圖合併之圖。[63]熊、韓乃至楊氏之圖，又當源自鄭東卿所制。[64]

---

62 二圖見〔明〕楊時喬：《周易全書．易學啟蒙》，卷1，頁168。〈皇極次五九疇虛五用十圖〉標明「坎五曰建用皇極」，當為「次五曰建用皇極」。

63 熊宗立與韓邦奇之四圖，至楊時喬則合為二圖，圖式內容大抵相同。二家之圖，參見〔明〕熊宗立：《洪範九疇數解》，頁708。又見〔明〕韓邦奇：《洪範圖解》，頁718。另外，《性理三解》所收韓氏《啟蒙意見》，亦有諸圖，《四庫》本《啟蒙意見》則缺。見〔明〕韓邦奇：《啟蒙意見》，收於《性理三解》，卷1，頁21。

64 從王霆震《古文集成》與胡廣《書經大全》，大抵可以推定有關圖說，源自〔南宋〕鄭東卿。見〔宋〕王霆震《古文集成》，卷62，頁436-441。又見〔明〕胡廣：《書經大全．圖說》，頁201-211。

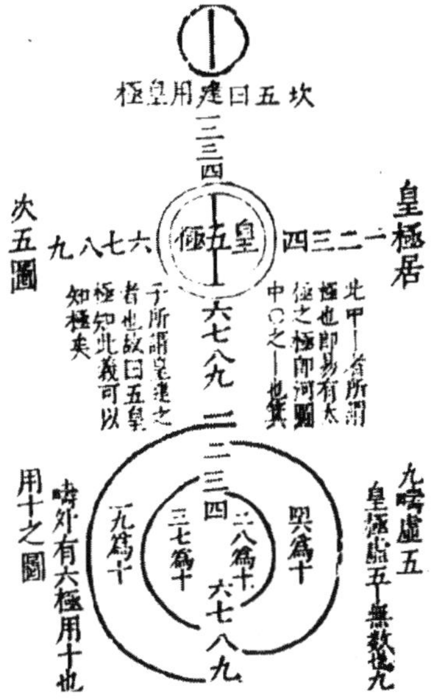

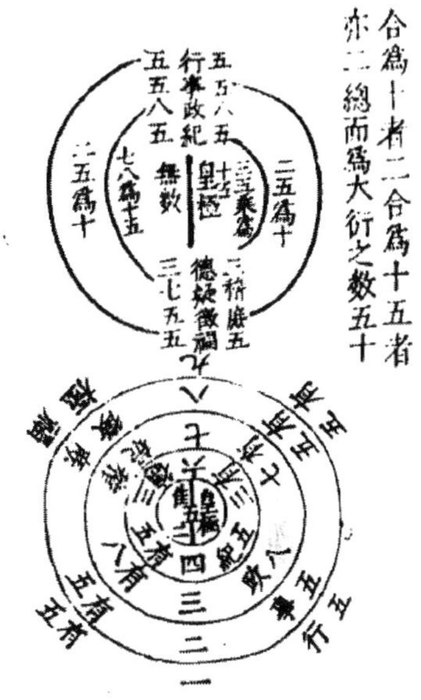

圖十三 〈皇極次五九疇虛五用十圖〉　　**圖十四 〈九疇合太衍數圖〉**

楊氏述說此二圖，有幾個重點：

其一，皇極處《洪範》九疇之五中，亦即〈洛書〉九數五中之中，此「五中」就皇極言，為「虛五」之狀，其中為|，非為有數，為「無數」，即非物質化之存在。

其二，此虛中之|，以「極」為名，同於〈河圖〉中五之中的O內之|，又即《易》學系統中的「《易》有太極」之「極」，並又落入政治範疇中，《洪範》所述箕子所謂的「皇建之者」。

其三，皇極虛其五，所用為十者，取其一九、二八、三七、四六皆為十，亦即陰陽太少合十之用。

其四，〈洛書〉九數之布列，即九疇之用數，與《易》之大衍五十之數相合，即〈洛書〉九數布列之用，兩兩對應之積皆十，即一與九、二與八，三與七、四與六、五與五之積皆為十，總合為五十，為大衍之數。

其五，大衍推筮五十數，其一不用以象太極，一種虛空之狀，又同皇極之中的無數之狀。所用四十九者，正合《洪範》「九疇」大法之用數總合。

楊氏取韓邦奇之說，九疇之數，合五行數「五」、五事數「五」、八政數「八」、五紀數「五」、皇極數「一」、三德數「三」、稽疑數「七」、庶徵數「五」、五福六極數「十一」，總合為五十：5+5+8+5+1+3+7+5+11，即大衍五十，虛其一，即虛其皇極之「一」，則用為四十九數，亦即大衍用數。然，此用數之說，非韓氏所先創，鄭東卿已見。[65]

其六，九疇布列用數，五行數「五」合五福數「五」為「十」，五事數「五」合庶徵數「五」亦為「十」；八政數「八」合稽疑數「七」為「十五」，五紀數「五」乘三德數「三」亦「十五」，合二之「十」與二之「十五」者，總為五十，並為大衍五十之數。「十」為〈洛書〉對應的陰陽太少之用，「十五」為再合中五皇極所用之數。

其七，將〈洛書〉用數，與《洪範》「九疇」同《周易》大衍五十筮法相合，又皇極處位同太極之性，亦用於〈河圖〉中五之中的太極，確立「圖書」與《周易》、九疇，同為一自然天道系統所構築的體系，所傳遞的天理之對待流行皆同，彼此一致，可以相通。

（四）陰陽互藏與進退之性

楊氏構制〈陰陽互藏其宅圖〉（圖十五）與〈陰陽生數之圖〉（圖十六），[66]說明陰陽的互藏與消長進退之道。二圖之結構形式，大抵根據韓邦奇之圖說而來。[67]

---

65 九疇之數，合大衍五十，虛一用四十九數者，楊氏取法韓邦奇《啟蒙意見》之說。見〔明〕楊時喬：《周易全書．易學啟蒙》，卷1，頁168。惟此〈洛書〉合九疇與大衍之法的主張，並非韓氏之創說，鄭東卿已見此觀點，王霆震明確指為「合沙先生」之主張。參見〔宋〕王霆震《古文集成》，卷62，頁442。

66 見〔明〕楊時喬：《周易全書．易學啟蒙》，卷1，頁169-170。

67 韓邦奇之圖說，《四庫》本《啟蒙意見》有部分缺漏，則參引《性理三解》本。又見〔明〕韓邦奇：《啟蒙意見》，《景印文淵閣四庫全書》第30冊，卷1，頁111-112。見〔明〕韓邦奇：《啟蒙意見》，收於《性理三解》，卷1，頁23。

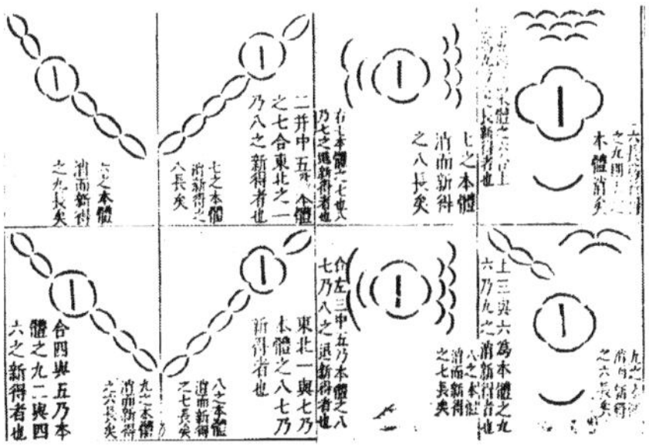

圖十五　〈陰陽互藏其宅圖〉

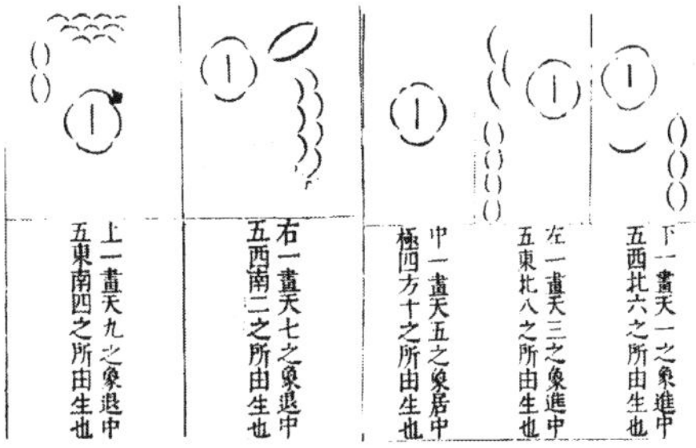

圖十六　〈陰陽生數之圖〉

在〈陰陽互藏其宅圖〉中，指出〈洛書〉陰陽之推變，有互藏其宅的屬性。此一陰陽互藏的特質，〈河圖〉同有，已如前述之說明。就〈洛書〉之性言，就右上方之圖式，「下五與一為本體之六，合上三為九，乃六之長，新得者也」，即五與太陽之一合而體太陰之六，惟太陰之六合少陽之三則為太陽之九，至此「六之本體消矣」。就右上二之圖式，「右七本體之七也，八乃七之進，新得者也」，少陽本體之七，進而新得為少陰之八，當八長則七之本體消弱。就右下方之圖式，說明上三與六合為本體之太陽九，當九消則六新長。就右下二之圖式，合左三與中五，成本體之少陰八，八之消退則少陽七新長。就左上二之圖式，少陰二並中五而為本體之少陽七，七合一而得八之新長，八長則七消。就左下二之圖式，少陰八為本體，其消而新長得少陽之七，即八退其一而得七。就左上方之圖式，強調太陰六之本體消弱，則太陽九可得新長。就左下方之圖式，合四與五而得本體之太陽九，九消則太陰六得以新長。此陰陽互藏其宅之說，強調陰陽太少的相互消長之性，即九長則六消，六長則九消，七長則八消，八長則七消。

此一圖說，反映出兩個重要的概念：

其一，此種陰陽互藏其宅之說，與〈河圖〉的陰陽造化之機的互藏之性同，太陽與太陰相互藏宅，少陽與少陰亦相互藏宅，其根本的藏宅之性，陽中生陰，陰中生陽，也正說明陰陽的彼此消長，陽長陰消，陰長陽消，為陰陽變化的重要特性。

其二，陰陽之迭為消長變化，實則著力於九、六、七、八之消長變化。

所論消長之觀點，與胡方平之說無異，大抵源此前說。[68]

確立〈洛書〉陰陽的相互藏宅之性，陰陽的消長變化，也反映出陰陽的進退之性，〈陰陽生數之圖〉說明其數值變化之義。中五居中，極於四方，十由是而生，即一九、二八、三七、四六，皆合十而生。下之天一之象，進於中五，則西北之六由是而生，左之天三之象，進於中五，則東北之八由是而生。右之天七之象，退於中五，則西南之二由是而生。上之天九之象，退於中五，則東南之四由是而生。同時取劉牧、董楷、胡方平、胡一桂、胡炳文等家之說，申言其論。其陰陽進退變化圖說，傳達幾個重要觀點：

其一，中五太極作為極於四方之主體，為進退變化，以衍陰陽太少之四象的主宰依據。

其二，陽先陰後與陽動主變之生衍性能，陰之太少數位，皆因陽之太少數位的進退而生。藉陽先陽動之性，說明「陽不可易，而陰可易」之認識，陽不易其變動而生陰，陰之易因陽而生。

其三，陽之太少始數，進於中五，則生陰之太少極數，陽之太少極數，退於中五，則生陰之太少始數；陽始則進，陽極則退。

其四，〈河圖〉以生數統成數，而此〈洛書〉結構，以奇陽之數統偶陰之數。〈河圖〉為陰陽生成之數之合，而〈洛書〉則為陰陽奇偶之數之分立；〈洛書〉雖陰陽分屬四方與四隅，然四陽亦在進退之中，合生四陰。

其五，其言「三同二異」者，即以〈洛書〉對比〈河圖〉在數列配位上，二者位數為「三同二異」，即〈河圖〉與〈洛書〉有「三同」，皆一六在北、三八在東、五居中；其「二異」，為〈河圖〉二七在南，而〈洛書〉二

68 胡方平就諸數的進退消長，作明確的說明，可與楊氏之說相參。胡氏云：「一得五為六，而與南方之九迭為消長；四得五為九，而與西北之六迭為消長；三得五為八，而與西方之七迭為消長；二得五為七，而與東北之八迭為消長。大抵數之進者為長，退者為消，長者退則又消，消者進則又長。六進為九，則九長而六消；九退為六，則九反消而六又長矣。七進為八，則八長而七消；八退為七，則八反消而七又長矣。」見〔宋〕胡方平著，谷繼明點校：《易學啟蒙通釋》，卷上，頁62。

七在西，〈河圖〉四九在西，而〈洛書〉則在南。[69]

其六，〈洛書〉陰陽位數變化，同於〈河圖〉，既有方位之性，則有四時之變，又有五行生克的變化規則，展現其通變之妙。[70]

其七，〈河圖〉與〈洛書〉，皆取五中為體，〈河圖〉以生數合五居內，而六、七、八、九則衍於其外，〈洛書〉則以奇陽為主，一、三、七、九與五相合進退，衍二、四、六、八，附於奇數之側。

(五)「十」與「十五」合數之用

〈洛書〉的數值布列推衍，同〈河圖〉一般，存在「十」與「十五」合數之用的格局。楊氏構制〈洛書十圖〉(圖十七)與〈洛書十五圖〉(圖十八)，[71]述明其義，以及對比出與〈河圖〉之異同。此二圖說，並源自韓邦奇之圖式，而韓氏以黑白子方式呈現。[72]

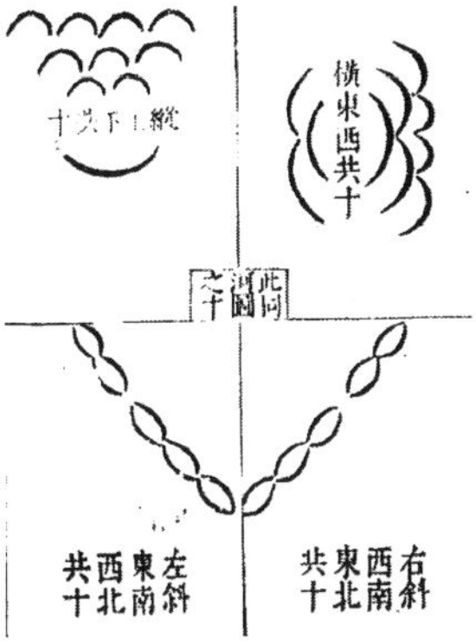

圖十七　〈洛書十圖〉

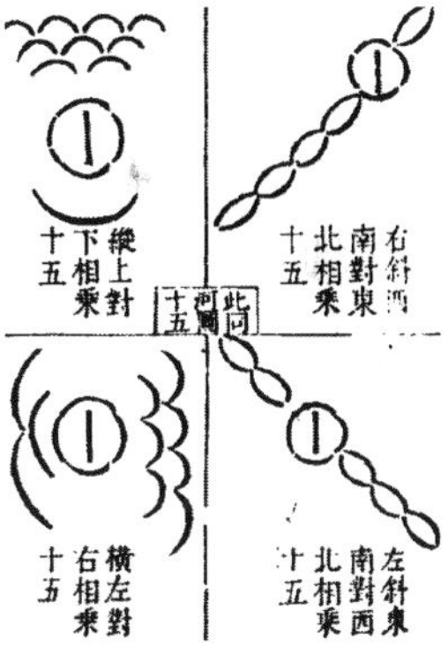

圖十八　〈洛書十五圖〉

69 「圖書」的位數「三同二異」之說，為朱熹一系圖說的關注主張，尤其如胡方平於《易學啟蒙通釋》中，作具體而詳細之說明。參見〔宋〕胡方平著，谷繼明點校：《易學啟蒙通釋》，卷上，頁57-58。

70 括弧引文，與有關概念，參見〔明〕楊時喬：《周易全書・易學啟蒙》，卷1，頁170。

71 見〔明〕楊時喬：《周易全書・易學啟蒙》，卷1，頁171。

72 參見〔明〕韓邦奇：《啟蒙意見》，收於《性理三解》，卷1，頁23。

〈洛書十圖〉強調橫東三西七共十，縱上九下一共十，右斜西南二東北八共十，左斜東南四西北六共十。[73]〈洛書十五圖〉橫向左右為三五七合十五，縱向上下一五九亦十五，右斜之西南對東北向之二五八、左斜東南對西北向之四五六，乃至縱之東四三八與西二七六、橫之南四九二與北八一六，皆合為十五。

〈洛書〉的合「十」與合「十五」之數值推衍，與〈河圖〉對比，可以看出二者皆取五中之中的太極作為統轄主宰之數，並在進退消長變化中，顯其「十」與「十五」合數之用，呈現其異同，但也展示其共通之處。〈河圖〉內一連外九為十，內二連外八為十，內三連外七為十，內四連外六為十，為以內連外的四象布列；又，內之十為五合五為十。外圍成數之相接者，六合九為十五，七合八為十五，中五外包中十亦十五。

楊氏進一步總結指出，〈河圖〉有五個十，而〈洛書〉有四個十；〈河圖〉有五個十五，〈洛書〉有四個十五，主要在於〈河圖〉有「十」而〈洛書〉無之故。不論〈河圖〉或〈洛書〉，中五或中十，皆具乎四象、八卦，而十五數亦具乎四象、八卦，十五數之理，作為四象、八卦之原。[74]

五　結論

綜上所述，總結如下：

一、「圖書」之說，宋初劉牧、邵雍等人，開啟建構伏羲作《易》的源頭理論，同時藉《洪範》的認識，分判《易》與《洪範》同「圖書」的關係，但仍有多數《易》學家，偏向專注於以《易》學為主體之視域，鳩理「圖書」與《易》之關係，尤其至朱熹著《周易本義》，並合蔡元定《易學啟蒙》，於「圖書」的核心面向，仍執力於與《易》之源起關係，以及聯繫的陰陽變化之性。然而，蔡沈《洪範皇極內篇》建立「範數」之論，深刻影

73 〈洛書十圖〉右下圖呈現圻文為四、六為誤，當為二、八。此應刻誤之致。

74 參見〔明〕楊時喬：《周易全書．易學啟蒙》，卷1，頁171。

響朱子《本義》與《啟蒙》於圖說方面的後繼者之詮解導向，其中最為典型者即韓邦奇，其於前人的基礎上，創制「圖書」之系統化主張，既重於與《易》的關係，又不昧於同「範數」推占所存在的相合之必然之理。再至楊時喬重述《啟蒙》，淡化消弱「範數」之義，不否定〈洛書〉與「範數」間架的合理脈絡，但主要重點再次回到以《易》學為主的道路，面對「圖書」構圖之說，明顯偏重於〈河圖〉的內容，以及「圖書」與《易》的化生關係上，而為成卦與立先後天卦說舖路。楊氏可以視為明代圖說高峰的主要代表，亦為明代「圖書」繼《啟蒙》詮義一系流衍以來的再次總結者，又可為韓氏圖學的述評與再造之最有功者。在「圖書」成卦與先後天之學的理解上，多有可參照之價值。

二、蔡沈一系至熊宗立、韓邦奇等家於「圖書」之說的基本主張，〈河圖〉衍《易》，〈洛書〉推《洪範》九疇大法，共宗於天地之數的自然造化，「圖書」天地變化之理同，而推衍《易》與《洪範》九疇，則作相對不同體系的分立。楊氏接受蔡沈以降之說，但無意於重塑「範數」推占之體系，而著力於「圖書」於天地之數的運用上，展示出的陰陽變化之規則，而二者所呈現的宇宙自然之道並無二致，同為一理。是故，「圖書」同具生卦之法，同備太極生次之道，亦即重視〈河圖〉可以成卦，〈洛書〉亦無不可的聯繫關係，二者體用相契，可以互應互顯，則《易傳》所言聖人則〈河圖〉、〈洛書〉以作《易》之說，可以在其有系統的圖構中，得到合理的理論依據。楊氏綜采前人之說，擷精覈緻，既為「圖書」成《易》尋得理路，更透過圖式方式，再構完整幽邃的理論體系。雖不免有穿鑿附會者，但甄補圓說，多能體現高度之邏輯性與嚴整性，以及將機械化的數值，賦予更具哲理性的認識，其圖式思想的生命力，值得參贊，可以解析繼學而不使湮絕。

三、「圖書」數位配用之說，發展至楊氏之圖式構建，已然成熟的聯結《繫辭傳》天地之數與太極生次之觀點，確立「圖書」彼此可以相及相合的必然性，以及展示的陰陽變化，推衍八卦、六十四卦的自然物象與天地之理的合理性意義，也將宋明理學家所持的天理性命之說，進行思想性的鳩合整全，提高《易》學圖說的哲學性意涵。

四、賦予〈河圖〉十數龍馬旋毛與九數龜背坼文圖像，以象明義，背後傳遞超越於傳統黑白子圖像，更細緻闡發陰陽變化、造化自然之實況與神妙之性，對五位十數與九數進行分殊，確立太極居處之中，融入太極非物同理的思想本質，以及主宰陰陽變化所產生的往來進退之衍化規律情形，凸顯天地之數各自內在的推衍，反映其實質的陰陽屬性。旋毛與坼文所概括的黑白子，黑子非純黑，白子亦非純白，說明陰中有陽、陽中有陰的變化之道，亦即陰陽反復進退、相互交感，確立其變化之性，化生八卦，論定九疇，八卦與九疇所含之陰陽屬性及變化規律，判然有則，同異相及，互為昭顯。

五、自劉牧以降，「圖九書十」取黑白子布列之用，至朱熹雖改「圖十書九」，但仍採黑白子之形式。楊氏用數根本朱說，但堅決肯定〈河圖〉旋毛、〈洛書〉坼文之具體形式；縱使圖說多參取韓邦奇之制論，但仍突出於旋毛坼文上之別異。楊氏網羅稽索前儒之說，詳考旋毛坼文之來由，以鄭樵之明記，吳澄之見用，可確立吳澄制圖最為早見，而楊氏構圖相對又最多元與完備者。申明旋毛與坼文的形質之蘊義，認同原古為真，朗透幾微之妙。旋毛坼文圖說，遽發後人之迴響，如胡世安（處靜，1593-1663）《大易通則》、趙振芳（香山，？-？）《易原》所論，可以視為承說有成者。

參考文獻

一　古籍文獻

〔宋〕劉牧：《易數鈎隱圖》，《景印文淵閣四庫全書》第8冊，臺北市：臺灣商務印書館，1986年3月。

〔宋〕朱熹：《周易本義》，臺北市：大安出版社，2011年8月1版6刷。

〔宋〕朱熹撰，蘇勇校注：《周易本義・附　易學啟蒙》，北京市：北京大學出版社，1992年9月。

〔宋〕蔡沈：《洪範皇極內篇》，《景印文淵閣四庫全書》第805冊，臺北市：臺灣商務印書館，1986年3月。

〔宋〕蔡沈：《書經集傳》，《景印文淵閣四庫全書》第58冊，臺北市：臺灣商務印書館，1986年3月。

〔宋〕王霆震：《古文集成》，《景印文淵閣四庫全書》第1359冊，臺北市：臺灣商務印書館，1986年3月。

〔宋〕胡方平著，谷繼明點校：《易學啟蒙通釋》，北京市：中華書局，2019年8月。

〔元〕吳澄：《易纂言外翼》，《景印文淵閣四庫全書》第22冊，臺北市：臺灣商務印書館，1986年3月。

〔明〕朱升：《周易旁注前圖》，《續四庫全書》第4冊，上海市：上海古籍出版社，2002年3月。

〔明〕胡廣：《書經大全》，《景印文淵閣四庫全書》第63冊，臺北市：臺灣商務印書館，1986年3月。

〔明〕盧翰：《易經中說》，《四庫全書存目叢書》經部本第6冊，濟南市：齊魯書社，1997年10月，影印湖南衡陽第三師範學校圖書館藏明刻本。

〔明〕熊宗立：《洪範九疇數解》，《四庫全書存目叢書》子部第57冊，濟南市：齊魯書社，1995年9月。

〔明〕韓邦奇：《啟蒙意見》，《景印文淵閣四庫全書》第30冊，臺北市：臺灣商務印書館，1986年3月。

〔明〕韓邦奇：《啟蒙意見》，北京市：國家圖書館，明嘉靖十九年〔1540〕《性理三解》原刊本。

〔明〕韓邦奇：《苑洛集》，臺北市：臺灣商務印書館景印文淵閣《四庫全書》本第1269冊，1986年3月。

〔明〕韓邦奇：《洪範圖解》，《四庫全書存目叢書》子部第57冊，濟南市：齊魯書社，1995年9月。

〔明〕來知德：《來註易經圖解》，北京市：中央編譯出版社，2010年1月。

〔明〕章潢：《圖書編》，臺北市：臺灣商務印書館景印文淵閣《四庫全書》本第968冊，1986年3月。

〔明〕楊時喬：《周易古今文全書》，《四庫全書存目叢書》經部第8-9冊，濟南市：齊魯書社，1997年10月，影印北京圖書館藏明萬曆刻本。

〔明〕錢一本：《像抄》，《四庫全書存目叢書》經部第14冊，濟南市：齊魯書社，1997年10月，影印中國科學院圖書館藏明萬曆刻本。

〔清〕黃宗羲：《明儒學案》，北京市：中華書局，2008年12月。

〔清〕朱彝尊：《經義考》，北京市：中華書局，1998年11月。

〔清〕張玉書、〔清〕王鴻緒、〔清〕張廷玉等撰：《明史》，北京市：中華書局，1997年11月。

〔清〕永瑢等撰：《四庫全書總目》，《景印文淵閣四庫全書》第1冊，臺北市：臺灣商務印書館，1986年3月。

〔清〕胡煦著，程林點校：《周易函書》，北京市：中華書局，2008年8月。

二　當代論著

朱伯崑：《易學哲學史（第三卷）》，北京市：華夏出版社，1995年1月。

吳愛邦：〈江西甘泉後學概述〉，《井岡山大學學報》第38卷第3期，2017年5月，頁71-76。

林忠軍、張沛、張韻宇等著：《明代易學史》，濟南市：齊魯書社，2016年6月。

徐芹庭：《易學源流》，臺北市：國立編譯館，1987年8月。

徐芹庭：《易圖源流》，北京市：中國書店，2008年1月。

張泉鑫：〈明代江西籍畜牧獸醫管理專家——楊時喬〉，《農業考古》1993年第3期，1993年9月，頁319-320。

郭翠麗、吳雯：〈楊時喬的理學思想〉，《宜春學院學報》第32卷第1期，2010年1月，頁64-67。

郭翠麗：〈楊時喬的政治實踐與政治思想探微〉，《南昌大學學報（人文社會科學版）》第41卷第2期，2010年3月，頁12-16。

郭翠麗：〈楊時喬生卒年及著作考述〉，《學理論》2010年第14期，2010年5月，頁134-135。

三　網站文獻

〔明〕楊時喬：《周易古今文全書》，中國哲學書電子化計劃網站，原書源自哈佛大學燕京圖書館。網址：https://ctext.org/library.pl?if=gb&res=95009。

從理與情談方苞《儀禮析疑》的詮釋

鄭雯馨
政治大學中國文學系副教授

提要

清朝初年，由於帝王的獎掖，程朱理學占有舉足輕重的影響力。歷任康、雍、乾三朝的方苞，尊奉程朱，不僅編纂官方的《三禮義疏》，個人的禮學著作也相當豐富而富有影響力。方苞晚年所作的《儀禮析疑》尤為其禮學研究之代表作。本文擬從程朱學的背景切入，實證性地觀察《儀禮析疑》如何根據理與情詮釋、定位禮儀。首先，秉承朱子「禮即理」之說，望溪認為《儀禮》中的禮文及其蘊涵的意義，皆為「理」的表現。而且由禮文而言禮意的進路，適反映「一物必有一則」的道器思惟。其次，從情的角度，望溪認為禮須符合人情，包括年紀、體力等「情實義」，也有悲哀、憐憫等「情感義」，義涵豐富。若禮悖於人情，將流於虛偽，因而稱情立文將指向道德修養。望溪更基於「情」的立場，採用心喪之法，避免禮儀對人情造成制約。其三，「理」與「情」既是解釋禮的基礎，同時也是衡量禮的標準。望溪據此賦予儀節新意，並指出王莽、劉歆「悖情逆理」、偽竄〈喪服〉的尊同不降說。可知理、情成為辨別聖人之制的關鍵，彰顯理學思惟對文本辨偽的影響。文中具體勾勒理學概念運用於詮釋禮書的多元面貌，當能為清初程朱後學之禮學研究，提供個案參考。

關鍵詞：方苞、儀禮析疑、禮即理、理與情、偽竄

一　前言

方苞（1668-1749），字靈皋，江南桐城人。晚年自號望溪，學者稱為望溪先生。父仲舒，善於為詩，方苞為其次子。篤學修德，自為諸生，已有聲望。康熙三十八年（1699），中舉人。四十五年（1706），會試中，將應殿試，聽聞母病，歸家侍母。五十年（1711），因戴名世所著《南山集》、《孑遺錄》中有悖逆之語，方苞曾為其書作序，因而下獄。五十二年（1913），戴名世問斬，方苞與該案相關者皆免罪入旗。其後康熙因方苞的文學才華與大學士李光地的推薦，召入南書房。雍正即位（1723），赦免方苞與族人，歸原籍。此後數年，屢次擢升。乾隆元年（1734），充《三禮義疏》副總裁，又值南書房，擢禮部右侍郎，教習庶吉士。乾隆四年（1742），專任三禮館修書事。乾隆七年（1742），告病返鄉，專心著書。乾隆十四年（1749），卒，享年八十二歲。

在學術上的定位，由於方苞的古文成就歷來備受矚目，近代或以文人視之，如楊向奎說：「望溪文人，涉獵者廣，堪稱博學，但非經師，亦非理學家。不能以經學和理學成就評價他。」[1]然而時代與方苞相近的全祖望（1705-1755）卻說：

> 古今宿儒，有經術者或未必兼文章，有文章或未必本經術，所以申、毛、服、鄭之於遷、固，各有溝澮。唯是經術、文章之兼固難，而其用之足為斯世斯民之重，則難之尤難者。前侍郎桐城方公，庶幾不愧於此。然世稱公之文章，萬口無異辭，而於經術已不過皮相之。若其惓惓為斯世斯民之故，而不得一遂其志者，則非惟不足以知之，且從而掊擊之，其亦悕矣！[2]

1　楊向奎：〈方苞「望溪學案」〉，收入楊向奎、冒懷辛等撰：《清儒學案新編》（濟南市：齊魯書社，1994年），卷3，頁39。

2　〔清〕全祖望：〈前侍郎桐城方公神道碑銘〉，收入彭林、嚴佐之主編：《方苞全集》（上海市：復旦大學出版社，2018年），第13冊，頁56。

全氏認為方苞經術兼文章，足以經世濟民，並感嘆時人稱頌方苞文章，卻僅能識其經術之皮相而已。清人陳宏謀（1696-1771）以為：「望溪經說，不惟經義開明，可以蕩滌人心之邪穢，維持禮俗。」[3]胡宗緒（約1670-1740）認為「望溪說經文，宋五子之意皆在其中，而文更拔出六家之上。余常謂方子乃七百年一見之人，知者當不以為過其實也。」[4]唐鑒（1778-1861）、李元度（1821-1887）、馬其昶（1855-1930）等學者亦視方苞《春秋》、「三禮」等經學著作，為其所長。[5]近代徐世昌則指出方苞「文章源於經術」。[6]丁亞傑說：「方苞不僅僅是清代散文家，也是經學家，但其經學研究重在經典大義，並不在文字訓詁，與後來乾嘉漢學大異。」[7]

徵之方苞的觀點，其云：

> 不出於聖人之經，皆非學也。[8]
>
> 若古文則本經術而依於事物之理，非中有所得不可以為偽。[9]

聖人之經是學習的對象，古文創作來自經術，顯示對經書的重視。諸經之中，「尤深於《三禮》、《春秋》」。[10]方苞在康熙三十年前，究心於詞章。其

3 〔清〕陳宏謀：〈評讀國風〉，收入劉季高：《方苞集．附錄二》（上海市：上海古籍出版社，2012年），下冊，頁901-902。

4 〔清〕胡宗緒：〈評讀儀禮〉，收入劉季高：《方苞集．附錄二》，下冊，頁902。

5 唐鑒〈桐城方先生〉：「苞殫心《三禮》之學，……次為《春秋》，學皆有成書。」見《方苞全集》，第13冊，頁73。李元度〈方望溪侍郎事略〉：「其說經皆推衍程、朱之緒，尤致力於《春秋》、《三禮》。」見《方苞全集》，第13冊，頁76。馬其昶〈方望溪先生傳〉：「先生為學一本宋儒程、朱之說，以求之遺經，尤究心《春秋》、《三禮》。」見《方苞全集》，第13冊，頁93。

6 徐世昌：〈清儒學案望溪學案．方先生苞〉，《方苞全集》，第13冊，頁227。

7 丁亞傑：〈《詩經》學解經方法〉，元培科學技術學院主辦：《第一屆通識教育學術研討會論文——通識教育的延續與發展》（新竹市：元培科學技術學院通識育中心，2001年7月），頁161-176。

8 〔清〕方苞：《方望溪文集．再與劉拙修書》，《方苞全集》，第8冊，卷10，頁350-351。

9 〔清〕方苞：《方望溪文集．答申謙居書》，《方苞全集》，第8冊，卷10，頁339。

10 徐世昌：〈清儒學案望溪學案．方先生苞〉，收入《方苞全集》，第13冊，頁227。

後，受到萬斯同、李光地、劉齊、劉岩等人的影響，[11]再加上康熙朝的學風所及，[12]為學始宗尚程、朱，自此潛心於宋學。方氏說：「二十年來，於先儒解經之書，自元以前所見者十七八。然後知生乎五子之前者，其窮理之學未有如五子者也；生乎五子之後者，推其緒而廣之，乃稍有得焉。其背而馳者，皆妄鑿牆垣而殖蓬蒿，乃學之蠹也。」[13]可見其崇仰之情。時人以為「其說經皆推衍程、朱之緒，尤致力於《春秋》、《三禮》。」「先生為學一本宋儒程、朱之說，以求之遺經，尤究心《春秋》、《三禮》。」[14]

方苞以為禮學湮沈殘缺，郊祀、宗廟等重大議題，群臣「冥昧而莫知其原」，一般的士人、百姓昏、喪、祭等禮「蕩然一無所守，而競於淫侈。」[15]晚年畏懼《儀禮》「精蘊未盡開闡而閉晦以終古」，七十歲之後，晨興端坐誦讀經文，「設為身履其地、即其事者，而求昔之聖人所以制為此禮、設為此儀之意。」[16]至八十歲，還每日端坐，「修改不已」。[17]早年撰寫《喪禮或問》亦納入其中，十易稿而成《儀禮析疑》，足見方苞對《儀禮》的重視。《四庫》館臣以為該書舉《儀禮》可疑處加以詳辨之，無可疑者則連經文亦不錄，是為「析疑」之義；該書長於發揮義理，短於名物訓詁，「用力良勤，然亦頗勇於自信」、「其用功既深。發明處亦復不少」、「檢其全書，要為瑜多於瑕也。」[18]清代學者周中孚（1768-1821）說：

---

11 方苞在〈萬季野墓表〉記載萬斯同以明道相勉，「余輟古文之學而求經義自此始。」收入《方苞全集》，第9冊，卷20，頁720-721。〈辛酉送鍾勵暇南歸序〉記載李光地曾勸方苞說：「夫治經，特適道之徑途耳。以吾子之性資，不思接程、朱之武，而務與歐、柳爭，不已末乎？」收入《方望溪文集》，《方苞全集》，第9冊，卷14，頁507。

12 陳祖武：〈論康熙的儒學觀〉，《孔子研究》1988年第3期（1988年9月），頁63-66。林存陽：《清初三禮學》（北京市：社會科學文獻出版社，2002），頁272-289。

13 〔清〕方苞：《方望溪文集．再與劉拙修書》，《方苞全集》，第8冊，卷10，頁350。

14 李元度：〈方望溪侍郎事略〉、馬其昶：〈方望溪先生傳〉，收入《方苞全集》，第13冊，頁76、93。

15 〔清〕方苞：《方望溪文集．讀經解》，《方苞全集》，第8冊，頁67。

16 程崟：〈序〉，《儀禮析疑》，收入《方苞全集》，第4冊，頁7。

17 唐鑒：〈桐城方先生〉（節錄），《方苞全集》，第13冊，頁73。

18 〈四庫全書總目提要．儀禮析疑〉，《方苞全集》，第13冊，頁155-156。

> 今案其書摘經文為說，舉是經疑義剖析入微，雖其學源出宋人，頗嫌其自用，然而用功既深，往往發明前人所未發。棄所短而取所長，亦足為說《禮》之津梁矣。[19]

周氏與《四庫》館臣同樣認為方苞對經義的解釋剖析入微、有所發明，是其優點；而自信、自用，是其不足之處。此乃基於清代漢學重視文獻根據的立場，賦予尊崇宋學的方苞之評價。即使治學立場不同，仍然肯定《儀禮析疑》對解讀《儀禮》的重要性。胡培翬《儀禮正義》不僅被讚譽為「集大成」，也是清代漢學的代表作之一，其中便引用四六七條方苞的說法，[20]顯示《析疑》確實具有學術上的影響與價值。

以近代研究而言，鄧聲國從清代《儀禮》的發展脈絡，指出「應清晰地看到方氏在禮學研究中張揚程、朱義理之學獨特的時代意義」；[21]方苞認為《儀禮》乃周公「緣情制節」、「體性作儀」的產物，解說禮制與義理時，「頗喜以義言禮，以情言禮，以性言禮。」[22]田豐則著眼於秉承程朱學的禮學發展，認為方苞《儀禮析疑》之於敖繼公《儀禮集說》有大量補正，大幅度地提升以理解禮的水準，因而認為該書「在清代，堪稱理學一系《儀禮》研究的代表作」、視方苞為「清前期站在程朱理學的立場上重建儒學的傑出學者。」[23]丁鼎留意到方苞主張《儀禮》是先王稱情立文的產物，後人可從中發現聖人精微之學，而且「方苞長於以義理說禮，而不專究於禮經名物制度的考辨」。[24]潘斌則就《方望溪文集》，認為方苞視聖人所制之禮，出於順人情、節人欲之目的，理是禮的形上依據，並指出「方苞的禮學就是一個探

---

19 〔清〕周中孚：〈鄭堂讀書記．儀禮析疑十七卷〉，收入《方苞全集》，第13冊，頁168。

20 「中國基本古籍資料庫」網站，檢索日期：2022年10月21日。

21 鄧聲國：《清代《儀禮》文獻研究》（上海市：上海古籍出版社，2006年），頁81-82、91-102。

22 鄧聲國：《清代《儀禮》學史》，頁103。

23 田豐：《論方苞經學及其與古文創作的關聯》，頁134、269。

24 丁鼎主編：《三禮學通史》（北京市：人民出版社，2020年），下冊，頁715。

討清代學術與理學關係的具體例證」。[25]

如上所見，望溪深受程朱學影響，長於以理（義理）說禮，已深受學界矚目。學者論述理、禮、情的關係，為後人打下厚實基礎。因研究關懷不同，理、情如何應用於釋禮，理與禮如何由哲學形態（理學）轉向社會學形態（禮學），乃至「情與理或情與禮之間的尺度重審問題」，[26]仍有進一步探索的空間。本文擬承學者揭示的方向，進一步實證性地觀察《儀禮析疑》如何根據理與情詮釋、定位禮儀。文中首先說明「理」應用於解釋禮儀的表現，其次探討以「情」釋禮涉及的面向，其三闡述「理」與「情」貞定禮儀的情形，具體勾勒理學概念運用於詮釋禮書的多元面貌，希望有助於認識望溪的禮學內含。

二　禮即理的表現

〈中庸〉:「天命之謂性，率性之謂道，脩道之謂教。」天理是公共的形上存在，上天化生萬物，賦形之後，人、物因而「各得其所賦之理，以為健順五常之德，所謂性也。」人性具有仁、義、禮、智、信五常之德，亦即人所稟受的「分殊之理」具有道德性質。分殊之理有偏全，且氣稟清濁不同，使人、物有別，人人不同，人、事、物各有其理，此即程朱學「理一分殊」的分株。人物所受之性、道雖同，氣稟或別，因而不能無過與不及。人物各順「其性之自然」,「則其日用事物之間，莫不有當行之路」，此即所謂的「道」。循「道」而行，將能避免疏失。易言之,「道」是日用事物之中當行的道理，人們遵循日常生活的軌範，將能完成道德修養，而毋須外求於他。聖人因應「人物之所當行而品節之」，作為天下的法度,「則謂之教」，如禮、樂、刑、政之屬，因此朱子認為人之所以為人、道之所以為道、聖人之

25 潘斌：〈方苞的禮學思想及實踐探微〉,《哲學與文化》第47卷第7期（2020年7月），頁147-160。

26 張壽安：〈原序〉,《以禮代理——淩廷堪與清中葉儒學思想之轉變》（石家莊市：河北教育出版社，2001年），頁8-9。

所以為教，「無一不本於天而備於我」。[27]易言之，人性內具的五常之德、日用事物的軌範、禮樂刑政等，形式、現象上種種不一，卻皆源自天理，是天理不同面向的表現。

聚焦於禮與理的關係，朱子曾說：

> 所以禮謂之「天理之節文」者，蓋天下皆有當然之理。今復禮，便是天理。但此理無形無影，故作此禮文，畫出一個天理與人看，教有規矩可以憑據，故謂之「天理之節文」，有君臣，便有事君底節文；有父子，便有事父底節文；夫婦、長幼、朋友，莫不皆然，其實皆天理也。禮，即理也。但謂之理，則疑若未有形跡之可言；制而為禮，則有品節文章之可見矣。[28]

上述可分梳為三點說明：其一，「天理」之形跡為「禮」。天理「無形無影」、無「形跡之可言」，抽象不可見，賦形則為禮之「品節文章」，按等級加以調整而為禮樂法度，[29]有「曲折厚薄淺深」的不同，[30]因而天理與禮，是抽象與具體、普遍與特殊的關係。其二，以目的而言，天理具象為「禮」之後，君臣、父子、夫婦、長幼、朋友等抽象的人倫關係，便有具體的禮文可遵，教化便有規矩可循。進言之，人倫的禮文與道德，各有其規範與理想，是為倫理，屬於「分殊之理」，[31]如臣向君行「再拜稽首」以示「尊

27 上述詳參〔宋〕朱熹：《四書章句集注．中庸章句》（臺北市：大安出版社，1996年），頁23。

28 〔宋〕朱熹著，〔宋〕黎靖德編：《朱子語類》（北京市：中華書局，1986年），卷42，頁1079。〔宋〕朱熹著，陳俊民校編：《朱子文集》（臺北市：德富文教基金會，2000年），卷60，頁2958。

29 《論語．泰伯》：「巍巍乎其有成功也，煥乎其有文章。」朱熹：「文章，禮樂法度也。」〔宋〕朱熹：《四書章句集注》，卷4，頁144。又，「『禮者，天理之節文』。節謂等差，文謂文采。等差不同，必有文以行之。〈鄉黨〉一篇，乃聖人動容周旋皆中禮。」〔宋〕朱熹：《朱子語類》，卷36，頁963。

30 〔宋〕朱熹：《朱子語類》，卷84，頁2184。

31 另參〔宋〕朱子：〈答王子合〉，《晦庵先生朱文公文集》，《朱子全書》，卷49，頁2257。

卑」。人倫的「分殊之理」究其實「皆天理也」，遵循禮儀，既完成教化，也是實踐天理，因此「復禮，便是天理」。其三，「天下皆有當然之理」的「當然」，為應該如此之意，即對事物或現象的肯定，因此「天下皆有當然之理」意味著「是非評判之理」的存在。[32]

天理抽象而不可見，賦形為禮時，儀節的安排便是天理自然發用的表現，例如「『羹之有菜者用梜，其無菜者不用梜』；主人升東階，客上西階，皆不可亂。然不是強安排，皆是天理之自然。」[33]進食是否用筷的生活常規、主賓各升東西階之禮，皆屬天理的表現。進言之，研究禮儀便是探討天理。

當朱子指出禮即理的方向後，望溪遵循其說，肯定禮是天理的自然呈現，實已確保儀節本身的正當性。問題在於「理」與「禮」如何結合？有哪些表現？可以有什麼樣的意義？下文將從這個角度進行觀察。值得說明的是，由於《儀禮析疑》闡述「天理之應用」，即天理實質地運用於人世而為禮，呈現公共之理與分殊之理的「相應處」，同時也闡發物理、事理、人理等「分殊之理」的差異，因而下文將視情形說明「公共之理」與「分殊之理」的表現。[34]因而在《儀禮析疑》中，「公共性之理」與「分殊之理」有相應之處，亦著力於物理、事理，乃至「人理」等不同之處，惟望溪詮釋《儀禮》時，「公共之理」與「分殊之理」的區別不甚明顯，似非措意之處，因而下文不特別區隔二者。至於「當然之理」將在第四節說明。

（一）理見諸禮文

朱子注解《論語》「事不成，則禮樂不興」時，引范祖禹的話說：「事得其序之謂禮，物得其和之謂樂。事不成則無序而不和，故禮樂不興。禮樂不

32 關於朱子所格之「理」具當然義、分殊義、公共義，詳參張亨師：〈朱子格物說試釋〉，《中國文哲研究集刊》第55期（2019年9月），頁12-20。朱子論禮與理的豐富向度，可參殷慧：《禮理雙彰：朱熹禮學思想微》，頁246-252。

33 〔宋〕朱熹：《朱子語類》，卷74，頁1908。

34 方苞說：「先王制禮，有跡若相違，而理歸於一者，以物之則各異，而所以為則者，無不同也。」〔清〕方苞：〈書考定儀禮喪服後〉，《方苞集》，上冊，頁24。

興，則施之政事皆失其道，故刑罰不中。」[35]事物得其次第、條理，稱之為「禮」；若事物失序而不和，將致使「禮樂不興」、「刑罰不中」，乃至政務「皆失其道」。「禮」與「序」密切相關。又於「子曰：『禮云禮云』」章，引「程子曰：禮只是一箇序，樂只是一箇和。只此兩字含蓄多少義理。天下無一物無禮樂，且如置此兩椅，一不正便是無序。無序便乖，乖便不和。」[36]禮，具有先後次第之意，並延伸至整體的和諧關係。

望溪詮釋《儀禮》，留意於禮文先後具有的意義。〈大射〉：「公又舉奠觶，唯公所賜，若賓若長，以旅於西階上，如初。」《注》、《疏》、《通解》對於儀節流程，未特別予以比較或說明。望溪先指出〈燕禮〉的部分流程為：一、公卿舉旅→二、大夫旅酬→三、工歌→四、立司正→五、脫屨升堂→六、主人獻士與旅食者，其間若有射事，當在「一、公卿旅酬」結束後，「四、立司正」安諸臣之前，「以別於群士」，且「其禮極簡」。相較之下，〈大射〉因射不中者不得參與祭祀，為使大夫專心於射箭，「必俟射畢舉酬」，射禮結束後，才舉行旅酬；即在「一、公卿旅酬」結束後、「二、大夫旅酬」之前，舉行射禮，「然後理得而其心可安也」。射箭安排在旅酬之前或之後的「理」與「心安」，可從二方面衡量：其一，因禮儀目的不同，射禮的繁簡有別，隨之調整順序。〈燕禮〉以射箭作為娛樂節目，使眾人感情融洽。飲酒後，身心較為放鬆，因而在旅酬後射箭，有助於提升歡樂程度。〈大射〉則透過射箭選才方能參與祭祀，儀節較為嚴正，旅酬前射箭，避免因飲酒影響身心，減少不必要的失誤。其二，與身分尊卑有關。〈燕禮〉在主人獻士「之前」舉行燕射，意味著這項娛樂排除地位較低的士階級。〈大射〉為了選拔人才、協助祭祀，公、卿「廟有著位，事有秩節」，毋須因射中而與祭，大夫則射不中便不能參與祭祀，因而射箭選擇在公卿旅酬「後」、大夫旅酬「前」進行，先進行重要的射禮再飲酒，使大夫能安心射箭。[37]可知望溪認為二篇舉行射箭先後不同之「理」，係指儀節先後符合常理判斷，

---

35 〔宋〕朱熹：《四書章句集注．論語》，頁141。

36 〔宋〕朱熹：《四書章句集注．論語》，頁176。

37 〔清〕方苞：《儀禮析疑．大射儀》，卷7，頁194。

也具有尊卑、輕重等價值觀。[38]

又，〈少牢饋食禮〉賓長獻尸酒，原應接著進行賓長受尸酢、賓長獻侑之禮，卻退居於主人獻私人之後。《注》、《疏》無說。望溪以為祭禮從質明待事開始，經過一連串的儀節，至此，即使「強力者亦困憊矣」，主人遂先獻私人，使之飲酒以補充體力。除了賓長受尸酢等儀節挪後之外，主人酬尸、尸侑主人、主婦薦羞，為相關聯之事而不能暫停、更舉，因此也一併退居於後續的儐尸之禮。望溪進一步指出：

先王制禮，體察物情，運用天理，曲得其次序如此。[39]

先王根據事物的情狀與人情、天理，制定禮儀，達成詳盡而適合的先後安排。易言之，超越的、抽象的天理，具體賦形於世間人、事、物之後，而有事物上之分理，根據實際狀況，安排禮儀先後次第，亦為天理的表現。因而該書時從「次序」、「次第」闡述儀節的義蘊。[40]

進言之，儀節異同、繁簡等變化，也是天理之本然。〈聘禮〉使者受君命出行時，國君之賈人取圭將絇組之繅垂下，「垂繅」而授宰，宰執圭，並將絲繩收攏斂聚「屈繅」，交付使者，使者受圭「垂繅」、受命後，將圭交予上介，上介受圭「屈繅」，出朝廷而授予隨行賈人。交接圭玉的過程中，經文細述繅的屈垂樣態，鄭玄解釋說：「禮以相變為敬也。」[41]《通解》則留意經文與記文「執玉，其有藉者則裼，無藉則襲」之間的關係，引用熊安生、陳祥道、陸佃諸說，「然今未敢斷其是非，故悉著其說，以俟知者。」[42]望溪認為賈人、使者「垂繅」，具有展示作用；宰、上介「屈繅」為「既視而掩之」，親眼確認後將絲繩收攏斂聚，以便交付給他人；使者與他國主君

38 涉及合乎一般思惟、價值判斷，可另參〔清〕方苞：《儀禮析疑．大射儀》，卷7，頁193。

39 《儀禮析疑．有司徹》，卷17，頁494。

40 《儀禮析疑》言「曲得次序」，卷3，頁65；卷5，頁113；卷12，頁330；卷17，頁494，共四條。另外，「次第」有六條、「先後」十餘條，反映望溪對於次序的重視。

41 《儀禮》，鄭注，卷19，頁229。

42 〔宋〕朱熹：《儀禮經傳通解》，《朱子全書》，第2冊，卷23，頁731-733。

行聘時，屈垂繅之義亦復如此，「皆事理所宜，不獨以相變為貴。」[43]易言之，繅之屈垂不只是為了變化禮文以表達敬意，而是具有實質展示、便利的功能。

又，〈公食大夫禮〉主國之君為使者設醯醬，「賓辭。」《注》、《疏》、《通解》無說。望溪則比較〈聘禮〉與本篇的差異：正聘禮賓時，賓不降階而於西階上行拜禮，「所以自別於本國之臣也」;〈公食大夫禮〉公親自設醯醬，「賓辭而不拜」，至主國之君揖而請食，使者降西階行再拜稽首，而後「升成拜，所以自比於本國之臣也」。二禮之所以有此區別，在於〈聘禮〉是相接之初「自別以示禮之異」，使者不降階，顯示自己為異國使臣、銜君命而來；正聘既已別異，至〈公食大夫禮〉行再拜稽首，則「自比以示敬之同，皆義之宜也。」望溪總結地說：

> 隨時以變而稱事之宜，所以盡在物之理也。[44]

隨著場合調整儀節，適合當下的情形，以體現所有事物的道理。

至於繁簡變化，如〈士喪禮〉朋友親自致贈衣物予亡者「襚」，主人拜謝，「退，哭，不踊」。鄭玄認為國君致襚時，主人「哭，拜稽顙，成踊」，朋友致贈則「徒哭不踊」，有尊卑之別，《續通解》同。[45]望溪則認為從始死，主人哭聲無停，故朋友致襚時，以禮事節制停哭，「使少休息，皆天理自然之節也」，且「踊必興」，致襚者眾多，若使每哭必踊，「力不能任矣。」[46]減省禮文、節制哀傷，以保護行禮者身心，也是天理的表現。[47]

望溪認為聖人運用天理所制定的禮，周全細密，兼顧事物的根本與細

---

43 〔清〕方苞：《儀禮析疑・聘禮》，卷8，頁202。按：可另參頁211。

44 《儀禮析疑・公食大夫禮》，卷9，頁247。

45 《儀禮・士喪禮》，鄭注，卷35，頁412。〔宋〕朱熹：《儀禮經傳通解續》，《朱子全書》，第3冊，卷2，頁1335。

46 〔清〕方苞：《儀禮析疑・士喪禮》，卷12，頁324。

47 可另參〔清〕方苞：《儀禮析疑・士喪禮》，卷12，頁351。

節，「徧布周密，本末兼該」，[48]能貫通事物的道理、細緻地表達人情。[49]因而禮文本身便是義理的呈現，「禮必有義」，[50]當禮儀改變，必有其用心所在，「禮之變必有義，而置之各有其如此。」[51]易言之，意義是禮文異同的先決條件，因而比較禮文異同，是認識義理的門徑。

（二）理見於禮意

「理」形諸於禮意時，有二方面的表現：

其一，儀節所具有的意義。透過儀節能表現「理」之於人的道德、理序義蘊，如上述〈大射〉舉行旅酬的時機考量到行禮目的、價值觀。〈聘禮〉與〈公食大夫禮〉使者向主國之君行拜、不拜、再拜稽首等不同的形式，顯示自己是銜命而來的國君代表、外國使臣，及自比本國之臣的身分與尊卑差異。同時，經由儀節亦能彰顯「理」之於人事物的實際考量，如〈聘禮〉屈垂繅之法，固然可從變化禮文以展現敬意來解釋，然垂繅的展示功能、屈繅便於授受的作用亦不可忽視。至於〈少牢饋食禮〉祭祀為時甚久，主人獻酒於私人，使補充體力；〈士喪禮〉朋友襚而主人不踊，避免因哀致毀，亦屬實質考量。此皆基於理與禮存在抽象與具體的關係而得。

其二，《儀禮析疑》在比對的過程中，時或揭櫫禮儀的抽象原則，賦予更高層次的禮意詮釋，近似於原則或義例。如〈鄉飲酒禮〉賓為鄉士，旅酬時，不洗觶而授身為主人的鄉大夫，有別於獻、酢之洗爵。鄭玄認為正賓立而飲酒，飲盡，「因更酌以鄉主人，將授」，[52]正賓酬酒，先自飲一杯，接著

48 〔清〕方苞：《儀禮析疑．大射儀》，卷7，頁196。

49 〔清〕方苞：《儀禮析疑》，卷11，頁292。

50 〔清〕方苞：《儀禮析疑．鄉射禮》，卷5，頁115。

51 〔清〕方苞：《儀禮析疑．鄉射禮》，卷5，頁122。按：〈大射〉：「服不侯西北三步北面拜，受爵。」鄭玄《注》說：「近其所為獻。」（卷7，頁215）賈《疏》解釋說服不之所以受獻，「由侯所為」，因而靠近侯靶獻之，而非近屏擋之「乏」。以此觀之，《注》、《疏》並未特別比較或區別〈鄉射禮〉與〈大射〉獻服不的位置差異。

52 《儀禮》，鄭注，卷10，頁99。

酌酒以敬主人，因儀節連貫而不洗爵。鄭玄之說著重於儀節先後之間的關係，《通解》承之。[53]望溪認為旅酬不洗爵能使「興教勸學之誠」遍及上下，並說：

> 一事之中，禮有相反而適相成者，賓、介相厭以入，主人之贊者不與於酬，禮之兼乎法以辨名分者也；有順乎情以通和樂者，拜無不答，酬皆不洗之類是也。凡此，皆聖人運用天理之實也。[54]

鄉飲酒禮中，正賓與介相厭而入，不行拜禮；主人之相禮者不參加旅酬，看似無禮，實際上，正是為了分辨名分、區別尊卑，符合禮義，此為「相反而相成者」。受拜者皆回拜、旅酬不洗爵，則為「順乎情以通和樂者」，順著人情而彼此相通和樂。這些都是聖人運用「天理」的實際情形。換言之，「天理」可以是具體儀節之義，也可以是概括抽象的禮儀原則，而後者可能更接近形上的「理」。

又，〈特牲饋食禮〉：「主人洗爵，獻長兄弟于阼階上，如賓儀。」鄭玄著重於儀節先後，指出主人先「酬」賓而後「獻」長兄弟，是因為「獻之禮成於酬，先成賓禮，此主人之義。」[55]身為主人應先完成對賓客的獻、酢、酬之禮，然後才向親族行禮，因此「酬」賓先於「獻」長兄弟。望溪說：

> 禮有經而等者，器位儀法，尊卑畧同，則彼此互見，〈特牲〉、〈少牢〉或詳或缺者是也。禮有推而進者，則於士禮道其常，大夫之禮詳其變。士獻長賓、長兄弟之禮與眾賓、眾兄弟異，而大夫則同，或以示少不得並於長，禮之經也；或以示貴尤當下於賤，義之權也。[56]

從禮的原則來說，有通行上下而平等情形，如〈特牲饋食禮〉與〈少牢饋食禮〉兩篇，在器物、位置、儀節法度上「尊卑略同」，可彼此互見，因而記

---

53 〔宋〕朱熹：《儀禮經傳通解》，《朱子全書》，第2冊，卷7，頁288。

54 《儀禮析疑．鄉飲酒禮》，卷4，頁91。

55 《儀禮》，鄭注，卷45，頁536。

56 《儀禮析疑．特牲饋食禮》，卷15，頁444。

載有詳略的不同。另一方面，也有推之於下而進之於上的情形，如士獻長賓、長兄弟有別於眾賓、眾兄弟，「以示少不得並於長」的尊卑之別，屬於「禮之經」；大夫之獻禮則不加區別，或「以示貴尤當下於賤」，宜謙讓居下，屬於「義之權」。二篇揭示常、變之異，大夫獻禮不別尊卑，適使大夫謙讓居下而進眾賓、眾兄弟於上。望溪推究士與大夫廟祭獻酒之「理」，應用《禮記・禮器》的禮儀原則抽繹端緒，使儀節除了禮文與禮意的平行對應外，具有更高立體層次之義。以此觀之，該書言及禮因以義起、權衡、時措之宜、「禮有宜分致者，有宜合致者」等原則，[57]也是天理的呈現。

綜上所述，望溪考量諸多儀節之間的關係及其意義，如先後、繁簡等變化所具有的含義，從而闡述「天理」或「理」與「禮」的相應，顯示由具體禮文辨析抽象意義的脈絡。進言之，程朱學重視道器關係，「有物必有則，一物有一理」，形下之器的種種「然」，蘊涵著形而上的「所以然」。望溪透過禮文的比對，探討事物內蘊的義理，實為道器思惟的表現。

另一方面，此種思辨的進路也相當程度地體現清初治禮的方式。清初學者不再沿襲宋明理學從抽象原則的「理」到實踐層面的「禮」之思路，而是先著眼於實踐的「禮」，再據以歸納道德原則的「理」，立論順序的改變，昭示禮的地位上升。[58]望溪分辨儀節蘊含的意義，即由禮文而認識禮意乃至天理，肯定禮文、「器」的重要性，與清初重「器之道」的思惟相應。[59]

---

57 義起：〔清〕方苞：《儀禮析疑》，卷1，頁26；卷4，頁77；卷5，頁104；卷10，頁263；卷11，頁312；卷14，頁416。權衡：〔清〕方苞：《儀禮析疑》，卷4，頁80；卷16，頁460。時措：〔清〕方苞：《儀禮析疑》，卷5，頁108；卷6，頁145。「禮有宜分致者，有宜合致者」，卷5，頁108。

58 劉永青：《情禮之間：論明清之際的禮學轉向》（北京市：人民出版社，2014年），頁205。

59 何佑森：〈中國近三百年「經世思想」中的一個基本觀念——「器」〉，《清代學術思潮：何佑森先生學術論文集・下》（臺北市：國立臺灣大學出版中心，2009年），頁96。按：時代與方苞相近的姚際恆也指出：「說者謂：《儀禮》詳於器數，略于義理。固矣，然不盡然。器數亦從義理而生，苟非義理，器數焉行？苟非器數，義理焉托？義理譬之規矩，器數則其方圓也。故愚于是書，多就器數中論其義理。學者有志考禮，當研究于斯焉。」姚際恆撰，陳祖武點校：《儀禮通論》（北京市：中國社會科學出版社，1998年），頁7。

此外，《儀禮析疑》比對各種禮儀探討禮意的表現，十分多元，或述儀節之意，或進一步指出適用性更廣的禮儀原則。這體現禮儀必有意義的核心概念，而意義本身可以有不同的層次：從實踐的便利性與道德價值，進而為普遍性較廣的義例，乃至上契於抽象而無所不賅的天理，義理性質的「天人合一」於焉可見。這種論述方式與內容使意義立體化，同時基於儀節進而凸顯形上天的特質，[60]相當程度地淡化漢唐禮說中的信仰天、人格天，確立程朱學視野中的《儀禮》，而有別於舊說。

三　以情釋禮

〈中庸〉：「喜怒哀樂之未發，謂之中；發而皆中節，謂之和。」朱子說：

> 喜、怒、哀、樂，情也。其未發，則性也，無所偏倚，故謂之中。發皆中節，情之正也，無所乖戾，故謂之和。[61]

「情」是喜、怒、哀、樂等心理狀態。「其未發，則性也」的「其」，指「情」，故情與性是已發與未發、動與靜的關係。發而中節之「情」能見「性」，亦能體現其「正」，「正」係指合於法則或道理而具有合適、正當之意，可見「情」具有「道德屬性」，[62]與修養有關。情若彼此相諧，則為「和」；若情無法得其「正」、「未中節」，或有所乖戾，可能成為惡的根源。

---

60 勞思光探討《詩經》形上天的概念，「所謂『形上天』觀念，即指以『天』作為一『形上學意義的實體』的觀念。這種『天』觀念，與宇宙論意義的『天』及人格化的『天』均有不同……。此形上意義之『天』，與『人格天』，『意志天』最大之差別，即是：形上之『天』只表一實體，只有理序或規律，而無意願性，故對應於『天道』觀念。」勞思光：《新編中國哲學史》（臺北市：三民書局，2000年），頁80、82。

61 《四書章句集注》，頁23。

62 唐君毅：「先秦儒學之傳中，孔孟之教原是性情之教，《中庸》、《易傳》諸書，皆兼尊人之情性，如《中庸》言喜怒哀樂之發而中節謂之和，明是即情以見性德之語。」朱子似承先秦傳統而來。見氏著：《中國哲學原論．原道篇（二）》（臺北市：臺灣學生書局，1978年），頁80。

若「情」泛濫無所止，易流而為「欲」。易言之，「情」是決定善、惡的關鍵，因而朱子不只專重於禮文，亦兼重「考禮之情」，由禮文而見其情意。[63]

上述對於「情」的界定，大致為《儀禮析疑》所繼承。特別是在「先王」制禮、「禮為天理之節文」的前提下，已經確保《儀禮》的「情」是中性或為「善」，不會流於惡或欲，之所以出現悖情的內容，都是後世流傳過程中所產生的（詳下文）。這是望溪詮釋《儀禮》之「情」的基本預設，也是本文討論的基礎之一。

（一）緣情制禮與禮之曲盡人情

聖人緣情制禮，禮制的預設體近人們的心意，《儀禮析疑》措意於此，而為「曲盡人情」、「原某之心」、「緣某之情」等說，顯示禮儀與情感的密切對應。[64]如〈鄉射禮〉眾人參與射事的次數不同。《注》以為大夫是尊者，是否參與射箭，「在時欲耳」；賈公彥進一步說明大夫是尊者，「故與賓主同在任情之限」，與正賓、主人可隨心意決定射箭與否。[65]《通解》未引《注》、《疏》之說，而留意於獲者之儀。[66]望溪指出司射「一射而止」，乃作為示範性地教導弟子；三耦筋力方強，「三射皆與」；賓、大夫、主人或有年長者，故參加第二番、第三番射，「而不與者亦聽焉，皆禮之曲盡乎人情也。」[67]可知這裡的「人情」包括年紀、體力、感受上的考量。

「原某之心」或「緣某之情」藉由設想行禮者的心意，解釋禮制。按〈喪服〉嫡子死，承重之適孫屬「為人後者」，應為祖父母服斬衰三年喪；

63 錢穆：《朱子新學案（四）》，《錢賓四先生全集》（臺北市：聯經出版事業公司，1998年），第14冊，頁137。

64 以「情」釋禮之例，可另參《儀禮析疑》，卷5，頁105；卷6，頁157；卷7，頁185；卷11，頁292。

65 《儀禮．鄉射禮》，鄭注、賈疏，卷12，頁127。

66 〔宋〕朱熹：《儀禮經傳通解》，《朱子全書》，第2冊，卷8，頁346。

67 〔清〕方苞：《儀禮析疑．鄉射禮》，卷5，頁119。

祖父母為適孫則服齊衰不杖期。承重之嫡孫與祖父的服制不對等，《注》無說，《疏》以為「父子一體，本有三年之情」，如今父（嫡子）過世，嫡孫繼其位，故特別為祖服三年喪；對祖父而言，「祖為孫本非一體」，因此報以一年之喪。[68]《續通解》承其說。[69]這是出於身分與立場上的差異。基於《疏》的觀點，望溪進一步闡發箇中之情：適孫乃「原父之心」，體察父親慟於尊者之逝，「無終極也」，因此相承為祖父母服三年喪；為人父者為適子服三年喪，但祖父母「原子之心」，考量到兒子見父母為卑者致哀「惟恐其或過也」，因此為適孫服以一年為限，此「先王所以達人情，權禮義，而不可損益也」。望溪並藉由原情之法，推論適孫之婦為夫當「從服如舅姑」。[70]

又，〈士虞禮〉尸酢主人，「主人坐祭，卒爵，拜。」《注》、《疏》無說，望溪卻留意到主人「卒爵」與《禮記》的差異。《禮記．雜記》記載主人於小祥之祭以酒沾唇「嚌之」、大祥之祭淺嘗一口酒「啐之」。[71]〈士虞禮〉的主人卻在埋葬亡者的當日中午，行虞禮時，「卒爵」飲盡一杯酒，似有悖於禮制。望溪認為虞禮時，主人卒爵，是「禮以權制」，從啟棺至反哭，主人哭踊無數，從夜晚到白天沒有片刻平靜，「故緣亡者之情」，憐憫孝子「勞苦倦極」，藉由鬼神之賜使主人卒爵「以少扶其氣體」，哀不致毀，至於大、小祥之祭，服喪既久，人情難免懈怠，為免孝子哀情有所衰減，因而嚴正地以「嚌之」、「啐之」為主人飲酒的規範。[72]禮儀考慮到的情感面向可以是多元的，如同一禮儀中不同行禮者的感受、各種階段的情緒變化，謹慎地衡量各種情感，從而制定各種有形的儀節器物，使人心得到安頓，此即所謂的「稱情立文」。

據上，《儀禮析疑》中的「情」，包括年紀、體力、人之常情等「情實義」，也有悲哀、憐憫等「情感義」，相當多元。

---

68 《儀禮．喪服》，賈疏，卷30，頁357。

69 〔宋〕朱熹：《儀禮經傳通解續》，《朱子全書》，第3冊，卷1，頁1251。

70 〔清〕方苞：《儀禮析疑．喪服》，卷11，頁286。

71 《禮記．雜記》，卷42，頁737。

72 〔清〕方苞：《儀禮析疑．士虞禮》，卷14，頁404-405。

（二）稱情立文與道德修養

禮達致人情，人情須真誠無妄，不可虛假。若不近人情，禮儀便為虛文。〈喪服〉記載婦為舅姑服齊衰一年喪。《注》無說，《疏》申〈傳服傳〉「何以期也？從服也」之意，指出婦與舅姑本為陌生人，因與夫「牉合」而具有婚姻關係，故從夫而服一年之「重喪」。[73]賈《疏》著重於婦與舅姑之所以有喪的原因，《續通解》承之。[74]望溪則認為「稱情以立文，其情至是而止也」，舅姑之喪，媳婦的哀痛若「信及子之半」，已可稱為「婦順」；相較於孫子為祖父服齊衰不杖期，媳婦為舅姑服「不可謂非隆矣」。後世婦為舅姑改服三年喪，「將責以誠乎？抑任其偽乎？」[75]婦人於舅姑既非親生子女，無血緣關係，亦未受扶養之恩，因婚姻「從夫」而為親屬，故舅姑過世，婦人服齊衰、「至親以期斷」之重喪，[76]實足以致其情。為舅姑改服三年之喪，是要求婦人真心誠意地服喪至三年期滿，還是任憑禮儀淪為虛文、矯情？不近於人情，「而於禮為虛」，[77]甚至淪為一種壓迫。可知禮緣「情」而制、稱「情」以立文，情感的界限，就是禮儀的界限。人能真實而適切地流露喜怒哀樂之情，是內在修為的表現，也是道德層面的連結，即〈中庸章句〉：「誠者，真實無妄之謂，天理之本然也。」情之「真實無妄」者，為誠。[78]

當真誠之「情」能連繫至道德修養，或許對於「難為情」可以有另一種理解。〈鄉射禮〉第二番射畢，飲不勝者，「勝者之弟子洗觶，升酌，南面坐

73 《儀禮・喪服》，賈疏，卷31，頁365。

74 〔宋〕朱熹：《儀禮經傳通解續》，《朱子全書》，第3冊，卷1，頁1260。

75 〔清〕方苞：《儀禮析疑・喪服》，卷11，頁291-292。按：該篇頁302同樣從「情適至而止」說明婦為舅姑之服。

76 《禮記・三年問》，卷58，頁962。

77 〔清〕方苞：《儀禮析疑・士虞禮》，卷14，頁401。按：可另參「於所不能而強責之，則偽生焉。」（卷11，頁277）「喪服之制，皆以責人情之實而不可偽也。」（卷11，頁298）

78 親族聞代哭之聲，觸耳動心而憂愁哀痛，「時自驗其哀敬之誠否」。可知望溪認為發自內心的哀傷，是真誠的表現。〔清〕方苞：《儀禮析疑・既夕禮》，卷13，頁372。

奠于豐上。」鄭玄認為射禮告一段落，由勝者之弟子實酒，而非勝者，是「下無能」，謙讓於不勝者。[79]《通解》承鄭《注》之說。[80]望溪指出飲不勝者，非獻酬之禮，本不必親酌，復參《禮記·投壺》:「勝者曰『敬養』」，投壺禮亦令他人酌酒，可見「非下無能審矣」，並進一步說明勝者張弓而先升堂，敗者弛弓而先降堂，「彼此相形，實有難為情者」，雖是射禮之常法，仍使弟子洗觶、酌酒、奠酒，「同儕猶略見獻酬之意」，亦符合「敬養」之義。[81]「難為情」指情感上無法承受，在第二番射事分出勝負後，勝負雙方的器物、升降先後有別，相形之下，敗者容易產生羞愧之情，勝者則處於表現歡欣或謙虛的窘境，甚至可能產生同情憐憫之意，在種種情感的考量下，因而令弟子實酒以緩和場面，既體諒雙方的心理感受，也能順利完成射禮「考德行、道藝」之目的。[82]

上述婦人發自內心真誠地為舅姑服喪；射禮中勝者的辭讓或同情、敗者的羞愧，具有道德義蘊。《孟子》:「惻隱之心，仁之端也；羞惡之心，義之端也；辭讓之心，禮之端也；是非之心，智之端也。」朱子說：

> 惻隱、羞惡、辭讓、是非，情也。仁、義、禮、智，性也。心，統性情者也。端，緒也。因其情之發，而性之本然可得而見，猶有物在中而緒見於外也。[83]

惻隱、羞惡、辭讓、是非之「情」，是道德的端緒，情之發動可呈現「性之本然」。另一方面，禮緣情而制，禮又是天理之節文、「禮即理」，以此類推，情也可以是「理」的端緒，這也呼應情是「性之已發」。進言之，由情來定義「理」，或者「情」是「理」的質素之一，是程朱學也是望溪禮說的「隱義」。情是「理」與「禮」的共同基礎，經由「情」的中介，哲學型態的

---

79 《儀禮·鄉射禮》，卷12，頁131。

80 〔宋〕朱熹:《儀禮經傳通解》,《朱子全書》，第2冊，卷8，頁352。

81 〔清〕方苞:《儀禮析疑·鄉射禮》，卷5，頁121。

82 〔清〕方苞:《儀禮析疑·鄉射禮》，卷5，頁103。

83 《四書章句集注·孟子·公孫丑》，卷3，頁238。

「理」、社會型態的「禮」能相互融通，而不只是「禮即理」的硬性規定。

（三）禮制之外的人情

禮是「理」的具象化，是一種「應然」，對於言行舉止、器物、流程等皆有一定的區別與規範，無形中容易造成束縛、制約，而缺乏調整的空間。目前所見，望溪基於「情」的立場，對於喪禮提出調整之道，以求情與禮之兩全。

〈喪服．齊衰章〉父在為母服齊衰一年喪。〈喪服傳〉說：「何以期也？屈也。至尊在，不敢伸其私尊也。父必三年然後娶，達子之志也。」賈《疏》申明其意，指出「家無二尊」，故屈母之喪而服一年，除服後，為人子者「心喪猶三年」，父親雖為妻服一年喪，「通達子之心喪之志」，慮及為人子者的哀情，故三年乃娶。[84]賈《疏》合尊卑與人情解釋父在為母之喪，《通解續》承之。[85]望溪認為「所以達父之情而便其事也」，從情與事的角度進行剖析：以「情」而言，夫為妻服齊衰一年喪，一年之後，夫可復於日常生活的燕寢、作樂，為人子者若服一年以上之喪，「纍然哭泣於旁」，將使父親無法克制悲傷。以「事」而言，夫任職於朝，若為大夫以上「有出疆之政」，必使人攝祭；若因人子之哀而服喪超過一年，「祭當攝而廢焉」，父親將無法伸敬於祖先，「是傷父之志也」。望溪指出古代雖有厭、降之服，但居處、飲食仍可如原來的喪期規定「一如其常期」，「是文雖屈而不害其實之伸也。」[86]易言之，為人子者因父在為母服齊衰一年喪，然在居處、飲食上仍可因一己之情而從三年之制，即「心喪」之法。[87]望溪賡續《疏》說，於禮

84 《儀禮．喪服》，賈疏，卷30，頁354。

85 〔宋〕朱熹：《儀禮經傳通解續》，《朱子全書》，第3冊，卷1，頁1242。

86 〔清〕方苞：《儀禮析疑．喪服》，卷11，頁282。按：此似受戴德〈喪服變除〉：「天子諸侯庶昆弟、大夫庶子為其母哭泣、飲食、居處、思慕，猶三年也」啟發，參該書卷11，頁283。

87 〔清〕方苞：《儀禮析疑．喪服》，卷11，頁283、284。按：朱子〈答何叔京〉以為「出母有服」，若為父後者，無服，「此尊祖敬宗，家無二主之意。先王制作精微不

文所未載處，提供「稱情」的辦法，而非改變形式上的禮制。

此外，出妻若「終於母家，及惡疾」，其子之服亦止於期年，「而居處、飲食、哭泣、思慕則三年。」「君之庶昆弟於生母無一日之服，而居處、飲食、哭泣、思慕猶三年，凡降絕之服視此。」二例皆屬為母心喪，而為經文所無，可知望溪以心喪平衡人情之所難已。

又，〈喪服・齊衰章〉妾為嫡妻「女君」服齊衰不杖一年之喪，〈傳〉說：「妾之事女君，與婦之事舅姑等。」《注》、《疏》認為妾過世，女君若回報以一年之喪則「無尊卑降殺」，過於隆重；女君若降為大功、小功之服，則似視妾為子輩，如「舅姑為適婦、庶婦之嫌」，是以無服。[88]《續通解》之說同。[89]望溪說：

> 娣姪有親疏，同室有久近，恩義有淺深，而或間以異姓，宜各以其等為心喪，而服不可定也。[90]

由於女君與娣姪（媵）、妾之間的血緣親疏、相處時日、感情深淺，宜按照程度服「心喪」，而不得定五服之制，以符合情感需求。禮雖緣情而制，然情感深淺不同；禮以明貴賤，妾為女君服齊衰一年喪，女君為妾無服，以彰尊卑，望溪在保留原有的禮制的前提下，提出「心喪」之法，滿足悲哀不能自已的情感，作為權衡之策。那麼「應然」之「理」或「禮」，也能因個別的情感適應不同的情況和要求。

四　以理、情貞定禮儀

上文指出「天下皆有當然之理」意味著「理」具有是非評判的性質與作

苟，蓋如此。」〔宋〕朱熹：《朱子文集》，卷40，頁1743。若然，望溪則於朱子之說，有所調整。

88 《儀禮・喪服》，賈疏，卷31，頁365。

89 〔宋〕朱熹：《儀禮經傳通解續》，《朱子全書》，第3冊，卷1，頁1260。

90 《儀禮析疑・喪服》，卷11，頁291。

用，再加上聖人緣情制禮，因而理與情自然地成為衡量禮的標準。《儀禮析疑》時應用理與情評論儀節，包含正面的情理之宜、「情安而理得」，與負面批判「不情」或「無某某之理」，後者係指事物現象或發展不應如此、不可能有這種情形。這些評論帶有「應然」與「實然」的預設，相當程度地說明以理、情衡量禮儀的重要性，及禮所具有的規範作用。由於前文已分別從理、情說明望溪如何闡釋禮意，以下將觀察情理兼具、情理兩違的情形，俾使論述精簡而達義。

（一）情安而理得

夏朝、商代的禮節不詳，至周朝，「周公制禮，然後貫通事理，曲盡人情」，禮能使人徹底瞭解事物的道理，又符合人心，兼綜情、理兩方面。[91]《儀禮析疑》因而兼用情、理解釋禮儀的義蘊。如〈士昏禮〉新婦執見面禮，拜見舅姑，舅姑未親自以醴酒致禮於新婦，而使贊者代之。鄭玄認為因婦人剛入門，舅姑命人致醴酒以示「親厚之」；[92]敖繼公則認為表示尊卑之別。望溪否定二氏之說，分別從情、理兩方面解釋：其一，婦人未行盥饋之禮，盡媳婦之道，而舅姑卻先親自致醴酒，「非理也」，這樣的行禮順序既不合於尊卑倫序，也非禮尚往來，故令贊者代行。其二，女方父母盼望女兒能符合舅姑的心意，若待婦人盥饋，舅姑以酒食慰勞婦人、送嫁者，再以所受的禮物回報，等候時間太久，不體貼長者的感受，「非情也」。因而贊者先代為行禮，婦人取脯交由送嫁者返稟父母，「然後情安而理得。」[93]細繹之，「見面禮」是一般人初相識時，普遍採行的儀節，而「盥饋禮」方為確立媳婦身分的儀節，「成婦」之義。因此在未確立舅姑與媳婦關係之前，不宜親自敬酒，望溪之說契合儀節的義涵，且顧慮到岳家的感受，從人情的角度豐

91 〔清〕方苞：《儀禮析疑．喪服》，卷11，頁291。

92 《儀禮．士昏禮》，鄭注，卷5，頁53。按：《通解》承鄭說。〔宋〕朱子：《儀禮經傳通解》，《朱子全書》，第2冊，卷2，頁107。

93 〔清〕方苞：《儀禮析疑．士昏禮》，卷2，頁43-44。

富由贊者代為醴婦的意義。

又，〈士喪禮〉:「乃代哭，不以官。」小斂徹奠之後，為防以死傷生，使人更代而哭，士的階級低，無下屬官吏，以親族輪流更代而哭。鄭玄指出始死「三日之後，哭無時。」[94]始死三日之內，親屬猶待亡者復生，抱持著一絲希望，因而不哭，「三日而不生，亦不生矣」，[95]開始無時之哭。賈《疏》進一步區別無時之哭在喪禮出現的三個時段，並指出下葬後至小祥之前，朝夕在阼階下哭，「唯此有時，無無時之哭也」。[96]《通解》承賈說。[97]望溪則認為賈說「未安」，從葬後虞禮至小祥之間，時間相當長，而親人過世不久，若無哀傷之情，「則非人理」；若抑制悲哀而不哭，「則非人情」；而且固定在朝、夕哭，「亦似強赴其節而不誠矣」，因而主張「父母之喪哭無時」，次數則有多寡之別。[98]從為人應有的理義與情感，提出新說。

大夫廟祭儐尸之禮，宰夫致糗、餌等房中之羞，司士送胾、醢等庶羞，先予尸、侑、主人、主婦，而士人〈特牲饋食禮〉從尸以下至私人卻同時進羞，次第不同。《注》、《疏》無說。望溪認為士禮較簡，至祭胥之節時，獻酢酬、加爵、舉奠之禮「俱畢矣」，宜眾人同時進羞；大夫禮在尸奠酬時，賓、兄弟、內兄弟、私人的獻酢酬之禮仍未完成，「薦俎未陳，無先庶羞之理」，「異時而進，乃理得而情安也。」[99]儀節的次第，是士、大夫禮的區別；就禮文繁複的大夫祭禮而言，運用陳列薦俎、庶羞的先後表現倫理上的位階；若同時而進，易使上下雙方尷尬、「難為情」。

據上，可知情、理是解釋禮儀與衡量禮說的重要基準。[100]望溪兼重理、情的態度，或許也表現出清學的面向。明、清學者本著經世的訴求，重新定位禮與理的關係：禮為（分殊）理與儀之合，禮可上溯於天理，下可達於

94 《儀禮・士喪禮》，鄭注，卷36，頁427。
95 《禮記・問喪》，卷56，頁947。
96 《儀禮・士喪禮》，賈疏，卷36，頁427。
97 〔宋〕朱子：《儀禮經傳通解續》，《朱子全書》，第3冊，卷2，頁1372。
98 〔清〕方苞：《儀禮析疑・士喪禮》，卷12，頁337-338。
99 〔清〕方苞：《儀禮析疑・有司徹》，《方苞全集》，第4冊，卷17，頁490。
100 可另參・方苞：《儀禮析疑》，卷8，頁240；卷11，頁281；卷17，頁496。

儀；禮又可貫穿天道與人情，因此可以達到「準情度理」的雙重效果。[101]張壽安指出清儒肯定人性有五德也有七情，承認人性中情欲與私的本然性，「甚至認為德性之美必須通過情欲來呈現」，因此規範的產生不離人我之情欲，相較於宋明理學，是從「天理」到「情理」的轉型。[102]望溪之說雖不盡符合後來清儒的論述，但他對「理」與「情」的重視與應用、「情」與道德（誠）的內在連繫，實相當程度地顯示由宋代重視「天理」到清代轉重「情理」的光譜變化。

（二）悖情逆理

聖人體悟天理、緣情制禮，撰為《儀禮》，書中的內容即天理、人情的呈現。然而經書出現違背情理的記載，望溪批判為「不情」或「無某某之理」，[103]係秉持著「應然」的概念，而「實然」卻非如此，賦予是非的批判，呈現貞定禮儀的作用。這些違背情理的記載，一方面是流傳過程中產生的錯誤，更有一部分是出於王莽、劉歆刻意地偽竄，集中在〈喪服〉篇的「尊同不降」說，下文將以此為例進行說明。

古代是階序社會，天子與諸侯總理天下國家大事，位高事繁，因此不服期親之喪。天子、諸侯之妻，與夫同體，社會地位比同於丈夫，服制亦同於其夫。大夫因其位尊，對士階級的旁親之喪，降一等服。大夫之妻的服制，同於其夫。天子、諸侯、大夫及其妻，因身分尊貴而降親族之服，是為「因尊而降」。如〈喪服．大功〉記載「大夫為世父母、叔父母、子、昆弟、昆弟之子為士者」，〈傳〉解釋說：「尊不同也；尊同，則得服其親服。」若親族中，有與自己爵尊相同者，則不降服，是為「尊同不降」。

---

101 劉永青：《情禮之間──論明清之際的禮學轉向》，頁205。

102 張壽安：《十八世紀禮學考證的思想活力──禮教論爭與禮學重省》（北京市：北京大學出版社，2005年），頁6。

103 〔清〕方苞：《儀禮析疑》，卷6，頁146；卷11，頁279；卷12，頁327、331、358；卷13，頁368；卷16，頁471。

除了天子、諸侯、大夫之妻外，某些特定身分的服制也會連帶受到影響。如天子之子、諸侯之子、大夫之子，因己父之爵位既高且尊，自身所行之禮受到抑制而對親族降等服喪，是為「因厭而降」。[104]

望溪認為王莽、劉歆為塑造形象、維護權力而進行偽竄，「尊同不降」之說「悖情逆理」、「害義傷教」為害甚鉅。[105]王莽、劉歆在《儀禮》中偽竄「尊同不降」說的原因，望溪以為有三：其一，大夫之子降世父、叔父、兄弟之喪，惟庶子、兄弟之庶子為大夫者則不降。此因王莽由侍奉伯父大將軍王鳳而獲得舉薦，「故忍為此說」。進言之，連晚輩的庶子、兄弟之庶子為大夫者的喪服都隆重以待，何況是「位冠百僚而主國政」的伯父王鳳更不能輕忽怠慢、降服。其二，大夫降母服為大功，然庶女、兄弟之庶女嫁於大夫者，不降其喪服，以致「加於母」。若然，晚輩的庶女、兄弟之庶女嫁於大夫者「即加隆焉」，何況王莽的姑母「配先帝為天下母」，是為元帝之后，並賜予王莽「天位」，更應加隆禮遇。其三，曾祖父母雖為「正統之尊」，必為士，方才不降服。王莽之父早亡，未曾受封，是為庶人，夫妻體敵，其母亦為庶人，因而母親過世時，王莽以侍奉太后為由，並據此條而不服喪。[106]劉歆則迎合上奏，指出「禮，庶子為後者，為其母緦」，庶子為人後、與尊者為一體，不能「顧其私親」；以此類推，王莽身為攝皇帝，奉漢朝「大宗之後」，亦不得顧及私親、為其母服喪。[107]簡言之，王莽偽竄經書，一方面是為了阿諛逢迎家族中的大將軍王鳳、元帝之后的姑母王政君，使自己獲得更多好處；另一方面則是為了把持朝政，拒絕服喪，以免大權旁落。

王莽的作為非禮，是已知的結論，關鍵在於望溪認定王莽偽竄的根據為何？下文試述之。

---

104 上述詳參林素英：《喪服制度的文化意義》（臺北市：文津出版社，2000年），頁148-149、151-152、155-156。按：《注》、《疏》、《通解續》，承〈喪服傳〉之說。〔宋〕朱子：《儀禮經傳通解續》，《朱子全書》，第3冊，卷一，頁1281。

105 〔清〕方苞：《儀禮析疑．喪服》，卷11，頁307、309。

106 〔清〕方苞：《儀禮析疑．喪服》，卷11，頁309。另參〈喪服〉題旨，卷11，頁274。按：「父」為直系親屬，並非旁親，不適用「尊同不降」；王莽不為其母功顯君，實質上較適用「禮，庶子為後者，為其母緦」條。

107 〔清〕方苞：《儀禮析疑．喪服》，卷11，頁294。

1　「心不安」與人情（親親大於尊尊）

方苞曾言幼時讀〈喪服傳〉，至「尊同不降」說時，「覺反之於心實不能安，而無以詘之」，及讀《漢書》記載王莽據〈明堂位〉以定居攝踐阼之禮，然而二戴《記》並無該篇內容，「乃知為莽、歆所偽造」。[108]易言之，望溪最先感到的是「心不安」，《漢書》只是用以確認「何以不安」的資料。那麼這個「心不安」所指為何？

為母，本服齊衰不杖期；望溪以為按尊同不降說，若已為大夫，母服則降至大功。然〈喪服〉又言庶妹、庶女之嫁於大夫者，則加至期年喪。望溪因而假設兩種情形：其一，母降為大功，庶妹、庶女因嫁於大夫「加期」，若同時有喪，「屆期將除母之服，而留庶妹、庶女之服？」其二，若同時有數喪，諸姑、諸姐之嫁於士者降為小功，庶妹、庶女嫁於大夫者服齊衰喪，當群聚於喪次時，「不識其心何以自安？」又有何顏面來面對降為小功者的親戚？[109]

細繹之，望溪運用情境假設，說明「尊同不降」的不合理在於「心不安」，即不符合人情：「生我育我」的母親，因已為大夫而服大功，卻為相對較為疏遠的庶妹、庶女，因嫁於大夫而服期年喪；姑、姐長於己，服小功，卻為年紀較幼而嫁於大夫的庶妹、子輩的庶女服齊衰喪。若行此道，那麼所謂的親親、長幼有序將不復存焉。因而所謂的「心不安」繫於人情，更是關係到倫理秩序的問題。

又，「成人大功」章：「大夫、大夫之妻、大夫之子、公之昆弟為姑、姊妹、女子子嫁於大夫者。君為姑、姊妹、女子子嫁於國君者」條，鄭《注》無說，賈《疏》認為大夫、大夫之妻、大夫之子、公之昆弟四人皆降旁親，故姑、姊以下當降為大功，又因出嫁而降服，當為小功；但因其嫁於大夫，尊卑同，故不因尊而降，「直有出降」，故皆大功。至於君王不服一年以下之

---

108 〔清〕方苞：《儀禮析疑・喪服》，卷11，頁274。

109 〔清〕方苞：《儀禮析疑・喪服》，卷11，頁293。

喪，因姑、姊等嫁於國君，「今為尊同」，故不降服，遂因出嫁而服大功。[110]《續通解》承其說」。[111]

著眼於該條與「大功」章其他經文重出，望溪認為這是王莽、劉歆欲證實「嫁於大夫」、尊同不降之說所致，然而二人卻忘記增添〈喪服〉中大夫之子、公之昆弟於昆弟、昆弟之子亦當降服，「又忘大夫之妻於姑、姊妹宜降在小功，而與女子子異」，禮制不夠詳備，左支右絀，露出馬腳。若依王、劉之說，不降服者為「附勢」、「過情」，降服者則為「寡恩」、「慼義」，致使國君、卿大夫、父子、兄弟、親屬之間「離心離德」，禍亂隨之而來。王莽「匿情悖行」，至新朝末年，妻子「怨叛」，是其明證。[112]

按人情來說，在降與不降之間作選擇，十分為難。同為大夫之尊，彼此不降服，則有阿附權勢、超越常情的嫌疑。後者，如已嫁之姑、姐妹、女子子，因其生活重心已轉移至夫家，日常的連繫與互動不再如往常頻繁，故因出嫁而降服，如今卻因其所適者為「大夫」而加隆，已逾於常情。若因己為大夫而降親屬之服，則有苛薄寡情、違反道義的可能性。不論何種選擇，都可能使社會各階層的群體各懷異心，導致禍亂。禮緣人情而制，望溪既留心於人情與喪服制對應的合理性，又層層推衍宏觀地關切整體的社會運作與秩序。

進一步來說，上揭事例致使望溪「心不安」的原因，亦在於「尊尊大於親親」的緣故。其云：

> 先王制禮，貴者恩每隆，哀每篤，是故「百官備，百物具，不言而事行者扶而起，言而後事行者杖而起」，謂以尊而降其親，非禮意也。[113]

貴者服喪，篤於哀傷。在上位者的一舉一動，對萬民具有示範作用，在上位

---

110 《儀禮》，賈疏，卷32，頁379。

111 〔宋〕朱子：《儀禮經傳通解續》，《朱子全書》，第3冊，卷1，頁1285。

112 〔清〕方苞：《儀禮析疑．喪服》，卷11，頁302。

113 《儀禮析疑．喪服》，卷11，頁299。

者當言行謹慎，以教化百姓。若因尊而降親族之服，薄情「不仁」，[114]不合禮意，無法教化百姓。基於這樣的觀點，望溪多次設想親親、尊尊相互衝突的情境而發不平之鳴，如伯叔父、兄弟、姑、姊妹皆降服，而從父兄弟為大夫者不降，「此奴隸所不能平也，而聖人制為典禮乎？」封君之孫以諸父、昆弟為臣，絕其服，卻不降姑、姊妹、女子子「嫁于國君者」之服，「聖人制禮，乃若是其偵乎？」嫁於士庶人、大夫之女子子，為曾祖父母服，不應「有異」。[115]望溪的批評隱含親親、尊尊的抉擇中，以親親為優先。

2　訴諸「心理之同」以證悖謬

除了自身觀點外，望溪亦尋求前人觀點作為佐證。

〈喪服·成人大功〉:「大夫為世父母、叔父母、子、昆弟、昆弟之子為士者。」〈傳〉以為因「尊不同」而服大功，「尊同則得服其親服」。鄭《注》:「子，謂庶子。」賈《疏》承〈傳〉之意，指出大夫為這八種人本服一年喪，「今以為士」，故降服為大功，屬因尊而降。《續通解》承《注》、《疏》之說。[116]望溪認為大夫之所不降服的對象，已見載於「齊衰」章，「大功」章則記載所降之正服，然而王莽與劉歆在「齊衰」章，已偽竄「為祖父母、適孫為士者」一條，服制與身分相矛盾；本節又新增「為士者」三字，賈公彥《疏》「皆曲為之解」，而鄭玄無注，「則其心必有疑焉。天理之具於人心者，終豈能蔽哉。」[117]望溪認為鄭玄和自己一樣懷疑該章的內容，因而未下注解。

〈喪服·成人大功〉:「大夫之妾，為君之庶子。女子子嫁者、未嫁者，為世父母、叔父母、姑、姊妹。」〈傳〉文說：

> 傳曰：嫁者，其嫁於大夫者也。未嫁者，成人而未嫁者也。何以大功

114　〔清〕方苞：《儀禮析疑·喪服》，卷11，頁318。

115　〔清〕方苞：《儀禮析疑·喪服》，卷11，頁301、318、319。

116　〔宋〕朱子：《儀禮經傳通解續》，《朱子全書》，第3冊，卷1，頁1263、1285。

117　〔清〕方苞：《儀禮析疑·喪服》，卷11，頁299。

也？妾為君之黨服，得與女君同。下言為世父母、叔父母、姑、姊妹者，謂妾自服其私親也。[118]

鄭玄認為這段〈傳〉文無法清楚地解釋經書的意義，「不辭」，而且若如〈傳〉所言，妾為世父母等私親服喪，當有「其」字，然經文無「其」字，「明非妾為私親」，從而指出經、傳的對應關係如下：[119]

〈喪服．成人大功〉：「大夫之妾，為君之庶子。」

〈傳〉曰：何以大功也？妾為君之黨服，得與女君同。

〈喪服．成人大功〉：「女子子嫁者、未嫁者，為世父母、叔父母、姑、姊妹。」

〈傳〉曰：嫁者，其嫁於大夫者也。未嫁者，成人而未嫁者也。

然而問題並未徹底解決。賈公彥指出〈傳〉文仍有「『下言』二字及『者謂妾自服其私親也』」共十一字，既非子夏之〈傳〉，又非「舊讀者」置入，推測是鄭玄引用舊說，欲據此「破讀之」。[120]申言之，這十一字當為鄭《注》引用舊說欲加辨析，卻在流傳過程中，誤入〈傳〉文內。相較之下，朱子則認為〈傳〉解釋經文，「文勢似不誤也」，鄭玄所改〈傳〉文似覺牽強，《疏》認為十一字是鄭玄所置，然這十一字「若無上下文，即無所屬，未詳其說，可更考之」，至於伯叔父母、姑、姊妹之服，則當從鄭《注》「無疑矣。」[121]朱子大致肯定〈傳〉文原貌，對鄭、賈的調整與說法持保留態度。

元代的敖繼公認為《儀禮》經文不特別書寫女子未嫁者之禮，且所謂「嫁」也不必然指嫁給「大夫」，〈傳〉文以「世父母以下」為妾服其私親，「亦不合於經」，這段話「乃適人者之通禮」，作〈傳〉者斷句不審，又求嫁

118 《儀禮》，卷32，頁379。

119 《儀禮．喪服》，鄭注，卷32，頁378-379。

120 《儀禮．喪服》，賈疏，卷32，頁378-379。按：這段〈傳〉文與鄭《注》的關係，清人胡培翬曾進行詳細地分梳，可參。〔清〕胡培翬：《儀禮正義．喪服》，卷23，頁1506-1513。

121 〔宋〕朱子：《儀禮經傳通解續》，《朱子全書》，第3冊，卷1，頁1284-1285。

者服大功之說「而不可得」，故強生嫁於大夫之義、將一條記載析而為二，「首尾衡決，兩無所當，實甚誤也。」

承賈、敖二氏之說，望溪進而指出這段〈傳〉文只有「妾為君之黨服，得與女君同」二句，為「經、傳本文」，其他皆屬王莽、劉歆所增竄；賈公彥與敖繼公也感到這段〈傳〉文「悖謬」，「可徵心理之同」。[122]望溪經由尋求他人相同的見解或感受，將個人觀點普遍化，提升說服力與可信度。此或因天理具於人心，「心同此理」，是以訴諸心理之所同，亦能闡揚天理。

以理、情而言，王莽的尊同不降說，是「悖理逆情」、「悖情逆理」，情、理兩違。[123]刪除王莽偽竄的文字後，望溪認為傳文「辭意閒涉膚淺」，經文「所列則皆天理人情之自然」，即使程朱不曾加以辨正，「然心理皆同」，呼籲學者深究之。[124]若後世學者仍質疑刪除這些經傳的可行性，「是失其『本心』而自比於逆亂也。」[125]簡言之，望溪認為「悖情逆理」者，必非周公手訂的內容，而是王莽、劉歆增竄經文的結果。[126]這顯示理、情成為辨別聖人之制的關鍵，進言之，望溪將《儀禮・喪服》經傳關於「尊同不降」說不合理、情之處，皆歸之於王莽、劉歆，實有其理論基礎。按程朱學的觀點，天理純然至上、周遍完美，禮是天理的表徵，而聖人緣情制禮撰寫禮書，展現「情」作為正向的、具有道德性的面貌，因而禮書的內容不應出現違背理、情的內容。事實上，禮書在流傳過程中，受傳抄疏失、人為偽造等因素而產生錯誤。其中，以王莽、劉歆的偽竄，傷害性最大。若以理學的角度來說，王莽偽造經文，「悖情逆理」其實是私欲的表現，適與周公編撰《儀禮》令人「情安理得」，成為對照組。王莽偽竄說之所以成立，既印證史書，更重要的是基於理學所呈現的文本觀。《四庫》館臣以為望溪力詆經文，「勇於自信」，且王莽、劉歆依託經文而立制，其弊「不在聖人之制

122 〔清〕方苞：《儀禮析疑・喪服》，卷11，頁302。

123 〔清〕方苞：《儀禮析疑・喪服》，卷11，頁292、303、307。

124 〔清〕方苞：《儀禮析疑・喪服》，卷11，頁275。

125 〔清〕方苞：《儀禮析疑・喪服》，卷11，頁309。

126 鄧聲國：《清代《儀禮》學史》（北京市：人民出版社，2020年），頁99。

作」，認為方苞之辨不符合邏輯。[127]其說固然言之成理，惟對望溪而言，在理學視域中根據理、情的判斷，可能是更有力的內在支柱。

五　結語

承近人研究成果，本文實證性地探討方苞應用理、情解釋《儀禮》的表現，所得如下：

其一，承繼朱子「禮即理」之說，望溪認為《儀禮》的禮文記載，基本上皆屬於「理」的表現，可包括儀節次序、變化、繁簡等，顯示聖人所制之禮必有意義。同時「理」在禮意上則呈現為不同層次的意義：具體實踐的便利性、道德價值，進而為普遍性較廣的義例，乃至上契於天理，義理性質的「天人合一」於焉可見。由「禮」而言「理」，著眼於實質的禮文，再探討或歸納理義或義例，反映有「物必有則」的道器觀。

其次，在聖人緣情制禮的前提下，《儀禮》中的「情」基本上是中性或發而皆中節之「善」。望溪認為禮儀反映人情，須適切符合行禮者的心意與需求，因而人情的界限就是禮儀的界限。禮要能使人表達真誠之情，從而連結至道德修養，情遂為道德之端緒。在禮制規定之外，望溪從心喪的角度提供「稱情」的辦法，保留人為的調整空間，避免流於僵化。

其三，理、情是構成禮的基礎，同時也成為衡量禮的標準。望溪除了運用理、情闡釋禮意，也應用情、理衡量儀節。最為鮮明的例子當屬劉歆、王莽偽竄「尊同不降」之說。大夫以上，及其妻、子為士階級以下之旁親服喪，得降一等；若爵位相同，不降服，是為「尊同不降」。望溪認為該說因尊而降其親，是王莽為諂媚伯父王鳳與姑母王政君以把持朝政而為之，「悖情逆理」，實與周公之制「情安理得」成為鮮明的對比。因而「理」與「情」遂為區別聖人之制的根據，彰顯理學思惟對文本辨偽的影響《儀禮析疑》以較為寬泛的態度應用「理」與「情」詮釋禮，而非嚴格地從哲學思想

---

127 《四庫全書總目・周官析疑提要》，《方苞全集》，第13冊，頁160-161。

來定義，這種說法或態度會在有意無意中提高「情」的地位，如「天理人情」、「情安而理得」、「悖情逆理」、「悖理逆情」之理、情並立，無分高下。同時人心與人情相互指稱，如「天理即乎人心」的「人心」，指人的情感，近於上述「天理人情」；「心安而理得」的「心」，亦指人情，與上述的「情安而理得」相似。「天理」與「人心」相貼近，而人心又幾近乎人情，以此推之，「天理之具於人心」，「天理」在相當程度上即為「人情」，因而三禮館臣說：「天理之幾微易淆，禮以辨之，乃各當其分。然天理之至，即人情之極；於理有未協，即於情有不安，故禮樂同管乎人情也」，[128]反映明代以來的重情思惟。若再加上本於推己及人的「原某之心」、「緣某之情」，設想行禮者或行禮雙方的心意而採取的詮釋，蘊含著情的「普同性」，或能為清初的情理論述提供參考資料。

面對前人的注解，《儀禮析疑》具有豐富的表現：時而繼賈《疏》，加以發揮，如〈鄉射禮〉大夫、主人等尊者可視情形參加射箭；〈喪服〉祖父為承重之嫡孫服一年喪。時而從《注》、《疏》未言之處，提出己見，如〈少牢饋食禮〉主人先獻私人、〈公食大夫禮〉賓辭設醬等。時而異於前說，闡明個人觀點，如〈聘禮〉屈垂繅之義、〈士喪禮〉朋友致襚而主人不哭、〈鄉射禮〉飲不勝者、〈喪服〉女君為妾服心喪等。相較之下，朱子《儀禮經傳通解》則多承鄭、賈之說。這一方面或許與該書為朱子晚年未定之作有關。另一方面，《儀禮析疑》明確地揭示程朱後學運用理學的思惟，重新詮釋經典，實為「禮學理學化」的表現。

進言之，望溪有別於舊說的內容，主要可分為兩類。其一，相較於鄭《注》、賈《疏》的詮釋，《儀禮析疑》十分重視踐禮的實際考量，如〈鄉射禮〉大夫得不參與射事，與年長、體力有關；〈士虞禮〉主人卒爵，是為健康著想；〈喪服〉婦為舅姑服齊衰一年喪而非三年之喪，出於情感之真誠；〈鄉射禮〉由勝者之弟子實酒而非勝者本人，避免勝負雙方「實難為情」的

128 《欽定禮記義疏》，迪志文化「文淵閣《四庫全書》電子版」資料庫，卷52，頁2下，檢索日期：2023年7月28日。

窘境；〈喪服〉女君得因血緣關係、感情深淺，而為妾服心喪。這種務實的態度，當可上溯至朱子的影響。[129]其二，《儀禮析疑》最顯著的不同，在於王莽、劉歆竄偽說。以今觀之，關於王莽、劉歆竄偽之事，方苞的答案可能並不正確，但他所提出的理由卻是有意義的。從衡量的標準而言，望溪認為禮制中不合「事理」、不符「人情」的內容，為王莽、劉歆所竄入，經傳內容的是非善惡與真偽相繫連，[130]乃從理學的角度辨析文本與禮制，進而解釋原因。除了上述的理學思惟，究其學術淵源，仍是宋代疑經、改經之風的繼承。且望溪的王、劉偽竄說，某種程度上也揭示出經書內容本身的參差、不同時期的禮學觀。

此外，禮文可具有事理、物理、人理的「禮必有義」之說，視禮如一物而推求形式上的意義，或內在隱含的道德原則，與朱子「格物窮理」的精神相濟，那麼禮意當如何「格」而「致」之？此將有待後續進一步的研究。

---

129 王志陽：《《儀禮經傳通解》研究》（北京市：社會科學文獻出版社，2018），頁237-247。按：宋代時，禮朝向生活化、日用化發展，此傾向與克己復禮有關。見狄百瑞著，李弘祺譯：《中國的自由傳統》（臺北市：聯經出版事業公司，1983年），頁15-28。

130 葛兆光：〈晚清對中國傳統資源的重新發現和詮釋（一）：經學〉，收入氏著：《中國思想史第二卷》（上海市：復旦大學，2001年），頁482。葛兆光：〈是非與真偽之間〉，《讀書》1992年第1期。

《周禮》時氣脈絡中的物觀與和諧天人之道

林素娟
成功大學中國文學系教授

提要

《周禮》中「物」義有多層次的豐富積澱，有原始宗教脈絡下的物鬽、物魅，有禮儀系統中的名物、器物，有職官系統下，利用厚生之財物，有教化脈絡下的鄉三物。可以說《周禮》透過「物」建構起職官的制度，以及祭祀、貢賦、賞罰、教化系統，也由「物」展現天道及人倫之秩序。值得注意的是《周禮》頻繁出現的「物」論述的時氣背景，不但反映物與自然風土的關係，也涉及了如何和諧天人、教化萬民的體國經野之理想。本文透過《周禮》中物與自然時氣的關係，說明其於禮儀、政治、教化上的表現與意義。

關鍵詞：物、四方、方物、氣、四時

一　前言

「物」在《周禮》中是重要的關鍵字，其出現次數高達二百多次，組成動物、植物、服具之物、旗物、貨賄之物等詞組高達四十多種。如此豐富的「物」積澱和不同層面的物類，為探討《周禮》各職官開頭所標示的理想：「惟王建國，辨方正位，體國經野，設官分職，以為民極」[1]提供了重要的線索。《周禮》「物」的積澱豐富，反映了先秦時期物觀的發展。《周禮》成書雖然可能遲至戰國的晚期，[2]但其中留存了不少先秦古文化及風俗，也融合了戰國以後文化發展的線索。其中特別值得注意者為「物」與時氣的關係。不但對於探討《周禮》的物觀具有重要啟發，且對於戰國時期所興盛的氣論其反映的自然觀，以及物與身心修養及政教的關係，提供了重要的思考線索。[3]

本文對《周禮》中「物」與時氣的關係進行考察，其中涉及「物」義的發展與變化。由《周禮》中出現的「物」來看，其原指天地間能影響自然及人的精魅，如鄭玄所謂：「百物之神曰魅」，「魅」能興雲致雨、造成種種災變，故特別於祭祀中有所因應。[4]《周禮》中的「物」，有作名詞使用，也有

1　〔漢〕鄭玄注，〔唐〕賈公彥疏，《周禮注疏》，《十三經注疏》（臺北市：藝文印書館，2001年），卷1，〈天官．冢宰〉，頁10-11。

2　《周禮》原稱《周官》，成書的時代多有爭議，且牽涉今古文之爭的學術議題，但本文並不擬將焦點置於《周禮》的時代爭論。由於錢穆、顧頡剛透過《周禮》中所使用的專有名詞及概念，判斷成書應在戰國晚期；又有學者指出《周禮》中職官與西周金文多有相合處，可知《周禮》雖然成書較晚，然而其中保留了古文化重要的遺跡。可參考彭林：《《周禮》主體思想與成書年代研究》（北京市：人民出版社，2009年）。《周禮》成書的相關論述，詳參〈周官著作時代考〉、〈劉向歆父子年譜〉，收入錢穆，《兩漢經學今古文平議》（北京市：商務印書館，2001年），頁1-179、319-493。

3　有關氣的性質及其在戰國時期的發展，可參考小野澤精一、福永光司、山井涌等編著：《氣的思想——中國自然觀和人的觀念的發展》（上海市：上海書店，2023年）。

4　《周禮注疏》，卷27，〈春官．宗伯．神仕〉，頁424：「以夏日至致地示、物魅」，鄭玄注：「百物之神曰魅」。

作動詞使用。作名詞使用，可指不同形貌色相之精魅。作動詞使用，可指透過不同的形貌色相而進行的區別。以《周禮》有關辨「物」的用例來看，也可以印證「物」之初義與物之色彩、形象的區別有關。如《周禮・春官・司常》:「雜帛為物」，[5]凸顯色彩在「物」的認識中具有重要性。若就「物」之造字來看，如王國維解釋「物」之初意為「雜色牛」，而後逐漸衍生出雜帛、「萬有不齊之庶物」等說法。[6]學者認為：「從卜辭中『物』之初文『勿』的用例看，其本義應不限於『牛』，而是指那些最先引起先民關注，體現自然變動不居、廣袤駁雜之神秘色彩的自然物，是基於感覺經驗的抽象命名。」[7]《周禮》也有「物色」一詞，指透過形色而對於獻祭之物加以區別。可以看出對於「物」之分別和歸類於禮儀中具有重要意義。不論作為名詞的「雜帛為物」或《周禮》地官多次出現用為動詞的物地、物土、物色，皆是透過形象、色彩以分辨不同質性之存在。[8]《周禮》中「物」相對於「器」，多指自然物魅，但《周禮》也有「器物」一詞，可以看出「物」逐漸轉向人文脈絡發展的痕跡。

在《周禮》中「物」義深刻綰結於「風土」與時氣，與四方、四時、觀象密不可分，為祭祀、養生、器物制作、軍旅、教化的重要背景，也表現在物義的演變中。舉例來說《周禮・春官・宗伯》保留了許多關於祭祀中用物、禮器之制作的重要文獻，其中物的質性與自然節氣密切相關。如〈春官・宗伯〉:「掌其歲時，觀天地之會，辨陰陽之氣」，細密關係著祭祀、吉凶占卜、

---

5 《周禮注疏》，卷27，〈春官・宗伯〉，頁420。

6 王國維：《觀堂集林》（北京市：中華書局，1961年），卷6，〈釋物〉，頁287：「由雜色牛之名，因之以名雜帛，更因以名萬有不齊之庶物」。楊樹達：《積微居小學述林》，卷2，〈釋物〉，頁62-63，亦採王國維觀點。

7 趙強：〈中國古代哲學「物」之概念的誕生及其意義〉，《哲學與文化》第46卷第5期（2019年），頁151。

8 如《周禮注疏》，卷39，〈考工記〉，頁595中有「凝土以為器」之說，器具有更深的人文脈絡。〈考工記〉補入《周禮・冬官》，其所反映的思想學者認為應屬戰國晚期，其成書可參考史景成：〈考工記之成書年代考〉，《書目季刊》第5卷3期（1971年），頁3-23。

醫療、探知民情的政治及教化中。[9]〈冬官・考工記〉雖為後來補上，但也反映戰國時期「物」思想，其中謂：「天有時，地有氣，材有美，工有巧。合此四者，然後可以為良。」[10]顯示「物」之制作與時氣相應密不可分。

《周禮》的「物」分屬四方而與時氣、陰陽的密切結合，反映了原始物魅在觀象授時的禮制化脈絡向禮物發展的痕跡。《周禮》中物與時氣的關係，也於禮儀、政令、教化中多所展現。在先秦時期「禮」被認為與自然有密切關係，陰陽、寒暑、節氣所形成的風氣能夠感動人，而使人產生樂與舞之律動以回應之。樂舞之律動，是身心回應自然寒暑之節氣的結果，同時也是調整血氣、身心、倫理節度的重要基礎。《周禮》中的相關文獻，可與《左傳》、《國語》、《禮記》、《大戴禮記》、《淮南子》等先秦乃至漢初文獻相對應，為探討禮樂與自然時氣、政令、修養提供了重要的思想背景。

二　觀象順時以敘百物

《周禮》對「物」的認識有深厚的時氣背景，如〈春官・宗伯・保章氏〉中有所謂「五物」，「以詔救政，訪序事」之說。[11]「五物」指日月星辰、十二歲、五雲、十二風等天象。「五物」能興雲致雨，其變化深刻影響體國經野之大業。因此對於屬於天象範疇的「物」之掌握為政教之基礎。《周禮》中觀測天象的職官及其相屬之官聯能提供曆法作為依循天道的基礎。如大史、馮相氏、保章氏等掌理天文、曆日、星占。另外的職官如司烜氏、宮正、司爟、大司徒、硩蔟氏、輈人、薙氏、占夢、眡祲、大宗伯、大司樂、牧人、家宗人、小司寇、天府等，掌理授時、行術、觀妖祥、奉祭祀、占卜等，與天象之掌握密不可分。以〈春官・宗伯・大史〉之所職掌來看：

9　《周禮注疏》，卷25，〈春官・宗伯・占夢〉，頁381。《周禮・春官・占夢》顯示夢占之法與四方、陰陽時氣密不可分。〈天官〉中出現三則以氣來說明疾病及疾病之調養。

10　《周禮注疏》，卷39，〈冬官・考工記〉，頁595。

11　《周禮注疏》，卷26，〈春官・宗伯・保章氏〉，頁407。

正歲年以序事，頒之于官府及都鄙，頒告朔于邦國；閏月，詔王居門終月。大祭祀，與執事卜日。戒及宿之日，與群執事讀禮書而協事。[12]

大史為掌握天文知識之官，其同時也透過日月星辰之行度，而作為循天之道的施政之基礎。大史同時也與禮儀之實行密切相關，故而在告朔、祭祀中均扮演重要角色。與此類似的記載可見於《禮記・月令》:「乃命大史，守典奉法，司天日月星辰之行，宿離不貸，毋失經紀，以初為常。」[13]史官透過觀象而授時，成為君王施政的法度。由於史官能觀天文之象而掌握天道，作為施政之依循，故而能「秩百物」，使「百物」得到應有之秩序。如《國語・楚語下》:「左史倚相，能道訓典以敘百物，以朝夕獻善敗於寡君，使寡君無忘先王之業；又能上下說於鬼神，順道其欲惡，使神無有怨痛於楚國。」[14]「百物」之秩序以遵循天文時氣為依據。史官遵循天文時氣之行度，而對「物」之性質進行分化，使得百物、鬼神皆得到次序。在循順天文時氣的變化中，天地百物得到和諧，於是無有災異。與「大史」性質相類似的官職很多，如〈春官宗伯・馮相氏〉:「掌十有二歲、十有二月、十有二辰、十日、二十有八星之位，辨其敘事，以會天位。冬夏致日，春秋致月，以辨四時之敘。」鄭玄注:「世登高臺，以視天文之次序。」[15]馮相氏觀天象之次序，以正曆日時辰。孔穎達:「大史之官，使其僚屬馮相、保章恒在候處，相與止宿配偶，其審察伺候，不得怠慢。」[16]作為太史之僚屬的馮相氏和保章氏透過觀天象之變，而判斷物之吉凶：

掌天星，以志星辰日月之變動，以觀天下之遷，辨其吉凶。以星土辨九州之地，所封封域皆有分星，以觀妖祥。以十有二歲之相，觀天下

12 《周禮注疏》，卷24，〈春官・宗伯・大史〉，頁401-402。

13 〔漢〕鄭玄注，〔唐〕孔穎達疏：《禮記注疏》，卷14，〈月令〉，頁287。

14 徐元誥撰，王樹民、沈長雲點校：《國語集解》（北京市：中華書局，2002年），卷18，〈楚語下〉，頁526。

15 《周禮注疏》，卷26，〈春官・宗伯・馮相氏〉，頁404-405。

16 《禮記注疏》，卷14，〈月令〉，頁287，孔疏。

之妖祥。以五雲之物辨吉凶、水旱降、豐荒之祲象。以十有二風，察天地之和、命乖別之妖祥。凡此五物者，以詔救政，訪序事。[17]

孔穎達：「馮相氏主日月五星，年氣節候，推步遲疾，審知所在之處，若今之司厤，主其筭術也。保章者，謂守天之文章，謂天文違變度數，失其恒次，妖孽所在，吉凶所生，若今之天文家，惟主變異也，此其所掌別也。」[18]值得注意的是，所謂「五物」指天文日月星辰、十二歲、五雲、十二風，並非實體的物質之概念，而是具有變化而引起災異的自然物候。另有〈春官・眡祲〉觀日與雲氣的官：「掌十煇之灋，以觀妖祥，辨吉凶。一曰祲，二曰象，三曰鑴，四曰監，五曰闇，六日瞢，七曰彌，八曰敘，九曰隮，十曰想。」[19]「煇」為日旁之雲氣，「眡」為視，「祲」為不祥之氣。有關觀雲氣之官，鄭玄謂：「天子有靈臺者，所以觀祲象、察氣之妖祥也，文王受命而作邑于豐，立靈臺。」[20]《周禮》中以觀天象、五物而知妖祥、定曆律的記載很多，由天象以窺天道，作為人間行事之準則。而「物」亦在時氣的推移變化中，逐漸與陰陽、方位的思想結合，成為不同的名類之物。（詳後文）

《周禮》由觀天文物象而授時令，可與戰國時期月令系統相互對參。[21]《禮記》於四時有迎氣、送氣儀式，其與百物之和諧密切相關。《周禮》中的「百物」、「動物」也透過「氣」進行溝通。在時令變化時，透過土鼓、管樂於四時進行迎氣、送氣的儀式。如〈籥章〉：「中春晝擊土鼓，龡豳詩以逆暑，中秋夜迎寒亦如之。凡國祈年于田祖，龡豳雅，擊土鼓，以樂田畯。國祭蜡則龡豳頌，擊土鼓以息老物。」「老物」指物之精怪。[22]「龡」，《釋名》：「竹曰吹。吹，推也。以氣推發其聲也」。如《周禮・春官・籥師》：

---

17 《周禮注疏》，卷26，〈春官・宗伯・馮相氏〉，頁405-407。

18 《禮記注疏》，卷14，〈月令〉，頁287，孔疏。

19 《周禮注疏》，卷25，〈春官・宗伯・眡祲〉，頁382。

20 〔漢〕毛亨傳，鄭玄箋，〔唐〕孔穎達正義：《毛詩》，卷16，〈大雅・靈臺〉，頁578。

21 如《禮記・月令》中諸多政令與《周禮》「正歲年以序事」的相關政令可以相互對參。如《周禮》仲春時節的會男女、季春時節的桑蠶，可與《禮記・月令》系統仲春時節之高禖祭及季春的桑蠶相呼應。見《周禮注疏》，卷26，〈春官・宗伯・大史〉，頁401。

22 《周禮注疏》，卷24，〈春官・宗伯・籥章〉，頁368。

「掌教國子舞羽歈籥」，吹管樂以引導時氣的進行。中春時節農事開始時，擊土鼓、吹管樂、頌《詩》，助成農事；在年終時亦透過土鼓、吹樂、誦《詩》，使百物得以安息。此說法反映「物」的精怪可透過「氣」的感應加以溝通。除了透過音樂以引導時氣的運行，以禦止災異，也透過四時「火」禁，疏導時氣而防止疾疫，如〈司爟〉:「掌行火之政令，四時變國火以救時疾。季春出火，民咸從之；季秋內火，民亦如之。時則施火令。凡祭祀，則祭爟。凡國失火，野焚萊，則有刑罰焉」。再如〈司烜氏〉:「中春，以木鐸修火禁于國中。軍旅，條火禁。」〈宮正〉:「春秋以木鐸修火禁」。[23]不論宮中、國中、郊野皆有火禁，配合時氣，以「救時疾」。

《周禮》將災異和疾病以「氣」之不和進行理解，如〈天官．冢宰．疾醫〉:

> 掌養萬民之疾病。四時皆有癘疾，春時有痟首疾，夏時有痒疥疾，秋時有瘧寒疾，冬時有嗽、上氣疾。以五味、五穀、五藥養其病。以五氣、五聲、五色眡其死生。兩之以九竅之變，參之以九藏之動。凡民之有疾病者，分而治之；死終，則各書其所以而入于醫師。[24]

〈瘍醫〉:

> 掌腫瘍、潰瘍、金瘍、折瘍之祝藥劀殺之齊。凡療瘍，以五毒攻之，以五氣養之，以五藥療之，以五味節之。凡藥，以酸養骨，以辛養筋，以鹹養脈，以苦養氣，以甘養肉，以滑養竅。凡有瘍者，受其藥焉。[25]

疾病與時氣連結，四時皆有氣不和所致之疾，療疾則透過不同時氣脈絡下之物而進行調養。物被依於四時進行分類。除了以體氣不和理解疾病，亦以之理解疾病之調養。此外，不只是形體血肉，對於夢的理解也與天地陰陽之氣

---

23 《周禮注疏》，卷30，〈夏官．司馬．司爟〉，頁458、卷36，〈秋官．司寇．司烜氏〉，頁550、卷3，〈天官．冢宰．宮正〉，頁52。

24 《周禮注疏》，卷5，〈天官．冢宰．疾醫〉，頁73-75。

25 《周禮注疏》，卷5，〈天官．冢宰．瘍醫〉，頁75。

的變化息息相關，惡夢由不調的陰陽之氣所致，儺禮及驅疫亦在此基礎上進行。如〈春官．宗伯．占夢〉：

> 掌其歲時，觀天地之會，辨陰陽之氣。以日月星辰占六夢之吉凶，一曰正夢，二曰噩夢，三曰思夢，四曰寤夢，五曰喜夢，六曰懼夢。季冬，聘王夢，獻吉夢于王，王拜而受之。乃舍萌于四方，以贈惡夢，遂令始難歐疫。[26]

除了依循時氣以循天道序百物，療疾、養生外，夢及民情也在時氣中得以調和，物之妖祥、吉凶被以氣之和諧與否加以理解。因此施政及刑獄之事亦皆依於時令而行。（詳後文）

百物之制作亦循天地之氣，其於〈考工記〉中有豐富的呈現：

> 天有時，地有氣，材有美，工有巧。合此四者，然後可以為良。材美工巧，然而不良，則不時、不得地氣也。橘踰淮而北為枳，鸜鵒不踰濟，貉踰汶則死，此地氣然也。鄭之刀，宋之斤，魯之削，吳粵之劍，遷乎其地而弗能為良，地氣然也。燕之角，荊之幹，妢胡之笴，吳粵之金錫，此材之美者也。天有時以生，有時以殺；草木有時以生，有時以死；石有時以泐；水有時以凝，有時以澤：此天時也。凡攻木之工七，攻金之工六，攻皮之工五，設色之工五，刮摩之工五，搏埴之工二。……其銘曰：「時文思索，允臻其極。嘉量既成，以觀四國。永啟厥後，茲器維則。」凡鑄金之狀：金與錫黑濁之氣竭，黃白次之；黃白之氣竭，青白次之；青白之氣竭，青氣次之。然後可鑄也。[27]

以上所言物魅逐漸進入禮儀秩序，與觀象授時而序百物的發展有關。直至漢初《說苑．辨物》仍保留此精神：「是故古者聖王既臨天下，必變四時，定律歷，考天文，揆時變，登靈臺，以望氣氛。」[28]在定律曆、變四時中，使

---

26 《周禮注疏》，卷25，〈春官．宗伯．占夢〉，頁381-382。

27 《周禮注疏》，卷39，〈冬官．考工記〉，頁595-596、619-620。

28 向宗魯校證：《說苑校證》（北京市：中華書局，1987年），卷18，〈辨物〉，頁442。

得「百物皆化」、「群物皆別」。[29]由於序百物在時氣脈絡中的演化，於祭祀系統中有比較多的展現，以下透過《周禮・春官》的百物之祭說明之。

三　祭祀系統中的物觀

《周禮》對「物」的分辨應可溯源至四方「百物」之祭。《周禮・春官》的祭祀系統保存了古文化由「物魅」至象徵物、禮物的演變線索。最具代表性的文獻為祭禮職官之首的《周禮・春官・大宗伯》的「四方百物」之祭以及「致百物」之說：

> 大宗伯之職，掌建邦之天神、人鬼、地示之禮，以佐王建保邦國。以吉禮事邦國之鬼神示。以禋祀祀昊天上帝，以實柴祀日月星辰，以槱燎祀司中、司命、飌師、雨師。以血祭祭社稷、五祀、五嶽，以貍沈祭山林川澤，以疈辜祭四方百物。[30]

「大宗伯」的職責在於透過祭祀來建立溝通天地人神之禮，國家之治理也在天地人神和諧下達成。其中祭祀的對象分為天神、地示、人鬼三區塊，「百物」被分屬於地祇系統。屬於天神之範疇，又細分為：「昊天上帝」、「日月星辰」、「司中、司命、風師、雨師」。由於天崇高在上，故而祭祀方式皆以「煙」上達於天來進行溝通。[31]整體來看，禋祀、實柴、槱燎雖然所用之祭

29 《禮記注疏》，卷19，〈樂記〉，頁669言音樂能調和天地百物：「和故百物皆化，序故群物皆別。」

30 《周禮注疏》，卷18，〈春官・大宗伯〉，頁270-272。

31 〔清〕孫詒讓，《周禮正義》（北京市：中華書局，1987年），卷33，〈春官・大宗伯〉，頁1313，如孫詒讓謂：「凡此所祭，皆天神也」。由於戰國末年至漢代陰陽及天文星象的崇拜，以及對於諸神的神格及陰陽對應而有進一步分化，三者雖然皆以禋祀，祭品之繁簡亦有所不同。漢代以後經學者在解釋各神祇的性質及祭法，深受陰陽五行及天文學說的影響，對於禋祀對象及細部所用之牲幣多有細部的詮解，乃至於爭論。舉例來說，《周禮注疏》，卷18，〈春官・大宗伯〉，頁270，鄭玄：「昊天上帝，冬至於圜丘所祀天皇大帝。星謂五緯，辰謂日月所會十二次。司中、司命，文昌第五第四星」，鄭玄的說法受到漢代陰陽五行及天文學的影響，有關《周禮》的思想中陰陽五行思想，

物繁簡有別，但日、月、星、辰等屬於天所分化的各神衹，以「積柴實牲體」、「升煙」的方式祭祀。祭地衹分為血祭、貍沈、疈辜三種方式。血祭是以血滴灌於地而祭，用以祭祀土神、穀神、山神。[32]山林和川澤各以埋或沈的方式進行獻祭。至於排在地衹最末者為「四方百物」，則以疈辜的方式進行。所謂「疈辜」，鄭玄曰：「疈而磔之，謂磔禳」。「磔禳」是割裂牲體以祓除不祥。[33]於此可知〈大宗伯〉統稱的「四方百物」被泛指四方導致疫癘的諸神靈。如金鶚所謂：「磔禳，四方皆有百物之神，或有為癘者，故磔牲以禳之，四方百物當以四字連讀」。「四方百物」連讀，應理解為四方之神，因其精魅特質，故而被視為導致「厲」的原因。惠士奇則將「四方百物」之性質理解為「物鬽」，亦即具有精怪性質之「物」。[34]如《說文解字》謂「鬽」為「老精物」。[35]《廣雅・釋天》謂：「物神謂之鬽」，[36]皆反映了「物鬽」亦即《左傳》中所謂山林川澤的「螭鬽魍魎」。[37]所謂「四方百物」涵括不同物類的「百物之精」，故而以「百物」統稱之。[38]惠士奇以「物鬽」解釋

詳參錢穆：〈周官著作時代考〉，前揭文。為了避免行文落入經學者的細部爭論，使得論述主線不明，對於各神衹的分劃和爭論，詳參《周禮正義》，卷33，〈春官・大宗伯〉，頁1296-1330，文中不再一一具引。

32 如金鶚所謂：「血祭，蓋以血滴於地，如鬱鬯之灌地也。血祭與禋祀正對，氣為陽，血為陰，故以煙氣上升而祀天，以牲血下降而祭地，陰陽各從其類也。」《周禮正義》，卷33，〈春官・大宗伯〉，頁1317。

33 可對應於《禮記・月令》鄭玄對於「磔禳」的解釋：「磔牲以攘於四方之神，所以畢止其災也。」亦用於「四方之神」。見，〔漢〕鄭玄注，〔唐〕孔穎達疏：《禮記注疏》，卷15，〈月令〉，頁305，鄭注。

34 《周禮正義》，卷33，〈大宗伯〉，頁1329-1330：「百物者，五地之物。〈神仕職〉所謂：『以夏日至致地示物鬽』。物鬽者，羽物、蠃物、鱗物、毛物、介物之鬼，是為百物之精。」

35 〔漢〕許慎；〔清〕段玉裁注：《說文解字注》（臺北市：藝文印書館，1966年），卷13篇上，頁679。

36 〔清〕王念孫；張其昀點校：《廣雅疏證》（北京市：中華書局，2019年），卷9上，〈釋天〉，頁673。

37 《周禮注疏》，卷27，〈春官・宗伯〉，頁424服虔注謂：「螭，山神，獸形。魅，怪物。魍魎，木石之怪。」

38 戰國時期又有「萬物」之說，也在說明「物」之差異與多樣，由「百物」至「萬物」的演變，也可以看出時人對於物類認識漸趨詳細的過程。

「百物」保留了古禮儀中「物」是對人產生影響的「精魅」之說法。以「磔禳」為之，亦反映古禮儀中對於物魅，所存有的畏懼心理。[39]

若暫不進入戰國至漢代複雜的神格的分劃所引致的經學者注解的細部差異，可以大體區分為天、地、川河之神祇，各有其相應的祭祀之法，以及獻祭之物。所謂「四方百物」，被置於山林川澤之神下，在《周禮・春官・大宗伯》的祭祀系統中，「百物」已被歸屬地祇中之小神。金鶚將「四方百物」視為一詞，「百物」是在「四方」脈絡下理解。「四方」並非單純的地理或空間概念，而是具有四方諸神靈的統稱，可追溯於早期的四方風神信仰。[40]「百物」一詞，在古禮儀「四方」祭的脈絡下，可指「百神」。於《周禮》、《禮記》中的四方之祭可以得到印證。如〈春官・小宗伯〉：「兆山川、丘陵、墳衍各因其方」，[41]顯示於不同的方位設壇祭祀山川、丘陵等神祇。《禮記・祭法》更明白指四方所祭之物為「祭百神」：「四坎壇祭四方也。山林、川谷、丘陵，能出雲，為風雨、見怪物，皆曰神。有天下者，祭百神。」顯現禮儀四方祭脈絡的「物觀」乃是「神物」，包含了山林、川澤的雲雨變化，以及其中的物怪。[42]

39 有關「百物」之祭，學者有以年終蜡祭進行理解，然而惠士奇引〈神仕〉：「以冬日至致天神人鬼，以夏日至致地示物鬽」，以天神人鬼和地示物鬽相對，為夏至日的祭典，並非年終蜡祭。孫詒讓亦主張非年終蜡祭。「神仕」辨物，為了處理「凶荒」。

40 四方神，可參考池田末利：〈四望・山川考〉，《中國古代宗教史研究——制度と思想》（東京：東海大學出版会，1981），頁138-154、胡厚宣：〈甲骨文四方風名考證〉，《甲骨學商史論叢初集》（石家莊市：河北教育出版社，2002年），頁265-276、饒宗頤，〈四方風新義〉，《中山大學學報》1988年4期，頁67-72、胡厚宣：〈釋殷代求年于四方和四方風的祭祀〉，《復旦學報（人文科學）》1956年第1期，頁49-86。劉文典撰，馮逸、喬華點校：《淮南鴻烈集解》（北京市：中華書局，1989年），卷6，〈覽冥訓〉，頁205-206謂黃帝：「以治日月之行律，治陰陽之氣，節四時之度，正律曆之數，別男女，異雌雄，明上下，等貴賤」，可以見出黃帝為律曆及人間矩度的制作者，在戰國晚期至漢初流傳。地母象徵逐漸轉為社稷崇拜、五方土的過程得到印證。詳參楊儒賓：〈土的原型象徵〉，《五行原論：先秦思想的太初存有論》（臺北市：聯經出版事業公司，2018年）。

41 《周禮注疏》，卷19，〈春官・小宗伯〉，頁290。

42 《禮記注疏》，卷46，〈祭法〉，頁797。《國語集解》，卷2，〈周語中〉，頁51亦有類似記百物與四方之祭結合，同時見於〈小宗伯〉，其職責在輔佐〈大宗伯〉推行禮制。透過名物之辨別，而展現親疏、尊卑有序的禮儀世界：

> 掌建國之，右社稷，左宗廟。兆五帝於四郊，四望、四類，亦如之。兆山川、丘陵、墳衍，各因其方。[43]

小宗伯舉行郊祭、望祭、類祭，於四郊設立祭五帝的壇位，而把山川、丘陵、墳衍的百物之祭分屬於四方。[44]各方所祭的諸神之特質，與時氣、天象的變化密不可分。在方位、時氣、陰陽、五行、數的結合並規格化，「百物」逐漸被納入繁複的象徵禮制系統中。[45]「百物」性質的分化，也表現在《周禮》以不同類別的鼓、舞、牲，透過不同方位、物色、產地的犧牲，而對「百物」的性質進行分類。如〈牧人〉提及祭祀所用犧牲因毛色不同而加以分別：「凡陽祀，用騂牲，毛之。陰祀，用黝牲，毛之。祭祀，各以其方之色牲，毛之」，[46]不同之犧牲的毛色被對應以不同方位。祭祀四方百物的

載：「晉文公既定襄王於郟……王不許，曰：『昔我先王之有天下也，規方千里以為甸服，以供上帝山川百神之祀。』」百物之祭被稱為百神之祀，為有天下者得祀之。又如〔晉〕杜預注，〔唐〕孔穎達正義：《春秋左傳正義》，卷41，〈昭公元年〉，頁706-707記載晉平公有疾，卜人認為是實沈及臺駘之神為祟：「山川之神，則水旱癘疫之災於是乎禜之，日月星辰之神，則雪霜風雨之不時，於是乎禜之。」然而子產認為疾病乃是「出入、飲食、哀樂之事，山川、星辰之神又何為焉？」平公和叔向讚許子產為「博物君子」。「物」指山川之神，子產雖能明於物，但不採取卜人巫祝之解釋，也反映了春秋末年的有識者，已逐漸由物魅之信仰走出。

43 《周禮注疏》，卷19，〈春官・小宗伯〉，頁290-291。

44 「兆」指於四郊立祭壇，所祭者應為四方百物之神。「五帝」之祭於《周禮》天、地、春、秋官中皆可見到，由此則來看，「五帝」應與「四郊，四望、四類」之祭有關。以〈春官・司服〉來看，「五帝」之祭在「昊天上之祭後，而在「四望山川」之祭前，也可見其原初與四方之祭有密切關係。

45 先秦時有諸侯望祭四方山川之說，漢代以後，學者常從時氣之運行進行理解，如鄭司農以：「四望，道氣出入」，《周禮注疏》，卷19，〈春官・小宗伯〉，頁290。鄭玄在解釋類祭也將時氣運行的氣類變化與四郊結合：「四類，日月星辰，運行無常，以氣類為之位。兆日於東郊，兆月與風師於西郊，兆司中司命於南郊，兆雨師於北郊」。《周禮注疏》，卷19，〈春官・小宗伯〉，頁290。

46 《周禮注疏》，卷13，〈地官・司徒・牧人〉，頁195。

舞蹈、音樂、獻祭之物、獻祭方式及除魅儀式，皆透過四方而加以區隔。如〈鼓人〉：「以雷鼓鼓神祀，以靈鼓鼓社祭，以路鼓鼓鬼享」，透過鼓聲之節奏調和天神、地祇、人鬼。[47]祭祀山川、社稷、四方百神皆有舞，〈舞人〉提及：「凡祭祀百物之神，鼓兵舞、帗舞者」，賈公彥特別指「祭祀百物之神」為蜡祭。[48]若對比《禮記・郊特牲》：相傳為伊耆氏的蜡辭：「土反其宅，水歸其壑，昆蟲毋作，草木歸其澤！」[49]可知蜡祭在於安撫四方百物之神，使其不侵擾民人。〈郊特牲〉的蜡祭於年終舉行，祭祀歌辭也與時氣的收藏相配合。

五帝對應四郊之祭，學者雖然有不同意見，[50]但可以看出，百物配應四方、五行、陰陽，並與星辰、時氣運行結合的趨勢。此於戰國晚期至漢初的月令系統，如《禮記》、《呂氏春秋》、《淮南子》皆可以見到。

對於「四方百物」之精魅的溝通和安撫，是《大宗伯》的重要職責，故而有「致百物」之說：

> 以禮樂合天地之化，百物之產，以事鬼神，以諧萬民，以致百物。[51]

何謂「致百物」？鄭玄注：「百物之神曰魅」，[52]「致」孫詒讓以「順其為人與物也」理解，亦即以祭祀和順四方之物魅，使其都能得到和諧與化育。[53]此處天地之「化」與百物之「產」相對應。鄭玄以「生其種」理解「產」，意指物種的生育和繁衍；[54]以「能生非類」理解人文之「化」。若對比《荀子・正名》：「狀變而實無別而為異者，謂之化」，[55]「化」指外形演變。《說

47 《周禮注疏》，卷12，〈地官・司徒・鼓人〉，頁189。

48 《周禮注疏》，卷12，〈地官・司徒・舞人〉，頁190，賈疏。

49 《禮記注疏》，卷26，〈郊特牲〉，頁501。

50 相關爭議詳參《周禮正義》，卷36，〈春官・小宗伯〉，頁1421-1434。

51 《周禮注疏》，卷18，〈春官・大宗伯〉，頁283。

52 《周禮注疏》，卷39，〈春官・宗伯・家宗人〉，頁424，鄭注。

53 《周禮正義》，卷53，〈神仕〉，頁2232-2233。

54 《周禮注疏》，卷18，〈春官・大宗伯〉，頁283，鄭注。

55 〔清〕王先謙，沈嘯寰、王星賢點校：《荀子集解》（北京市：中華書局，2013年），卷16，〈正名〉，頁420。

文解字》也將「化」之初文「匕」指為：「變也。化，教行也」，[56]「化」初指形變，而後用引申於教育所帶來的薰習和改變。賈公彥則從「氣」的角度來理解「化」：「天地之化，謂金玉錫石之等，本無生理，皆由純氣微質凝積變化以成形者。」[57]「化」在此指非有生理活動、非有性生殖之物，與有生理活動的「百物之產」之生靈相對。「致百物」是致敬於天地間有生、無生之神物。如孫詒讓認為「致百物」為：「地示之物鬽」，並強調「物鬽」並非專指有生理現象、有性繁衍的物種，也包括無生理現象的神物。[58]如《周禮・神仕》於夏至日「致地示物鬽」。「物鬽」除了指具有生理現象能自然生育之物，還包含山神、木石、螭魅魍魎等物精、物魅。禮樂能調合天地之百物之氣，使得百物得到化育，萬民得到和諧。

《周禮・春官・大司樂》以音樂和諧百物，可以對「百物」的性質有更深一層的闡發。「致百物」之「致」可訓解為「來」，招致百物，彰顯古文化中「物」具有能感的特質：

> 凡六樂者，一變而致羽物及川澤之示，再變而致羸物及山林之示，三變而致鱗物及丘陵之示，四變而致毛物及墳衍之示，五變而致介物及土示，六變而致象物及天神。[59]

〈大司樂〉致百物主要透過樂。鄭玄、孔穎達皆以「來」來解釋「致」，所謂「致百物」，鄭玄謂：「每奏有所感，致和以來之」，孔穎達的解釋是：「揔釋地祇與動之神物，雖有遲疾，皆以樂和感之」。[60]此處將地祇之神物依羽物、羸物、鱗物、毛物、介物、象物，依不同的川澤、山林、丘陵、墳衍等地理風土以及物之形相加以分類。[61]至於「象物」，鄭玄注：「有象在天，所

56 《說文解字注》，卷8篇上，頁388。

57 《周禮正義》，卷35，〈春官・大宗伯〉，頁1403，賈疏。

58 《周禮正義》，卷35，〈春官・大宗伯〉，頁1403，孫希旦集解。

59 《周禮注疏》，卷22，〈春官・宗伯・大司樂〉，頁341。

60 《周禮注疏》，卷22，〈春官・宗伯・大司樂〉，頁341，鄭注、孔疏。

61 如「羸」指短毛之物。《周禮注疏》，卷10，〈地官・大司徒〉，頁150，鄭注：「介物，龜鱉之屬。」

謂四靈者」，[62]可知是天之所示象之神物。

《周禮》春官系統中保留了物魅的原始意涵，也反映了物與時氣的深刻關係。在地官中四方百物逐漸象徵化。在政治及官職脈絡中使用，雖仍保留了四方與百物相對之說，然而卻轉成了名物以及貢賦及貨賄之物。如〈原師〉掌理「四方之地名」，其工作在：「辨其山林、川澤、丘陵、墳衍、原隰之名物」。[63]〈訓方氏〉：「訓四方，而觀新物」，[64]「物」的內涵在訓喻於「四方」中被顯現。在政令上有「四方之政事」、「誦四方之傳道」，對於四方百物的辨別進行宣導。「物」依「四方」風土而加以分別，並進入職官之系統中，四方之自然物在進貢、納賦中轉為「貨賄」的性質。也由於能夠對四方百物進行辨別，而將之納於政教系統，如〈內府〉掌理「適四方使者，共其所受之物而奉之」，[65]將「四方」物產，如「四方之幣」、金玉、齒革、兵器等進貢於中央。〈掌客〉依貢物而「庶具百物備」，「掌四方賓客之牢禮、餼獻、飲食之等數」等禮儀。[66]可知《周禮》「百物」與「四方」對應，甚至連用為「四方百物」，表現了「百物」依「四方」風土而逐漸進入文化脈絡及權力、空間的象徵過程。

小結上文，首先，《周禮》的「四方百物」、「致百物」，「物」屬神物，具有能變化、致禍疾、感應等特質。因此如山川雲氣變化能興雲致雨，致災、致疾等神祇、物魅皆被認為是「物」。大宗伯的祭祀系統中，「四方百物」與「致百物」，「四方」與「百物」並非抽象的方位或計量詞，而為四郊能變化的百物神靈。其次，《周禮》透過祭儀而對四方百物的特質進行初步的類分，顯示百物神靈逐漸被歸屬於地祇，並以其物色、形貌、產地而加以辨別，對於物之性質的理解與分辨，產生了重要意義。第三，祭祀系統中「百物」被分化於「四方」，同時也逐漸與四方的文化象徵、權力象徵結

62 《周禮注疏》，卷22，〈春官．宗伯．大司樂〉，頁341，鄭注。

63 《周禮注疏》，卷10，〈地官．司徒．原師〉，頁149。

64 《周禮注疏》，卷33，〈夏官．司馬．訓方氏〉，頁504。

65 《周禮注疏》，卷6，〈天官．冢宰．內府〉，頁98。

66 《周禮注疏》，卷38，〈秋官．司寇．掌客〉，頁582。

合，進入禮儀的系統。至戰國中晚期後更逐漸與五行、陰陽結合，成為繁複的系統。由禮儀建構倫理及天下秩序的脈絡來看，《周禮》非常珍貴地保留了古禮儀的四方祭、百物神，早期「物」觀演變的線索。

四　陰陽氣化、致敬鬼神、調節民情中的物

（一）以禮器協和自然之氣動

前文提及禮樂能助成百物之化育。在祭儀中此化育往往以氣感的方式進行。《國語・周語上》中曾提及透過籍田禮時「瞽帥、音官以風土」，使得土氣能得以宣洩，而不至於產生土氣憤震的自然災害。在《周禮》中也可以看出自然風物連結，在器物之制作、樂音之協奏乃至於士人之教育皆與自然之風動以及陰陽之氣化密切相關。以樂的層面來看，《周禮・大師》中透過「六律六同以合陰陽之聲」，將樂深切結合於陰陽氣化。而六律、六同之陰陽震動候於自然之氣，如賈公彥認為：「十二律是候氣之管，故皆以氣言之耳」[67]。樂器之制作其時間、質材、乃至於發出的樂音所造成的身體感受、儀式中所達到的倫理關係，皆協和於天地自然之氣動。《周禮・典同》職責在於掌理六律六同之和，並以之「辨天地四方陰陽之聲，以為樂器」。[68]樂器之制作，依循於天地、四方陰陽之聲，並在循天之道的精神下，以陰陽之聲回應之。樂器陰陽之聲的定義，當依其質材不同以及所發之聲所造成的緩、肆、散、斂、贏、衍、筰、鬱、甄、石等感受，而加以區分，並以之回應天地四方之聲氣。這形成了自然、禮器、感受性間密切的連動關係。這其間除了物所發出之聲而引生的感受外，也包含了物在文化中被理解的質性有關。如鄭司農謂：「陽律以竹為管，陰律以銅為管」，[69]即以陰陽之說來認定物之質性，竹被視為陽、銅被視為陰，並引導著陰陽氣化觀所造成的身體感

67 《周禮注疏》，卷23，〈春官・宗伯・大師〉，頁354-355。

68 《周禮注疏》，卷23，〈春官・宗伯・典同〉，頁359。

69 《周禮注疏》，卷23，〈春官・宗伯・典同〉，頁359，鄭司農注。

受。但此說法初時並未有統一的意見，或有主張「管」類樂器初時均以「竹」為之，鄭玄則主張皆以「銅」為之。[70]陰陽之和氣在確立陰陽之聲以及樂律中具有關鍵地位，而後律度逐漸形成了「數」，以為制器乃至於文物制度的標準。故而〈典同〉謂：「凡為樂器，以十有二律為之數度，以十有二聲為之齊量」，[71]樂器之長短、大小、容量、形式等，因陰陽之質性而制作，並依循十二律之數而為制作形制之標準。甚至舊有樂器「和樂亦如之」，鄭玄注：「和謂調其故器也」，賈公彥疏謂：「知聲得否，及器多少，當依法度」，[72]「律度」即調音之法度，以律度調和樂器之音準。

（二）以百物調和四時節氣

樂音不只反映著陰陽氣化，同時亦參贊著陰陽氣化，進而引導著陰陽氣化。這在四時儀典，以及自然失衡時種種儀式中可以見到。《禮記》中記載在季節更迭時有迎氣、送氣儀式，以助成氣化之和諧。[73]《周禮》的〈籥章〉、〈籥師〉透過樂以調和自然與人身的關係，在不同的節令如中春、中秋、祈年、蜡祭均透過鼓聲〈豳〉籥以調節陰陽之氣。而樂舞也透過法天地之動、配合時序以調和自然，同時在樂節中涵養倫理關係。前文提及《周禮．籥章》謂春、秋時節皆有擊土鼓的儀式，「土鼓」應即「炮土之鼓」，[74]

70 鄭玄即不同意此說，而認為管皆以銅為之，同時將「六同」解為「律，述氣者也，同助陽宣氣」，詳參《周禮注疏》，卷23，〈春官．宗伯．典同〉，頁359。事實上管在原初以竹為之（詳下文），而此處「六同」應指「六呂」，即《漢書》，卷21上〈律曆志〉，頁958所謂：「律有十二，陽六為律，陰六為呂」，律呂之和，正以和陰陽之聲。如賈公彥於〈大師〉，頁355所謂：「六律左旋、六同右轉，以陰陽左右為相合。若相生則六律六同皆左旋，以律為夫，以同為婦，婦從夫之義」，乃是透過陰陽相合或陰從陽而對宇宙的規律進行瞭解。

71 《周禮注疏》，卷23，〈春官．宗伯．典同〉，頁360。

72 《周禮注疏》，卷23，〈春官．宗伯．典同〉，頁360，鄭注、賈疏。

73 以上引文詳參《周禮》，卷23，春官．宗伯．典同〉，頁359。《禮記．月令》亦指出季節交替時往往舉行迎氣及送氣儀式助成氣化流行。

74 《周禮注疏》，卷37，〈秋官．司寇．壺涿氏〉，頁559。壺涿氏以土鼓之聲驅水蟲。

乃是以土塊為鼓、桴，[75]皆以最素樸的鼓之形式以及原初「土」之自然物質，而召喚自然之氣動。以土氣之振動，迎接寒暑之氣：「掌土鼓〈豳〉籥。中春晝擊土鼓，龡〈豳〉詩以逆暑，中秋夜迎寒亦如之。」同時在年終之祈年、蜡祭時，亦透過土鼓而「祈年于田祖，龡〈豳〉雅擊土鼓以樂田畯。國祭蜡，則龡〈豳〉頌，擊土鼓以息老物」，[76]儀式中透過擊土鼓而使蜡祭中回饗四方百物的意願得以傳達。[77]鼓不但在四時節氣之迎送間具有引導的功效，在發生日月食等災變時，也以鼓求之。值得注意的是，迎氣送氣等調和自然之氣的儀式中，時常詠誦《詩》歌，以調節不同時氣的情感。如中春歌〈豳〉之詩以「逆暑」，迎接暑氣將來；中秋以〈豳〉迎寒氣將到。祈年則以〈豳〉雅為之，鄭玄謂所歌為「〈七月〉又有于耜舉趾饁彼南畝之事，是亦歌其類。謂之雅者，以其言男女之正」。年終蜡祭則以〈豳〉頌為之，以「息老物」，以上皆擊土鼓，並皆有相應之詩歌。[78]土鼓乃以鼓之原初形式，達到風土，調和陰陽時氣的功效，而頌《詩》亦能調和節氣與體氣，營造共同的情感體驗，也由於情感、體氣的疏通，故而同時具有療疾的功能。[79]宇宙之體、家國之體、個人之體可以同時得其疏通和療養。

鼓不但在四時節氣之迎送間具有引導的功效，在發生日月食等災變時，也以鼓救之，《周禮・地官・鼓人》：

> 掌教六鼓四金之音聲，以節聲樂，以和軍旅，以正田役。教為鼓而辨其聲用。以雷鼓鼓神祀，以靈鼓鼓社祭，以路鼓鼓鬼享。以鼖鼓鼓軍事，以鼛鼓鼓役事，以晉鼓鼓金奏。以金錞和鼓，以金鐲節鼓，以金

---

75 《周禮注疏》，卷24，〈春官・宗伯・籥章〉，頁368，賈疏。

76 《周禮注疏》，卷24，〈春官・宗伯・籥章〉，頁367-368，鄭注、賈疏。

77 《禮記注疏》，卷26，〈郊特牲〉，頁500謂：「蜡之祭也，主先嗇而祭司嗇也，祭百種以報嗇也。饗農及郵表畷禽獸。仁之至，義之盡也」，頁501謂：「既蜡而收，民息已」。蜡祭在回報於農業有功者，遍及水井、貓虎。蜡祭之後，農已息，天地萬物亦將息。

78 相關細節詳參《周禮注疏》，卷24，〈春官・宗伯・籥章〉，頁367-368，鄭注。

79 鄭毓瑜：《引譬連類：文學研究的關鍵詞》（臺北市：聯經出版事業公司，2012年），第一章，〈「體氣」與「抒情」說〉，頁61-103。

鐃止鼓，以金鐸通鼓。凡祭祀百物之神，鼓兵舞帗舞者。凡軍旅夜鼓鼜，軍動則鼓其眾。田役亦如之。救日月則詔王鼓。大喪則詔大僕鼓。」日月食時皆用鼓。[80]

透過金、鼓之音聲，以調節樂音，祭祀鬼神，於軍旅、田獵時亦擊鼓以鼓動軍心、民情。以自然之異象來說，日月蝕時「救日月則詔王鼓」，日蝕被認為是陽氣衰的象徵，月蝕是陰氣衰的象徵，二者皆透過鼓以調節之，故以「救」為名。在《周禮・秋官・庭氏》提及「救日之弓」、「救月之矢」，鄭司農注云：「謂日月食所作弓矢」，鄭玄謂：「日月之食，陰陽相勝之變也。於日食則射大陰，月食則射大陽」。[81]鄭玄的注解更多強調陰陽相勝以救災異，雖然在弓矢製作時間以及救日月方式與鄭司農有所不同，但對日、月食時透過儀式以救之，則持相同看法。

在先秦時期自然之災異常透過鼓以救之，取鼓聲震動，以疏通自然之氣的鬱塞，但還沒有如漢代以後形式化的陰陽相配的想法，因此即使漢代以後被認為屬陰之「大水」亦以鼓調節之。如《左傳・莊公二十五年》：「秋大水，鼓用牲于社于門」[82]即為其例，相類似的文獻很多。如《周禮・庭氏》中不但可以看到早期救日、月之習俗，同時亦反映出其時將陰陽觀帶入禮樂器中。〈庭氏〉中還出現「大陰之弓」、「救月之矢」，亦可見其陰陽性質之分劃線索。

鼓能祭百物之神、調節於軍旅，其在被歸於「陽」以抑「陰」之前，[83]

80 《周禮注疏》，卷12，〈地官・司徒・鼓人〉，頁189-190。

81 《周禮注疏》，卷37，〈秋官・司寇・庭氏〉，頁559，鄭注。

82 《春秋左傳正義》，卷10，〈莊公二十五年〉，頁173。

83 漢代以後不但將「大水」視為陰氣盛所引起，同時在助陽抑陰思想盛行下，在救災異的方式上，亦產生了不少爭論，此時月蝕被視為陰盛，是否該救月蝕，則出現異議。不只如此，「鼓」之震動與調節氣化的功能，也在陰陽思想盛行下被進一步歸類為屬陽，具有脅之、攻之的功效。如《公羊傳》謂：「日食則曷為鼓用牲于社？求乎陰之道也。以朱絲營社。或曰脅之。」日食為陰氣過盛所致，故以象徵陽氣的朱絲縈社，攻伐陰氣。鼓也被認為是以陽抑陰的象徵。《穀梁傳》亦謂日蝕時的救災異儀式中：「天子救日，置五麾，陳五兵、五鼓；諸侯置三麾，陳三鼓、三兵；大夫擊門，士擊柝」，主更常見的理解是以其聲之振動，而達到調節氣之流動，以協和陰陽氣、調節自然時氣的目的。如鄭玄謂：「鼓之者，恒為之節」。鼓能調節節奏於儀式中造成諧和時氣的功效。[84]除了鐘鼓之聲，舞亦是其中重要的部分。《周禮·舞師》：「掌教兵舞，帥而舞山川之祭祀。教帗舞，帥而舞社稷之祭祀。教羽舞，帥而舞四方之祭祀。教皇舞，帥而舞旱暵之事。」所謂旱暵之事，鄭玄解為：「旱暵之事，謂雩也。暵，熱氣也。」賈疏認為：「旱時多熱氣」，故以舞調節之。鄭司農注皇舞為：「蒙羽舞」，賈疏謂：「皇是鳳皇之字」，鳳皇與風關係密切，[85]以象徵鳳皇之羽為舞，乃在於能疏通熱氣，達到調節時氣的目的。

事實上，樂、舞均被認為具有溝通天地之氣的功效，〈春官·大司樂〉中對於樂所能致天神、地祇、人鬼、百物的神效，以及用樂的性質、種類、地點、方位、季節均有詳細而傳神的述及。舞亦是如此，除了〈地官·舞師〉之山川、社稷、四方之祭、旱暵之祭，以舞溝通自然之氣，達到調和時氣。〈春官·樂師〉還言及各種不同儀式之舞：「凡舞有帗舞、有羽舞、有皇舞、有旄舞、有干舞、有人舞」[86]不同的場合，不同的目的亦有不同的舞，以通天地百物之氣。《周禮》中還透過氣之感化來說明國子之教育。如〈籥師〉：「掌教國子舞羽龡籥」、「祭祀則鼓羽籥之舞」。賈疏：「〈文王世子〉曰：秋冬時學羽籥，彼對春夏學干戈，陽時學之，法陽動。秋冬學羽籥，陰時學之，法陰靜」[87]牽涉層面有二，其一，干戈與羽籥性質分屬陰陽，其二，習舞樂之於國子教育的重要意義。[88]

要目的均在「充其陽也」，透過陽氣之充盛，而矯正陰氣過盛的失序狀態。詳參〔漢〕何休注；〔唐〕徐彥疏：《春秋公羊傳正義》，卷8，〈莊公二十五年〉，頁103。〔晉〕范甯注；〔唐〕楊士勛疏：《春秋公羊傳正義》，卷6，〈莊公二十五年〉，頁60。

84 《周禮注疏》，卷24，〈春官·宗伯·籥師〉，頁367，鄭注。

85 《周禮注疏》，卷12，〈地官·司徒·舞師〉，頁190-191，鄭注、賈疏。

86 《周禮注疏》，卷23，〈春官·宗伯·樂師〉，頁350。

87 《周禮注疏》，卷24，〈春官·宗伯·籥師〉，頁367，賈疏。

88 《周禮注疏》，卷23，〈春官·宗伯·大胥〉，頁352。舞者的資格亦受到嚴格的限制，〈春官·大胥〉中鄭司農注云：「學士謂卿大夫諸子學舞者。」鄭玄特舉漢制以況之樂與節氣的關係，至漢代緯書中仍不斷被詮說，實承自深厚的文化傳統，如《樂緯・動聲儀》:「大樂與條風，生長德等」，宋均注:「條風，條達萬物之風」，條達萬物而能成其德，乃是樂所具有的省風土之功。《樂緯・動聲儀》還同時將風氣視為萬物之首:「風氣者，禮樂之始，萬物之首也。物靡不以風成熟也，風順則歲美，風暴則歲惡。」[89]風氣能長養萬物，禮樂之行乃在展現風氣之長養與調節。透過禮樂，能使聖人觀得失之節，能夠調陰陽、五行、律曆、五音，而與天地神明合其德。[90]

（三）致鬼神

《周禮・大司樂》提及音樂能使天神、地祇、人鬼皆得到禮敬：

> 以六律、六同、五聲、八音、六舞大合樂以致鬼神示，以和邦國，以諧萬民，以安賓客，以說遠人，以作動物。乃分樂而序之，以祭以享以祀。乃奏黃鐘、歌大呂、舞《雲門》以祀天神。乃奏大蔟、歌應鐘、舞《咸池》以祭地示。乃奏姑洗、歌南呂、舞《大韶》以祀四望。乃奏蕤賓、歌函鐘、舞《大夏》，以祭山川。乃奏夷則、歌小呂、舞《大濩》，以享先妣。乃奏無射、歌夾鐘、舞《大武》，以享先祖。[91]

以音樂的「六律、六同、五聲、八音、六舞」，以敬致天神、地示、四望、山川、先祖、先妣，而達到「和邦國」、「諧萬民」、「安賓客」、「說遠人」、

「〈漢大樂律〉曰：卑者之子不得舞宗廟之酎，除吏二千石到六百石及關內侯到五大夫子，先取適子，高七尺已上，年十二到年三十顏色和順，身體脩治者，以為舞人與古用卿大夫子同義。」亦可見舞樂與身體之脩治、顏色之和順等治身之道有密切的關係。

89 上海古籍出版社編：《緯書集成》（上海市：上海古籍出版社，1994年），〈樂緯・動聲儀〉，頁535。

90 《緯書集成》，〈樂緯・樂叶圖徵〉，頁523：「聖人之作樂，不可以自娛也，所以觀得失之效者也，故聖人不敢取備于一人，必從八能之士，故撞鐘者當知鐘，擊鼓者當知鼓……故八士曰或調陰陽，或調律歷，或調五音。」

91 《周禮注疏》，卷22，〈春官・宗伯・大司樂〉，頁338-341。

「作動物」的目的。其中透過樂的更奏，並合以五聲、八音，使得天神、地祇、人鬼皆得到禮敬。故而樂六變能致羽物及川澤之示、臝物及山林之示、鱗物及丘陵之示、毛物及墳衍之示、介物及土示、象物及天神。所謂「致」，即「每奏有所感，致和以來之」，達到使天、地、人神、百物共同安棲於世的理想。[92]值得注意的是，〈大司樂〉應陰陽氣之變而於冬至、夏至分別禮敬天神、地祇，「冬日至於地上之圜丘奏之，若樂六變，則天神皆降，可得而禮矣」、「日至於澤中之方丘奏之，若樂八變，則地示皆出，可得而禮矣」，天與地，一於冬至，一於夏至，一南一北、[93]天圜地方，陰陽相對。至於人鬼，賈公彥謂：「宗廟不言時節者，天地自相對而言，至此宗廟無所對，謂祫祭也。但殷人祫於三時，《周禮》惟用孟秋之月為之」[94]，也可以看出秦漢後以陰陽對應所祭神祇成為整齊形式，是繼先秦就天地氣化模式的發展，如賈疏謂：

> 禮天神必於冬至，禮地祇必於夏至之日者，以天是陽，地是陰，冬至一陽生，夏至一陰生，是以還於陽生陰生之日祭之也。至於郊天必於建寅者，以其郊所感帝以祈穀，實取三陽爻生之日，萬物出地之時。若然，祭神州之神於北郊，與南郊相對，雖無文，亦應取三陰爻生之月，萬物秀實之時也。[95]

---

92 故而強調「若樂六變則天神皆降」、「樂八變則地示皆出」、「樂九變則人鬼可得而禮」，其中以冬日圜丘祭天、夏日方丘祭地是戰國以後陰陽五行觀盛行而有的對應系統。以上引文詳參《周禮注疏》，卷22，〈春官・宗伯・大司樂〉，頁336-342。

93 《周禮注疏》，卷22，〈春官・宗伯・大司樂〉，頁342、頁339鄭玄引《孝經》：「祭天南郊就陽位」、《禮記注疏》，卷47〈祭義〉，頁812：「祭日於壇，祭月於坎」，皆就陰陽屬性而在禮儀形式上進行兩兩相對。

94 《周禮注疏》，卷22，〈春官・宗伯・大司樂〉，頁343，賈疏。

95 《周禮注疏》，卷22，〈春官・宗伯・大司樂〉，頁343，賈疏。

（四）得民情

有關樂能聽民風、民情，相關的例子很多，如《左傳》記載樂官師曠透過「南風之不競」而知「楚必無功」：「晉人聞有楚師，師曠曰：『不害，吾驟歌北風，又歌南風，南風不競，多死聲，楚必無功。』」杜注：「歌者吹律以詠八風，南風音微，故曰不競也。」「歌南北風者，聽晉楚之強弱」，[96]也就是透過吹律歌詠，而聽民風、民氣。民心、民情也同樣於此脈絡下被理解。《周禮》中以在氣感的背景下，來傾聽民情。如〈秋官・司寇〉透過獄訟，求民情，除了有形的言辭、形色外，也聽其基礎的氣：

> 以五刑聽萬民之獄訟，附于刑，用情訊之；至于旬乃弊之，讀書則用灋。凡命夫命婦，不躬坐獄訟。凡王之同族有罪，不即市。以五聲聽獄訟，求民情：一曰辭聽，二曰色聽，三曰氣聽，四曰耳聽，五曰目聽。[97]

五事中雖只有辭聽明白屬於聲音、言辭，但觀其顏色、觀其氣息、觀其聽聆、觀其眸子，觀視中亦皆以「聽」為訓，故而是以「以聲為本」[98]，故皆以「聽」來求得民情之感受，同時以「聽」作為形貌、神色、聲音、眼神、說辭所帶來整體感受的基礎。氣介於辭、色、耳、目之間，向外表現於辭色，向內成為耳、目官能之聽、視能力之基礎。

五　結論

《周禮》中「物」原以魅的方式顯現，其初始表現於精怪與變化。在觀象授時的過程中，物與時氣密切連結。四方神物逐步禮制化過程中，物也從精魅而轉為祭祀系統中的四方百物。由於物之吉凶被以氣之善惡進行理解，

96 《春秋左傳正義》，卷33，〈襄公十八年〉，頁579，杜注。

97 《周禮注疏》，卷35，〈秋官・司寇・小司寇〉，頁523-524。

98 《周禮注疏》，卷35，〈秋官・司寇・小司寇〉，頁524，賈疏。

故而物不但關係著四時節氣的調和，反映著陰陽氣化，同時亦參贊著陰陽氣化。在四時儀典，以及自然失衡時種種儀式中均可以見到。《周禮》的〈籥章〉、〈籥師〉透過樂以調和自然與人身的關係，在不同的節令如中春、中秋、祈年、蜡祭均透過鼓聲〈豳〉籥以調節陰陽之氣。《周禮．籥章》謂春、秋時節皆有擊土鼓的儀式，「炮土之鼓」乃是以土塊為鼓、桴，以最素樸的鼓之形式以及原初「土」之自然物質，而召喚自然之氣動。在年終之祈年、蜡祭時，亦透過土鼓而「祈年于田祖，歈〈豳雅〉擊土鼓以樂田畯」。蜡祭時亦透過擊土鼓、「歈〈豳頌〉」，以「息老物」，透過擊土鼓，蜡祭中回饗四方百物的意願得以傳達。在迎氣送氣等調和自然之氣的儀式中，時常詠誦《詩》歌，以調節不同時氣的情感。如中春歌〈豳〉之詩以「逆暑」；中秋以〈豳〉迎寒氣將到。祈年則以〈豳雅〉為之，年終蜡祭以〈豳頌〉為之。樂舞不但能調和自然之時氣，同時也透過法天地之動、配合於時序之變化以調和自然。

鼓不但在四時節氣之迎送間具有引導的功效，在發生日月食等災變時，也以鼓救之，《周禮．地官．鼓人》透過金、鼓之音聲，以調節樂音，祭祀鬼神，於軍旅、田獵時亦擊鼓以鼓動軍心、民情。《周禮、庭氏》提及「救日之弓」、「救月之矢」，不但可以看到早期救日月災變之習俗，而在〈庭氏〉中還出現「大陰之弓」、「救月之矢」，反映出其時已將陰陽觀帶入樂器及救災法器中。「弓矢」在漢代時被定義屬「陽」，此處則仍有「大陰」之屬性，亦可見其陰陽性質之分劃未如漢代後之確定，可在其間釐出其觀念演進的線索。鼓除了能救日月食、祭百物之神、調節於軍旅，其在被歸於「陽」以抑「陰」之前，更常見的理解是以其聲之振動，而達到調節氣之流動，以協和陰陽氣、調節自然時氣的目的。

樂與自然時氣的調和關係密切，而與自然的協和又關係著天人關係的和諧、農業生活的和諧，以及人倫關係的和諧，也關係著人之身體血氣的和諧等禮儀教化中的重要課題。樂之能協和自然時氣，能夠「風土」，乃在於樂能疏通氣化流行，因為自然之災異往往以氣之淤塞不通作為病癥。樂能疏通氣之流行，表現在樂器之制作以及樂律之協和陰陽、樂舞之演奏協和於時氣上。在時氣的連動中，物不但關係著自然的和諧，也用以解釋疾病、民情。《周禮·大司樂》以陰陽變化之聲禮敬天神、地示、四望、山川、先祖、先妣，而達到「和邦國」、「諧萬民」、「安賓客」、「說遠人」、「作動物」的目的。在與時氣結合的過程中，透過序四時百物，而具體表徵辨方正位、以為民極的理想。

除了透過樂溝通自然、諧和自然之氣，舞亦占有極重要的地位。〈地官·舞師〉之山川、社稷、四方之祭、旱暵之祭，以舞溝通自然之氣，達到調和時氣的效果。〈春官·樂師〉還言及各種不同場合及需要之舞：「凡舞有帗舞、有羽舞、有皇舞、有旄舞、有干舞、有人舞」，不同的場合，不同的目的配合不同的舞，以通有無、通氣。在士子的教育中，舞則具有調節身心與自然關係的意義，因此在國子教育中十分被看重。如《周禮·籥師》：「掌教國子舞羽龡籥」、「祀則鼓羽籥之舞」。《禮記·文王世子》中世子之教育透過樂舞以法於天地時氣，同時亦具有調節心性、脩治身體的功能。《周禮·大司樂》言國子教育的「成均之法」，主要在於樂德、樂語、樂舞。透過樂以調節國子之身心，而達到「中和、祇庸、孝友」之德，以及「興道、諷誦、語言」等歷史意識的涵養，興起對道德的嚮往。所謂樂舞乃是教國子雲門、大卷、大咸、大韶、大夏、大濩、大武等周代及以前之六代樂舞。以音樂調節身心、學習諷頌、言語、興道，並由聖王樂舞以培養深厚的文化、歷史和道德情感。在整個學的過程中，樂舞均具有關鍵地位，透過樂舞之應感而奮發興起德之領會和實踐。以此同時統合天人、社會、倫理之向度，達到禮之成、仁之至的境界。

第十三屆中國經學國際學術研討會議程表

贊助單位：國家科學及技術委員會

主辦單位：中國經學研究會、成功大學中國文學系、中央研究院中國文哲研究所

合辦單位：香港浸會大學、財團法人臺南市至善教育基金會、孔孟學會、臺灣古籍保護學會

會議日期：二〇二三年九月二十二日（週五）與二十三日（週六）

會議地點：成功大學文學院演講廳、成功大學中國文學系會議室

議事規則：每場主持人時間五分鐘，每位發表人宣讀時間十二分鐘，討論人時間八分鐘，綜合討論時間十五分鐘。發言時間截止前兩分鐘響鈴一次提醒，時間到響鈴兩次，每逾時一分鐘響鈴一次。綜合討論時間，每人發言以兩分鐘為限。

2023年9月22日（週五）		
時間	場次與主題	與會學者
8:30-8:50	會議報到	
8:50-9:10	開幕式	貴　賓：成功大學陳玉女副校長 貴　賓：中國經學研究會李威熊理事長 貴　賓：香港浸會大學中國語言文學系盧鳴東主任 貴　賓：中央研究院中國文哲研究所范麗梅副研究員 貴　賓：財團法人臺南市至善教育基金會林盈利執行董事 貴　賓：政治大學中國文學系陳逢源教授 貴　賓：成功大學文學院高實玫院長 貴　賓：成功大學文學院陳家煌副院長 貴　賓：成功大學中國文學系黃聖松主任

9:10-10:20	主題演講	主持人：黃聖松教授（成功大學中國文學系） 主講人：董金裕教授（政治大學中國文學系） 〈董仲舒「獨尊儒術，罷黜百家」辨〉
10:20-10:30	茶　敘	
10:30-12:10	A 場地 《周易》學、《穀梁》學與《周禮》學	主持人：李威熊教授（逢甲大學中國文學系特約講座） 發表人：趙中偉教授（輔仁大學中國文學系） 〈從「父母六子卦」探析易學的創造詮釋〉 討論人：董金裕教授（政治大學中國文學系） 發表人：吳智雄教授（臺灣海洋大學共同教育中心語文教育組） 〈鄭嗣《春秋穀梁傳鄭氏說》輯文析論〉 討論人：陳逢源教授（政治大學中國文學系） 發表人：黃慧芬助理教授（靜宜大學中國文學系） 〈《周禮》時令政治斠理——基於月令體裁的思維向度〉 討論人：陳德興教授（高雄大學通識教育中心）
	B 場地 《詩經》學	主持人：林耀潾副教授（成功大學中國文學系） 發表人：〔港〕盧鳴東教授（香港浸會大學中國語言文學系） 〈居鄉思國——從《詩經疾書》看李瀷的實學解詩〉 討論人：林耀潾副教授（成功大學中國文學系） 發表人：黃智明助理教授（元智大學中國語文學系） 〈《文淵閣四庫全書》校改《通志堂經解》本《詩集傳名物鈔》論考〉 討論人：侯美珍教授（成功大學至中國文學系）
12:10-13:30	午　餐	
13:30-14:50	A 場地 出土資料與經學研究	主持人：賴明德教授（臺灣師範大學國文學系） 發表人：簡欣儀博士候選人（成功大學中國文學系） 〈清華陸〈子產〉與《左傳》相關問題探析〉

		討論人：鄭憲仁副教授（臺南大學國語文學系） 發表人：范麗梅副研究員（中央研究院中國文哲研究所） 〈「虛屬」的經學建構——從子學史學思想進入討論的一種嘗試〉 討論人：賴明德教授（臺灣師範大學國文學系） 發表人：高佑仁副教授（成功大學中國文學系） 〈安大二《仲尼曰》補釋〉 討論人：蘇建洲教授（彰化師範大學國文學系）
	B 場地 文獻學與經學研究	主持人：劉文強教授（中山大學中國文學系） 發表人：張高評教授（成功大學中國文學系） 〈《春秋》經（傳）學史研究的視角與方法〉 討論人：劉文強教授（中山大學中國文學系） 發表人：陳惠美副教授（中國文化大學中文系文學組） 〈黃奭《高密遺書》輯佚成果析探〉 討論人：車行健教授（政治大學中國文學系） 發表人：〔日〕古勝隆一教授（京都大學人文科學研究所） 〈『講周易疏論家義記』に見える「義家」について〉 討論人：陳睿宏教授（政治大學中國文學系）
14:50-15:10	茶　敘	
15:10-17:10	A 場地 宋明清經學	主持人：劉德明教授（中央大學中國文學系） 發表人：田富美教授（臺北教育大學語文與創作學系） 〈義旨淵微，非註不顯——清代《近思錄》注本的嬗遞考察〉 討論人：蔡錦昌退休兼任教授（東吳大學社會學系） 發表人：齊婉先副教授（暨南國際大學華語文教學碩士學位學程） 〈王陽明聖人論述與《莊子》詮釋之關係〉

		討論人：陳康寧助理教授（成功大學中國文學系） 發表人：〔陸〕王志瑋副教授（三明學院文化傳播學院） 〈蔡清的格物致知思考〉 討論人：陳政揚教授（高雄師範大學經學研究所） 發表人：〔德〕蘇費翔教授（特里爾大學 Trier University） 〈宋明經學與「晚年定論」〉 討論人：劉德明教授（中央大學中國文學系） 發表人：〔日〕吉田勉助理教授（北海道教育大學） 〈康有為對微言大義的詮釋〉 討論人：嚴瑋泓教授（成功大學中國文學系）
	B 場地 《四書》學	主持人：張曉生教授（臺北市立大學中國語文學系） 發表人：〔韓〕李昤昊教授（成均館大學） 〈再談《中庸章句・序文》的人心道心論〉 臺灣大學中國文學系博士生任洧廷協助翻譯 討論人：張曉生教授（臺北市立大學中國語文學系） 發表人：陳逢源教授（政治大學中國文學系） 〈士與道：林希元學術及其《四書存疑》〉 討論人：黃聖松教授（成功大學中國文學系） 發表人：陳弘學副教授（成功大學中國文學系） 〈「即成即虧」與「即遮即詮」：從跨域視角論研究方法的效力界線與傳統經典詮釋模式——以《論語》、《孟子》為主要考察對象〉 討論人：何銘鴻助理教授（文藻外語學院應用華語文系） 發表人：翁琬婷博士候選人（彰化高中國文教師） 〈焦竑《焦氏四書講錄》「一貫」思維探析〉 討論人：陳志峰教授（屏東大學中國語文學系）
18:00	晚宴	

<table>
<tr><th colspan="3">2023年9月23日（週六）</th></tr>
<tr><th>時間</th><th>場次與主題</th><th>與會學者</th></tr>
<tr><td>8:30-8:50</td><td>會議報到</td><td></td></tr>
<tr><td rowspan="2">8:50-10:30</td><td>A 場地
《春秋》學</td><td>主持人：張高評教授（成功大學中國文學系）
發表人：劉文強教授（中山大學中國文學系）
〈《孟子》中的「春秋」（二）〉
討論人：蔣秋華副研究員（中央研究院中國文哲研究所）
發表人：劉德明教授（中央大學中國文學系）
〈宋代程頤學脈《春秋》學中對秦穆公的評價問題〉
討論人：張高評教授（成功大學中國文學系）
發表人：馮曉庭副教授（嘉義大學中國文學系）
〈《春秋左傳考義》經說勘誤十則〉
討論人：宋惠如副教授（金門大學華語文學系）
發表人：宋惠如副教授（金門大學華語文學系）
〈山井崑崙《七經孟子考文・左傳》探究：以嘉靖本手校《春秋左傳註疏》為論〉
討論人：張書豪教授（中正大學中國文學系）</td></tr>
<tr><td>B 場地
《尚書》學、
《詩經》學、
《爾雅》學</td><td>主持人：楊晋龍教授（中央研究院中國文哲研究所）
發表人：〔港〕陳亦伶助理教授（香港浸會大學中國語言文學系）
〈西陂柳僖對《書經集傳》的剳疑與辨正〉
討論人：張琬瑩助理教授（高雄師範大學經學研究所）
發表人：〔日〕湯青妹博士生（九州大學大學院人文科學府）
〈江戶儒者山本北山的《尚書》學觀——以其對古文《尚書》篇數及卷數的論證為核心〉
討論人：許華峰副教授（臺灣師範大學國文學系）
發表人：侯美珍教授（成功大學至中國文學系）
〈元末明初朱善《詩經解頤》探析〉</td></tr>
</table>

		討論人：楊晋龍教授（中央研究院中國文哲研究所） 發表人：莊雅州教授（中正大學中國文學系） 〈《爾雅》名物學析論〉 討論人：楊晋龍教授（中央研究院中國文哲研究所）
10:30-10:40	茶　敘	
10:40-12:20	A 場地 《左傳》學與《周易》學	主持人：陳逢源教授（政治大學中國文學系） 發表人：張曉生教授（臺北市立大學中國語文學系） 〈林堯叟《春秋經左氏傳句讀直解》校讀札記——以〈春秋左氏經傳集解序〉為中心的考察〉 討論人：陳逢源教授（政治大學中國文學系） 發表人：黃聖松教授（成功大學中國文學系教授） 〈春秋魯國卿數芻議〉 討論人：陳溫菊教授（銘傳大學中國文學系） 發表人：吳曉昀助理教授（臺灣大學中國文學系） 〈天人之間的妖異：《左傳》的災祥物怪再探〉 討論人：蔡妙真副教授（中興大學中國文學系） 發表人：陳睿宏教授（政治大學中國文學系） 〈楊時喬圖書易學研究——以〈河圖〉與〈洛書〉為主體〉 討論人：楊自平教授（中央大學中國文學系）
	B 場地 三《禮》學	主持人：林素英教授（臺灣師範大學國文學系） 發表人：鄭雯馨副教授（政治大學中國文學系） 〈從理與情談方苞《儀禮析疑》的詮釋〉 討論人：林素娟教授（成功大學中國文學系） 發表人：劉柏宏助理研究員（中央研究院中國文哲研究所） 〈陳澔與明代《禮記》讀本〉 討論人：黃羽璿助理教授（中山大學中國文學系） 發表人：林素娟教授（成功大學中國文學系） 〈《周禮》祭儀與職官中的「物」與「名物」〉

		討論人：林素英教授（臺灣師範大學國文學系）
12:20	午　餐	
13:30-14:00	中國經學研究會會員大會	主持人：中國經學研究會李威熊理事長
14:00	參訪活動	

經學研究叢書・臺灣高等經學研討論集叢刊　0502013

第十三屆中國經學國際學術研討會論文選集

主　　編　李威熊
編　　輯　陳逢源
責任編輯　林涵瑋
特約校稿　林秋芬

發 行 人　林慶彰
總 經 理　梁錦興
總 編 輯　張晏瑞
編 輯 所　萬卷樓圖書股份有限公司
排　　版　林曉敏
印　　刷　維中科技有限公司
封面設計　呂玉姍

發　　行　萬卷樓圖書股份有限公司
臺北市羅斯福路二段 41 號 6 樓之 3
電話 (02)23216565
傳真 (02)23218698
電郵 SERVICE@WANJUAN.COM.TW
香港經銷　香港聯合書刊物流有限公司
電話 (852)21502100
傳真 (852)23560735

ISBN 978-626-386-228-9
2025 年 6 月初版
定價：新臺幣 1000 元

如何購買本書：
1. 劃撥購書，請透過以下郵政劃撥帳號：
帳號：15624015
戶名：萬卷樓圖書股份有限公司
2. 轉帳購書，請透過以下帳戶
合作金庫銀行　古亭分行
戶名：萬卷樓圖書股份有限公司
帳號：0877717092596
3. 網路購書，請透過萬卷樓網站
網址　WWW.WANJUAN.COM.TW
大量購書，請直接聯繫我們，將有專人為您服務。客服：(02)23216565　分機 610

國家圖書館出版品預行編目資料
中國經學國際學術研討會論文選集. 第十三屆 / 李威熊主編. -- 初版. -- 臺北市 : 萬卷樓圖書股份有限公司, 2025.06
面；　公分
ISBN 978-626-386-228-9(平裝)

1.CST: 經學　2.CST: 文集

090.7　　113020426